FLAVIA LUGHEZZANI DANIELA PRINCIVALLE

CLIPPY OPEN

Windows 7 e LibreOffice
Con focus su Lavorare nel Cloud

EDITORE ULRICO HOEPLI MILANO

via Hoepli 5, 20121 Milano (Italy)
tel. +39 02 864871 – fax +39 02 8052886
e-mail hoepli@hoepli.it

www.hoepli.it

ISBN 978-88-203-6625-4

Ristampa:

4 3 2 2016 2017 2018 2019

Realizzazione editoriale: Elena Chiodoni

Progetto grafico e impaginazione: Roberto Pessani

Copertina realizzata da mncg S.r.l., Milano

Stampa: L.E.G.O. S.p.A., stabilimento di Lavis (Trento)

Printed in Italy

INDICE

Le icone richiamate nella versione cartacea e nella versione digitale del libro corrispondono alle seguenti espansioni del testo cartaceo:

Approfondimenti — Esercizi interattivi e autocorrettivi — Tutorial

Espansione digitale

PRESENTAZIONE

AI DOCENTI

L'opera è articolata in un monovolume, fortemente operativo, con espansioni sul Web, ed è sviluppata nel rispetto delle linee guida ministeriali per la disciplina Informatica del primo biennio.
I materiali collegati all'eBook+ sono attivabili attraverso le icone nella versione digitale.
Il corso pone le basi dell'Informatica, dell'ICT e tratta i software Windows 7, Internet Explorer, Gmail e in particolare i principali applicativi del pacchetto LibreOffice 4.3.
La modularità del corso proposto permette all'insegnante l'adozione di percorsi didattici differenziati e di adattare la propria offerta formativa alle necessità delle singole classi, delineando i percorsi per il conseguimento dei risultati di apprendimento attesi.

AGLI STUDENTI

Padroneggiare l'uso di strumenti tecnologici nelle attività di studio, di ricerca, di approfondimento, nonché conoscere i rischi e le responsabilità nell'uso degli strumenti informatici, sono diventate prerogative indispensabili per collocarsi in modo dinamico in un mondo in rapida trasformazione.
Quindi, considerata la trasversalità dell'utilizzo del computer, saperlo usare in modo appropriato e consapevole costituisce una risorsa informativa che sviluppa ambienti di comunicazione e di collaborazione.

STRUTTURA DELL'OPERA

Modulo 1 – CONCETTI BASE
Modulo 2 – INTERNET
Modulo 3 – WRITER
Modulo 4 – IMPRESS
Modulo 5 – CALC
Appendice – LAVORARE NEL CLOUD

ESPANSIONE DIGITALE
Nell'e-Book+ sono disponibili due ulteriori moduli:
Modulo 6 – BASE
Modulo 7 – OFFICE AUTOMATION
Per un dettaglio dei contenuti in essi sviluppati, cfr. Indice e pagina 347.

CONTENUTI DEL PRESENTE VOLUME

Modulo 1 – CONCETTI BASE

Illustra i concetti di algoritmo, di sistema binario, di linguaggi di programmazione. Descrive caratteristiche e funzioni dell'architettura e dei componenti hardware del PC. Presenta l'ambiente operativo Windows 7, fornendo tecniche per operare efficacemente con icone e finestre.

Modulo 2 – INTERNET

Presenta i concetti di Internet, WWW e di cloud computing. Fornisce tecniche per l'utilizzo di Internet nella ricerca di informazioni e per prelevare materiale dal Web, evidenziando le problematiche relative a: diritto d'autore, privacy, virus, frodi virtuali, protezione dei dati. Illustra procedure per la gestione di messaggi mediante Gmail, il servizio di Web mail reso disponibile da Google.

Modulo 3 – WRITER

Illustra elementi e caratteristiche del word processor. Introduce le procedure per la formattazione di base del testo. Presenta strumenti e tecniche per gestire immagini e oggetti grafici. Dedica particolare cura alla progettazione della pagina per realizzare con creatività una comunicazione scritta corretta ed efficace. Illustra le procedure per la realizzazione di documenti complessi, anche in formato ipertestuale, fornendo abilità avanzate.

Modulo 4 – IMPRESS

Illustra elementi e caratteristiche del software. Fornisce tecniche e procedure per la produzione di strumenti di comunicazione visiva, per una progettazione ipertestuale delle informazioni e la realizzazione di presentazioni ipertestuali e multimediali con link, immagini e suoni.

Modulo 5 – CALC

Introduce all'uso del foglio elettronico con l'esecuzione di calcoli, l'applicazione delle diverse funzioni (matrici, matematiche, statistiche, logiche, di ricerca e 3D) riferite anche alla soluzione di semplici problemi, l'elaborazione di tabelle, la raccolta e l'ordinamento dei dati. Illustra le tecniche per la creazione di grafici elaborati, nonché per la stampa di fogli di lavoro.

Appendice – LAVORARE NEL CLOUD

Sviluppa sinteticamente l'uso di ambienti volti a favorire il lavoro nel cloud proponendo anche modalità di condivisione. Illustra come servirsi dell'ambiente di Dropbox per gestire il proprio archivio e creare un sistema di cartelle condivise funzionale alle proprie esigenze. Presenta i servizi di Google Drive per gestire file e cartelle nel cloud, produrre file di diversa tipologia, adeguati agli argomenti da trattare, co-costruire contenuti in modalità sincrona/asincrona, anche in condivisione, monitorando i diversi interventi eseguiti sui file e ripristinando revisioni.

APPARATO DIDATTICO

L'articolazione dei contenuti dell'opera e le proposte operative hanno l'obiettivo di:
- fornire conoscenze per padroneggiare gli strumenti informatici;
- favorire l'acquisizione di abilità per organizzare una razionale metodologia operativa;
- sviluppare progettualità.

I moduli sono autoconclusivi e si aprono con una pagina che elenca le unità didattiche, le conoscenze e le abilità sollecitate, delineando al contempo le competenze attese.
Ogni modulo si articola in unità arricchite da uno stimolante apparato didattico ed esercitazioni, che guidano lo studente all'acquisizione di conoscenze e allo sviluppo di abilità.
Per rendere immediata l'acquisizione dei contenuti, le procedure operative sono affiancate da numerose immagini esplicative; i nomi di comandi, opzioni e scelte sono evidenziati dal colore blu, mentre le parole chiave sono scritte in rosso.

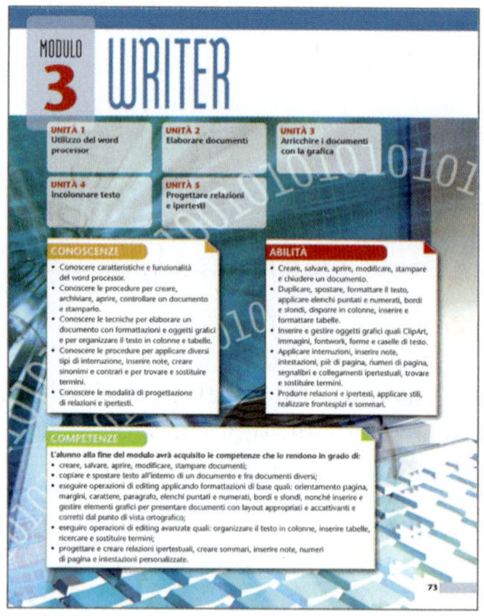

Clippy

Fornisce richiami e precisazioni rispetto agli argomenti trattati nel paragrafo. Nel testo, il ◀ **rimando** ▶ al Clippy è riconoscibile dalla parola in grassetto racchiusa tra due freccine che richiamano il colore del modulo.

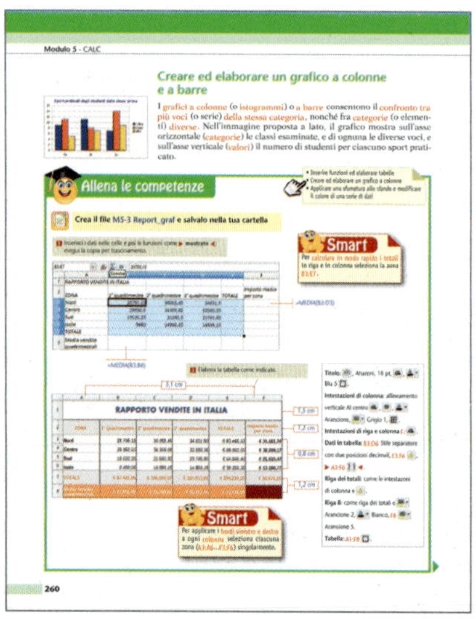

Smart

Fornisce suggerimenti e consigli immediati su scorciatoie operative. Nel testo, il ◀ **rimando** ▶ allo Smart è riconoscibile dalla parola in grassetto racchiusa tra due freccine di colore rosso.

Allena le competenze

Accompagna lo studente, mediante step e immagini esplicative, all'applicazione delle conoscenze permettendogli di acquisire competenze per realizzare elaborati (*sapere* e *saper fare*) e piena comprensione dei processi (*sapere perché si deve fare così*).

Zoom su...

Favorisce approfondimenti sui contenuti trattati nella teoria. Le schede sono disponibili come espansione digitale dell'eBook+, richiamate sul cartaceo da apposita icona.

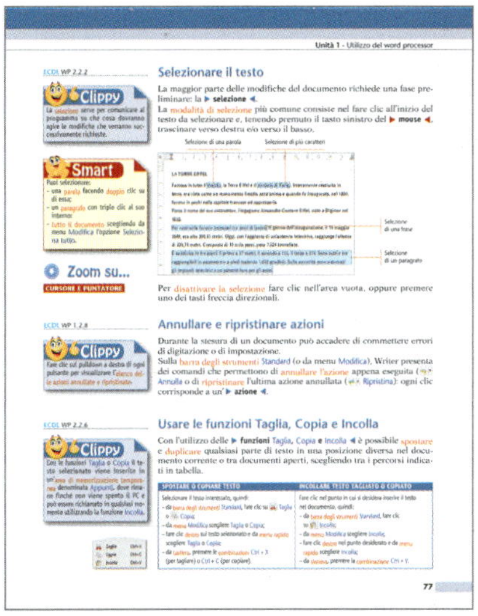

ECDL

I contenuti proposti includono conoscenze e tecniche utili a una preparazione informatica non specialistica, ma ampia e articolata da permettere il collegamento con la preparazione agli esami per il conseguimento della certificazione informatica della Nuova ECDL Base e Full standard prevista dalla Patente Europea del Computer (ECDL); i riferimenti al nuovo Syllabus sono puntualmente richiamati a fianco dei paragrafi che a esso si collegano. Tali riferimenti sono formati dalle iniziali di ciascun modulo (**CE** per Computer Essentials, **OE** per Online Essentials, **WP** per Word Processing, **PR** per Presentation, **SS** per Spreadsheets, **SC** per IT Security, **OC** per Online Collaboration), seguite dai rimandi numerici allo specifico argomento sviluppato nel modulo (p. es. **CE 1.2.4**, **OE 1.3.3**, ecc.).

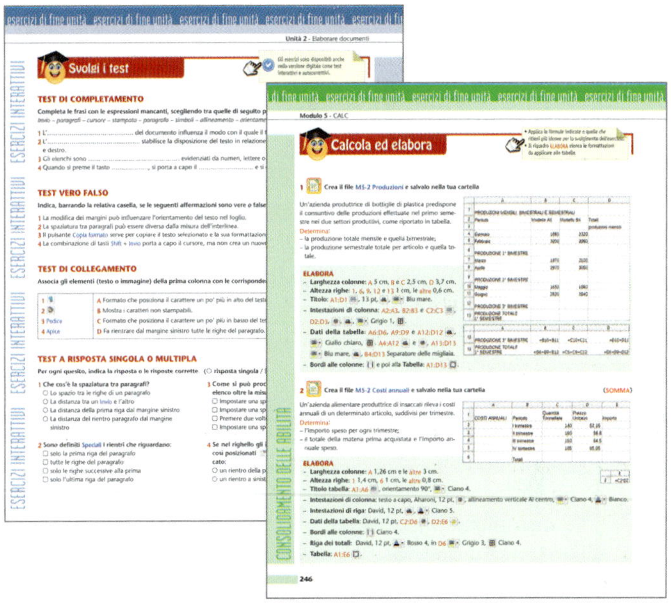

APPARATO ESERCITATIVO

Permette di consolidare e verificare le conoscenze e le abilità, proponendo test interattivi e autocorrettivi ed esercizi in specifiche aree operative al termine di ogni unità.

Ripasso delle conoscenze

Attraverso test di diversa tipologia, consente di verificare l'acquisizione dei contenuti (*sapere*). Nell'eBook+ questi test sono interattivi e autocorrettivi.

Consolidamento delle abilità

Propone, al termine di numerose unità, diverse tipologie di esercizi per consolidare le competenze e acquisire un metodo efficace per ottimizzare le modalità di lavoro, sfruttando correttamente le risorse dello strumento informatico (*saper fare*); gli esercizi, inoltre, si prefiggono di trasmettere strategie di editing (Elabora) e permettono di rinforzare le competenze e le abilità, portando lo studente verso una graduale autonomia (*saper fare*) e una piena comprensione dei processi (*sapere perché si deve fare così*).

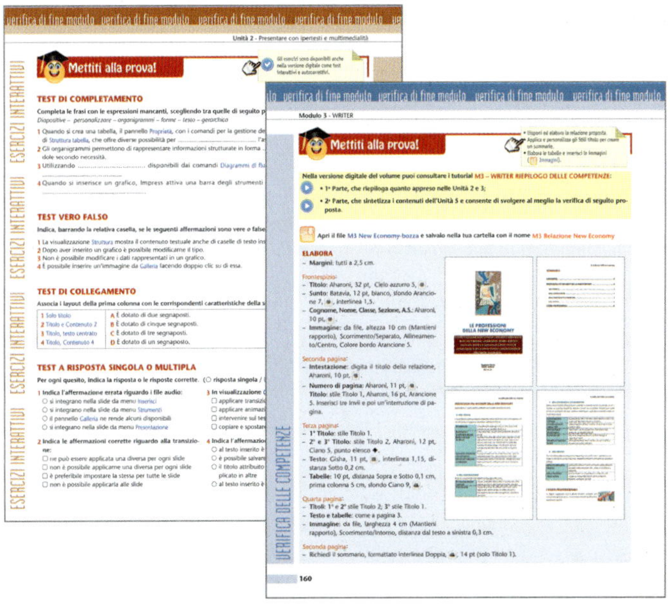

Verifica di fine modulo

Alla fine di ogni modulo sono proposte prove di verifica per testare le conoscenze e le competenze raggiunte.
Inoltre, per svolgere al meglio tali prove, nell'eBook+ è possibile consultare, per ogni modulo, i tutorial che sintetizzano quanto è stato trattato nelle unità.

RISORSE ONLINE

I file degli esercizi con la dicitura Apri richiamati nelle sezioni Allena le competenze e Consolidamento delle abilità dei vari moduli e le immagini da utilizzare (Immagini) sono scaricabili dal Web, dal sito **www.hoepliscuola.it** (hoepliscuola.it).

L'OFFERTA DIDATTICA **HOEPLI**

L'edizione **Openschool** Hoepli offre a docenti e studenti tutte le potenzialità di Openschool Network (ON), il nuovo sistema integrato di contenuti e servizi per l'apprendimento.

Edizione **OPENSCHOOL**

LIBRO DI TESTO + **eBOOK+** + **RISORSE ONLINE** + **PIATTAFORMA DIDATTICA**

LIBRO DI TESTO

Il libro di testo è l'**elemento cardine** dell'offerta formativa, uno strumento didattico **agile** e **completo**, utilizzabile **autonomamente** o in combinazione con il ricco **corredo digitale** offline e online. Secondo le più recenti indicazioni ministeriali, volume cartaceo e apparati digitali **sono integrati in un unico percorso didattico.** Le espansioni accessibili attraverso l'eBook+ e i materiali integrativi disponibili nel sito dell'editore sono puntualmente richiamati nel testo tramite apposite icone.

eBOOK+

L'**eBook+** è la versione digitale e interattiva del libro di testo, utilizzabile su **tablet, LIM e computer**. Aiuta a comprendere e ad approfondire i contenuti, rendendo l'apprendimento più attivo e coinvolgente. Consente di leggere, annotare, sottolineare, effettuare ricerche e accedere direttamente alle numerose **risorse digitali integrative**.

➜ Scaricare l'eBook+ è molto **semplice**. È sufficiente seguire le istruzioni riportate nell'ultima pagina di questo volume.

RISORSE ONLINE

Il sito della casa editrice offre una ricca dotazione di **risorse digitali** per l'approfondimento e l'aggiornamento. Nella pagina web dedicata al testo è disponibile **MyBookBox**, il contenitore virtuale che raccoglie i materiali integrativi che accompagnano l'opera.

➜ Per accedere ai materiali è sufficiente registrarsi al sito **www.hoepliscuola.it** e inserire il codice coupon che si trova nella terza pagina di copertina. **Per il docente** nel sito sono previste ulteriori risorse didattiche dedicate.

PIATTAFORMA DIDATTICA

La **piattaforma didattica** è un ambiente digitale che può essere utilizzato in modo duttile, a misura delle esigenze della classe e degli studenti. Permette in particolare di **condividere contenuti** ed **esercizi** e di partecipare a **classi virtuali**. Ogni attività svolta viene salvata sul **cloud** e rimane sempre disponibile e aggiornata. La piattaforma consente inoltre di consultare la versione online degli eBook+ presenti nella propria libreria.

➜ È possibile accedere alla piattaforma attraverso il sito **www.hoepliscuola.it**.

MODULO 1 CONCETTI BASE

UNITÀ 1
Introduzione all'informatica

UNITÀ 2
Hardware e software

UNITÀ 3
L'ambiente operativo

CONOSCENZE

- Conoscere le caratteristiche della comunicazione informatica.
- Conoscere come vengono codificati informazioni e dati.
- Conoscere l'architettura e i componenti di un PC.
- Conoscere le caratteristiche del sistema operativo e del software applicativo.
- Conoscere gli strumenti di Windows per configurare il PC.
- Conoscere gli strumenti di Windows per gestire file e cartelle.

ABILITÀ

- Definire come sono codificati i dati nel PC.
- Distinguere le diverse unità di misura delle memorie.
- Elencare i componenti hardware e descriverne il funzionamento.
- Distinguere le funzioni del sistema operativo e del software applicativo.
- Interagire con gli elementi dell'ambiente Windows e personalizzarli.
- Operare su file e cartelle per strutturare e organizzare l'archivio.

COMPETENZE

L'alunno alla fine del modulo avrà acquisito le competenze che lo rendono in grado di:

- descrivere come sono codificati i dati nella comunicazione informatica;
- descrivere le funzioni dei componenti hardware;
- elencare le funzioni del sistema operativo e quelle del software applicativo;
- personalizzare l'ambiente operativo modificando le impostazioni relative al desktop, allo schermo, alla tastiera;
- eseguire operazioni sui file e cartelle, quali copia, spostamento, compressione, decompressione, collegamenti.

UNITÀ 1 INTRODUZIONE ALL'INFORMATICA

> **Info**
>
> I file degli esercizi con la dicitura Apri proposti nel modulo sono disponibili come risorse online (hoepliscuola.it), archiviati nella cartella M1 Concetti base. Si consiglia di creare una cartella personale in cui archiviare i file eseguiti.

Tutte le volte in cui si deve risolvere un problema o soddisfare una necessità occorre:

- individuare gli elementi che si hanno a disposizione (dati di input);
- stabilire l'obiettivo che si vuole raggiungere (dati di output);
- precisare la procedura che si intende seguire per ottenere l'obiettivo prefissato.

Tante sono le situazioni che, nella vita quotidiana, richiedono l'esecuzione di una procedura, cioè il compimento di un una sequenza precisa, ordinata e finita di azioni che conducono all'obiettivo fissato. Tale sequenza, in informatica, viene descritta attraverso l'algoritmo.

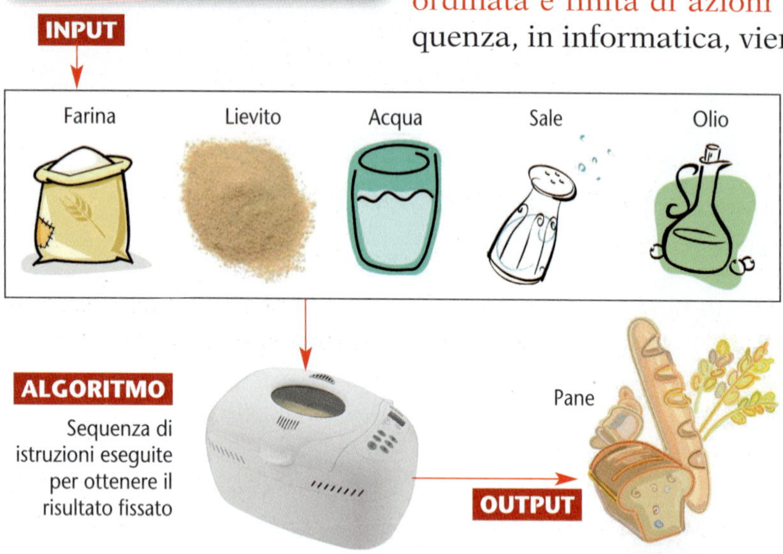

Per comprendere meglio il concetto, proponiamo l'esempio di una famiglia che ha acquistato la macchina per fare il pane:

- input: farina, lievito, acqua, sale, olio;
- algoritmo risolutivo: programma di impasto e cottura scelto (istruzioni che conducono al risultato fissato);
- output: pane.

L'esempio può essere trasferito in ambito informatico e può aiutarci a comprendere l'attività svolta da un PC per soddisfare le nostre esigenze quotidiane.

Concetto di algoritmo

L' ▶ **algoritmo** ◀, in quanto tale, deve essere:

- finito, ovvero essere costituito da un numero finito di passi eseguiti un numero finito di volte;
- deterministico, cioè, a partire dagli stessi dati di input, deve produrre i medesimi risultati;
- non ambiguo, in quanto le operazioni che lo costituiscono devono poter essere interpretate in modo univoco anche da esecutori diversi;
- generale, ovvero deve fornire la soluzione per tutti i problemi che appartengono alla medesima classe.

> **Clippy**
>
> L'algoritmo è una sequenza finita di operazioni (dette anche passi o istruzioni) che consente di risolvere tutti i problemi di una determinata "classe" e produrre il risultato stabilito.

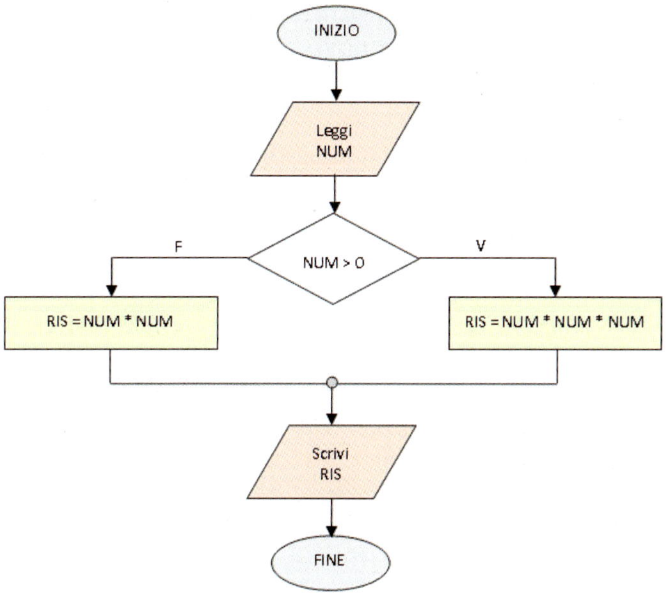

Diagrammi di flusso

Per descrivere in forma algoritmica la procedura risolutiva di un problema è necessario rendere visivamente comprensibile la successione logica delle istruzioni di cui si compone l'algoritmo procedendo con la sua rappresentazione grafica mediante la costruzione di diagrammi di flusso, definiti anche diagrammi a blocchi, o *flow-charts*. Tali diagrammi costituiscono lo strumento per presentare il ragionamento che condurrà al risultato atteso.

Zoom su...

I BLOCCHI DEI DIAGRAMMI DI FLUSSO

Il linguaggio naturale e i linguaggi di programmazione

Costruito l'algoritmo risolutivo, le istruzioni di cui si compone costituiscono il programma che deve essere scritto in uno specifico linguaggio di programmazione.

Zoom su...

CONNETTIVI LOGICI (AND, OR, NOT)

In generale, quando si parla di linguaggio, si intende l'insieme delle parole (lessico), ciascuna con il suo significato, disponibili per esempio in un dizionario, e la loro sintassi, costituita dalle regole da seguire per costruire una frase in modo corretto, affinché possa essere compresa.

Il linguaggio naturale è quello comunemente utilizzato per comunicare con gli altri e consente ricchezza espressiva; in alcuni casi, tuttavia, può dare adito ad ambiguità e talvolta anche a ridondanza.

CONSIDERIAMO, PER ESEMPIO, LA SEGUENTE FRASE: "LA BELLA PESCA".

Essa può essere interpretata in due modi:
1. "una bella ragazza sta pescando";
2. "un bel frutto".

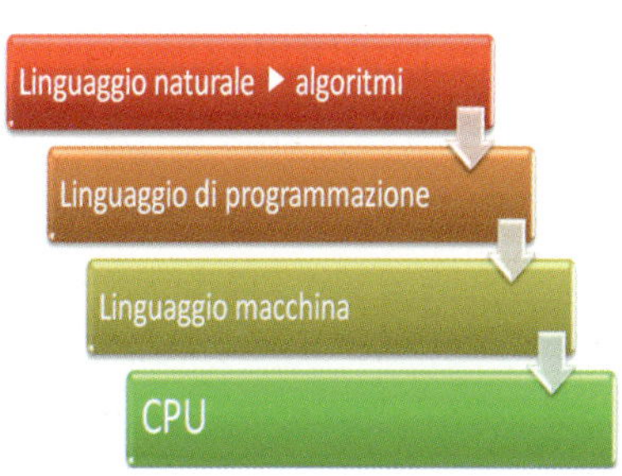

Ne consegue che il linguaggio naturale non può essere utilizzato per "istruire" l'elaboratore su ciò che deve compiere, in quanto le caratteristiche che presenta non sono adatte alla sua logica: un elaboratore non può gestire informazioni ambigue.
Esso riesce ad interpretare un linguaggio costituito da istruzioni precise appartenenti a un linguaggio specifico, a lui comprensibile, costituito da un alfabeto e da un insieme di regole sintattiche per l'uso corretto delle parole del linguaggio.

 x verifica

Clippy

Il linguaggio di programmazione è un linguaggio intermedio fra linguaggio macchina (direttamente comprensibile dall'elaboratore) e linguaggio naturale, che descrive gli algoritmi con una ricchezza espressiva simile a quella dei linguaggi naturali, semplice da apprendere e usare per i programmatori.

L'elaboratore, quindi, per svolgere un determinato compito deve disporre di un algoritmo che definisca nei particolari come tale compito debba essere eseguito. L'elaboratore però non è in grado di eseguire direttamente l'algoritmo, che deve essere perciò trasformato in un programma espresso mediante un ▶ **linguaggio di programmazione** ◀.
Il linguaggio di programmazione viene definito anche linguaggio di alto livello in quanto è costituito da una sintassi che non è dipendente dal funzionamento specifico di una certa CPU: di conseguenza, consente di scrivere un programma indipendentemente dall'elaboratore su cui sarà eseguito.

Il linguaggio macchina e linguaggi procedurali

Zoom su...
PROGRAMMI COMPILATORI E PROGRAMMI INTERPRETI

Zoom su...
UTILIZZO DI PSEUDO LINGUAGGI

Abbiamo detto che i linguaggi di programmazione (o procedurali) tendono ad assomigliare ai linguaggi naturali proprio per rendere più facile la programmazione del computer. Il computer invece "capisce" un suo linguaggio, definito linguaggio macchina.
Il linguaggio macchina, direttamente comprensibile dalla CPU, è costituito da una sintassi limitatissima e molto rigida, composta da sequenze di cifre binarie 1 e 0. Le operazioni elementari eseguite dalla CPU sono quindi rappresentate come sequenze di cifre binarie: a questo livello, un programma corrisponde a una serie di istruzioni espresse in codice binario, direttamente eseguibili dalla CPU.
I primi computer si basavano esclusivamente sul linguaggio macchina: il programmatore utilizzava una tabella che serviva per tradurre i comandi nella serie corrispondente di cifre binarie da inserire; era sufficiente sbagliare una cifra per mettere in crisi tutto il sistema. Inoltre il linguaggio macchina, direttamente compreso ed eseguito dal processore, ancora oggi è strettamente collegato alla sua struttura fisica, con la conseguenza che il medesimo programma può non funzionare in microprocessori diversi.
Per ovviare a questi inconvenienti sono stati sviluppati i ▶ **linguaggi di programmazione** ◀ di alto livello, in cui le istruzioni non sono più indicate da sequenze di cifre binarie, ma da nomi simbolici, più facili da riconoscere, memorizzare e utilizzare da parte del programmatore. Inoltre essi non sono vincolati alla struttura di uno specifico processore; ne consegue che un programma scritto in un linguaggio di alto livello può funzionare su qualsiasi elaboratore.

Clippy

Il linguaggio Assembler è un linguaggio di programmazione di basso livello che ha la stessa struttura del linguaggio macchina ed è strettamente legato alle caratteristiche del computer per il quale è stato definito.

I sistemi di numerazione decimale e binario

Esistono diversi sistemi di numerazione, ma quello più utilizzato nella vita di tutti i giorni è quello ▶ **decimale** ◀, definito anche sistema di numerazione posizionale.
Per esempio, se scriviamo 584 oppure 845, utilizziamo le medesime cifre che però, modificando la loro posizione, assumono un valore diverso: spostando una cifra verso sinistra si moltiplica il suo valore per dieci, mentre spostandola di una posizione verso destra si divide il suo valore per dieci.

Clippy

Il sistema di numerazione decimale è basato su dieci simboli (dallo 0 al 9), ognuno dei quali cambia di valore in base alla posizione che assume.

Ogni numero intero N può essere scritto nella seguente forma:

$N = a_n\, a_{n-1}\, a_{n-2}\, a_{n-3} \ldots a_2\, a_1$ dove a_k rappresenta una qualsiasi delle cifre da 0 a 9 ed equivale all'espressione

$N = a_n * 10^{n-1} + a_{n-1} * 10^{n-2} + \ldots a_2 * 10^1 + a_1 * 10^0$ polinomio in cui ogni cifra viene rappresentata moltiplicandola per una potenza di 10.
I simboli a_k sono le cifre del numero N e 10 la sua base.

In considerazione di ciò, i numeri 584 e 845 possono essere rappresentati come nell'esempio che segue, in cui ogni cifra, in base alla posizione occupata, è stata moltiplicata per la potenza di dieci.

$$584 = 5 * 10^2 + 8 * 10^1 + 4 * 10^0$$

$$845 = 8 * 10^2 + 4 * 10^1 + 5 * 10^0$$

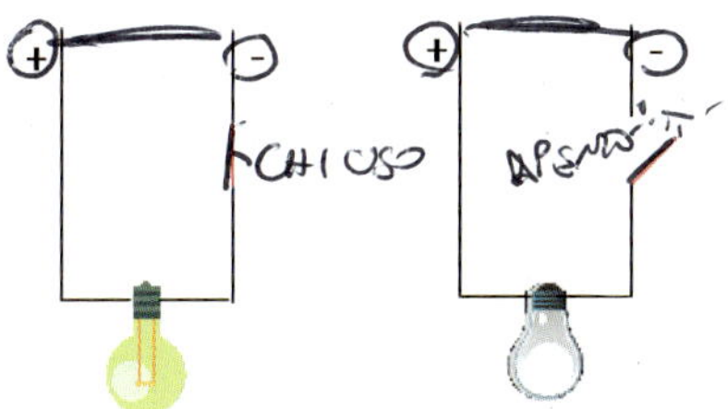

Esaminiamo ora il sistema di numerazione detto binario.
Si tratta di un sistema di numerazione posizionale basato su due sole cifre 0 e 1, che prendono il nome di bit (*binary digit*, cifra binaria).
Per capirne il funzionamento, ricorriamo a un semplice esempio: quando si desidera accendere la luce in una stanza si preme l'interruttore che fa accendere la lampadina. In questo caso, si hanno due soli possibili stati: con il circuito elettrico chiuso la lampadina è accesa, con il circuito elettrico aperto la lampadina è spenta.
L'esempio appena illustrato ci è utile in quanto è paragonabile al modo in cui lavorano i ▶ **computer** ◀, i quali utilizzano circuiti elettronici che prevedono solo due possibili stati (circuito aperto/circuito chiuso, oppure magnetizzato/non magnetizzato): entrambe queste situazioni, per essere rappresentate in modo matematico, ricorrono appunto al sistema binario.
Anche in questo sistema di numerazione, come in quello decimale, spostando una cifra verso sinistra si moltiplica il suo valore per due, mentre spostandola di una posizione verso destra si divide il suo valore per due: per tale motivo, ai numeri binari si associa la potenza di 2 in corrispondenza della posizione occupata.

Clippy

Nei computer la memorizzazione dei dati è realizzata mediante il sistema binario, grazie al fatto che la memoria è una sequenza di elementi elettronici atti ad assumere due stati, rappresentati quindi da 0 e 1.

• Convertire un numero binario in decimale

Per convertire un numero binario in decimale, partendo da destra, si moltiplica ogni cifra per la potenza di 2 corrispondente alla posizione occupata.

Per comprendere gli esempi che mostrano la trasformazione di un numero binario in decimale, e viceversa, si precisa che il pedice 2 indica un numero espresso in sistema binario e il pedice 10 un numero espresso in sistema decimale.

$$\begin{aligned} 1101001_2 &= 1 * 2^6 + 1 * 2^5 + 0 * 2^4 + 1 * 2^3 + 0 * 2^2 + 0 * 2^1 + 1 * 2^0 \\ &= 1 * 64 + 1 * 32 + 0 * 16 + 1 * 8 + 0 * 4 + 0 * 2 + 1 * 1 \\ &= 64 + 32 + 0 + 8 + 0 + 0 + 1 \\ &= 105_{10} \end{aligned}$$

Clippy

Il punto radice separa, come nel consueto uso la virgola, la parte intera del numero da quella non intera.

• Convertire un numero decimale in binario

Per convertire un numero decimale in binario, si divide il numero per 2 e il resto rappresenta la cifra meno significativa in binario; si divide poi per 2 il quoziente ottenuto ed il resto rappresenta la seconda cifra del ▶ **punto radice** ◀ e così si procede fino all'ultimo quoziente 1. Nella lettura del numero binario si parte dall'ultimo quoziente 1 e poi si leggono i resti ottenuti.

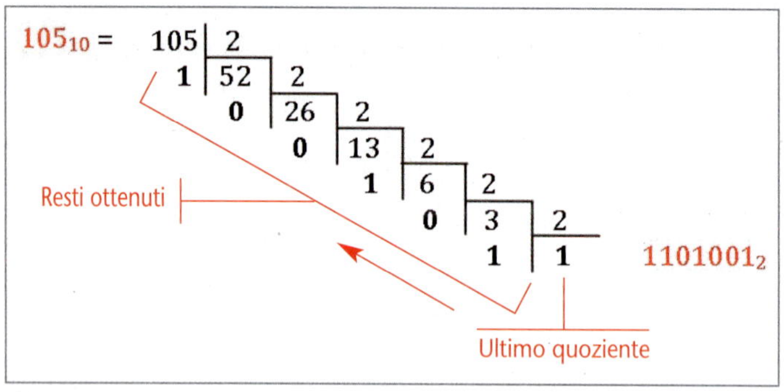

Confrontando la rappresentazione del valore considerato nei due sistemi, si può notare che, con il sistema binario, più semplice rispetto al decimale, si deve utilizzare un numero maggiore di cifre. Tuttavia, semplicità e numero elevato di calcoli sono caratteristiche che ben si associano alla logica di lavoro di un elaboratore, in grado di compiere un numero elevatissimo di operazioni in pochissimo tempo.

Concetto di bit e di byte

Clippy

Il bit corrisponde a una delle due cifre binarie, 0 oppure 1.
Il byte è un gruppo di 8 bit, unità minima di memorizzazione e lettura in un elaboratore, e serve per rappresentare una lettera, una cifra o un simbolo. Nella codifica delle informazioni si utilizzano il byte e i suoi multipli.

Per poter rappresentare i caratteri in un sistema elettronico di elaborazione, le ▶ **due cifre** ◀ di cui si compone il sistema binario sarebbero insufficienti: sono state quindi raggruppate in ▶ **byte** ◀.
Con 1 byte si possono ottenere 256 (2^8) combinazioni di 0 e 1, ognuna delle quali, mediante una tabella di codifica, viene associata a una lettera dell'alfabeto, a un numero (da 0 a 9), a un carattere speciale e ad altri segni o simboli.
La tabella standard di codifica che permette tale collegamento è il codice ASCII (*American Standard Code for Information Interchange*), usato per la rappresentazione dei caratteri di testo attraverso i byte.
In realtà, il codice ASCII copre solo i primi 128 caratteri, numeri e simboli; i successivi, fino al 256, costituiscono la tabella ASCII estesa, che presenta varie versioni a carattere nazionale.

Rappresentazione digitale dei dati

Clippy

Il termine digitale (dall'inglese *digit*, cifra) sta a indicare tutto ciò che può essere rappresentato da numeri.

Nella vita di ogni giorno alcune situazioni sono direttamente rappresentate da numeri; si pensi, per esempio, al numero di penne presenti nell'astuccio: considerato in modo ▶ **digitale** ◀, si tratta di una grandezza "che varia fra un sistema finito di possibili stati in maniera discreta", dove "stati" indica nel nostro esempio il numero di penne e "discreta" significa che ogni stato (numero) è ben distinto dagli altri, vale a dire 4 penne, oppure 5 ecc., cioè valori ben definiti.
Altre situazioni, invece, come per esempio il segnale generato da un microfono, si presentano in modo analogico in quanto, in un intervallo, il segnale può assumere infiniti valori.
Tuttavia, poiché l'elaboratore opera solo su dati digitali, qualsiasi fenomeno analogico deve essere digitalizzato, cioè rappresentato da un insieme numerato di elementi che ne rendono possibile l'interpretazione.

Zoom su...

DATI ANALOGICI E DATI DIGITALI

Svolgi i test

Gli esercizi sono disponibili anche nella versione digitale come test interattivi e autocorrettivi.

TEST DI COMPLETAMENTO

Completa le frasi con le espressioni mancanti, scegliendo tra quelle di seguito proposte.
classe – alto – due – macchina – sequenza – byte

1 L'algoritmo è una .... finita di istruzioni che consente di risolvere tutti i problemi di una determinata .... e produrre il risultato stabilito.
2 Il bit corrisponde a una delle .... cifre binarie. Un gruppo di 8 bit forma un ....
3 Il linguaggio di programmazione è definito anche linguaggio di .... livello.
4 Il linguaggio .... è l'unico direttamente comprensibile dall'elaboratore.

TEST VERO FALSO

Indica, barrando la relativa casella, se le seguenti affermazioni sono vere o false. V F

1 Un byte serve per rappresentare una lettera, una cifra o un simbolo. ☐ ☐
2 Con un byte si possono ottenere fino a 128 combinazioni di 0 e 1. ☐ ☐
3 Un diagramma di flusso può avere più di un blocco Inizio. ☐ ☐
4 Un elaboratore è in grado di operare solo su dati digitali. ☐ ☐

TEST DI COLLEGAMENTO

Associa le immagini della prima colonna con il corrispondente significato della seconda.

1 	A Ingresso.	1 ____
2 	B Elaborazione.	2 ____
3 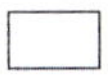	C Confronto.	3 ____
4 	D Fine.	4 ____

TEST A RISPOSTA SINGOLA O MULTIPLA

Per ogni quesito, indica la risposta o le risposte corrette. (○ **risposta singola** / ☐ **risposta multipla)**

1 Il programma compilatore:
○ è sinonimo di programma interprete
○ genera un file con estensione .accdb
○ non genera una copia del programma in linguaggio macchina
○ traduce l'intero programma

2 Il linguaggio di programmazione:
☐ è un linguaggio intermedio tra il linguaggio macchina e il linguaggio naturale
☐ consente la scrittura di un programma a prescindere dall'elaboratore in cui sarà eseguito
☐ è sinonimo di linguaggio naturale
☐ può dare adito ad ambiguità

3 L'algoritmo è:
☐ indeterministico
☐ specifico
☐ generale
☐ finito

4 Indica l'affermazione corretta:
○ Assembler è un linguaggio di programmazione di alto livello
○ un programma scritto in linguaggio di alto livello può funzionare su qualsiasi elaboratore
○ il sistema di numerazione binario non è posizionale
○ l'estensione .exe identifica un file di immagine

RIPASSO DELLE CONOSCENZE

UNITÀ 2 HARDWARE E SOFTWARE

ECDL CE 1.2.1

Clippy

L'hardware (*hard*, "solido"; *ware*, "componente") è l'insieme dei componenti fisici (meccanici, elettrici, elettronici, magnetici e ottici) che costituiscono l'elaboratore.
Il software (*soft*, "soffice"; *ware*, "componente") è la parte logica di un elaboratore, costituita dai programmi residenti nella memoria del computer o nei supporti di memorizzazione.

Il computer è un insieme di dispositivi fisici (▶ **hardware** ◀) predisposti per ricevere dati dall'esterno, elaborarli seguendo determinate istruzioni contenute in programmi (▶ **software** ◀) e produrre risultati alla fine del processo di elaborazione.
Pertanto, in un elaboratore, i componenti hardware e software sono complementari tra loro e indispensabili affinché il computer possa funzionare.

ECDL CE 1.2.1

Tipi di computer

Esistono vari tipi di computer, che vengono impiegati in diversi campi e che sono classificati sulla base delle loro prestazioni e caratteristiche. Di seguito ne esaminiamo alcuni.

Clippy

L'iPad è una linea di tablet PC progettati da Apple. È dotato di uno schermo multi-touch e di una tastiera virtuale. L'iPad è munito di connettività Wi-Fi e, in alcuni modelli, di Wi-Fi + Cellular.

TIPO	CARATTERISTICHE
	PERSONAL COMPUTER - Noto come PC, è un elaboratore monoutente (o *standalone*), più o meno potente. Rispetto al laptop o al tablet PC, si distingue per l'espandibilità (si possono potenziare alcuni componenti quali, per esempio, la memoria RAM, installare ulteriori hard disk, ecc.) e il prezzo, inferiore a parità di prestazioni.
	LAPTOP COMPUTER (PORTATILE O NOTEBOOK) - Dispositivo monoutente, di dimensioni ridotte, trasportabile, leggero e con possibilità di alimentazione autonoma mediante batterie. A parità di prestazioni, il suo costo è superiore rispetto al PC in quanto i componenti che lo costituiscono sono miniaturizzati e ottimizzati per un minore consumo di energia.
	TABLET PC - Computer con prestazioni simili al portatile, ma di dimensioni e peso più ridotti, il ▶ **tablet PC** ◀ (PC tavoletta) offre la possibilità di scrivere e convertire la grafia in testo. Si opera con un dispositivo detto *digitizer* (o stilo), una penna che consente la "scrittura" su schermo. I tablet PC si distinguono in puri (o *slate*), costituiti solo da penna e schermo, e in convertibili, dotati anche di tastiera.

Zoom su...
DISPOSITIVI PORTATILI

ECDL CE 1.2.2

Struttura hardware di un PC

Lo schema ideato dal matematico Von Neumann a metà degli anni '40 e di seguito riportato mostra gli elementi base di ogni sistema di elaborazione e il flusso dei dati che avviene al suo interno.

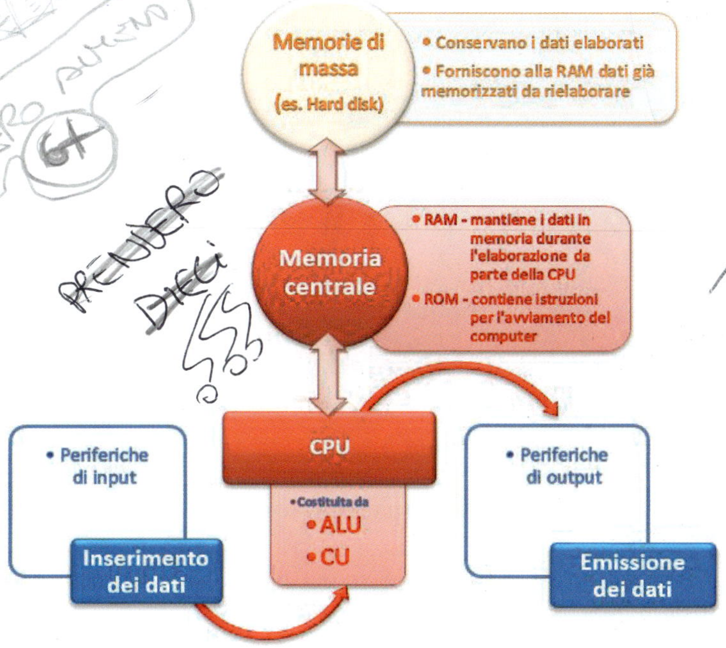

ELEMENTO	CARATTERISTICHE
CPU *Central Processing Unit*	"Cervello" della macchina in cui avvengono i processi di elaborazione.
MEMORIA CENTRALE	Conserva le istruzioni per l'avvio del PC e memorizza informazioni, istruzioni e dati per l'elaborazione.
MEMORIE DI MASSA	Memorizzano dati e programmi in modo permanente.
PERIFERICHE DI INPUT	Consentono l'immissione di dati e istruzioni.
PERIFERICHE DI OUTPUT	Consentono la comunicazione all'esterno dei dati.

ECDL CE 1.2.4

• Porte di input e di output

I dispositivi (o *device*) che consentono di interagire con il computer sono detti periferiche e consentono la trasmissione di dati e istruzioni dall'interno all'esterno del computer e viceversa. Si possono collegare al computer mediante diverse tecnologie, oppure "fisicamente", tramite cavi le cui prese vanno inserite nelle corrispondenti porte, che permettono la connessione delle periferiche alla CPU.
A seconda delle funzioni, esistono vari tipi di porta: USB, seriale, parallela, porta di rete, FireWire.

TIPI DI PORTE				
USB	SERIALE	PARALLELA	DI RETE	FIREWIRE

ECDL CE 1.2.2

Unità centrale di elaborazione (CPU)

Clippy

La CPU è un circuito integrato (microprocessore) in cui avvengono tutti i processi di elaborazione.

La ▶ **CPU** ◀ è costituita da:
- ALU (*Arithmetic and Logic Unit*), unità di elaborazione che compie le operazioni di calcolo richieste ed esegue le istruzioni del programma;
- CU (*Control Unit*), unità di governo che coordina lo svolgimento dell'esecuzione delle operazioni.

> **Clippy**
>
> L'unità di misura della velocità (frequenza) di un microprocessore è l'hertz, che misura il numero di cicli al secondo effettuati dal clock. I suoi multipli sono:
> - il megahertz (MHz), che indica un milione di cicli di clock al secondo;
> - il gigahertz (GHz), che corrisponde a un miliardo di cicli di clock al secondo. Se in un elaboratore il clock lavora a 1 GHz significa che l'unità centrale esegue 1 miliardo di istruzioni elementari al secondo.

Il microprocessore risiede sulla motherboard (scheda madre), alla quale si collegano i vari componenti interni, i moduli di memoria RAM e, attraverso connettori (*slot*), le schede grafica, audio, video, di rete ecc. La velocità di lavoro della CPU è determinata dalla ▶ **frequenza** ◀ del clock, un orologio interno che scandisce l'esecuzione delle operazioni. A ogni scatto del clock viene inviato all'unità centrale un segnale: una operazione elementare dura un ciclo di clock.

ECDL CE 1.2.2

Memoria centrale (RAM e ROM)

La memoria centrale, in relazione alla conservazione dei dati, si distingue in:
- RAM: memoria temporanea di lettura/scrittura che si svuota allo spegnimento dell'elaboratore;
- ROM: memoria permanente di sola lettura che mantiene il suo contenuto anche allo spegnimento dell'elaboratore.

Zoom su...
PRESTAZIONI DI UN COMPUTER

MEMORIA		CARATTERISTICHE/DESCRIZIONE
	RAM (*Random Access Memory*)	– Volatile: perde il suo contenuto in caso di assenza di corrente elettrica. – Ad accesso casuale: si accede direttamente al dato che interessa (a differenza dei nastri in cui per arrivare a una informazione si scorrono quelle che la precedono). – Di lavoro e dinamica: mantiene memorizzati i dati in fase di elaborazione e le istruzioni dei programmi attivi per aumentarne la velocità di esecuzione.
	ROM (*Read Only Memory*)	Negli elaboratori esiste una particolare ROM, denominata BIOS ROM, al cui interno si trova il firmware, routine software che avvia un insieme di istruzioni (software di boot) che consentono l'esecuzione delle funzioni di base dell'elaboratore, quali: – l'autodiagnostica (autotest) preposta a controllare, all'accensione, la funzionalità di ogni componente hardware; – il riconoscimento e la gestione delle periferiche di input e di output (BIOS, *Basic Input/Output System*); – il caricamento del nucleo del sistema operativo (*bootstrap*) dal disco fisso alla RAM affinché esso abbia il controllo dell'hardware e gestisca i programmi in esecuzione.

ECDL CE 4.3.2

UNITÀ DI MISURA	SIMBOLO	CAPACITÀ
byte	B	8 bit
kilobyte	KB	1024 byte
megabyte	MB	1024 kilobyte
gigabyte	GB	1024 megabyte
terabyte	TB	1024 gigabyte
petabyte	PB	1024 terabyte
exabyte	EB	1024 petabyte
zettabyte	ZB	1024 exabyte
yottabyte	YB	1024 zettabyte

• Unità di misura della memoria di un computer

Considerato che le memorie di un computer sono dispositivi preposti a memorizzare dati codificati secondo il byte e i suoi multipli, per misurarne la capacità ci si riferisce alle unità di misura indicate nella tabella.

Le dimensioni di un file variano in relazione al tipo di dati memorizzati: per esempio, un file di testo può occupare 40-50 byte, mentre un file di immagine qualche kilobyte o addirittura alcuni megabyte.

ECDL CE 1.2.2 - CE 4.3.1

Clippy

Le memorie di massa sono dispositivi magnetici, ottici ed elettronici che permettono di memorizzare dati e programmi in modo permanente. La loro capacità è espressa in gigabyte o terabyte. Il dispositivo di lettura/scrittura dei dischi è il drive.

Clippy

La velocità di lettura/scrittura su supporti di memoria esterni è più bassa di quella su hard disk.

Memorie di massa

Durante l'elaborazione i dati risiedono nella RAM, ma al termine del lavoro, per conservarli, è necessario trasferirli in un dispositivo di memorizzazione.
Se poi dobbiamo modificare un file precedentemente salvato, esso sarà prelevato dalla ▶ **memoria di massa** ◀ in cui risiede, trasferito nella RAM per l'elaborazione e al termine delle operazioni le modifiche verranno ▶ **registrate** ◀ nella memoria di massa.

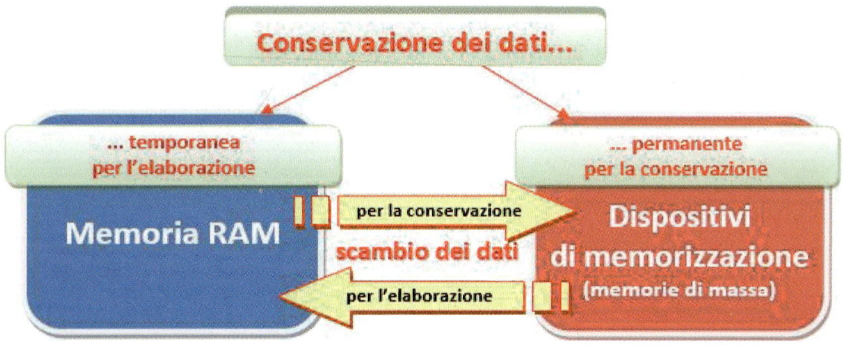

In base al dispositivo sul quale i dati vengono registrati, le memorie di massa si possono distinguere in unità di memorizzazione magnetiche, ottiche ed elettroniche.
Esistono inoltre unità di memorizzazione online, che rendono possibile memorizzare o prelevare file da altri elaboratori connessi in rete. In alcuni casi sfruttando una LAN, in altri mediante Internet, si possono archiviare file in server (elaboratori utilizzati per fornire sevizi ad altri computer) più o meno lontani dal luogo in cui si sta lavorando: ne può essere un esempio la condivisione di file mediante la messaggistica istantanea.

DISPOSITIVI MAGNETICI		CARATTERISTICHE/DESCRIZIONE	CAPACITÀ
	HARD DISK Disco fisso interno	Posizionato nel cabinet, è generalmente costituito da una serie di dischi sovrapposti che hanno superficie magnetizzata e nei quali la registrazione dei dati può avvenire sulle due facce. Nell'hard disk sono memorizzati i programmi installati e i dati salvati dall'utente.	Nell'ordine dei GB o dei TB
	HARD DISK USB Disco esterno	Collegato all'elaboratore attraverso porta USB, è utilizzato per conservare grandi quantitativi di dati o per trasferirli fra PC non collegati in rete.	
	DISCHI DI RETE	Mediante la rete che connette le diverse postazioni o dispositivi, possono essere utilizzati come memorie di massa da ogni elaboratore collegato.	In genere nell'ordine dei TB
	NASTRI	Sono gli unici dispositivi ad accesso sequenziale, di elevata capacità, solitamente impiegati per fare copie di backup (sicurezza) dei dati presenti negli hard disk.	

DISPOSITIVI OTTICI		CARATTERISTICHE/DESCRIZIONE
	CD *Compact Disk* DVD *Digital Versatile Disk*	Sono impiegati per la ▶ **memorizzazione** ◀ di programmi, musica, filmati o prodotti multimediali. – Il CD ha una capienza di 800 MB di dati. – Il DVD può contenere da 4,7 a 17 GB di dati.

Clippy

Esistono CD e DVD RW (Re-Writable); si tratta di dischi riscrivibili sui quali è possibile salvare, cancellare e salvare ulteriormente dati. La registrazione dei dati su CD e DVD avviene mediante l'uso del masterizzatore.

DISPOSITIVI ELETTRONICI		CARATTERISTICHE/DESCRIZIONE
	USB FLASH DRIVE	Detta anche Pen drive o chiavetta USB, ha dimensioni ridotte e grande capacità (espressa in GB). È utilizzata per copiare o trasferire dati fra elaboratori non collegati in rete.
	MEMORY CARD	Scheda estraibile di piccole dimensioni e di elevata capacità (espressa in GB). Viene spesso aggiunta alle memorie di cui sono già dotati smartphone, palmari, macchine fotografiche digitali, in quanto la registrazione di foto, musica, video digitali ecc. comporta la necessità di avere a disposizione memorie capienti.

ECDL CE 1.2.3

Zoom su...

ELEMENTI DELLA TASTIERA

Periferiche di input

Le periferiche di input sono costituite dai dispositivi che consentono l'inserimento nel computer di dati e istruzioni. Di seguito, ne descriviamo alcune fra le più comuni.

DISPOSITIVO		CARATTERISTICHE/DESCRIZIONE
	TASTIERA	È la periferica più diretta per comunicare con il computer, per inserire dati e comandi. È composta da: tasti funzione, gruppo alfanumerico, tasti di controllo e ▶ **tastierino numerico** ◀.
	MOUSE	Con un minimo spostamento sul piano di lavoro fa muovere il puntatore consentendo la selezione di comandi o dati. Nei portatili lo strumento di input sostitutivo del mouse è il touchpad, una piastrina sensibile al tatto che consente la selezione, nei videogioci il joystick.
	SCANNER	Permette di acquisire ▶ **testi** ◀, fotografie ecc. in formato immagine.
	WEBCAM	Permette di acquisire successioni di immagini in formato digitale e produrne filmati. Nei portatili è integrata allo schermo.
	MACCHINA FOTOGRAFICA DIGITALE	Permette di acquisire immagini in formato digitale.
	MICROFONO	Permette di acquisire suoni in formato digitale. Nei portatili è, in genere, un dispositivo integrato.
	PENNA OTTICA	Legge i codici a barre apposti sulle etichette dei prodotti e ne trasmette i dati al computer.

Smart

Per attivare/disattivare il tastierino numerico premi il tasto Bloc Num.

Clippy

I programmi di riconoscimento dei caratteri OCR (*Optical Character Recognition*) trasformano i testi acquisiti come immagini in file di testo.

ECDL CE 1.2.3

Periferiche di output

Le periferiche di output sono costituite dai dispositivi che consentono la comunicazione all'esterno (emissione) dei dati elaborati, intermedi o finali.
Di seguito, ne descriviamo alcune fra le più comuni.

DISPOSITIVO	CARATTERISTICHE/DESCRIZIONE
 MONITOR	Mostra i dati elaborati intermedi e finali. I più diffusi sono i monitor a cristalli liquidi (LCD) e al plasma. Oltre che per le sue dimensioni, che si misurano in pollici, il monitor si differenzia per la risoluzione, ossia per il numero di ▶ **pixel** ◀ contenuti in una certa unità di misura: più è alto, maggiore sarà la nitidezza della visualizzazione. **Clippy**: Il pixel è l'unità minima in cui può essere suddivisa un'immagine digitale. È un punto indirizzabile sullo schermo.
 STAMPANTE  PLOTTER	La stampante trasferisce su carta i dati elaborati. Esistono stampanti a getto d'inchiostro (poco costose, piuttosto lente, ma che offrono una buona qualità di stampa) e laser (più costose, ma ▶ **veloci** ◀ e in grado di offrire un'elevata ▶ **qualità** ◀ di stampa). Il plotter è una particolare stampante usata per stampare prospetti architettonici, anche su rotoli di carta larghi 914 mm o più; esso tuttavia è sempre più sostituito da stampanti per grande formato. **Clippy**: La velocità di stampa è misurata in pagine per minuto (*ppm*); la qualità in dpi (*dots per inch*).
 ALTOPARLANTI/ CASSE ACUSTICHE/ CUFFIE	Producono suoni convertendo segnali elettrici in forza elettromagnetica consentendo di ascoltare l'audio. Nei portatili il dispositivo per la riproduzione del suono è integrato. **Zoom su...** IL TOUCHSCREEN

ECDL CE 1.3.1 - CE 1.3.2

Clippy

Per interfaccia si intende un programma che utilizza immagini (come, per esempio, le icone del desktop) per rappresentare comandi. I principali vantaggi che derivano dalla GUI consistono nella facilità d'uso del programma e dal fatto che lo stesso programma può essere usato agevolmente da operatori di qualsiasi nazionalità, che individuano i comandi semplicemente attraverso le immagini che li rappresentano.

Il sistema operativo

Il sistema operativo è un software necessario per il funzionamento dell'elaboratore in grado di gestire le risorse di un computer, le applicazioni e le periferiche.
Esso interagisce con l'hardware, fornisce la GUI (*Graphical User Interface*), ovvero l' ▶ **interfaccia** ◀ utente, e include programmi di utilità reperibili negli Accessori.

All'avvio dell'elaboratore i software di boot, residenti nella ROM, eseguono il controllo sui componenti hardware per verificarne il funzionamento. Al termine, il sistema operativo, memorizzato su disco fisso, viene caricato nella RAM e si avvia, pronto per essere utilizzato dall'utente.

Il sistema operativo:
- si colloca fra l'hardware e i software applicativi, consentendo l'esecuzione dei programmi e lo scambio dei dati tra la CPU e le periferiche per l'archiviazione o la distribuzione;

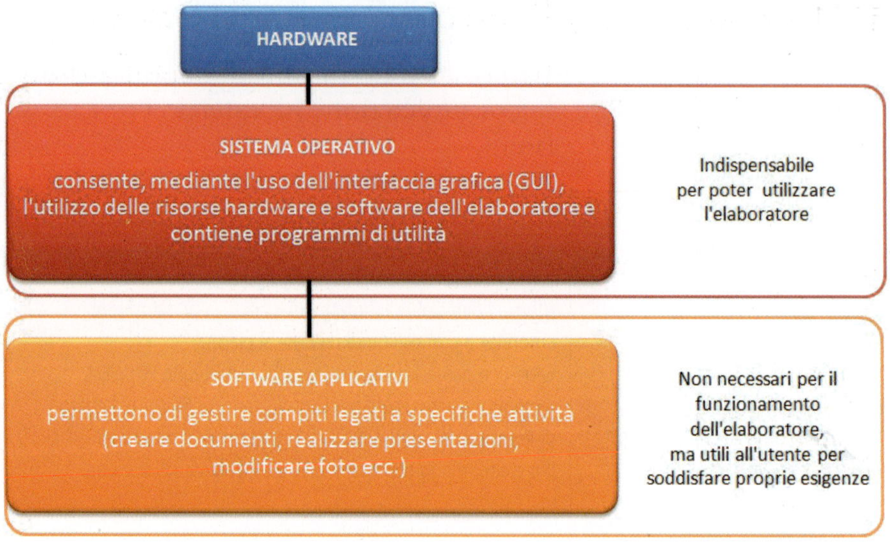

Clippy

I driver sono programmi che consentono al sistema operativo di dialogare con le diverse periferiche collegate a un elaboratore.

- controlla l'input e l'output di qualsiasi operazione, cioè il trasferimento di dati dalla memoria centrale a una periferica o a una memoria di massa e viceversa;
- gestisce le code di stampa (*spool*), ossia l'insieme dei documenti inviati alla stampa e in attesa che il processo si avvii;
- consente di gestire e di operare su file e cartelle;
- fornisce i ▶ **driver** ◀ per la stampante.

Nella seguente tabella elenchiamo alcuni fra i più noti sistemi operativi.

SISTEMA OPERATIVO	DESCRIZIONE
MS DOS (*Microsoft Disk Operating System*)	È stato il primo sistema operativo a essere installato su computer IBM compatibili; non era dotato di interfaccia grafica e quindi ogni comando doveva essere digitato da tastiera seguendo una rigorosa sintassi (interfaccia testuale o a linea di comando).
Windows	In tutte le sue versioni è il sistema operativo a interfaccia grafica fra i più diffusi.
Linux	È un sistema operativo "open source" (libero), vale a dire che può essere modificato a piacere.
Mac OS (*Macintosh Operating System*)	È un sistema operativo installato su computer Macintosh.

I sistemi operativi vengono sottoposti periodicamente a "revisioni", per aggiornarne le prestazioni, che portano a nuove versioni più evolute dello stesso software (in genere individuate da un numero progressivo), affinché esso risponda ai continui progressi tecnologici e alle necessità dell'utenza.

ECDL CE 1.3.1 - CE 1.3.2

Il software applicativo

Il software applicativo, o applicazione, è un programma creato per rispondere a specifiche esigenze dell'utente, che consente di gestire ed elaborare compiti legati a precise attività.
Numerosissimi sono i software applicativi che soddisfano le più svariate necessità: dalla possibilità di scrivere un testo, a quella di realizzare un grafico, dall'opportunità di navigare in Internet a quella di creare disegni, dallo scrivere musica al gestire la contabilità e altro ancora.
Nella tabella seguente elenchiamo alcuni software applicativi di LibreOffice, pacchetto Open Source di cui ci occuperemo nel volume.

APPLICATIVO	DESCRIZIONE
LibreOffice Writer	Per creare, modificare e stampare documenti facilitandone la correzione e la formattazione.
LibreOffice Calc	Per ▶ **risolvere operazioni** ◀ matematiche, situazioni finanziarie, contabili, statistiche e creare grafici.
LibreOffice Impress	Per realizzare presentazioni multimediali.
LibreOffice Base	Per generare e gestire archivi sui quali è possibile eseguire varie operazioni come collegare, estrapolare, raggruppare dati ecc.
Microsoft Internet Explorer	Per visualizzare e leggere le pagine dei siti che si visitano navigando in Internet.

Clippy

I software applicativi (come per esempio gli elaboratori di testo, i fogli elettronici) vengono definiti anche *general purpose* perché, opportunamente personalizzati, consentono di gestire un vasto numero di situazioni e risolvere problemi specifici.

Clippy

Quando più software applicativi integrano in un unico ambiente di lavoro funzioni per elaborare testi, eseguire calcoli, realizzare presentazioni ecc., si parla di pacchetto applicativo (OPT, *Office Productivity Tools*), come per esempio LibreOffice, Microsoft Office ecc.

Esistono poi altri ▶ **software applicativi** ◀ di tipo gestionale (creati da ditte specializzate, dette software house), che vengono utilizzati dalle aziende per gestire la contabilità, la fatturazione, gli stipendi ecc.

Infine, i software di programmazione, permettono lo sviluppo di programmi (mediante l'uso di codici specifici) per le esigenze più diverse.

ECDL CE 1.3.4

La legalità del software

In genere i software sono accompagnati dalla licenza, un contratto che stabilisce l'uso che è consentito fare del programma e che deve essere accettato dall'utente, in maniera implicita o esplicita, per poter utilizzare legalmente il software.
I software protetti da ▶ **diritto d'autore** ◀, per la maggior parte, vanno comperati, o meglio, se ne deve acquistare la licenza d'uso, che consente all'acquirente di detenere e utilizzare legalmente il programma, di cui è possibile fare una copia solo per tutelarsi da malfunzionamento o perdita dell'originale.
Di norma, solo nei software a pagamento ogni singola licenza è munita di un codice ID (*product ID number*) associato al CD o DVD nel quale è memorizzato il software e di una password che il programma richiede in fase di installazione.

Clippy

Il termine copyright, che si dichiara con il simbolo ©, deriva dalla fusione dei vocaboli *right to copy* (diritto alla copia), e sta a indicare il diritto d'autore, tutelato da un insieme di norme che stabiliscono la proprietà e l'utilizzo che si può fare di un bene intellettuale, quale per esempio un brano musicale, un libro, un sofware ecc. Il copyright del software ha lo scopo di aiutare a proteggerlo dalla pirateria.

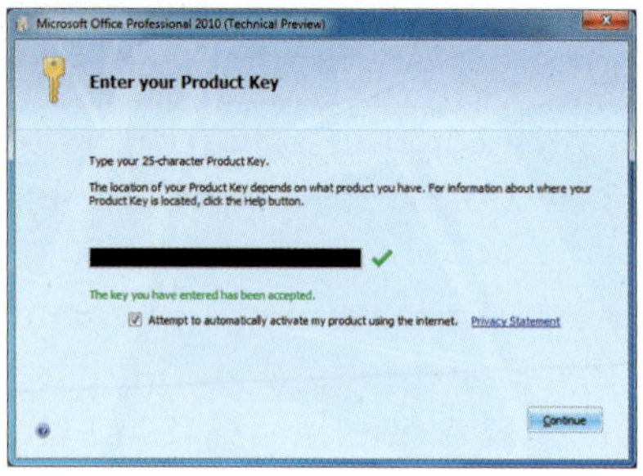

Quando si esegue il download di un software, spesso è necessario accettare la licenza prima di poter scaricare il programma; in altri casi, invece, l'accettazione è inclusa nella procedura di registrazione richiesta per poter eseguire il download.
Durante la fase di installazione, oppure in un momento successivo, può essere eseguita la registrazione, processo mediante il quale, per esempio, si fornisce al proprietario del software il proprio indirizzo di posta elettronica al fine di ottenere assistenza tecnica, oppure informazioni sugli aggiornamenti, suggerimenti e altre notizie inerenti il software.

ECDL CE 1.3.4

Clippy

L'acronimo EULA (*End-User License Agreement*), o "Contratto con l'utente finale", si riferisce al contratto di licenza in cui il proprietario specifica le modalità di utilizzo del software da parte dell'utente, garantendo diritti e prescrivendo obblighi.

• EULA: il contratto con l'utente finale

È fondamentale leggere attentamente la ▶ **licenza** ◀ prima di utilizzare qualsiasi programma: la sua accettazione pone l'utente in regola rispetto alle norme relative al copyright, offre il vantaggio di avere un supporto tecnico completo da parte del fornitore e assicura gli eventuali aggiornamenti del software e la sua qualità.
La pirateria, ossia la riproduzione, la vendita, la locazione, l'acquisizione anche a mezzo Internet e l'uso di copie non autorizzate di programmi o altre opere protette da copyright costituisce reato e tali atti sono puniti con pene pecuniarie e/o reclusione.

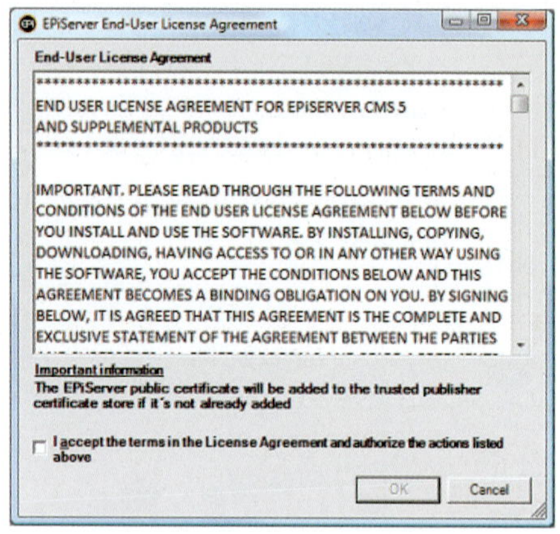

ECDL CE 1.3.5

• I software shareware, freeware e il software libero

In relazione alla tipologia di licenza d'uso che li accompagna e ai vincoli che essa stabilisce anche in termini di copyright, i software possono essere distinti in diverse categorie: di seguito ne analizziamo alcune.

- Software shareware. Sono programmi dati in prova gratuitamente (*trial*) per un certo periodo di tempo scaduto il quale l'utente, per continuare a utilizzarli, deve acquistarli. Diversamente, il software potrebbe diventare del tutto o in parte inutilizzabile, o potrebbe comparire l'avviso di un utilizzo illegale del programma.
- Software freeware. Sono programmi che possono essere liberamente copiati e utilizzati.
- Software libero open source. Sono programmi il cui ▶ **codice sorgente** ◀ è reso disponibile affinché altri sviluppatori possano modificarli per migliorarli o adeguarne le funzionalità alle proprie esigenze. Possono essere liberamente utilizzati e copiati, nel rispetto però di quanto stabilito nella licenza d'uso. Ne sono esempi il pacchetto applicativo LibreOffice e il sistema operativo Linux.

Clippy

Il codice sorgente è l'insieme di istruzioni che costituiscono il programma, scritte in un linguaggio di programmazione.

I software privi di licenza d'uso, assolutamente gratuiti e utilizzabili da chiunque, si definiscono public domain.

Svolgi i test

Gli esercizi sono disponibili anche nella versione digitale come test interattivi e autocorrettivi.

TEST DI COMPLETAMENTO

Completa le frasi con le espressioni mancanti, scegliendo tra quelle di seguito proposte.

software – hertz – operativo – programmi – fisici – cartelle – frequenza

1 L'unità di misura della velocità (..) di un microprocessore è l'..............................
2 L'hardware è l'insieme dei componenti .... che costituiscono l'elaboratore.
3 Il .... è la parte logica di un elaboratore, costituita dai ....
4 Il sistema .... consente di gestire e operare su file e ....

TEST VERO FALSO

Indica, barrando la relativa casella, se le seguenti affermazioni sono vere o false.

	V	F
1 La memoria centrale è costituita dal disco fisso.	☐	☐
2 Il sistema operativo fornisce l'interfaccia utente.	☐	☐
3 Allo spegnimento dell'elaboratore la RAM perde il suo contenuto.	☐	☐
4 Il software applicativo è necessario per il funzionamento dell'elaboratore.	☐	☐

TEST DI COLLEGAMENTO

Associa le voci della prima colonna con le corrispondenti descrizioni della seconda.

1 Mac Os	A Software applicativo.	1 ____
2 Porte	B Consentono l'immissione di dati e istruzioni.	2 ____
3 LibreOffice Calc	C Connettono le periferiche alla CPU.	3 ____
4 Periferiche di input	D Sistema operativo.	4 ____

TEST A RISPOSTA SINGOLA O MULTIPLA

Per ogni quesito, indica la risposta o le risposte corrette. (○ risposta singola / ☐ risposta multipla)

1 È una memoria di massa di tipo elettronico:
- ○ chiavetta USB
- ○ CD
- ○ hard disk
- ○ nastro

2 Indica le affermazioni corrette:
- ☐ i software public domain sono dotati di licenza d'uso
- ☐ LibreOffice Impress è un sistema operativo
- ☐ Linux è un sistema operativo open source
- ☐ EULA è il contratto con l'utente finale

3 Sono tutti dispositivi di output:
- ☐ tastiera, monitor, casse
- ☐ monitor, stampante, casse
- ☐ stampante, cuffie, plotter
- ☐ microfono, cuffie, tastiera

4 Il software freeware:
- ○ è dato in prova per un certo periodo
- ○ deve essere acquistato
- ○ può essere liberamente copiato e utilizzato
- ○ è privo di licenza d'uso

UNITÀ 3 L'AMBIENTE OPERATIVO

Zoom su...
OPERARE CON UN PC MULTIUTENTE

Il sistema operativo Windows consente di mettere in sicurezza il PC, comunicare in modo veloce, inviare fax e digitalizzare documenti, ricercare in modo rapido file e cartelle, gestire al meglio film, musica, giochi, TV e lavorare con una grafica semplice.

In questa sede, prenderemo in analisi il sistema operativo Windows 7.

Il desktop

ECDL CE 2.1.1

All'accensione del PC compare il desktop, la scrivania virtuale, su cui sono posizionati gli strumenti di lavoro che consentono di interagire con l'elaboratore e che costituiscono la cosiddetta interfaccia grafica, definita GUI (*Graphical User Interface*).

Il pulsante Start attiva il relativo menu con una struttura caratterizzata da due riquadri.

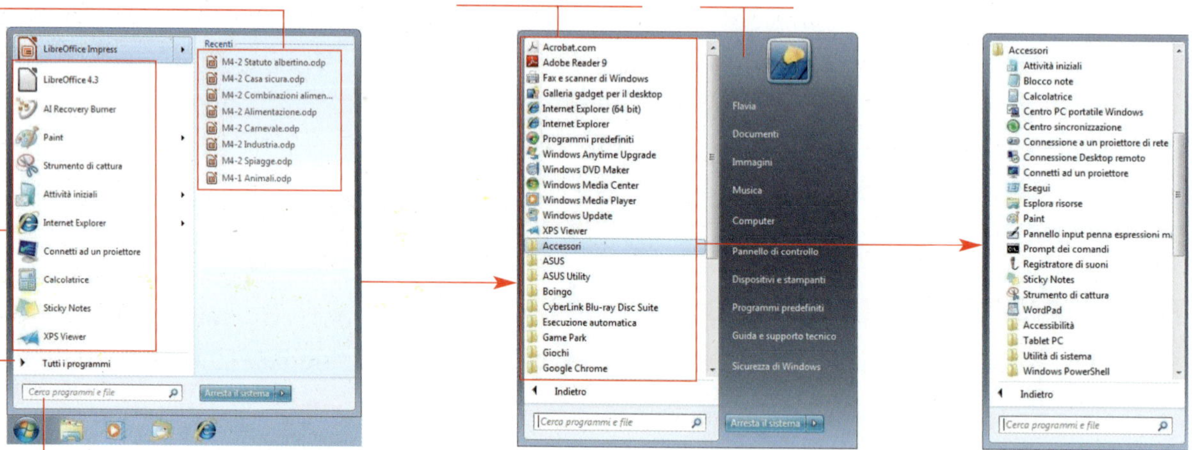

– Il riquadro di sinistra mostra gli ultimi programmi utilizzati (la ▶ freccia alla loro destra mostra la Jump list dei file su cui si è lavorato di recente) e, in basso, il menu Tutti i programmi, che permette di accedere alle applicazioni installate nel PC (selezionando Accessori si visualizzano altri programmi che sono parte dell'installazione di base di Windows). Nella zona inferiore è presente la casella Ricerca immediata che consente di cercare file, cartelle, programmi, digitando al suo interno una frase associata a ciò che si desidera trovare.

– Il riquadro di destra visualizza collegamenti a programmi, cartelle e altre utilità; nella parte inferiore vi sono i comandi per la chiusura della sessione di lavoro.

Zoom su...
OPZIONI DI SPEGNIMENTO DEL COMPUTER

Zoom su...

CHIUDERE UN'APPLICAZIONE CHE NON RISPONDE

La Barra delle applicazioni

Nella parte inferiore del desktop è situata la Barra delle applicazioni: a sinistra è collocato il pulsante Start, mentre nella parte destra sono presenti la Barra della lingua e l'Area di notifica.

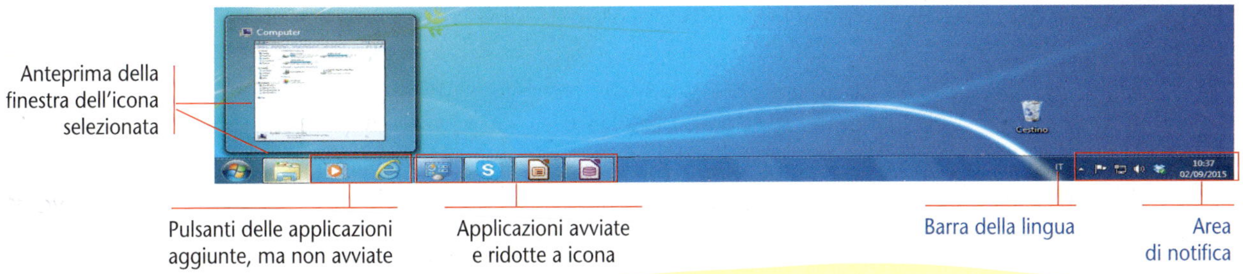

Su tale barra sono visualizzati i pulsanti relativi a tutti i programmi avviati e anche quelli di altre applicazioni che sono state ▶ **aggiunte** ◀ per agevolarne la loro apertura, consentendo il passaggio dall'una all'altra con un semplice clic sul pulsante corrispondente (i pulsanti delle applicazioni attive sono contornati da un bordo).

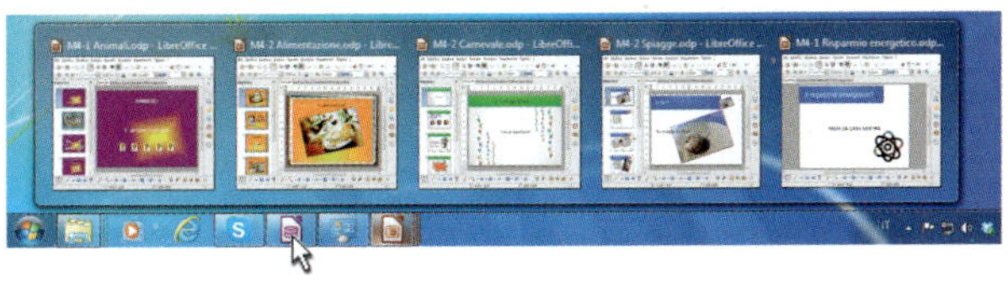

Per esaminare rapidamente le finestre aperte senza spostarsi dalla finestra al momento in uso è possibile utilizzare la funzionalità Aero Peek: posizionando il puntatore su ogni pulsante viene mostrata un'anteprima ridotta della relativa finestra. Ogni miniatura, inoltre, è dotata del pulsante di chiusura per una migliore gestione dei file.

Smart

Per ottenere sulla barra delle applicazioni l'icona di un programma, scegli uno dei seguenti percorsi:

- se il programma è già in esecuzione, sulla barra delle applicazioni fai clic destro sul rispettivo pulsante per aprire la Jump list, quindi seleziona Aggiungi questo programma alla barra delle applicazioni;
- fai clic su Start, individua l'icona del programma, fai clic destro su di essa e seleziona Aggiungi alla barra delle applicazioni.

ECDL CE 2.3.4

• La Barra della lingua

La Barra della lingua specifica la lingua che verrà utilizzata per l'inserimento del testo e la sua ▶ **modifica** ◀ cambia la corrispondenza fra tasti premuti e caratteri visualizzati.

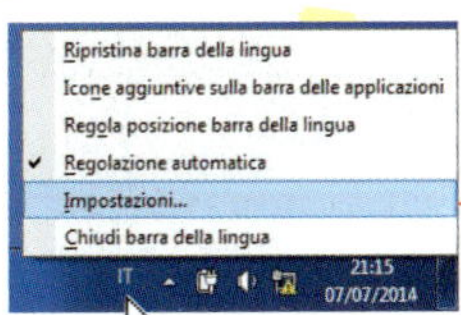

Per aggiungere ulteriori lingue all'elenco:

1. fare clic destro sulla Barra della lingua e selezionare Impostazioni;
2. scegliere la lingua da includere e la tastiera da associare (facendo clic sui rispettivi simboli ⊞), attivare la spunta e confermare con OK in entrambe le finestre.

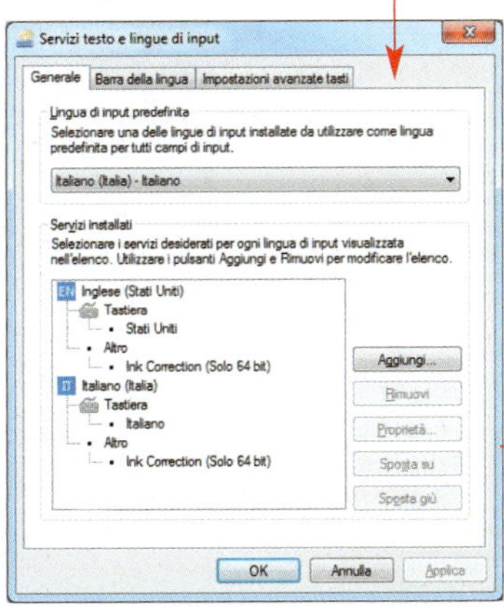

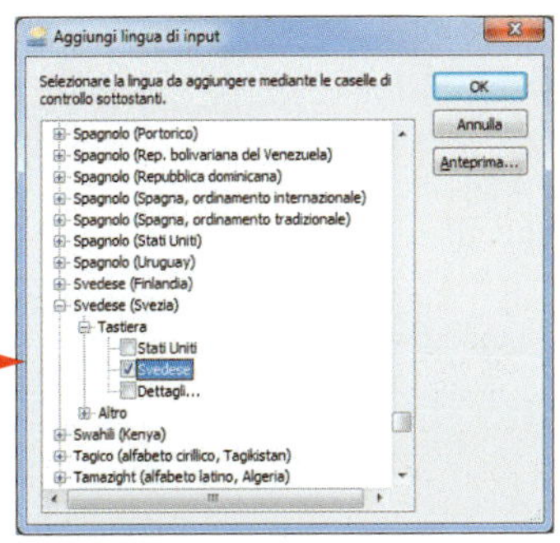

Smart

Per cambiare temporaneamente la lingua di input, fai clic sul relativo pulsante e scegli quella desiderata.

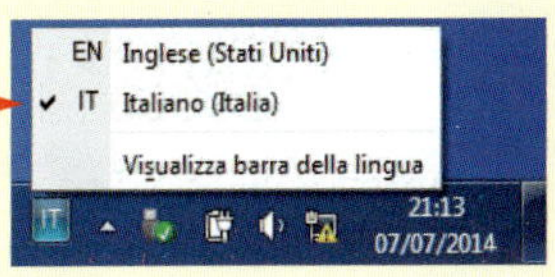

Per cambiare la lingua di input predefinita, nella finestra Servizi di testo e lingue di input fai clic sul pulsante ed esegui la scelta, poi conferma con OK.

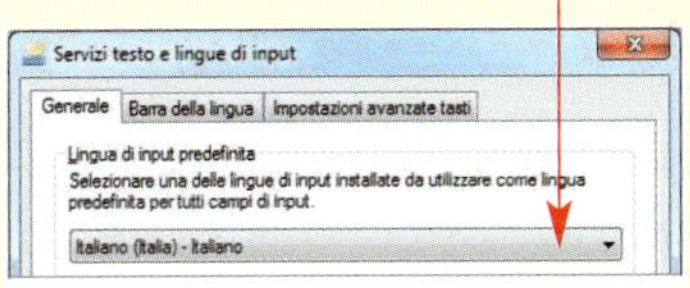

Smart

ECDL CE.2.3.7

Per scollegare una chiavetta USB, fai clic sull'icona corrispondente, scegli Espelli (seguito dal nome della chiavetta), poi procedi con la rimozione.

• L'Area di notifica

L'Area di notifica, oltre all'ora corrente, contiene collegamenti a programmi e mostra icone relative a processi avviati temporaneamente, come per esempio la stampa, la connessione a Internet o il collegamento di una ▶ **chiavetta USB** ◀. Operando sul pulsante Mostra icone nascoste è possibile espandere l'Area di notifica e visualizzare le icone nascoste.

Il Pannello di controllo

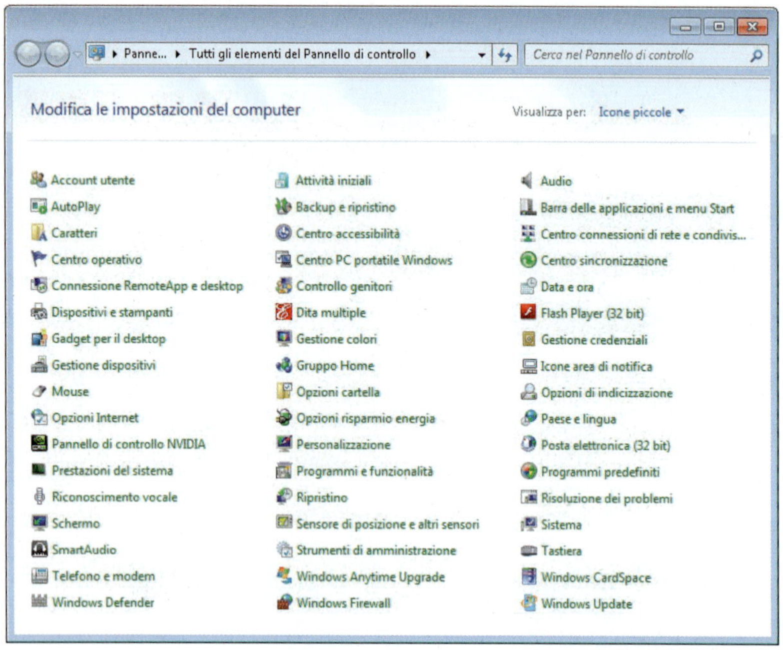

La finestra Pannello di controllo contiene programmi utili per regolare e impostare tutti i parametri di configurazione del computer e per installare o disinstallare applicazioni.
Per attivarla, da pulsante Start fare clic su Pannello di controllo.

Di seguito prendiamo in considerazione alcuni dei programmi proposti nella finestra.

ICONA	DESCRIZIONE
	**INFORMAZIONE DI BASE DEL COMPUTER** ECDL CE 2.3.2 Mostra il nome del sistema operativo che si sta utilizzando, le caratteristiche tecniche del computer, il tipo di processore, la sua velocità e di quanta memoria RAM dispone. Sono disponibili anche link per scaricare gli aggiornamenti del sistema operativo, per verificarne le prestazioni, ecc. 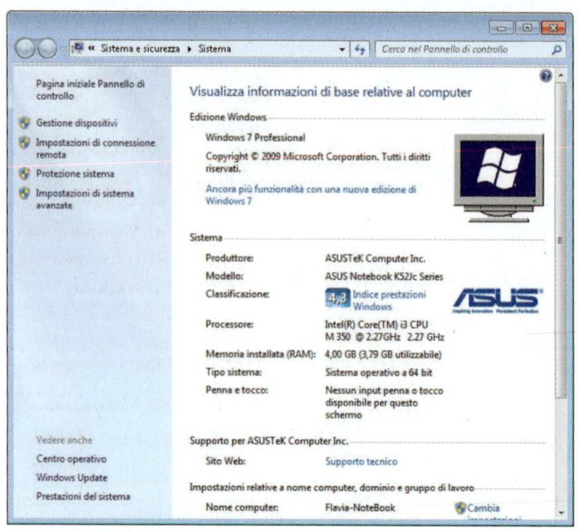
Smart Per attivare la finestra Sistema, da Start fai clic destro su Computer o, se presente sul desktop, sulla corrispondente icona, quindi scegli Proprietà.	

ICONA	DESCRIZIONE
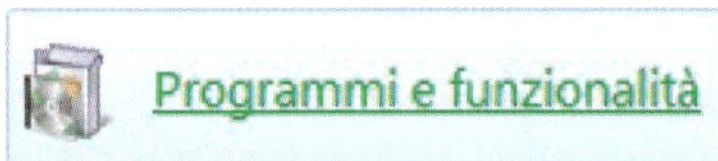	**DISINSTALLARE UN'APPLICAZIONE** ECDL CE 2.3.6 Mostra l'elenco dei programmi installati; per rimuovere un'applicazione, selezionarla, fare clic su Disinstalla, quindi su Sì, poi su Consenti e attendere la fine delle operazioni. 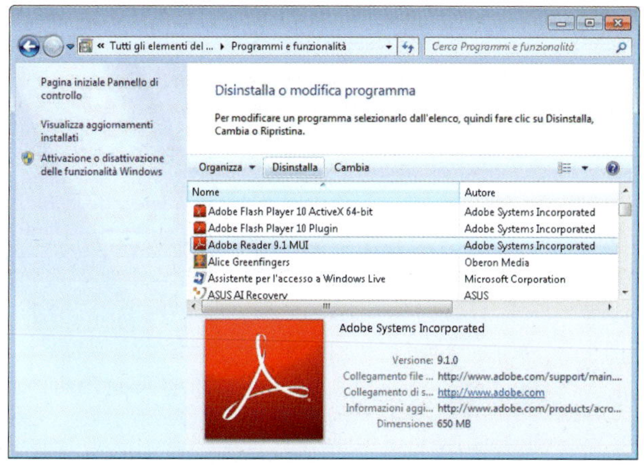
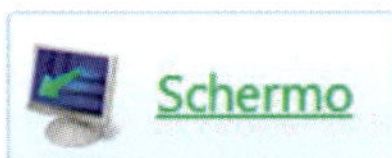 **Smart** Per attivare la finestra Risoluzione dello schermo, fai clic destro sul desktop e scegli l'omonimo comando. **Clippy** Per risoluzione si intende il numero di pixel che compongono lo schermo.	**MODIFICARE LA RISOLUZIONE DELLO SCHERMO** ECDL CE 2.3.3 Dal link Schermo fare clic su Modifica risoluzione . Trascinare per modificare la ▶ **risoluzione** ◀: aumentando il numero di pixel si visualizzeranno più informazioni, ma con dimensioni ridotte. 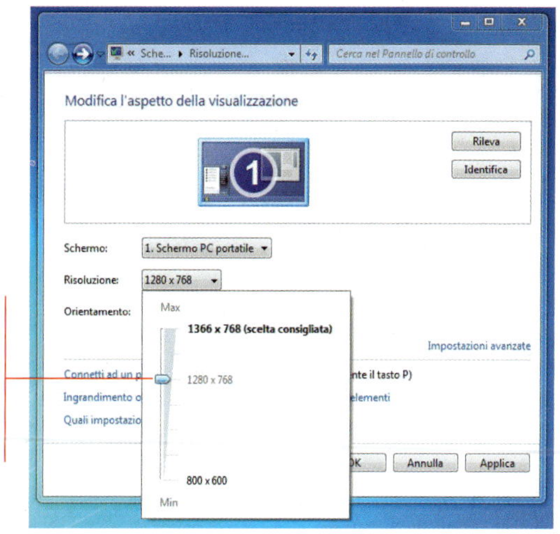
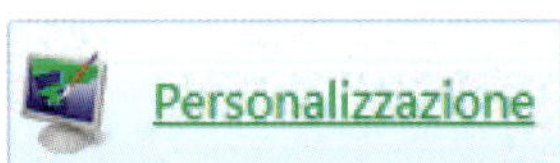 **Smart** Per attivare la finestra Personalizzazione, fai clic destro sul desktop e scegli Personalizza. **Zoom su...** **MODIFICARE DESKTOP, FINESTRE, SCREEN SAVER**	**PERSONALIZZARE L'ASPETTO DEL DESKTOP** ECDL CE 2.3.3 Dal link Personalizzazione, operando sui corrispondenti collegamenti, è possibile attivare le finestre per personalizzare: – lo sfondo del desktop, scegliendo immagini predefinite o personali; – l'aspetto delle finestre, riguardo al colore, la trasparenza, ecc.; – lo screen saver, per far apparire sul monitor testo o immagini dopo un certo tempo di inattività del computer. 

ECDL CE 2.1.2

Clippy

Il termine icona indica un elemento rappresentato da un'immagine in formato ridotto che consente di accedere a un programma, a una cartella, a un file o a una finestra in cui operare scelte.

Operare con le icone

Le funzioni del sistema operativo e i programmi applicativi sono rappresentati nello schermo sotto forma di ▶ **icone** ◀ autoesplicative che possono essere di diverso tipo.

Nella tabella seguente mostriamo alcune icone raggruppate in diverse categorie.

TIPO DI ICONA	DESCRIZIONE
	Icone di programmi, che rappresentano applicazioni installate.
	Icone di cartelle, che svolgono la funzione di "raccoglitori" contenenti altre icone (file o sottocartelle).
	Icone di collegamenti, che fanno riferimento a file, cartelle o programmi archiviati su disco, senza esserne una copia.
	Icone di file di dati, che raffigurano file creati con i diversi programmi.
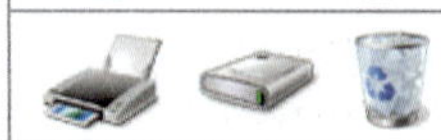	Icone di dispositivi, che si riferiscono a parti fisiche (la stampante e i drive relativi ai dischi) o logiche (Cestino).

ECDL CE 2.1.3

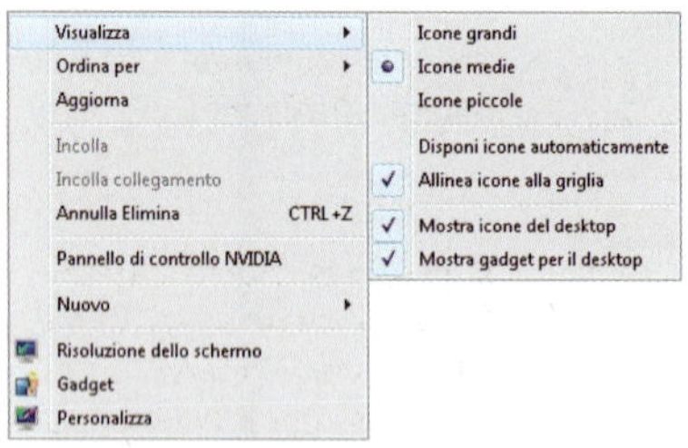

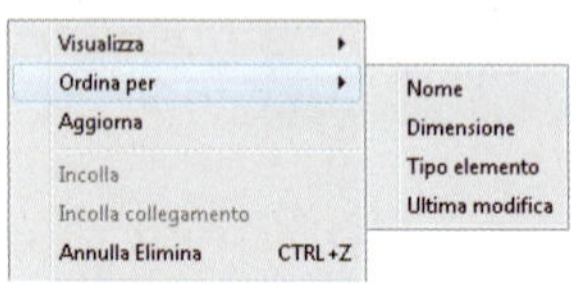

• Disporre le icone sul desktop

Per impostazione predefinita, le icone sono posizionate sul lato sinistro del desktop, incolonnate dall'alto verso il basso con Disposizione automatica. Con tale impostazione è possibile soltanto scambiarle nell'ordine di posizione, mantenendo però l'allineamento a sinistra. Per decidere una loro diversa collocazione, è necessario disabilitare l'opzione Disponi icone automaticamente facendo clic destro nell'area vuota del desktop e togliendo la spunta a tale opzione.

Per organizzare le icone in modo diverso, scegliere l'opzione Ordina per al fine di disporle in base al Nome, alla Dimensione, al Tipo elemento e all'Ultima modifica.

ECDL CE 2.1.4

Smart

Puoi aggiungere il collegamento a un programma anche sulla barra delle applicazioni e nel menu Start, scegliendo rispettivamente Aggiungi alla barra delle applicazioni e Aggiungi al menu Start.

• Creare un'icona di collegamento

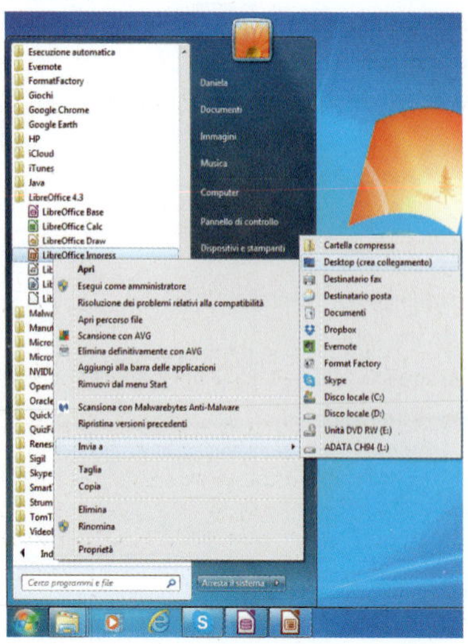

Per raggiungere velocemente file o programmi che si utilizzano più di frequente è possibile creare sul desktop delle icone di collegamento, in grado di attivare l'elemento che rappresentano.

Per creare un collegamento a un programma:

1. da menu Start fare clic su Tutti i programmi e poi su LibreOffice;
2. fare clic destro sul programma desiderato e ▶ **selezionare** ◀ Invia a, quindi fare clic su Desktop (crea collegamento);
3. sul desktop compare l'icona di collegamento al programma su cui si è eseguita l'operazione. 

Clippy

Sul desktop le icone di collegamento si distinguono per la presenza di una freccia nera nell'angolo inferiore sinistro .

Per creare un ▶ **collegamento** ◀ a un file o a una cartella l'operazione è analoga: dopo aver raggiunto l'elemento desiderato, ripetere il **punto 2** della precedente procedura.

ECDL CE 2.2.1

Le finestre

Clippy

Il termine finestra, in ambiente Windows, indica un riquadro in cui è possibile operare scelte o compiere azioni diverse.

In Windows, quando facciamo doppio clic su una qualsiasi icona del desktop, o scegliamo un'opzione da menu Start, apriamo un elemento dell'interfaccia grafica definito ▶ **finestra** ◀.
Non tutte le finestre sono uguali, sia per formato sia per contenuto, ma presentano elementi che le accomunano.

Di seguito analizziamo gli elementi della finestra Computer.

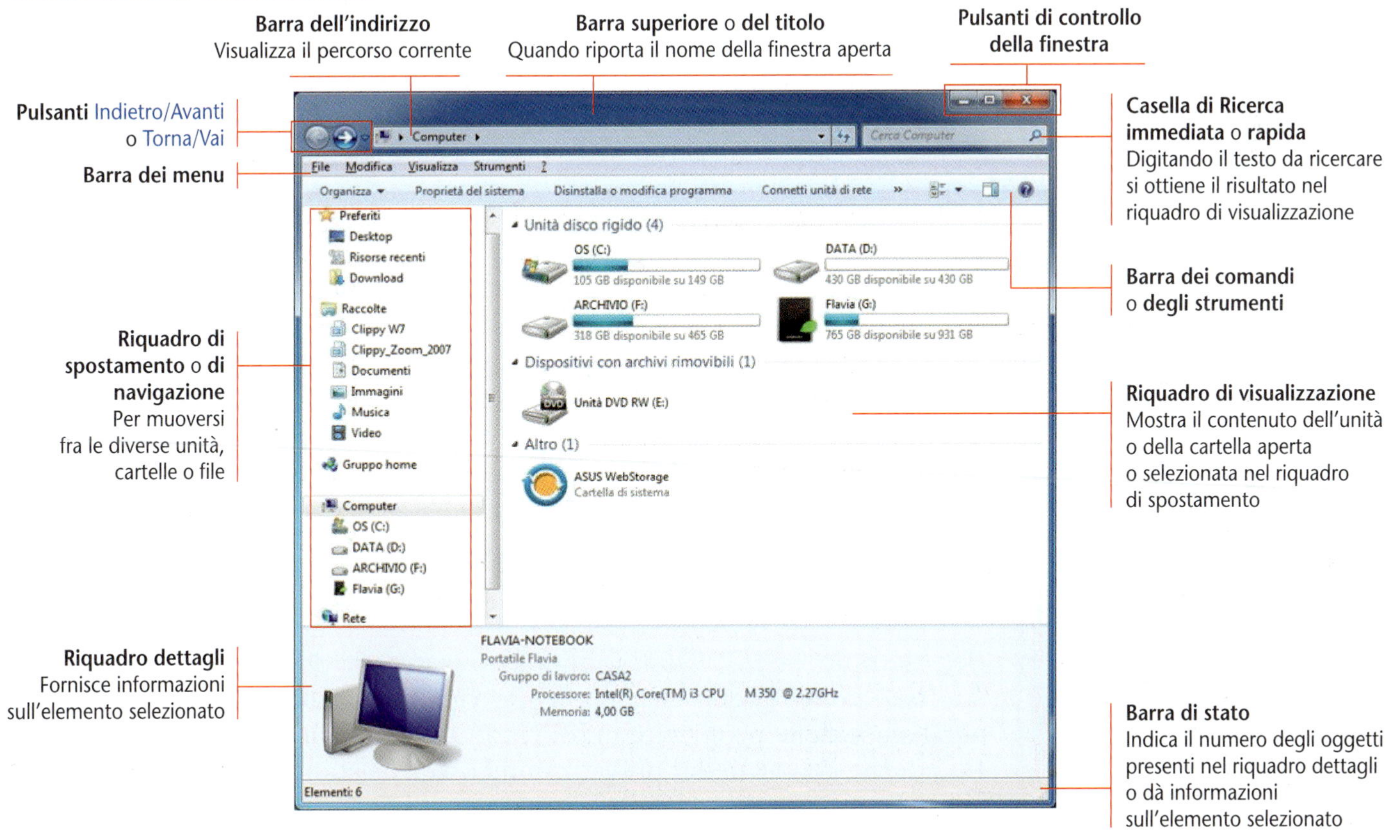

ECDL CE 2.2.2 - CE 2.2.3

• Operare con le finestre

Utilizzando i pulsanti di controllo, è possibile eseguire operazioni sulle finestre, come di seguito descritto.

PULSANTE	EFFETTO
Riduci a icona	▶ **Minimizza** ◀ la finestra riducendola a pulsante sulla Barra delle applicazioni.
Ingrandisci	Massimizza la finestra ingrandendola a tutto schermo.
Ripristina giù	Ripristina la finestra alle dimensioni che aveva prima di essere ingrandita.
Chiudi	Chiude la finestra attiva.

Smart

Per ridurre a icona contemporaneamente tutte le finestre aperte, a destra dell'Area di notifica fai clic su Mostra Desktop.

- Per impostare una finestra con dimensioni personalizzate è necessario posizionare il puntatore del mouse su un lato o su un vertice, fare clic e trascinare verso l'esterno o verso l'interno.
- Per spostare una finestra, fare clic sulla barra del titolo e trascinare nella posizione desiderata.
- Per passare da una finestra all'altra, sulla barra delle applicazioni fare clic sul pulsante corrispondente.
- Per disporre più finestre, fare clic destro sulla barra delle applicazioni e scegliere l'opzione desiderata.

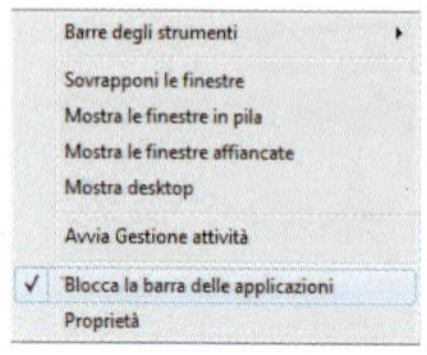

Zoom su...
CATTURARE L'IMMAGINE DELLO SCHERMO O DELLA FINESTRA ATTIVA

ECDL CE 2.3.1

Utilizzare gli strumenti help di Windows

Guida e supporto tecnico, raggiungibile da ▶ **pulsante** Start ◀, è un manuale elettronico che fornisce informazioni e suggerimenti operativi. È possibile consultarla in diverse modalità: quella più rapida consiste nel digitare nella casella Cerca nella Guida alcune parole riguardanti l'argomento desiderato e premere Invio.

Smart
Puoi attivare Guida e supporto tecnico anche premendo il tasto F1.

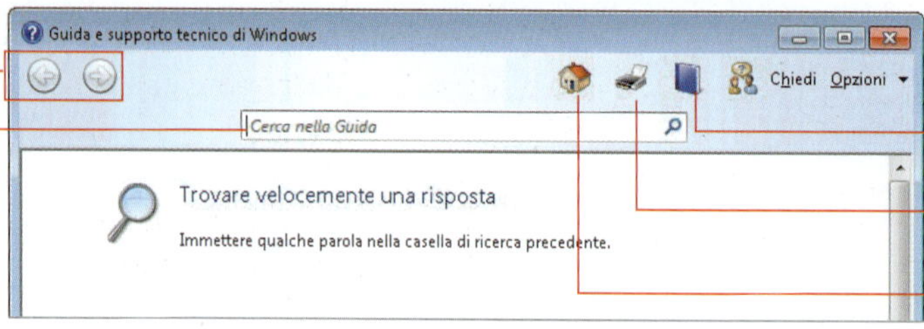

ECDL CE 4.1.1 - CE 4.1.5

Esplorare file e cartelle

Le informazioni memorizzate in un computer costituiscono i ▶ **file** ◀ che solitamente, per una migliore organizzazione, sono inseriti all'interno di ▶ **cartelle** ◀.

Clippy
Il file è un insieme di informazioni memorizzate su disco, identificato da un nome assegnato in fase di salvataggio, seguito da un'estensione.
La cartella è un contenitore di file, e/o di sottocartelle, memorizzata su disco e indentificata da un nome.

Per esempio, se in Writer si digita un testo e si decide di memorizzarlo su disco con il nome esercizio, il file viene associato a tale programma, acquisisce delle proprietà, quali l'icona e l'estensione che identificano il tipo di file generato e il programma con cui è stato creato o a cui è associato e con il quale è possibile aprirlo.

Icona

Nome assegnato dall'utente; può essere composto da qualsiasi carattere eccetto ? / \ " : < > |

esercizio .odt

Estensione, ovvero . (punto) e tre/quattro lettere attribuite in fase automatica dal programma

I programmi installati, i file e le cartelle create dall'utente costituiscono l'archivio di un PC e, per visualizzarlo ed eseguire operazioni sui diversi elementi in esso contenuti, Windows mette a disposizione il programma Computer, attivabile da menu Start.

Zoom su...
UTILIZZARE LE RACCOLTE

La finestra Computer presenta due zone: il Riquadro di spostamento e il Riquadro di visualizzazione.

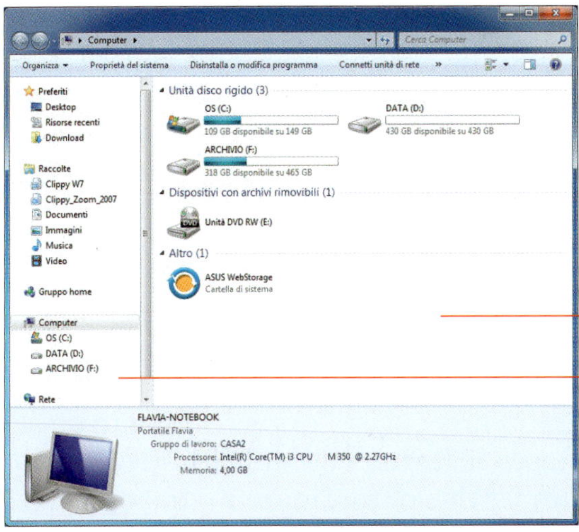

Nel Riquadro di spostamento:
- facendo clic sui simboli ▷ e ◢ è possibile espandere e comprimere la ramificazione, mostrando così, nel medesimo riquadro, gli elementi che costituiscono ciascun gruppo (dischi e cartelle);
- facendo clic sull'elemento (cartella o disco), esso mostrerà il suo contenuto nel Riquadro di visualizzazione.

Riquadro di visualizzazione: mostra il contenuto dell'elemento selezionato nel Riquadro di spostamento.

Riquadro di spostamento con i gruppi:
- Preferiti e Raccolte, che includono cartelle predefinite;
- Computer, che mostra le unità disco;
- Gruppo home, che consente di condividere file e stampanti in una rete domestica;
- Rete, che permette l'accesso alla rete, mostra le connessioni e le cartelle condivise.

ECDL CE 4.1.3

Modifica visualizzazione

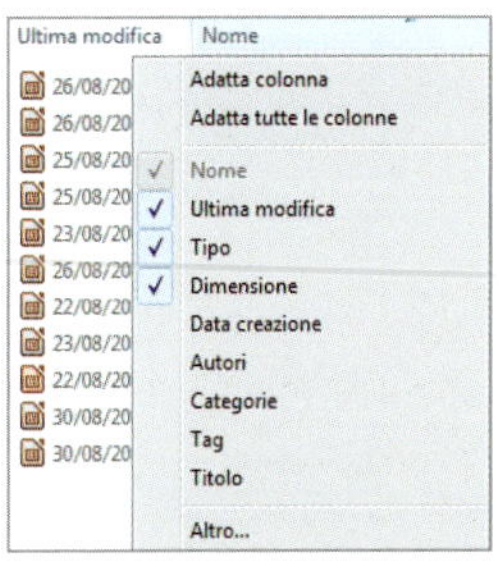

• Visualizzare cartelle e file

Utilizzando le opzioni del menu Visualizza, o del pulsante Modifica visualizzazione presente sulla barra dei comandi, si può scegliere fra diverse possibilità.

VISUALIZZAZIONE	EFFETTO
Icone molto grandi, Icone grandi, Icone medie, Icone piccole	Mostrano le icone in diversi formati di dimensioni riportando solo il nome.
Elenco	Mostra icone piccole seguite dal nome, disposte in colonna.
Dettagli	Simile alla precedente, fornisce una maggior quantità di informazioni (per ogni elemento sono descritti dimensioni, tipo, data dell'ultima modifica e altre informazioni, se ne è stata impostata la visualizzazione).
Titoli	Mostra icone con dimensioni grandi, il nome dei file, quello del programma con cui sono stati creati e le loro dimensioni.
Contenuto	Mostra icone con dimensioni medie, il nome e le dimensioni di file e cartelle e parte del contenuto del file.

In visualizzazione Dettagli è possibile ottenere ulteriori colonne con informazioni sugli elementi elencati, facendo clic destro sulle intestazioni di colonna e selezionando quella desiderata.

ECDL CE 4.2.2

Smart

Puoi disporre e ordinare elementi anche da menu rapido, facendo clic destro in un punto vuoto del Riquadro di visualizzazione, scegliendo Ordina per e poi l'opzione desiderata.

• Disporre e ordinare cartelle e file

In tutte le visualizzazioni è possibile organizzare cartelle e file secondo diversi criteri.

Da menu Visualizza fare clic su Ordina per.

- Per ▶ **disporre** ◀ i file, nel sottomenu fare clic su:
  - Nome, per disporre i file in ordine alfabetico;
  - Ultima modifica, per mostrare l'elenco in ordine cronologico;
  - Tipo, per ottenere i file raggruppati in base al programma con cui sono stati creati;
  - Dimensione, per visualizzare i file in ordine di grandezza (KB).

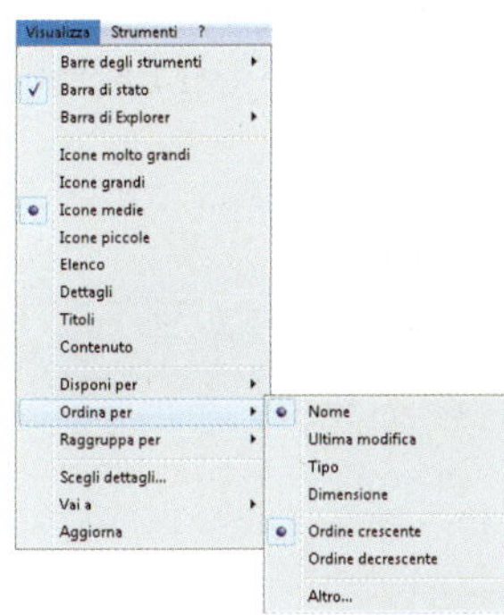

- Per ▶**ordinare** ◀ i file, nel sottomenu scegliere Ordine crescente oppure Ordine decrescente; diversamente, in visualizzazione Dettagli, fare clic sulle intestazioni di colonna.

Intervenire su file e cartelle

In un PC in cui sono archiviati numerosi file spesso accade di doverli copiare, spostare, rinominare o eliminare: per poter eseguire ognuna di queste operazioni è necessario innanzitutto selezionare gli elementi su cui si intende agire.

ECDL CE 4.2.1

• Selezionare file e cartelle

La selezione può essere fatta per un singolo elemento, oppure per gruppi di elementi, adiacenti e non adiacenti.

– Per selezionare file/cartelle adiacenti fare clic sul primo elemento da selezionare e, tenendo premuto il tasto Shift, fare clic sull'ultimo elemento del gruppo, oppure puntare su un vertice e trascinare in diagonale.
– Per selezionare file/cartelle non adiacenti fare clic sul primo elemento da selezionare e, tenendo premuto il tasto Ctrl, fare clic sugli altri.

ECDL CE 4.1.7

Smart

Puoi creare una cartella anche:
- da barra degli strumenti, operando sul pulsante Nuova cartella;
- facendo clic destro nell'area vuota della finestra e scegliendo Nuovo/Cartella.

• Creare cartelle e strutturare un archivio

Per ▶ **creare una nuova cartella** ◀ è necessario innanzitutto posizionarsi nell'unità disco in cui si vuole crearla, quindi, da menu File, scegliere Nuovo/Cartella, digitare il nome e premere Invio.
Se al suo interno si desidera creare una sottocartella, è necessario aprire la cartella creata con doppio clic e ripetere il percorso appena descritto.

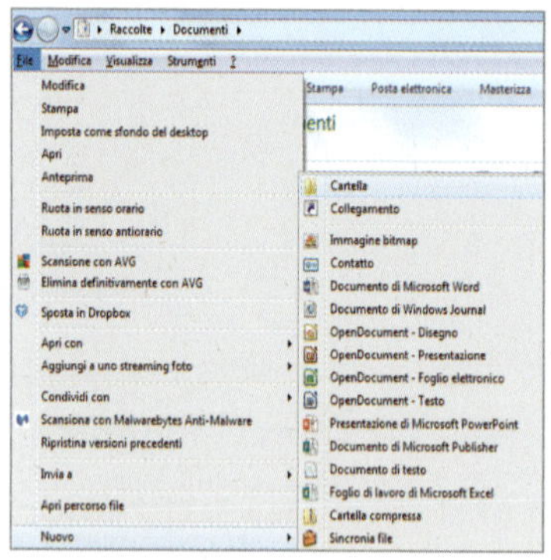

ECDL CE 4.1.8

Clippy

Rinominare un file o una cartella significa cambiare il nome assegnatogli in fase di creazione.

• Rinominare file e cartelle

Per ▶ **rinominare** ◀ un elemento in modo rapido fare clic destro su di esso, scegliere Rinomina, digitare il nuovo nome e confermare con Invio.
Il nome che identifica il file o la cartella è univoco e in una cartella non possono essere archiviati file (o sottocartelle) con lo stesso nome, a meno che non siano associati a programmi diversi.

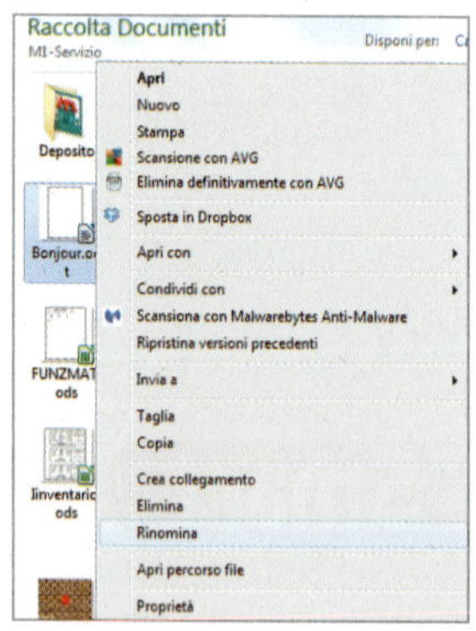

ECDL CE 4.2.3

Clippy

Copiare file e cartelle significa duplicarli, con lo stesso nome e contenuto, in una nuova posizione, cartella e/o unità di memoria.

• Copiare, spostare file e cartelle

Per ▶ **duplicare** ◀ file e cartelle:

1. selezionare uno o più elementi da ▶ **copiare** ◀;
2. operare sul pulsante Organizza e scegliere Copia;
3. nel Riquadro di spostamento raggiungere la cartella di destinazione e selezionarla;
4. operare sul pulsante Organizza e scegliere Incolla.

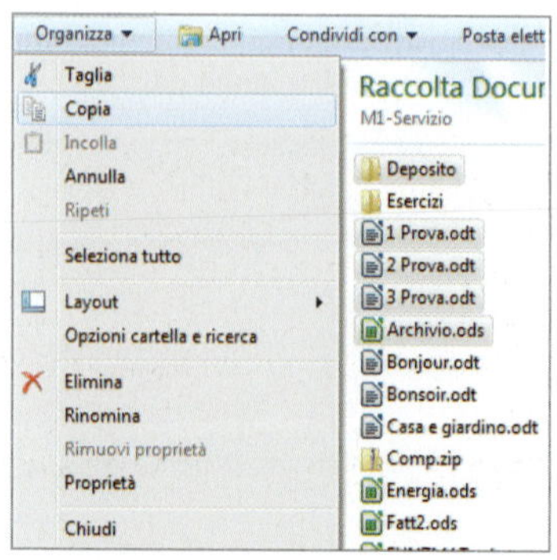

Smart

Puoi eseguire le procedure di copia, taglia e incolla anche utilizzando rispettivamente le combinazioni di tasti Ctrl + C, Ctrl + X e Ctrl + V.
Per copiare in modo veloce elementi da disco fisso a chiavetta USB, dopo averli selezionati, fai clic destro su di essi e da menu rapido seleziona Invia a, poi scegli l'unità del disco rimovibile.

Clippy

Spostare file e cartelle significa rimuoverli da una cartella o da un'unità di memoria per collocarli in un'altra posizione.

Per ▶ **spostare** ◀ file e cartelle:

1. selezionare uno o più elementi da ▶ **spostare** ◀;
2. operare sul pulsante Organizza e scegliere Taglia;
3. concludere come indicato nella precedente procedura ai **punti 3** e **4**.

Per copiare o spostare elementi, dopo averli selezionati, è possibile anche usare la tecnica del *drag and drop*:
- per copiare, nello stesso disco, tenere premuto il tasto Ctrl e trascinare l'elemento fino a sovrapporlo alla cartella di destinazione, quindi rilasciare il mouse e poi il Ctrl. Per eseguire la stessa operazione tra dischi diversi, trascinare l'elemento fino a sovrapporlo alla cartella di destinazione;
- per spostare, all'interno dello stesso disco, trascinare nel Riquadro di spostamento fino a sovrapporre sulla cartella di destinazione e poi rilasciare il mouse. Per eseguire la stessa operazione tra dischi diversi, in fase di trascinamento premere in contemporanea anche il tasto Shift, quindi rilasciare il mouse e poi lo Shift.

ECDL CE 4.1.2

• Verificare e modificare le proprietà di file e cartelle

Prima di eseguire copie o spostamenti di file e cartelle è bene essere consapevoli delle loro dimensioni, per verificare che lo spazio a disposizione sulle unità di destinazione sia sufficiente.

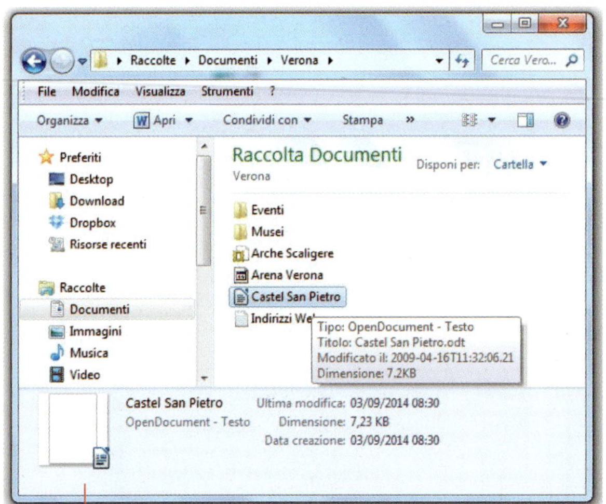

Riquadro dettagli

Di un file si possono ottenere informazioni sulle sue dimensioni sia in base al tipo di visualizzazione richiesta, sia, dopo averlo selezionato, nel Riquadro dettagli o, ancora, posizionando il puntatore su di esso.

Facendo clic destro sul file o la cartella e scegliendo Proprietà, nella scheda Generale si possono ottenere ▶ **informazioni** ◀ sulle dimensioni dell'elemento e altre più specifiche.

Clippy

Se nella zona Attributi è attiva l'opzione Sola lettura, il file non potrà essere modificato, ma soltanto aperto e visionato.

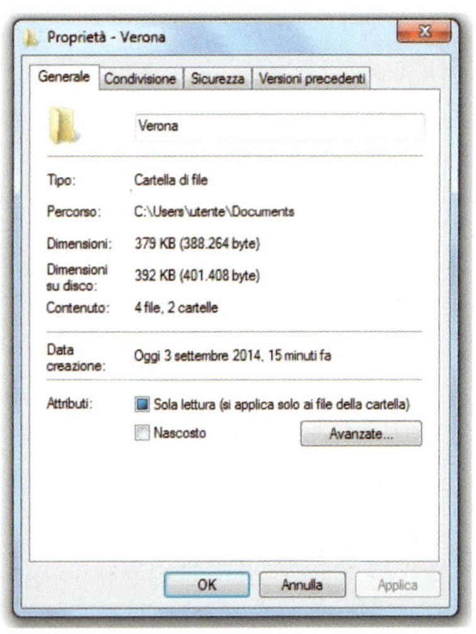

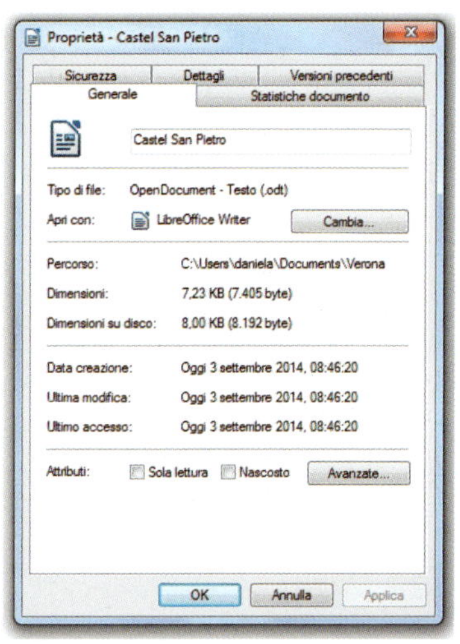

Allena le competenze

- Utilizzare supporti di memoria diversi
- Copiare e spostare file
- Ordinare file
- Verificare le proprietà di un file

Apri la cartella M1 Concetti base

1 Collega la chiavetta USB alla relativa porta.

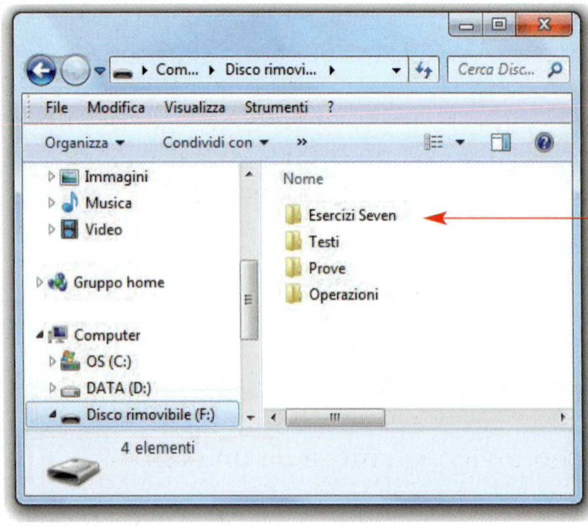

2 Copia nella chiavetta la cartella Esercizi Seven, poi crea le cartelle mostrate.

3 Nella cartella Esercizi Seven cambia la visualizzazione dei file scegliendo Dettagli, poi Titoli, poi Icone piccole/applica l'ordinamento mostrato.

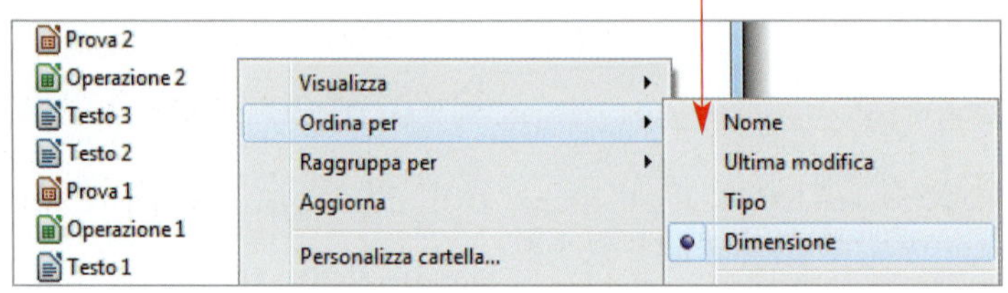

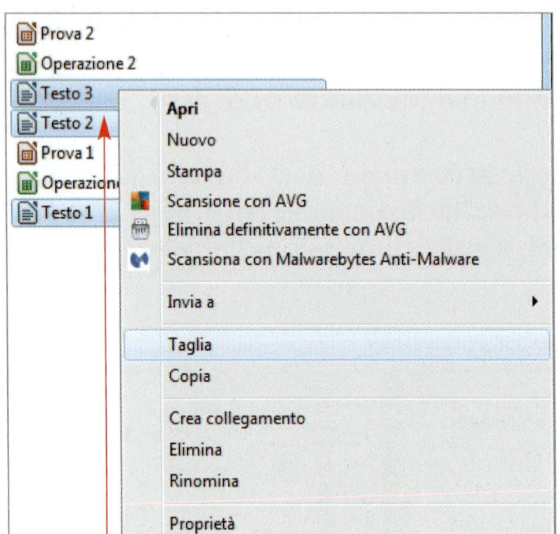

4 Sposta i file:
- Testo 1, Testo 2, Testo 3 nella cartella Testi;
- Operazione 1, Operazione 2 nella cartella Operazioni;
- Prova 1, Prova 2 nella cartella Prove.

5 Verifica le proprietà del file Prova2.

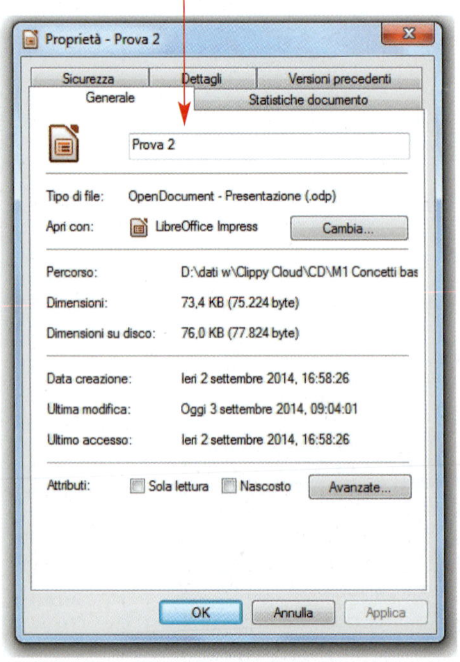

ECDL CE 4.2.4

Clippy

Eliminare un file o una cartella da disco fisso significa rimuoverlo dalla posizione in cui si trova e collocarlo in un'area del disco fisso denominata Cestino. I file cancellati da un disco rimovibile vengono eliminati definitivamente.
Ripristinare un file o una cartella significa riportare l'elemento eliminato nella posizione di origine.

• Eliminare e ripristinare file e cartelle

Per ▶ **eliminare** ◀ file e cartelle e collocarli nel Cestino, selezionare gli elementi da ▶ **rimuovere** ◀ e da menu rapido scegliere Elimina/Sì. Diversamente, per eliminare definitivamente un file da disco fisso senza collocarlo nel Cestino, selezionare e premere la combinazione di tasti Shift + Canc.

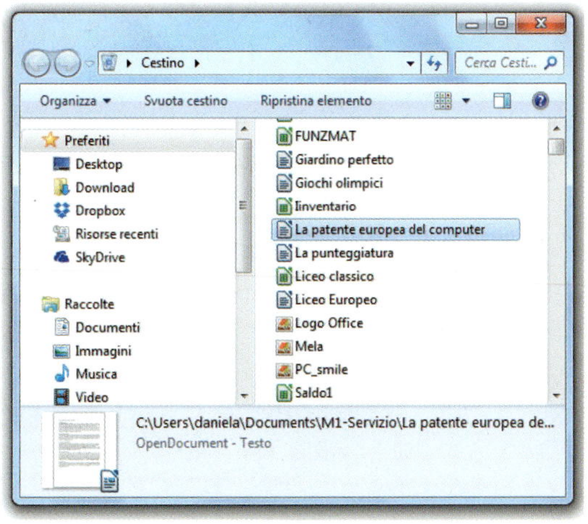

Per ▶ **ripristinare** ◀ file e cartelle:

1. sul desktop fare doppio clic sull'icona del Cestino;
2. selezionare l'elemento desiderato e da menu rapido scegliere Ripristina (l'elemento verrà collocato nella cartella di origine).

ECDL CE 4.3.4 - CE 4.3.5 - CE 4.3.6

Clippy

Comprimere un elemento significa ridurne le dimensioni grazie al suo inserimento in cartelle speciali che usano software di compressione.
Durante la fase di compressione Windows produce una copia degli elementi originali in formato compresso, così come nella fase di decompressione produce una copia degli elementi compressi in formato originale.

• Comprimere ed estrarre file e cartelle

Per ▶ **comprimere** ◀ un elemento, selezionarlo e da menu rapido scegliere Invia a/Cartella compressa: il programma produce una copia compressa dell'elemento, rappresentata con un'icona chiusa da una zip.

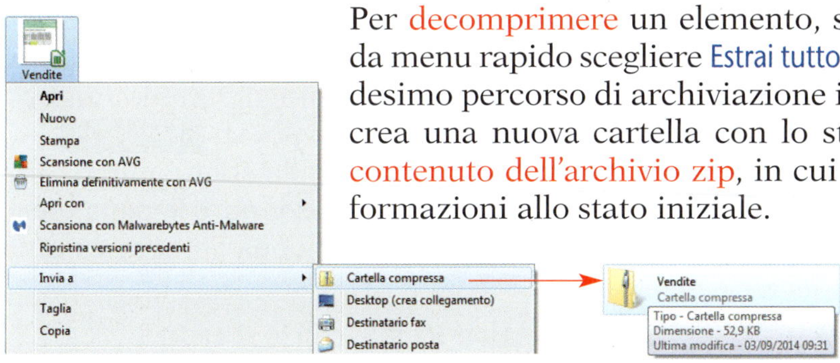

Per decomprimere un elemento, selezionarlo e da menu rapido scegliere Estrai tutto/Estrai: nel medesimo percorso di archiviazione il programma crea una nuova cartella con lo stesso nome e contenuto dell'archivio zip, in cui riporta le informazioni allo stato iniziale.

ECDL CE 4.1.9

Clippy

Windows raccoglie informazioni sui file archiviati nel computer per poter eseguire ricerche precise e veloci. Queste informazioni vengono archiviate nell'indice (insieme di informazioni dettagliate sui file). Periodicamente Windows aggiorna l'indice per inserirvi i nuovi elementi archiviati.

• Ricercare file e cartelle

Per eseguire la ricerca di file e cartelle, Windows utilizza il testo digitato nell'apposita casella di ricerca e procede, se non diversamente specificato, in ▶ **percorsi indicizzati** ◀, confrontando il testo immesso con:

- le parole che costituiscono il nome di ogni elemento archiviato;
- le proprietà di ogni elemento memorizzato;
- i contenuti di documenti basati su testo (anche, per esempio, messaggi di posta elettronica).

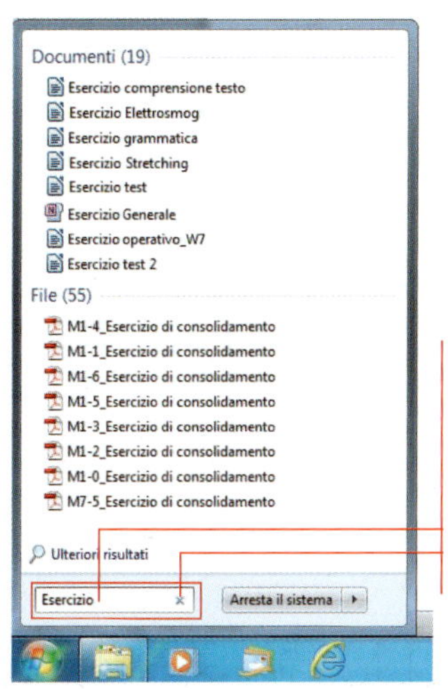

Casella di ricerca Cerca programmi e file e pulsante Cancella

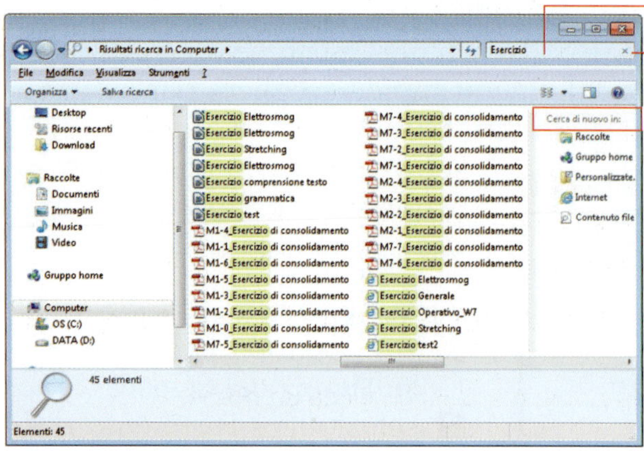

Per cercare un elemento in tutto il computer fare clic su Start e nella casella Cerca programmi e file digitare il nome dell'elemento da trovare.

Per cercare un elemento in una specifica unità disco, raccolta o cartella, attivare l'unità disco, la raccolta o la cartella in cui si vuole eseguire la ricerca e nella casella di ricerca digitare il nome dell'elemento da trovare. Operando nel riquadro Cerca di nuovo in è possibile includere ulteriori percorsi di ricerca.

Per annullare la ricerca operare sull'apposito pulsante.

Zoom su...

CERCARE FILE IN BASE A SPECIFICI CRITERI

Smart

Per stampare un file senza aprirlo, fare clic destro su di esso e scegliere Stampa per avviare il processo di stampa sulla stampante predefinita.

Stampare

La stampa di un file può essere richiesta direttamente nella finestra di qualsiasi cartella. Se si dispone di più stampanti, è necessario impostarne una come predefinita, che sarà utilizzata in automatico ogni volta che si avvia il processo di ▶ **stampa** ◀.

ECDL CE 3.2.2

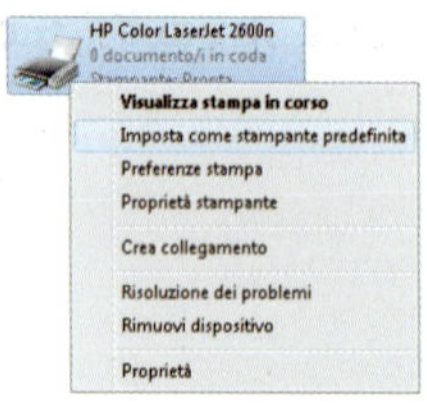

• Impostare la stampante predefinita

Per cambiare la stampante predefinita con un'altra installata:

1. fare clic su Start e poi su Dispositivi e stampanti;
2. fare clic destro sulla stampante da impostare come predefinita e, da menu rapido, selezionare Imposta come stampante predefinita; accanto all'icona comparirà un segno di spunta.

ECDL CE 3.2.4

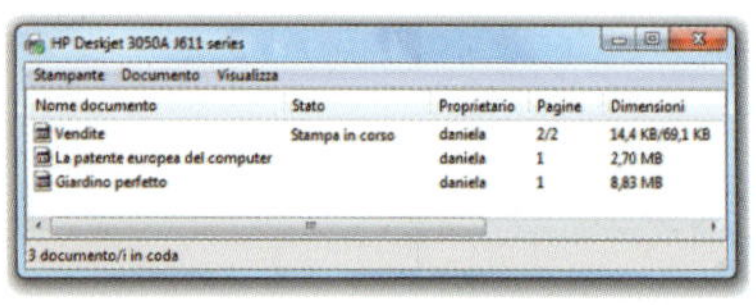

• Gestire lo spool di stampa

Tutti i documenti inviati alla stampa vengono accodati nell'ordine in cui vengono ricevuti. Windows invia i dati alla stampante e gestisce la coda di stampa dei documenti con un componente software denominato Spool di stampa.

Per visualizzare l'elenco dei documenti in coda di stampa, nell'Area di notifica fare doppio clic sull'icona della stampante.

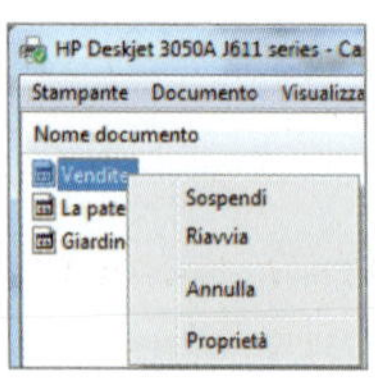

Per intervenire su uno o più elementi, fare clic destro sull'elemento interessato e scegliere:
- Sospendi per interrompere la stampa;
- Riprendi per riprendere la stampa dopo averla interrotta (questo comando si sostituisce a Sospendi);
- Riavvia per ricominciare la stampa dall'inizio;
- Annulla/Sì per eliminare il documento dalla coda di stampa.

Per annullare la stampa di tutti i documenti della coda, da menu Stampante selezionare Elimina tutti i documenti e fare clic su Sì.

Svolgi i test

Gli esercizi sono disponibili anche nella versione digitale come test interattivi e autocorrettivi.

TEST DI COMPLETAMENTO

Completa le frasi con le espressioni mancanti, scegliendo tra quelle di seguito proposte.
Estrai tutto – ? / \ " : < > | – informazioni – contenitore – decomprimere – estensione

1 Il file è un insieme di .... memorizzate su disco, identificato da un nome e seguito da un'...
2 La cartella è un .... di file memorizzata su disco e identificata da un nome.
3 Il nome di un file può essere composto da qualsiasi carattere eccetto ....
4 Per .... i file di una cartella compressa, da menu rapido scegliere ....

TEST VERO FALSO

Indica, barrando la relativa casella, se le seguenti affermazioni sono vere o false.

	V	F
1 Per selezionare file non adiacenti si usa la combinazione Shift + mouse.	☐	☐
2 La proprietà Sola lettura non permette l'apertura del file.	☐	☐
3 Un file eliminato da chiavetta USB non può essere ripristinato.	☐	☐
4 Le informazioni di base del computer sono visibili dal link Sistema.	☐	☐

TEST DI COLLEGAMENTO

Associa gli elementi (testo o immagine) della prima colonna con le corrispondenti descrizioni della seconda.

1 Mostra desktop	A Espande la ramificazione.	1 ___
2 ▷	B Modifica lo sfondo del desktop.	2 ___
3 ◢	C Riduce a icona contemporaneamente tutte le finestre aperte.	3 ___
4 Personalizzazione	D Comprime la ramificazione.	4 ___

TEST A RISPOSTA SINGOLA O MULTIPLA

Per ogni quesito, indica la risposta o le risposte corrette. (○ risposta singola / ☐ risposta multipla)

1 Le icone di collegamento di distinguono per:
○ la presenza di una freccia nera nell'angolo inferiore sinistro
○ la presenza di una freccia nera nell'angolo inferiore destro
○ le dimensioni maggiori rispetto alle altre icone
○ le dimensioni minori rispetto alle altre icone

2 Indica i nomi corretti dei pulsanti:
☐ Ingrandisci
☐ Ripristina giù
☐ Riduci a icona
☐ Chiudi

3 Le icone possono essere disposte in base:
☐ al Nome
☐ alla Lunghezza contenuto
☐ alla data di Creazione
☐ alla data di Ultima modifica

4 Sulla Barra delle applicazioni è presente:
○ la Barra della lingua
○ la Barra di stato
○ la Barra del titolo
○ la Barra dei menu

Esegui passo passo

- Esegui gli esercizi proposti e al termine elimina le cartelle create, copiate o spostate.

1 Collega una chiavetta USB e crea la struttura di cartelle mostrata nell'immagine

- In ciascuna sottocartella di RICERCHE e TRADUZIONI crea un documento (fai clic con il tasto destro all'interno della cartella desiderata, scegli OpenDocument - Testo) e assegna il nome Italiano uno, Scienze uno, Storia uno e così via.
- Rinomina ciascun documento con il nome Italiano 1, Scienze 1, Storia 1 ecc.
- In Documenti crea la cartella SCUOLA e copia al suo interno la cartella RICERCHE con tutto il suo contenuto.
- Dalla chiavetta USB sposta la cartella TRADUZIONI in Documenti/SCUOLA.
- Apri Computer, poi la cartella Immagini campione e utilizza i diversi tipi di visualizzazione disponibili per mostrare i file contenuti.
- Ordina le immagini per Dimensione e poi per Nome.
- Chiudi ogni finestra aperta.

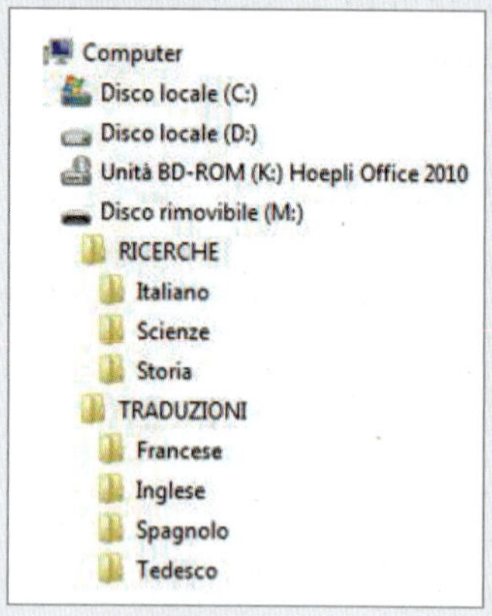

2 Apri la cartella M1 Concetti base, collega una chiavetta USB ed esegui le operazioni di seguito descritte

- Copia la cartella Esercitazioni Seven sul desktop e rinomina tutti i file in essa contenuti come mostrato nell'immagine.

- Richiedi la visualizzazione Dettagli.
- In un'unica operazione, elimina i file Addizione due e Scritto due.
- Ripristina il file Scritto due.
- Seleziona i documenti di Writer e, con un'unica operazione, copiali su chiavetta USB.
- Nella chiavetta USB crea la cartella SCRITTI e sposta al suo interno i file di Writer che hai copiato.
- Nella chiavetta USB crea la cartella PRESENTAZIONI e sposta al suo interno i file di Impress contenuti nella cartella Esercitazioni Seven che hai copiato sul desktop.
- Dalla cartella Esercitazioni Seven elimina definitivamente il file Addizione uno, poi chiudi la cartella.
- Dalla chiavetta USB elimina la cartella PRESENTAZIONI.
- Nella chiavetta USB comprimi la cartella SCRITTI, poi spostala sul desktop.
- Estrai i file dalla cartella SCRITTI, poi elimina la cartella compressa.
- Visualizza i file della cartella SCRITTI in ordine decrescente in base al nome, poi imposta l'opzione Icone piccole.
- Richiedi la visualizzazione Dettagli, poi chiudi ogni finestra aperta.
- Apri la finestra Computer e agisci sul simbolo ▷ posto a sinistra di ogni elemento per vederne la struttura gerarchica, poi chiudi ogni cartella e unità operando sul simbolo ◢. Chiudi la finestra aperta.

Mettiti alla prova!

Gli esercizi sono disponibili anche nella versione digitale come test interattivi e autocorrettivi.

TEST DI COMPLETAMENTO

Completa le frasi con le espressioni mancanti, scegliendo tra quelle di seguito proposte.
Dettagli – memorizzazione – frequenza – combinazioni – dimensioni – byte

1 Il byte è l'unità minima di .... e di lettura di un elaboratore.
2 Con un .... si possono ottenere 256 .... di 0 e 1.
3 La visualizzazione .... fornisce per ogni file informazioni quali, per esempio, le ...., la data dell'ultima modifica ecc.
4 La velocità di lavoro della CPU è determinata dalla .... del clock e la sua unità di misura è l'hertz.

TEST VERO FALSO

Indica, barrando la relativa casella, se le seguenti affermazioni sono vere o false.

	V	F
1 La combinazione Alt + Canc elimina definitivamente un file selezionato senza collocarlo nel Cestino.	☐	☐
2 La RAM è una memoria di massa.	☐	☐
3 Dal Pannello di controllo è possibile configurare il computer e installare programmi.	☐	☐
4 L'Area di notifica mostra icone di processi avviati temporaneamente.	☐	☐

TEST DI COLLEGAMENTO

Associa le voci della prima colonna con il corrispondente significato della seconda.

1 RAM	A Memoria di sola lettura.	1 ____
2 ROM	B Dispositivo ottico.	2 ____
3 CD	C Dispositivo magnetico.	3 ____
4 Hard disk	D Memoria di lavoro.	4 ____

TEST A RISPOSTA SINGOLA O MULTIPLA

Per ogni quesito, indica la risposta o le risposte corrette. (○ risposta singola / ☐ risposta multipla)

1 Indica le affermazioni corrette:
- ☐ esistono CD e DVD riscrivibili
- ☐ i nastri sono memorie ad accesso sequenziale
- ☐ il plotter è un particolare tipo di mouse
- ☐ la capacità del DVD è più bassa di quella del CD

2 Un pixel:
- ☐ è un piccolo quadrato o rettangolo di cui si compone un'immagine
- ☐ è composto da una delle due cifre binarie
- ☐ è formato da un determinato numero di byte
- ☐ non ha alcuna relazione con i bit e i byte

3 Non è un sistema operativo:
- ○ Impress
- ○ Mac Os
- ○ Linux
- ○ Windows

4 Indica l'affermazione errata:
- ○ un bit può rappresentare 0 oppure 1
- ○ VISUAL BASIC è un linguaggio di programmazione di alto livello
- ○ la sintassi è l'insieme delle parole che costituiscono un linguaggio
- ○ JAVA è un linguaggio progettato per applicazioni su Internet

Mettiti alla prova!

- Esegui gli esercizi proposti e al termine elimina le cartelle create, copiate o spostate.

Per svolgere al meglio la verifica che segue, puoi consultare – nella versione digitale – il tutorial M1 – CONCETTI BASE RIEPILOGO DELLE COMPETENZE, che sintetizza quanto hai appreso in questo modulo.

1 Apri la sottocartella M1 Concetti base/M1-Servizio, collega una chiavetta USB ed esegui le operazioni di seguito descritte

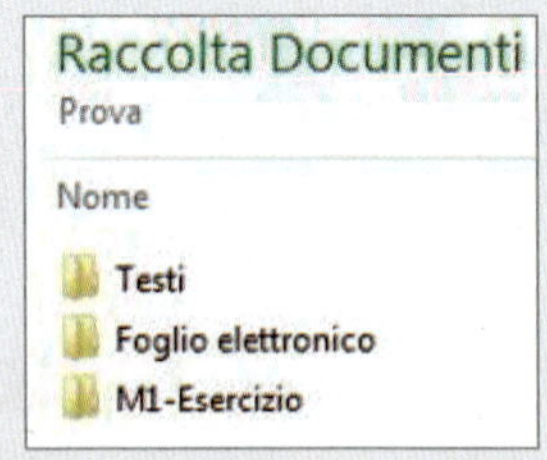

- In Documenti crea la cartella Prova, poi copia la cartella M1-Servizio in Documenti/Prova e rinominala in M1-Esercizio.
- Sul desktop crea un collegamento alla cartella Documenti/Prova/M1-Esercizio.
- In Documenti/Prova crea le cartelle Foglio elettronico e Testi.
- In Documenti/Prova/M1-Esercizio visualizza i file in Elenco, poi in Icone medie, infine imposta la visualizzazione Dettagli.
- Ordina i file per Dimensione e poi per Tipo.
- Seleziona tutti i file di foglio elettronico e spostali nella cartella Documenti/Prova/Foglio elettronico, poi seleziona i file di testo e spostali in Documenti/Prova/Testi.
- In Documenti/Prova/Testi verifica le proprietà del file Giochi olimpici.
- In Documenti/Prova/M1-Esercizio decomprimi la cartella Comp.
- Verifica le proprietà della cartella Documenti/Prova/M1-Esercizio, poi spostala nella chiavetta USB.
- Nella chiavetta USB comprimi la cartella M1-Esercizio.
- Elimina dalla chiavetta USB la cartella M1-Esercizio e l'omonima compressa.
- Elimina da Documenti la cartella Prova, poi chiudi ogni finestra aperta.

2 Apri la sottocartella M1 Concetti base/M1-Servizio, collega una chiavetta USB ed esegui le operazioni di seguito descritte

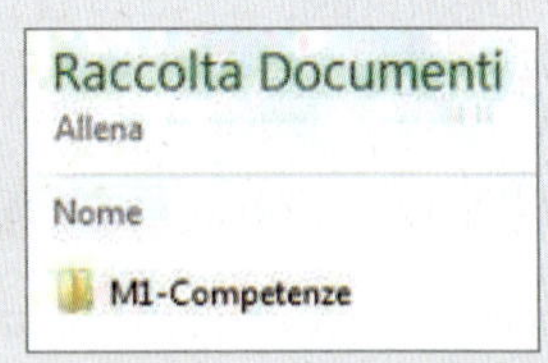

- In Documenti crea la cartella Allena, poi copia la cartella M1-Servizio in Documenti/Allena e rinominala in M1-Competenze.
- In Documenti/Allena/M1-Competenze cerca il file Mela, poi annulla la ricerca impostata.
- Avvia la guida di Windows e cerca informazioni digitando le parole chiave utilizzare file e cartelle, attiva il relativo link, leggi le informazioni, poi chiudi la finestra.

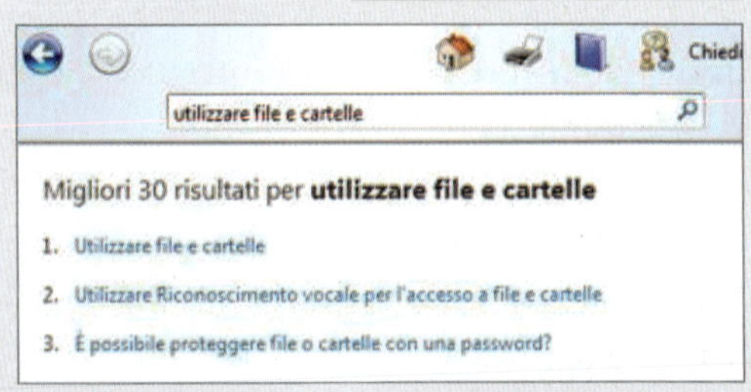

- Copia la cartella Documenti/Allena/M1-Competenze/Esercizi nella chiavetta USB e poi comprimila.
- Nella cartella Documenti/Allena/M1-Competenze rinomina la cartella Esercizi in Esercitazioni, poi eliminala.
- Sposta sul desktop la cartella compressa Esercizi presente nella chiavetta USB, quindi eliminala definitivamente.
- Ripristina la cartella Esercitazioni.
- Crea sul desktop un collegamento alla cartella Documenti/Allena/M1-Competenze/Esercitazioni.
- Apri la finestra Computer e agisci sul simbolo ▷ posto a sinistra delle raccolte predefinite per vederne la struttura gerarchica, poi chiudi ogni cartella e raccolta operando sul simbolo ◢.
- Elimina da chiavetta USB la cartella Esercizi e da Documenti la cartella Allena, poi chiudi ogni finestra aperta.

MODULO

2 INTERNET

UNITÀ 1
Internet, il WWW e ICT

UNITÀ 2
Utilizzo del browser e della posta elettronica

CONOSCENZE

- Definire Internet, origini, evoluzione, caratteristiche, requisiti e servizi.
- Comprendere il concetto di ICT e conoscere le varie forme di comunicazione elettronica.
- Riconoscere le problematiche legali relative al diritto d'autore e alla privacy.
- Comprendere cosa è un virus e come proteggere il proprio PC.
- Conoscere le funzioni e gli strumenti del browser per navigare e prelevare contenuti dal Web.
- Conoscere le funzioni e gli strumenti di Gmail per la gestione della posta elettronica.

ABILITÀ

- Descrivere le caratteristiche di Internet.
- Definire che cosa si intende per ICT e distinguere le diverse forme di comunicazione elettronica.
- Descrivere la normativa sul diritto d'autore e sulla privacy.
- Elencare le diverse tipologie di virus e le norme da seguire per tutelare il PC.
- Utilizzare il browser per la navigazione e per ricercare/prelevare contenuti dal Web.
- Utilizzare Gmail per inviare/ricevere messaggi con/senza allegati e creare gruppi di contatti.

COMPETENZE

L'alunno alla fine del modulo avrà acquisito le competenze che lo rendono in grado di:

- illustrare le caratteristiche di Internet elencandone la struttura e descrivere i suoi principali servizi;
- definire il significato del termine ICT e utilizzare le varie forme di comunicazione in relazione agli scopi da perseguire;
- elencare la normativa sul diritto d'autore e sulla privacy;
- applicare le misure idonee per proteggere il proprio PC da virus e da intrusioni;
- utilizzare il browser, navigare con più schede aperte, eseguire ricerche e acquisire contenuti;
- gestire in modo efficace il proprio account Gmail.

UNITÀ 1 INTERNET, IL WWW E ICT

Info

Si consiglia di creare una cartella personale in cui archiviare i file eseguiti.

Internet è nata nel 1983, ma la sua storia ha avuto inizio intorno agli anni Sessanta del secolo scorso, quando negli Stati Uniti il Dipartimento della difesa fu incaricato di studiare un sistema in grado di garantire la trasmissione delle informazioni anche in caso di attacco nucleare. Per questo scopo fu istituita, nel 1958, l'Agenzia per progetti avanzati di ricerca (*Advanced Research Project Agency*) che, grazie all'apporto di studiosi, ricercatori e docenti universitari, diede vita ad ARPANET, la prima rete di computer.
La grande novità stava nel fatto che lo scambio delle informazioni tra computer collegati poteva seguire vie diverse per giungere a destinazione. Ciò garantiva la trasmissione di informazioni anche nel caso in cui qualche computer, o parte di una rete, venissero danneggiati.
Negli anni Ottanta questo sistema si diffuse dal campo militare alle università e, a causa del notevole sviluppo, il Dipartimento della difesa americano decise di separare la sezione militare, segnando la fine di ARPANET e la nascita di una nuova struttura chiamata Internet. Dagli Stati Uniti il sistema si estese anche all'Europa e da allora i collegamenti si moltiplicarono a livello esponenziale.

ECDL CE 5.1.2 - OE 1.1.1

Che cosa è Internet

▶ **Internet** ◀, costituita dall'integrazione di numerosissime sottoreti, è l'insieme dei canali (cavi telefonici, onde radio ecc.) attraverso cui passano le informazioni quando vengono trasmesse da un dispositivo (computer, cellulare ecc.) a un altro.

Clippy

Il termine Internet deriva dall'unione di "*inter*" (fra) e "*net*" (rete) e significa letteralmente "reti interconnesse", ovvero una rete mondiale in grado di collegare un numero enorme di computer in modo che possano scambiarsi informazioni.

Tutti i computer, dotati di struttura hardware e di ▶ **software appositi** ◀, possono collegarsi e sfruttare le potenzialità offerte dalla Rete utilizzando un protocollo di comunicazione standard chiamato TCP/IP (*Transmission Control Protocol/Internet Protocol*), ovvero un insieme di regole che disciplinano la struttura dei dati che viaggiano attraverso Internet.
Tale protocollo di comunicazione è a commutazione di pacchetto:
- la componente IP suddivide i dati da inviare in piccoli pacchetti (*word*) numerati, a ognuno dei quali assegna le informazioni del mittente e del destinatario; ogni pacchetto viaggerà nella rete per conto proprio;
- la componente TCP assicura la corretta e completa trasmissione dei pacchetti che vengono ricomposti al momento della ricezione.

Clippy

Il software che permette di accedere ai servizi e navigare in Internet si dice browser.

Questa modalità di trasmissione offre un duplice vantaggio:
- consente altissime velocità nella trasmissione delle informazioni in quanto ogni pacchetto viaggia in modo autonomo nella Rete individuando la via più breve per giungere a destinazione;
- rende possibile l'attivazione di molteplici connessioni.

ECDL CE 5.1.1

Reti informatiche

Alla base del concetto di rete informatica c'è quello di condivisione delle risorse. Una risorsa condivisa è un dispositivo, per esempio una stampante, che viene utilizzata da più utenti grazie al fatto che è indirizzabile da più computer, o una cartella che mette a disposizione degli utenti connessi i medesimi file in essa contenuti. La condivisione di risorse si realizza collegando reciprocamente i computer in reti informatiche.

ECDL SC 3.1.1 - SC 3.2.1

Clippy

I cavi dedicati sono linee appositamente costruite per la condivisione delle risorse di una rete. Offrono prestazioni diverse in base al materiale di cui si compongono: fibra ottica, doppini telefonici o cavi coassiali. Una rete LAN può essere integrata anche con reti wireless.

• Tipi di reti

I diversi tipi di rete si possono distinguere in base alla loro estensione, strutturazione e al tipo di collegamento di cui usufruiscono; di seguito ne consideriamo alcuni.

- LAN (*Local Area Network*): è una rete locale di piccole dimensioni in grado di connettere PC che si trovano nella medesima stanza, nello stesso stabile o in più edifici non lontani tra loro, ove la connessione fra gli elaboratori e la trasmissione dei dati avviene in genere fisicamente, tramite ▶ **cavi dedicati** ◀. Ogni postazione deve essere dotata di scheda di rete, elemento hardware che interfaccia il singolo elaboratore alla rete informatica dell'organizzazione a cui appartiene.

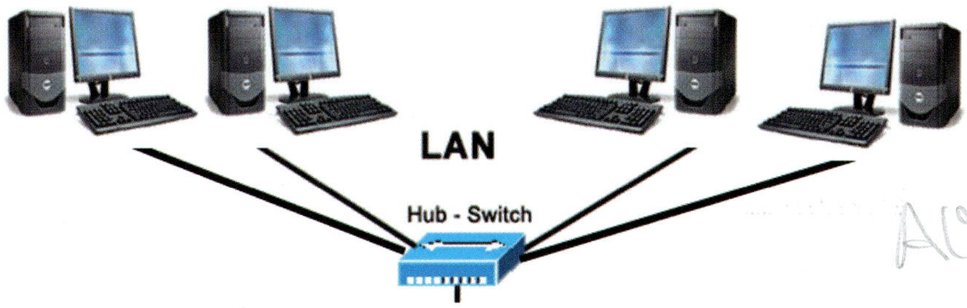

Clippy

Il termine Wi-Fi (*Wireless Fidelity*) indica dispositivi che sono in grado di connettersi a reti locali WLAN senza la necessità di cavi.

- WLAN (*Wireless Local Area Network*): è una rete locale di piccole dimensioni in cui la ▶ **connessione** ◀ tra elaboratori e la trasmissione di dati non avviene attraverso fili o cavi, ma principalmente via radiofrequenza (RF) o via infrarosso (IR). Sempre più diffuse sono le reti wireless a banda larga e a copertura estesa, che vanno oltre le dimensioni tipiche di una LAN.
- WAN (*Wide Area Network*): è una rete geografica di grandi dimensioni che può collegare computer, anche della stessa azienda, distribuiti in zone geograficamente lontane, anche fra continenti diversi. Molte WAN sono costituite dalla connessione di più LAN, consentendo così la comunicazione tra molte reti locali.

Zoom su...

TOPOLOGIA DELLE RETI

• Server e client

I computer connessi in rete si distinguono in:

- server, elaboratori potenti che mettono a disposizione di altri computer (*client*) le loro risorse hardware, software o servizi di vario genere;
- client, computer dotati di software che consente loro di connettersi al server per utilizzarne le risorse.

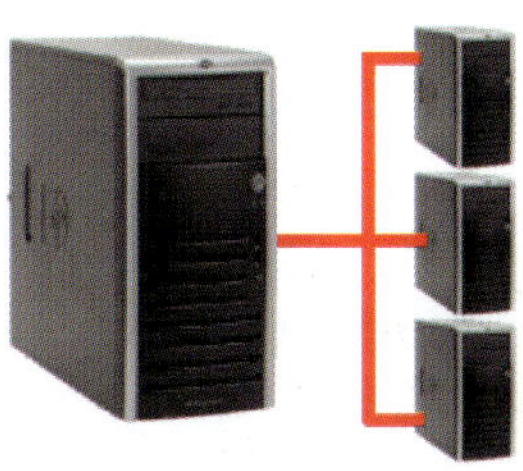

L'architettura client/server si realizza quando uno o più server offrono servizi a più client.

Il termine client/server viene utilizzato anche per distinguere software usati su computer client o su computer server.
In questo caso, il termine client software indica il software installato sul client che consente l'accesso alle funzionalità offerte dal server, mentre il termine server software designa quello installato sul server per gestire gli accessi del client e rilasciarne le risorse richieste.
Per esempio, considerando il ▶ **software** ◀ Internet Explorer, nel client sarà caricata la parte client di istruzioni affinché l'elaboratore possa connettersi a Internet, navigare, eseguire download ecc., mentre nel server sarà installata la parte server di istruzioni che regolano gli accessi dei client e il rilascio di risorse.

Clippy

Il termine host serve ad individuare qualsiasi computer collegato a Internet che "ospita" software applicativi. Un host, quindi, può essere sia client sia server.

ECDL CE 5.1.3

• Intranet ed extranet

A differenza di Internet, che è una rete "aperta" a cui tutti possono accedere per collegarsi ad altri elaboratori, esistono alcuni tipi di reti alle quali l'accesso è ristretto.

- Intranet è una rete chiusa di computer; il sistema ne consente l'accesso e l'utilizzo solo a un certo numero di utenti autorizzati, individuati con un identificativo. Si tratta solitamente di reti aziendali private utilizzabili solo dai dipendenti dell'azienda. Per esempio, in un ospedale potranno accedere alla rete intranet i dirigenti, i primari, il personale amministrativo, non certo gli utenti o le case farmaceutiche.
- Extranet è una rete chiusa, in cui tuttavia sono previsti determinati accessi dall'esterno. Può essere considerata come una rete aziendale privata, che però include specifici utenti esterni all'azienda.

Poiché anche le reti intranet ed extranet si basano sul protocollo TCP/IP, è possibile collegarle alla rete Internet attraverso apposite apparecchiature, grazie al fatto che utilizzano la medesima tecnologia.

ECDL CE 5.1.4

Trasferire dati mediante la rete

La rete telefonica serve per collegare sia i telefoni che gli elaboratori; quando si avviano le procedure di ▶ **download** ◀ o di ▶ **upload** ◀ si ricevono o si inviano file a una ▶ **velocità di trasferimento** ◀ determinata dalla quantità di bit al secondo (bps, i cui multipli sono il Kbps, il Mbps, il Gbps, il Tbps) che si riesce a trasmettere e che varia in relazione:

- alle caratteristiche del modem (modulatore/demodulatore), strumento che permette al computer il collegamento alla rete telefonica;
- alla c.d. "larghezza di banda", ovvero alla quantità massima di bit al secondo che la linea utilizzata per il trasferimento è in grado di trasmettere.

Clippy

Eseguire un download significa prelevare o scaricare file dalla rete per memorizzarli su disco fisso o in un'altra memoria di massa.
Eseguire un upload significa inviare alla rete dei file prelevandoli dal disco fisso o da altra memoria di massa.
In genere la velocità del download è superiore rispetto a quella dell'upload.

• Servizi per la connessione a Internet

In una LAN le macchine sono collegate reciprocamente tramite cavi. Ma come è possibile collegare tra loro computer che si trovano a svariati chilometri di distanza? La soluzione è stata quella di ricorrere a collegamenti già esistenti, quelli telefonici, che sono in assoluto i più diffusi e capillari al mondo. Poi, vista la natura sempre mutevole e in evoluzio-

ne della tecnologia, sono stati messi a punto altri sistemi, come le fibre ottiche, le onde radio, i collegamenti satellitari ecc.

La PSTN (*Public Switched Telephone Network*, RTG in Italia, acronimo di Rete Telefonica Generale) è la rete telefonica che concatena a livello mondiale le reti telefoniche pubbliche. In origine rete telefonica analogica, oggi RTG è divenuta quasi totalmente digitale e, grazie a particolari dispositivi, è in grado di supportare il servizio ADSL con il quale si utilizza la rete telefonica anche per usi particolari di telefonia e di trasmissione dei dati. La connessione a Internet quindi può essere:

- dial-up, a commutazione di circuito, quando il collegamento si realizza grazie al ▶ **modem** ◀ (se effettuato su linea analogica PSTN), oppure per mezzo di un adattatore ISDN (se il collegamento avviene mediante servizio digitale ISDN – *Integrated Services Digital Network*). Con questa modalità di connessione a Internet, ormai in declino, la comunicazione viene attivata al momento della chiamata e interrotta quando questa termina, con la conseguenza che la linea telefonica risulta occupata per il periodo di connessione, durante il quale non è possibile effettuare chiamate;
- a commutazione di pacchetti come, per esempio, con il servizio ADSL (*Asymmetric Digital Subscriber Line*), quando la connessione dati è sempre attiva e la linea telefonica non risulta essere occupata. L'ADSL si basa sulla compressione dei segnali e permette di trasmettere informazioni digitali ad alta velocità su linee telefoniche esistenti utilizzando canali diversi per la voce e la trasmissione. È una linea che opera in modo asimmetrico: le informazioni inviate verso l'esterno (*upload*) vengono trasmesse a una velocità inferiore rispetto a quelle in ricezione (*download*). Il servizio ADSL viene anche definito a banda larga in quanto consente la trasmissione di più dati in modo simultaneo, aumentando così l'effettiva velocità di trasmissione.

Clippy

Il modem trasforma le informazioni da inviare da digitali ad analogiche e quelle in arrivo da analogiche a digitali.

Zoom su...

MODALITÀ DI CONNESSIONE A INTERNET

Zoom su...

CARATTERISTICHE DELLA BANDA LARGA

ECDL CE 5.1.2 - OE 1.1.4 - OE 4.1.1

Principali impieghi di Internet

I principali impieghi di Internet riguardano la possibilità di accedere a numerosi servizi, quali:

- il WWW (*World Wide Web*), che consiste in un immenso numero di pagine ▶ **multimediali** ◀, collegate tra loro e organizzate in siti da cui è possibile reperire informazioni mediante software browser, come per esempio Microsoft Internet Explorer;
- la posta elettronica (*e-mail*), che realizza una modalità di comunicazione scritta asincrona attraverso la composizione di messaggi;
- il trasferimento di file FTP (*File Transfer Protocol*), che consiste in un servizio, basato su un sistema di autenticazione, in grado di gestire la condivisione di file fra host;
- i gruppi di discussione (*newsgroup*), che forniscono ambienti virtuali di discussione a cui gli utenti possono accedere per scambiarsi informazioni e opinioni su un determinato argomento;
- le liste di distribuzione (*mailing list*), che consistono in elenchi di indirizzi mail di persone interessate allo stesso argomento le quali possono confrontarsi scambiandosi e condividendo messaggi mail;

Clippy

Si definisce multimediale un prodotto che utilizza vari media di comunicazione: testo, immagini, suoni, animazioni, video che si fondono per aumentare la forza del messaggio.

- le comunicazioni in tempo reale (*chat line*), che permettono di comunicare in tempo reale con altri utenti collegati attraverso lo scambio di messaggi;
- il telelavoro, che consiste nel lavorare a casa mantenendo contatti con l'azienda attraverso Internet;
- i blog, pagine Web che ogni utente, grazie all'uso di programmi specifici, può creare per pubblicare informazioni di vario genere, proprie opinioni, realizzando così una sorta di diario personale;
- le conversazioni telefoniche, che offrono l'opportunità di comunicare in modo economico anche fra continenti diversi.

ECDL CE 5.1.2 - OE 1.1.1

Clippy

Il link è un collegamento, costruito su una parola o un'immagine, che rimanda a un'altra pagina. I link possono essere relativi, o interni, quando collegano tra di loro le pagine che si trovano sullo stesso server, e assoluti, o esterni, quando visualizzano pagine di altri server Web.

Il WWW

Il WWW, comunemente detto Web, è il principale servizio Internet che permette di fruire dei più svariati contenuti disponibili in pagine Web in cui i ▶ **link** ◀ consentono di navigare nella Rete senza alcun ordine prestabilito, raggiungendo le informazioni contenute in computer diversi e tra loro molto lontani.
Le pagine Web sono organizzate in siti di cui l'home page costituisce la pagina di presentazione. Esse sono scritte in HTML (*HyperText Markup Language*), un linguaggio di marcatura di ipertesti costituito da una serie di istruzioni, inserite in formato testo, racchiuse tra "marcatori" (tag) definiti con i simboli di < e >, che permettono ai browser di riconoscere e visualizzarne il contenuto. Tuttavia, con la diffusione di dispositivi portatili in grado di connettersi a Internet ma con risorse hardware e software non sufficienti per interpretare il linguaggio HTML, è sorta la necessità di utilizzare un linguaggio dotato di una sintassi meglio definita, l'XHTML, considerato il successore diretto e la versione più aggiornata dell'HTML a cui associa alcune proprietà dell'XLM, metalinguaggio utilizzato per creare nuovi linguaggi.

ECDL CE 1.1.2 - OE 1.1.4

Clippy

Per commercio elettronico (*e-commerce*) si intende la compravendita di prodotti e servizi utilizzando Internet. Si può considerare come l'evoluzione della vendita per posta.

I servizi Internet per i consumatori

I servizi di ▶ **e-commerce** ◀ possono essere di vario tipo:
- B2B (*Business To Business*) identifica il rapporto di vendita telematica tra aziende;
- B2C (*Business To Customer*) identifica il rapporto di vendita telematica tra azienda e cliente.

Quelli di tipo B2C, in particolare, sono oggi in continuo aumento: le aziende espongono nelle loro vetrine virtuali i prodotti da vendere e i consumatori consultano, valutano caratteristiche e prezzo e poi acquistano. L'acquisto prevede solitamente la compilazione di un *form* (scheda elettronica) in cui specificare l'articolo scelto, inserire i dati personali e indicare la modalità di pagamento.
In Italia i contratti a distanza sono regolati da specifiche norme che stabiliscono i diritti dei consumatori nei rapporti e nei confronti dei soggetti economici operanti nella vendita a distanza, definendo precise garanzie inerenti, per esempio, i tempi di esercizio della facoltà di recesso qualora il prodotto acquistato non corrisponda a quanto ordinato o risulti difettoso.

Il commercio elettronico comporta per l'utente alcune agevolazioni, ma anche alcuni inconvenienti, elencati nella seguente tabella.

VANTAGGI	SVANTAGGI
Possibilità di acquisto da qualsiasi PC collegato a Internet, 24 ore su 24 e 7 giorni su 7 con velocità nell'elaborazione della transazione.	Mancanza di contatto fisico tra venditore e acquirente, precludendo la possibilità di avere dimostrazioni sull'uso del prodotto.
Opportunità di un confronto rapido, su siti diversi, dello stesso prodotto o di altre tipologie.	Impossibilità di manipolare il prodotto per constatarne direttamente ogni caratteristica.
Acquisizione di informazioni dettagliate e specifiche.	Possesso non immediato.
Comparazione delle condizioni di consegna, spese e tempi.	Incidenza delle spese di trasporto sul prezzo.
Opportunità di acquistare senza doversi spostare da un negozio all'altro, con notevole risparmio di tempo.	Rischio legato ai mezzi di pagamento: se si opta per l'utilizzo della carta di credito è bene assicurarsi che il venditore garantisca la sicurezza della transazione.
Prezzi dei prodotti offerti in genere più bassi rispetto a quelli che si trovano nei negozi.	

Clippy

L'e-banking (*electronic banking*) è un servizio che consente al cliente di connettersi al proprio istituto di credito ed eseguire operazioni bancarie come visionare il conto corrente, eseguire pagamenti, effettuare investimenti e transazioni di vario genere.

Anche gli Istituti di credito, attraverso l' ▶ **e-banking** ◀, offrono servizi servendosi di Internet. In questi ultimi tempi sono sorti istituti di credito che propongono esclusivamente un tipo di rapporto online e in genere offrono condizioni più vantaggiose rispetto ad altre banche.
I vantaggi che derivano dall'impiego delle nuove tecnologie nei servizi bancari sono:
- possibilità di consultare archivi elettronici e prelevare dati;
- operazioni svolte con rapidità e precisione, quindi efficienti;
- velocità di trasferimento dati;
- disponibilità di accesso ai vari servizi 24 ore su 24;
- operazioni svolte in completa autonomia;
- notevole riduzione dei tempi di attesa, senza necessità di spostamenti.

Clippy

L'e-government è l'insieme dei servizi che la pubblica amministrazione offre ai cittadini mediante l'uso delle nuove tecnologie, grazie a Internet e a terminali self-service, realizzando così l'utilizzo su larga scala del computer in ambito governativo.

▶ **Servizi internet** ◀ vengono offerti anche dalle amministrazioni statali, regionali e comunali che, mediante il proprio sito, danno informazioni, rilasciano certificati e modulistica, consentono di pagare imposte e tasse.
Esempi di applicazioni amministrative sono tutti quei software, basati su grandi archivi elettronici, indispensabili per gestire:
- l'anagrafe comunale, per ottenere certificati relativi allo stato di ogni cittadino;
- la gestione del catasto, per schedare ogni variazione relativa agli immobili;
- l'accesso ai servizi della previdenza sociale, per ottenere informazioni circa la propria posizione contributiva;
- la tenuta del casellario giudiziario, per registrare la situazione, dal punto di vista penale, di ogni cittadino e, a richiesta, ottenerne certificazione;
- l'attività di censimento della popolazione, per determinare il numero di persone presenti nel territorio di uno Stato (in genere ogni dieci anni);
- la tenuta del PRA (Pubblico Registro Automobilistico, gestito dall'Ispettorato della Motorizzazione Civile), per registrare ogni movimento relativo allo stato della proprietà degli autoveicoli e rintracciare, per esempio, il proprietario di un'auto rubata;
- l'automazione dell'attività fiscale, per inviare telematicamente la dichiarazione dei redditi agli uffici preposti;
- il voto elettronico, per sperimentare lo scrutinio elettronico in alcune regioni d'Italia.

ECDL OE 1.1.4

L'e-learning

In ambito formativo, sfruttando le potenzialità offerte dalle nuove tecnologie multimediali, la didattica ha rinnovato le proprie metodologie diffondendo sempre più la FAD (formazione a distanza), che racchiude diverse tipologie di formazione, fra cui l' ▶ **e-learning** ◀ o apprendimento in Rete. Questa metodologia evidenzia notevoli vantaggi, quali:

- l'opportunità di seguire il corso senza vincoli di giorni e orari precisi;
- la possibilità di fruire dei contenuti da luoghi e con dispositivi diversi;
- la versatilità dei materiali a disposizione, che possono essere scaricati o stampati e gestiti in modo personale;
- l'impiego di prodotti multimediali proposti mediante video, simulazioni (che addestrano le persone a svolgere anche compiti pericolosi), esercitazioni interattive, per agevolare il processo di apprendimento;
- la creazione di classi virtuali che rendono possibile il confronto e il dialogo attraverso servizi di chat, forum di discussione o videoconferenze;
- la presenza di un tutor (responsabile del gruppo di apprendimento) che interviene nella classe virtuale con risposte, spunti, suggerimenti o fornendo materiale di supporto;
- la diminuzione dei costi del corso, che non prevede più la necessità di un'aula attrezzata in cui svolgere le lezioni e la presenza di un docente.

Clippy

Il termine e-learning indica un'attività formativa che si realizza attraverso la connessione dello studente alla Rete e l'uso di un elaboratore per fruire dei contenuti proposti.

Il telelavoro

Internet ha prodotto la nascita di nuove professioni e modalità operative, una delle quali è rappresentata dal ▶ **telelavoro** ◀ che offre i seguenti vantaggi:

- eliminazione dei tempi di spostamento casa-lavoro, evitando così problemi di pendolarismo;
- esecuzione di un determinato compito senza essere interrotti o distolti;
- possibilità di un orario flessibile con pianificazione della propria attività.

Per contro, gli svantaggi sono:

- distacco dalla realtà lavorativa;
- mancanza di contatti personali e rapporti con i colleghi;
- impossibilità di partecipare fisicamente a lavori di gruppo o in team.

L'azienda che affida il lavoro a casa può economizzare in particolare sugli spazi, le strutture e i costi inerenti l'energia elettrica.

Clippy

La connessione a Internet e l'ausilio di strumenti informatici e di dispositivi telematici permettono a persone addette a specifiche mansioni di lavorare dalla propria abitazione, realizzando così il telelavoro.

Le forme di comunicazione elettronica

La continua evoluzione dell'informatica (parola che deriva dall'unione dei termini "informazione" e "automatica") determina un'estensione delle nuove risorse tecnologiche in molti ambiti applicativi e sempre più spesso si parla di ▶ **ICT** ◀ , in conseguenza al largo e svariato utilizzo del computer. L'ampia diffusione di Internet ha contribuito allo sviluppo di diverse modalità di comunicazione, tra le quali:

- SMS, per inviare brevi messaggi di testo da un cellulare a un altro;
- e-mail, per spedire messaggi di posta elettronica allegando anche file;

Clippy

Si definisce ICT (*Information and Communication Technology*, "Tecnologia dell'Informazione e della Comunicazione") un insieme vario di tecnologie atte a elaborare e trasmettere le informazioni.

Zoom su...
MODALITÀ DI COMUNICAZIONE

- IM, per lo scambio in tempo reale di brevi messaggi;
- VoIP, per fare conversazioni telefoniche avvalendosi della connessione a Internet;
- feed RSS, per essere sempre informati sulle nuove notizie pubblicate nei siti nei quali si è sottoscritto il feed;
- blog, per creare e gestire in modo autonomo pagine Web in cui pubblicare contenuti di diverso tipo;
- podcast, per scaricare file audio o video compressi e poterli ascoltare o visionare offline;
- social network, per incontrarsi in comunità virtuali e chiacchierare, condividere file ecc.

ECDL OC 1.2.1 - OC 1.2.2

Il cloud computing

Clippy

Il cloud computing, traducibile in italiano con l'espressione "nuvola informatica", è un insieme di tecnologie atte ad erogare servizi di diversa tipologia, come per esempio l'archiviazione di dati, l'uso di applicazioni ecc.

Il ▶ **cloud computing** ◀ permette di utilizzare risorse hardware e software attraverso la Rete mediante un'architettura client/server, offrendo nuovi modi di collaborare da qualsiasi luogo, anche attraverso dispositivi mobili.

Nelle diverse aziende, i software necessari per lo svolgimento delle specifiche attività sono spesso molto costosi e richiedono, oltre a strutture hardware dedicate, soprattutto un team di esperti in grado di installarle, configurarle, aggiornarle. Tuttavia, le piccole e medie aziende spesso non possono permettersi di impiegare risorse economiche per pagare esperti nella gestione di hardware e software e, per tale motivo, un numero sempre crescente di imprese si sta orientando verso il cloud computing: risorse hardware e software non devono più essere acquistate e gestite dall'azienda, che utilizza invece quelle rese disponibili in remoto dal fornitore del servizio, pagandone il relativo canone.

La tecnologia del cloud computing offre sicuramente vantaggi economici in quanto evita all'azienda l'assunzione di personale qualificato a gestire strutture hardware e software specifici, consentendo al contempo di non doversi occupare di aggiornamenti e manutenzioni. Le aziende che offrono servizi cloud garantiscono infatti elevati standard di sicurezza, assicurano assistenza, supporto tecnico e un controllo continuativo dei sistemi o dei dati ospitati.

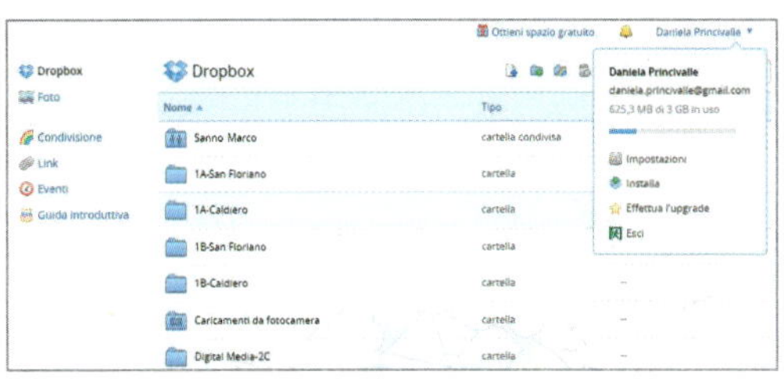

Un esempio di cloud computing che si concretizza con la possibilità di memorizzare i propri file online (attività definita cloud storage) è il servizio offerto da Dropbox (www.dropbox.com), che permette l'archiviazione e la sincronizzazione automatica di file.

È possibile scaricare il programma, oppure evitarne l'installazione e accedere ai propri file attraverso il browser, semplicemente connettendosi al sito e inserendo i dati del proprio profilo creato all'atto della registrazione in Dropbox.

Lo spazio di archiviazione che Dropbox rende disponibile è adattabile alle diverse esigenze dell'utente e il servizio di hosting può essere gratuito o a pagamento. In particolare, il servizio offre gratuitamente 2 GB di spazio che possono aumentare consigliando Dropbox ad altri utenti, oppure collegando l'account Facebook, Twitter, ecc.

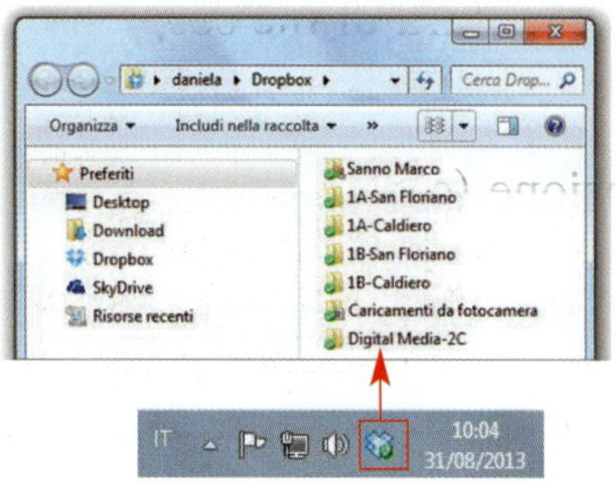

Per le aziende che hanno bisogno di spazi di archiviazione consistenti, Dropbox ha stabilito un piano tariffario diversificato.
I file e le cartelle caricati possono essere condivisi e sono raggiungibili mediante qualsiasi dispositivo dotato di connessione a Internet.

Nel caso in cui Dropbox venga installato, nell'area di notifica è visibile la corrispondente icona: facendo doppio clic su di essa, si accede al proprio spazio, visibile come una cartella del proprio pc.

ECDL SC 2.1.1 - SC 2.2.1 - CE 6.2.1

I virus

Clippy

I virus sono parti di software che si diffondono riproducendosi all'interno di altri programmi o in una determinata sezione del disco fisso, oppure facendo copie di se stessi.

Eseguire il download di file dal Web è un'operazione potenzialmente pericolosa in quanto gli elementi scaricati possono contenere ▶ **virus** ◀, oppure file infetti capaci di provocare danni di vario genere.
Tra i diversi agenti potenzialmente nocivi per il nostro computer prendiamo in considerazione i seguenti.

- I worms, alterando il sistema operativo del computer in cui si installano, riescono a eseguirsi automaticamente e ad autoreplicarsi utilizzando come canale di diffusione Internet, sfruttando la posta elettronica oppure errori di alcuni programmi.
- I trojan horses si celano all'interno di programmi apparentemente innocui che, non appena vengono lanciati, mandano in esecuzione tale virus che rovina i dati memorizzati.
- Gli spyware non sono in grado di autoreplicarsi e per installarsi hanno bisogno dell'intervento dell'utente. Si appropriano di informazioni del sistema su cui sono installati, quali per esempio le abitudini di navigazione dell'utente, o le password, oppure le chiavi crittografiche che vengono poi trasmesse a estranei. Questi virus ledono la privacy e gli effetti possono essere l'invio all'utente di pubblicità mirata o, addirittura, l'utilizzo delle password o delle chiavi per sottrarre informazioni riservate o denaro.
- I malware (*Malicious Software*) sono software maligni o malvagi il cui scopo è quello di danneggiare, in modo diretto o indiretto e più o meno grave, il sistema informatico dell'utente che li esegue, esponendolo a rischi sia in fatto di violazione della privacy che di funzionamento del sistema operativo.

ECDL CE 6.2.2

• Come si trasmettono i virus

La trasmissione dei virus avviene fondamentalmente attraverso:

- lo scambio di file o programmi infetti residenti su memorie di massa (chiavetta USB, CD ecc.);
- il download di file scaricati dalla Rete;
- l'apertura di allegati a e-mail, a messaggi istantanei o di file contenuti in cartelle condivise.

ECDL SC 2.3.1 - SC 2.3.2 - SC 2.3.3 - SC 2.3.4

• Come proteggersi dai virus

Le principali misure che si possono adottare per proteggere il proprio computer dai virus sono:

- installare un programma antivirus e aggiornarlo regolarmente;

> **Clippy**
> La quarantena consiste nell'isolare il file infetto in una specifica area del disco in modo da renderlo inoffensivo per il sistema.

- impostare l'antivirus in modo che blocchi l'apertura di file sospetti o proceda, dopo aver avvisato l'utente, alla loro eliminazione o messa in ▶ **quarantena** ◀;
- eseguire, con il software antivirus, la scansione (cioè il controllo) di tutti i file in ingresso, provenienti da Internet o da memorie esterne;
- essere prudenti nell'apertura degli allegati a messaggi di posta elettronica anche se creati con programmi conosciuti, in quanto possono contenere virus di macro;
- disattivare l'esecuzione automatica di macro.

Le frodi virtuali

Ogni utente decide a chi comunicare il proprio indirizzo di posta elettronica, ma, nonostante ciò, capita spesso di ricevere messaggi indesiderati (*spamming*) o altri rispondendo ai quali è possibile subire frodi (*phishing*).

• Lo spamming

Alcune aziende o organizzazioni di vario tipo inviano a numerosissimi utenti messaggi di posta elettronica per proporre l'acquisto di beni o servizi fornendo un numero di telefono da chiamare, un indirizzo al quale inviare denaro o un sito Web da visitare.

Questo fenomeno, detto ▶ **spamming** ◀, oltre a produrre un rallentamento del traffico in Internet, risulta fastidioso per l'utente che deve perdere tempo a eliminare tutti questi messaggi "spazzatura".

> **Clippy**
> Lo spamming consiste nell'invio di e-mail non richieste, in genere con contenuto commerciale, nelle caselle postali di più persone.

Per limitare gli inconvenienti che l'uso della posta elettronica può comportare è consigliabile:
- fornire il proprio indirizzo di posta solo a persone affidabili;
- evitare di indicare il proprio account su schede o depliant pubblicitari, se non è obbligatorio;
- attivare una seconda casella di posta elettronica da utilizzare per forum, newsgroup o mailing list;
- richiedere al proprio gestore di posta l'attivazione di filtri;
- impostare delle restrizioni anti-spam e anti-phishing.

ECDL OE 4.3.6

> **Clippy**
> Il phishing è una frode ideata per indurre l'utente a rivelare informazioni personali o finanziarie.

• Il phishing

Il fenomeno del ▶ **phishing** ◀ consiste nella ricezione di un messaggio di posta elettronica, che in apparenza sembra provenire da un sito Web sicuro come la propria banca, tramite il quale si chiede di fornire informazioni riservate.

Il messaggio contiene, per esempio, l'avviso circa alcuni problemi riguardo al proprio conto corrente o account e invita ad attivare un link presente nel testo del messaggio per regolarizzare la propria posizione e risolvere il problema. Tale link, tuttavia, non conduce al sito ufficiale dell'Istituto di credito presso il quale si ha il conto corrente, ma a un suo clone molto simile, memorizzato in un server controllato dal phisher, in cui vengono registrate le informazioni personali dell'utente (numero di conto corrente, carta di credito ecc.) che il phisher poi utilizzerà per acquistare beni, sottrarre denaro ecc.

La tecnica del phishing spesso si basa sullo spamming: il phisher, infatti, non conosce la sua vittima e, di conseguenza, non sa di quale banca sia cliente. Tuttavia, inviando lo stesso messaggio a un numero molto elevato di indirizzi e-mail, spera di contattare casualmente almeno qualche utente che ha effettivamente un conto presso la banca di cui si parla nel messaggio e, nel caso in cui l'utente risponda, la frode è compiuta.

Per evitare la frode si raccomanda di non collegarsi mai a siti di banche o altre organizzazioni mediante link presenti in e-mail e di non fornire mai dati riservati.

ECDL SC 4.2.1 - OE 1.2.3

• Come identificare un sito protetto

Mentre si naviga in Internet e si visitano siti in cui si intende effettuare operazioni commerciali, alcuni elementi mostrati sulla barra dell'indirizzo possono fornirci indicazioni sulla sicurezza del sito.

Clippy

L'https viene considerato l'evoluzione del protocollo http, dal quale si differenzia per una maggiore garanzia rispetto alla intercettazione dei dati. I server Web che richiedono tale protocollo per l'accesso trasmettono i dati utilizzando la porta 443 anziché quella di default (la 80), che risulta essere meno sicura.

Quando nel Web si eseguono per esempio operazioni bancarie online o pagamenti che comportano la comunicazione di informazioni strettamente riservate, quali il numero della carta di credito, il ▶ **protocollo https** ◀ (*Hyper Text Transfer Protocol Secure*) garantisce la trasmissione criptata, o assoggettata ad autenticazione, di tali informazioni.

I server Web che richiedono per l'accesso il protocollo https in luogo dell'http, attivano una connessione SSL (*Secure Socket Layer*) che aggiunge sicurezza alla transazione, garantendo la crittografia, o cifratura, dei dati trasmessi. In pratica, viene attivata una connessione protetta, un canale di comunicazione criptato tra il client, ovvero il PC dell'utente, e il server Web. Le informazioni inviate al server Web vengono crittografate nel computer client e decrittografate nel server Web: questo tipo di comunicazione garantisce che solamente il client e il server sono in grado di conoscere il contenuto della comunicazione.
Al momento dell'attivazione di una ▶ **connessione protetta** ◀, nella barra dell'indirizzo di Internet Explorer verrà visualizzata l'icona di un lucchetto. Operando sull'icona si viene informati che la connessione al server è crittografata e, attivando il link Visualizza certificati, si ottengono informazioni sul certificato che garantisce l'identità del computer remoto (server Web), sull'ente che lo ha rilasciato e sul periodo di validità.

Clippy

Una connessione protetta non offre garanzie sull'"onestà" del sito, ma solo sulla certezza della sua identità, in base alle informazioni fornite dall'organizzazione certificante.

Zoom su...

IL CERTIFICATO DIGITALE ASSOCIATO A UN SITO WEB E LA CRITTOGRAFIA DEI DATI

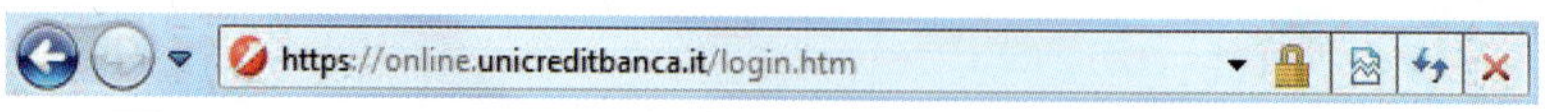

La protezione dei dati

Con il diffondersi delle comunicazioni elettroniche cresce di pari passo la questione della protezione dei dati custoditi dalle aziende, gran parte dei quali richiedono privacy e una protezione da accessi non autorizzati.

ECDL SC 3.4.1 - SC 3.4.2

• Username e password

In ambito aziendale, ma anche privato, si utilizzano sempre più documenti e archivi elettronici che costituiscono un patrimonio da salvaguardare.

Le più elementari norme di sicurezza da adottare per controllare l'accesso alle aree protette del sistema informatico si realizzano attraverso l'uso degli ID (identificativi) utente e delle password. Ogni volta che l'utente accede ad aree protette deve digitare identificativo e password (*login*), vale a dire il suo profilo, che permette al sistema di riconoscerlo e abilitarlo agli ambiti di operatività a lui riferiti.

- L'identificativo utente (*username*) è un nome, che può anche essere pubblico, mediante il quale il sistema attiva la procedura di riconoscimento e gli ambiti di operatività concessi al suo proprietario.
- La password, privata e riservata, e di norma scelta dall'utente stesso, ha lo scopo di verificare che l'identificativo sia di fatto adoperato dal suo assegnatario. Una password è efficace quando:
  - non è costituita da informazioni riconducibili al proprietario;
  - non è divulgata né annotata su fogli o post-it, ma memorizzata e mantenuta riservata;
  - è abbastanza lunga e complessa, ovvero composta da numeri e lettere, meglio se in maiuscolo e minuscolo;
  - è cambiata regolarmente;
  - è diversa per ogni servizio a cui si accede.

ECDL CE 6.1.3

• Il backup dei dati

Gli archivi elettronici sono una notevole risorsa e vanno perciò tutelati per evitare perdite di dati dovute:
- alla rottura dei dispositivi di memorizzazione;
- al malfunzionamento del sistema operativo;
- al contagio da virus;
- a errori degli operatori;
- ad attacco da parte di ▶ **hacker** ◀;
- a blackout elettrici;
- a incendi o allagamenti.

Clippy

Gli hacker e/o cracker sono pirati informatici in grado di creare virus o di provocare danni accedendo, attraverso la Rete, a dati riservati prelevandoli, modificandoli ed eliminandoli.

La precauzione più indicata per tutelare software e dati è quella di fare regolarmente delle copie di backup (sicurezza remota). Questa attività consiste nel copiare i dati su supporti di memorizzazione esterni che vanno etichettati con l'indicazione del contenuto e della data dell'operazione.

Le copie vanno conservate in luogo sicuro, diverso da quello in cui si trovano gli originali, protetto da polvere, calore e campi magnetici; la frequenza con cui devono essere realizzate dipende dall'attività svolta dall'azienda: per esempio, mentre in una banca si procederà con il ▶ **backup** ◀ più volte al giorno, in un piccolo studio professionale sarà sufficiente una frequenza giornaliera.

Clippy

L'attività opposta al backup, con la quale si ricaricano su disco fisso tutti o parte degli archivi o dei software salvati, è detta restore.

ECDL CE 6.1.2

• Il firewall

Il *firewall* (dall'inglese "paratia antifuoco") è un sistema di sicurezza per la protezione dei dati da accessi non voluti, realizzato mediante un controllo di tutte le trasmissioni di dati tra il sistema e le reti esterne. Si tratta di un apparato hardware o software che filtra le informazioni in

entrata e in uscita da una rete o un computer, applicando regole che contribuiscono alla sicurezza e alla salvaguardia dei dati.
Nell'ambito delle reti di computer, un firewall è un dispositivo hardware di difesa perimetrale che può anche svolgere funzioni di collegamento tra due o più tronconi di rete. Esiste un secondo tipo di firewall (software o logico), installato direttamente sui sistemi da proteggere, che permette di impostare delle regole che concedono o negano l'accesso a Internet da parte dei programmi installati per prevenire la possibilità che un virus possa connettere in automatico il computer all'esterno pregiudicandone la sicurezza.

ECDL CE 6.3.1

L'ergonomia

Clippy

L'ergonomia è quella disciplina che studia le condizioni e l'ambiente di lavoro per adattarli alle esigenze psico-fisiche del lavoratore, in modo che l'interazione fra i diversi elementi o dispositivi di un ambiente e l'uomo avvenga nel migliore dei modi.

Si va via via prolungando il tempo che si passa davanti all'elaboratore ed è quindi auspicabile conoscere e applicare alcune regole fondamentali per usufruirne evitando rischi per la ▶ **salute** ◀.

Il decreto legislativo n. 81/2008, "Testo unico sulla salute e sicurezza sul lavoro", stabilisce le norme che rendono confortevole e sicuro il posto di lavoro anche in relazione all'ambiente in cui si svolge l'attività lavorativa. Esso disciplina i diversi settori di attività e tipologie di lavoratori stabilendo anche un adeguato sistema sanzionatorio.

Sono previste norme volte a prevenire l'insorgenza di disturbi muscolo-scheletrici e di affaticamento visivo o mentale che possono derivare dall'uso di un videoterminale.

ECDL CE 6.3.1

• L'importanza di una corretta illuminazione

La legge stabilisce che la postazione di lavoro va correttamente orientata rispetto alle finestre presenti nell'ambiente di lavoro per evitare riflessi sullo schermo ed eccessivi contrasti di luminosità. L'illuminazione artificiale dell'ambiente deve prevedere lampade provviste di schermi ed esenti da sfarfallio, poste in modo che siano al di fuori del campo visivo dei lavoratori. Nello specifico è necessario:
- illuminare correttamente il posto di lavoro, meglio se con luce naturale, regolata mediante tende o veneziane. L'illluminazione dovrà essere non eccessiva, con fonti luminose poste al di fuori del campo visivo e di intensità analoga a quelle degli oggetti e delle superfici presenti nelle immediate vicinanze, in modo da evitare contrasti eccessivi;
- orientare ed inclinare lo schermo per eliminare, per quanto possibile, riflessi sulla sua superficie.

ECDL CE 6.3.1

• L'importanza di una corretta posizione

Le norme in tema di ergonomia inerenti la collocazione dell'elaboratore sono volte a evitare una serie di problemi derivanti da un utilizzo prolungato del computer.

Fonte: www.microsoft.com

Tali norme stabiliscono le caratteristiche dell'arredo della postazione e prevedono:
- una scrivania stabile, regolabile in altezza e costruita in materiale antiriflesso con dimensioni tali da favorire una posizione comoda, permettere la disposizione flessibile dello schermo a una corretta distanza visiva, fornire sufficiente spazio per tastiera e altri dispositivi e consentire un appoggio per gli avambracci dell'operatore;
- una sedia stabile, dotata di 5 ruote onde agevolare gli spostamenti e di piano e schienale regolabili in modo indipendente al fine di permettere appoggio ai piedi e sostegno della schiena;
- una tastiera in superficie opaca (per evitare riflessi) e inclinabile, posizionata in modo che vi sia spazio sufficiente per una posizione comoda di mani, polsi e braccia, con i simboli dei tasti leggibili dalla posizione di lavoro;
- un ▶ **mouse** ◀ efficiente, che consenta il movimento preciso e veloce del puntatore;
- un monitor (con il bordo superiore ad altezza degli occhi dell'operatore) inclinabile e orientabile, con un buon *refresh* (velocità con la quale un monitor ricompone la videata), che produca un'immagine stabile, esente da sfarfallii e ben definita. Di notevole importanza è la regolazione della luminosità e il contrasto fra i caratteri e lo sfondo.

Clippy

Se si utilizza un mouse wireless è necessario dotarsi di un tappetino monocromatico perché superfici a più colori influiscono sul suo corretto funzionamento.

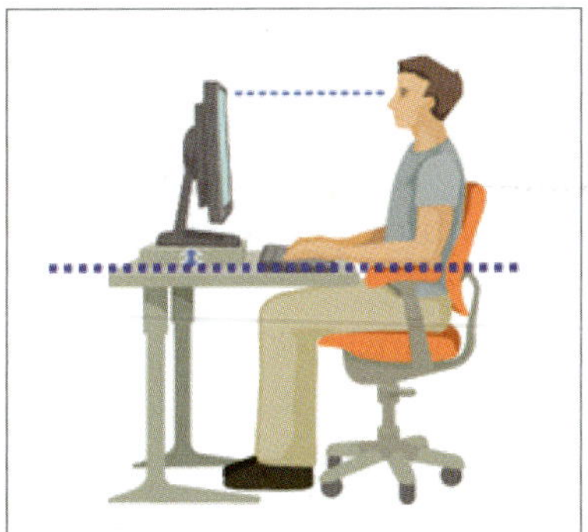

Fonte: www.microsoft.com

Per assumere una postura corretta davanti al video ed evitare l'insorgere di disturbi muscolo-scheletrici è necessario che:
- gli occhi siano a una distanza di 50/70 cm dallo schermo, regolato in modo che il suo bordo superiore sia circa alla loro altezza;
- la digitazione e l'uso del mouse avvengano evitando irrigidimenti delle dita e dei polsi, provvedendo a tenere gli avambracci appoggiati sul piano di lavoro in modo da diminuire la tensione dei muscoli del collo e delle spalle;
- i piedi siano ben appoggiati al pavimento o a un poggiapiedi, così come la schiena allo schienale;
- le posizioni di lavoro fisse per tempi prolungati vengano evitate.

ECDL CE 5.2.2 - OE 1.1.1

ISP e URL

Per accedere a Internet, e usufruire dei suoi molteplici servizi, è indispensabile avere un contratto con un ▶ **ISP** ◀ (*Internet Service Provider*).

Clippy

Comunemente denominato provider, l'ISP è un erogatore di servizio internet in quanto mette a disposizione le proprie linee attraverso le quali realizzare l'accesso, ponendosi come intermediario fra l'utente e la Rete.

Esempi di provider sono Tin, Libero, Tiscali, Fastweb ecc. Questi gestori del servizio di accesso forniscono anche la possibilità di attivare ca-

Utente che desidera connettersi a Internet — Richiesta al provider di connessione a Internet — Connessione a Internet per utilizzarne i servizi

Clippy
L'URL (*Uniform Resource Locator*) è l'indirizzo di una risorsa disponibile attraverso Internet, che consente di visualizzare una specifica pagina Web.

selle di posta elettronica o di avere a disposizione dello spazio Web sul quale l'utente può pubblicare, costruire blog o realizzare siti.

L' ▶ **URL** ◀ di una risorsa è costituito da un numero (indirizzo IP) come, per esempio, http://56.80.458.70, a cui, per agevolare l'utente, può essere associato un indirizzo testuale come, per esempio, http://www.hoepli.it.

ECDL OE 1.1.2

• Struttura di un indirizzo Web

L'indirizzo di un sito (URL) è composto da diversi elementi che ora analizziamo a partire dal seguente esempio:

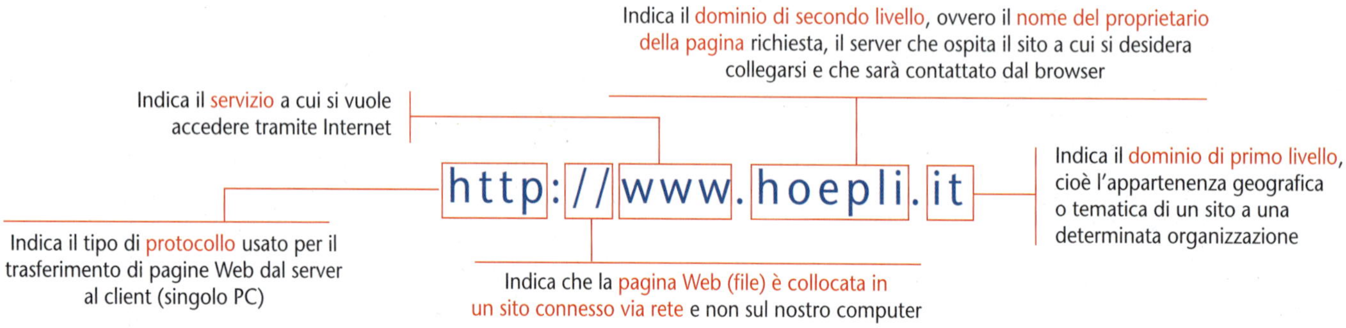

L'indirizzo può essere seguito da altri elementi testuali per indicare che all'interno del sito si ricerca una pagina particolare.
Per esempio, l'indirizzo http://www.hoepli.it/libri sta a indicare che, all'interno del sito che si chiama hoepli, si cerca la pagina relativa ai libri.

ECDL OE 1.1.3

Il browser

Clippy
Il browser è in grado di interpretare i codici HTML e XHTML e di visualizzarli in forma di ipertesto, affinché gli utenti possano interagire con i contenuti della pagina Web richiesta.

Per visualizzare le pagine Web occorre un programma apposito chiamato ▶ **browser** ◀ come, per esempio, Microsoft Internet Explorer, Google Chrome, Mozilla Firefox, Safari, ecc.
L'utente, dopo aver chiesto al provider la connessione a Internet, lancia il programma e digita l'URL del sito che intende visitare. Il browser inoltra la richiesta al server, il quale gli invia la pagina richiesta in modo tale che possa essere visualizzata all'utente.
L'immagine proposta ne esemplifica l'iter.

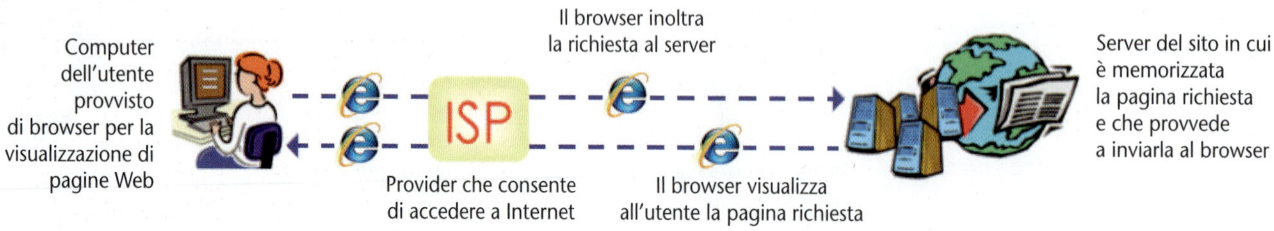

ECDL OE 1.4.1 - OE 2.1.1 - OE 3.1.1 - OE 3.1.2

Clippy

I motori di ricerca sono strutturati come database indicizzati, cioè enormi archivi in cui ogni parola digitata è associata a tutte le pagine Web che la contengono producendo, come risultato, un elenco di collegamenti.

I motori di ricerca

I ▶ **motori di ricerca** ◀, come per esempio Google, sono in grado di fornire un elenco di collegamenti a pagine Web che contengono informazioni correlate alle parole chiave digitate dall'utente nella casella di ricerca. Sempre più spesso i motori di ricerca forniscono molti altri servizi, come per esempio forum di discussione, strumenti di condivisione, Web mail (servizio gratuito di posta elettronica che permette di ricevere e spedire messaggi da qualsiasi dispositivo connesso a Internet) e altro ancora.

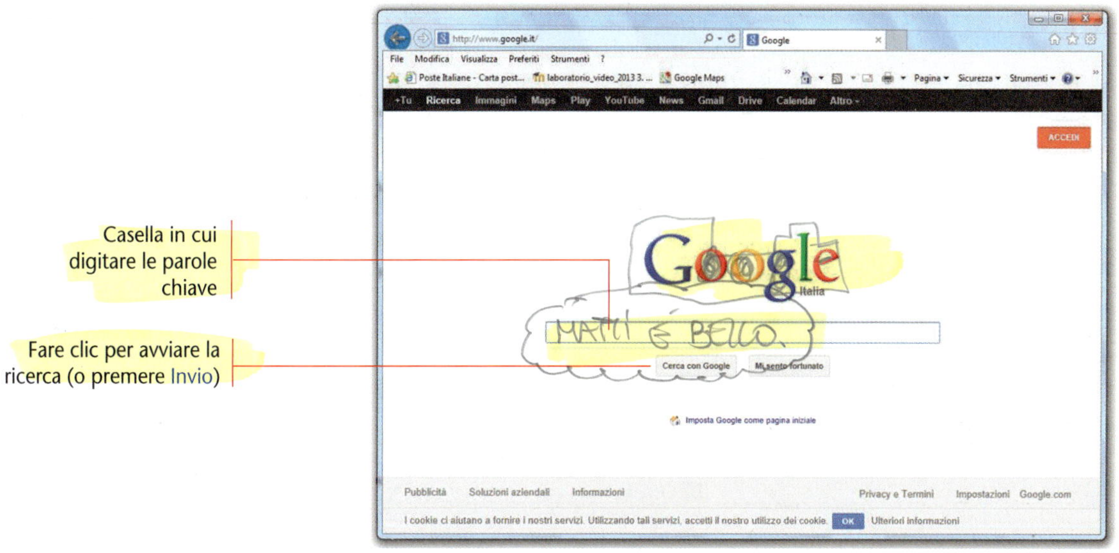

Tra i numerosi servizi e strumenti che offre Google, ne indichiamo due particolarmente utili ai fini scolastici, disponibili da pulsante Altro:

- Google traduttore, che consente di inserire testo in italiano e ottenerne la traduzione in un'altra lingua, o viceversa;
- Google Libri, che consente di trovare, mediante l'inserimento di parole chiave, libri in formato digitale da sfogliare e da cui, per esempio, reperire contenuti per ricerche, approfondimenti ecc. Facendo clic su uno dei libri trovati lo si può consultare e le parole digitate come criterio risultano evidenziate in giallo.

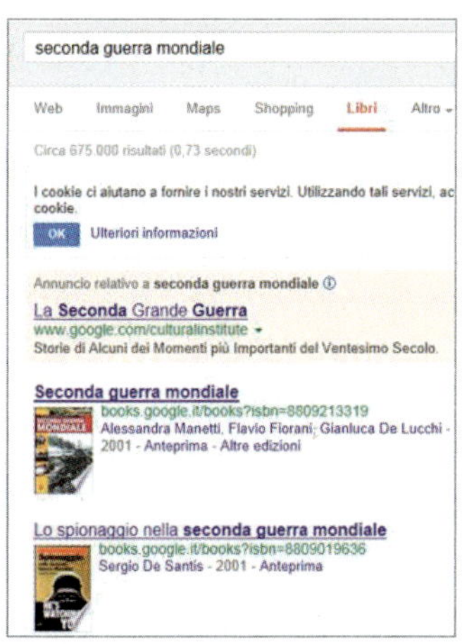

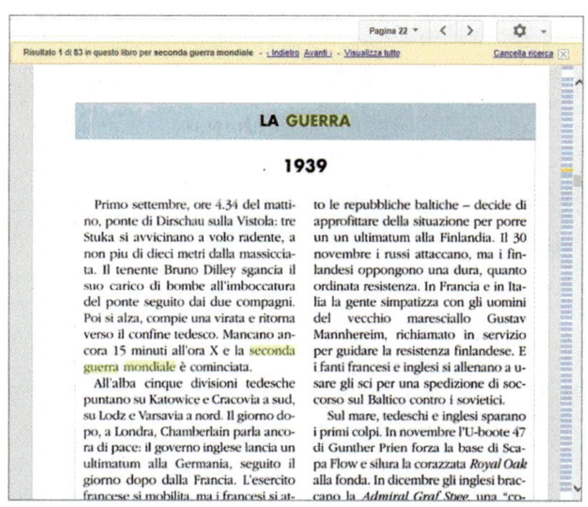

LA GUERRA

1939

Primo settembre, ore 4.34 del mattino, ponte di Dirschau sulla Vistola: tre Stuka si avvicinano a volo radente, a non piu di dieci metri dalla massicciata. Il tenente Bruno Dilley sgancia il suo carico di bombe all'imboccatura del ponte seguito dai due compagni. Poi si alza, compie una virata e ritorna verso il confine tedesco. Mancano ancora 15 minuti all'ora X e la seconda guerra mondiale è cominciata.

All'alba cinque divisioni tedesche puntano su Katowice e Cracovia a sud, su Lodz e Varsavia a nord. Il giorno dopo, a Londra, Chamberlain parla ancora di pace: il governo inglese lancia un ultimatum alla Germania, seguito il giorno dopo dalla Francia. L'esercito francese si mobilita, ma i francesi si at-

to le repubbliche baltiche – decide di approfittare della situazione per porre un un ultimatum alla Finlandia. Il 30 novembre i russi attaccano, ma i finlandesi oppongono una dura, quanto ordinata resistenza. In Francia e in Italia la gente simpatizza con gli uomini del vecchio maresciallo Gustav Mannhereim, richiamato in servizio per guidare la resistenza finlandese. E i fanti francesi e inglesi si allenano a usare gli sci per una spedizione di soccorso sul Baltico contro i sovietici.

Sul mare, tedeschi e inglesi sparano i primi colpi. In novembre l'U-boote 47 di Gunther Prien forza la base di Scapa Flow e silura la corazzata *Royal Oak* alla fonda. In dicembre gli inglesi braccano la *Admiral Graf Spee*, una "co-

Allena le competenze

- Utilizzare un motore di ricerca
- Eseguire ricerche per data
- Ricercare immagini con criteri specifici

Cerca informazioni sull'Arena di Verona nel periodo 01/07/14 – 31/07/14, ordina i risultati per data e visualizza solo le pagine dall'Italia

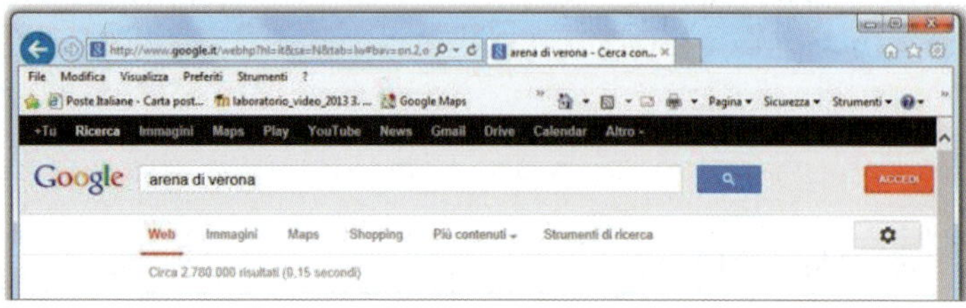

1 Vai sul sito di Google e digita arena di verona/Invio.

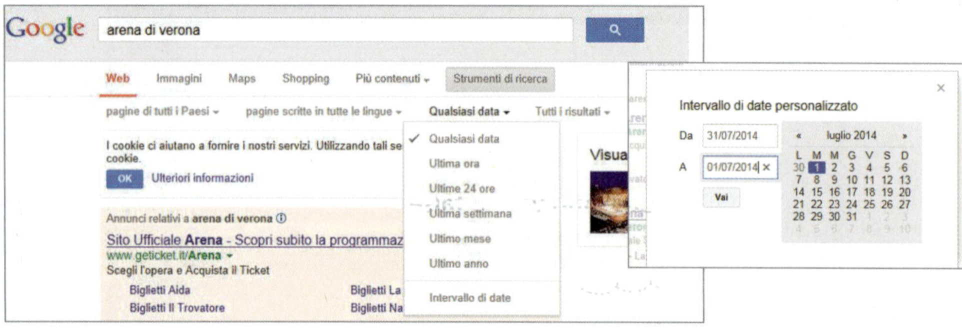

2 Opera su Strumenti di ricerca/Intervallo di date. Scegli l'intervallo mostrato.

4 Visualizza le pagine dall'Italia.

3 Ordina i risultati ottenuti.

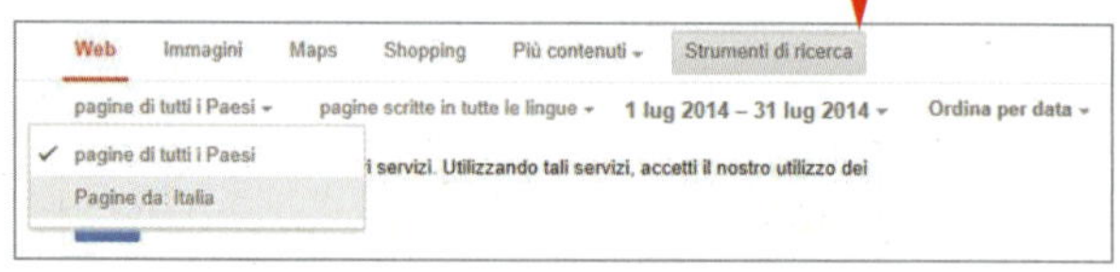

Prosegui l'esercizio cercando immagini relative all'Arena di Verona per dimensione, tipo e colore

5 Cerca immagini di qualsiasi periodo.

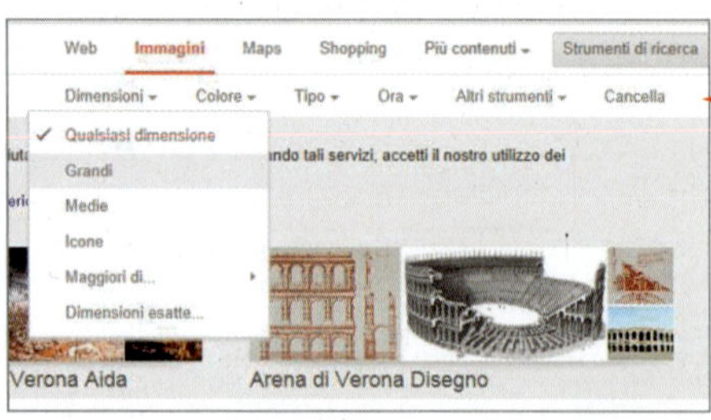

6 Cerca immagini di grandi dimensioni e visualizzale.

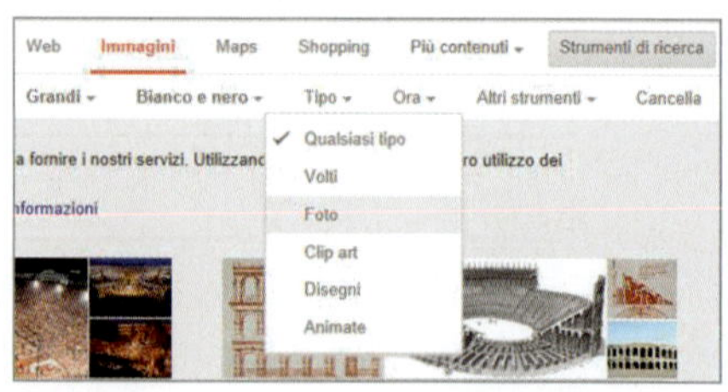

7 Limita la ricerca alle foto in bianco e nero.

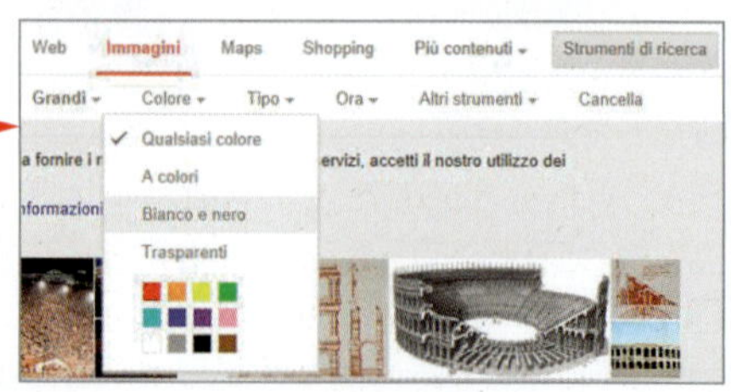

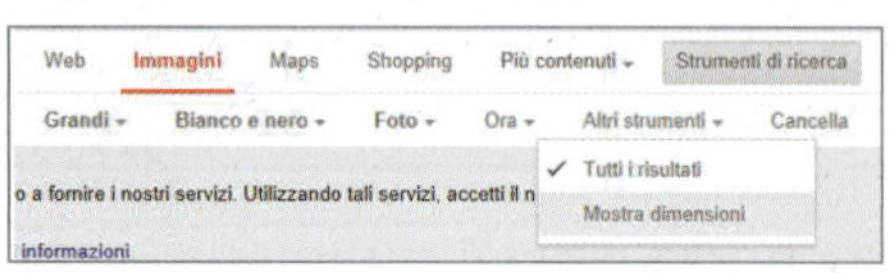

Svolgi i test

Gli esercizi sono disponibili anche nella versione digitale come test interattivi e autocorrettivi.

TEST DI COMPLETAMENTO

Completa le frasi con le espressioni mancanti, scegliendo tra quelle di seguito proposte.
ICT – fra – tecnologia – servizio – connessione – pagine – elaborare

1 Il termine Internet deriva dall'unione di *inter* (.......................) e *net* (rete).
2 Il WWW è il principale .... Internet che permette di fruire di contenuti disponibili in .... Web.
3 Si definisce .... un insieme vario di tecnologie atte a .... e trasmettere le informazioni.
4 L'acronimo VoIP indica una .... che consente di telefonare tramite la .... a Internet.

TEST VERO FALSO

Indica, barrando la relativa casella, se le seguenti affermazioni sono vere o false.

	V	F
1 Il phishing è una macrocategoria di virus.	☐	☐
2 Il servizio ADSL consente la trasmissione dei dati in formato digitale.	☐	☐
3 La netiquette definisce il "galateo della Rete".	☐	☐
4 http è il protocollo che regola il trasferimento delle pagine Web.	☐	☐

TEST DI COLLEGAMENTO

Associa le voci della prima colonna con il corrispondente significato della seconda.

1 ISP	A Rapporto di vendita telematica tra aziende.	1 ____
2 B2B	B Provider.	2 ____
3 B2C	C Indirizzo di una risorsa.	3 ____
4 URL	D Rapporto di vendita telematica tra azienda e cliente.	4 ____

TEST A RISPOSTA SINGOLA O MULTIPLA

Per ogni quesito, indica la risposta o le risposte corrette. (○ risposta singola / ☐ risposta multipla)

1 Dal punto di vista ergonomico, il monitor:
○ non deve essere inclinabile
○ va posizionato a una distanza di 20/30 cm dagli occhi
○ non deve essere esente da sfarfallii
○ va posizionato in modo che il suo bordo superiore sia ad altezza occhi

2 Il servizio di cloud computing:
☐ consente la condivisione di file
☐ può essere gratuito
☐ non prevede la possibilità di spazi diversi
☐ consente esclusivamente l'archiviazione di file online

3 Indica le affermazioni corrette:
☐ il browser interpreta il codice HTML
☐ una connessione *flat* è a tariffa fissa
☐ Intranet è una rete chiusa che prevede specifici accessi esterni
☐ il telelavoro si svolge in strutture aziendali

4 In tema di phishing, indica l'affermazione falsa:
○ non si basa sullo spamming
○ è una frode
○ fa uso della posta elettronica
○ conduce a un sito clone

UNITÀ 2 UTILIZZO DEL BROWSER E DELLA POSTA ELETTRONICA

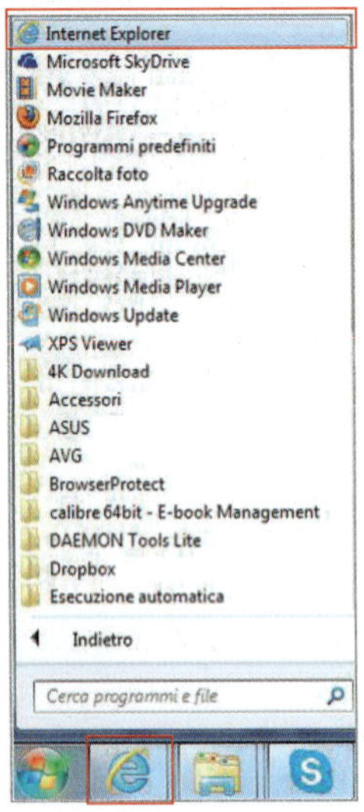

La navigazione in Internet e l'invio/ricezione di messaggi posta elettronica sono attività quotidiane o comunque molto frequenti per numerosi individui. In questo modulo ci occuperemo del browser Internet Explorer e di Gmail, il servizio di Web mail offerto da Google.

Internet Explorer ECDL OE 2.1.1 - OE 2.1.2 - OE 2.1.3 - OE 2.1.7 - OE 2.1.8

Per avviare il programma, da Start scegliere Tutti i programmi/Internet Explorer. Se presente la relativa icona, il programma può essere avviato anche dal desktop, oppure dalla barra delle applicazioni.
Avviato Internet Explorer, per iniziare la navigazione è sufficiente digitare l'URL del sito desiderato nella barra dell'indirizzo e premere Invio.
La finestra di Internet Explorer ha tutte le caratteristiche di una finestra di Windows e altri elementi tipici di un programma di navigazione.

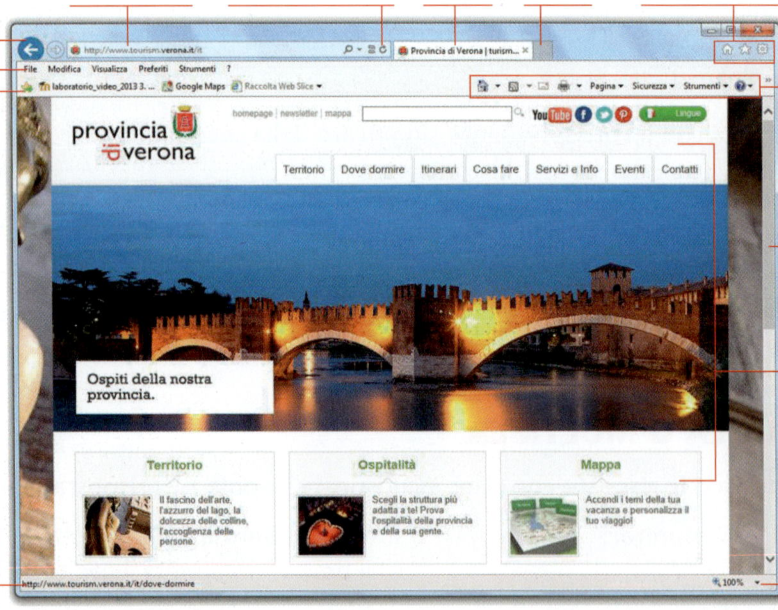

Barra dell'indirizzo

Aggiorna per ricaricare la pagina

Scheda attiva

Nuova scheda

Pagina iniziale, Visualizzare preferiti, feed e cronologia, Strumenti

Indietro/Avanti per ripercorrere pagine visitate

Barra dei menu

Barra Preferiti

Barra dei comandi

Barra di scorrimento laterale per visualizzare tutta la pagina caricata

Link per collegarsi a un'altra pagina Web

Barra di stato Posizionandosi su un link della pagina ne mostra l'indirizzo

Regola livello zoom

Sulla barra dei comandi, mediante i relativi pulsanti, è possibile attivare in modo veloce alcune funzioni essenziali di Internet Explorer.

Stampa per stampare o impostare opzioni di stampa

Pagina iniziale per tornare alla pagina di apertura del browser

Feed per ottenere, dai siti che lo prevedono, informazioni aggiornate

- Pagina, per salvare, copiare, inviare per posta la pagina caricata
- Sicurezza, per eliminare la cronologia delle esplorazioni e attivare InPrivate Browsing per mantenere riservata la navigazione
- Strumenti, per modificare le impostazioni Internet e personalizzare le barre
- Guida di Internet Explorer, per ottenere informazioni e supporto

ECDL OE 2.1.5 - OE 2.1.6

Visualizzare una pagina Web in una nuova scheda o finestra

Durante la navigazione si può avere la necessità di aprire una nuova pagina Web, mantenendo contemporaneamente visualizzata quella corrente.
La possibilità di aprire una pagina Web in un'altra scheda, oppure di duplicarla, o di aprire una nuova finestra, può risultare utile quando si raggiungono siti attraverso i motori di ricerca. Inseriti i termini da trovare, questi siti restituiscono una serie di link che possono essere aperti in schede o pagine nuove mantenendo al contempo disponibile quella del motore. In questo modo, se le pagine visitate non dovessero soddisfare, si chiude la relativa scheda e dalla pagina del motore di ricerca si esplorano altri link.

> **Smart**
> Puoi anche aprire una pagina in una nuova scheda digitando nella barra degli indirizzi l'URL della pagina da visualizzare e premendo i tasti Alt + Invio.

L' ▶ **apertura di una pagina in una nuova scheda** ◀ può avvenire in modi differenti, in relazione alle diverse situazioni:

– fare clic sul pulsante Nuova scheda, nella barra degli indirizzi digitare l'URL desiderato e premere Invio;

Chiudi scheda

Nuova scheda

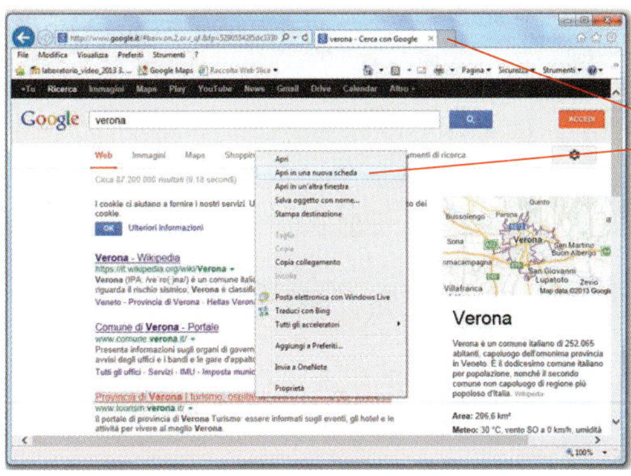

– fare clic destro sul link da attivare e scegliere Apri in una nuova scheda.

Per chiudere una scheda, fare clic sul pulsante Chiudi scheda.

Per passare da una pagina a un'altra, fare clic sulla relativa scheda, oppure, sulla barra delle applicazioni, posizionarsi sull'icona Internet Explorer per visualizzare tutte le pagine contemporaneamente e poi fare clic su quella desiderata.

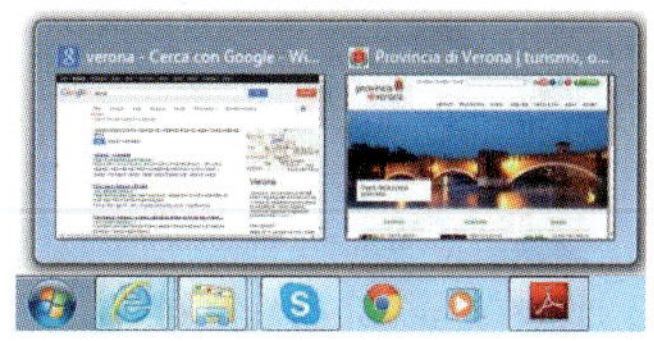

> **Smart**
> Per aprire una pagina in una nuova finestra puoi anche premere i tasti Ctrl + N, digitare l'URL nella barra degli indirizzi, quindi premere Invio.

Per ▶ **aprire una pagina in una nuova finestra** ◀, fare clic destro sul link da attivare e scegliere Apri in un'altra finestra.

Duplicare una pagina Web

Quando si visita un sito può essere utile mantenere la pagina visualizzata e ▶ **duplicarla** ◀ per continuare l'esplorazione nella nuova scheda, avendo modo di tornare, con un semplice clic, nella pagina di provenienza: a tal fine, fare clic destro sulla scheda e scegliere Duplica scheda.

> **Smart**
> Per duplicare una scheda puoi anche premere i tasti Ctrl + K.

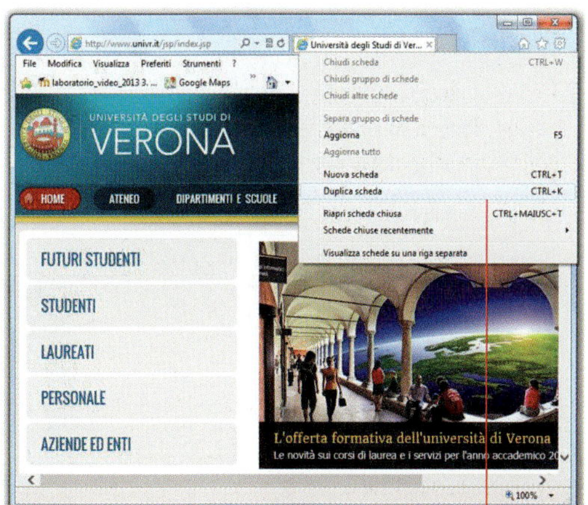

Allena le competenze

- Navigare mediante schede
- Duplicare schede

Visita il portale del turismo di Verona esplorando le varie pagine nelle modalità proposte

1 Vai sul sito www.tourism.verona.it e attiva il link Territorio.

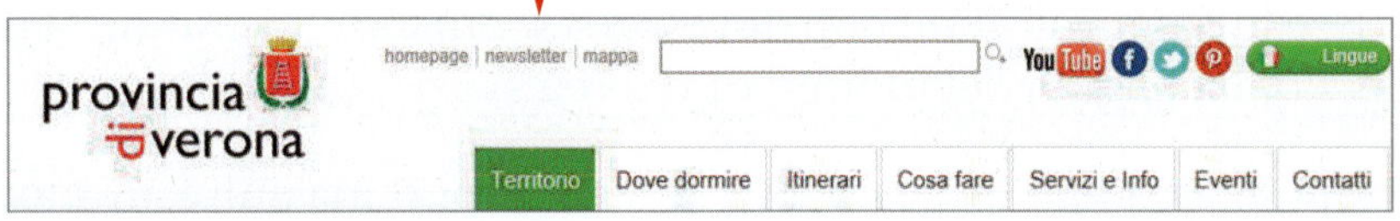

2 Visualizza le informazioni del link Nella Bella Verona in un'altra scheda, poi attiva il link Centro Storico.

3 Duplica la pagina Centro Storico, poi attiva il link Ponte Pietra.

4 Spostati nella scheda aperta Nella Bella Verona e visualizza le informazioni di Romeo e Giulietta in un'altra finestra.

5 Attiva il link Ai tempi di Giulietta e Romeo.

6 Spostati tra le schede e le finestre aperte.

ECDL OE 2.2.1

Modificare la home page

La pagina visualizzata all'avvio del browser è detta home page, o pagina iniziale. È possibile impostarne una specifica e cambiarla in base alle proprie necessità.

Se, per esempio, si visita frequentemente un determinato sito, conviene impostare la sua pagina come home page: all'avvio il browser provvederà a caricarla e visualizzarne il contenuto.

Pagina attualmente impostata come iniziale e che si intende cambiare

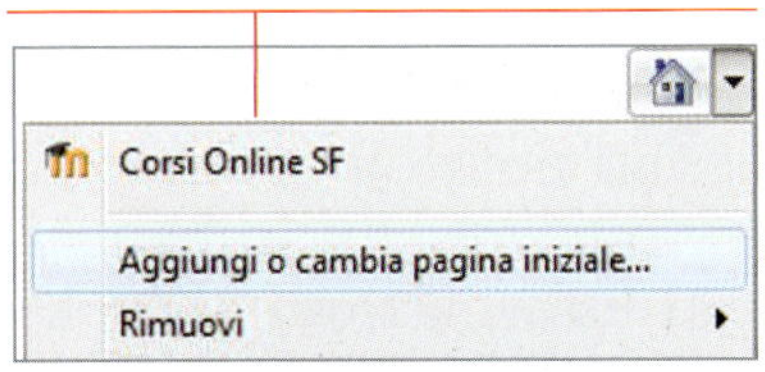

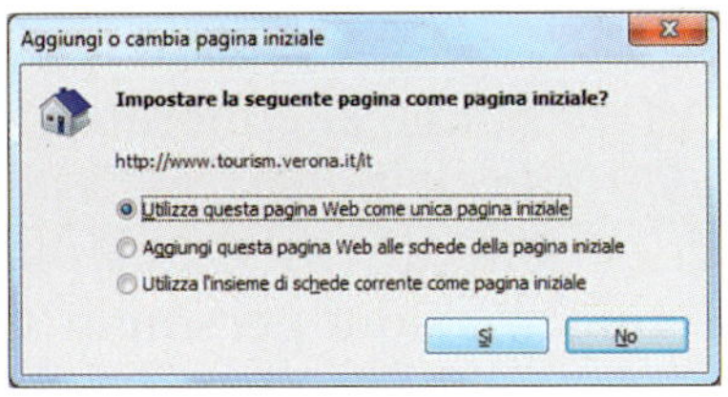

Per cambiare la pagina iniziale:

1. nella barra dell'indirizzo digitare l'URL della pagina che si desidera impostare come home page (come, per esempio, www.tourism.verona.it);
2. fare clic sul pulldown del pulsante Pagina iniziale e scegliere Aggiungi o cambia pagina iniziale;
3. nell'omonima finestra fare clic su Utilizza questa pagina Web come unica pagina iniziale e confermare con Sì.

Tra le opzioni elencate nella finestra, è possibile anche impostare una serie di pagine iniziali che saranno aperte ogni volta che si avvia il browser; tuttavia, in relazione alla maggiore o minore potenza dell'elaboratore, occorre considerare che l'apertura simultanea di più pagine può dilatare i tempi di caricamento.

Prelevare dal Web

Clippy

Occorre tenere presente che le informazioni reperite in Internet vanno verificate perché non sempre veritiere.

Quando Internet viene utilizzato a scopo di ricerca, l'utente può approfittare dell'enorme quantità di ▶ **risorse** ◀ per copiare testi, prelevare immagini, scaricare file, video ecc.

ECDL OE 3.3.1

• Diritto d'autore

L'utilizzo sempre più capillare di strumentazione hardware capace di duplicare contenuti di CD o DVD e il diffondersi dell'uso di Internet che permette lo scambio e il download di file accentuano l'aspetto legato alla liceità nell'utilizzo di software e di file.

Clippy

Il termine copyright (simbolo ©) deriva dalla fusione dei vocaboli *right to copy* ("diritto alla copia") e indica il diritto d'autore, tutelato da norme che stabiliscono la proprietà e l'utilizzo che si può fare di un bene intellettuale (brano musicale, libro, sofware ecc).

La legge attribuisce all'autore di un'opera dell'ingegno il diritto di proteggerla in modo che non possa essere ▶ **riprodotta** ◀ da altri senza il suo consenso e la sua sfera d'applicazione si estende anche, per esempio, a musica, video, foto ecc. che si trovano sul Web e che quindi possono essere scaricati.
La legislazione prevede i casi in cui è possibile utilizzare un'opera e con quali vincoli, stabilendo sanzioni in caso di violazioni.
La normativa è molto particolareggiata, tanto che non è possibile scendere nella specificità di ogni caso. Occorre tuttavia tenere presente che, in caso di inosservanza, le pene possono giungere, nei casi di maggiore gravità, anche alla reclusione, oltre che prevedere severe sanzioni amministrative e pecuniarie.

In generale, si può affermare che fanno capo esclusivamente all'autore i diritti di mettere l'opera a disposizione del pubblico attraverso diversi canali e di poterla riprodurre e modificare.
I diritti dell'autore sono garantiti per legge fino al settantesimo anno dopo la sua morte.

ECDL OE 3.3.2

• Privacy

Attraverso la Rete e i suoi servizi Web viaggiano notevoli quantità di dati e le informazioni personali sono sempre più presenti in banche dati informatiche. La normativa protegge tali informazioni affinché siano accessibili solo a coloro a cui l'interessato ha fornito esplicito consenso.
Leggi comunitarie stabiliscono il diritto alla privacy, che si concretizza mediante un insieme di norme preposte alla "Tutela delle persone e di altri soggetti rispetto al trattamento dei dati personali". In sintesi, la normativa garantisce che il trattamento delle informazioni personali si svolga nel rispetto dei diritti, delle libertà fondamentali, nonché della dignità delle persone fisiche, con particolare riferimento alla riservatezza e all'identità personale.
La normativa persegue un duplice scopo: da un lato tutela i soggetti a cui i dati si riferiscono, dall'altro definisce le responsabilità di coloro che controllano e detengono tali dati.

Clippy

Il Garante è un organismo la cui attività si rivolge a ogni settore della vita sociale, economica e culturale in cui vi sia l'esigenza di proteggere i dati personali per evitare abusi.

Per ciò che riguarda in particolare Internet e le reti telematiche, il ▶ **Garante** ◀ prevede l'istituzione di un apposito codice di deontologia e di buona condotta la cui validità riguarda anche coloro che devono trattare i dati mediante un mezzo elettronico; il testo prevede che si debba operare "... per favorire una più ampia trasparenza e correttezza nei confronti degli utenti e nel pieno rispetto dei principi".

Clippy

Il dato personale è qualsiasi informazione, compreso l'indirizzo di posta elettronica, relativa a persona fisica, giuridica, ente o associazione.

Secondo la legge i ▶ **dati personali** ◀ vanno trattati:
- in modo lecito e secondo correttezza, raccolti e registrati per scopi determinati, espliciti e legittimi; se utilizzati in operazioni diverse dal trattamento, queste devono essere compatibili con le disposizioni di legge;
- con trasparenza, nel senso che l'interessato deve essere previamente informato circa le finalità e le modalità del trattamento cui sono destinati i suoi dati;
- nel rispetto del consenso espresso dall'interessato, che è condizione imprescindibile per autorizzare il trattamento di dati personali da parte di privati o di enti pubblici.

ECDL OE 2.4.2

• Copiare testo dal Web

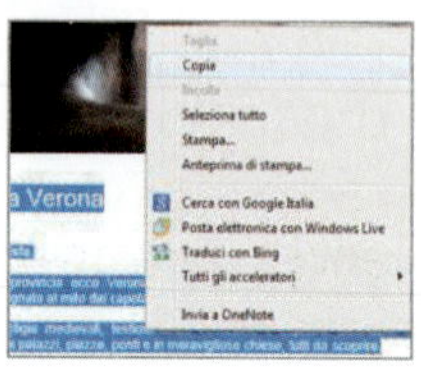

Per prelevare testo dal Web e utilizzarlo e gestirlo, per esempio in Writer:

1. selezionare il testo;
2. fare clic destro sulla selezione e da menu rapido scegliere Copia;
3. aprire Writer e, da menu rapido, selezionare Incolla.

ECDL OE 2.4.1

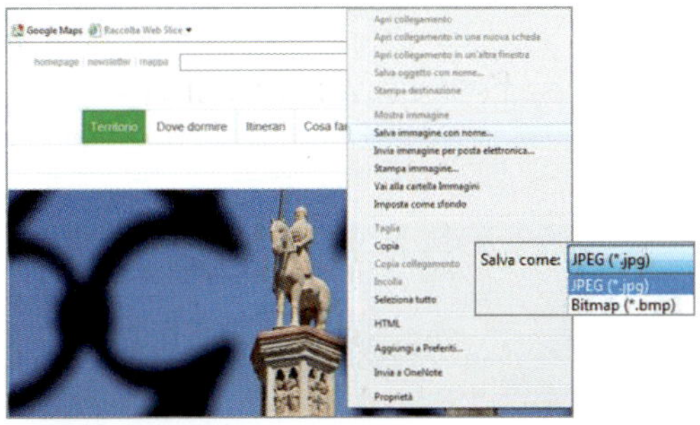

• Salvare un'immagine dal Web

Per prelevare un'immagine dal Web:

1. fare clic destro sull'immagine;
2. scegliere Salva immagine con nome;
3. raggiungere la cartella in cui archiviarla e procedere con le operazioni di salvataggio già note attribuendo il nome e il formato (per esempio .jpg o .bmp), oppure mantenendo quello proposto di default.

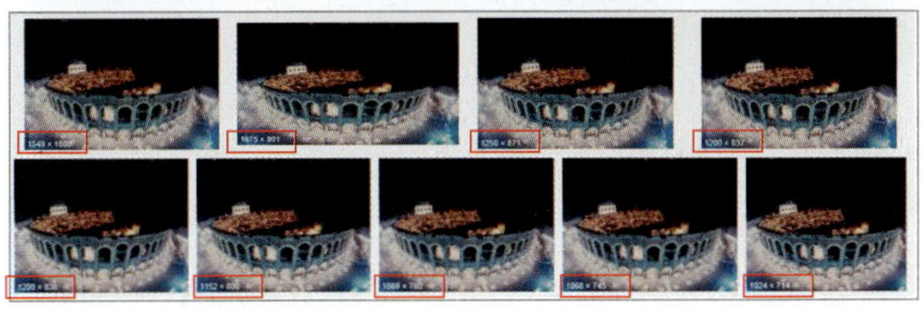

Occorre ricordare che, in relazione al formato di salvataggio scelto, l'immagine sarà più o meno pesante in termini di byte, di conseguenza è necessario considerare l'uso che si farà di tale immagine: se, per esempio, deve essere inviata via mail, è preferibile che le dimensioni del file non siano eccessive.
A tale proposito, quando si preleva un'immagine da un motore di ricerca, è possibile, in molti casi, scegliere le dimensioni dell'immagine da prelevare.

1. In Google avviare la ricerca per immagini e digitare la parola chiave.
2. Fare clic sull'immagine desiderata e poi sul link Altre dimensioni.
3. Google mostra una videata che propone l'immagine in diverse dimensioni.
4. Considerando l'uso che si farà dell'immagine, fare clic su quella che si ritiene opportuna in termini di dimensioni, poi procedere con il salvataggio come indicato al **punto 2** della precedente procedura.

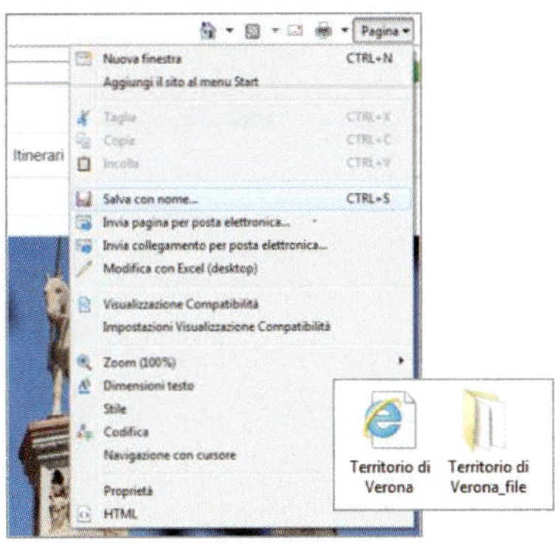

• Salvare una pagina Web

Per salvare una pagina Web:

1. da pulsante Pagina scegliere Salva con nome;
2. raggiungere la cartella di archiviazione, assegnare un nome al file, oppure mantenere quello proposto, poi fare clic su Salva;
3. verranno prodotti un file, in formato html, e una cartella: fare doppio clic sul file per visualizzare la pagina memorizzata.

ECDL OE 2.4.1

• Eseguire il download di un file

Molti siti offrono la possibilità di scaricare file in diversi formati.
Prima di procedere con il download è bene assicurarsi di disporre di un software antivirus per eseguire sul file una scansione prima di aprirlo, onde evitare possibili infezioni da virus.

Per eseguire il download:

1. fare clic destro sul link;
2. scegliere Salva oggetto con nome;
3. raggiungere la cartella di archiviazione, assegnare un nome al file, oppure mantenere quello proposto e fare clic su Salva.

Allena le competenze

- Copiare testo dal Web
- Salvare immagini, una pagina Web
- Eseguire il download di file

Visita il sito dell'Università di Verona e preleva contenuti diversi

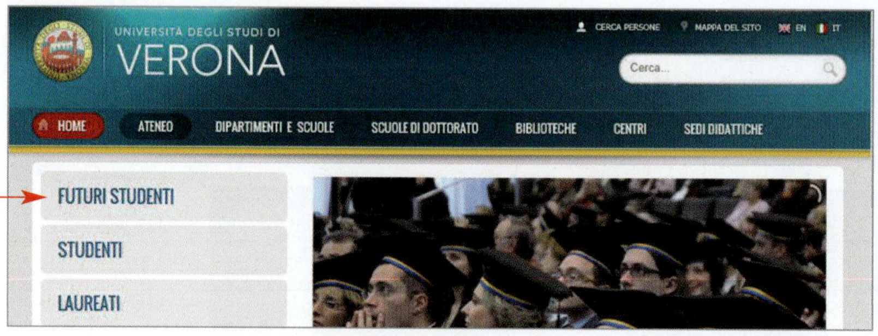

1 Vai sul sito www.univr.it e attiva il link mostrato.

2 Salva l'immagine nella tua cartella personale, poi copia in un file di Writer il testo. Salva la pagina nella tua cartella personale.

3 Attiva il link.

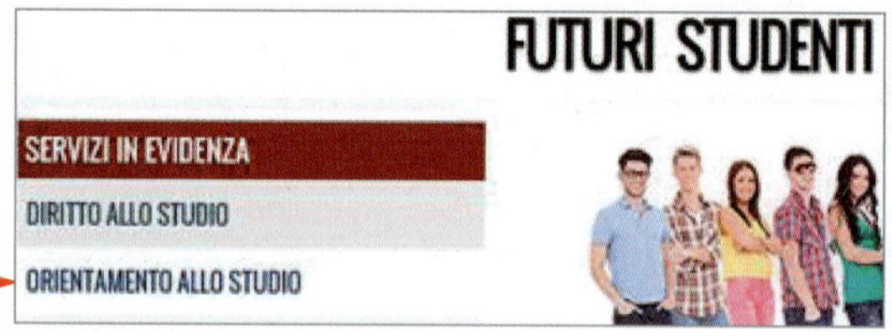

4 Attiva il link Iniziative per gli studenti delle Scuole Superiori e, fra i documenti disponibili, visualizza quelli relativi agli open days.

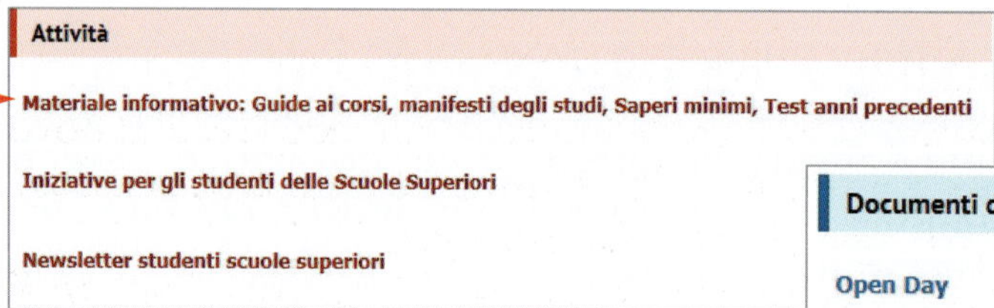

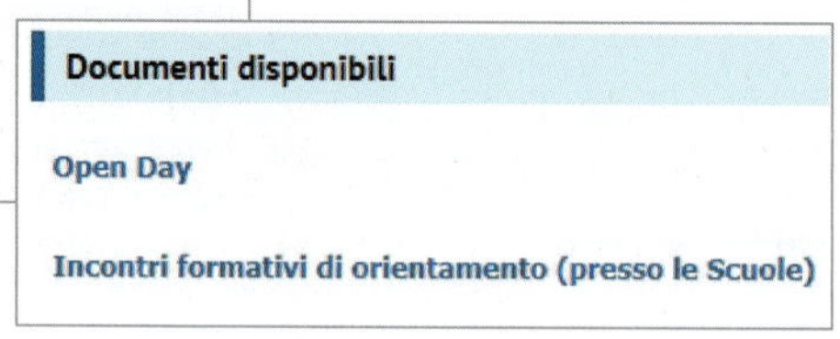

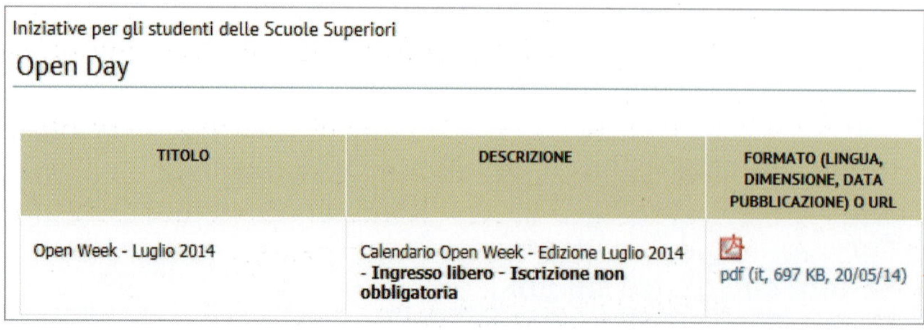

Iniziative per gli studenti delle Scuole Superiori

Open Day

TITOLO	DESCRIZIONE	FORMATO (LINGUA, DIMENSIONE, DATA PUBBLICAZIONE) O URL
Open Week - Luglio 2014	Calendario Open Week - Edizione Luglio 2014 - **Ingresso libero - Iscrizione non obbligatoria**	pdf (it, 697 KB, 20/05/14)

5 Esegui il download.

ECDL OE 2.3.1 - OE 2.3.2 - OE 2.3.3

Utilizzare Preferiti

Quando si visita frequentemente un sito può essere utile memorizzarne l'indirizzo.
Dopo aver visualizzato la pagina, il browser offre due possibilità per archiviare indirizzi, organizzabili anche in sottocartelle personalizzate.

– Per collocare un indirizzo come pulsante sulla barra Preferiti, fare clic sul pulsante Aggiungi alla barra Preferiti (l'indirizzo sarà memorizzato anche nell'elenco Preferiti).

Aggiungi alla barra Preferiti

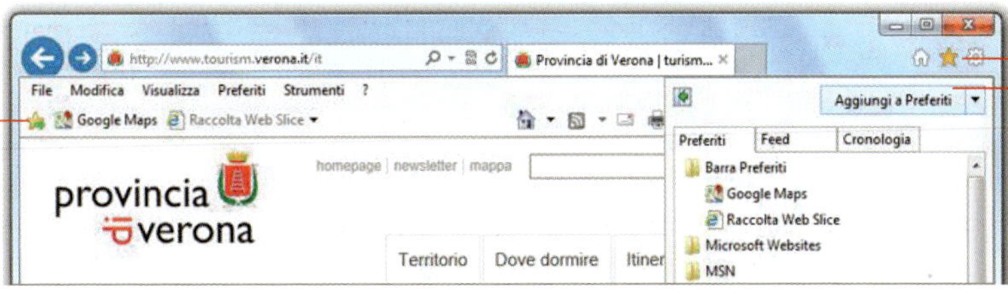

Visualizzare Preferiti, feed e cronologia

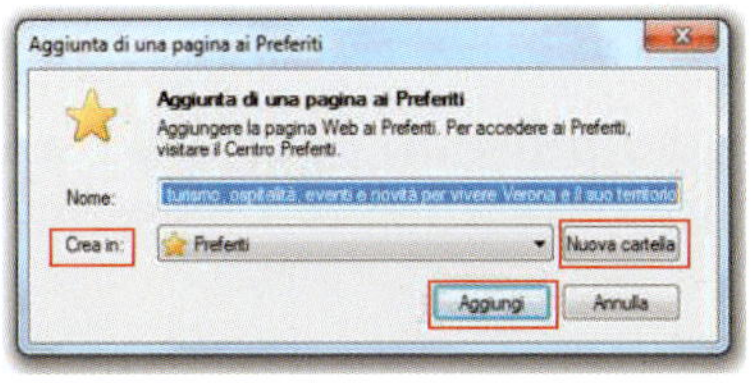

– Per inserirlo invece solo nell'elenco ▶ **Preferiti** ◀:

1. fare clic sul pulsante Visualizzare Preferiti, feed e cronologia, poi su Aggiungi a Preferiti;
2. nella casella Nome è possibile digitare un nome diverso, oppure mantenere quello proposto;
3. fare clic su Aggiungi.

Smart

Per attivare la finestra Aggiunta di una pagina ai Preferiti premi la combinazione di tasti Ctrl + D.

Per creare una sottocartella, fare clic su Nuova cartella, digitare il nome e confermare facendo clic su Crea.

Per inserire il collegamento in una sottocartella di Preferiti, fare clic sul pulsante Crea in e nell'elenco scegliere quella desiderata.

Per visualizzare una pagina Web memorizzata in Preferiti, fare clic sul pulsante Visualizzare Preferiti, feed e cronologia e selezionarla nell'elenco.

• Memorizzare un gruppo di schede

Quando si naviga in Internet può accadere di dover confrontare spesso notizie presenti su determinati siti: si attivano così più schede per comparare agevolmente le informazioni.
Internet Explorer consente di memorizzare in Preferiti un gruppo di schede aperte.

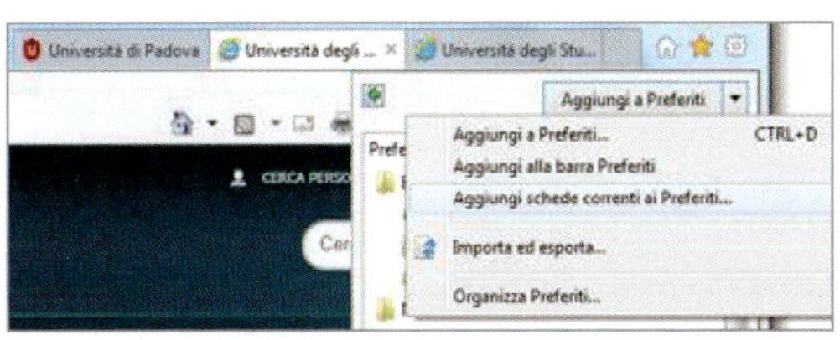

1. Visualizzare in ogni scheda la pagina Web da consultare.
2. Fare clic su Visualizzare Preferiti, feed e cronologia e poi su Aggiungi a Preferiti, quindi sul pulldown del pulsante Aggiungi a Preferiti.
3. Nell'elenco fare clic su Aggiungi schede correnti ai Preferiti.
4. Digitare il nome da assegnare al gruppo e fare clic su Aggiungi.
5. Nei Preferiti verrà creata la nuova cartella con all'interno il gruppo di schede memorizzate.

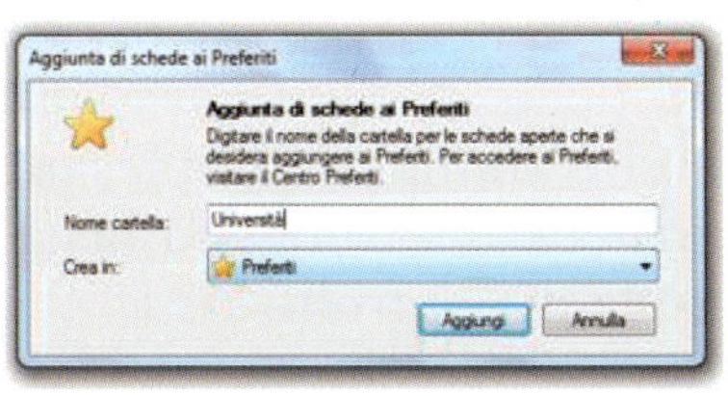

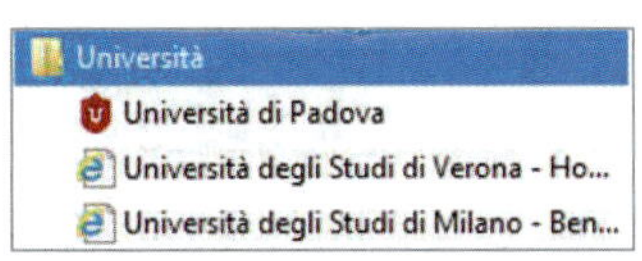

ECDL OE 2.4.3

Stampare una pagina Web

Prima di avviare la stampa di una pagina Web è consigliabile visualizzarne l'anteprima: dal pulldown del pulsante Stampa scegliere Anteprima di stampa.
Nella finestra, attraverso i pulsanti della barra degli strumenti, è possibile operare scelte, impostare diverse modalità di visualizzazione o attivare la stampa.

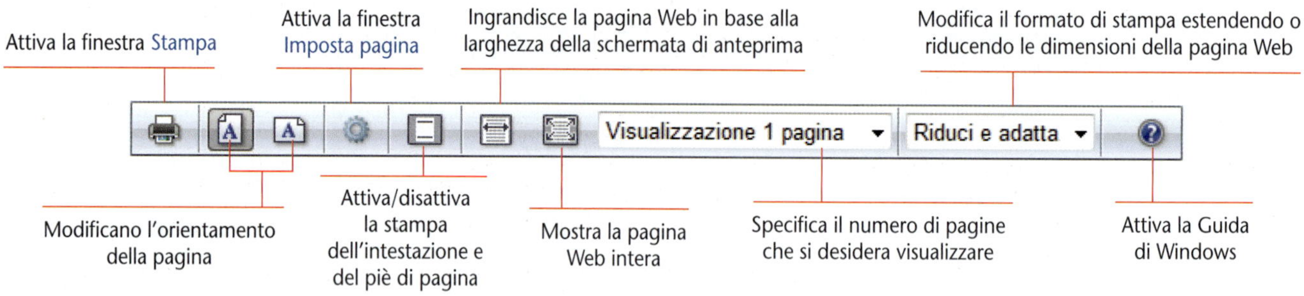

Ai lati della pagina visualizzata sono presenti dei pulsanti operando sui quali è possibile modificare i margini mediante la tecnica del trascinamento.
Nella parte inferiore della finestra Anteprima di stampa è possibile verificare su quanti fogli verrà distribuita la pagina Web e spostarsi dall'uno all'altro, o al primo e all'ultimo, utilizzando i relativi pulsanti.

Per chiudere la finestra Anteprima di stampa e tornare alla finestra del browser fare clic su [x].

Smart
Per attivare la finestra Stampa premi la combinazione di tasti Ctrl + P.

Per avviare, sulla stampante predefinita, la stampa immediata della pagina visualizzata, fare clic su Stampa. Qualora si desideri invece impostarne specifici parametri è necessario operare nella finestra ▶ **Stampa** ◀.

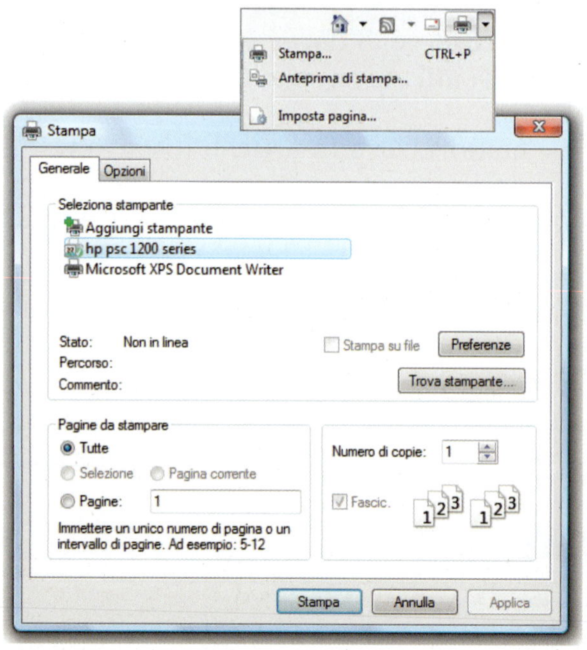

1. Fare clic sul pulldown del pulsante Stampa e scegliere Stampa.
2. Se si dispone di più stampanti, selezionare quella desiderata nella zona Seleziona stampante.
3. Procedere con le impostazioni e scegliere:
   - Tutte, qualora si voglia stampare tutte le pagine del sito;
   - Pagina corrente, se si desidera stampare solo quella visualizzata;
   - Pagine, per stampare specifiche pagine digitando il loro numero nella relativa casella;
   - Selezione, per stampare solo la parte di testo che è stata selezionata prima di attivare la finestra Stampa.
4. Operare sui pulsanti della casella Numero di copie se si desidera procedere con stampe multiple, nel qual caso si può chiedere anche che vengano fascicolate facendo clic nella casella di controllo Fascic.
5. Confermare le scelte facendo clic su Stampa.

ECDL OE 4.3.2

Zoom su...

CREARE UN ACCOUNT GMAIL

Struttura di un indirizzo e-mail

Un indirizzo di posta elettronica, o account, ha una precisa struttura, definita dagli elementi descritti nell'esempio sotto riportato.

Dominio di secondo livello
Nome del provider che fornisce il servizio di accesso (per esempio, Google, Virgilio, Tiscali ecc.)

Nome identificativo dell'utente, o username
Può essere reale o di fantasia (per esempio marco88, emi_p ecc.)

mario.rossi @ gmail . com

Dominio di primo livello
Sigla del Paese o dell'organizzazione di appartenenza (per esempio .eu, .net, .com ecc.)

Simbolo @
Detto "at" o "chiocciola", significa "presso", nel senso di appartenenza dell'accesso al provider

La procedura di trasmissione di una e-mail, le cui fasi sono schematizzate nell'immagine, è la seguente:

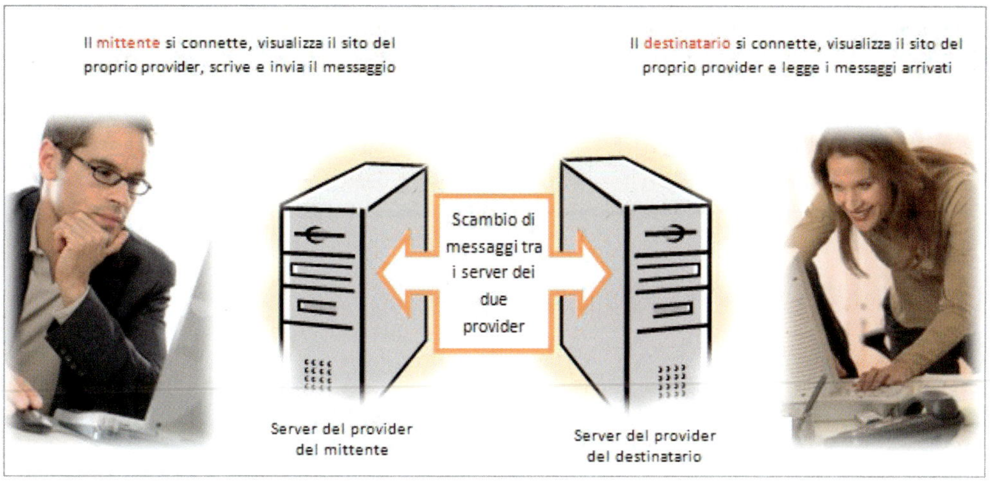

- il mittente si collega al server del proprio provider, scrive il messaggio che il provider invia alla casella di posta del destinatario, presente sul server del provider del destinatario;
- il destinatario, collegandosi al server del proprio provider, legge tutti i messaggi presenti nella casella di posta a lui intestata.

ECDL OE 5.1.1

Clippy

Le frequenti revisioni del sito di Gmail potrebbero far sì che le voci dei link o dei pulsanti proposti non corrispondano perfettamente a quelle visualizzate nel momento della loro esecuzione e alcune funzionalità potrebbero essere attivate successivamente alla pubblicazione del presente volume.

L'interfaccia di Gmail

Per accedere a ▶ **Gmail** ◀:

1. nella barra degli indirizzi del browser digitare www.google.it e premere Invio;
2. nella finestra del motore di ricerca fare clic sul link Gmail;

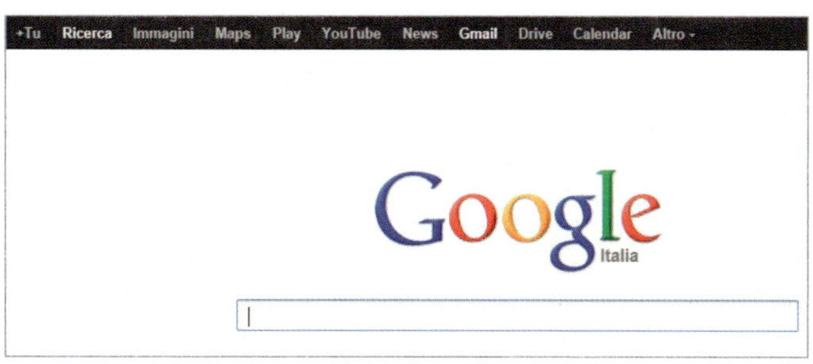

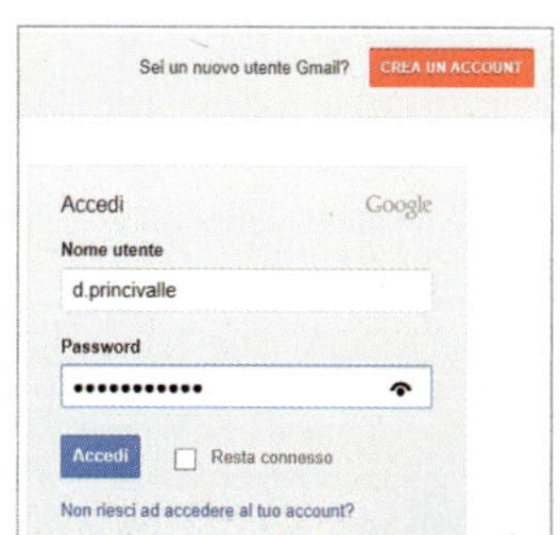

3 nelle apposite caselle digitare Nome utente e Password, quindi fare clic su Accedi; Gmail mostra un'interfaccia semplice, molto intuitiva e visualizza immediatamente il contenuto della cartella Posta in arrivo;

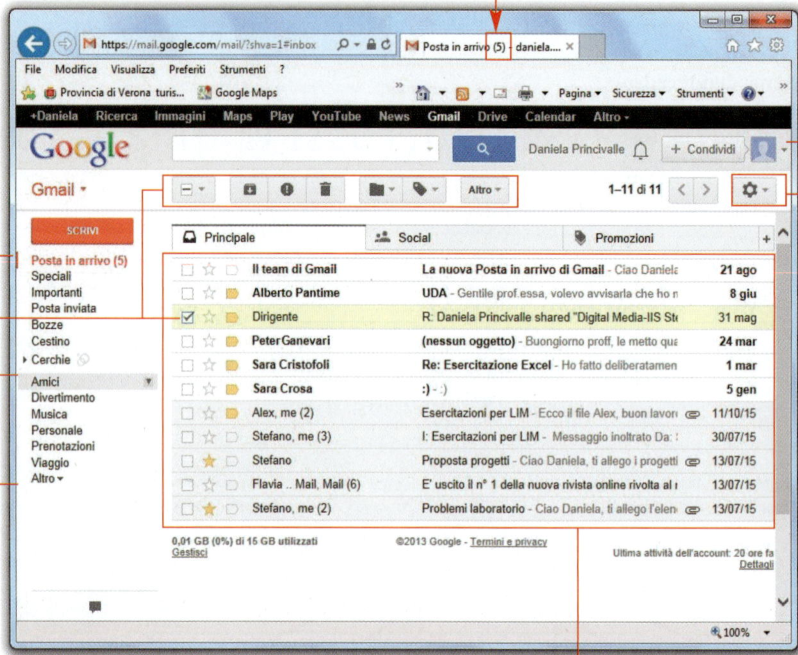

Numero di messaggi ancora da aprire

Messaggio selezionato e comandi per la sua gestione

Cartelle (che Gmail definisce Etichette) in cui è possibile spostare o archiviare i messaggi

Per uscire dall'account

Per modificare le impostazioni del proprio account, consultare la guida

Messaggi presenti in Posta in arrivo: quelli con il testo in grassetto (individuati dal colore più scuro) segnalano messaggi ancora da aprire

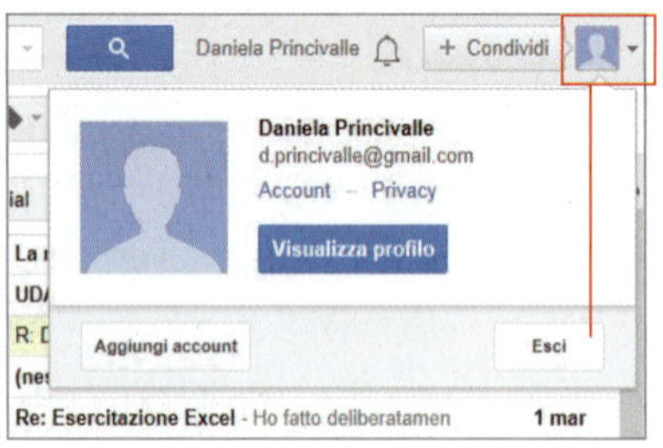

4 per uscire dall'account Gmail, fare clic sull'apposito pulsante e scegliere Esci.

ECDL OE 4.3.4 - OE 5.1.3

Creare e inviare un messaggio

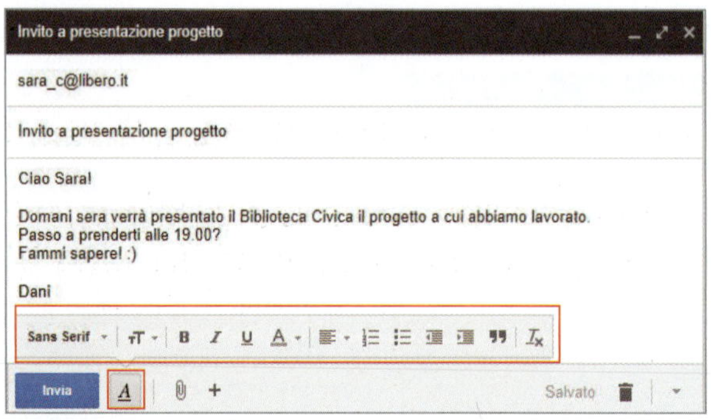

Per comporre un messaggio:

1 Nell'area sinistra della finestra fare clic su SCRIVI.

2 Nel riquadro visualizzato inserire:
- nella casella A l'indirizzo del destinatario, senza spazi intermedi. Per aggiungere ulteriori destinatari nella medesima casella, inserire i rispettivi indirizzi separati dalla virgola (,);
- nella casella Oggetto una breve descrizione dello scopo del messaggio.

3 Posizionare il cursore nel riquadro inferiore, digitare il testo del messaggio, che è possibile formattare facendo clic sul pulsante A e agendo poi sul comando desiderato, quindi fare clic su Invia.

ECDL OE 4.3.4 - OE 5.1.4

Clippy

Se l'indirizzo è memorizzato nei Contatti, digitando le prime lettere Gmail propone il relativo indirizzo e, facendo clic su di esso, verrà inserito nella casella A:.

• Utilizzare Seleziona contatti

L'indirizzo del destinatario del messaggio può essere inserito nella casella A: ▶ **digitandolo** ◀, oppure prelevandolo direttamente dai Contatti (archivio degli indirizzi di posta elettronica), evitando così il rischio di inserire indirizzi errati.

1 Nel riquadro del nuovo messaggio fare clic sul link A.

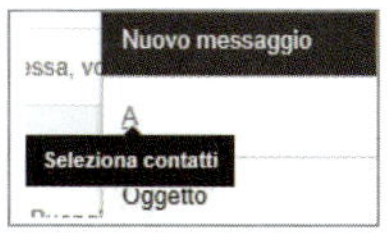

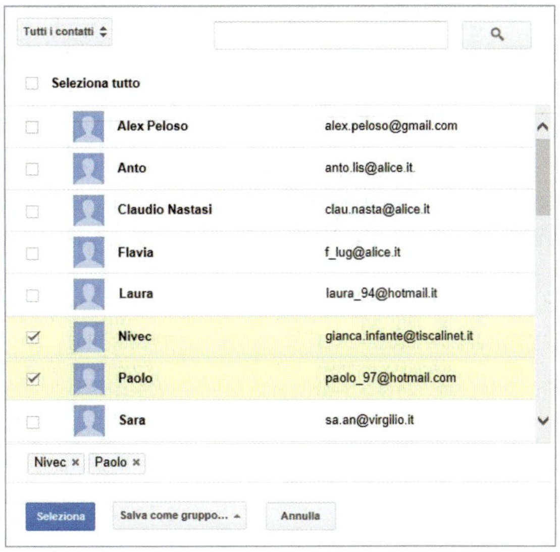

2 Nell'area che si attiva fare clic sul nome del destinatario che verrà spuntato, evidenziato in giallo e inserito nella zona inferiore. Se si desidera inviare lo stesso messaggio a più persone, eseguire la stessa operazione per ogni destinatario.

3 Al termine, fare clic su Seleziona per confermare e ottenere l'inserimento degli indirizzi.

Per inviare ad altri destinatari una copia per conoscenza del messaggio:

1 nel riquadro del nuovo messaggio fare clic sul link Cc (per inviare una copia nascosta fare clic sul link Ccn) per visualizzare la relativa casella;

2 fare di nuovo clic sul link Cc (Ccn per inviare una copia nascosta) per visualizzare l'area in cui scegliere i contatti e poi procedere come indicato al **punto 2** della precedente procedura.

ECDL OE 5.1.6

• Allegare un file a un messaggio

A un messaggio di posta elettronica si possono allegare uno o più file di diversi formati nel seguente modo:

1 compilare il messaggio nelle sue varie parti;

2 fare clic sul link Allega file;

3 seguire il percorso di archiviazione del file da allegare, sezionarlo, quindi fare clic su Apri;

4 il riquadro del messaggio mostra il file allegato e le sue dimensioni; se necessario, è possibile ripetere l'operazione e allegare ulteriori file.

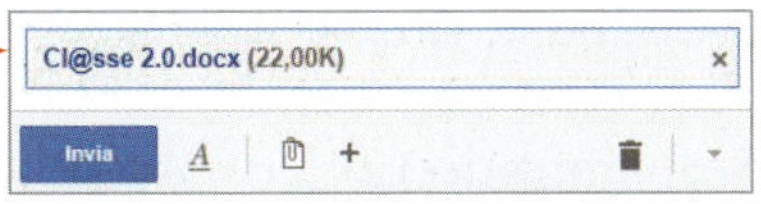

Clippy

Quando si invia un messaggio a un nuovo destinatario, per impostazione predefinita Gmail aggiunge il nuovo account ai contatti per ottenere il completamento automatico dell'indirizzo in futuro.

Memorizzare contatti

ECDL OE 5.3.6

Ricordare gli indirizzi elettronici non è sempre facile e poi digitandoli si possono commettere errori. A tale proposito, il programma dispone di un archivio, una sorta di rubrica, chiamato ▶ Contatti ◀, in cui memorizzare gli indirizzi di posta elettronica.

Per memorizzare un nuovo indirizzo:

1. nell'area sinistra della finestra fare clic su Gmail e poi su Contatti;
2. fare clic su Aggiungi a "Contatti personali";
3. digitare i dati del destinatario e fare clic su Aggiungi per aggiornare l'elenco dei contatti con quello appena inserito;
4. se si desidera inserire ulteriori informazioni, come per esempio il nome, fare clic sul nuovo contatto e digitare i dati;
5. a sinistra nella finestra, fare clic su Contatti personali per visualizzare l'esito delle operazioni.

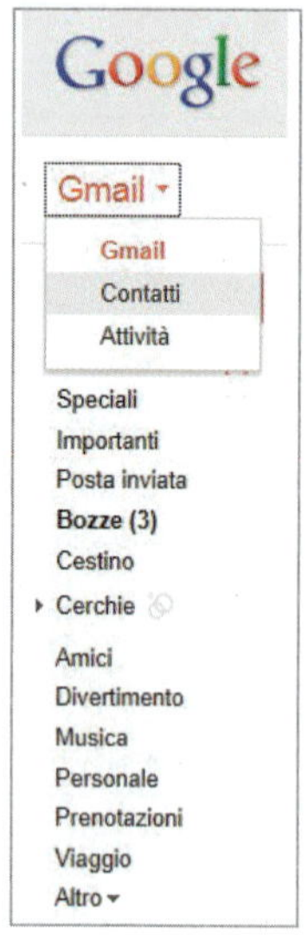

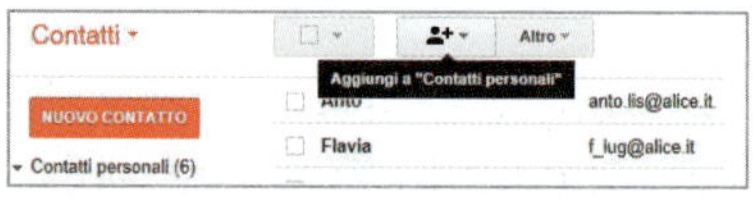

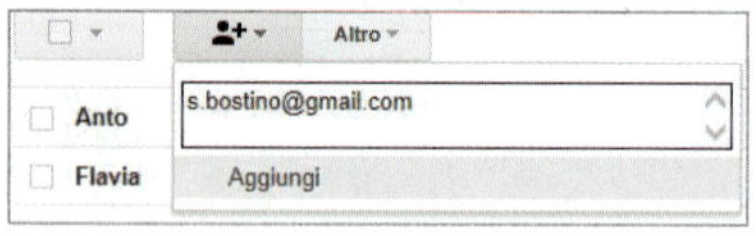

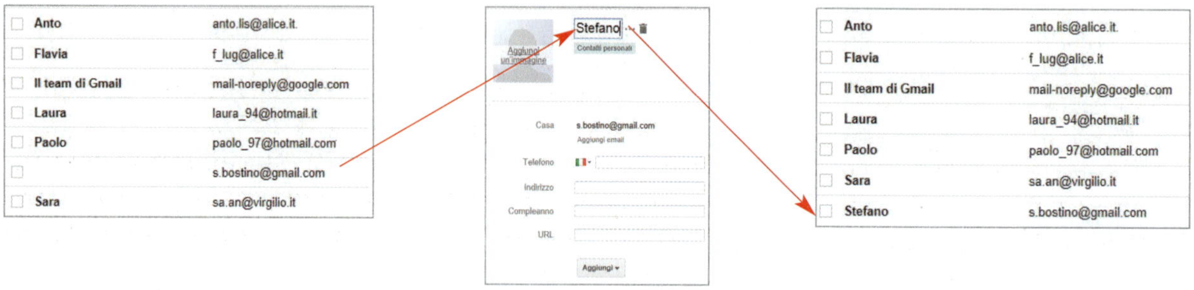

ECDL OE 5.3.6

• Creare un gruppo di contatti

Può accadere di inviare di frequente un messaggio alle stesse persone; in questo caso, è opportuno creare un gruppo di contatti in modo da utilizzare un unico identificativo per inviare lo stesso messaggio a tutti i membri del gruppo.

Per creare un gruppo di contatti:

1. fare clic su Gmail, poi su Contatti e scegliere Nuovo gruppo;
2. nel riquadro digitare il nome da assegnare al gruppo e fare clic su OK;
3. l'area sinistra della pagina si aggiorna mostrando, sotto a Contatti personali, il gruppo appena creato;
4. fare clic sul nome del gruppo e poi su Aggiungi a "Collaboratori";
5. iniziare a digitare il nome del contatto da inserire nel gruppo: Gmail propone l'indirizzo prelevandolo dai contatti già memorizzati;
6. fare clic sul nome e poi su Aggiungi per includerlo nel gruppo;

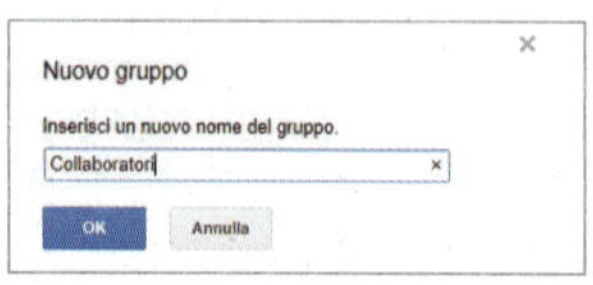

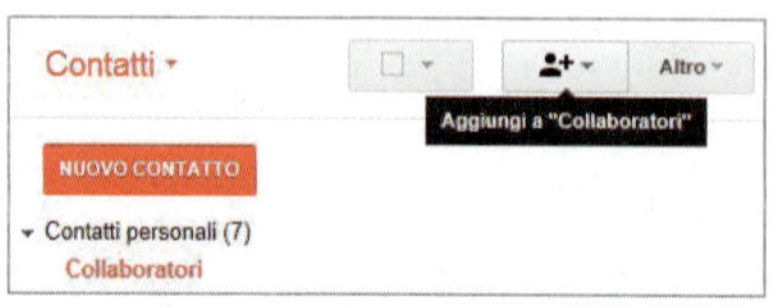

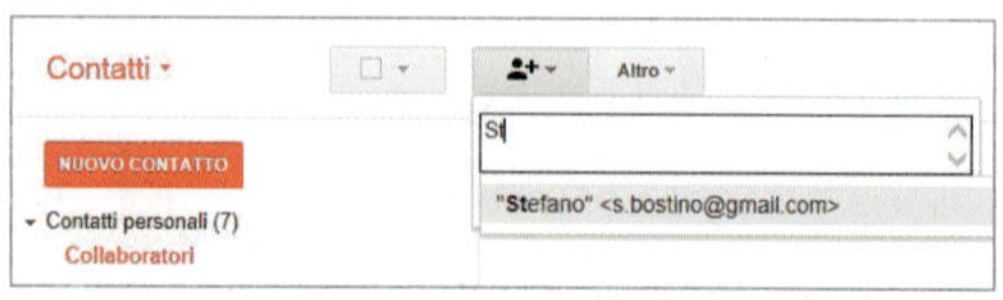

7. per inserire altri contatti che non sono già presenti tra quelli memorizzati, procedere come indicato al **punto 4**, digitando il nuovo indirizzo e confermando poi con Aggiungi.

ECDL OE 5.4.4

Creare cartelle personalizzate

I messaggi possono essere suddivisi e raggruppati in modo organico in sottocartelle (etichette) personalizzate.

Per creare un'etichetta:

1. dal pulsante Impostazioni scegliere l'omonimo comando e fare clic su Etichette;
2. fare clic su Crea nuova etichetta, digitare il nome nella rispettiva casella e confermare con Crea.

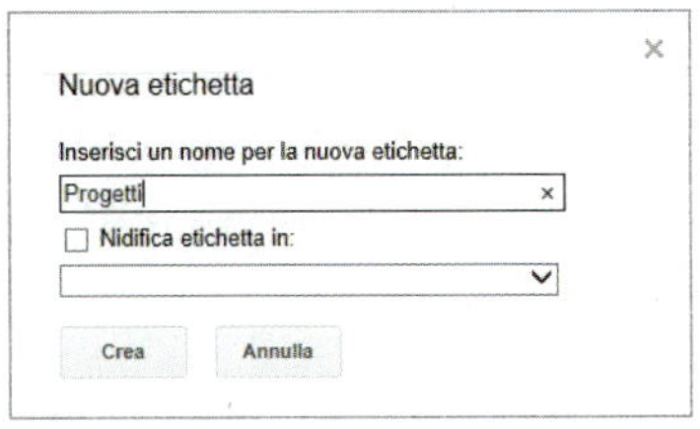

Per inserire un messaggio nella cartella creata, selezionarlo, fare clic su Sposta in e scegliere la cartella di destinazione.

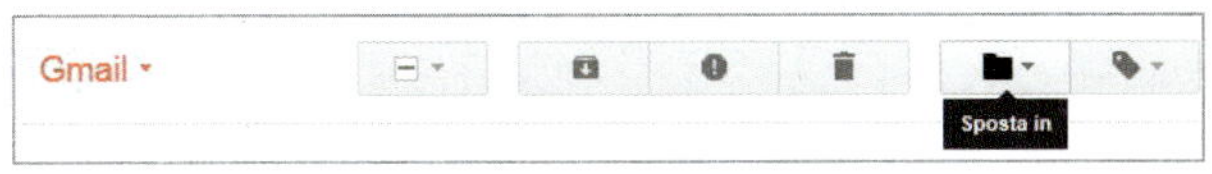

ECDL OE 5.2.1

Aprire un messaggio

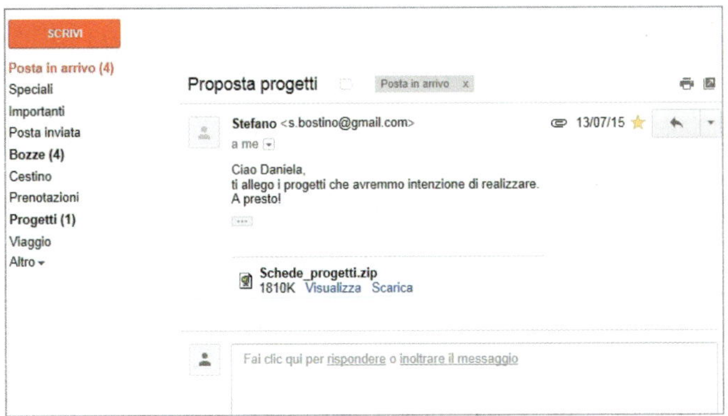

Dopo aver eseguito l'accesso all'account, Gmail mostra il contenuto di Posta in arrivo.

Per aprire un messaggio, fare clic sul nome del mittente o su uno degli altri elementi (oggetto, testo, data): Gmail mostra il contenuto del messaggio scelto.

Nel caso in cui al messaggio sia allegato un file, esso viene mostrato nell'area inferiore del riquadro, dove sono anche presenti i comandi per rispondere o inoltrare il messaggio ricevuto.

ECDL OE 5.2.4

• Aprire o salvare allegati

In Posta in arrivo, l'icona di una graffetta accanto al testo del messaggio indica che, assieme a esso, è stato spedito un allegato, ossia uno o più file. Si può decidere di visualizzare l'allegato, oppure di salvarlo direttamente su un'unità disco.

1. Fare clic sul messaggio per aprirlo.
2. Nella parte inferiore del testo sono visibili gli allegati, quindi:
   - per aprire il file allegato, fare clic sul link Visualizza e poi sul file desiderato;
   - per archiviare su disco il file allegato, fare clic sul link Scarica. Scegliere Salva e poi Salva con nome, verificare il percorso di archiviazione proposto ed eventualmente procedere con la scelta della cartella di archiviazione desiderata, quindi confermare con Salva.

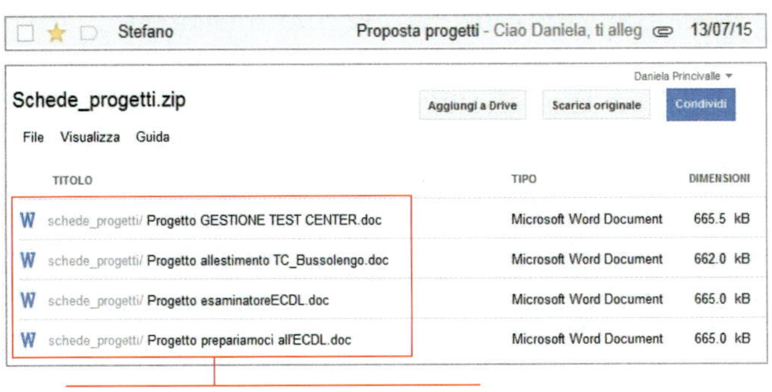

Fare clic sul file per leggerne il contenuto

ECDL OE 5.2.2 - OE 5.2.3

• Rispondere al mittente e inoltrare messaggi

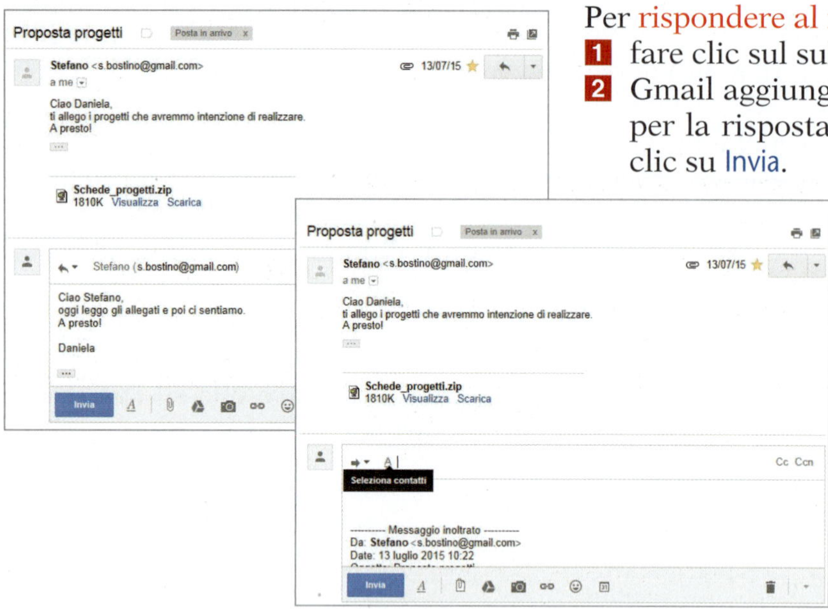

Per rispondere al mittente di un messaggio aperto:

1. fare clic sul sul link Rispondere;
2. Gmail aggiunge nella parte inferiore del riquadro l'area per la risposta: digitare il testo in questo spazio e fare clic su Invia.

Per inoltrare un messaggio aperto, ovvero inviarlo a un altro contatto:

1. fare clic sul link Inoltrare il messaggio;
2. Gmail aggiunge nella parte inferiore del riquadro l'area per inserire l'indirizzo del destinatario;
3. digitare l'indirizzo, oppure fare clic su Seleziona contatti per prelevarlo da quelli memorizzati;
4. fare clic su Invia.

ECDL OE 5.2.5 - OE 5.4.5 - OE 5.4.6

Stampare ed eliminare messaggi

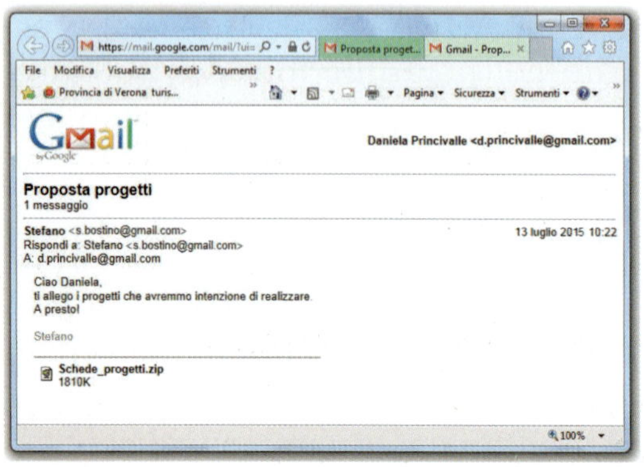

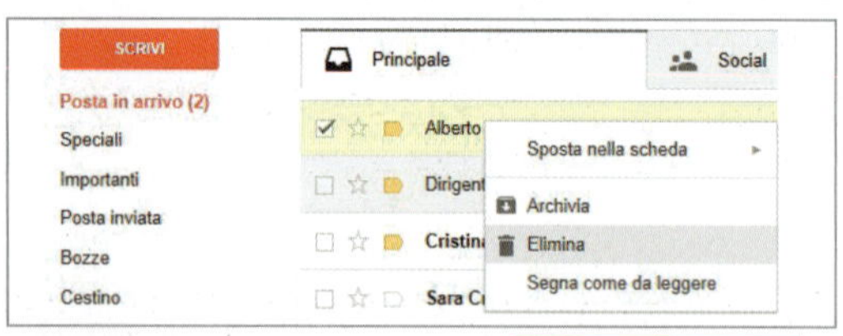

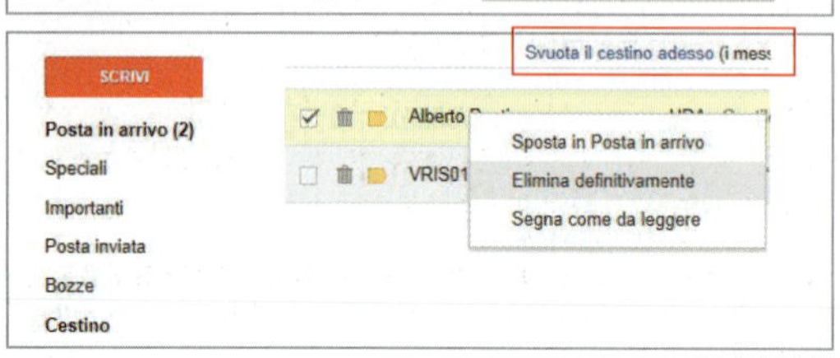

Per stampare un messaggio aperto, fare clic su Stampa tutto; il messaggio sarà visualizzato in una nuova scheda del browser e, in contemporanea, compare la finestra Stampa, in cui è possibile specificare le impostazioni desiderate, se diverse da quelle predefinite.

– Nell'elenco Seleziona stampante scegliere la stampante che si vuole usare.
– Nella zona Pagine da stampare, specificare:
  • Tutte, per stampare l'intero messaggio;
  • Selezione per stampare la porzione di testo selezionata prima di attivare la finestra;
  • se trattasi di messaggi molto lunghi, Pagina corrente per stampare la pagina visualizzata, oppure Pagine per indicare quali pagine stampare.
– Nella casella Numero di copie specificare quante copie stampare del messaggio o di ogni pagina indicata.
– Applicare la spunta su Fascic. se è stata richiesta la stampa di più copie e si desidera che siano fascicolate.

Eseguite le scelte, fare clic su Stampa per avviare la procedura.

Per eliminare un messaggio e spostarlo nel Cestino, fare clic destro su di esso e scegliere Elimina.
Per rimuoverlo definitivamente, fare clic su Cestino e poi clic destro sul messaggio, quindi scegliere Elimina definitivamente.
Facendo clic sul link Svuota il cestino adesso e confermando con OK verranno rimossi dal cestino tutti i messaggi.

Svolgi i test

Gli esercizi sono disponibili anche nella versione digitale come test interattivi e autocorrettivi.

TEST DI COMPLETAMENTO

Completa le frasi con le espressioni mancanti, scegliendo tra quelle di seguito proposte.
memorizzato – dominio – visualizzata – paese – URL – page – sito

1 Ogni .... è identificato da un proprio indirizzo definito .... (*Uniform Resource Locator*).
2 L'indirizzo di una pagina Web può essere .... nei Preferiti.
3 La pagina .... all'avvio del browser è detta home ....
4 L'ultima parte di un indirizzo di posta elettronica è costituita dal .... di primo livello, ovvero da una sigla che identifica, per esempio, il .... di appartenenza.

TEST VERO FALSO

Indica, barrando la relativa casella, se le seguenti affermazioni sono vere o false.

	V	F
1 In Gmail le cartelle vengono definite etichette.	☐	☐
2 Internet Explorer è un esempio di motore di ricerca.	☐	☐
3 Il comando Salva oggetto con nome si usa per prelevare le immagini dal Web.	☐	☐
4 In Internet Explorer il pulsante Sicurezza consente di eliminare la cronologia delle esplorazioni.	☐	☐

TEST DI COLLEGAMENTO

Associa le voci della prima colonna con le corrispondenti descrizioni della seconda.

1 Alt + Invio	A Aggiunge una pagina ai Preferiti.	1 ____
2 Ctrl + P	B Apre una pagina in una nuova scheda.	2 ____
3 Ctrl + K	C Apre la finestra Stampa.	3 ____
4 Ctrl + D	D Duplica una scheda.	4 ____

TEST A RISPOSTA SINGOLA O MULTIPLA

Per ogni quesito, indica la risposta o le risposte corrette. (○ **risposta singola** / ☐ **risposta multipla)**

1 Indica l'affermazione falsa:
○ Gmail è un esempio di Web mail
○ è possibile accedere a Gmail solo dal proprio PC
○ è possibile accedere a Gmail da qualsiasi dispositivo che si connette a Internet
○ con Gmail i messaggi vengono consultati online

2 I dati personali:
☐ riguardano anche l'indirizzo di posta elettronica
☐ devono essere trattati in modo lecito
☐ vengono raccolti anche per scopi non determinati
☐ possono essere trattati anche senza il consenso espresso dell'interessato

3 All'avvio, Gmail:
☐ mostra il contenuto della cartella Posta in arrivo
☐ mostra il contenuto della cartella Posta inviata
☐ mostra i messaggi da leggere in grassetto
☐ mostra i messaggi da leggere in corsivo

4 In Preferiti:
○ non è possibile inserire il collegamento di una pagina in una sottocartella presente in Preferiti
○ è possibile memorizzare un gruppo di schede
○ la pagina memorizzata nella barra Preferiti non è disponibile anche nell'elenco Preferiti
○ non è possibile assegnare un nome a una cartella

Esplora il Web

- Prelevare contenuto da Internet
- Memorizzare un indirizzo in Preferiti
- Salvare pagine Web

Apri Internet Explorer ed esegui quanto richiesto in ciascun esercizio.

1 Vuoi ricercare notizie sulla Cappella Sistina, poi sui musei di Roma, infine memorizzare la pagina in Preferiti.

1. Collegati al sito www.museionline.info e nella casella di ricerca digita cappella sistina, poi premi Invio.
2. Nell'elenco ottenuto fai clic su Cappella Sistina, seleziona il testo presente nella pagina e copialo in un nuovo documento Word utilizzando l'opzione più opportuna.
3. Torna indietro di due pagine ed esegui la ricerca sui musei di Roma attivando il link costruito sulla regione Lazio.
4. Memorizza la pagina in Preferiti mantenendo il nome proposto.

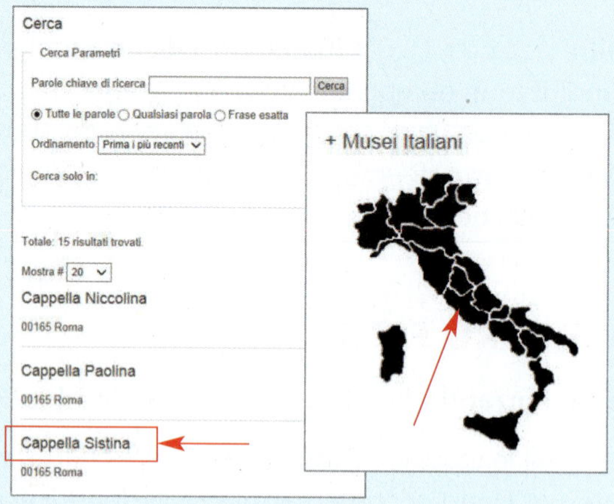

2 Vuoi confrontare la medesima notizia presente sui siti di due quotidiani e poi memorizzare il gruppo di schede in Preferiti.

1. Collegati al sito www.corriere.it e attiva gli opportuni link per visualizzare una notizia di cronaca e una di sport.
2. Seleziona e stampa le informazioni della notizia di cronaca di maggior risalto.
3. Attiva una seconda scheda e digita l'indirizzo www.repubblica.it per collegarti al sito del quotidiano "La Repubblica", cerca le stesse informazioni, seleziona il testo della medesima notizia di cronaca e stampala.
4. Confronta poi i risultati ottenuti.
5. Memorizza in Preferiti il gruppo delle due schede attive e assegna alla cartella il nome Quotidiani.
6. Attiva una terza scheda, cerca un'immagine inerente alle informazioni trovate e salvala nella tua cartella personale.

3 Vuoi ottenere informazioni su come è organizzato il WWF e sulla sua attività.

1. Collegati al sito www.wwf.it, attiva il link Chi siamo e poi Organizzazione.
2. Salva l'immagine presente nella pagina nella tua cartella personale e assegnale un nome opportuno.
3. Torna indietro di una pagina e fai clic su Noi facciamo, poi salva questa pagina Web nella tua cartella personale.

4 Vuoi trovare due immagini, di diverse dimensioni, di Leonardo Da Vinci e salvarle.

1. Collegati al sito www.google.it e attiva il link Immagini.
2. Digita le parole chiave leonardo da vinci, scegli un'immagine e poi visualizzala nelle altre dimensioni.
3. Salva nella tua cartella personale l'immagine con il maggiore numero di pixel e quella con il minore.

5 Vuoi ottenere informazioni sul Lago di Garda e memorizzare la pagina nella Barra Preferiti.

1. Collegati al sito www.tourism.verona.it e attiva il link Lago di Garda.
2. Aggiungi alla Barra Preferiti la pagina.
3. Naviga tra i link dei diversi paesi che si affacciano sul lago.
4. Salva l'immagine del paese Torri del Benaco nella tua cartella personale.
5. Chiudi il browser.

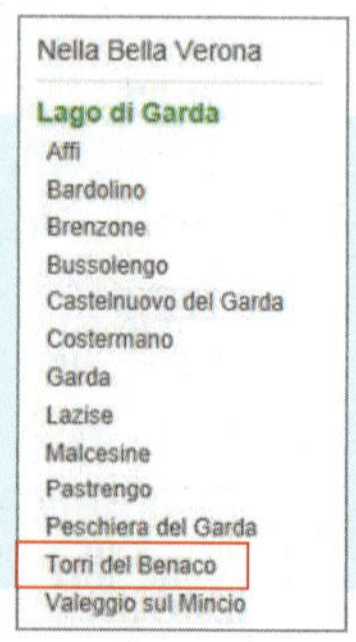

Mettiti alla prova!

Gli esercizi sono disponibili anche nella versione digitale come test interattivi e autocorrettivi.

TEST DI COMPLETAMENTO

Completa le frasi con le espressioni mancanti, scegliendo tra quelle di seguito proposte.
virtuali – corrente – browser – at – software – presso

1 In un account il simbolo @ (....................) ha il significato di ...., nel senso di appartenenza dell'accesso al provider.
2 I social networking sono comunità .... che consentono alle persone di incontrarsi sul Web.
3 Il .... che permette di accedere ai servizi e navigare in Internet si dice ....
4 L'opzione di stampa Pagina .... stampa solo la pagina visualizzata.

TEST VERO FALSO

Indica, barrando la relativa casella, se le seguenti affermazioni sono vere o false. V F

1 È possibile impostare una serie di pagine iniziali che saranno aperte all'avvio del browser. ☐ ☐
2 Nelle reti a bus tutti i nodi sono collegati a un cavo lineare. ☐ ☐
3 Il backup è un software che protegge il PC dai virus. ☐ ☐
4 Le reti a stella sono basate su un nodo centrale (detto hub). ☐ ☐

TEST DI COLLEGAMENTO

Associa gli elementi (testo o immagine) della prima colonna con il corrispondente significato della seconda.

1 Cc	A Aggiungi alla barra Preferiti.	1 ____
2 	B Copia per conoscenza nascosta.	2 ____
3 	C Copia per conoscenza.	3 ____
4 Ccn	D Visualizzare Preferiti, feed e cronologia.	4 ____

TEST A RISPOSTA SINGOLA O MULTIPLA

Per ogni quesito, indica la risposta o le risposte corrette. (○ risposta singola / ☐ risposta multipla)

1 Da barra degli strumenti di Anteprima di stampa di una pagina Web non è possibile:
○ attivare/disattivare la stampa dell'intestazione
○ modificare l'orientamento della pagina
○ attivare la guida di Windows
○ avviare la stampa immediata

2 Indica le affermazioni corrette:
☐ i malware non provocano il malfunzionamento del sistema operativo
☐ il restore è l'attività opposta al backup
☐ lo spamming è l'invio di e-mail non richieste a più persone
☐ i blog non sono classificati in diverse tipologie

3 Il termine upload indica:
○ la procedura di download di file
○ l'invio di file alla Rete
○ la condivisione di file
○ una specifica modalità di connessione

4 Indica le affermazioni corrette:
☐ quando si inoltra un messaggio non è possibile prelevare l'indirizzo del destinatario dai contatti
☐ quando si inoltra un messaggio è possibile prelevare l'indirizzo del destinatario dai contatti
☐ è possibile spostare un messaggio in una nuova cartella
☐ Gmail è il gestore di posta di Windows 7

Mettiti alla prova!

- Prelevare contenuto da Internet.
- Memorizzare in Preferiti un gruppo di schede.
- Duplicare schede e salvare pagine Web.

Per riepilogare i contenuti del modulo e svolgere al meglio la verifica che segue puoi consultare – nella versione digitale – i tutorial M2 – INTERNET RIEPILOGO DELLE COMPETENZE, che sintetizzano quanto appreso:

- **Utilizzo del browser;**
- **Utilizzo della posta elettronica.**

Apri Internet Explorer ed esegui quanto richiesto in ciascun esercizio.

1 Vuoi cercare informazioni su uno dei borghi più belli d'Italia, prelevare testo, immagini e aggiungere l'indirizzo alla barra Preferiti.

1. Collegati al sito www.borghitalia.it e attiva il link I borghi: nord.
2. Scorri la pagina e nella sezione Veneto fai clic su Borghetto, salva l'immagine dell'area Da vedere nella tua cartella personale e assegnale il nome Borghetto.
3. Duplica la scheda aperta, seleziona il testo inerente l'immagine salvata, copialo e incollalo in un file di Word utilizzando l'opzione Incolla più opportuna, poi salva il documento nella tua cartella personale con il nome Visita_Borghetto.
4. Memorizza la pagina con l'elenco dei borghi nella barra Preferiti.

2 Vuoi cercare nella biblioteca digitale di Rai educational qualche intervista fatta a Derrick De Kerckhove e poi a Pierre Levy e memorizzare in una cartella di Preferiti le schede di alcune interviste di questo filosofo.

1. Collegati al sito www.mediamente.rai.it e attiva il link relativo alla lettera D.
2. Attiva il link Derrick De Kerckhove.
3. Fai clic sul link dell'articolo Verso la conoscenza connettiva, salva la pagina web visualizzata nella tua cartella personale e assegnale il nome De Kerckhove.
4. Nella pagina avvia un'altra ricerca e fai clic sul link relativo alla lettera L.
5. Attiva il link Pierre Levy e apri in una nuova scheda le prime tre interviste in elenco.
6. Mantieni aperte solo le schede delle tre interviste e chiudi tutte le altre.
7. Memorizza in Preferiti il gruppo delle tre schede attive e assegna alla cartella il nome Levy.

3 Vuoi utilizzare Google Libri per cercare libri inerenti l'argomento intelligenza collettiva.

1. Collegati al sito www.google.it, attiva il link Altro e poi Libri.
2. Nella casella disponibile digita intelligenza collettiva e premi Invio.
3. Fai clic sul link relativo al libro L'intelligenza collettiva. Per un'antropologia del cyberspazio di Pierre Levy, edizione 2002.
4. Scorri le prime pagine, nell'indice fai clic sul link Che cos'è l'intelligenza collettiva? e leggi le informazioni visualizzate.
5. Avvia una nuova ricerca e nell'apposita casella di Google Libri digita intelligenza connettiva, premi Invio e fai clic sul primo dei risultati.
6. Chiudi il browser.

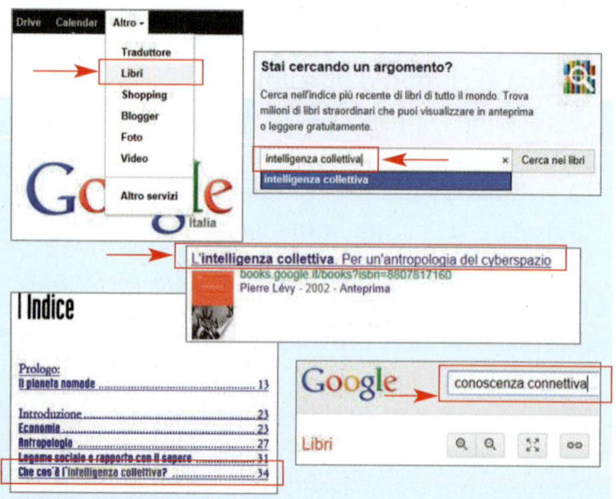

MODULO 3

WRITER

UNITÀ 1 Utilizzo del word processor

UNITÀ 2 Elaborare documenti

UNITÀ 3 Arricchire i documenti con la grafica

UNITÀ 4 Incolonnare testo

UNITÀ 5 Progettare relazioni e ipertesti

CONOSCENZE

- Conoscere caratteristiche e funzionalità del word processor.
- Conoscere le procedure per creare, archiviare, aprire, controllare un documento e stamparlo.
- Conoscere le tecniche per elaborare un documento con formattazioni e oggetti grafici e per organizzare il testo in colonne e tabelle.
- Conoscere le procedure per applicare diversi tipi di interruzione, inserire note, creare sinonimi e contrari e per trovare e sostituire termini.
- Conoscere le modalità di progettazione di relazioni e ipertesti.

ABILITÀ

- Creare, salvare, aprire, modificare, stampare e chiudere un documento.
- Duplicare, spostare, formattare il testo, applicare elenchi puntati e numerati, bordi e sfondi, disporre in colonne, inserire e formattare tabelle.
- Inserire e gestire oggetti grafici quali ClipArt, immagini, fontwork, forme e caselle di testo.
- Applicare interruzioni, inserire note, intestazioni, piè di pagina, numeri di pagina, segnalibri e collegamenti ipertestuali, trovare e sostituire termini.
- Produrre relazioni e ipertesti, applicare stili, realizzare frontespizi e sommari.

COMPETENZE

L'alunno alla fine del modulo avrà acquisito le competenze che lo rendono in grado di:

- creare, salvare, aprire, modificare, stampare documenti;
- copiare e spostare testo all'interno di un documento e fra documenti diversi;
- eseguire operazioni di editing applicando formattazioni di base quali: orientamento pagina, margini, carattere, paragrafo, elenchi puntati e numerati, bordi e sfondi, nonché inserire e gestire elementi grafici per presentare documenti con layout appropriati e accattivanti e corretti dal punto di vista ortografico;
- eseguire operazioni di editing avanzate quali: organizzare il testo in colonne, inserire tabelle, ricercare e sostituire termini;
- progettare e creare relazioni ipertestuali, creare sommari, inserire note, numeri di pagina e intestazioni personalizzate.

UNITÀ 1 UTILIZZO DEL WORD PROCESSOR

> **Info**
>
> I file degli esercizi con la dicitura Apri proposti nel modulo e le immagini da utilizzare sono disponibili come risorse online (hoepliscuola.it), archiviati rispettivamente nelle cartelle M3 Writer e Immagini. Si consiglia di creare una cartella personale in cui archiviare i file eseguiti.

La produzione di documenti con un *word processor* viene definita con il termine inglese *word processing* e fa riferimento ad attività di scrittura, modifica, elaborazione, memorizzazione e stampa di documenti mediante il computer.

In questo modulo ci occuperemo di LibreOffice Writer (che per convenienza chiameremo Writer), programma di LibreOffice 4.3, pacchetto di software applicativi gratuito, rilasciato con licenza libera e Open Source.

ECDL WP 1.1.1

L'interfaccia di Writer

Per avviare il programma, se presente il collegamento sul desktop fare doppio clic sulla relativa icona (oppure, da Start scegliere Tutti i programmi/LibreOffice 4.3). All'avvio LibreOffice propone l'elenco dei possibili file da realizzare: fare clic su Documento Writer per operare nel relativo ambiente di lavoro.

La finestra di Writer presenta di default la barra dei menu e le ▶ **barre degli strumenti** ◀ Standard, Formattazione e Disegno, le quali contengono icone e opzioni che permettono di accedere velocemente ai comandi di LibreOffice.

> **Clippy**
>
> ECDL WP 1.2.4
>
> È possibile nascondere/mostrare le barre degli strumenti operando da menu Visualizza/Barra degli strumenti, attivando/disattivando la spunta sul nome della barra desiderata.

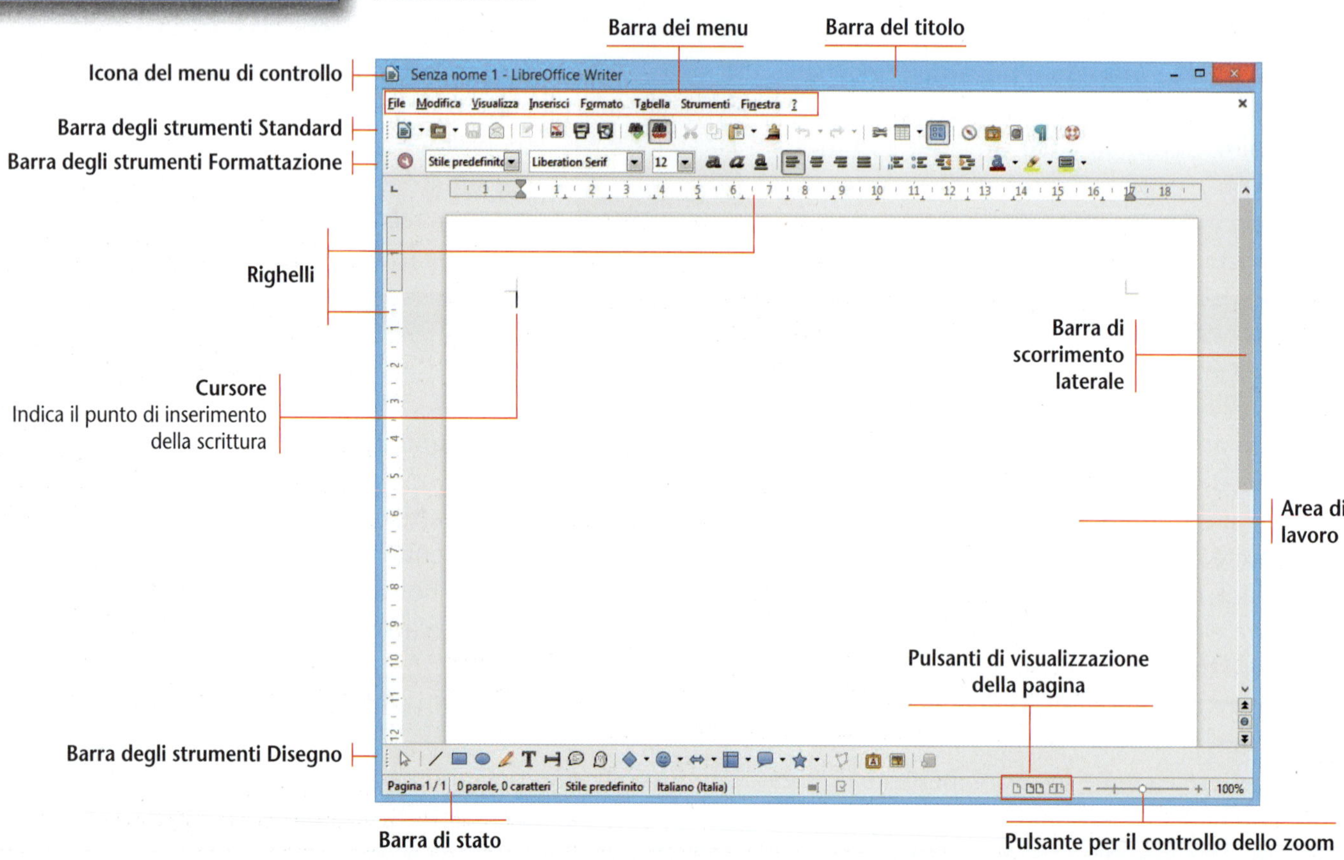

Creare, salvare, chiudere documenti, uscire da Writer

Il menu File include un insieme di funzioni base per la gestione dei file

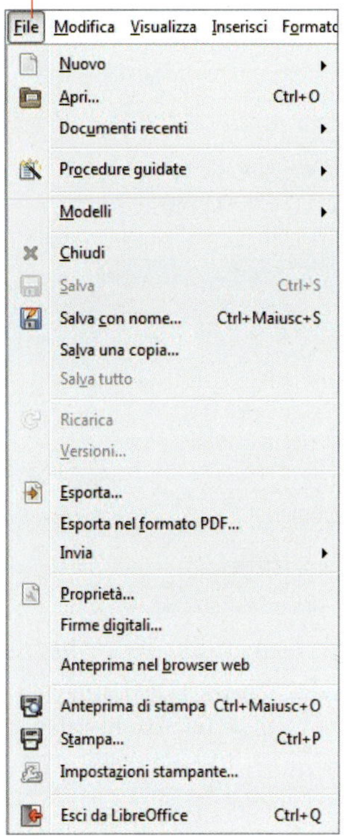

All'avvio, Writer propone in automatico un nuovo documento dal nome generico Senza nome 1. Per creare ulteriori nuovi documenti, salvarli, chiuderli e uscire da Writer operare da menu File come indicato nella tabella che segue.

DEFINIZIONE	MENU FILE
CREARE UN NUOVO DOCUMENTO ECDL WP 1.1.2 Per nuovo s'intende un documento non ancora salvato su disco.	▶ **Scegliere** ◀ Nuovo/Documento di testo. In alternativa, sulla barra degli strumenti Standard fare clic su Nuovo.  **Smart** Puoi creare un nuovo documento di testo anche premendo la combinazione di tasti Ctrl + N.
SALVARE UN NUOVO DOCUMENTO ECDL WP 1.1.3 Salvare un file significa attribuirgli un nome e archiviarlo su disco in una cartella. È un'operazione che va svolta con attenzione ed è consigliabile eseguirla all'inizio del lavoro. **SALVARE UN DOCUMENTO CON UN ALTRO FORMATO** ECDL WP 1.1.4 Il formato di file identifica il modo in cui vengono registrate le informazioni in un documento e permette a un programma di riconoscere tale file e quindi di aprirlo al suo interno e salvarlo. L'impostazione predefinita per il salvataggio di documenti di Writer è il formato Documento di testo ODF, la cui estensione è .odt.	Scegliere Salva con nome. 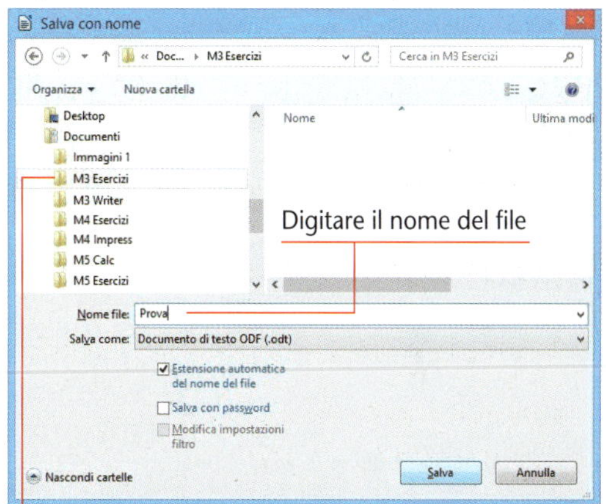 Se la destinazione è diversa da Documenti, raggiungere la cartella di destinazione o selezionare l'unità disco interessata 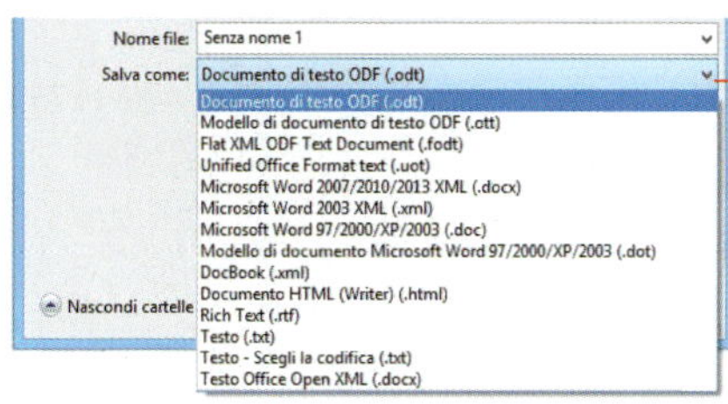 Fare clic sul pulldown di Salva come e nell'elenco selezionare il formato desiderato
CHIUDERE UN DOCUMENTO E L'APPLICAZIONE ECDL WP 1.1.1 Se il file non è stato salvato il programma mostra un messaggio in cui chiede se salvarlo oppure no.	**Chiudere un documento senza uscire da Writer** – Scegliere Chiudi. – In presenza di più file aperti, fare clic su Chiudi. **Chiudere Writer** – Scegliere Esci da LibreOffice. – Con un solo file aperto, fare clic su Chiudi.

Zoom su...
FORMATI PIÙ UTILIZZATI

Aprire un documento esistente, modificarlo e salvare le modifiche

Un documento salvato può essere riaperto, modificato e salvato nuovamente operando da menu File, come indicato nella tabella che segue.

Clippy

Per aprire più file adiacenti, selezionare l'elenco partendo da un vertice e trascinare in diagonale fino a comprendere tutti i file interessati.

Per aprire più file non adiacenti, fare clic su un file e, tenendo premuto il tasto Ctrl, fare clic sugli altri da selezionare.

Clippy

Writer supporta diversi tipi di documenti di testo. Per esempio, è possibile aprire direttamente da Writer file di Microsoft Word.

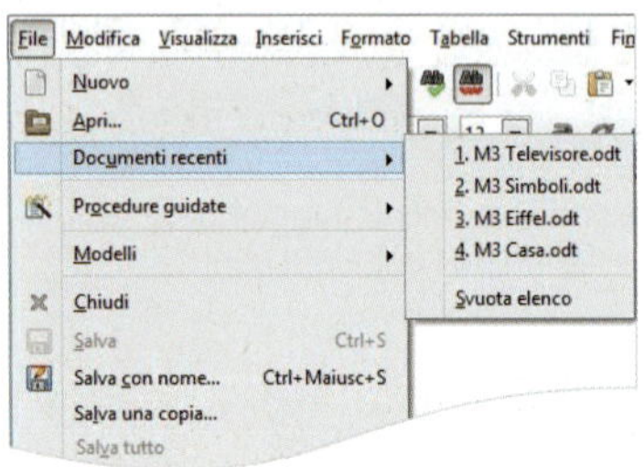

DEFINIZIONE	MENU FILE
APRIRE UN DOCUMENTO ESISTENTE ECDL WP 1.1.1 Aprire un documento significa reperire un file già archiviato in una cartella dell'hard disk o in un'altra unità di memoria, anche esterna.	Scegliere Apri (oppure, sulla barra degli strumenti Standard, fare clic su Apri). ▶ **Selezionare il file** ◀ e fare clic su Apri (oppure fare doppio clic su di esso) 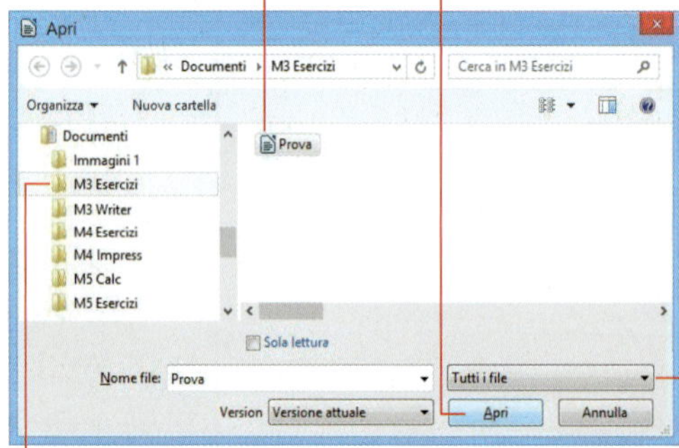 Se la destinazione è diversa da Documenti, raggiungere la cartella di destinazione o selezionare l'unità disco interessata Per aprire file salvati con ▶ **formati diversi** ◀, fare clic su Tutti i file e selezionare il formato desiderato
APRIRE UN DOCUMENTO RECENTE Writer mantiene l'elenco degli ultimi file salvati, consentendo così di aprirli velocemente senza cercarli all'interno della cartella in cui sono archiviati.	**1** Scegliere Documenti recenti (oppure fare clic sul pulldown del pulsante Apri). **2** Nell'elenco selezionare il file desiderato.
SALVARE LE MODIFICHE A UN FILE ESISTENTE ECDL WP 1.1.3 Significa aggiornare il file già salvato con le modifiche apportate.	Scegliere Salva. In alternativa, sulla barra degli strumenti Standard fare clic su Salva.
SALVARE LE MODIFICHE MANTENENDO IL FILE ORIGINALE ECDL WP 1.1.3 Significa eseguire un nuovo salvataggio per mantenere la copia originale di un file che è stato modificato.	Scegliere Salva con nome. – Per salvare il file nella stessa cartella, digitare il nuovo nome. – Per salvare il file in una cartella diversa da quella del file originale, mantenere il nome e specificare la cartella di destinazione.

ECDL WP 2.2.2

Clippy

La selezione serve per comunicare al programma su che cosa dovranno agire le modifiche che verranno successivamente richieste.

Smart

Puoi selezionare:
- una parola facendo doppio clic su di essa;
- un paragrafo con triplo clic al suo interno:
- tutto il documento scegliendo da menu Modifica l'opzione Seleziona tutto.

Zoom su...

CURSORE E PUNTATORE

Selezionare il testo

La maggior parte delle modifiche del documento richiede una fase preliminare: la ▶ **selezione** ◀.

La modalità di selezione più comune consiste nel fare clic all'inizio del testo da selezionare e, tenendo premuto il tasto sinistro del ▶ **mouse** ◀, trascinare verso destra e/o verso il basso.

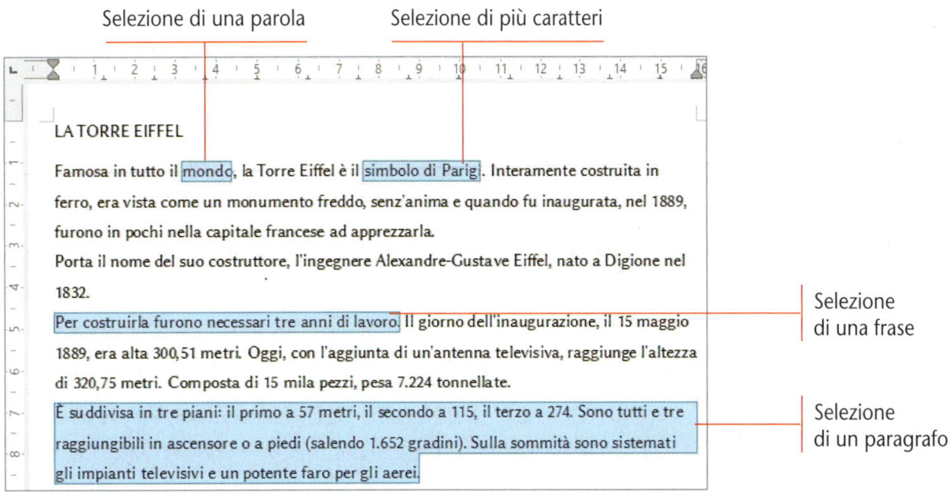

Per disattivare la selezione fare clic nell'area vuota, oppure premere uno dei tasti freccia direzionali.

ECDL WP 1.2.8

Clippy

Fare clic sul pulldown a destra di ogni pulsante per visualizzare l'elenco delle azioni annullate e ripristinate.

Annullare e ripristinare azioni

Durante la stesura di un documento può accadere di commettere errori di digitazione o di impostazione.

Sulla barra degli strumenti Standard (o da menu Modifica), Writer presenta dei comandi che permettono di annullare l'azione appena eseguita (Annulla) o di ripristinare l'ultima azione annullata (Ripristina): ogni clic corrisponde a un' ▶ **azione** ◀.

ECDL WP 2.2.6

Clippy

Con le funzioni Taglia o Copia il testo selezionato viene inserito in un'area di memorizzazione temporanea denominata Appunti, dove rimane finché non viene spento il PC e può essere richiamato in qualsiasi momento utilizzando la funzione Incolla.

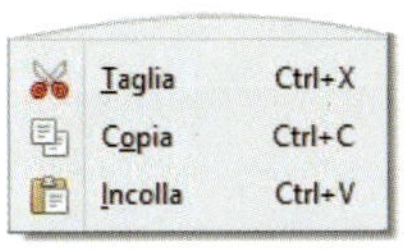

Usare le funzioni Taglia, Copia e Incolla

Con l'utilizzo delle ▶ **funzioni** Taglia, Copia **e** Incolla ◀ è possibile spostare e duplicare qualsiasi parte di testo in una posizione diversa nel documento corrente o tra documenti aperti, scegliendo tra i percorsi indicati in tabella.

SPOSTARE O COPIARE TESTO	INCOLLARE TESTO TAGLIATO O COPIATO
Selezionare il testo interessato, quindi: – da barra degli strumenti Standard, fare clic su Taglia o Copia; – da menu Modifica scegliere Taglia o Copia; – fare clic destro sul testo selezionato e da menu rapido scegliere Taglia o Copia; – da tastiera, premere le combinazioni Ctrl + X (per tagliare) o Ctrl + C (per copiare).	Fare clic nel punto in cui si desidera inserire il testo nel documento, quindi: – da barra degli strumenti Standard, fare clic su Incolla; – da menu Modifica scegliere Incolla; – fare clic destro nel punto desiderato e da menu rapido scegliere Incolla; – da tastiera, premere la combinazione Ctrl + V.

Allena le competenze

- Aprire un file archiviato
- Copiare e spostare il testo nel documento attivo
- Salvare le modifiche mantenendo il file originale

Apri il file M3 Simboli e salvalo nella tua cartella con il nome M3-1 Simboli

1 Seleziona la parola scritta in rosso e fai clic su Copia.

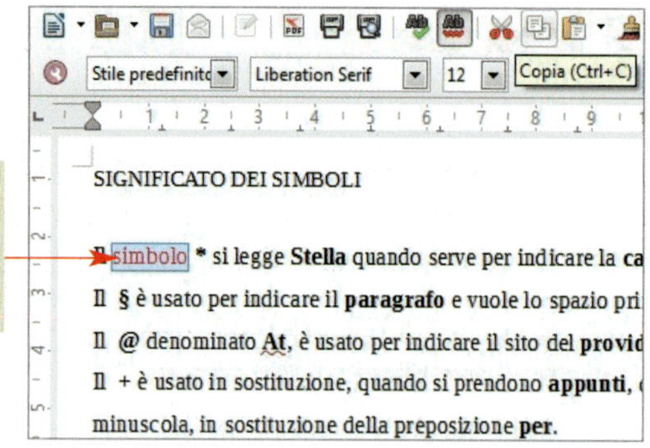

2 Posiziona il cursore nel punto di inserimento del testo e fai clic su Incolla.

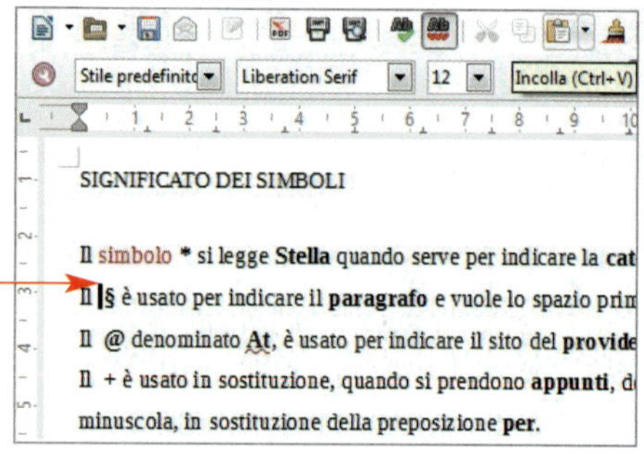

3 Completa le altre righe ripetendo il **punto 2** per altre due volte.

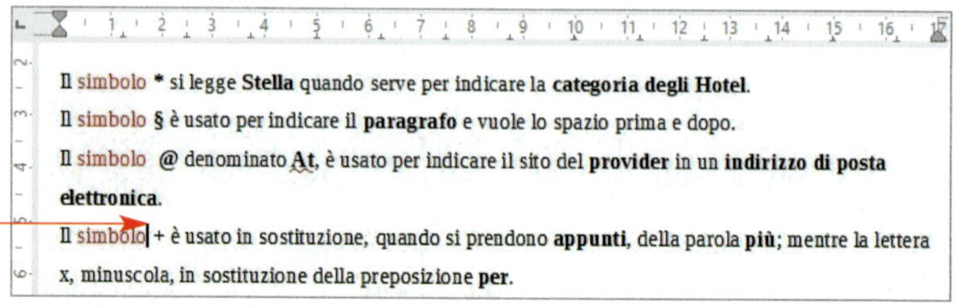

4 Seleziona il primo paragrafo e fai clic destro su di esso, quindi scegli Taglia.

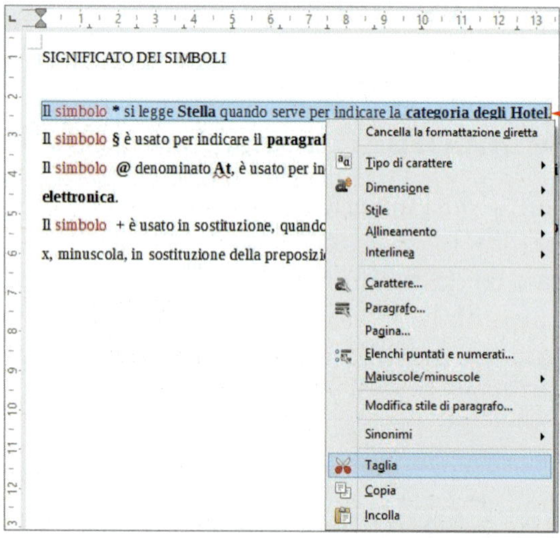

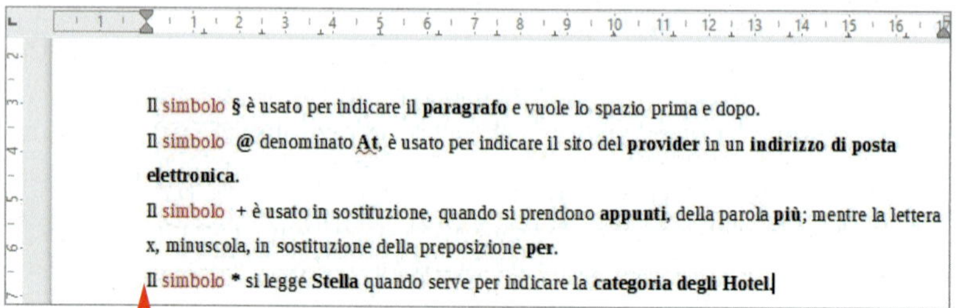

5 Premi Ctrl + Fine per posizionare il cursore alla fine del documento, quindi fai clic destro e scegli Incolla.

6 Seleziona il paragrafo e, tenendo premuto il mouse, ▶ **trascina** ◀ fino al punto di inserimento (a inizio documento), quindi rilascia il mouse.

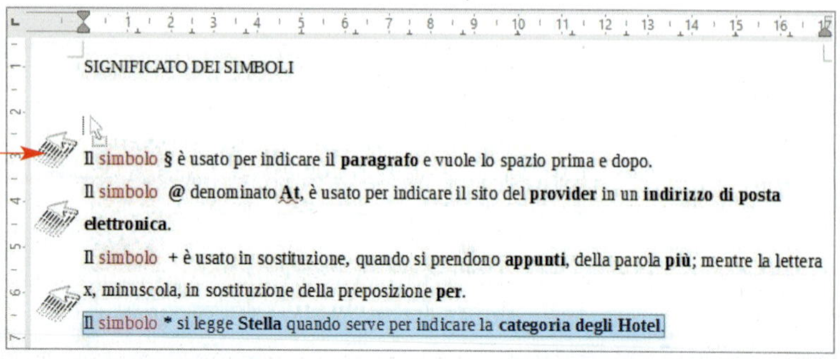

Smart

Puoi copiare il testo selezionato all'interno del documento anche mediante trascinamento nel punto desiderato (modalità denominata *drag and drop*, "trascina e lascia cadere"). Per eseguire la copia, tieni premuto il tasto Ctrl durante il trascinamento.

ECDL WP 6.2.1

Eseguire il controllo ortografico

Clippy

Writer esegue il controllo ortografico confrontando ogni parola del documento con quelle presenti nel dizionario di LibreOffice.
Gli errori ortografici sono evidenziati da una linea ondulata rossa.

Prima di procedere con la stampa di un documento è sempre opportuno riesaminarlo con un'attenta lettura ed eseguire un ▶ **controllo ortografico** ◀.
Si può eseguire la correzione intervenendo direttamente sulla parola "errata": fare clic destro sulla parola evidenziata e scegliere il termine esatto tra quelli proposti nel menu rapido.

Errore ortografico

Parola corretta da utilizzare

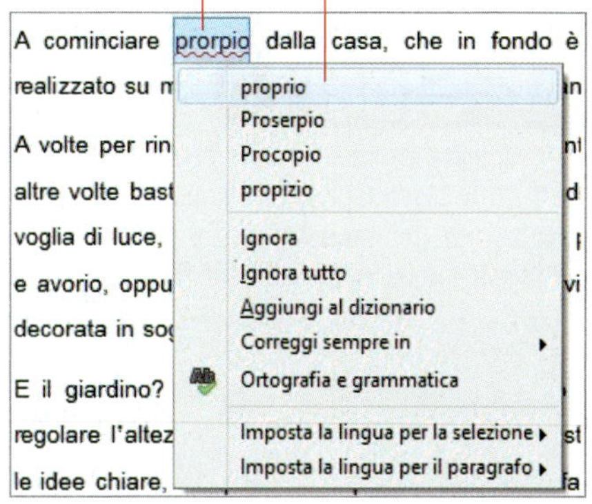

Controllo automatico

In alternativa, operare nella finestra Controllo ortografico e grammaticale, attivata dalla barra degli strumenti Standard facendo clic su Ortografia e grammatica.

Allena le competenze

- Aprire un file archiviato
- Eseguire il controllo ortografico
- Salvare le modifiche mantenendo il file originale

Apri il file M3 Televisore e salvalo nella tua cartella con il nome M3-1 Televisore

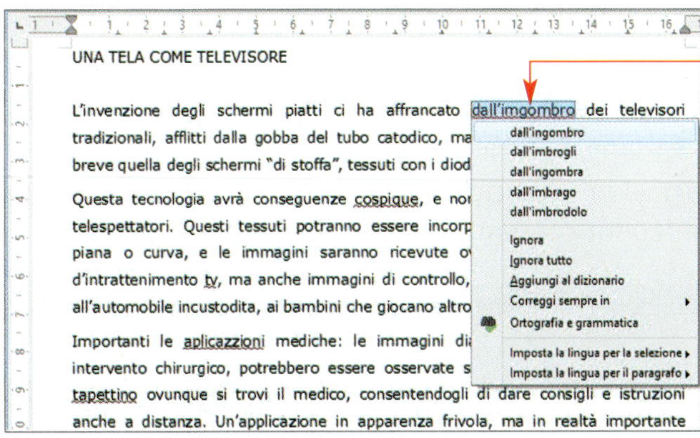

1 Fai clic destro sulla ▶ **prima parola "errata"** ◀ e dall'elenco delle correzioni proposte scegli quella appropriata.

Smart

Se non visualizzi alcuna segnalazione d'errore, sulla barra degli strumenti Standard fai clic sul pulsante Controllo automatico.

2 Procedi con la correzione operando all'interno della finestra Controllo ortografico e grammaticale, elimina gli altri errori evidenziati in rosso scegliendo la correzione appropriata.

Errore non segnalato poiché si tratta di una parola che si trova nel dizionario di LibreOffice, ma non è appropriata al contesto della frase in cui è inserita. Sostituire con magari.

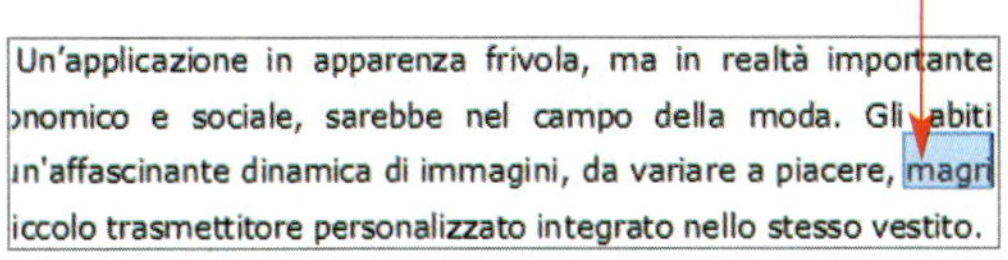

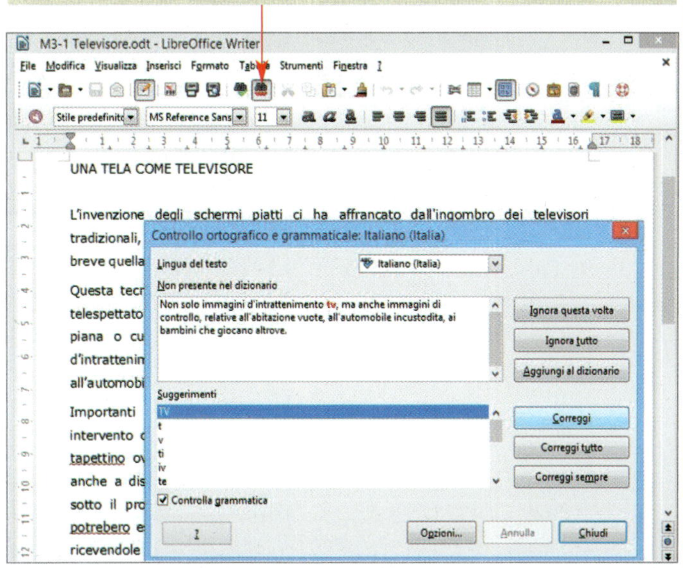

Zoom su...

REGOLE PER INSERIRE LA PUNTEGGIATURA

ECDL WP 1.2.3

Ingrandire o ridurre lo zoom

Smart

Puoi regolare lo zoom anche tenendo premuto il tasto Ctrl e operando sulla rotellina del mouse: ruota in su per ingrandire e in giù per diminuire.

Per default Writer imposta la visualizzazione del documento al 100%, che corrisponde a come sarà stampato; tuttavia è possibile impostare uno specifico livello di ▶ **ingrandimento** ◀ procedendo in uno dei seguenti modi:

- agire sull'indicatore presente nella barra di stato [– ——+—○—— + | 100%];
- da menu Visualizza scegliere Zoom e selezionare una delle opzioni del sottomenu, oppure fare clic sull'opzione Zoom per accedere alla finestra in cui si possono operare diverse scelte o specificare valori di zoom personalizzati.

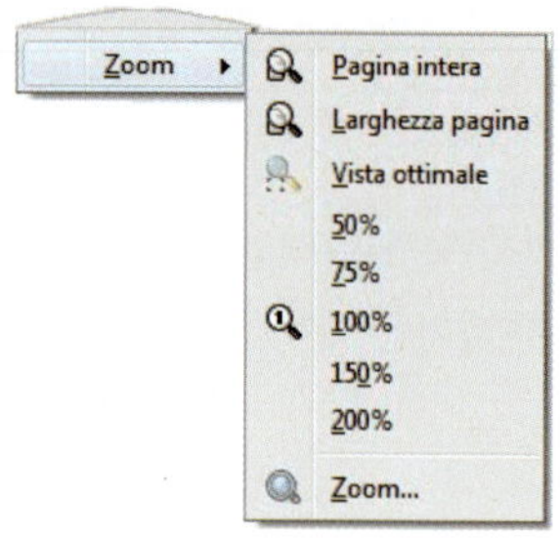

ECDL WP 2.1.1

Cambiare la visualizzazione di una pagina

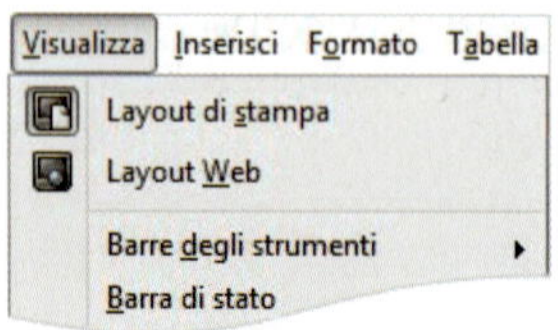

Writer offre due diversi modi per visualizzare un documento: Layout di stampa (che mostra il documento come sarà stampato) e Layout Web (per documenti da salvare come pagine web). La scelta si effettua da menu Visualizza. Inoltre è possibile visualizzare il documento a schermo intero, scegliendo l'omonima opzione da menu Visualizza.

ECDL WP 6.2.3

Visualizzare l'anteprima e stampare

Clippy

La stampa è finalizzata alla presentazione su carta di un documento realizzato.

Prima di avviare la procedura di ▶ **stampa** ◀ è opportuno controllare il layout di pagina, ossia l'aspetto dell'intero documento, e non fare affidamento solo su ciò che mostra la visualizzazione corrente.
Per visualizzare l'anteprima del documento, sulla barra degli strumenti Standard fare clic su Anteprima di stampa (oppure scegliere la stessa opzione da menu File).

Per tornare al documento fare clic su Chiudi anteprima.

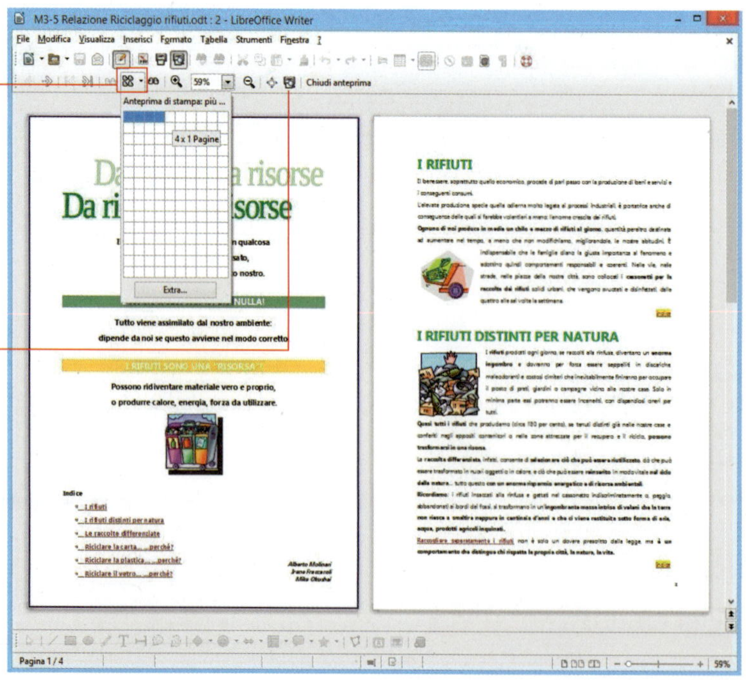

Se il documento è composto da più pagine, per visualizzarle fare clic sulle frecce Pagina successiva/Pagina precedente, oppure fare clic sul pulldown del pulsante Anteprima di stampa: più pagine e specificare il numero di pagine che si desidera visualizzare

Stampa documento: attiva la finestra Stampa

ECDL WP 6.2.4

• Opzioni di stampa

Per ottenere una stampa immediata di un intero documento, sulla barra degli strumenti Standard fare clic su Stampa.
Tuttavia, in particolari situazioni può accadere di dover stampare determinate pagine di un documento, oppure solo una porzione di esso o, ancora, produrre più copie dello stesso.
Selezionando Stampa da menu File (oppure in Anteprima di stampa facendo clic su Stampa documento) è possibile scegliere tutte queste e altre opzioni. Di seguito vediamo quelle più comuni scelte nella scheda Generale.

– Nella sezione Intervallo e copie scegliere tra le seguenti opzioni:
  - Tutte le pagine, per stampare l'intero documento;
  - Pagine, per stampare la pagina o le pagine il cui numero deve essere indicato nell'apposita casella;
  - Selezione, per stampare la parte di testo che è stata selezionata.

– Nella casella Numero di copie, si può specificare quante copie si desidera stampare del documento o di ogni pagina indicata.

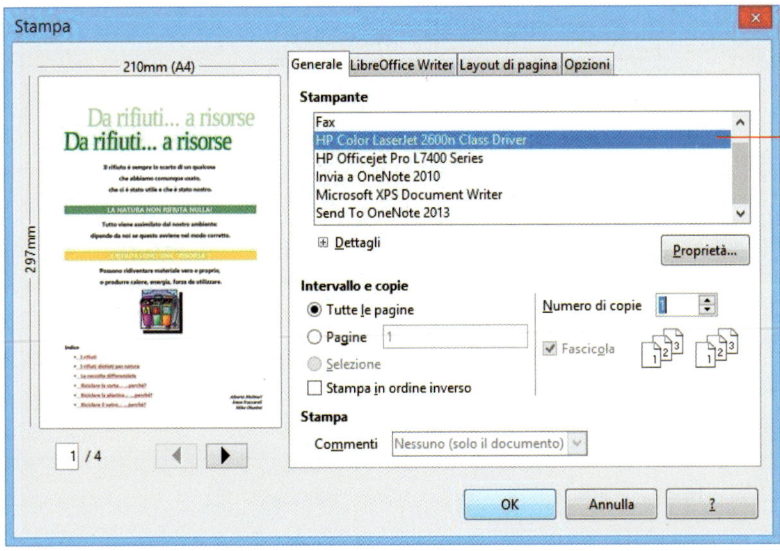

Mostra la stampante predefinita;
per scegliere un'altra stampante disponibile
fare clic sul rispettivo nome

Operate le scelte, fare clic sul pulsante Stampa per avviare la stampa.

Svolgi i test

Gli esercizi sono disponibili anche nella versione digitale come test interattivi e autocorrettivi.

TEST DI COMPLETAMENTO

Completa le frasi con le espressioni mancanti, scegliendo tra quelle di seguito proposte.
ODF – Visualizza – .odt – mostrare – elaborazione – scrittura – strumenti – Standard – formato – documenti

1 L'espressione inglese *word processing* fa riferimento a tutte le attività connesse con la ...., la modifica, l'................................, la memorizzazione e la stampa di .... con l'uso del computer.
2 Per nascondere/ .... le barre degli .... si opera da menu ....
3 L'estensione .... identifica un file salvato nel .... Documento di testo ....
4 Il comando Ortografia e grammatica si trova nella barra degli strumenti ....

TEST VERO FALSO

Indica, barrando la relativa casella, se le seguenti affermazioni sono vere o false. V F

1 Per nuovo documento vuoto s'intende un file non ancora salvato su disco. ☐ ☐
2 La combinazione di tasti Ctrl + M apre un nuovo documento vuoto. ☐ ☐
3 L'opzione Stampa scelta da menu File avvia la stampa immediata del documento attivo. ☐ ☐
4 Si può regolare lo zoom anche tenendo premuto il tasto Alt e operando sulla rotellina del mouse. ☐ ☐

TEST DI COLLEGAMENTO

Associa le immagini della prima colonna con le corrispondenti descrizioni della seconda.

1 	A Apre un documento archiviato su disco.	1 ___
2 	B Crea un nuovo documento vuoto.	2 ___
3 	C Annulla l'ultima operazione eseguita.	3 ___
4 	D Ripristina l'ultima operazione annullata.	4 ___

TEST A RISPOSTA SINGOLA O MULTIPLA

Per ogni quesito, indica la risposta o le risposte corrette. (○ risposta singola / ☐ risposta multipla)

1 L'estensione del formato di un documento Writer è:
○ .ott
○ .ODF
○ .odt
○ .otd

2 Nella finestra di Writer, sotto la barra dei menu sono presenti di default le barre degli strumenti:
☐ Modifica
☐ Standard
☐ Navigazione
☐ Formattazione

3 Quali comandi, se utilizzati, memorizzano il testo selezionato nell'area degli Appunti?
☐ 
☐ 
☐ 
☐ 

4 Per ripristinare un testo subito dopo averlo eliminato con il tasto Canc:
○ fare clic su 
○ fare clic su 
○ fare clic su 
○ salvare le modifiche e chiudere il documento

Disponi ed elabora

- Il riquadro ELABORA elenca le consegne per lo svolgimento dell'esercizio.
- La presenza della barra (/) indica l'uso dell'Invio.

1 **Apri il file M3 Casa e salvalo nella tua cartella con il nome M3-1 Casa in formato .odt**

ELABORA
- Disponi il testo in base ai paragrafi indicati.
- Salva le modifiche e chiudi il file.
- Apri il file M3-1 Casa dalla tua cartella, salvalo in formato .rtf e chiudi il file.

2 **Apri il file M3 Codice fiscale e salvalo nella tua cartella con il nome M3-1 Codice fiscale**

ELABORA
- Nel testo sono stati volutamente inseriti alcuni errori: esegui il controllo ortografico e grammaticale del documento, apportando le opportune correzioni.
- Salva le modifiche e chiudi il file.

3 **Apri il file M3 Uomo-tec e salvalo nella tua cartella con il nome M3-1 Uomo-tec**

ELABORA
- Leggi attentamente il brano e cerca di riordinare i tre paragrafi secondo una sequenza logica, utilizzando a piacere le procedure per lo spostamento del testo.
- Salva le modifiche e chiudi il file.

4 **Apri il file M3 Informat e salvalo nella tua cartella con il nome M3-1 Informat**

ELABORA
- Leggi attentamente il brano e riordina i quattro paragrafi secondo una sequenza logica, utilizzando a piacere le procedure per lo spostamento del testo.
- Modifica lo zoom portandolo a 110%.
- Esegui il controllo ortografico e correggi gli errori segnalati.
- Salva le modifiche e chiudi il file.

5 **Apri i file M3 Rete e M3 Occhiali**

ELABORA
- Disponi ogni documento in base ai paragrafi indicati.
- Operando dalla barra degli strumenti copia il testo del file M3 Rete e, mediante l'opzione da menu rapido, inseriscilo alla fine del file M3 Occhiali.
- Esegui il controllo ortografico.
- Salva quest'ultimo file con il nome M3-1 Occhiali-Rete e poi chiudi entrambi i documenti.
- Apri il file M3-1 Occhiali-Rete dalla tua cartella e, utilizzando la modalità drag and drop, sposta all'inizio il paragrafo INTERNET E TV: SCIPPO VIA CAVO e modifica lo zoom portandolo a 80%.
- Salva file con il nome M3-1 Rete-Occhiali.

UNITÀ 2 ELABORARE DOCUMENTI

Clippy
La formattazione può avvenire prima di iniziare la digitazione del testo, oppure in un momento successivo, a scrittura ultimata; in questo caso è necessario selezionare il testo e poi procedere con le impostazioni.

In ambiente *word processor*, elaborare un documento significa ▶ **formattarne** ◀ il testo e progettarne il layout, ossia equilibrarne tutte le componenti in modo che il risultato finale risponda ai criteri per cui il documento è stato redatto e renda la comunicazione del messaggio chiara ed efficace.

ECDL WP 6.1.2 - WP 6.1.1

Modificare i margini e l'orientamento

I margini sono lo spazio bianco che rimane ai lati di ogni pagina. In una pagina si individuano quattro margini: sinistro, destro, superiore e inferiore.
L'orientamento della pagina influenza il modo con il quale il testo viene stampato sul foglio e può essere orizzontale o verticale.

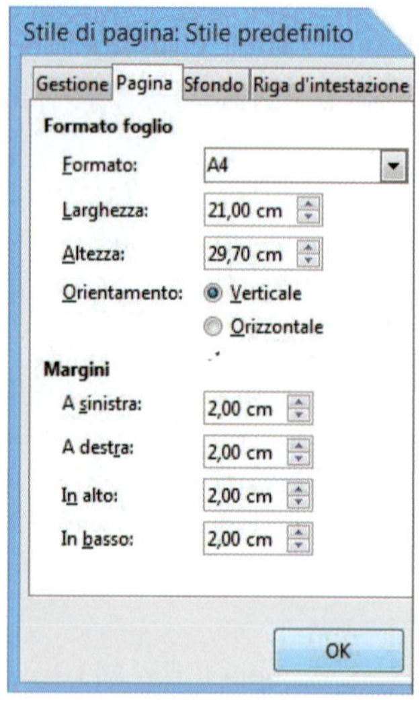

I margini e l'orientamento si possono modificare eseguendo le scelte nella scheda Pagina, della finestra Stile di pagina attivata da menu Formato, o da menu rapido, scegliendo Pagina.

ECDL WP 3.1.1 - WP 3.1.2 - WP 3.1.4

Formattare il carattere

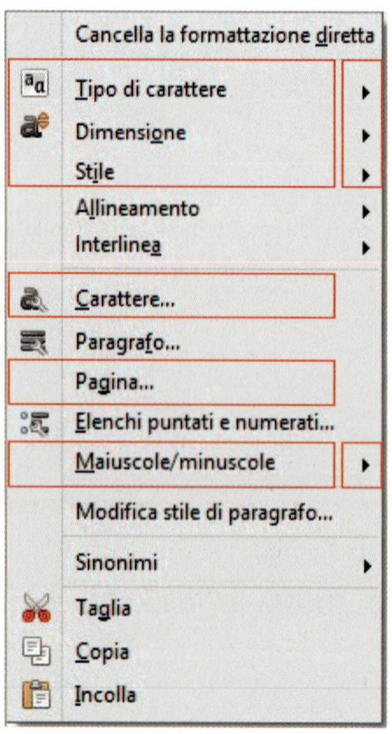

Il tipo, la dimensione, il colore e lo stile del carattere si applicano utilizzando i comandi della barra degli strumenti Formattazione, o da menu rapido, oppure eseguendo le scelte nelle schede della finestra Carattere richiamata scegliendo l'omonima opzione da menu Formato o da menu rapido.

Nella tabella della pagina che segue sono indicate altre formattazioni che possono essere applicate al ▶ **testo selezionato** ◀.

Smart
Se durante la digitazione hai dimenticato il Caps Lock e le lettere sono tutte in maiuscolo, senza riscriverle seleziona il testo e usa la combinazione di tasti Shift + F3.
In alternativa, usa le opzioni del comando Maiuscole/minuscole da menu Formato o da menu rapido.

FORMATTAZIONE	PERCORSO DA FINESTRA CARATTERE O BARRA DEGLI STRUMENTI FORMATTAZIONE
FORMATO APICE E PEDICE ECDL WP 3.1.3 Apice e pedice indicano la posizione di numeri o di lettere leggermente più in alto o più in basso rispetto al testo e con una dimensione ridotta.	Nella scheda Posizione scegliere: – Apice per ottenere numeri o lettere come esponenti (per esempio, formule matematiche come $a^2 + b^2$). – Pedice per scrivere numeri o lettere come deponenti (per esempio, formule di chimica come H_2O). 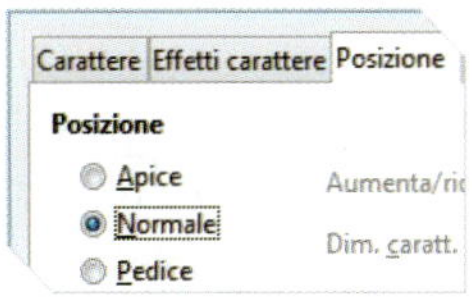
EVIDENZIARE LE PAROLE È possibile evidenziare alcuni termini all'interno di un testo con un colore particolare.	– Nella scheda Sfondo fare clic sul colore desiderato. – Nella barra degli strumenti Formattazione fare clic sul pulldown di Sfondo caratteri ed eseguire la scelta. Per eliminare un'evidenziazione, seguire la stessa procedura e scegliere Trasparente. 
APPLICARE EFFETTI AL TESTO È possibile applicare effetti visivi al testo come ombreggiature, contorni o maiuscoletto.	– Nella scheda Effetti carattere eseguire le scelte nelle sezioni Effetti e Rilievo. – Nel menu rapido, fare clic su Stile ed eseguire la scelta nel sottomenu. 

ECDL WP 2.1.3

Inserire caratteri speciali e simboli

Esistono molti simboli e caratteri speciali ▶ **non presenti sulla tastiera** ◀ (per esempio, lettere e accenti di lingue straniere e simboli grafici).

Smart

Per ottenere tutta in maiuscolo una parola che termina con la vocale accentata senza ricorrere all'inserimento di simboli, scrivila in minuscolo, selezionala e usa Shift + F3.
In alternativa, usa le opzioni del comando Maiuscole/minuscole.

Per inserire un simbolo, da menu Inserisci scegliere Carattere speciale.
Per inserire un carattere con la stessa formattazione del tipo utilizzato nel documento, mantenere il tipo di font proposto (diversamente, nella casella Carattere scegliere il tipo desiderato), selezionare il simbolo, quindi fare clic su OK.

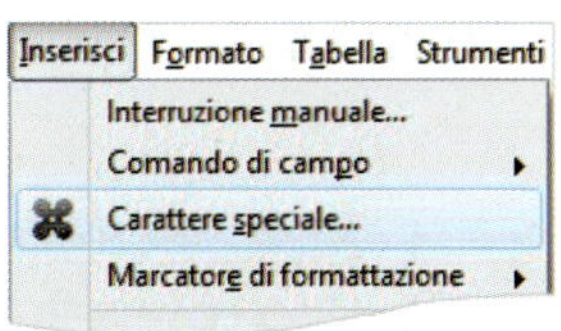

Allena le competenze

- Modificare l'orientamento e i margini
- Inserire simboli
- Formattare il carattere

Apri il file M3 Marchio e salvalo nella tua cartella con il nome M3-2 Marchio

1 Imposta l'orientamento orizzontale, i margini superiore e inferiore a 2,3 cm, sinistro e destro a 2,5 cm.

2 Trasforma il titolo in caratteri maiuscoli. Applica il carattere Batavia, ▶ **19 pt** ◀, Rosso 4.

Smart

Se non è presente la grandezza, digita il valore e premi Invio.

MARCHIO

Il marchio è un qualunque segno suscettibile di essere rappresentato graficamente, in particolare parole, nomi di persone, disegni, lettere, cifre, suoni, forma di un prodotto o della confezione, che distinguere i prodotti o i servizi di un'impresa da quelli delle altre.
La **registrazione di un marchio** si effettua presso l'**Ufficio Italiano Brevetti e Marchi (UIBM)** e dura dieci anni a partire dalla data di deposito della domanda, salvo il caso di rinuncia del titolare e alla scadenza può essere rinnovata ogni volta per ulteriori dieci anni. Il marchio registrato è un marchio protetto giuridicamente.
L'aggiunta del simbolo ® accanto al marchio serve a ricordare che si tratta di segno distintivo registrato e non di una denominazione generica. **<u>La legge vieta quindi l'utilizzo del simbolo ® accanto a un marchio non registrato</u>**.
Non è possibile apporre il simbolo ® nel periodo di tempo che intercorre tra il deposito di domanda di registrazione e l'avvenuta registrazione. In attesa dell'effettiva registrazione però è possibile accostare al marchio la D di marchio depositato, oppure il simbolo ™ (dall'inglese *<u>Trade Mark</u>*).

3 Applica il carattere LuzSans-Book, 13 pt.

COPYRIGHT

4 Applica le stesse impostazioni del primo titolo con il colore Blu 4.

Il *copyright* (termine di lingua inglese che letteralmente significa **diritto di copia**) è l'insieme delle normative sul diritto d'autore in vigore nel mondo anglosassone e statunitense. In Italia si usa per indicare le "**norme sul diritto d'autore**". È solitamente abbreviato con il simbolo ©.
La normativa sul diritto d'autore prevede una durata del *copyright* limitata nel tempo. Il periodo di *copyright* dovrebbe consentire di avere un adeguato margine di guadagno e di recuperare i costi che precedono l'entrata in produzione e la distribuzione del prodotto. Per esempio un brano musicale ha una durata di *copyright* di 70 anni, mentre per un medicinale, che ha costi di ricerca e sviluppo assai maggiori, il periodo di copertura è di 30 anni.

5 Nel testo seleziona e sostituisci:
- il carattere & con il simbolo ®;
- il carattere § con il simbolo ©;
- il carattere $ con il simbolo ™.

6 Evidenzia le parole in giallo, applica i colori Rosso 4 e Blu 4, 16 pt.

7 Nel testo applica il **grassetto** e il <u>sottolineato</u> come mostrato e il *corsivo* ai termini *Trade Mark* e *copyright*.

Clippy

Ogni volta che si preme il tasto Invio, si porta a capo il cursore, si chiude il paragrafo corrente e se ne crea uno nuovo. Per visualizzare gli indicatori di paragrafo ¶ (caratteri non stampabili inseriti in automatico durante la digitazione) fare clic sul pulsante Mostra tutto.

Impostare il paragrafo

La porzione di testo comunemente denominata capoverso, in un programma di editor testi corrisponde al ▶ **paragrafo** ◀.

Al paragrafo possono essere apportate modifiche che riguardano il senso orizzontale della scrittura (allineamento e rientri) e quello verticale (distanza e interlinea). Le modifiche saranno applicate ai paragrafi selezionati, oppure a quello in cui si trova il cursore.

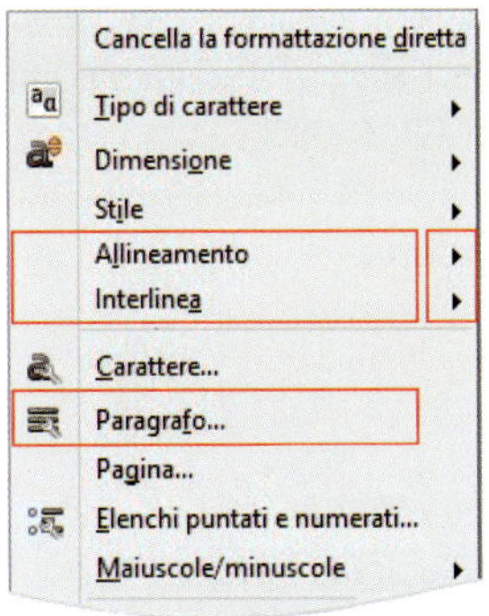

La formattazione del paragrafo può essere eseguita in modi diversi:
- agendo sui comandi della barra degli strumenti Formattazione;
- scegliendo le opzioni nei sottomenu del menu contestuale;
- operando le scelte nelle schede Allineamento e Rientri e spaziature della finestra Paragrafo, richiamata da menu Formato o da menu contestuale.

• Formattazioni del paragrafo

DEFINIZIONE	BARRA DEGLI STRUMENTI FORMATTAZIONE – RIGHELLO – MENU	FINESTRA PARAGRAFO
ECDL WP 3.2.4 L'allineamento stabilisce la disposizione del testo in relazione ai margini sinistro e destro.	Allinea a sinistra Centrato Allinea a destra Giustificato **Zoom su...** ESEMPI DI ALLINEAMENTO DEL TESTO	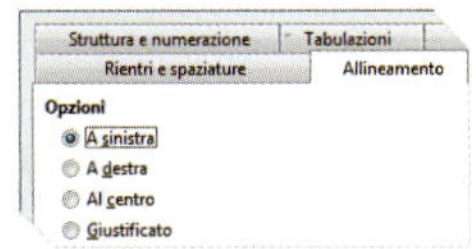
ECDL WP 3.2.5 I rientri paragrafo distanziano, del valore specificato in centimetri, tutte le righe del paragrafo selezionato dal margine sinistro e dal margine destro. I rientri speciali distanziano dal margine sinistro solo su una parte del paragrafo e si distinguono in: – Prima riga, che distanzia solo la prima riga del paragrafo; – ▶ Sporgente ◀, che rientra solo le righe successive alla prima. **Clippy** Per ottenere il rientro sporgente è necessario impostare un rientro Prima del testo, poi nella casella Prima riga inserire lo stesso valore, ma in negativo.	**RIENTRI A SINISTRA E A DESTRA** – Sulla barra degli strumenti operare sul pulsante Aumenta rientro per impostare un rientro a sinistra. Tale comando sposta il testo agli arresti predefiniti (ogni 1,25 cm). – Sul righello agire sugli indicatori che rappresentano i vari tipi di rientro: 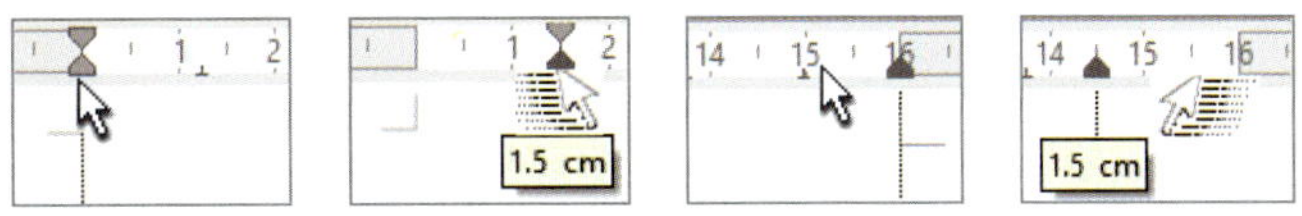 **RIENTRI SPECIALI** 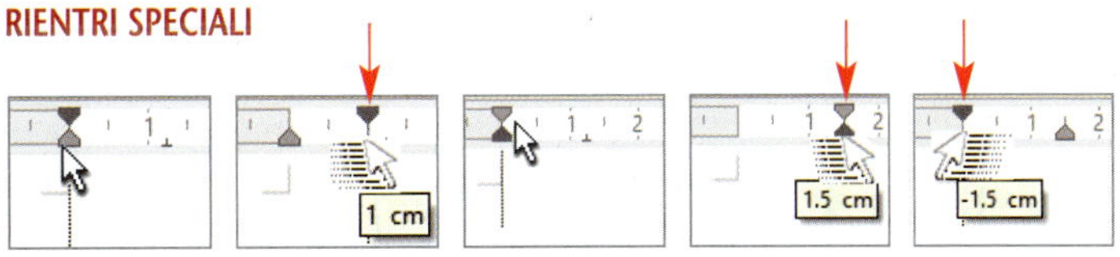	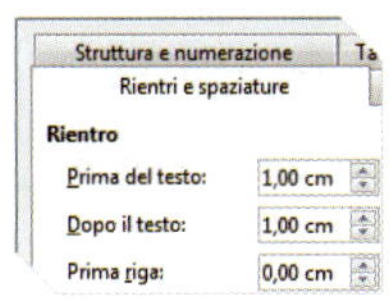 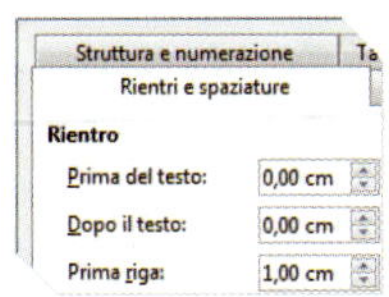 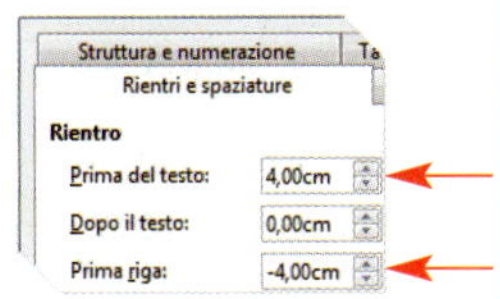
ECDL WP 3.2.8 L'interlinea è la distanza tra una riga e l'altra all'interno di un paragrafo.	Da menu rapido fare clic su Interlinea e poi eseguire la scelta nel sottomenu. 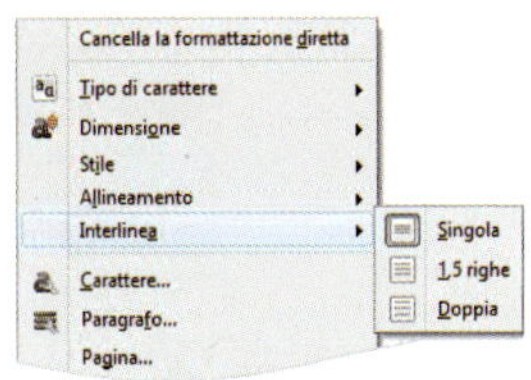	
ECDL WP 3.2.8 La spaziatura tra paragrafi è la distanza che può essere impostata sopra o sotto il paragrafo selezionato.	**Zoom su...** MODALITÀ CORRETTE PER SPAZIARE I PARAGRAFI	

Allena le competenze

- Modificare l'allineamento e applicare rientri
- Modificare l'interlinea e applicare la distanza sopra e sotto i paragrafi

1 Apri il file M3 Allineamento-Rientri e salvalo nella tua cartella con il nome M3-2 Allineamento-Rientri

1 Seleziona tutto il ▶ **documento** ◀ e applica l'allineamento giustificato, poi modifica gli allineamenti come indicato.

2 Rientro Prima riga di 1 cm.

3 Rientro Prima del testo e Dopo il testo di 1 cm.

4 Rientro sporgente di 4 cm.

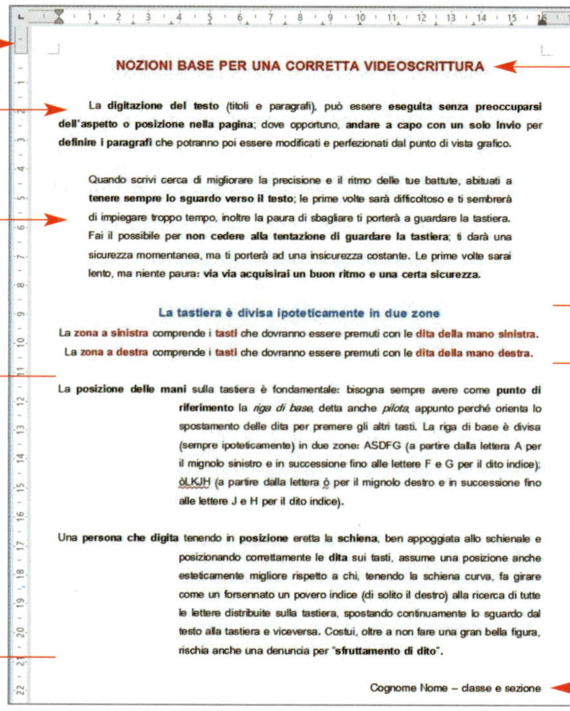

NOZIONI BASE PER UNA CORRETTA VIDEOSCRITTURA

La **digitazione del testo** (titoli e paragrafi), può essere **eseguita senza preoccuparsi dell'aspetto o posizione nella pagina**; dove opportuno, **andare a capo con un solo Invio** per **definire i paragrafi** che potranno poi essere modificati e perfezionati dal punto di vista grafico.

Quando scrivi cerca di migliorare la precisione e il ritmo delle tue battute, abituati a **tenere sempre lo sguardo verso il testo**; le prime volte sarà difficoltoso e ti sembrerà di impiegare troppo tempo, inoltre la paura di sbagliare ti porterà a guardare la tastiera. Fai il possibile per **non cedere alla tentazione di guardare la tastiera**; ti darà una sicurezza momentanea, ma ti porterà ad una insicurezza costante. Le prime volte sarai lento, ma niente paura: **via via acquisirai un buon ritmo e una certa sicurezza.**

La tastiera è divisa ipoteticamente in due zone

La **zona a sinistra** comprende i **tasti** che dovranno essere premuti con le **dita della mano sinistra.**

La **zona a destra** comprende i **tasti** che dovranno essere premuti con le **dita della mano destra.**

La **posizione delle mani** sulla tastiera è fondamentale: bisogna sempre avere come **punto di riferimento** la *riga di base*, detta anche *pilota*, appunto perché orienta lo spostamento delle dita per premere gli altri tasti. La riga di base è divisa (sempre ipoteticamente) in due zone: ASDFG (a partire dalla lettera A per il mignolo sinistro e in successione fino alle lettere F e G per il dito indice); òLKJH (a partire dalla lettera ò per il mignolo destro e in successione fino alle lettere J e H per il dito indice).

Una **persona che digita** tenendo in **posizione** eretta la **schiena**, ben appoggiata allo schienale e posizionando correttamente le **dita** sui tasti, assume una posizione anche esteticamente migliore rispetto a chi, tenendo la schiena curva, fa girare come un forsennato un povero indice (di solito il destro) alla ricerca di tutte le lettere distribuite sulla tastiera, spostando continuamente lo sguardo dal testo alla tastiera e viceversa. Costui, oltre a non fare una gran bella figura, rischia anche una denuncia per "**sfruttamento di dito**".

Cognome Nome – classe e sezione

Smart

Per selezionare rapidamente tutto il documento dal menu Modifica puoi scegliere Seleziona tutto.

2 Apri il file M3 Interlinea-Distanza e salvalo nella tua cartella con il nome M3-2 Interlinea-Disatnza

1 Interlinea 1,5, spaziatura Sotto 1 cm.

2 Interlinea Singola.

3 Ai due ▶ **sottotitoli** ◀ applica una distanza Sopra 1 cm e Sotto 0,5 cm.

4 Al ▶ **testo** ◀ applica l'interlinea Singola e una distanza Sotto 0,3 cm.

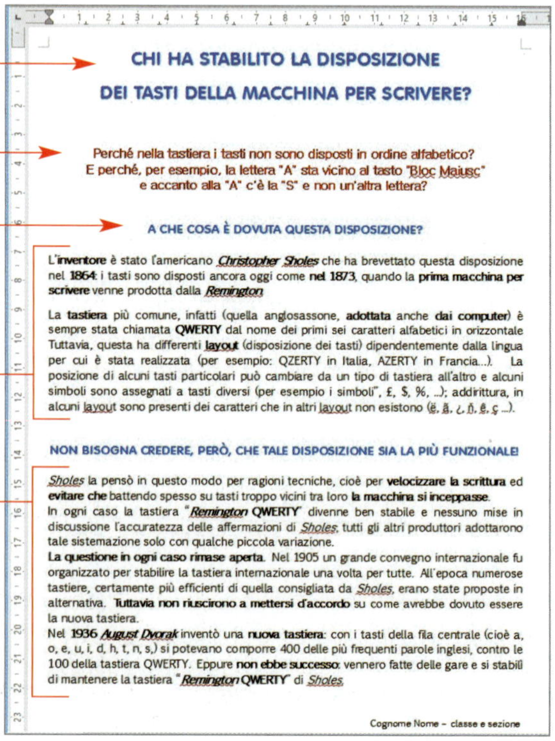

CHI HA STABILITO LA DISPOSIZIONE DEI TASTI DELLA MACCHINA PER SCRIVERE?

Perché nella tastiera i tasti non sono disposti in ordine alfabetico?
E perché, per esempio, la lettera "A" sta vicino al tasto "Bloc Maiusc"
e accanto alla "A" c'è la "S" e non un'altra lettera?

A CHE COSA È DOVUTA QUESTA DISPOSIZIONE?

L'**inventore** è stato l'americano *Christopher Sholes* che ha brevettato questa disposizione nel **1864**: i tasti sono disposti ancora oggi come **nel 1873**, quando la **prima macchina per scrivere** venne prodotta dalla *Remington*.

La **tastiera** più comune, infatti (quella anglosassone, **adottata** anche **dai computer**) è sempre stata chiamata **QWERTY** dal nome dei primi sei caratteri alfabetici in orizzontale Tuttavia, questa ha differenti **layout** (disposizione dei tasti) dipendentemente dalla lingua per cui è stata realizzata (per esempio: QZERTY in Italia, AZERTY in Francia...). La posizione di alcuni tasti particolari può cambiare da un tipo di tastiera all'altro e alcuni simboli sono assegnati a tasti diversi (per esempio i simboli", £, $, %, ...); addirittura, in alcuni layout sono presenti dei caratteri che in altri layout non esistono (ë, ã, ¿, ñ, ê, ç ...).

NON BISOGNA CREDERE, PERÒ, CHE TALE DISPOSIZIONE SIA LA PIÙ FUNZIONALE!

Sholes la pensò in questo modo per ragioni tecniche, cioè per **velocizzare la scrittura** ed **evitare che** battendo spesso su tasti troppo vicini tra loro **la macchina si inceppasse**.
In ogni caso la tastiera "*Remington* **QWERTY**" divenne ben stabile e nessuno mise in discussione l'accuratezza delle affermazioni di *Sholes*; tutti gli altri produttori adottarono tale sistemazione solo con qualche piccola variazione.
La questione in ogni caso rimase aperta. Nel 1905 un grande convegno internazionale fu organizzato per stabilire la tastiera internazionale una volta per tutte. All'epoca numerose tastiere, certamente più efficienti di quella consigliata da *Sholes*, erano state proposte in alternativa. **Tuttavia non riuscirono a mettersi d'accordo** su come avrebbe dovuto essere la nuova tastiera.
Nel **1936** *August Dvorak* inventò una **nuova tastiera**: con i tasti della fila centrale (cioè a, o, e, u, i, d, h, t, n, s,) si potevano comporre 400 delle più frequenti parole inglesi, contro le 100 della tastiera QWERTY. Eppure **non ebbe successo**: vennero fatte delle gare e si stabilì di mantenere la tastiera "*Remington* **QWERTY**" di *Sholes*.

Cognome Nome – classe e sezione

Smart

Per eseguire con una sola applicazione la stessa formattazione su porzioni di testo non continue, selezionale tenendo premuto il tasto Ctrl assieme al mouse, poi esegui le impostazioni desiderate.

ECDL WP 3.2.9

Clippy

Un elenco numerato in genere si applica per evidenziare una serie di voci con un ordine gerarchico, mentre un elenco puntato viene applicato a paragrafi equivalenti.

Clippy

La scheda Immagine consente di applicare elenchi puntati con immagini di varie forme e colori.

Applicare elenchi puntati e numerati

Gli elenchi sono paragrafi evidenziati da numeri, lettere o simboli e la scelta del ▶ **formato elenco** ◀ dipende dal tipo di documento che si vuole redigere.

Un elenco può essere impostato prima della digitazione posizionando il cursore nel punto desiderato, oppure in seguito selezionando il testo esistente per poi procedere con la formattazione. Quando si applica il formato elenco, il paragrafo viene formattato con un rientro a sinistra, un rientro sporgente e una tabulazione sinistra.

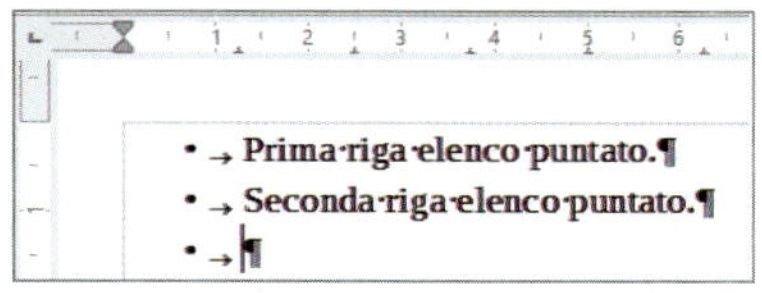

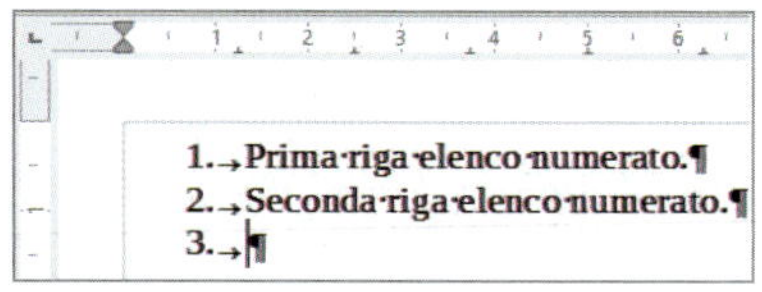

È possibile applicare elenchi puntati e numerati:

- da barra degli strumenti Formattazione operando su Elenco puntato sì/no, oppure su Elenco numerato sì/no;
- da menu Formato o da menu rapido scegliendo Elenchi puntati e numerati. Nell'omonima finestra attivare la ▶ **scheda** ◀ interessata Punti o Tipo di numerazione, selezionare l'anteprima del layout desiderato e fare clic su OK.

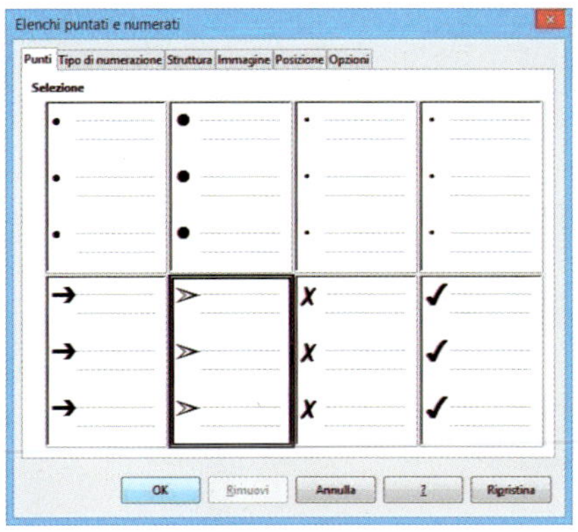

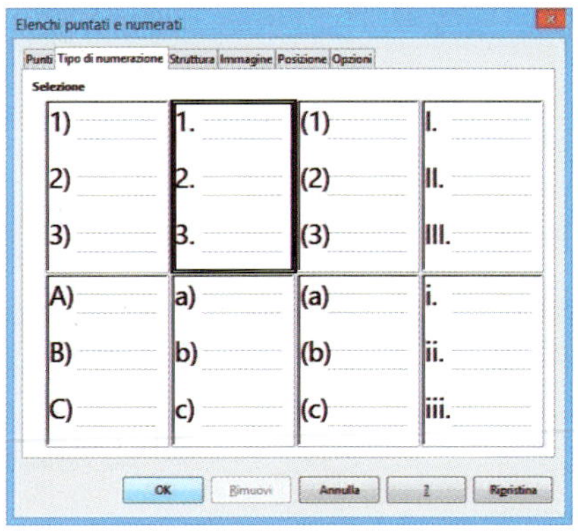

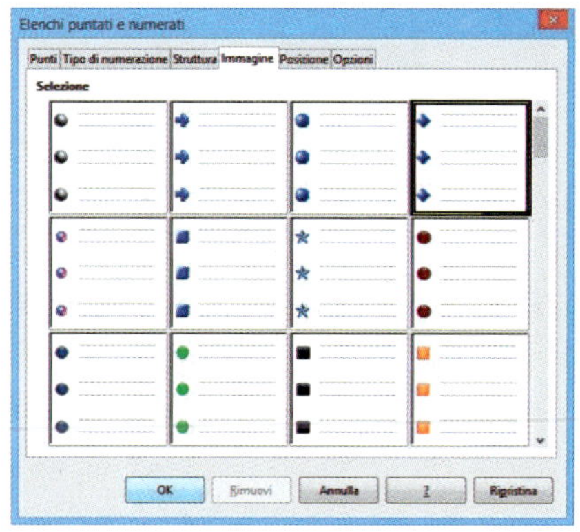

Zoom su...

INSERIRE E GESTIRE UN'INTERRUZIONE DI RIGA

Per portare a capo il cursore all'interno di un elenco senza creare un nuovo paragrafo, premere la combinazione Shift + Invio.

Per interrompere la prosecuzione di un elenco premere due volte di seguito il tasto Invio, oppure portare a capo il cursore e fare clic sul relativo pulsante della barra degli strumenti Formattazione.

Per distanziare tra loro i paragrafi dell'elenco, oltre la misura dell'interlinea corrente, applicare una ▶ **distanza** ◀ Sopra il paragrafo o Sotto il paragrafo.

Per trasformare un elenco puntato in elenco numerato e viceversa, selezionare tutti i paragrafi che costituiscono l'elenco e, sulla barra degli strumenti Formattazione, fare clic sul comando del tipo di elenco desiderato, oppure operare le scelte nelle rispettive schede della finestra Elenchi puntati e numerati.

Per eliminare un elenco, selezionare tutti i paragrafi interessati e fare clic sul rispettivo pulsante della barra degli strumenti Formattazione, oppure, nella relativa scheda della finestra Elenchi puntati e numerati, fare clic su Elimina.

Clippy

Perché la distanza impostata abbia effetto, nella finestra Paragrafo disabilitare la spunta nella casella Non aggiungere spazi tra i paragrafi dello stesso stile.

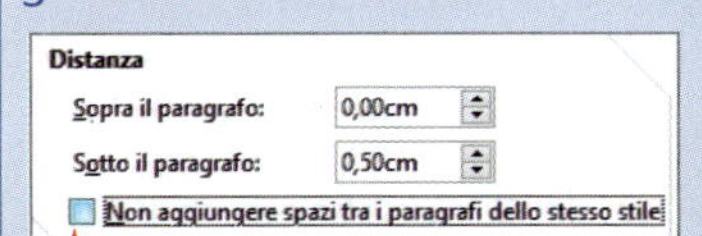

Allena le competenze

- Formattare il carattere
- Applicare elenchi puntati e numerati
- Spaziare elenchi puntati e numerati

Apri il file M3 Ricetta e salvalo nella tua cartella con il nome M3-2 Ricetta

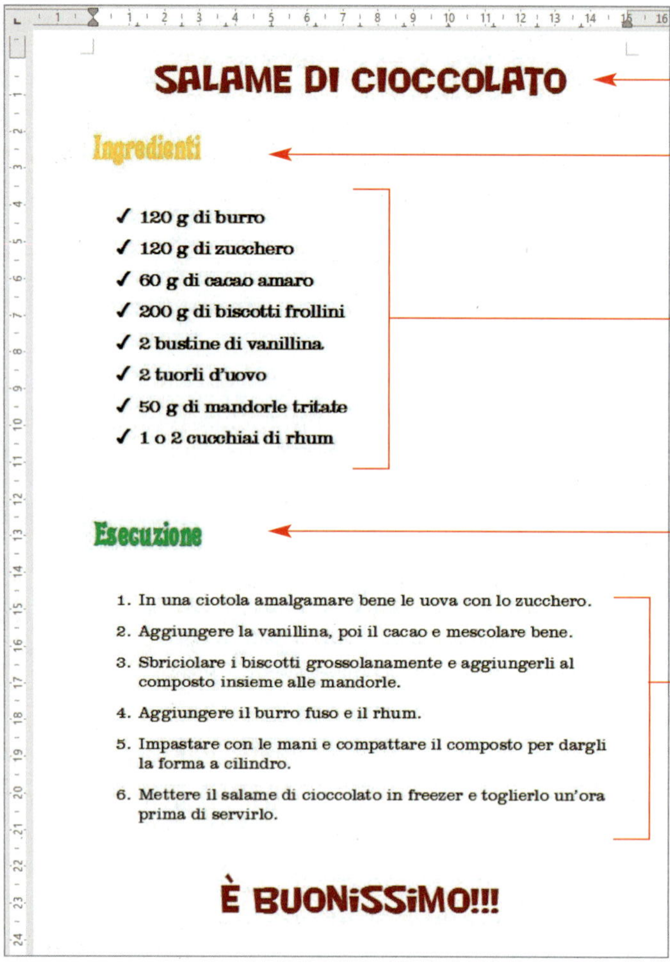
SALAME DI CIOCCOLATO

Ingredienti

- 120 g di burro
- 120 g di zucchero
- 60 g di cacao amaro
- 200 g di biscotti frollini
- 2 bustine di vanillina
- 2 tuorli d'uovo
- 50 g di mandorle tritate
- 1 o 2 cucchiai di rhum

Esecuzione

1. In una ciotola amalgamare bene le uova con lo zucchero.
2. Aggiungere la vanillina, poi il cacao e mescolare bene.
3. Sbriciolare i biscotti grossolanamente e aggiungerli al composto insieme alle mandorle.
4. Aggiungere il burro fuso e il rhum.
5. Impastare con le mani e compattare il composto per dargli la forma a cilindro.
6. Mettere il salame di cioccolato in freezer e toglierlo un'ora prima di servirlo.

È BUONISSIMO!!!

1 ▶ Nightclub BTN, 28 pt, Arancione 5 ◀

2 Alibi, 22 pt, Arancione 1, distanza Sotto 1 cm.

3 Clarendon Lt BT, 14 pt, elenco puntato, distanza Sotto 0,20 cm.

4 Alibi, 22 pt, Verde 4, distanza Sopra e Sotto 1 cm.

5 Clarendon Lt BT, 14 pt, elenco numerato, distanza Sotto 0,20 cm.

Smart

Puoi applicare la stessa formattazione del titolo all'ultima riga del documento utilizzando la funzione Copia formato, come indicato nel paragrafo che segue.

ECDL WP 3.3.3

Smart

Se devi copiare più volte la stessa formattazione, fai doppio clic su Copia formato e procedi come già descritto. Per ripristinare il puntatore, fai clic sul medesimo pulsante, oppure premi il tasto Esc.

Copiare le caratteristiche di formattazione

Per applicare le stesse caratteristiche di formattazione (carattere, paragrafo ecc.) in varie parti del testo, si rivela utile usare il comando Copia formato.

1 Selezionare il testo di cui si vuole copiare il formato e nella barra degli strumenti Formattazione ▶ **fare clic** ◀ su Copia formato (il puntatore assume la forma di un barattolo).

2 ▶ **Selezionare** ◀ il testo su cui si vuole applicare la formattazione; se trattasi di una parola sola, fare clic al suo interno.

Clippy

Per applicare la formattazione di un paragrafo, durante la selezione tenere premuto anche il tasto Ctrl.

ECDL WP 3.2.10

Clippy
È opportuno eseguire le impostazioni dopo aver digitato il testo e averlo separato con un Invio.

Clippy
È possibile anche applicare bordi personalizzati diversi per ogni lato: dopo aver fatto clic sul bordo, eseguire le scelte nelle zone della sezione Linea.

Applicare bordi e sfondi

Per dare maggior risalto a un titolo o ad alcuni paragrafi si può ricorrere all' ▶ **applicazione** ◀ di bordi e/o sfondi colorati: selezionare il paragrafo, oppure posizionare il cursore al suo interno ed eseguire le impostazioni.

• Applicare un bordo intorno al paragrafo

1. Da menu Formato scegliere Paragrafo, scheda Bordi.
2. Nella sezione Predefinito fare clic su Imposta tutti e quattro i bordi, oppure in Personalizzato fare clic su ▶ **ogni lato** ◀ dell'anteprima. Eseguire eventuali altre scelte nelle sezioni Stile, Larghezza e Colore.
3. Fare clic su OK.

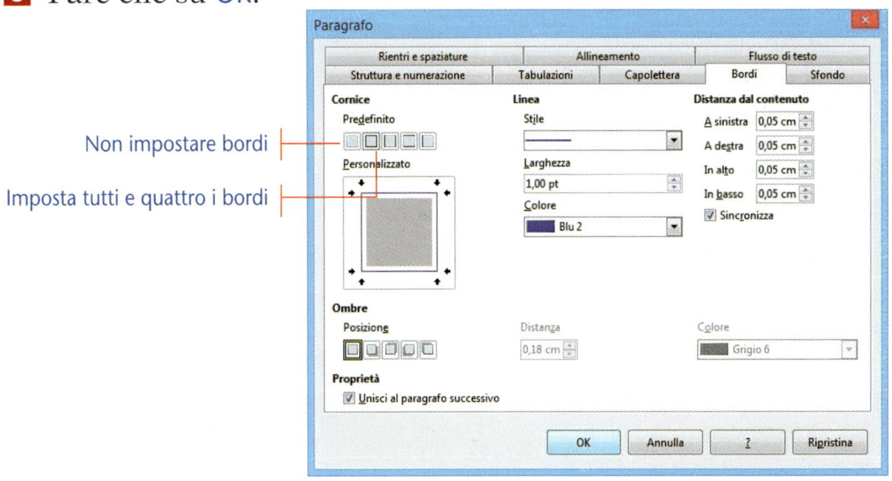

Smart
Puoi eliminare un bordo anche facendo doppio clic su ogni lato dell'anteprima.

Per eliminare un bordo al paragrafo, procedere come descritto al ▶ **punto 1** ◀ e, nella sezione Predefinito, fare clic su Non impostare bordi, oppure dal pulsante Stile scegliere Nessuno e confermare con OK.

• Applicare un colore di sfondo al paragrafo

Sulla barra degli strumenti Formattazione fare clic sul pulldown del pulsante Colore di sfondo e nella palette scegliere il colore desiderato.
In alternativa, da menu Formato scegliere Paragrafo e nella scheda Sfondo eseguire la scelta.

Per eliminare uno sfondo ripetere la procedura e scegliere Trasparente.

Applicare un bordo alla pagina

Writer permette di applicare un bordo all'intera pagina o una cornice grafica per dare più risalto al documento.

Clippy
Nella sezione Distanza dal contenuto è possibile stabilire la distanza di ogni bordo dal testo del documento.

1. Da menu Formato scegliere Pagina, scheda Bordi.
2. La scheda della finestra Stile di pagina presenta le stesse caratteristiche della scheda Bordi della finestra Paragrafo, quindi procedere con le stesse ▶ **modalità** ◀ indicate per applicare bordi al paragrafo.

Allena le competenze

- Formattare il carattere e il paragrafo
- Applicare bordi e sfondi
- Aggiungere un bordo pagina

Apri il file M3 Escursioni Parigi e salvalo nella tua cartella con il nome M3-2 Escursioni Parigi

1 DejaVu Sans, 26 pt, bianco, sfondo Cielo azzurro 8, [icona], distanza Sopra 0,5 cm.

2 Segoe Print, 12 pt, [icona] Cielo azzurro 8, [icona], distanza Sopra 0,5 cm, Sotto 1 cm.

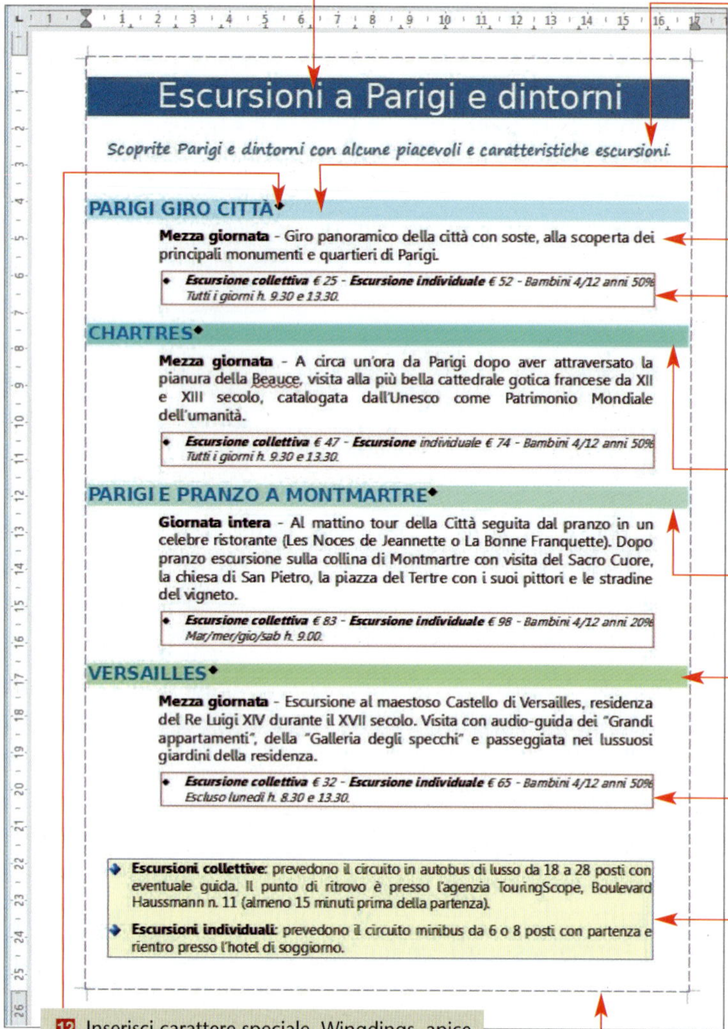
Escursioni a Parigi e dintorni

Scoprite Parigi e dintorni con alcune piacevoli e caratteristiche escursioni.

PARIGI GIRO CITTÀ

Mezza giornata - Giro panoramico della città con soste, alla scoperta dei principali monumenti e quartieri di Parigi.

Escursione collettiva € 25 - Escursione individuale € 52 - Bambini 4/12 anni 50% Tutti i giorni h. 9.30 e 13.30

CHARTRES

Mezza giornata - A circa un'ora da Parigi dopo aver attraversato la pianura della Beauce, visita alla più bella cattedrale gotica francese da XII e XIII secolo, catalogata dall'Unesco come Patrimonio Mondiale dell'umanità.

Escursione collettiva € 47 - Escursione individuale € 74 - Bambini 4/12 anni 50% Tutti i giorni h. 9.30 e 13.30

PARIGI E PRANZO A MONTMARTRE

Giornata intera - Al mattino tour della Città seguita dal pranzo in un celebre ristorante (Les Noces de Jeannette o La Bonne Franquette). Dopo pranzo escursione sulla collina di Montmartre con visita del Sacro Cuore, la chiesa di San Pietro, la piazza del Tertre con i suoi pittori e le stradine del vigneto.

Escursione collettiva € 83 - Escursione individuale € 98 - Bambini 4/12 anni 20% Mar/mer/gio/sab h. 9.00

VERSAILLES

Mezza giornata - Escursione al maestoso Castello di Versailles, residenza del Re Luigi XIV durante il XVII secolo. Visita con audio-guida dei "Grandi appartamenti", della "Galleria degli specchi" e passeggiata nei lussuosi giardini della residenza.

Escursione collettiva € 32 - Escursione individuale € 65 - Bambini 4/12 anni 50% Escluso lunedì h. 8.30 e 13.30

- **Escursioni collettive**: prevedono il circuito in autobus di lusso da 18 a 28 posti con eventuale guida. Il punto di ritrovo è presso l'agenzia TouringScope, Boulevard Haussmann n. 11 (almeno 15 minuti prima della partenza).
- **Escursioni individuali**: prevedono il circuito minibus da 6 o 8 posti con partenza e rientro presso l'hotel di soggiorno.

3 DejaVu Sans, 14 pt, Blu mare, [icona] sfondo Ciano 10.

4 Gisha, 12 pt, [icona] distanza Sopra e Sotto 0,2 pt, rientro a sinistra 2 cm.

5 Gisha, 10 pt, [icona], elenco puntato, simbolo ◆, [icona], distanza Sotto 0,5 cm, bordo esterno Rosso, rientro a sinistra 2,7 cm.

6 Sfondo Turchese 10.

7 Sfondo Verde 10.

8 Sfondo Gialloverde 10.

9 Distanza Sotto 1,50 cm.

10 Gisha, 11 pt, punto elenco immagine, rientro destro 1 cm, distanza Sotto 0,3 cm, sfondo Giallo chiaro, bordo esterno Blu.

11 Bordo pagina, tratteggiato, Blu, larghezza 1 pt.

12 Inserisci carattere speciale, Wingdings, apice.

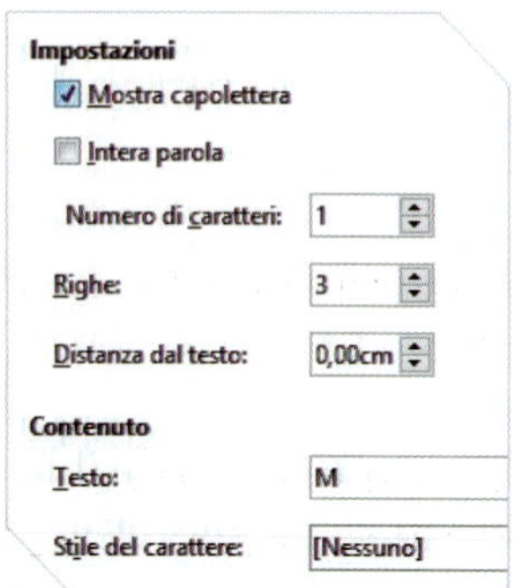

Aggiungere il capolettera

Per arricchire esteticamente un documento, si può modificare la prima lettera del primo paragrafo attribuendole il formato Capolettera.

1. Posizionare il cursore nel paragrafo, da menu Formato scegliere Paragrafo e attivare la scheda Capolettera.
2. Attivare la spunta su Mostra capolettera, quindi confermare con OK. Nella scheda si può definire come applicare il formato capolettera, l'altezza della lettera e altri eventuali dettagli.

Per rimuovere il capolettera, disattivare la spunta da Mostra capolettera.

Svolgi i test

Gli esercizi sono disponibili anche nella versione digitale come test interattivi e autocorrettivi.

TEST DI COMPLETAMENTO

Completa le frasi con le espressioni mancanti, scegliendo tra quelle di seguito proposte.
Invio – paragrafi – cursore – stampato – paragrafo – simboli – allineamento – orientamento – sinistro

1 L'...................................... del documento influenza il modo con il quale il testo viene disposto e ....
2 L'.. stabilisce la disposizione del testo in relazione ai margini .... e destro.
3 Gli elenchi sono .... evidenziati da numeri, lettere o ....
4 Quando si preme il tasto ...., si porta a capo il .... e si crea un nuovo ....

TEST VERO FALSO

Indica, barrando la relativa casella, se le seguenti affermazioni sono vere o false.

	V	F
1 La modifica dei margini può influenzare l'orientamento del testo nel foglio.	☐	☐
2 La spaziatura tra paragrafi può essere diversa dalla misura dell'interlinea.	☐	☐
3 Il pulsante Copia formato serve per copiare il testo selezionato e la sua formattazione.	☐	☐
4 La combinazione di tasti Shift + Invio porta a capo il cursore, ma non crea un nuovo paragrafo.	☐	☐

TEST DI COLLEGAMENTO

Associa gli elementi (testo o immagine) della prima colonna con le corrispondenti descrizioni della seconda.

1 ¶	A Formato che posiziona il carattere un po' più in alto del testo sulla riga.	1 ____
2	B Mostra i caratteri non stampabili.	2 ____
3 Pedice	C Formato che posiziona il carattere un po' più in basso del testo sulla riga.	3 ____
4 Apice	D Fa rientrare dal margine sinistro tutte le righe del paragrafo.	4 ____

TEST A RISPOSTA SINGOLA O MULTIPLA

Per ogni quesito, indica la risposta o le risposte corrette. (○ **risposta singola** / ☐ **risposta multipla**)

1 Che cos'è la spaziatura tra paragrafi?
○ Lo spazio tra le righe di un paragrafo
○ La distanza tra un Invio e l'altro
○ La distanza della prima riga dal margine sinistro
○ La distanza del rientro paragrafo dal margine sinistro

2 Sono definiti Speciali i rientri che riguardano:
☐ solo la prima riga del paragrafo
☐ tutte le righe del paragrafo
☐ solo le righe successive alla prima
☐ solo l'ultima riga del paragrafo

3 Come si può procedere per distanziare ogni punto elenco oltre la misura dell'interlinea?
☐ Impostare una spaziatura Sotto il paragrafo
☐ Impostare una spaziatura Dopo il testo
☐ Premere due volte Invio
☐ Impostare una spaziatura Sopra il paragrafo

4 Se nel righello gli indicatori di rientro paragrafo sono così posizionati [righello] significa che è stato applicato:
○ un rientro della prima riga
○ un rientro sporgente
○ un rientro a sinistra
○ un rientro a destra

ESERCIZI INTERATTIVI

RIPASSO DELLE CONOSCENZE

Disponi ed elabora

- Il riquadro ELABORA elenca le consegne per lo svolgimento dell'esercizio.
- La presenza della barra (/) indica l'uso dell'Invio.

1 **Crea il file M3-2 Cappadocia e salvalo nella tua cartella**

LA CAPPADOCIA ///
Annoverata fra le meraviglie del mondo per i paesaggi naturali scolpiti dagli agenti atmosferici e i tesori di arte bizantina di cui è custode, la **Cappadocia** da sola giustifica un viaggio in Turchia. / Oggi questa zona è identificata con la regione rupestre estesa fra le città di *Aksaray*, *Kayseri* e *Nigde*, e segnata all'interno o ai margini di questo triangolo ideale dai centri di *Nevsehir*, *Avanos*, *Urgüp* e *Göreme*. Motivi di notevole interesse turistico rivestono anche la Valle di *Ihlara*, il *Monastero* di *Eski Gümüs*, la *Valle* di *Soganli* e i suoi dintorni, le città sotterranee di *Derinkuyu* e di *Kaymakli*. / La **Cappadocia** è geologicamente formata da bacini di erosione, appartenenti a un antico tavolato, il cui suolo è costituito da tufo vulcanico assai tenero, originato da agglomerati di cenere e fanghi eruttati dall'antico Monte Argeo che domina *Kayseri* e dall'*Hasan Dagi*, fra *Aksaray* e *Nigde*. / Per effetto dell'intenso processo erosivo a opera degli agenti atmosferici, il suolo si è poi in più parti fessurato o disgregato. Talora l'altopiano è costituito da tufo omogeneo; altrove, dove il tufo è misto a rocce più resistenti, l'azione disgregatrice ha dato luogo a formazioni geologiche assai particolari, creando nei fondovalle colonne, coni, torri, piramidi e guglie, alti fino a 30 metri.

ELABORA
- **Orientamento**: orizzontale. **Margini**: superiore e inferiore 3 cm, sinistro e destro 2 cm.
- **Titolo**: Algerian, 36 pt, Rosso, ≡, sfondo Giallo chiaro, bordo inferiore e superiore Rosso, 1 pt.
- **Testo**: Belwe Lt BT, 12 pt, interlinea 1,5, rientro prima riga 2 cm, distanza Sotto 0,50 cm.
  3° paragrafo: rientro a sinistra e a destra di 2 cm, sfondo Ciano 10.
- **Bordo pagina**: sinistro e destro, doppia linea, 0,05 pt, Rosso, distanza dal contenuto 1,50 cm.

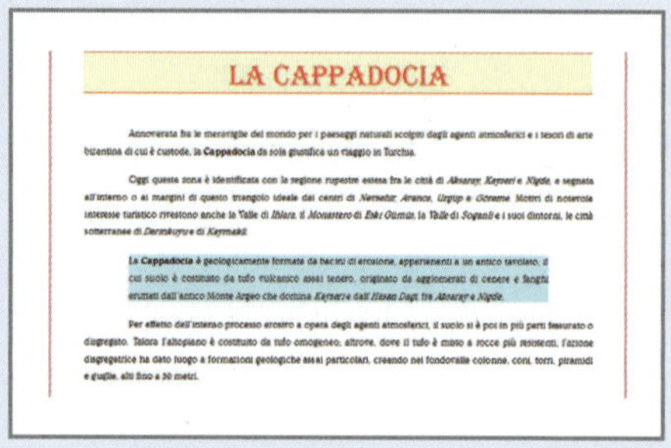

2 **Crea il file M3-2 Luna e salvalo nella tua cartella**

I NUMERI DELLA LUNA ///
14 SONDE HANNO SFIORATO LA LUNA: / 9 russe (Luna 1, 3, 4 e 6, Zond 3, 5, 6, 7 e 8) e 5 Usa (Pioneer 4, Ranger 3 e 5, Explorer 33 e Apollo). / 19 LE HANNO ORBITATO INTORNO: / 8 russe (Luna 10, 11, 12, 14, 15, 18, 19 e 22), 10 Usa (Lunar Orbiter 1, 2, 3, 4 e 5, Explorer 35, Apollo 8 e 10, Clementine e Lunar Prospector) e 1 giapponese (Hiten). / 12 VI SI SONO SCHIANTATE: / 5 russe (Luna 2, 5, 7, 8 e 23) e 7 Usa (Ranger 4, 6, 7, 8 e 9, Surveyor 2 e 4). / 18 VI SI SONO POSATE: / 7 russe (Luna 9 e 13, Luna 16, 20 e 24 che hanno prelevato campioni, e Luna 17 e 21 che **hanno lasciato dei robot**) e 11 Usa (Surveyor 1, 3, 5, 6 e 7, e Apollo 11, 12, 14, 15, 16 e 17 che vi **hanno portato degli uomini**).

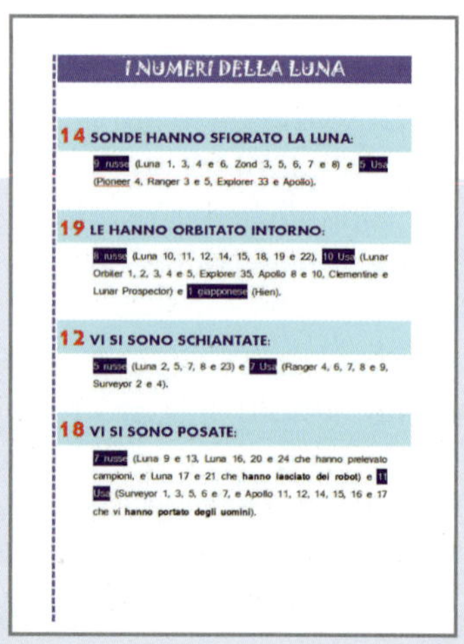

ELABORA
- **Margini**: tutti a 3 cm.
- **Titolo**: Jokerman, 22 pt, bianco, sfondo Blu, ≡.
- **Sottotitoli in maiuscolo**: Aharoni, 18 pt, Blu 5, , sfondo Ciano 10, al numero applica colore Rosso 4, 40 pt.
- **Paragrafi**: Mangal, 11 pt, rientro a sinistra 1,5 cm e a destra 1 cm; distanza Sopra 0,2 cm, Sotto 0,8 cm. Evidenzia con il colore Blu 5 (testo Bianco) i numeri e la nazionalità di origine delle sonde (9 russe... 11 Usa).
- **Bordo pagina**: a sinistra, tratteggiato, 4 pt, Blu.

3 **Apri il file** M3 House sitter **e salvalo nella tua cartella con il nome** M3-2 House sitter

ELABORA

- **Pagina**: orientamento orizzontale; margini superiore e inferiore 3 cm, sinistro e destro 2,5 cm.
- **Titolo**: Alibi, 48 (AAA) e 32 pt, Cielo azzurro 2, 3 e 6, , distanza Sopra 0,5 cm, sfondo Rosso 10.
- **Caratteri testo**: Clarendon Blk BT, 14 pt, Verde 5, Blu 2, Rosso, e Arancione, High Tower Text, 13 (Blu 2, Clarendon Blk BT, 14 pt).
- **Paragrafi**: , distanza Sotto 0,5 cm;

  1° paragrafo: rientro sinistro e destro 2,5 cm, , interlinea 1,5, bordo esterno Blu;

  3° paragrafo: capolettera, rientro sinistro e destro 1 cm, interlinea 1,5, sfondo Ciano 10.
- **Bordo pagina**: superiore e inferiore, punteggiato, 2 pt, rosso.

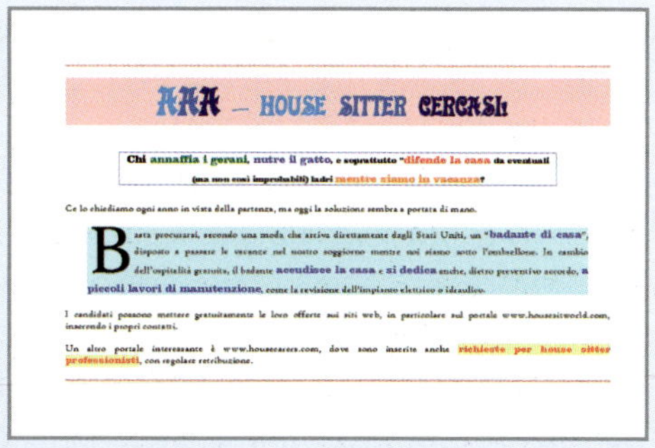

4 **Apri il file** M3 Trentino **e salvalo nella tua cartella con il nome** M3-2 Trentino

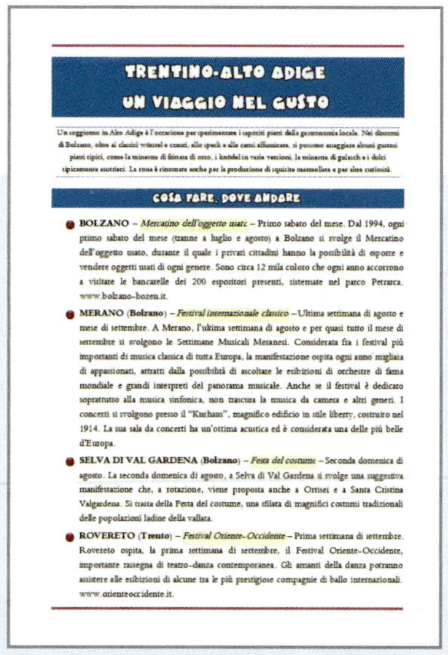

ELABORA

- **Margini**: tutti a 2,5 cm.
- **Titolo**: Hot Mustard BTN, 22 pt, bianco, ombreggiato, , distanza Sopra e Sotto 0,4 cm, sfondo Cielo azzurro.
- **1° Paragrafo**: Traditional Arabic, 10 pt; rientro sinistro e destro 0,3 cm, bordo superiore e inferiore Blu, distanza Sotto 0,5 cm.
- **Sottotitolo**: Stessa formattazione del titolo, 14 pt.
- **Elenco**: Traditional Arabic, 12 pt, punto elenco immagine ; distanza Sotto 0,1 cm, testo in corsivo evidenziazione Giallo chiaro.
- **Bordo pagina**: superiore e inferiore, 3 pt, Bordeaux.

5 **Apri il file** M3 Capoverde **e salvalo nella tua cartella con il nome** M3-2 Capoverde

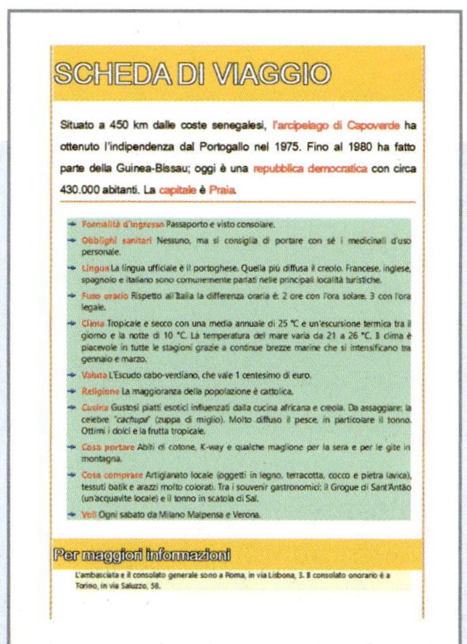

ELABORA

- **Margini**: tutti a 2 cm.
- **Titolo**: DokChampa, pt 36, , contorno, Bianco, sfondo Arancione 1.
- **Sottotitolo**: DokChampa, 14 pt, , rientro a sinistra e a destra 0,30 cm, distanza Sotto 0,7 cm, bordo inferiore, 1 pt, Arancione.
- **Corpo testo**: Gadugi, 11 pt, , punto elenco immagine , utilizza il Copia formato per applicare il grassetto e il rosso, sfondo Verde 10, rientro a destra 0,5 cm, distanza Sotto 0,2 cm.
- **Titolo ultimo paragrafo**: stessa formattazione del titolo, 20 pt; **testo** Gadugi, 10 pt, , sfondo Giallo chiaro, rientro a sinistra 1 cm e a destra 0,5 cm.
- **Bordo pagina**: sinistro e destro, doppia linea, 2 pt, Arancione.

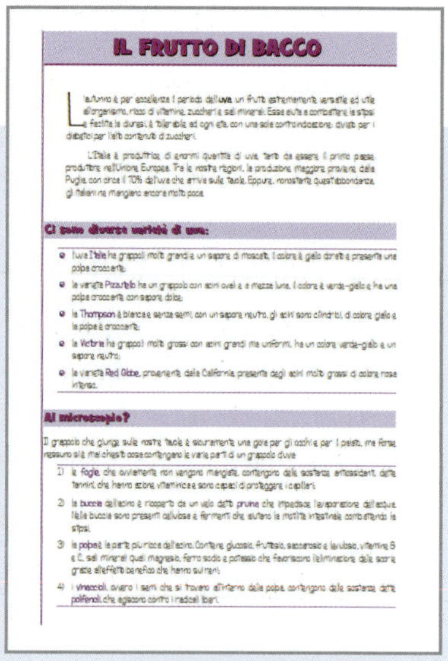
IL FRUTTO DI BACCO

6 **Apri il file M3 Uva e salvalo nella tua cartella con il nome M3-2 Uva**

ELABORA

- **Margini**: inferiore e superiore a 2 cm, sinistro e destro a 2,5 cm.
- **Titolo**: GrilledCheese BTN Toasted, 28 pt, ombreggiato, Magenta 5, , sfondo Blu 10; bordo inferiore, 2 pt, Magenta 5.
- **Corpo testo**: Candy Round BTN Lt, 13 pt, .
- **1° paragrafo**: capolettera, distanza Sotto 0,3 cm, rientro a sinistra e a destra 1 cm.
- **2° paragrafo**: rientro prima riga 1 cm, rientro a sinistra e a destra 1 cm; distanza Sotto 1 cm, 12 pt.
- **Sottotitoli**: come il titolo, 15 pt, , distanza Sotto 0,4 cm.
- **Elenchi puntato e numerato**: immagine e numero con parentesi; distanza Sotto 0,2 cm; testo in grassetto, Viola 4. Per ogni tipo di elenco bordo superiore e inferiore Viola.
- **Bordo pagina**: Sinistro, doppia linea, 1 pt, Viola.

NELLA TERRA DEL FADO

7 **Apri il file M3 Lisbona e salvalo nella tua cartella con il nome M3-2 Lisbona**

ELABORA

- **Margini**: superiore e inferiore 2 cm, sinistro e destro 2,5 cm.
- **Titolo**: Aharoni, 36 pt, Verde 5, ombreggiatura, , distanza Sopra e Sotto 0,2 cm, sfondo Verde 10.
- **1° paragrafo**: Gautami, 12 pt, , rientro a sinistra e a destra 1 cm, bordo esterno 1 pt, Verde 5.
- **2° paragrafo**: Gautami, 11 pt, , Bianco, sfondo Verde 5.
- **Corpo testo**: Plantagenet Cherokee, 11 pt, , punto elenco immagine , distanza Sotto 0,2 cm.
- **Sottotitolo**: stessa formattazione del titolo, 18 pt, .
- **Secondo elenco**: punto elenco ✔, 10 pt, distanza Sotto 0,1 cm, sfondo giallo chiaro.
- **Bordo pagina**: doppia linea, 1 pt, Verde 5.

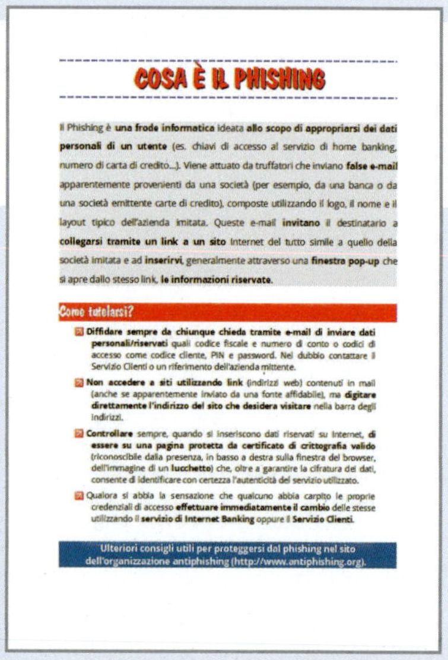
COSA È IL PHISHING

8 **Apri il file M3 Phishing e salvalo nella tua cartella con il nome M3-2 Phishing**

ELABORA

- **Margini**: superiore, sinistro e destro 2,5 cm, inferiore 2 cm.
- **Titolo**: Joan, 36 pt, Rosso 4, ombreggiato, ; bordo superiore e inferiore, tratteggiato, 2 pt, Blu.
- **Corpo testo**: Open Sans, 12 pt, .
- **1° paragrafo**: sfondo Grigio 1, interlinea 1,5, distanza Sotto 0,5 cm.
- **Sottotitolo**: Joan, 20 pt, sfondo Rosso 4, distanza Sopra e Sotto 0,2 cm.
- **Elenco puntato**: 11 pt, punto elenco immagine , distanza Sotto 0,2 cm, rientro a sinistra 1,5 cm, a destra 1 cm.
- **Ultimo paragrafo**: , , sfondo Cielo azzurro 5.

Esprimi la tua creatività

- Copia (o apri) e disponi i testi proposti.
- La presenza della barra (/) indica l'uso dell'Invio.
- Applica le formattazioni che ritieni idonee per realizzare documenti accattivanti.

1 **Crea il file M3-2 Lingue e salvalo nella tua cartella**

LINGUE VIVE E LINGUE MORTE IN CIFRE ///
250 erano le lingue parlate in Australia alla fine del Settecento, epoca in cui gli europei scoprirono il continente. / **6 mila** sono le lingue attualmente parlate in tutto il mondo. / **10 mila** è il numero massimo di persone che hanno come lingua madre una delle tremila lingue meno diffuse nel mondo. / **100 mila** sono le persone che, secondo gli esperti, sono necessarie per far sopravvivere anche nel futuro la lingua attualmente parlata. / **850 milioni** di persone parlano il cinese mandarino, che detiene così il record di lingua madre più parlata nella storia dell'umanità. / **2 miliardi** di persone parlano oggi l'inglese, che detiene così il record di lingua più diffusa nel mondo. / *Fonte: Focus*

2 **Crea il file M3-2 Itinerario e salvalo nella tua cartella**

Agenzia Duomo Viaggi / Milano / NAPOLI – SORRENTO – CAPRI / Treno + pullman 5 giorni in hotel **** // Partenza da Milano alle ore 13.50 con treno IC. Cena in vagone ristorante. Arrivo a **Napoli** alle ore 22.42. Trasferimento in pullman all'hotel. / Pensione completa in hotel. Alle ore 9 visita della città in pullman con guida. Pomeriggio a disposizione. / Dopo la prima colazione, escursione alla penisola sorrentina con sosta a **Pompei** e visita agli scavi e al santuario. Proseguimento per **Amalfi**, dove verrà consumata la seconda colazione. Nel pomeriggio visita a **Ravello** e soste a **Positano** e a **Sorrento**. Rientro a **Napoli** per la cena. / Dopo la prima colazione, escursione in aliscafo a **Capri**. Visita alla **Grotta Azzurra**. Seconda colazione in ristorante. Nel pomeriggio visita facoltativa ad Anacapri. Ritorno a **Napoli** per la cena. Trasferimento dall'hotel alla stazione. Sistemazione in vagone letto e alle ore 22.25 partenza per **Milano**. / Arrivo a **Milano** alle ore 8.22.

3 **Crea il file M3-2 Spiati e salvalo nella tua cartella**

SIAMO TUTTI SPIATI! ///
Sistemi di videosorveglianza, carte di credito e telefonini sono gli occhi del Grande Fratello che scruta ogni nostro comportamento, ogni nostra mossa è controllata ... / Ore 8.00: accendi il cellulare e sei rintracciabile. Ogni telefonino ha un "nome" e un "cognome" ovvero il numero di telefono che è registrato dentro la SIM e il codice ME che è memorizzato dentro all'apparecchio (un numero di serie internazionale e univoco in grado di identificare il cellulare). Conoscere quest'ultimo è molto semplice: basta digitare sulla tastiera la sequenza *#06# e il codice viene immediatamente visualizzato sul display. / Ore 13.15: attenzione agli sms. Appena ci muoviamo il cellulare si scollega da un ripetitore e si aggancia a un altro più vicino fornendo continuamente indicazioni sulla propria "identità". Così è davvero molto semplice seguire gli spostamenti del telefonino e del suo proprietario. Chi ne fa un uso maggiore, telefonate, sms, mms, lascerà una maggiore quantità di tracce digitali. / Ore 15.30: un virus sa cosa fai al computer. Esistono virus che seguono ogni nostro passo sulla Rete e stendono un rapporto sulle nostre preferenze mentre altri, più pericolosi, cercano di scoprire le password che usiamo nei siti e alcuni riescono addirittura a ricostruire spiando quali tasti della tastiera tocchiamo. / Ore 19.00: fai la spesa e si scopre come vivi. Ogni volta che utilizziamo un bancomat comunichiamo a un computer dove ci troviamo in un determinato momento, quanto denaro abbiamo in tasca e in quale istituto bancario abbiamo il conto corrente. Quando facciamo la spesa al supermercato e consegniamo alla cassiera la tessera-punti segnaliamo al gestore insieme alla nostra identità anche la nostra ubicazione, le nostre preferenze alimentari... una volta raggiunti i punti necessari riceveremo in regalo un tostapane o una padella, ma in cambio avremo fornito informazioni su abitudini e tenore di vita. / ... E ancora ... // Telecamere, o sistemi di videosorveglianza. / Il badge, tesserino che nelle aziende registra identità, orario di ingresso e di uscita dal lavoro. / Il telepass, comunica da dove siamo partiti, quando siamo arrivati. / Il navigatore, fornisce indicazioni riguardo la posizione, la velocità e la direzione di marcia. / L'antifurto satellitare, fornisce le coordinate geografiche della nostra posizione e dei nostri spostamenti. / Internet, ogni sito che visitiamo memorizza il nostro passaggio. // Fonte: Airone

4 **Crea il file M3-2 Ospitalità trentina e salvalo nella tua cartella**

UNA TERRA RICCA E OSPITALE ///
Una volta scoperto il Lagorai, le sue vette maestose, i suoi ampi pascoli, le sue tavole imbandite, non si può resistere alla tentazione di approfittare anche dell'ospitalità – semplice e cortese, schietta e generosa – che la gente del posto sa offrire. / La Valsugana Orientale e il Tesino è terra ricca di un'offerta ricettiva a misura d'uomo, in grado di soddisfare i turisti con un'ampia proposta di alternative adatte a ogni esigenza. Tante sono infatti le soluzioni: dagli alberghi e i B&B, per chi non vuole farsi mancare proprio nulla, ai rifugi, per associare l'avventura del trekking a un'atmosfera unica e accogliente; ma anche appartamenti, per le vacanze in famiglia all'insegna del relax e del silenzio, baite, per serate romantiche o soggiorni con gli amici, oppure campeggi, per chi ama essere indipendente o comunque godersi appieno il contatto diretto con la natura. / Tutte valide alternative per fermarsi qualche giorno sul Lagorai, per scoprire i suoi tesori e per lasciarsi coccolare attorniati da una natura rimasta intatta negli anni.

5 **Crea il file M3-2 Trainer e salvalo nella tua cartella**

IL TRAINER VIRTUALE ///
Allenarsi in casa davanti al televisore, grazie a una mini telecamera e a un programma interattivo. Con **istruttori digitali**. // Preparati, pazienti, simpatici, capaci di farsi rispettare e di motivare i clienti. Insomma dei veri professionisti della palestra. Sono i **personal trainer dell'ultima generazione**, quelli digitali. Simili ai cartoni di un videogioco sono davvero in grado di interagire con chi si affida ai loro insegnamenti. Grazie alla tecnologia. // Ad avere creato il primo **software specifico** è stata una nota azienda di elettronica insieme a un'altra specializzata in laboratori di ricerca sullo sport. Il prodotto utilizza una mini telecamera che, messa sul televisore e collegata al programma, registra i movimenti di chi fa ginnastica e consente ai due istruttori digitali di guidare gli esercizi. Basta eseguire svogliatamente un movimento per essere ripresi e incitati. Le **tipologie di allenamento** sono quattro: **cardio**, **combattimento**, **bonificazione**, **mente & corpo** (*Tai chi*, *Yoga*, *meditazione*). Si possono cambiare scenari (palestra, giardino zen), musiche (*funky*, *hip hop*, *new age*) e anche conoscere la frequenza cardiaca e le calorie bruciate. // Assicurarsi dodici settimane di training (il programma può poi essere modificato in base ai progressi fatti) costa meno di 100 euro. Più o meno la spesa necessaria per farsi assistere da un personal trainer virtuale rintracciabile via Internet su vari siti di fitness. Inserendo i propri dati si riceve la scheda personalizzata e in alcuni casi si possono avere consigli al telefono. Il trainer digitale però è molto più divertente.

6 **Crea il file M3-2 Domus Aurea e salvalo nella tua cartella**

LA PIÙ LUSSUOSA CASA DELL'ANTICHITÀ ///
La "Casa d'oro" (*Domus Aurea* in latino) fu il più grande palazzo imperiale mai costruito nell'antichità romana. / Costruita in cinque anni per volere dell'imperatore Nerone, era in realtà una città nella città di Roma: occupava ottanta ettari di terreno (più meno 100 campi di calcio!) nel centro dell'Urbe. Poiché nulla doveva mancare nella *domus* di un imperatore, per ovviare alla mancanza del mare venne scavato un lago artificiale, esattamente nell'area dove oggi sorge il Colosseo. / Ricca di ornamenti di ogni genere, tra affreschi, marmi, alabastri e pietre preziose, la *Domus Aurea* fu l'edificio più sontuoso che sia mai esistito. La voglia di cancellare il ricordo di Nerone e delle sue manie di grandezza indusse, però, i suoi successori ad eliminare anche questa meravigliosa dimora. / Quella che finalmente, dopo venti anni di restauro, possiamo ammirare è solo una parte della *Domus Aurea*, la parte che si è salvata dalla distruzione solo perché l'imperatore Traiano vi fece costruire le fondamenta delle sue terme, mantenendone la struttura. / Tra le tante meraviglie che vi si possono osservare, la **sala ottagonale**, sormontata da una gigantesca volta con un *oculus*, cioè un foro proprio in cima, dal quale penetrava la luce (come nel Pantheon).

7 **Apri il file M3 Abitazione e salvalo nella tua cartella con il nome M3-2 Abitazione**

8 **Apri il file M3 Finlandia e salvalo nella tua cartella con il nome M3-2 Finlandia**

9 **Apri il file M3 Telemed e salvalo nella tua cartella con il nome M3-2 Telemed**

UNITÀ 3 ARRICCHIRE I DOCUMENTI CON LA GRAFICA

In un documento le immagini e gli elementi grafici (oggetti) possono dare più vivacità a un testo ed esprimere visivamente l'argomento spiegato, catturando l'interesse del lettore. Con l'uso della grafica è inoltre possibile sintetizzare e organizzare i concetti esprimendoli mediante grafici, schemi e mappe.
L'inserimento di oggetti grafici (immagini, ClipArt e forme) può essere effettuato dalle barre degli strumenti Disegno e Standard, oppure dai menu Inserisci e Strumenti.

ECDL WP 4.3.1

Inserire e gestire immagini e ClipArt

Writer permette di inserire immagini da file archiviate su disco fisso o altro supporto di memoria esterna, anche scaricate da Internet o acquisite da scanner o scelte dalla raccolta Galleria.

• Inserire un'immagine da file

1 Posizionare il cursore nel punto desiderato e, sulla barra degli strumenti Disegno, fare clic sul pulsante Da file (oppure, da menu Inserisci, scegliere Immagine/Da file).

2 Aprire la cartella di archiviazione o l'unità disco, quindi fare clic sull'immagine scelta e confermare con Apri.

• Inserire una ClipArt

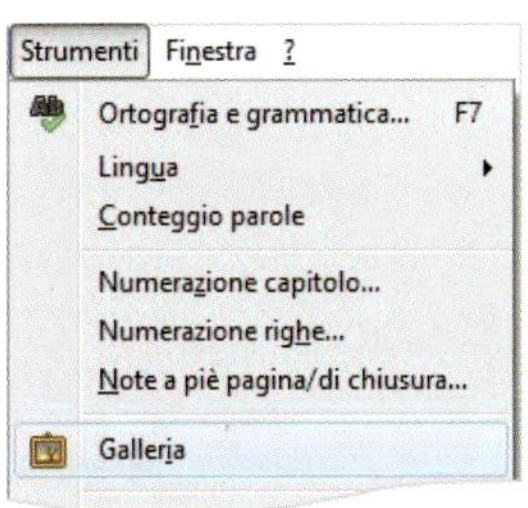

La raccolta Galleria include centinaia di immagini e suoni raggruppati in varie categorie.

1 Posizionare il cursore nel punto desiderato e sulla barra degli strumenti Standard fare clic sul pulsante Galleria (oppure, da menu Strumenti, scegliere Galleria).

2 Viene aperto il ▶ **riquadro** ◀ della Galleria e sul lato sinistro sono elencate le categorie. Fare clic su una categoria per visualizzare sulla destra i relativi oggetti associati.

Clippy
Per disattivare il riquadro, fare clic sul pulsante Galleria.

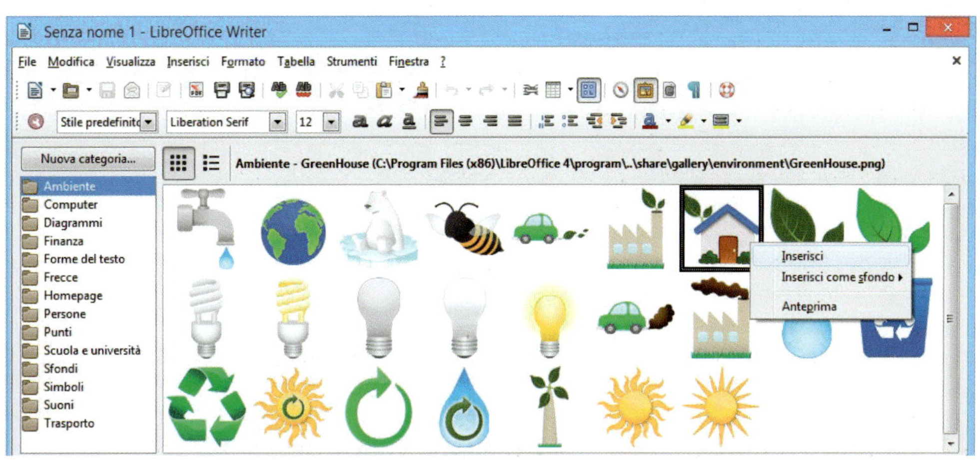

3 Selezionare l'oggetto, quindi trascinarlo nel documento (oppure fare clic destro sull'immagine e da menu rapido scegliere Inserisci).

L'immagine viene collocata nel documento e si attivano le barre degli strumenti Cornice e Immagine.

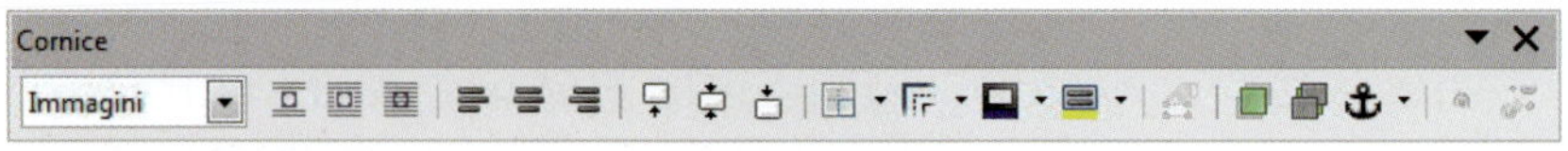

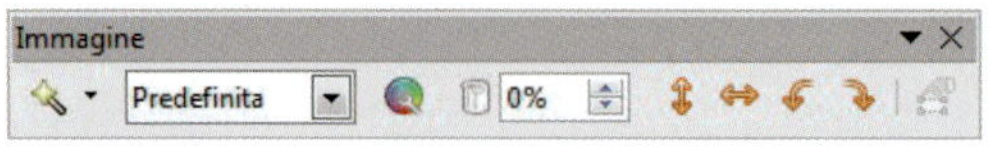

Gli oggetti inseriti possono essere modificati, spostati o copiati; prima di procedere è però necessario eseguire la selezione, facendo clic sull'oggetto desiderato. Con la selezione l'immagine viene contornata da quadratini verdi per ogni lato e a ogni angolo.

ECDL WP 4.3.4

• Dimensionare, posizionare, ruotare ed eliminare un'immagine

L'immagine inserita viene collocata nel documento con le dimensioni originali del file e disposta ancorata al paragrafo con Scorrimento dinamico (il testo viene collocato intorno all'immagine).

Smart

È necessario operare su un angolo perché così vengono mantenute le esatte proporzioni e l'immagine non si deforma.

Per dimensionare un'immagine, procedere in uno dei seguenti modi:

- fare clic sull'immagine, posizionarsi in un ▶ **angolo** ◀ sul quadratino di selezione (il puntatore assume la forma di una freccia obliqua a due punte), fare clic e trascinare verso l'interno o verso l'esterno;
- fare doppio clic sull'immagine e, nella scheda Tipo della finestra Immagine, attivare la spunta nella casella Mantieni rapporto (per mantenere le esatte proporzioni dell'immagine prima di modificare i valori), quindi inserire una ▶ **misura specifica** ◀ nelle caselle Larghezza e Altezza.

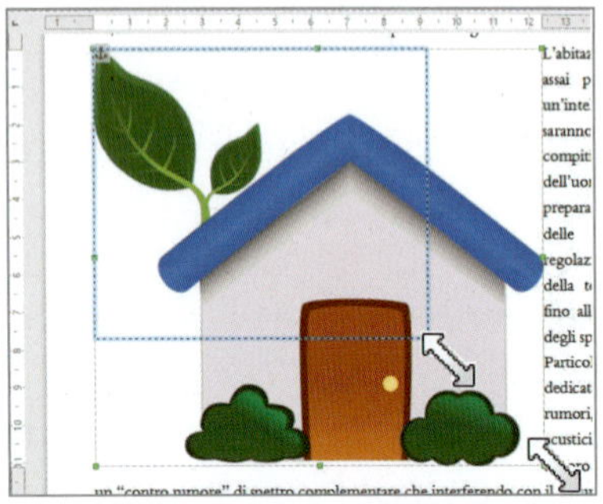

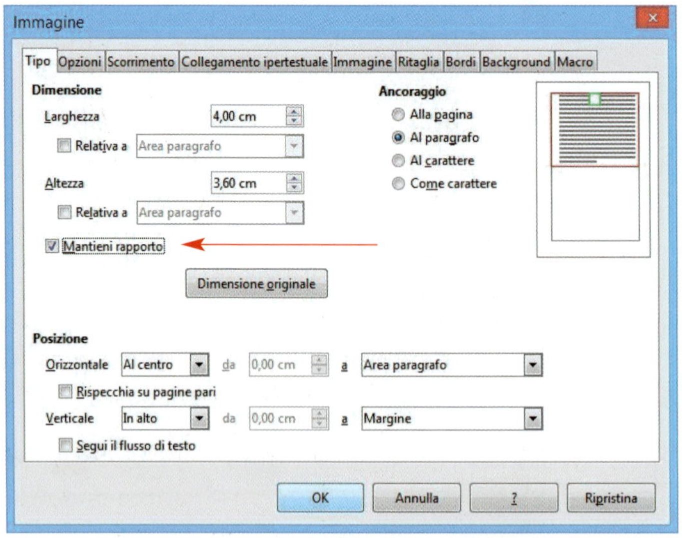

Clippy

L'immagine può essere dimensionata anche operando nella scheda Ritaglia, sezioni Scala o Dimensione, fino a ottenere la percentuale o la misura desiderata. Per non deformare l'immagine, i valori percentuali della sezione Scala devono essere uguali.

Per posizionare l'immagine nel paragrafo, utilizzare i comandi della barra degli strumenti Cornice relativi all'allineamento (, ,), oppure eseguire le scelte nella scheda Tipo, sezione Posizione/Orizzontale.

Clippy

Operando nella sezione Distanza è possibile specificare la distanza dell'immagine dal testo.

Per disporre un'immagine in modo personalizzato (scorrimento del testo intorno all'immagine e posizione verticale rispetto al paragrafo), selezionarla e operare sui rispettivi pulsanti della barra degli strumenti Cornice; in alternativa, operare le scelte nella ▶ **scheda Scorrimento** ▶, sezione Impostazioni, e nella scheda Tipo, sezione Posizione/Verticale.

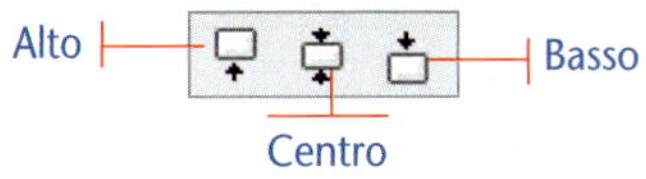

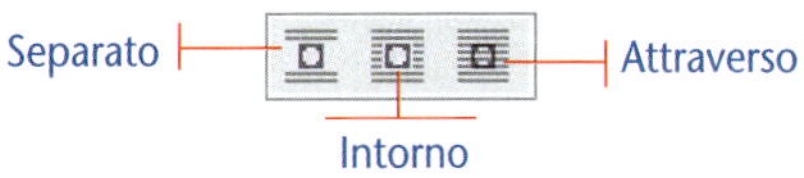

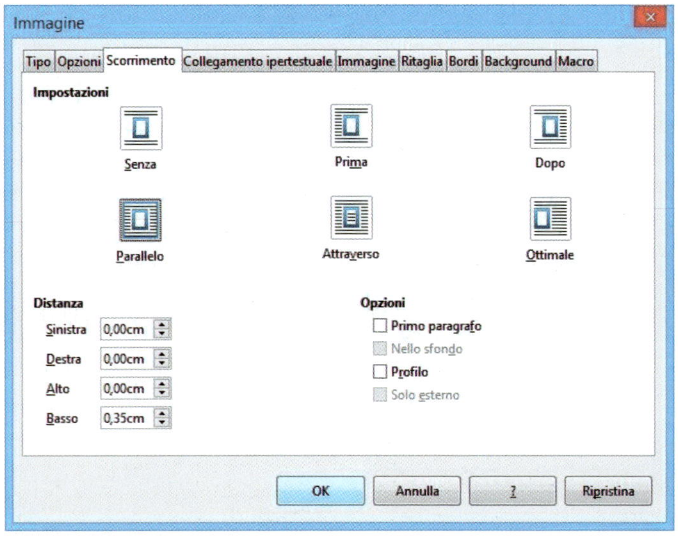

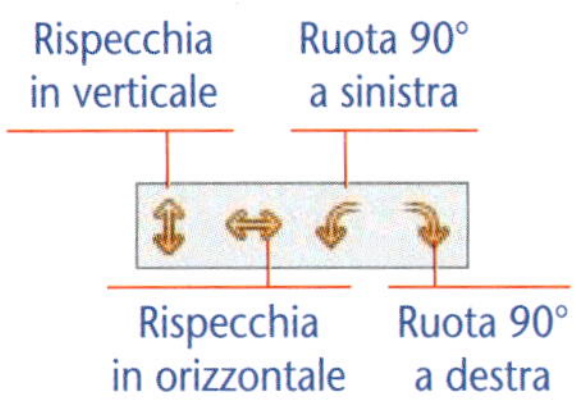

Per ruotare un'immagine, operare sui rispettivi pulsanti della barra degli strumenti Immagine.

I comandi per posizionare e disporre un'immagine sono disponibili anche da menu Formato e da menu rapido.

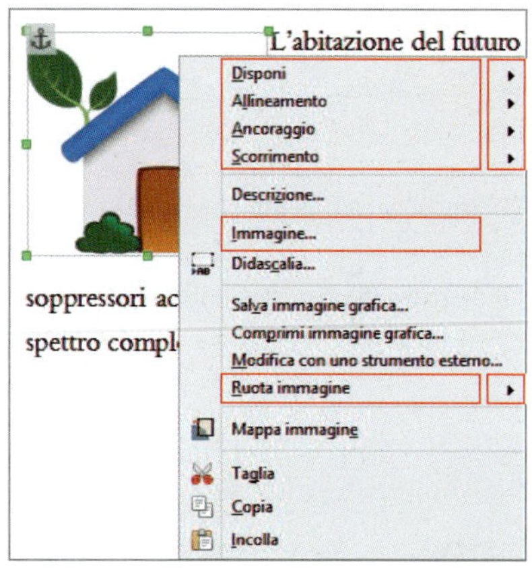

Clippy

Per duplicare un oggetto in modo rapido, tenere premuto il tasto Ctrl e trascinare nella posizione desiderata.

Per ▶ **copiare** ◀ o spostare un oggetto all'interno dello stesso documento o di documenti aperti, utilizzare le funzioni Copia, Taglia e Incolla.

Per eliminare un'immagine, selezionarla e premere Canc.

• Modificare un'immagine

Un'immagine può essere modificata ulteriormente aggiungendo effetti diversi.

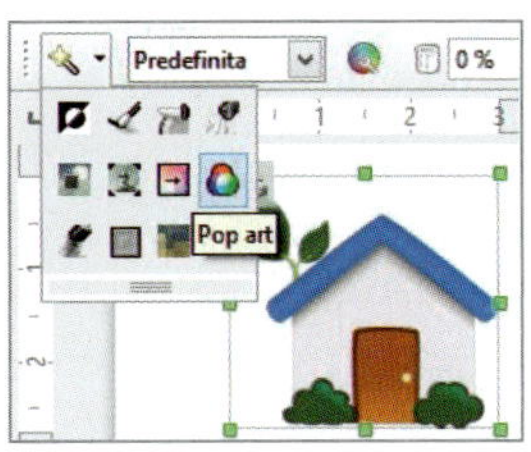

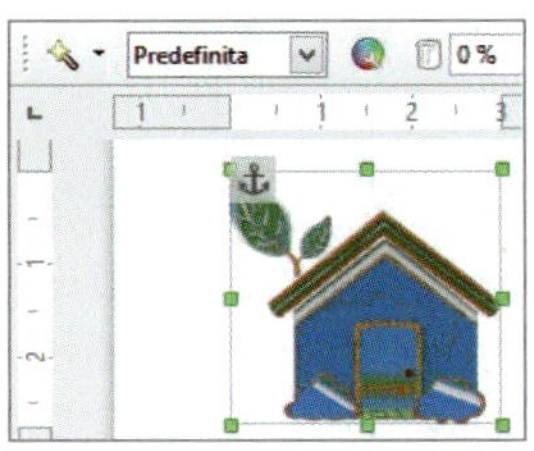

Per modificare l'aspetto dell'immagine o aggiungere effetti, sulla barra degli strumenti Immagine operare sul pulsante Filtro e fare clic sulle impostazioni che producono l'esito desiderato. È possibile applicare più effetti.

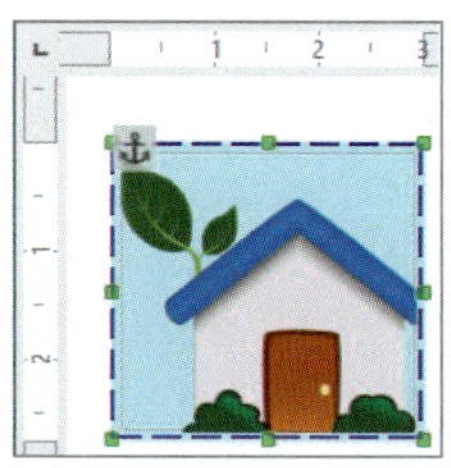

Operando sui pulsanti della barra degli strumenti Cornice è possibile applicare all'immagine bordi personalizzati e un colore di sfondo.

Realizzare titoli decorativi

La Galleria fontwork permette di creare testo decorativo con effetti speciali: colori, ombreggiature e altro ancora.

1 Sulla barra degli strumenti Disegno fare clic su Galleria fontwork (oppure, da menu Inserisci, scegliere Immagine/Galleria fontwork), nella finestra selezionare uno stile e fare clic su OK.

2 Fare doppio clic sull'oggetto fontwork e selezionare il testo d'esempio; digitare il testo desiderato e fare clic nell'area del documento.

3 Dimensionare e posizionare l'oggetto nel punto desiderato.

Clippy

Quando il fontwork viene utilizzato per creare il titolo del documento è opportuno applicare l'opzione Primo paragrafo.

• Posizionare e modificare un oggetto fontwork

I comandi per ▶ **posizionare** ◀ e disporre l'oggetto fontwork sono disponibili nel menu Formato e anche da menu rapido.

Da menu Formato, scegliendo Oggetto/Posizione e dimensione (da menu rapido Posizione e dimensione), si attiva la finestra e nell'omonima scheda, sezione Posizione/Orizzontale, si possono eseguire le scelte per allineare il fontwork rispetto al paragrafo.

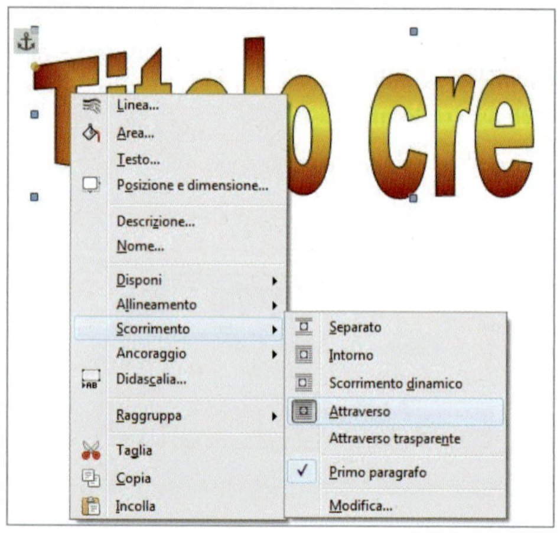

Smart

Per mantenere il tipo di carattere del fontwork scelto, esegui le impostazioni prima di digitare il testo.

L'oggetto può essere ▶ **modificato e personalizzato** ◀ utilizzando i diversi comandi presenti nella barre degli strumenti Fontwork e Proprietà oggetto di disegno, che si attivano con la selezione dell'oggetto.

– Fontwork presenta comandi che permettono di applicare particolari effetti alla forma contenente il testo fontwork.

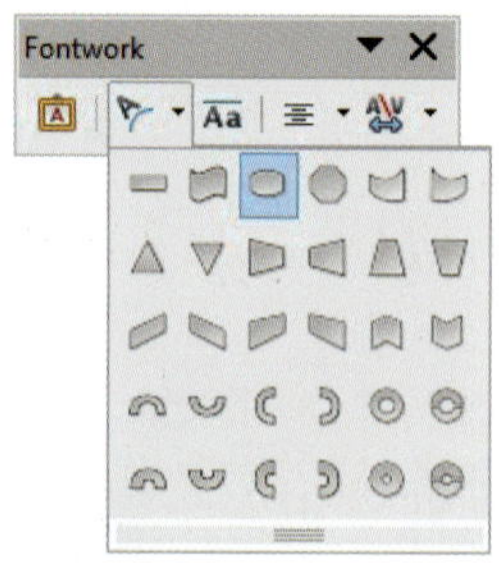

– Proprietà oggetto di disegno dispone di comandi per applicare colori di riempimento e di contorno, modificare lo stile di riempimento e lo spessore della linea.

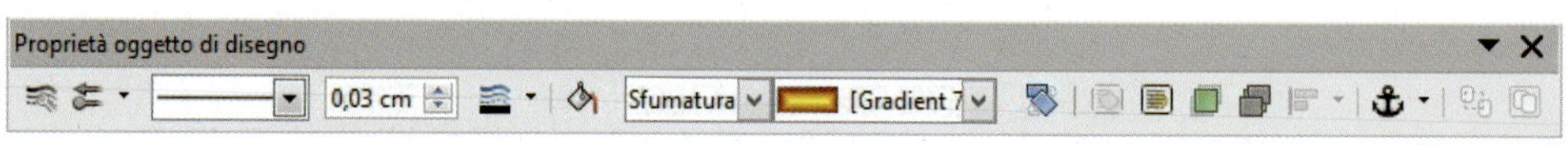

Allena le competenze

- Formattare il carattere e il paragrafo
- Inserire e modificare immagini da file (Immagini) e da Galleria
- Inserire ed elaborare fontwork

Apri il file M3 Tutela e salvalo nella tua cartella con il nome M3-3 Tutela

1 Imposta tutti i margini a 3 cm.

2 **Titolo:** Fontwork Preferito 2. Dimensiona l'oggetto e disponi come Primo paragrafo, posizione Al centro.
Elabora il fontwork come mostrato Sfumatura Deep Green .

TUTELA DELL'AMBIENTE

La **qualità della vita** dell'uomo, e di tutti gli altri organismi viventi, **dipende** molto **dalle condizioni dell'acqua e dell'aria**.

Tali condizioni sono oggetto di **preoccupazione**, perché l'ambiente "fatica" nella **degradazione naturale**, cioè nello **smaltimento** e nella **diluizione** delle sostanze provenienti dalle molteplici attività umane.

Infatti, **la quantità delle sostanze da smaltire aumenta sempre più** a causa dell'**incremento della popolazione**, della **crescente industrializzazione**, dell'**uso massiccio dei mezzi di trasporto**, del **consumo di particolari prodotti domestici e agricoli**; pertanto la tutela dell'ambiente è diventata uno dei più importanti obiettivi della nostra società.

3 Immagine da Galleria, Ambiente/Leaf1. Dimensioni Scala 30%, Scorrimento/Attraverso.

4 **Testo:** Yu Mincho, 13 pt, distanza Sotto 0,5 cm. Alle parole in grassetto applica il colore Rosso 4.

5 Immagini da file. ▶ **Larghezza** ◀ 3 cm, Scorrimento Ottimale e distanza dal testo A sinistra o a Destra di 0,2 cm.

Smart

Per velocizzare le operazioni elabora le immagini operando da finestra Immagine/schede Tipo e Scorrimento. Nella scheda Tipo, prima di impostare il valore nella casella Larghezza, applica la spunta nella casella Mantieni rapporto, così si aggiorna in automatico anche l'altezza.

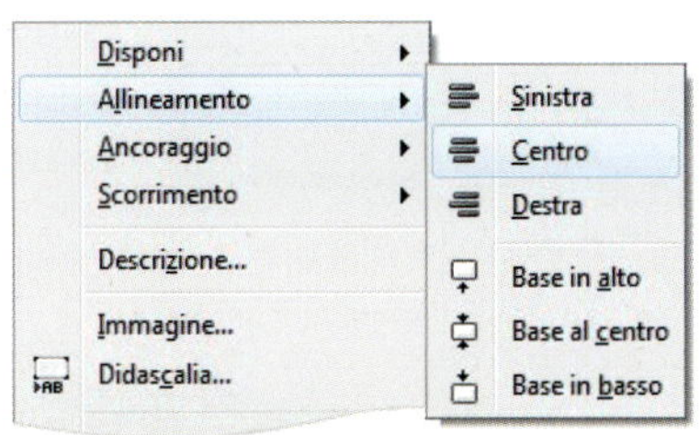

6 Larghezza 5 cm, Scorrimento/Separato, allineata al centro.

7 Immagine da Galleria/lawn. Disattiva Mantieni rapporto e dimensiona con Larghezza 15 cm, Altezza 0,50 cm.

ECDL WP 4.3.1

Disegnare ed elaborare linee e forme

Writer mette a disposizione strumenti che permettono di disegnare linee, frecce e forme che possono essere elaborate per creare effetti accattivanti e che possono anche essere utilizzate come contenitori di testo.
Le scelte si eseguono dalla barra degli strumenti Disegno.

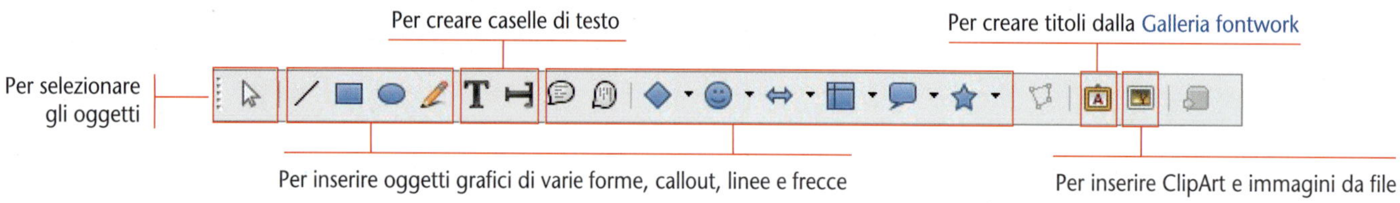

Smart

Puoi ottenere un quadrato o un cerchio, con le forme Rettangolo oppure Ellisse, se nel tracciarle tieni premuto anche il tasto Shift.

Per disegnare l'oggetto scelto, posizionarsi nel punto di inserimento e, tenendo premuto il ▶ **tasto sinistro** ◀ del mouse, trascinare nella direzione desiderata (per tracciare linee o frecce) e in diagonale (per tracciare altre forme) fino a raggiungere la dimensione voluta.

Per aggiungere testo a una forma, fare clic su di essa e ▶ **digitare il testo** ◀ desiderato.

Clippy

Per una corretta distribuzione del testo nella forma, da menu Formato scegli Oggetto/Attributi di testo e nella scheda Testo attiva la spunta su Scorrimento parole nella forma.

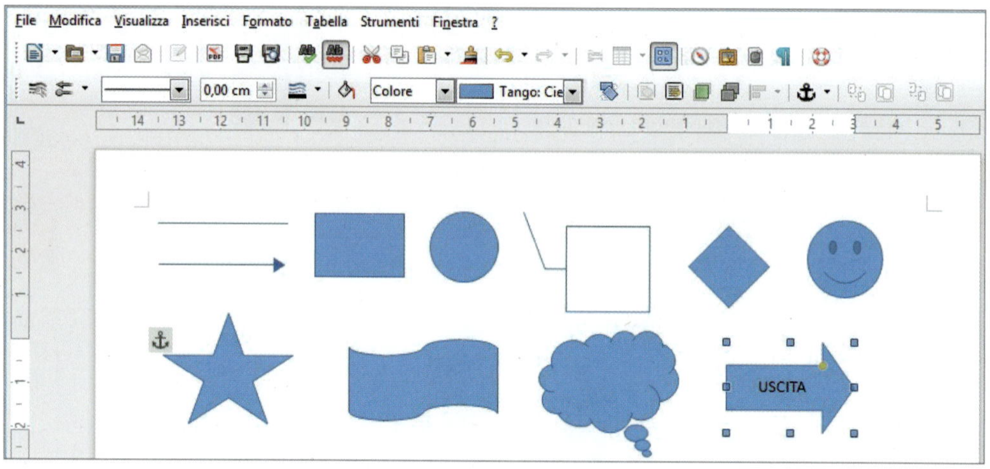

• Elaborare linee e forme

Forme e linee possono essere personalizzate applicando stili, colori, sfumature, tratteggi di riempimento, ▶ **ombreggiature e altri effetti** ◀. Gli strumenti per eseguire le formattazioni sono disponibili nella barra degli strumenti Proprietà oggetto di disegno che viene mostrata con la selezione dell'oggetto.

Clippy

Per applicare ombreggiature e altri effetti, operare nelle finestre Linea e Area attivate dalla barra degli strumenti Proprietà oggetto di disegno.

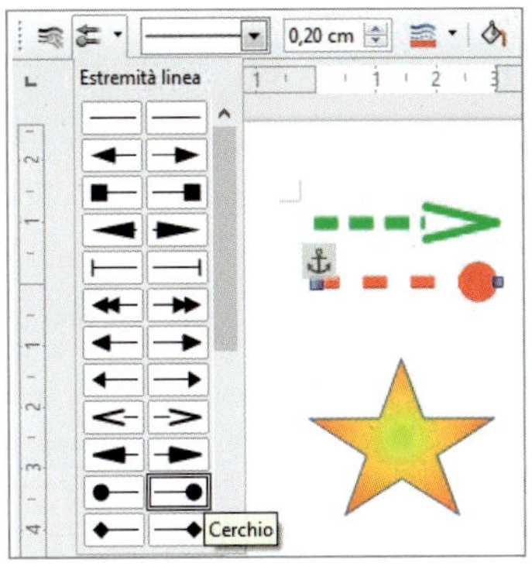

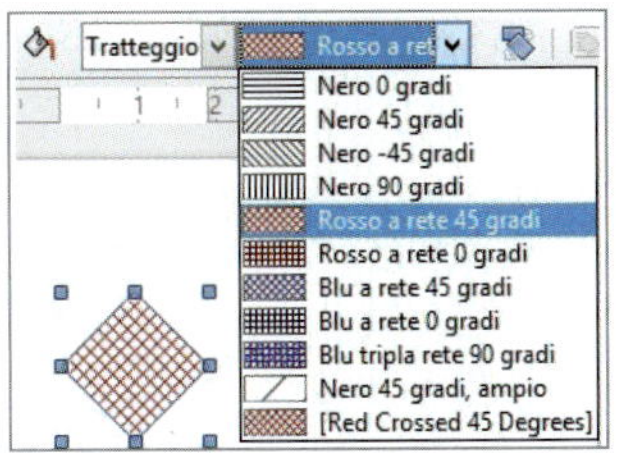

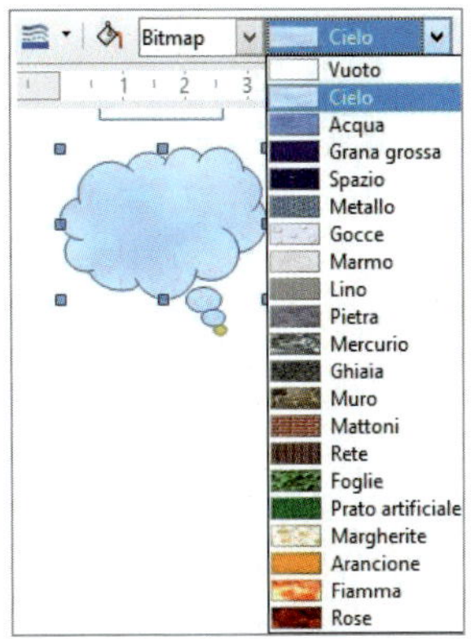

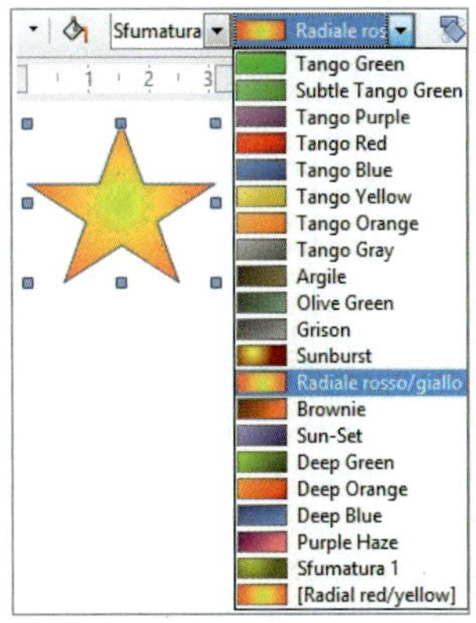

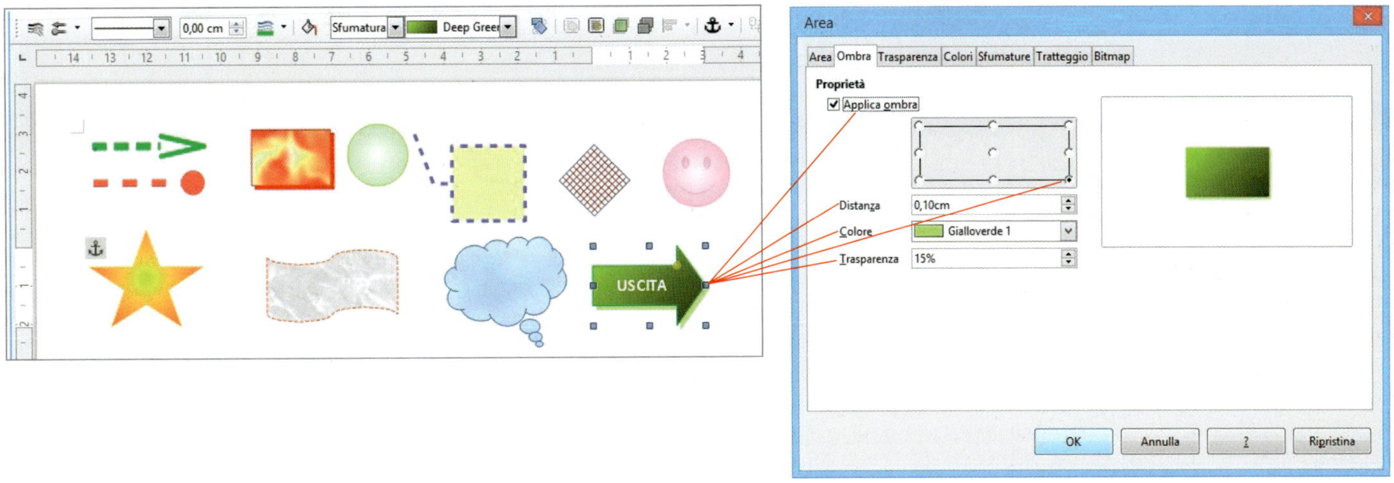

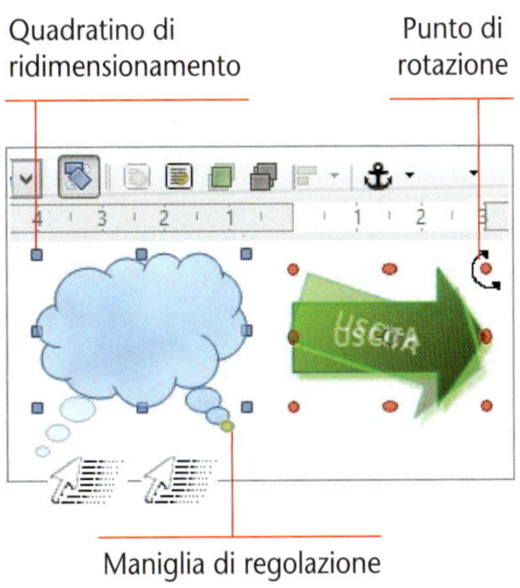

I comandi per elaborare forme e linee sono raggiungibili anche da menu Formato, sottomenu Oggetto.

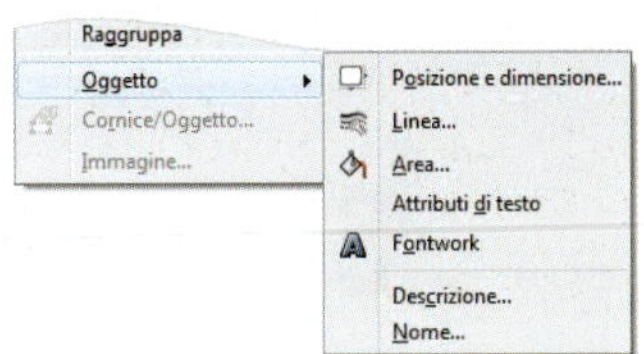

Per modificare una forma operare:

- sui quadratini di ridimensionamento per variarne le dimensioni;
- sulla maniglia di regolazione per cambiarne la forma (frecce) o spostare il punto d'inizio (legende);
- sul punto di rotazione per ruotarla (per visualizzare i circoletti di rotazione fare clic sul pulsante Ruota).

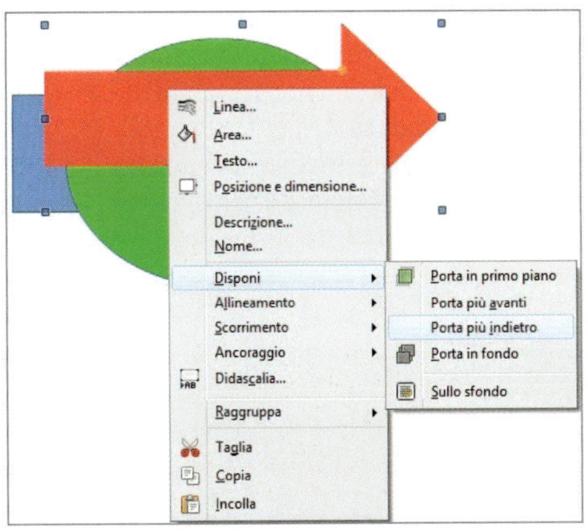

• Disporre e raggruppare più oggetti grafici

Ogni oggetto inserito viene posizionato su un proprio livello che corrisponde all'ordine di inserimento.

Per modificare l'ordine dei livelli, selezionare l'oggetto e, nella barra degli strumenti Proprietà oggetto di disegno, fare clic sui pulldown dei pulsanti Porta in primo piano o Porta in fondo ed eseguire le scelte (i comandi sono disponibili anche da menu Formato e da menu rapido, sottomenu di Disponi):

- Porta più avanti e Porta più indietro portano l'oggetto avanti o indietro di un livello;
- Porta in primo piano o Porta in fondo posizionano l'oggetto davanti o dietro a tutti gli altri oggetti sovrapposti.

> **Smart**
> Puoi selezionare più oggetti anche tenendo premuto il tasto Ctrl e facendo clic su ogni forma.

Per raggruppare più forme in un unico elemento:

1. nella barra degli strumenti Disegno fare clic su Seleziona, quindi ▶ **tracciare un'area** ◀ che comprenda tutte le forme;
2. da menu Formato, fare clic su Raggruppa e scegliere Raggruppa (lo stesso comando è disponibile anche da menu rapido).

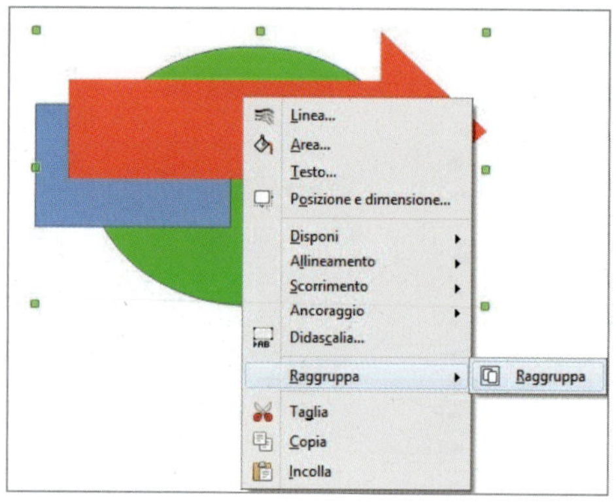

Per separare le forme raggruppate, selezionare il gruppo e dal pulsante Raggruppa scegliere Separa.

Allena le competenze

- Creare titoli con fontwork
- Disegnare forme e inserire immagini da file (Immagini)
- Posizionare e raggruppare oggetti

Crea il file M3-3 Comunicazione e salvalo nella tua cartella

1 Margini tutti a 2,5 cm, orientamento orizzontale.

2 **Titolo**: Fontwork: Preferito 1, 25 x 2 cm, Separato/Primo paragrafo. Riempimento: Bitmap/Spazio.

3 ▶ **Forme** ◀: Trapezio, 12 x 8 cm.
- Ancoraggio alla pagina. Posizione: Verticale e Orizzontale/Al centro.
- Riempimento: Sfumatura/Tango Red.
- Linea: tratteggiato, spessore 0,1 cm.
- Disposizione: Porta in fondo.
- Testo: Aharoni, 24 pt, bianco, interlinea doppia, , Formato/Oggetto/Attributi testo/Scorrimento parole nella forma.

> **Smart**
> Inserisci come prima forma il trapezio ed esegui quanto indicato al **punto 3**. Disegna la prima forma ovale, applica le formattazioni richieste al **punto 4**, per creare le altre usa Copia e Incolla, poi applica ad ognuna il colore di riempimento indicato.

4 ▶ **Forme** ◀: Ellisse, 6 x 3 cm. Testo, 28 pt, Aharoni, centrato.
- Riempimento Colore: Giallo chiaro, Blu classico, Grigioblu, Verde chiaro.
- Ombra: blu, distanza 0,10 cm.

Raggruppa tutte le forme.

5 Immagini tutte con Scorrimento Attraverso e disposizione Porta in fondo.

Creare caselle di testo

Clippy

Per posizionare la casella di testo nel documento in modo diverso, dopo aver digitato il testo, fare clic sull'oggetto e trascinare nel punto preferito.

Per distanziare l'oggetto dal testo del documento, da menu Formato scegliere Scorrimento/Modifica e impostare la distanza desiderata.

Le caselle di testo gestiscono il testo in modo autonomo rispetto alla pagina e possono essere posizionate in qualsiasi punto del documento.

Per creare una casella di testo, sulla barra degli strumenti Disegno fare clic su T Testo, posizionarsi nel ▶ **punto desiderato** ◀ e trascinare in diagonale fino a raggiungere la dimensione desiderata, quindi digitare il testo e fare clic nel documento.

Per modificare le proprietà di formato del testo (tipo, dimensione o colore), selezionarlo, per attivare la barra degli strumenti Oggetto di testo, e utilizzare i comandi disponibili. Operando su Carattere si attiva l'omonima finestra in cui si possono eseguire ulteriori scelte.

Per elaborare l'oggetto (colore bordo, riempimento, dimensione o altro), fare clic sulla casella per attivare la barra degli strumenti Proprietà oggetto di disegno ed eseguire le impostazioni; in alternativa, operare le scelte da menu Formato o da menu rapido.

Allena le competenze

- Creare titoli con fontwork
- Disegnare caselle di testo e forme ed elaborarle
- Inserire immagini da file (Immagini)

Crea il file M3-3 Occasioni e salvalo nella tua cartella

1. Margini tutti a 2 cm.
2. **Casella di testo**: 14 x 1,4 cm: Gisha, 13 pt, grassetto, Rosso 4, centrato.
3. **Fontwork**: Preferito 26, dimensioni 15,5 x 3 cm.
4. **Fontwork**: Preferito 5, dimensioni 10,3 x 3 cm.
5. Legenda rettangolare. Riempimento: Sfumatura/Tango Yellow, centrato.
6. **Fontwork**: Preferito 3,13 x 2,5 cm.
7. Diagramma di flusso: documento. Riempimento: Sfumatura/Sunburst, centrato.
8. **Fontwork**: Preferito 30, dimensioni 13 x 1 cm. Colore ombra Verde, distanza 0,5 cm.
9. Legenda freccia in basso. Altezza 4 cm. Riempimento: Sfumatura/Tango Green, centrato.
10. Immagini dimensionate e posizionate come mostrato, con disposizione Porta in fondo.

Impostazioni comuni di ogni forma:
Dimensioni 16,7 x 2,7 cm. Linea: nessuno. Testo: Segoe Print, 13 pt, grassetto, Formato/Oggetto/Attributi testo/Scorrimento parole nella forma.

Svolgi i test

Gli esercizi sono disponibili anche nella versione digitale come test interattivi e autocorrettivi.

TEST DI COMPLETAMENTO

Completa le frasi con le espressioni mancanti, scegliendo tra quelle di seguito proposte.
Scorrimento dinamico – Raggruppa – Inserisci – Formato – testo decorativo – destro – categoria

1 Per inserire un'immagine dal riquadro Galleria selezionare la ...., fare clic .... sull'immagine e scegliere ....
2 Lo strumento Galleria fontwork si utilizza per creare ....
3 Per unire più forme in un unico oggetto, selezionarle e da menu .... scegliere ....
4 Quando si inserisce un'immagine, essa viene inserita con la disposizione ....

TEST VERO FALSO

Indica, barrando la relativa casella, se le seguenti affermazioni sono vere o false.

	V	F
1 Le caselle di testo sono svincolate dal testo presente nei paragrafi.	☐	☐
2 Si opera sulla maniglia di rotazione per variare le dimensioni della forma.	☐	☐
3 Se si opera con il mouse, per non deformare un'immagine si deve dimensionarla intervenendo da un angolo.	☐	☐
4 È possibile applicare effetti di riempimento anche a una casella di testo.	☐	☐

TEST DI COLLEGAMENTO

Associa le voci della prima colonna con le corrispondenti descrizioni della seconda.

1 Livello di disposizione	A Per dividere più elementi grafici uniti in un unico oggetto.	1 ___
2 Porta più indietro	B Sposta l'oggetto selezionato dietro a tutte le altre forme.	2 ___
3 Separa	C Corrisponde all'ordine di inserimento di una forma in un documento.	3 ___
4 Porta in fondo	D Sposta l'oggetto selezionato indietro di un livello.	4 ___

TEST A RISPOSTA SINGOLA O MULTIPLA

Per ogni quesito, indica la risposta o le risposte corrette. (○ risposta singola / ☐ risposta multipla)

1 In una forma, il punto di rotazione è rappresentato da:
○ un circoletto rosso
○ un circoletto giallo
○ un circoletto blu
○ un circoletto verde

2 Il comando Linea attiva la finestra in cui è possibile applicare:
☐ il colore al bordo della forma
☐ lo stile di contorno della forma
☐ un colore di riempimento alla forma
☐ una sfumatura intorno al bordo della forma

3 In un gruppo di tre oggetti sovrapposti, per collocare davanti a tutti la forma posta dietro a tutti, applicare:
○ Porta più avanti
○ Porta in primo piano
○ Porta davanti al testo
○ Porta più indietro

4 Dopo aver scelto la forma Ellisse, quale tasto si deve usare insieme al mouse per creare un cerchio?
○ Alt
○ Ctrl
○ Shift
○ Alt Gr

Disponi ed elabora

- Il riquadro ELABORA elenca le consegne per lo svolgimento dell'esercizio.
- La presenza della barra (/) indica l'uso dell'Invio.
- Inserire le immagini da file (Immagini) o da Galleria.

1 **Crea il file M3-3 Evoluzione telefono e salvalo nella tua cartella**

Da Meucci ai giorni nostri: / l'evoluzione del telefono ///
[*Casella di testo*: La prima telefonata transatlantica avvenne tra New York e Londra, il 7 gennaio 1927]
1871 Meucci inventa il telefono elettromagnetico e ottiene un brevetto provvisorio. / **1876** Bell produce un apparecchio simile. Ottiene il brevetto definitivo. / **1878** New York. Prima rete telefonica urbana tra utenti attraverso centralino. / **1903** I nuovi cavi Western Electric consentono di effettuare chiamate a lunga distanza. / **1910** Batteria unica in centralina telefonica: si elimina la manovella. / **1920** Nel corso di un decennio vengono apportate continue modifiche e il disco combinatore permette chiamate dirette fra utenti. / **1921** Il telefono mobile installato sulle automobili è il primo antenato del moderno cellulare. / **1947** Concepita la tecnologia cellulare. Ma la FCC (*Federal Communications Commission*) non concede le frequenze. / **1970** I telefoni a tastiera digitale cominciano a sostituire quelli a disco. / **1973** Martin Cooper realizza il primo telefono cellulare. Pesa un chilo. / **1980** Fa la sua comparsa il display digitale. Consentirà di visualizzare il numero chiamante, l'ora e la data corrente e molti altri servizi. / **1983** Rete analogica (*Tacs*) di prima generazione. Escono i primi *brick* (mattone) *phones*. / **1985** Viene prodotto il primo telefono "*cordless*", un telefono senza fili dipendente da un impianto principale collegato via cavo alla rete telefonica. / **1992** Le reti mobili migrano verso sistemi digitali (*Gsm*). Primi Sms. / **2000** Gli Sms, dopo aver invaso i cellulari, arrivano sui telefoni di casa. / **2002** Umts, standard di terza generazione: videochiamate e immagini. / **2004** Videotelefonate su telefono fisso: è sufficiente cambiare l'apparecchio senza altre modifiche.

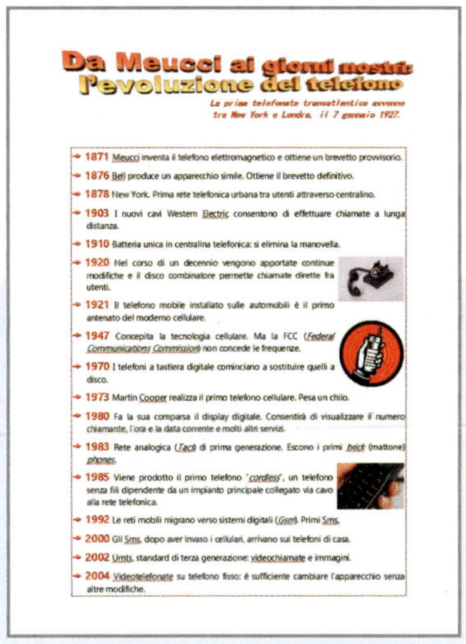

Da Meucci ai giorni nostri: l'evoluzione del telefono

La prima telefonata transatlantica avvenne tra New York e Londra, il 7 gennaio 1927.

- 1871 Meucci inventa il telefono elettromagnetico e ottiene un brevetto provvisorio.
- 1876 Bell produce un apparecchio simile. Ottiene il brevetto definitivo.
- 1878 New York. Prima rete telefonica urbana tra utenti attraverso centralino.
- 1903 I nuovi cavi Western Electric consentono di effettuare chiamate a lunga distanza.
- 1910 Batteria unica in centralina telefonica: si elimina la manovella.
- 1920 Nel corso di un decennio vengono apportate continue modifiche e il disco combinatore permette chiamate dirette fra utenti.
- 1921 Il telefono mobile installato sulle automobili è il primo antenato del moderno cellulare.
- 1947 Concepita la tecnologia cellulare. Ma la FCC (Federal Communications Commission) non concede le frequenze.
- 1970 I telefoni a tastiera digitale cominciano a sostituire quelli a disco.
- 1973 Martin Cooper realizza il primo telefono cellulare. Pesa un chilo.
- 1980 Fa la sua comparsa il display digitale. Consentirà di visualizzare il numero chiamante, l'ora e la data corrente e molti altri servizi.
- 1983 Rete analogica (Tacs) di prima generazione. Escono i primi brick (mattone) phones.
- 1985 Viene prodotto il primo telefono "cordless", un telefono senza fili dipendente da un impianto principale collegato via cavo alla rete telefonica.
- 1992 Le reti mobili migrano verso sistemi digitali (Gsm). Primi Sms.
- 2000 Gli Sms, dopo aver invaso i cellulari, arrivano sui telefoni di casa.
- 2002 Umts, standard di terza generazione: videochiamate e immagini.
- 2004 Videotelefonate su telefono fisso: è sufficiente cambiare l'apparecchio senza altre modifiche.

ELABORA
- **Margini**: tutti a 2,5 cm.
- **Titolo**: fontwork Preferito 16, scorrimento Separato.
- **Testo**: Ebrima, 11 pt. Elenco puntato: immagine ; al numero dell'anno 14 pt, , Rosso 4; distanza Sotto 0,2 cm, . **Bordi esterni**: stile linea breve, larghezza 0,5 cm, Rosso 4.
- **Casella di testo**: SimHei, 12 pt, Rosso 4, , , .
- **Immagini**: da file, larghezza 3 cm (Mantieni rapporto), scorrimento Intorno, distanza dal testo 0,2 cm.

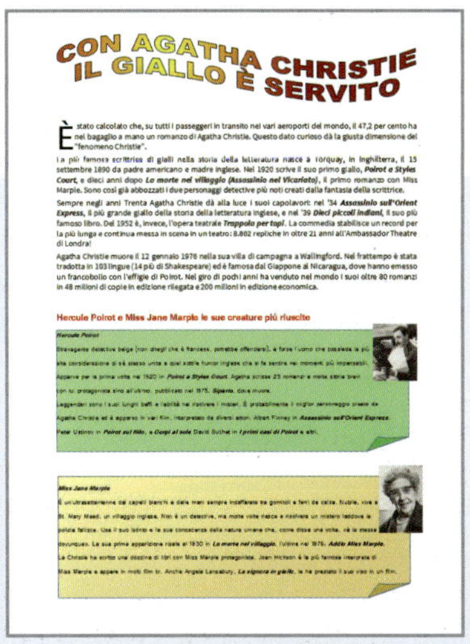

CON AGATHA CHRISTIE IL GIALLO È SERVITO

È stato calcolato che, su tutti i passeggeri in transito nei vari aeroporti del mondo, il 47,2 per cento ha nel bagaglio a mano un romanzo di Agatha Christie. Questo dato curioso dà la giusta dimensione del "fenomeno Christie".

La più famosa scrittrice di gialli nella storia della letteratura nasce a Torquay, in Inghilterra, il 15 settembre 1890 da padre americano e madre inglese. Nel 1920 scrive il suo primo giallo, **Poirot a Styles Court**, e dieci anni dopo **La morte nel villaggio (Assassinio nel Vicariato)**, il primo romanzo con Miss Marple. Sono così già abbozzati i due personaggi detective più noti creati dalla fantasia della scrittrice.

Sempre negli anni Trenta Agatha Christie dà alla luce i suoi capolavori: nel '34 **Assassinio sull'Orient Express**, il più grande giallo della storia della letteratura inglese, e nel '39 **Dieci piccoli indiani**, il suo più famoso libro. Del 1952 è, invece, l'opera teatrale **Trappola per topi**. La commedia stabilisce un record per la più lunga e continua messa in scena in un teatro: 8.862 repliche in oltre 21 anni all'Ambassador Theatre di Londra!

Agatha Christie muore il 12 gennaio 1976 nella sua villa di campagna a Wallingford. Nel frattempo è stata tradotta in 103 lingue (14 più di Shakespeare) ed è famosa dal Giappone al Nicaragua, dove hanno emesso un francobollo con l'effigie di Poirot. Nel giro di pochi anni ha venduto nel mondo i suoi oltre 80 romanzi in 48 milioni di copie in edizione rilegata e 200 milioni in edizione economica.

Hercule Poirot e Miss Jane Marple le sue creature più riuscite

Hercule Poirot

Miss Jane Marple

2 **Apri il file M3 Giallo e salvalo nella tua cartella con il nome M3-3 Giallo**

ELABORA
- **Margini**: tutti a 2,3 cm.
- **Titolo**: fontwork Preferito 2, riempimento: Sfumatura/Sunbrust.
- **Testo**: Source Sans Pro, 10,5 pt, distanza Sotto 0,1 cm, , capolettera. **Sottotitolo**: 14 pt, , Rosso 4.
- **Forme**: Angolo ripiegato, 16 x 5,5 cm. Riempimento: Sfumatura/Tango Green e Tango Yellow. Testo Tunga, 10 pt.
- **Immagini**: da file, larghezza 2 cm (Mantieni rapporto), scorrimento Intorno.

CONSOLIDAMENTO DELLE ABILITÀ

3 Crea il file M3-3 Nosmoke e salvalo nella tua cartella

NO ALLA SIGARETTA ///
[*Casella di testo:* Non esiste un metodo garantito per smettere di fumare che non costi qualche sacrificio.] / Più si è fumatori accaniti, più il nostro fisico richiede una dose quotidiana di nicotina e di fumo e quando viene improvvisamente a mancare, l'organismo è portato a reagire. I primi giorni sono comunemente molto penosi; ma per fortuna i medici hanno scoperto diversi metodi che renderanno più facile smettere di fumare. // Prima di tutto è utile stabilire a quale categoria di fumatori si appartiene. // Vi sono i **nervosi** che accendono la sigaretta nei momenti di tensione. Ogni volta che si presenta una qualche contrarietà, i fumatori di questa categoria mettono mano al pacchetto di sigarette. / Vi sono poi i **giocherelloni**, vale a dire quelli che si gingillano col pacchetto di sigarette e con l'accendino. Quando costoro abbiano trovato qualcosa con cui tenere occupate le mani per qualche giorno di seguito, il resto diventa facile. / E ci sono gli **abitudinari**, quelle persone che fumano quasi senza rendersene conto. Costoro, una volta presa la decisione di smettere di fumare, riescono rapidamente nel loro intento. / Ci sono anche i fumatori che amano accendere la sigaretta appena finiti i pasti o davanti ad una tazzina di caffè. La soluzione è semplice: invece di starsene seduti dopo pranzo, devono alzarsi e mettersi a fare qualcosa. E ci sono infine gli **schiavi della sigaretta**. /[*Casella di testo:* La sola soluzione per loro sta nella forza di carattere: quello che devono fare è decidere se vogliono smettere di fumare.]

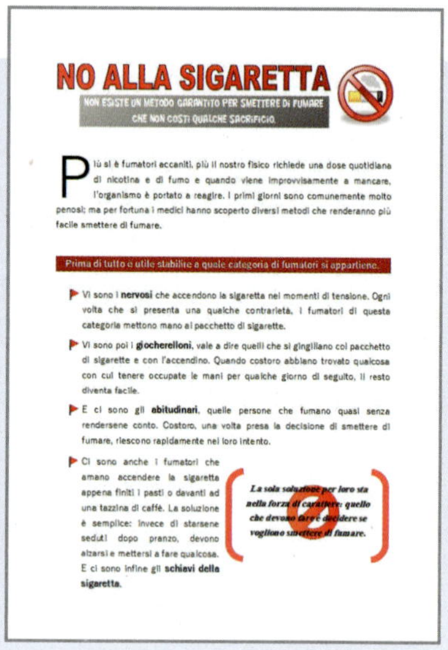

ELABORA
- **Margini**: tutti a 2,5 cm.
- **Titolo**: fontwork Preferito 1, 13 x 1,2 cm; riempimento: Sfumatura/Tango Red.
- **Casella di testo**: Nightclub BTN Cn, 14 pt, bianco; riempimento: Sfumatura/Tango Gray.
- **Testo**: Yu Gothic, 12 pt, capolettera; . **Elenco puntato**: immagine, distanza Sotto 0,2 cm. 2° **paragrafo**: sfondo Rosso 5, .
- **Forma**: Doppia parentesi, colore linea Rosso, spessore 0,3 cm. Posiziona con Scorrimento Contorno, distanza dal testo a sinistra 0,3 cm, sovrapponi alla forma una casella di testo: David, 13 pt, Rosso, , , .
- **Immagini**: da file e da Galleria (Simboli/Sign-Null), larghezza 3 cm (Mantieni rapporto), scorrimento Attraverso, disposizione Porta in fondo.

4 Apri il file M3 Gatto e salvalo nella tua cartella con il nome M3-3 Gatto

ELABORA
- **Margini**: tutti a 2,5 cm.
- **Titolo**: fontwork Preferito 3, 14 x 2,5 cm.
- **Testo**: Vani, 12 pt, capolettera; distanza Sotto 0,2 cm, . 4° **paragrafo**: sfondo Arancione 1.
- **Casella di testo**: 5,2 x 5,4 cm, Tunga, 12 pt, bianco, , ; riempimento: Sfumatura/Brownie.
- **Elenco puntato**: immagine, distanza Sotto 0,3 cm; ai nomi di ogni razza applica , , Rosso 5.
- **Immagini**: da file, Scorrimento dinamico. Gatto3: larghezza 5 cm (Mantieni rapporto), distanza testo a sinistra 0,2 cm.

5 **Apri il file M3 Stuart e salvalo nella tua cartella con il nome M3-3 Stuart**

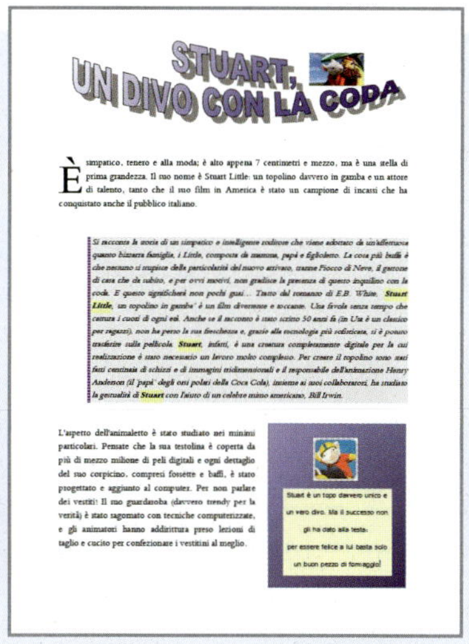
STUART, UN DIVO CON LA CODA

ELABORA
- **Margini**: superiore e inferiore a 1,5 cm, sinistro e destro a 2,5 cm.
- **Titolo**: fontwork Preferito 10, altezza 4,9 cm, Scorrimento Separato.
- **Testo**: Traditional Arabic, 12 pt. Capolettera, .

  Nel **paragrafo in cui è descritta la trama del film** applica 11 pt, , rientro a sinistra di 1,5 cm, distanza Sopra e Sotto 0,5 cm, sfondo Bianco, Grigio 1, bordo sinistro tratteggiato, spessore 4 pt, colore Viola; ogni volta che trovi il nome del topolino applica ed evidenzia il testo in giallo.

  Ultimo paragrafo: rientro a destra di 7 cm.
- **Casella di testo**: 5 x 4 cm, riempimento: Giallo chiaro, Tunga, 11 pt, sovrapposta alla forma Rettangolo 6,3 x 7,5 cm, riempimento: Sfumatura/Sun-Set.
- **Immagini**: da file, Scorrimento dinamico.

6 **Apri il file M3 Ragazzo e salvalo nella tua cartella con il nome M3-3 Ragazzo**

RAGAZZO, SEI QUEL CHE MANGI

ELABORA
- **Margini**: tutti a 2,5 cm.
- **Titolo**: fontwork Preferito 23, 12 x 2,5 cm, Scorrimento Separato.
- **Casella di testo**: 16 x 1,6 cm, Space Bd BT, 11 pt, , riempimento: Sfumatura/Radiale rosso/giallo.
- **Testo**: Yu Gothic, 11 pt, , distanza Sotto 0,5 cm.
- **Immagini**: da file, larghezza 3 cm (Mantieni rapporto), Scorrimento dinamico e Attraverso, disposizione Porta in fondo. Ultima riga immagini da Galleria: Sfondi/citrus e confetti, larghezza 1 cm (Mantieni rapporto), disposte come mostrato (copia e incolla, per un allineamento ottimale inserisci una linea su cui appoggerai le immagini, distanziandole come mostrato nell'anteprima a fianco).

7 **Apri il file M3 Orologio e salvalo nella tua cartella con il nome M3-3 Orologio**

L'OROLOGIO NEL TEMPO

ELABORA
- **Margini**: sinistro e destro 3 cm. Superiore a 2,5 cm.
- **Titolo**: fontwork Preferito 1, riempimento Ciano 4, forma Angolare verso l'alto.
- **Testo**: Miriam, 12 pt; interlinea 1,5, , distanza Sotto 0,2 cm.
- **Forme (paragrafi in rosso)**: Diagramma di flusso: accesso sequenziale (5,20 x 5 cm) e Cerchio (7,30 cm). Scorrimento Contorno, riempimento Sfumatura/Tango Orange e Green. **Testo**: 11 pt, .
- **Immagini**: da file, larghezza 3 cm (Mantieni rapporto), cornice/Giallo 4, Scorrimento dinamico e disposizione Porta in fondo.

8 **Crea il file M3-3 Mappa racconto comico e salvalo nella tua cartella**

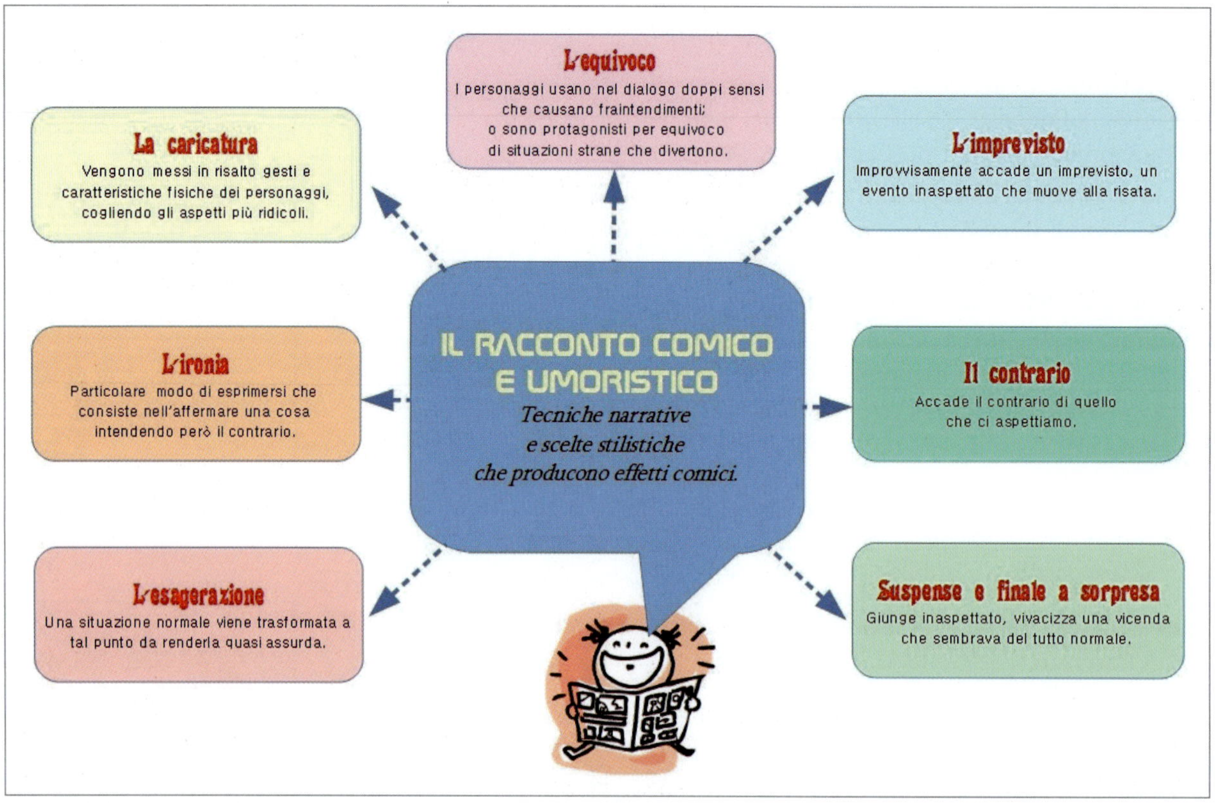

ELABORA
- **Orientamento**: orizzontale. **Margini**: tutti a 2 cm.
- **Forma centrale**: Legenda rettangolare arrotondata, 6,5 x 9 cm; Ancoraggio/Alla pagina, Posizione/Al centro. **Titolo**: Space Bd Bt, 20 pt, Giallo; testo: Sylfaen, 14 pt, nero, ≡.
- **Altre forme**: Rettangolo arrotondato, 7,5 x 3 cm; **titoli**: Alibi, 16 pt, Rosso 4; **testo**: Dotum, 10 pt, ≡; riempimento: Giallo 10, Arancione 10, Rosso 10, Magenta 10, Ciano 10, Turchese 10, Verde 10.
- **Frecce**: trattini, spessore 0,1 cm. Al termine raggruppa tutti gli oggetti.
- **Immagine**: da file, larghezza 4 cm (Mantieni rapporto), Scorrimento Attraverso e disposizione Porta in fondo.

9 **Apri il file M3 Specchio e salvalo nella tua cartella con il nome M3-3 Specchio**

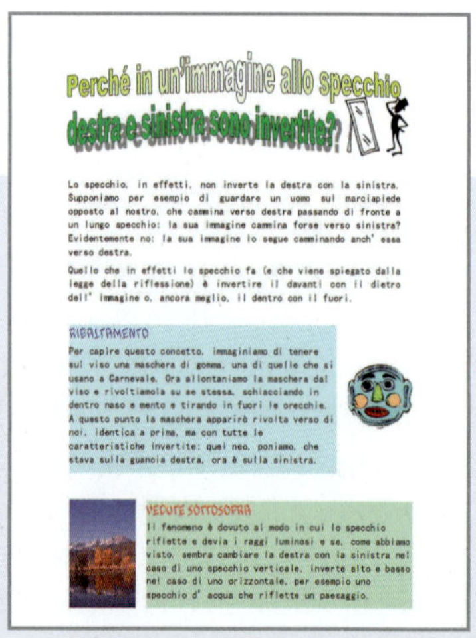

ELABORA
- **Margini**: tutti a 3 cm.
- **Titolo**: fontwork Preferito 17, 15 x 2,4 cm e Preferito 12 (forma Angolare verso l'alto), 12 x 2 cm.
- **Testo**: SimHei, 13 pt, ≡. **1° e 2° paragrafo**: distanza Sotto 0,2 cm.
- **Caselle di testo**: larghezza 12 cm, altezza 6,5 cm e 4,6 cm; riempimento: Ciano 10 e Verde chiaro. **Sottotitoli**: Persia BT, 20 pt, Blu e Rosso.
- **Immagini**: da file, larghezza 3 cm (Mantieni rapporto), Scorrimento Attraverso e disposizione Porta in fondo.

10 Apri il file M3 Raccolta e salvalo nella tua cartella con il nome M3-3 Raccolta

ELABORA
- **Margini**: tutti a 2 cm.
- **Titolo**: fontwork Preferito 10 e 4, altezza 2,5 cm, Scorrimento Separato.
- **Primo paragrafo**: Tempus Sans ITC, 14 pt, , , sfondo Verde 10.
- **Legende/Nuvola**: Sneakerhead BTN, 14 pt, Rosso, ; riempimento: Bitmap/Cielo e Marmo.
- **Secondo paragrafo**: Open Sans, 12 pt, , .
- **Ultimo paragrafo**: Diagramma di flusso: nastro perforato, riempimento Sfumatura/Radiale rosso/giallo, ombra: Arancione; testo: OCR A Extended, 14 pt, , .
- **Immagini**: da file, Scorrimento Attraverso e disposizione Porta in fondo. Ultime tre immagini altezza 2 cm (Mantieni rapporto) e disposizione Porta in primo piano.

11 Apri il file M3 Vitamine e salvalo nella tua cartella con il nome M3-3 Vitamine

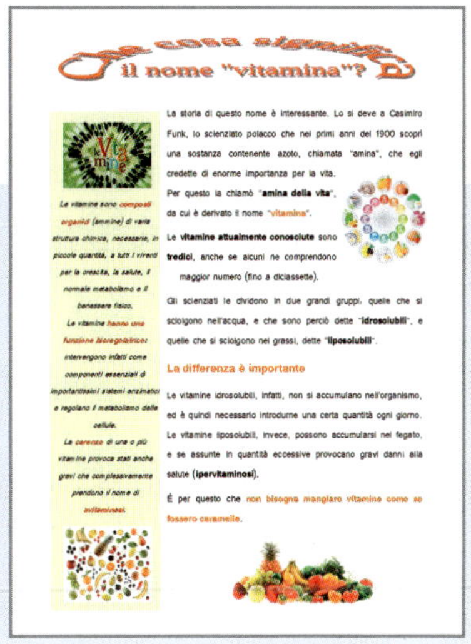

ELABORA
- **Margini**: tutti a 2 cm.
- **Titolo**: fontwork Preferito 1, forma Cerchio aperto (spesso), altezza 3 cm, Scorrimento Separato, riempimento Arancione, ombra distanza 0,1 cm.
- **Testo**: Tunga, 14 pt, , distanza Sotto 0,2 cm. **Sottotitolo**: Arancione, 18 pt, .
- **Casella di testo**: 22 x 5 cm, ancorata alla pagina; testo 12 pt, , ; riempimento Giallo chiaro, distanza dal testo a destra 0,3 cm.
- **Immagini**: da file, larghezza 4 cm (Mantieni rapporto), Scorrimento dinamico, ultima immagine altezza 3 cm (Mantieni rapporto).

12 Crea il file M3 Stemma e salvalo nella tua cartella

LEGENDA / DELLO STEMMA D'ITALIA
Ramo d'ulivo / Indica la volontà di pace della nazione
Ramo di quercia / Indica la forza e la dignità del popolo italiano
Stella / Compare come attributo dell'Italia già nel Cinquecento
Ruota dentata / Traduce l'art. 1 della Costituzione: "*L'Italia è una Repubblica democratica fondata sul lavoro*"

ELABORA
- **Margini**: tutti a 2 cm.
- **Titolo**: fontwork Preferito 3, altezza 3 cm, riempimento Bitmap/Foglie, Scorrimento Separato.
- **Immagine**: da file, Ancoraggio/Alla pagina, Posizione/Al centro.
- **Forme (Legenda riga 3)**: Ebrima, 14 e 12 pt, . (Copia, rispecchia in verticale e in orizzontale). Riempimento Sfumatura/Deep Green, Brownie, Argile e Tango Orange. Linea spessore 0,1 cm, colore adeguato a quello di riempimento. Raggruppa le forme.

Esprimi la tua creatività

- Copia (o apri) e disponi i testi proposti.
- La presenza della barra (/) indica l'uso dell'Invio.
- Applica le formattazioni che ritieni idonee per realizzare documenti accattivanti.

1 **Crea il file M3-3 Itinerari vela e salvalo nella tua cartella**

A VELA NELL'ARCIPELAGO DELLA MADDALENA ///
Il CTS (Centro Turistico Studentesco) organizza una crociera nell'arcipelago della Maddalena per chi ama più di ogni cosa il mare. / L'imbarco è previsto all'isola della Maddalena, dalla quale si naviga alla volta di Caprera. Qui si effettua la visita al Centro ricerche delfini, mentre il secondo giorno, dopo aver fatto il periplo di Caprera, si fa rotta verso Santa Maria. / La traversata prosegue verso la Corsica, alle Bocche di Bonifacio, dove si trascorre la notte. / Il quarto giorno si parte per visitare la riserva naturale dell'isola Lavezzi, dove si visita il faro e si incontrano i tecnici della riserva. / Il quinto giorno si giunge a Porto Vecchio, costeggiando il lato orientale della Corsica. Per la notte la zona di sosta viene scelta tra Santa Manza, Santa Giulia, Rondinara e Porto Vecchio. / Il sesto giorno rotta verso le isole Razzoli, Budelli e Spargi, con sosta a Cala Canicci, dove è prevista la visita alla fortificazione di Pietrajaccio. / Il settimo giorno si naviga intorno a Spargi, con sosta a Cala Corsara, per ritornare poi alla Maddalena. / Partenze: 24 agosto e 21 settembre. / Imbarco: isola della Maddalena. / Durata: 7 giorni (6 notti). / Sistemazione: barca a vela. / La quota (che comprende skipper e sistemazione in barca) è di 525 euro per la partenza del 24 agosto, di 687,50 euro per la partenza del 21 settembre. / *Info*: Dipartimento della conservazione della natura del CTS.

2 **Crea il file M3-3 Laghi Fusine e salvalo nella tua cartella**

I LAGHI DI FUSINE ///
I laghi di Fusine, che si trovano nella parte orientale del comprensorio del Tarvisano, sono collocati all'interno di una conca glaciale al centro di una sorta di anfiteatro calcareo creato dalla dorsale Picco di Mezzodì-Mangart-Pozza Grande. / I laghi sono alimentati da numerosi torrenti sotterranei. Intorno a questi suggestivi bacini lacustri è stato creato un piccolo parco naturale, di circa 44 ettari. / In quest'area sono concentrate tutte le bellezze naturalistiche della foresta del Tarvisano: grandi boschi di conifere, cervi, caprioli, camosci e varie specie di uccelli. I visitatori potranno percorrere i magnifici sentieri che costeggiano i laghi. Uno di questi, forse il più conosciuto e accessibile a tutti, è quello che compie il periplo dei due invasi con partenza dall'albergo Edelweiss. / Un'altra escursione, un po' più faticosa, è quella che conduce al rifugio Zacchi, ai piedi della Pozza Grande. Occorre salire con l'auto fino al parcheggio del ristorante "Ai Sette Nani" e imboccare la pista segnalata, lungo il rio Vaisonz. / Successivamente si sale per una larga mulattiera che, compiendo vari tornanti, porta finalmente al rifugio. Durante il percorso si possono ammirare i laghi e le maestose formazioni rocciose. / Il parco naturale regionale dei laghi di Fusine è gestito dall'Azienda regionale delle foreste della regione autonoma Friuli-Venezia Giulia. / *Info*: Azienda di promozione turistica del Tarvisano.

3 **Crea il file M3-3 Percorsi auto Sardegna e salvalo nella tua cartella**

CAPO FERRATO: TRA CANYON E PICCHI SELVAGGI ///
L'itinerario proposto (in auto) parte da Muravera e arriva nell'incantevole paradiso di Capo Ferrato. / Da Muravera si percorre la statale 125 "Orientale Sarda" in direzione Cagliari; giunti al villaggio di S. Priamo si prende la strada che si dirige verso Castiadas. Superando il ponte sul Rio Picocca si devia a sinistra al primo incrocio e si percorre tutto il tratto di strada fino a dove finisce l'asfalto; qui si volta a destra e inizia la strada sterrata che bisogna seguire senza prendere alcuna deviazione, giungendo così a un piccolo valico, dove è possibile ammirare le calette e le spiaggette di Ferasi. / Si prosegue scendendo lungo il versante orientale del Monte Ferru, fino al punto in cui la strada sterrata si ricongiunge alla strada asfaltata

e qui, svoltando a sinistra, ci si dirige verso Capo Ferrato, percorrendo tutta la strada (in leggera salita) fino a raggiungere un piccolo valico, sulla sommità del quale bisogna lasciare l'auto e percorrere un tratto in discesa (scalette) che conduce all'estrema punta sul mare di Capo Ferrato. Qui si può ammirare la bellezza di massi e rocce granitiche che "si tuffano" nel mare, caratterizzati da canyon e selvaggi picchi ove nidificano il gabbiano reale e il falco pellegrino. / La zona è inoltre particolarmente interessante per le immersioni subacquee. / *Info*: www.regione.sardegna.it.

4 **Crea il file M3-3 Biblioteca e salvalo nella tua cartella**

ALESSANDRIA RIVIVE / IL SOGNO DI TOLOMEO //
Riapre la Biblioteca di Alessandria. È un po' come dire: l'oracolo di Apollo riprende a funzionare nel tempio di Delfi. /
Se c'è un **luogo leggendario** è la Biblioteca di Alessandria: nata con il sogno di ospitare tutti i libri del mondo, santuario di un sapere elitario e universale al tempo stesso, era un deposito in cui fu raccolta e ordinata tutta la letteratura del mondo antico. Il luogo in cui presero forma i volumi con i canti di Omero e le Odi di Pindaro, ma anche il luogo in cui si decise la traduzione in greco della Bibbia: 72 saggi ebraici, convocati da Gerusalemme e reclusi nell'isoletta di Faro, compilarono in 72 giorni la versione del sacro libro. /
Casella di testo: [La **Biblioteca d'Egitto** fu anche il luogo dove matematici e geografi tracciarono le mappe della terra e del cielo, disegnarono meridiani e paralleli.]
Casella di testo: [**Storia** / Voluta da Tolomeo II Filadelfo, che regnò in Egitto dal 285 al 246 a.C., pensata da Demetrio Falereo, discepolo di Aristotele, era la **più grande biblioteca del mondo antico**: pare che, al tempo di Giulio Cesare, si fosse raggiunta la cifra record di **700 mila volumi**. Ed era, con il Faro e la tomba di Alessandro Magno, una delle glorie di Alessandria. Infine, fu inghiottita dalle tempeste della storia e si inabissò con il suo prezioso carico di testi antichi.]
Casella di testo: [**Oggi** / La Biblioteca di Alessandria oggi rinasce grazie a un progetto promosso dall'Unesco e realizzato da architetti norvegesi, nello stesso luogo da cui era stata cancellata secoli fa: sulle rive del Mediterraneo, davanti a quella baia dove un giorno il futuro imperatore Augusto sbarcò dando la caccia ad Antonio e Cleopatra. È pronta a ospitare fino a **8 milioni di libri** in un edificio di 11 piani, chiuso da mura di granito grigio, come una fortezza della cultura.]

5 **Crea il file M3-3 San Pietroburgo e salvalo nella tua cartella**

SAN PIETROBURGO: ARTE! ///
Casella di testo: [San Pietroburgo con circa 5 milioni di abitanti, è la seconda città della Russia per dimensioni e popolazione nonché il porto più importante. È inoltre una città federale russa.]
Fondata da Pietro il Grande, è considerata la città più bella d'Europa, grazie anche a due architetti italiani. / San Pietroburgo conserva ancora intatto il suo splendore di città marinara. I suoi palazzi imponenti riflettono la loro architettura elegante nell'acqua del fiume Neva, sul cui delta la città fu costruita nel 1703, per volontà dell'imperatore Pietro il Grande, ed eletta capitale della Russia. / La città, nel corso del tempo, ha sfidato e vinto la forza dell'acqua, che ogni cento anni provoca inondazioni terribili, ed ha anche ceduto il titolo di capitale a Mosca, restando, però, la più bella città, non solo della Russia, ma dell'intera Europa. / Questo è dovuto anche all'opera di un famoso architetto, ancora ricordato con ammirazione: l'italiano Carlo Rossi, cui si devono geniali idee architettoniche, d'ispirazione neoclassica, che hanno reso la città "la più astratta e premeditata del mondo", come la definì il grande scrittore *Dostojevskij*. / Nel 1914 cambiò il suo nome in quello di *Pietrograd* e, dopo la morte di *Lenin*, nel 1924, in Leningrado. Dal 1991, dopo la crisi del regime comunista, ha ripreso il suo nome originario. / A San Pietroburgo gli **spazi** sono **immensi**: **grandi** le **vie** e le **piazze**, **enormi** i **palazzi imperiali** che ricordano i fasti dell'epoca; **maestosi** i **ponti** che uniscono le rive del fiume Neva. Imponente per l'architettura e per il contenuto artistico è il famoso museo *Ermitage*. / È una città ricca di monumenti, di cultura, di poeti e artisti, che attraggono visitatori entusiasti da tutto il mondo. Il turista che si reca al *Teatr Kirov*, dove si esibiscono famosi attori e danzatori, ricorderà per tutta la vita l'emozione provata sia per la bellezza e per l'imponenza del luogo, sia per la bravura degli artisti. E ritornerà, anche per ripercorrere la *Nevskij Prospekt*, la "grande via" di San Pietroburgo, su cui si affacciano i palazzi di un altro grande architetto italiano: Bartolomeo Rastrelli.

6 **Crea il file M3-3 Isole maltesi e salvalo nella tua cartella**

LE ISOLE MALTESI ///
I megaliti, le prigioni sotterranee medievali e la Grotta di Calipso – Le isole maltesi hanno una mitologia positiva. Le strette vie serpeggianti delle loro città e dei loro paesi sono affollate da cattedrali rinascimentali e da palazzi barocchi. Dal momento che la campagna è punteggiata dai più antichi edifici umani che si conoscano al mondo, le isole sono state a buon diritto definite come un museo all'aria aperta. / L'arcipelago maltese si trova virtualmente al centro del Mediterraneo, con Malta che sta a 93 km a sud della Sicilia e a 288 km a nord dell'Africa. L'arcipelago è costituito da tre isole: Malta, Gozo e Comino con una popolazione totale di 400.000 abitanti su un'area di 316 km^2 e una linea costiera di 196,8 km (che non comprende i 56,01 km dell'isola di Gozo). / Malta è l'isola più grande e il centro culturale, commerciale e amministrativo. Gozo è la seconda isola per dimensioni ed è più rurale, caratterizzata dalla pesca, dal turismo, dall'artigianato e dall'agricoltura, mentre Comino è perlopiù disabitata. / Con un clima estremamente soleggiato, le spiagge in espansione, una vita notturna fiorente e 7.000 anni di storia affascinante, ci sono un bel po' di cose da vedere e da fare. Grazie al piccolo aiuto di una guida turistica, si riescono immediatamente ad identificare gli incantevoli luoghi di interesse – l'Ipogeo famoso in tutto il mondo e scelto dall'UNESCO come sito del Patrimonio dell'Umanità, i templi preistorici e i grandi palazzi non sono che alcuni di questi luoghi. / La lunga relazione tra gli abitanti delle isole e le varie nazionalità che hanno occupato Malta attraverso i secoli ha creato un connubio di stili e di tradizioni, conferendo alle isole una cultura eclettica e ricca di fascino.

7 **Crea il file M3-3 Calcolatore e salvalo nella tua cartella**

IL CALCOLATORE /// (*Inserisci immagine da file:* computer)
Fin dalla nascita dei calcolatori, una delle esigenze di maggiore importanza è stata la protezione dei dati in essi contenuti. In questa direzione sono stati fatti, e sono tuttora compiuti, notevoli sforzi che hanno portato alla messa a punto di sistemi di protezione sempre più sofisticati e affidabili. / Gli obiettivi di un sistema di protezione sono due: / 1. impedire l'accesso all'informazione a chi non sia esplicitamente autorizzato; / 2. proteggere l'informazione stessa da manipolazioni indebite che possano in qualunque modo danneggiarne l'integrità. / Quest'ultimo aspetto del problema è particolarmente delicato, specie in una società come la nostra in cui si tende sempre più a concentrare in banche dati (database) enormi quantitativi di informazioni la cui integrità e riservatezza sono in molti casi fattori d'importanza strategica. / Tra i vari tipi di manipolazioni possibili, ne esiste uno particolare che ha lo scopo di alterare in modo più o meno pesante il funzionamento del calcolatore. Ciò viene fatto aggiungendo a quelli esistenti un programma particolare. Esso viene inserito all'interno del sistema di elaborazione, violando l'eventuale schema di protezione posto a difesa del sistema, e possiede caratteristiche speciali: è realizzato in modo tale da essere difficilmente individuabile. / Una volta installato rimane inattivo fino al momento in cui non avviene, all'interno del sistema di elaborazione, un preciso evento che ne provoca l'attivazione.

8 **Apri il file M3 Caraibi e salvalo nella tua cartella con il nome M3-3 Caraibi**

9 **Apri il file M3 Consumi e salvalo nella tua cartella con il nome M3-3 Consumi**

10 **Apri il file M3 Curiosità e salvalo nella tua cartella con il nome M3-3 Curiosità**

11 **Apri il file M3 Risorse e salvalo nella tua cartella con il nome M3-3 Risorse**

12 **Apri il file M3 Spagna e salvalo nella tua cartella con il nome M3-3 Spagna**

UNITÀ 4 INCOLONNARE TESTO

Quando si crea un documento il testo viene disposto su un'unica colonna che va dal margine sinistro a quello destro. Talvolta, per necessità estetiche di impaginazione, come per esempio nei quotidiani, il testo può essere disposto anche su due o più colonne.

Inoltre, in alcuni tipi di documento, per ordinare meglio il testo e rendere i concetti più chiari, o facilitare comparazioni e confronti, è utile allineare in colonna elementi testuali e numerici con le tabulazioni, oppure organizzare il testo in tabelle per presentare elencazioni.

Distribuire il testo in colonne

La disposizione del testo in colonne può essere impostata prima di digitare il testo, oppure dopo averlo inserito.
Per applicare il formato colonne solo in una parte del documento (per esempio dopo aver scritto il titolo), selezionare solo la porzione di testo interessata, da menu Formato ▶ **scegliere** ◀ Colonne, selezionare il layout desiderato e impostare la distanza fra le colonne.
Se desiderato, si può richiedere una linea separatrice (stile, larghezza e colore).

Clippy
Scegliendo Formato/Pagina/Colonne la formattazione a colonne viene applicata su tutto il documento.

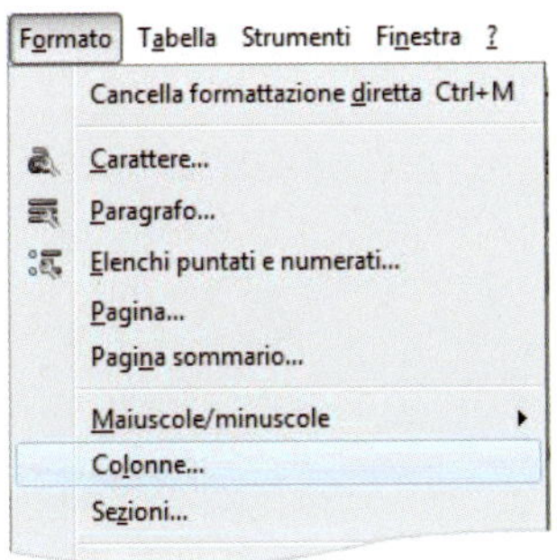

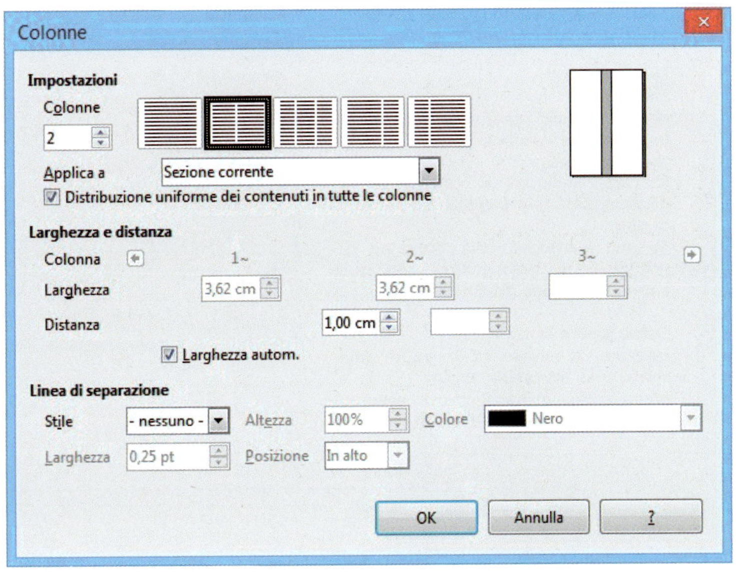

Clippy
Per cambiare la larghezza delle colonne, disattivare la spunta da Larghezza autom. e modificare i valori nelle caselle Larghezza.

Dopo questa operazione, il programma stabilisce in ▶ **automatico** ◀ la larghezza delle colonne e le distribuisce lungo la riga di scrittura in base ai margini e alla distanza che intercorre fra le colonne.

Il righello mostra la larghezza di ogni colonna.

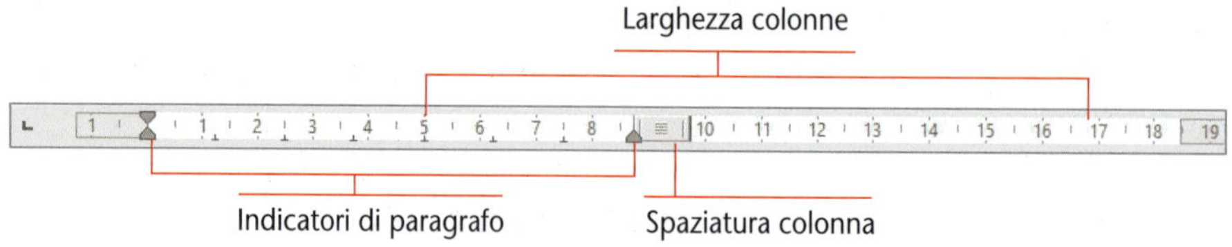

Zoom su...

SILLABARE UN DOCUMENTO

Se al testo è stato applicato l'allineamento Giustificato, nel caso in cui si creassero spazi troppo larghi all'interno della riga di scrittura è consigliabile richiedere la sillabazione per specifiche parole: menu Strumenti/ Lingua/Sillabazione.

• Inserire un'interruzione di colonna

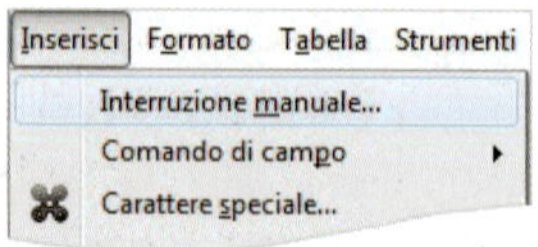

Quando si applica la formattazione a colonne prima di digitare il testo, il cursore si posiziona nella prima colonna e si può iniziare la scrittura; il testo viene distribuito per tutta la lunghezza della prima colonna e il cursore passa alla successiva solo dopo aver raggiunto il margine inferiore.

Per interrompere la scrittura e passare alla colonna successiva, utilizzare l'apposito comando di interruzione:

1. posizionare il cursore nel punto in cui si vuole inserire l'interruzione;
2. da menu Inserisci scegliere Interruzione manuale, nella finestra fare clic su Interruzione colonna e poi su OK.

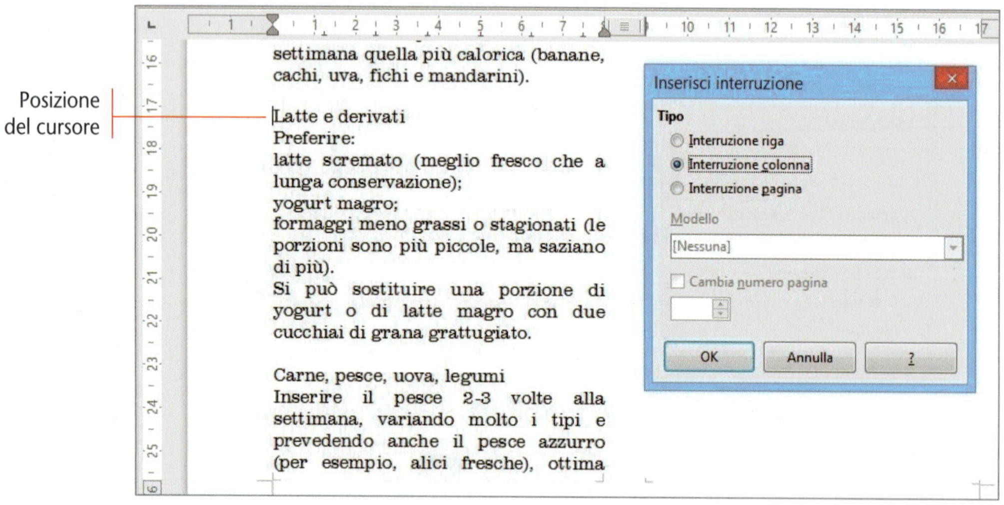

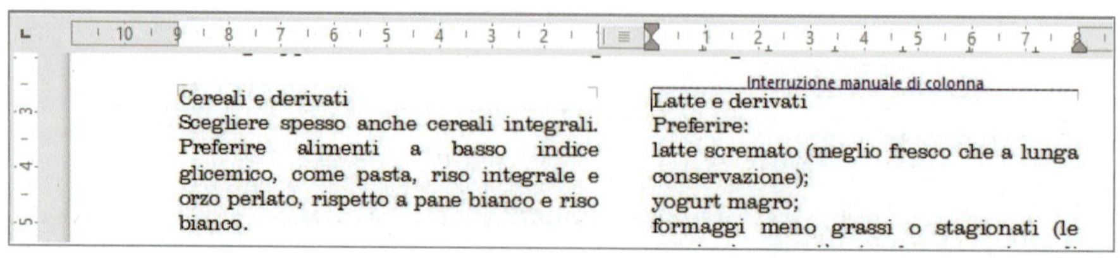

Per eliminare un'interruzione di colonna, posizionare il cursore nella riga sotto l'interruzione e premere BackSpace.

• Inserire interruzioni di sezione ed eliminare il formato colonne

Clippy

Le sezioni sono porzioni di documento indipendenti l'una dall'altra, entro le quali è possibile applicare formattazioni che altrimenti agirebbero sull'intero documento.

Quando si seleziona il testo e si applica il formato colonne, il programma crea in automatico una ▶ **sezione** ◀ (circoscritta da ▶ **bordi grigi** ◀).

Smart

Se non presenti, per mostrare le sezioni, da menu Visualizza applica la spunta su Margini del testo.

Se, nello stesso documento, dopo il formato a più colonne si desidera tornare a una sola, occorre separare la parte precedente dalla successiva in modo che le scelte fatte influiscano solo in una specifica sezione. È necessario quindi inserire una nuova sezione nel seguente modo:

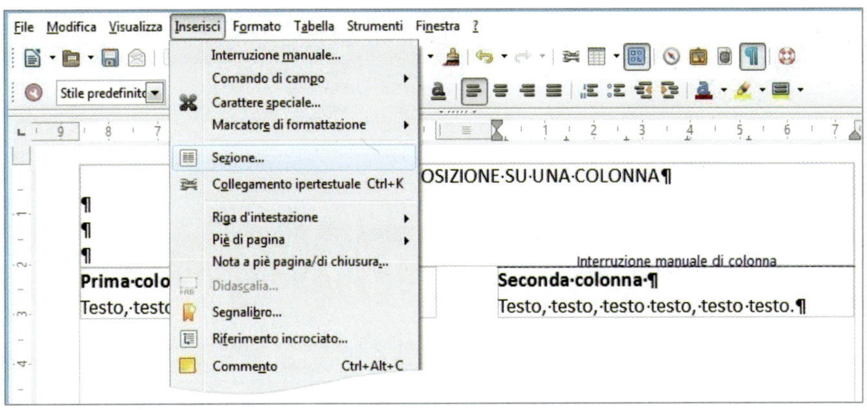

1. posizionare il cursore alla fine della sezione a due colonne e premere Invio;
2. da menu Inserisci scegliere Sezione;
3. nella scheda Sezione il programma propone una nuova sezione, nella scheda Colonne selezionare il layout a una colonna e fare clic su Inserisci.

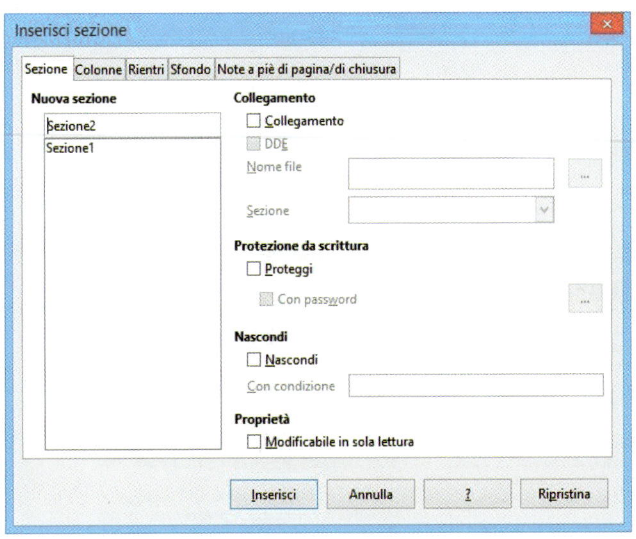

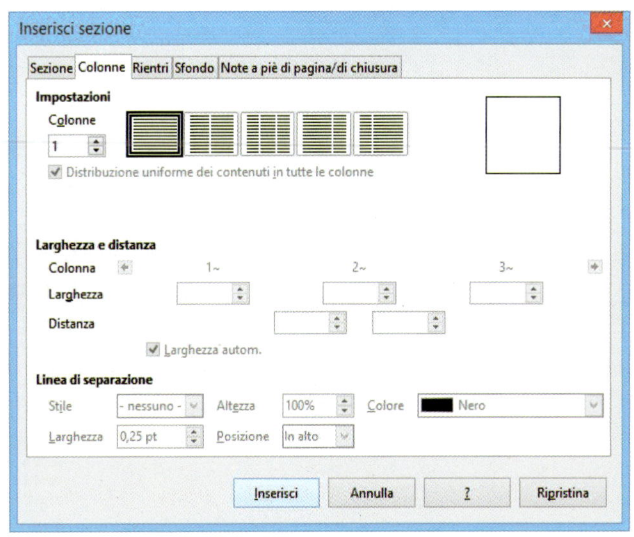

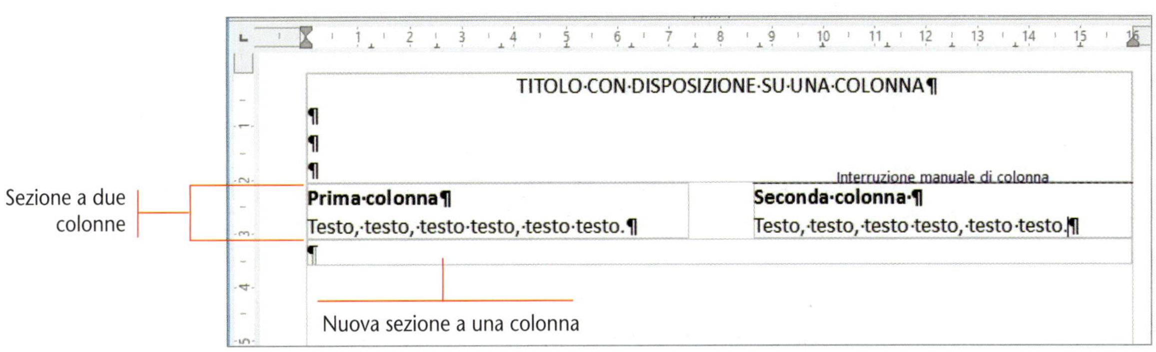

Allena le competenze

- Disporre il testo in colonne
- Applicare un'interruzione di colonna
- Creare titoli fontwork e inserire immagini da file (Immagini)

Apri il file M3 Alimentazione e salvalo nella tua cartella con il nome M3-4 Alimentazione

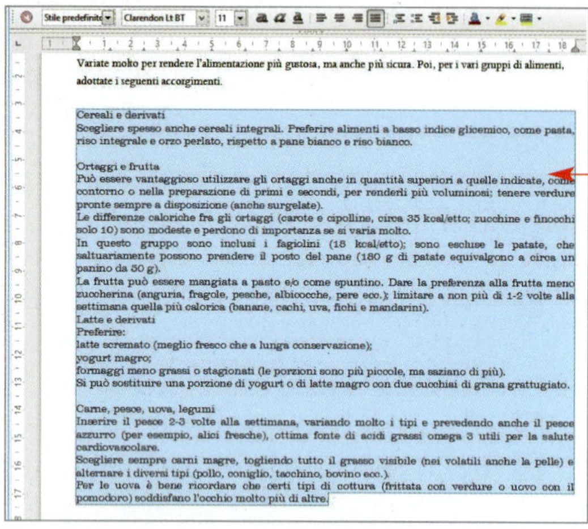
Stile predefinito | Clarendon Lt BT | 11

Variate molto per rendere l'alimentazione più gustosa, ma anche più sicura. Poi, per i vari gruppi di alimenti, adottate i seguenti accorgimenti.

Cereali e derivati
Scegliere spesso anche cereali integrali. Preferire alimenti a basso indice glicemico, come pasta, riso integrale e orzo perlato, rispetto a pane bianco e riso bianco.

Ortaggi e frutta
Può essere vantaggioso utilizzare gli ortaggi anche in quantità superiori a quelle indicate, come contorno o nella preparazione di primi e secondi, per renderli più voluminosi; tenere verdure pronte sempre a disposizione (anche surgelate).
Le differenze caloriche fra gli ortaggi (carote e cipolline, circa 35 kcal/etto; zucchine e finocchi solo 10) sono modeste e perdono di importanza se si varia molto.
In questo gruppo sono inclusi i fagiolini (18 kcal/etto); sono escluse le patate, che saltuariamente possono prendere il posto del pane (180 g di patate equivalgono a circa un panino da 50 g).
La frutta può essere mangiata a pasto e/o come spuntino. Dare la preferenza alla frutta meno zuccherina (anguria, fragole, pesche, albicocche, pere ecc.); limitare a non più di 1-2 volte alla settimana quella più calorica (banane, cachi, uva, fichi e mandarini).
Latte e derivati
Preferire:
latte scremato (meglio fresco che a lunga conservazione);
yogurt magro;
formaggi meno grassi o stagionati (le porzioni sono più piccole, ma saziano di più).
Si può sostituire una porzione di yogurt o di latte magro con due cucchiai di grana grattugiato.

Carne, pesce, uova, legumi
Inserire il pesce 2-3 volte alla settimana, variando molto i tipi e prevedendo anche il pesce azzurro (per esempio, alici fresche), ottima fonte di acidi grassi omega 3 utili per la salute cardiovascolare.
Scegliere sempre carni magre, togliendo tutto il grasso visibile (nei volatili anche la pelle) e alternare i diversi tipi (pollo, coniglio, tacchino, bovino ecc.).
Per le uova è bene ricordare che certi tipi di cottura (frittata con verdure o uovo con il pomodoro) soddisfano l'occhio molto più di altre.

1 Margini tutti a 2 cm.

2 Seleziona la parte di testo come mostrato, applica il carattere Clarendon Lt BT, 11 pt, e 2 colonne, distanza 1 cm.

3 Posizionati prima di "Latte…" e inserisci un'interruzione di colonna.

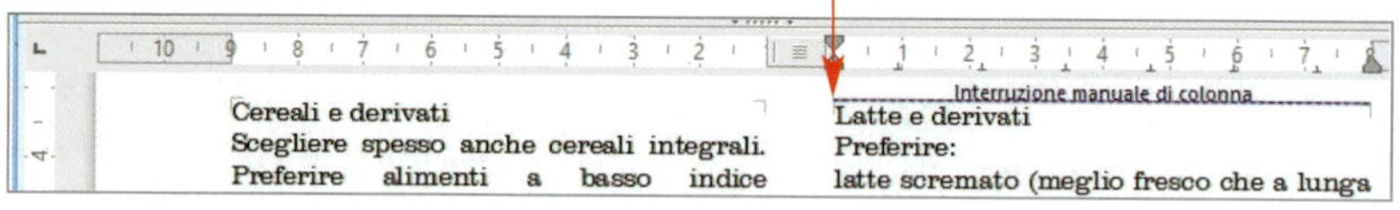

4 Titolo fontwork Preferito 3, altezza 3,20 cm, Scorrimento Separato.

5 VAGRounded BT, 13 pt, , sfondo Giallo.

6 Immagine, centrata, Scorrimento Separato, bordo Giallo 3.

7 A ogni sottotitolo applica il carattere VAGRounded BT, 18 pt, distanza Sotto 0,50 cm e, nell'ordine, gli sfondi Verde, Arancione 1, Ciano 1, Gialloverde 10.

8 Distanza Sotto 0,20 cm ed elenco puntato immagine.

9 Distanza paragrafi Sopra e Sotto 0,20 cm.

10 Bordo pagina, inferiore, doppia linea, Giallo 3.

Che cosa mangiare

Variate molto per rendere l'alimentazione più gustosa, ma anche più sicura. Poi, per i vari gruppi di alimenti, adottate i seguenti accorgimenti.

Cereali e derivati

Scegliere spesso anche **cereali integrali**. Preferire alimenti a basso indice glicemico, come pasta, riso integrale e orzo perlato, rispetto a pane bianco e riso bianco.

Ortaggi e frutta

Può essere vantaggioso utilizzare gli ortaggi anche in quantità superiori a quelle indicate, come contorno o nella preparazione di primi e secondi, per renderli più voluminosi; tenere verdure pronte sempre a disposizione (anche surgelate).

Le differenze caloriche fra gli ortaggi (carote e cipolline, circa 35 kcal/etto; zucchine e finocchi solo 10) sono modeste e perdono di importanza se si varia molto.

In questo gruppo sono inclusi i fagiolini (18 kcal/etto); sono escluse le patate, che saltuariamente possono prendere il posto del pane (180 g di patate equivalgono a circa un panino da 50 g).

La **frutta** può essere mangiata a pasto e/o come spuntino. Dare la preferenza alla frutta meno zuccherina (anguria, fragole, pesche, albicocche, pere ecc.); limitare a non più di 1-2 volte alla settimana quella più calorica (banane, cachi, uva, fichi e mandarini).

Latte e derivati

Preferire:

- **latte scremato** (meglio fresco che a lunga conservazione);
- **yogurt magro;**
- **formaggi meno grassi o stagionati** (le porzioni sono più piccole, ma saziano di più).
- Si può sostituire una porzione di yogurt o di latte magro con due cucchiai di **grana grattugiato**.

Carne, pesce, uova, legumi

Inserire il **pesce** 2-3 volte alla settimana, variando molto i tipi e prevedendo anche il pesce azzurro (per esempio, alici fresche), ottima fonte di acidi grassi omega 3 utili per la salute cardiovascolare.

Scegliere sempre **carni magre**, togliendo tutto il grasso visibile (nei volatili anche la pelle) e alternare i diversi tipi (pollo, coniglio, tacchino, bovino ecc.).

Per le **uova** è bene ricordare che certi tipi di cottura (frittata con verdure o uovo con il pomodoro) soddisfano l'occhio molto più di altre.

ECDL WP 3.2.6

Zoom su...

BUONI ESEMPI DI ALLINEAMENTO DEL TESTO

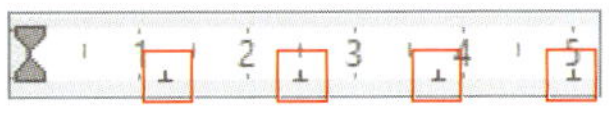

Tabulazione A sinistra

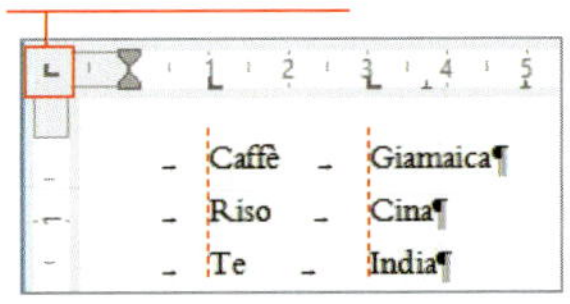

Tabulazione Al centro

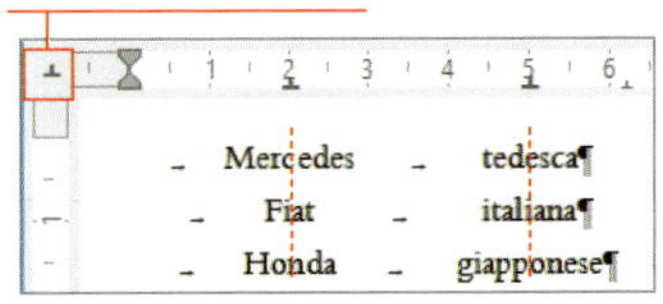

Tabulazione A destra

Tabulazione decimale

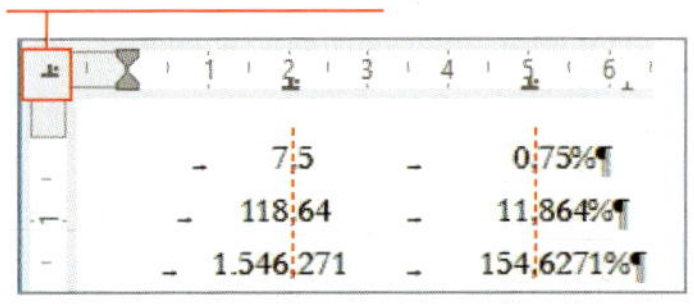

Fissare le tabulazioni

Le tabulazioni permettono di stabilire la posizione esatta nella quale ciascun elemento deve essere allineato in colonna.
I punti di tabulazione predefiniti sono impostati a intervalli di 1,25 cm e visualizzati sul righello orizzontale. Alla sinistra del righello è indicato il tipo di tabulazione con relativo allineamento che sarà applicato al testo: a sinistra, al centro, a destra, decimale.

Gli ▶ **arresti di tabulazione** ◀ e il tipo di allineamento possono essere fissati sul righello o nella specifica scheda Tabulazioni della finestra Paragrafo.

Clippy

Per spostarsi nella riga sugli arresti impostati usare il tasto Tab.

• Fissare tabulazioni con il righello

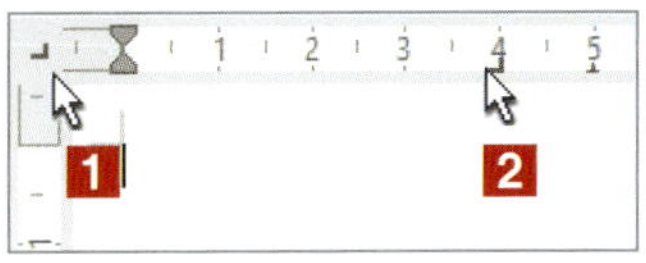

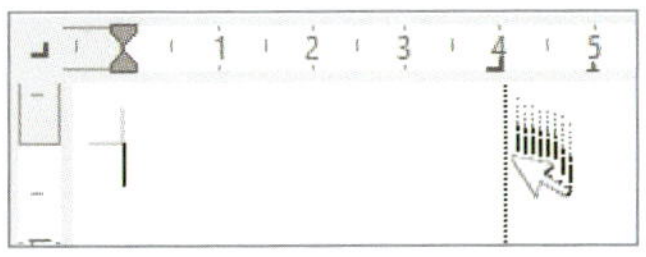

1. Posizionare il cursore nella riga in cui si intende applicare le tabulazioni e fare clic sul simbolo a sinistra del righello per scegliere il tipo di tabulazione da impostare (ripetere l'azione fino a visualizzare quello desiderato).
2. Nel righello, fare clic nel punto in cui si desidera fissare la tabulazione.

Per spostare gli arresti di tabulazione impostati, fare clic sul relativo simbolo nel righello e trascinare verso sinistra o destra.
Per eliminare un arresto di tabulazione, puntare nel righello sul simbolo che lo identifica, trascinarlo nell'area del documento e rilasciare il mouse.

• Fissare tabulazioni da finestra Paragrafo

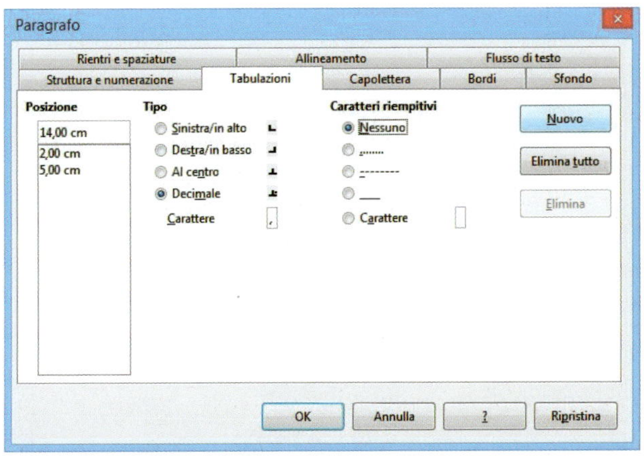

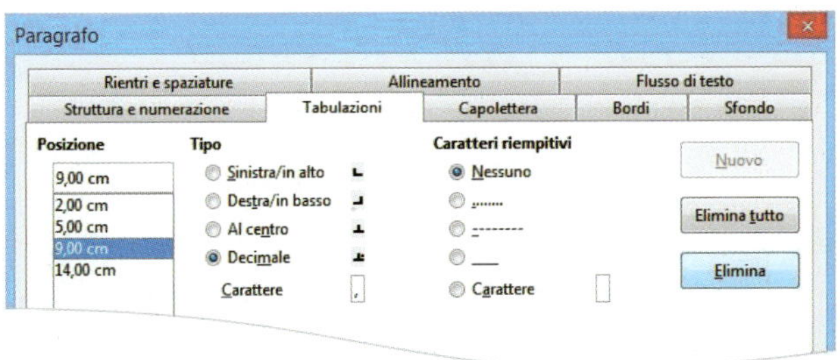

1. Posizionare il cursore nella riga in cui si intende applicare le tabulazioni, da menu Formato scegliere Paragrafo e attivare la scheda Tabulazioni.
2. Nella casella Posizione digitare la misura della prima tabulazione, in Tipo scegliere l'allineamento desiderato (se richiesto, selezionare un eventuale carattere di riempimento che compare quando si preme il tasto Tab per raggiungere il punto di tabulazione fissato).
3. Per confermare l'inserimento di ogni arresto di tabulazione, operare su Nuovo.
4. Per inserire ulteriori tabulazioni, procedere come ai **punti 2** e **3** e, al termine delle operazioni, fare clic su OK.

Per eliminare un arresto di tabulazione operando nella scheda, nell'elenco Posizione selezionarla e fare clic su Elimina. Per eliminare tutti gli arresti impostati e ripristinare quelli predefiniti, fare clic sul pulsante Elimina tutto. Al termine, fare clic su OK.

Allena le competenze

- Inserire fontwork e immagini da file (Immagini)
- Impostare tabulazioni
- Applicare bordi e sfondi

Crea il file M3-4 Elementi e salvalo nella tua cartella

1 Margini tutti a 4 cm, orientamento orizzontale.

2 Titolo fontwork Preferito 16, altezza 3 cm, forma Onda, Scorrimento Separato.

3 Imposta Meiryo, 18 pt, e gli arresti di tabulazione come indicato. Alle tabulazioni a 11 e 17 cm imposta il carattere di riempimento.

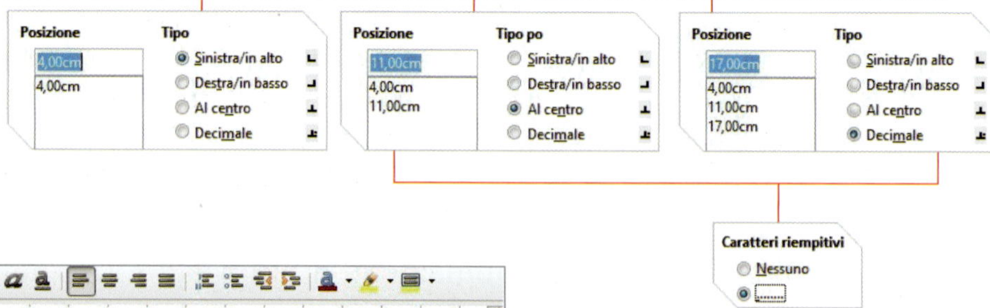

4 Per ogni arresto spostati con il tasto Tab e digita il testo mostrato.

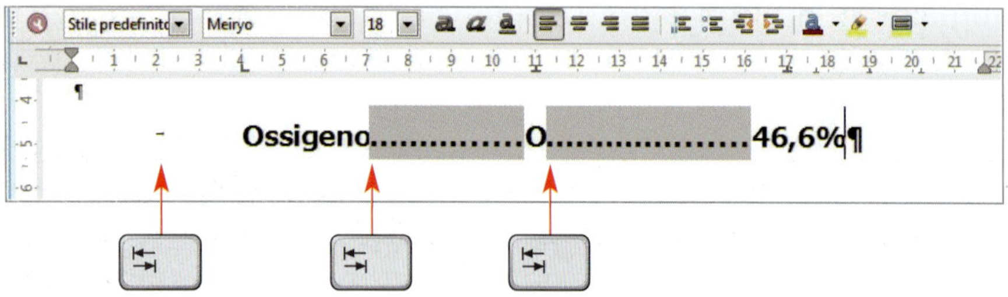

5 ▶ **Colori** ◀: Rosso 4 e Blu 2.

Smart

Per applicare il colore, senza la modalità Copia formato, puoi selezionare il testo in verticale tenendo premuto il tasto Alt.

6 ▶ **Applica** ◀: Sfondo Verde 10 e bordo a linee, spessore 0,5 cm, Blu.

Smart

Seleziona il testo da "Ossigeno" a "2,6", poi esegui il **punto 6**.

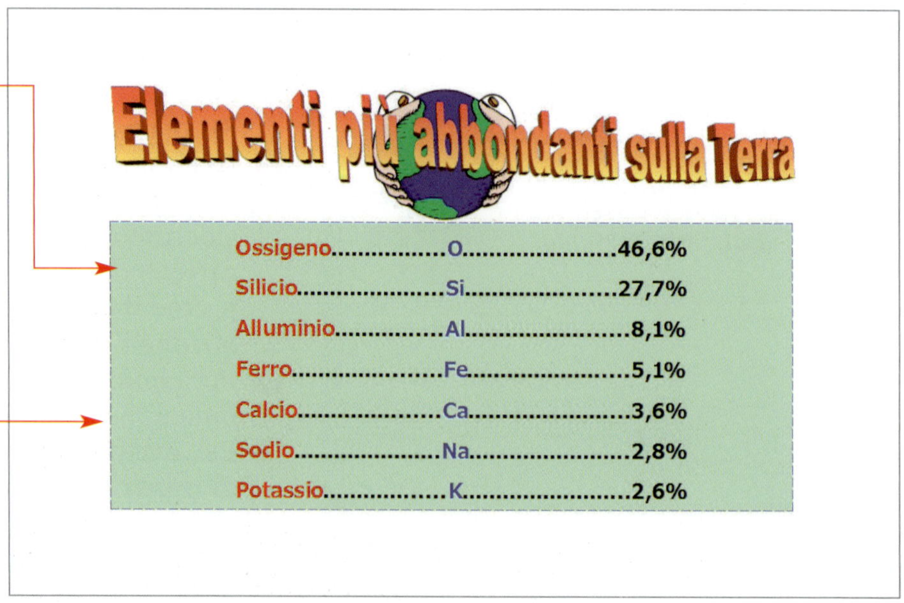

7 Immagine: Scorrimento Attraverso, disposizione Porta in fondo.

ECDL WP 4.1.1

Clippy

In una tabella il testo viene disposto all'interno di celle formate dall'intersezione di righe e colonne.

Inserire tabelle

La tabella è un modo efficiente per ▶ **disporre e organizzare** ◀ diversi tipi di informazioni. Writer permette di creare tabelle con diversi percorsi e offre diversi strumenti da utilizzare per la loro gestione.

1 Posizionare il cursore nel punto desiderato e nella barra degli strumenti Standard fare clic sul pulldown del pulsante Tabella.

2 Spostare il puntatore sulla griglia per selezionare il numero di righe e colonne che si desidera ottenere, poi fare clic per inserire la tabella.

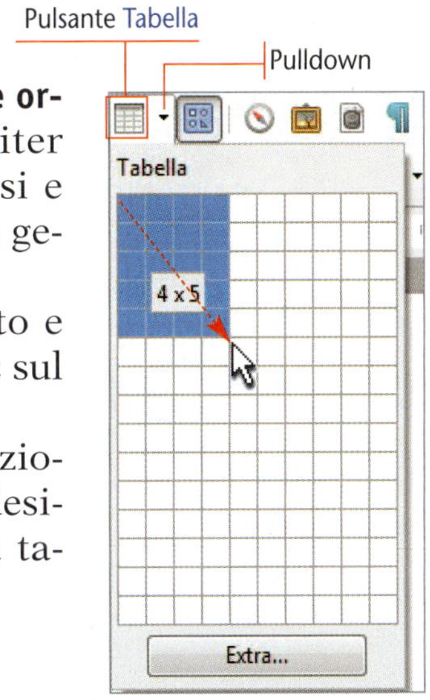

In alternativa, fare clic sul pulsante Tabella, o da menu Tabella scegliere Inserisci/Tabella; nella finestra definire il numero di righe e colonne inserendo i valori nelle rispettive caselle, oppure operando sui relativi pulsanti e poi fare clic su Inserisci.

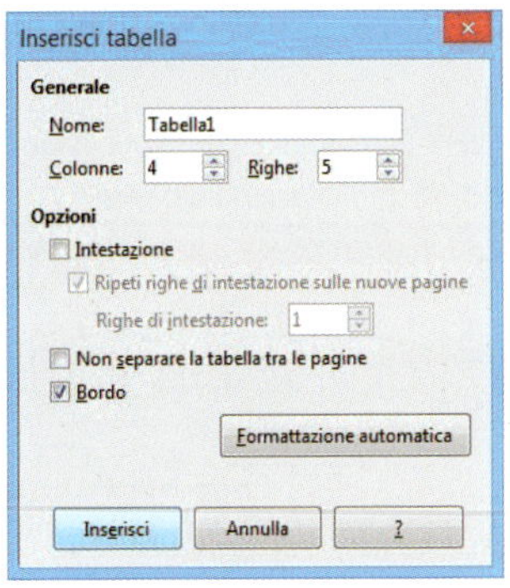

Dopo la conferma, il programma crea nel documento una tabella, stabilendo in automatico la larghezza delle colonne, che vengono distribuite lungo la riga di scrittura, in base ai margini sinistro e destro.
I righelli mostrano gli indicatori di colonna e di riga. Inoltre, facendo clic in una cella, il righello orizzontale mostra anche gli indicatori di rientro paragrafo a sinistra e a destra della relativa colonna e si attiva la barra degli strumenti Tabella con i comandi per la gestione delle tabelle e la personalizzazione del layout.

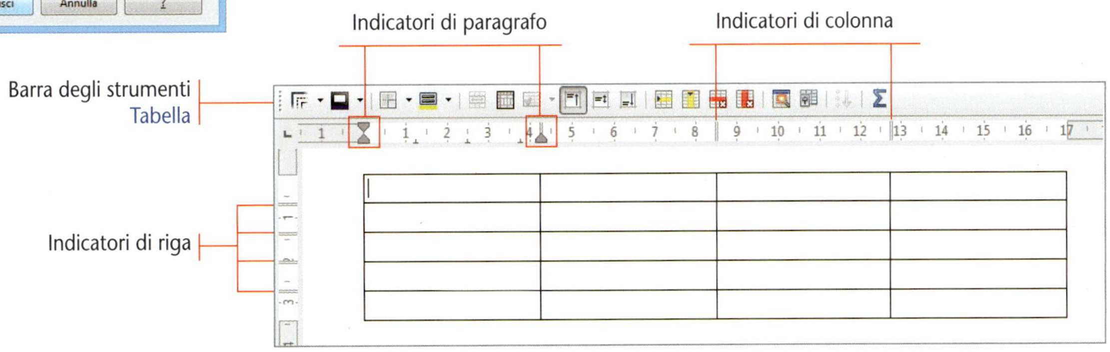

• Spostarsi nella tabella

Per posizionarsi in una cella fare clic al suo interno, oppure utilizzare i tasti freccia direzionali.

Smart

Per spostarti sugli arresti di tabulazione, all'interno della cella, premi i tasti Ctrl + Tab.

Clippy

Per distanziare il testo dal bordo superiore e da quello inferiore della cella è consigliabile impostare una distanza Sopra e Sotto.

Il tasto Tab porta il cursore nella ▶ **cella** ◀ a destra.
In una tabella il tasto Invio sposta il cursore in basso nella stessa cella e crea un nuovo ▶ **paragrafo** ◀, aumentandone di conseguenza l'altezza.

• Intervenire su righe e colonne

In una tabella si possono aggiungere, eliminare, dimensionare o formattare righe e colonne. Per eseguire qualsiasi modifica è necessario selezionare la parte interessata (cella, riga, colonna, tabella), operando da menu Tabella, da ▶ **menu rapido** ◀ o direttamente nella tabella.

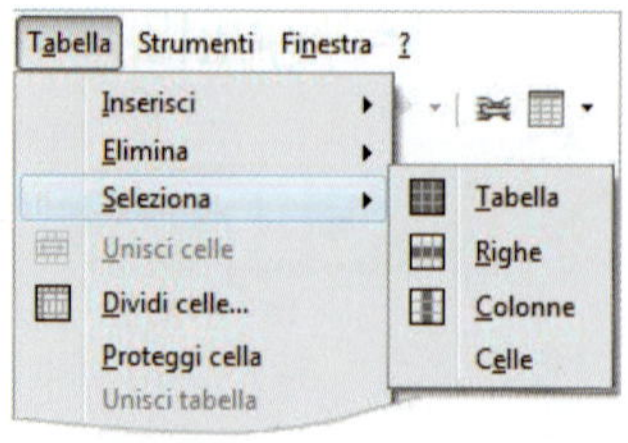

Smart
Operando da menu rapido fai clic su Riga o Colonna e poi su Seleziona.

MODIFICA	MODALITÀ OPERATIVA
SELEZIONARE CELLE, RIGHE, COLONNE E L'INTERA TABELLA ECDL WP 4.1.3	– Una cella: posizionare il puntatore all'interno, a sinistra della cella interessata, fare clic e trascinare. – Una riga: posizionare il puntatore a sinistra, all'esterno della riga interessata, e fare clic. – Una colonna: posizionare il puntatore sopra, all'esterno della colonna interessata, e fare clic. – Più celle, più righe o più colonne adiacenti: tenere premuto il tasto sinistro del mouse durante la selezione. – Una tabella: posizionare il puntatore nell'angolo in altro a sinistra e fare clic. 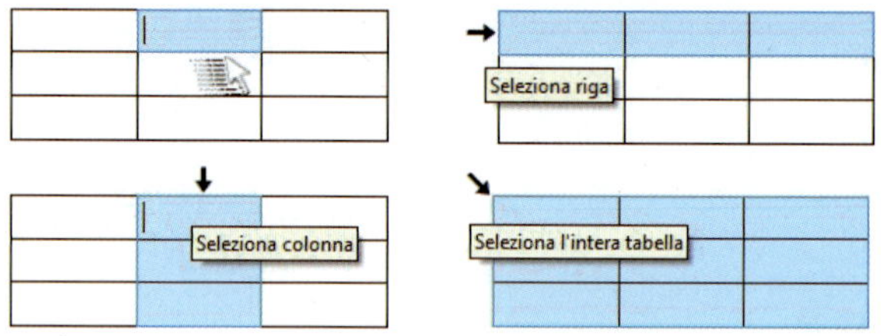
DIMENSIONARE RIGHE E COLONNE ECDL WP 4.2.1	– Fare clic destro in una cella, scegliere Riga/Altezza o Colonna/Larghezza, nella rispettiva finestra specificare la misura e fare clic su OK. Le finestre possono essere attivate anche da menu Tabella scegliendo Adatta/Larghezza colonna e Adatta/Altezza riga. – Intervenire direttamente sulla tabella con il mouse per: • dimensionare una colonna: posizionare il puntatore sul bordo verticale della cella e, quando il puntatore assume la forma di due linee verticali con frecce opposte ↔, fare clic e trascinare verso destra per allargare o verso sinistra per restringere. Con questa modalità, la larghezza della tabella rimane invariata in quanto, allargando una colonna, quella posta alla sua destra si restringe e viceversa; • dimensionare una riga: procedere allo stesso modo posizionando il puntatore sul bordo inferiore e, quando il puntatore assume la forma di due linee orizzontali con frecce opposte ↕, trascinare verso il basso oppure verso l'alto. 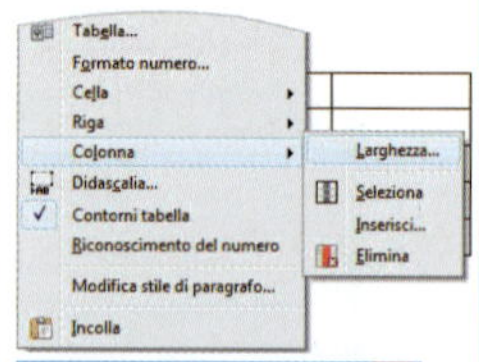 – Le colonne selezionate possono essere dimensionate anche scegliendo da menu Tabella (o da barra degli strumenti Tabella) Proprietà tabella: nella scheda Colonne, sezione Larghezza colonna, specificare la misura della colonna desiderata e poi fare clic su OK. Anche con questa modalità viene mantenuta la larghezza totale della tabella (aumentando la larghezza di una colonna, diminuisce il valore di quella posta alla sua destra e viceversa). 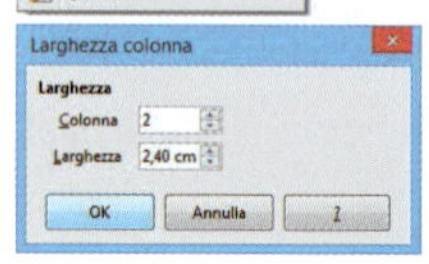 – Il pulsante Ottimizza presente sulla barra degli strumenti Tabella dispone di opzioni che consentono di distribuire righe e colonne uniformemente o di ottenere la larghezza ottimale delle colonne in base al contenuto. 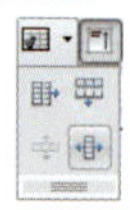
AGGIUNGERE RIGHE E COLONNE ECDL WP 4.1.4	Selezionare la ▶ **riga** ◀ o la colonna accanto alle quali si desidera inserire quella nuova: – da menu Tabella scegliere Inserisci/Righe o Inserisci/Colonne, nella finestra specificare il numero e la posizione (Prima o Dopo) e fare clic su OK; – da menu rapido scegliere Riga/Inserisci o Colonna/Inserisci e procedere come sopra; – nella barra degli strumenti Tabella fare clic sul pulsante Inserisci riga o Inserisci colonna. Con questa modalità, la riga viene inserita al di sotto e la colonna a destra di quella selezionata. **Smart** Per aggiungere in modo veloce nuove righe, posiziona il cursore nell'ultima cella a destra della tabella e premi il tasto Tab.
ELIMINARE RIGHE E COLONNE ECDL WP 4.1.4	Selezionare l'elemento: – da menu Tabella scegliere Elimina/Righe o Elimina/Colonne; – da menu rapido scegliere Riga/Elimina o Colonna/Elimina; – nella barra degli strumenti Tabella fare clic sul pulsante Elimina riga o Elimina colonna.

• Ordinare i dati in tabella

I dati della tabella possono essere organizzati in ordine alfabetico, numerico o cronologico (di data) e riordinati in modo crescente o decrescente. L'ordinamento può essere richiesto su una o più colonne o su tutta la tabella, sia da menu Tabella, sia da barra degli strumenti Tabella.

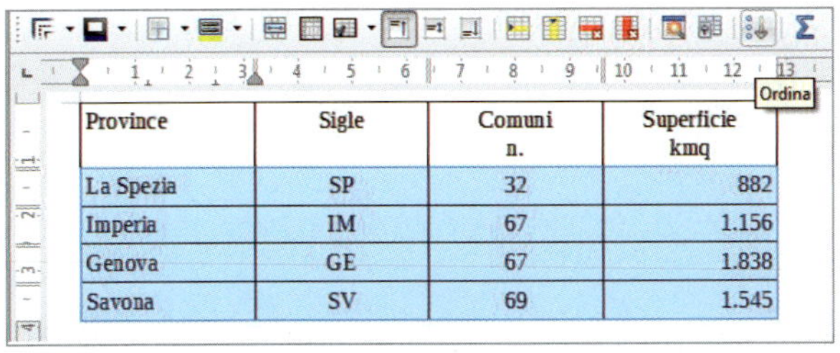

Province	Sigle	Comuni n.	Superficie kmq
La Spezia	SP	32	882
Imperia	IM	67	1.156
Genova	GE	67	1.838
Savona	SV	69	1.545

Operando sul comando Ordina, il programma attiva l'omonima finestra in cui si possono impostare i criteri di ordinamento, se diversi da quelli proposti.
Con riferimento alla tabella mostrata nell'immagine, Writer applicherà alle prime due colonne un ordinamento di tipo Alfanumerico (dalla A alla Z o viceversa); per la terza e la quarta colonna considererà invece un ordinamento di tipo Numerico (dal valore più piccolo a quello più grande e viceversa).

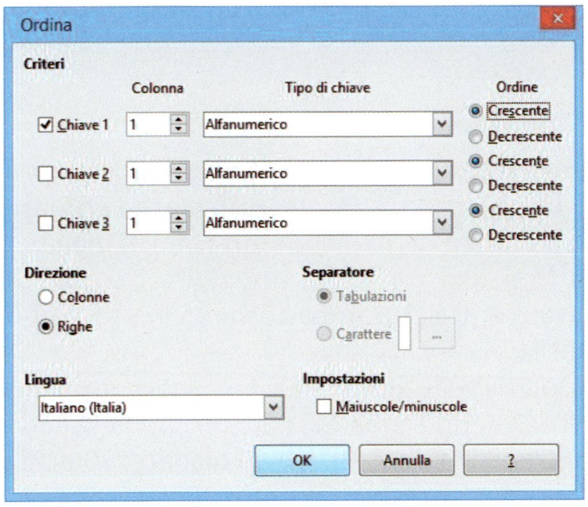

Supponiamo di voler disporre l'elenco in ordine alfabetico in base al nome delle città.

1. Selezionare la zona dati interessata e da barra degli strumenti Tabella (o da menu Tabella) fare clic su Ordina.
2. In questo caso, per la colonna 1 mantenere le opzioni predefinite (spunta su Chiave 1, Colonna/1, Tipo di chiave/Alfanumerico, Ordine/Crescente).
3. Confermare con OK.

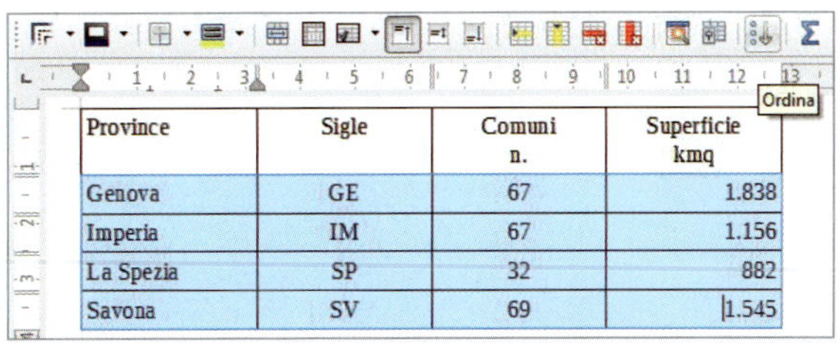

Province	Sigle	Comuni n.	Superficie kmq
Genova	GE	67	1.838
Imperia	IM	67	1.156
La Spezia	SP	32	882
Savona	SV	69	1.545

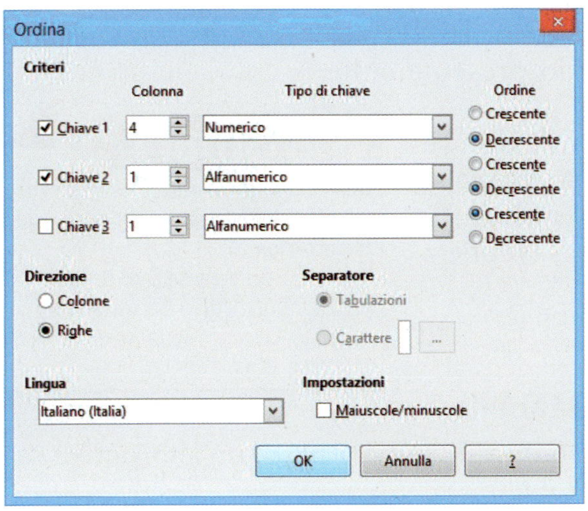

Considerando l'esempio precedente, supponiamo ora di voler disporre l'elenco delle città in base alla loro superficie, dalla più grande alla più piccola (decrescente).
Nella finestra si possono richiedere più criteri di ordinamento. Il primo criterio, impostato nel campo Chiave 1, prevale sui successivi; a parità di nome o di valore interverrà il secondo criterio Chiave 2 e così via.

1. Selezionare la zona dati interessata e da barra degli strumenti Tabella fare clic su Ordina.
2. Nella finestra specificare le colonne, il tipo di chiave e impostare i criteri di ordinamento come mostrato nell'immagine.
3. Confermare con OK.

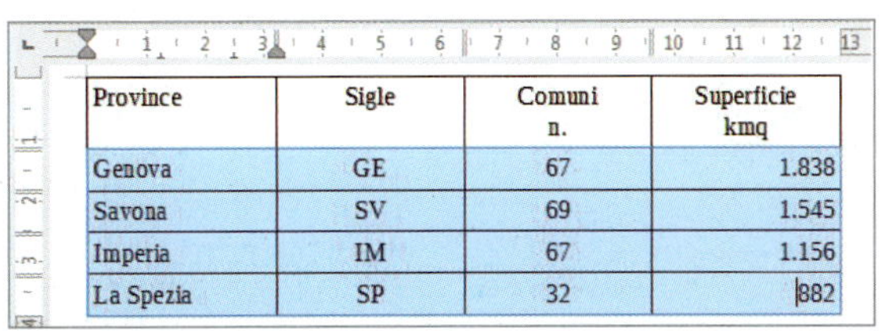

Province	Sigle	Comuni n.	Superficie kmq
Genova	GE	67	1.838
Savona	SV	69	1.545
Imperia	IM	67	1.156
La Spezia	SP	32	882

Smart

Esegui questa modifica quando hai deciso l'assetto della tua tabella (numero di colonne e loro dimensione), eviterai così di dover intervenire nuovamente nella tabella per separare le celle unite e viceversa.

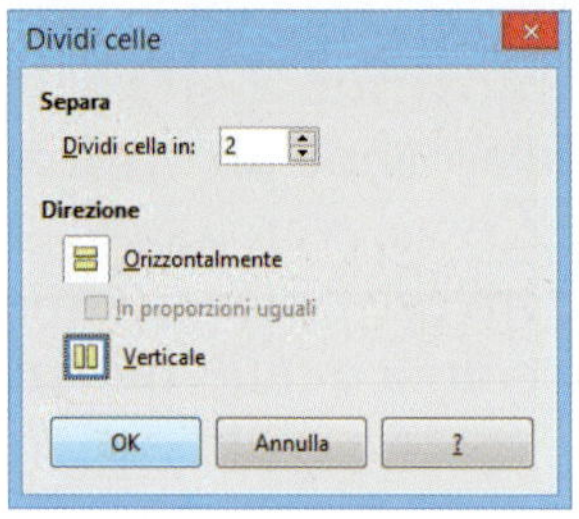

• Cambiare l'aspetto della tabella

È possibile personalizzare l'aspetto della tabella e applicare anche diverse formattazioni.

Unire e dividere celle

Talvolta, l'applicazione del titolo di una tabella o delle intestazioni di colonna o di riga può comportare il raggruppamento di più celle, oppure la divisione, in caso di strutturazione della tabella in sottoelenchi. Le ▶ **operazioni** ◀ si eseguono operando da barra degli strumenti Tabella o da menu Tabella.

Per unire due o più celle, selezionare la zona di celle da unire e fare clic su Unisci celle.

Per dividere una o più celle, selezionare la cella o le celle che si desidera suddividere, fare clic su Dividi celle ed eseguire le impostazioni desiderate.

Modificare la disposizione e l'orientamento del testo

In una tabella è possibile allineare il testo in diversi modi:

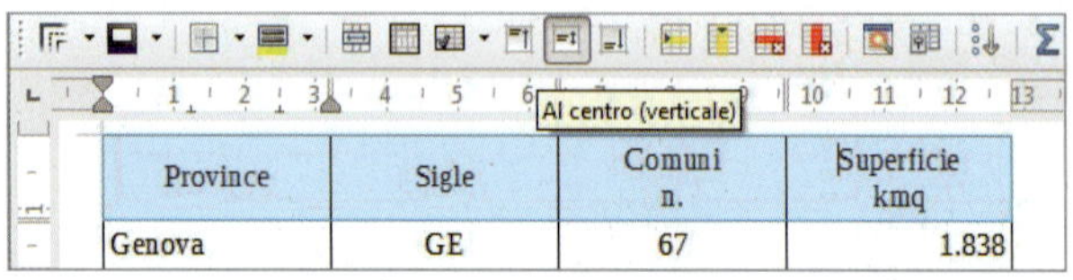

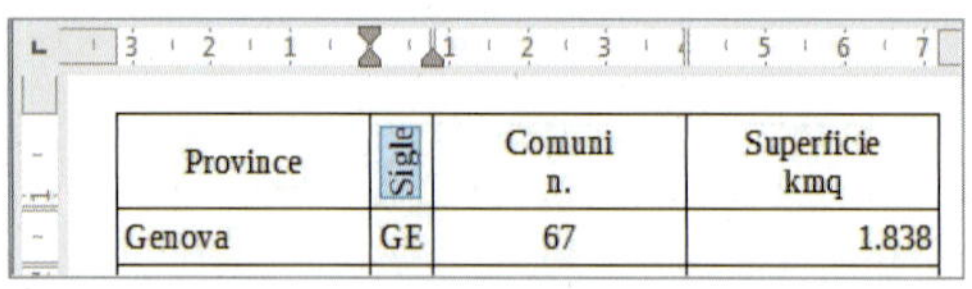

- per allineare in senso orizzontale, utilizzare i comandi già visti della barra degli strumenti Formattazione;
- per allineare in senso verticale, utilizzare i comandi Sopra, Al centro (verticale) e In basso della barra degli strumenti Tabella;
- per disposizioni particolari (per esempio, ruotare il testo in senso verticale), procedere da menu Formato/Carattere e nella scheda Posizione, sezione Rotazione/Scala, scegliere 90 gradi o 270 gradi.

ECDL WP 4.2.2 - WP 4.2.3

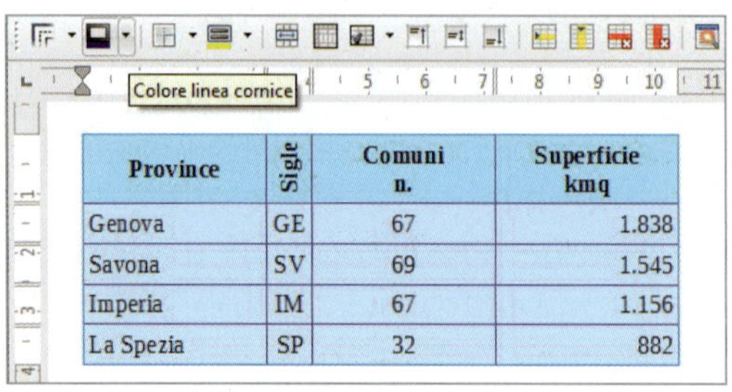

Personalizzare i bordi e applicare uno sfondo alle celle

Per applicare bordi e sfondi a una tabella, selezionare le righe o le colonne da formattare e operare sui rispettivi comandi della barra degli strumenti Tabella (per lo sfondo si può utilizzare anche il comando presente sulla barra degli strumenti Formattazione).

È possibile eseguire le stesse scelte nelle rispettive ▶ **schede** ◀ della finestra Formato tabella, attivata operando su Proprietà tabella.

Smart

Quando esegui le scelte nelle schede della finestra, presta attenzione alle impostazioni:
- per i bordi, nelle sezioni Predefinito e Personalizzato;
- per lo sfondo, nella sezione Per (Cella, Riga, Tabella).

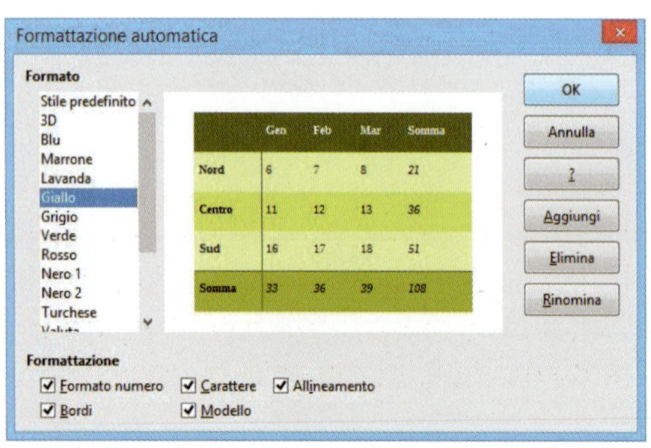

• Utilizzare gli Stili tabella

Writer offre, attraverso una serie di formati, un'alternativa rapida per elaborare le tabelle.

Per applicare un formato, posizionare il cursore in una cella della tabella e da menu Tabella o da barra degli strumenti Tabella fare clic su Formattazione automatica. Selezionando i diversi formati, si ottiene un'anteprima automatica del risultato; individuato quello desiderato, fare clic su OK per applicarlo.

Allena le competenze

- Inserire ed elaborare fontwork
- Inserire ed elaborare una tabella
- Inserire immagini da file (Immagini)

Crea il file M3-4 Madeira e salvalo nella tua cartella

1 Margini tutti a 3 cm.

2 Titolo: fontwork Preferito 2, altezza 4 cm, Riempimento Bitmap/Acqua, Linea/nessuno.

3 Sottotitolo: Kristen ITC, 14 pt, Turchese 10, sfondo Blu, .

4 Testo: Kartika, 11 pt, , interlinea 1,5 righe.

5 Tabella: testo centrato e allineato Al centro, Rosso 4, 18 pt e Blu 5, 10 e 12 pt.

Sfondi:
- Blu classico;
- Giallo 10;
- Verde chiaro.

Bordi alle celle: Blu 5.

6 Immagini: Scorrimento Attraverso.

NEL GIARDINO DELL'ETERNA PRIMAVERA

Un'isola al largo dell'Africa dove l'inverno non arriva mai e l'estate non è mai torrida.

Un'isola dove si può vivere una vacanza su misura: fare trekking tra scogliere a strapiombo e giardini in fiore; immergersi in un mare dove vive ancora la foca monaca, rilassarsi in un'atmosfera d'altri tempi, che coniuga il fascino del vecchio Portogallo all'eleganza britannica.

IL CLIMA NEI PROSSIMI SEI MESI

Mese	Giorni di pioggia Precipitazioni in mm	Temperatura min/max in °C	Temperatura mare in °C
Giugno	1 - 5	17 - 22	20
Luglio	0 - 2	19 - 24	21
Agosto	1 - 2	19 - 26	22
Settembre	2 - 30	19 - 24	22
Ottobre	7 - 80	18 - 23	21
Novembre	7 - 95	16 - 22	20

Altezza righe 2 cm 1,5 cm 1 cm

Larghezza colonne 3,14 cm, 4,7 cm, 3 cm

Convertire testo in tabelle e viceversa

Talvolta, al fine di strutturare meglio dei contenuti ed enuclearli in modo più chiaro, risulta utile trasformare del testo in una tabella. In altri casi, invece, per esigenze di impaginazione, oppure per attribuire al documento un diverso layout, può essere necessario trasformare una tabella in testo.

• Trasformare un testo in tabella

Per convertire un testo in una tabella è necessario indicare il punto in cui si desidera dividere il testo in colonna mediante l'inserimento di caratteri separatori quali, per esempio, virgole o tabulazioni o altro carattere specificato. L'uso dell' ▶ Invio ◀ determina l'inizio di una nuova riga della tabella.

Smart

Per visualizzare la struttura del testo attiva il comando Caratteri non stampabili.

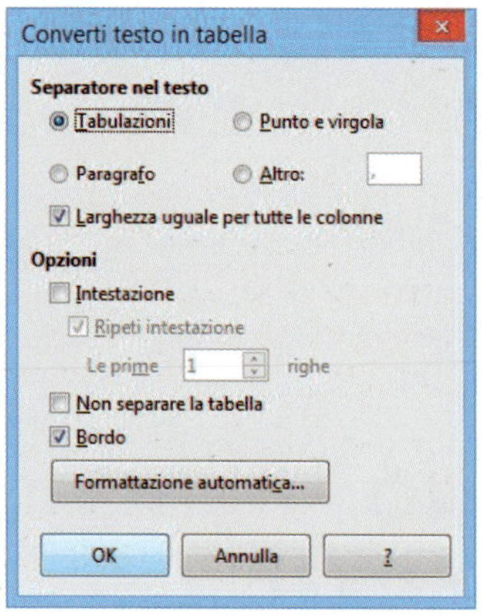

1 Selezionare il testo che si desidera trasformare, da menu Tabella fare clic su Converti e scegliere Testo in tabella.

2 La finestra riporta il tipo di carattere separatore utilizzato nel testo. Se non si desidera distribuire la larghezza della tabella lungo tutta la riga di scrittura, disattivare la spunta da Larghezza uguale per tutte le colonne.

3 Fare clic su OK per confermare le scelte.

Esempio di testo separato da tabulazioni. In automatico il programma lo trasforma in una tabella di 3 colonne e 7 righe

Ossigeno	O	46,6%
Silicio	Si	27,7%
Alluminio	Al	8,1%
Ferro	Fe	5,1%
Calcio	Ca	3,6%
Sodio	Na	2,8%
Potassio	K	2,6%

• Trasformare una tabella in testo

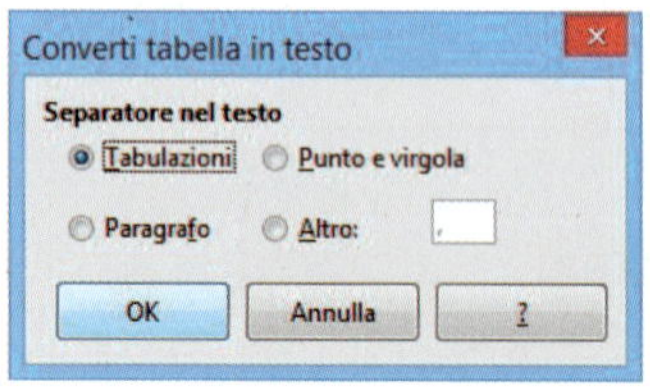

Quando si converte una tabella in testo è necessario indicare quale carattere separatore dovrà essere inserito in luogo dei bordi delle colonne.

1 Selezionare le righe o la tabella che si desidera trasformare in paragrafi e, da menu Tabella, fare clic su Converti/Tabella in testo.

2 Nella finestra, in base alle proprie esigenze, scegliere il carattere con cui separare il testo e fare clic su OK.

REGIONE	LAGO	SUPERFICIE IN KM²
Veneto, Trentino e Lombardia	Garda	370,95
Piemonte e Lombardia	Maggiore	212,29
Lombardia	Como	146,01
Umbria	Trasimeno	127,95
Lazio	Bolsena	114,59
Lombardia	Iseo	65,39
Puglia	Varano	61,02
Lazio	Bracciano	57,60
Puglia	Lesina	51,50
Lombardia	Lugano	50,49

Applicare una filigrana

Clippy
In questo caso, l'immagine deve essere prima elaborata con tonalità più chiare.

Per indicare che un documento deve ricevere un'attenzione particolare, oppure per dare più enfasi al testo, si può aggiungere una filigrana: un'immagine con colori più tenui, o una scritta visibile sotto il testo.

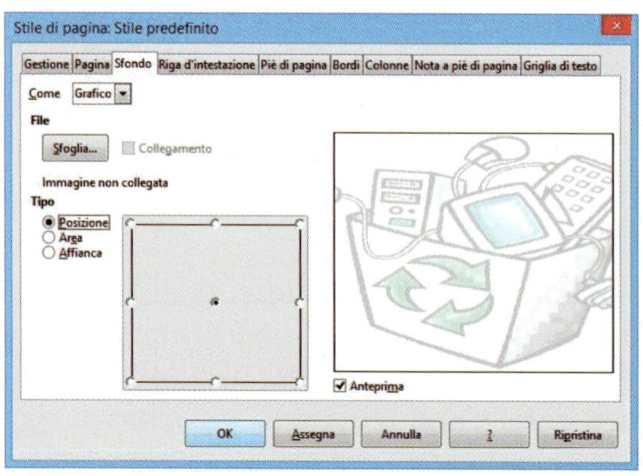

Per applicare un' ▶ **immagine** ◀ come filigrana su ogni pagina:

1 da menu Formato scegliere Pagina e attivare la scheda Sfondo;

2 impostare Come/Grafico e operare sul pulsante Sfoglia, raggiungere la cartella di archiviazione e inserire l'immagine desiderata, quindi selezionare Posizione per mantenere le ▶ **dimensioni originali** ◀ del file (se desiderato, specificare una posizione diversa da quella centrale proposta) e fare clic su OK.

Clippy
Scegliendo Area l'immagine sarà ingrandita a tutta pagina.

Per eliminare una filigrana, procedere come al **punto 1**, impostare Come/Colore, mantenere Trasparente e fare clic su OK.

Per applicare un'immagine come filigrana su una singola pagina (nel caso in cui il documento occupi una sola pagina) si può procedere come già descritto, oppure con la seguente modalità:

1. inserire l'immagine da file o da Galleria;
2. nella barra degli strumenti Immagine fare clic su Modo grafico e scegliere Filigrana (l'immagine si schiarirà). Per adeguare l'immagine alle proprie esigenze si può regolare la luminosità agendo sul comando Trasparenza e anche sui comandi del pulsante Colore;
3. dimensionare e posizionare l'immagine nella pagina come desiderato, quindi fare clic destro su di essa e scegliere Scorrimento/Attraverso trasparente (in questo modo il testo apparirà davanti all'immagine).

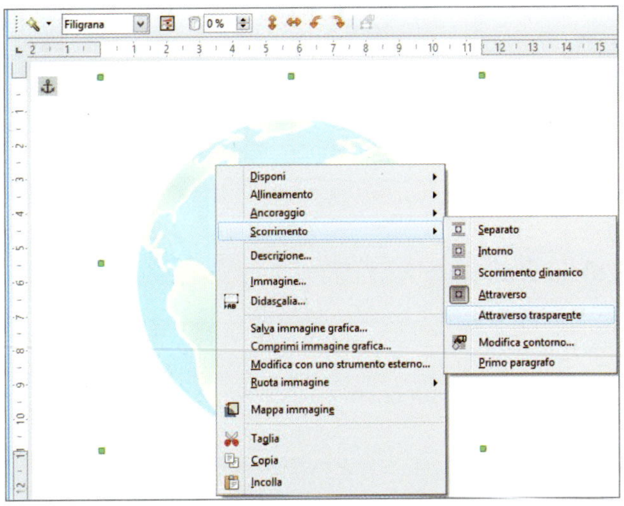

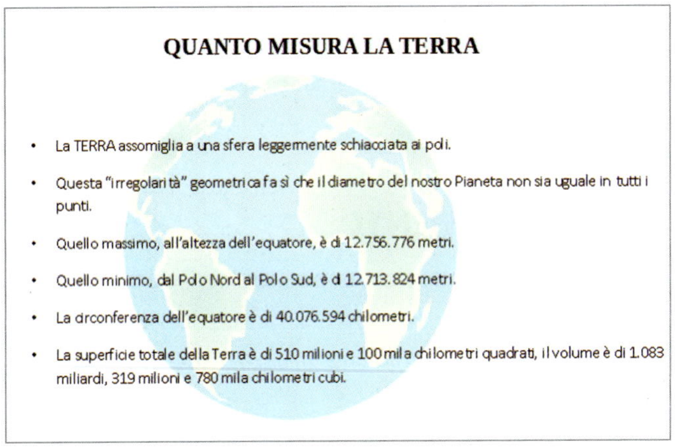

QUANTO MISURA LA TERRA

- La TERRA assomiglia a una sfera leggermente schiacciata ai poli.
- Questa "irregolarità" geometrica fa sì che il diametro del nostro Pianeta non sia uguale in tutti i punti.
- Quello massimo, all'altezza dell'equatore, è di 12.756.776 metri.
- Quello minimo, dal Polo Nord al Polo Sud, è di 12.713.824 metri.
- La circonferenza dell'equatore è di 40.076.594 chilometri.
- La superficie totale della Terra è di 510 milioni e 100 mila chilometri quadrati, il volume è di 1.083 miliardi, 319 milioni e 780 mila chilometri cubi.

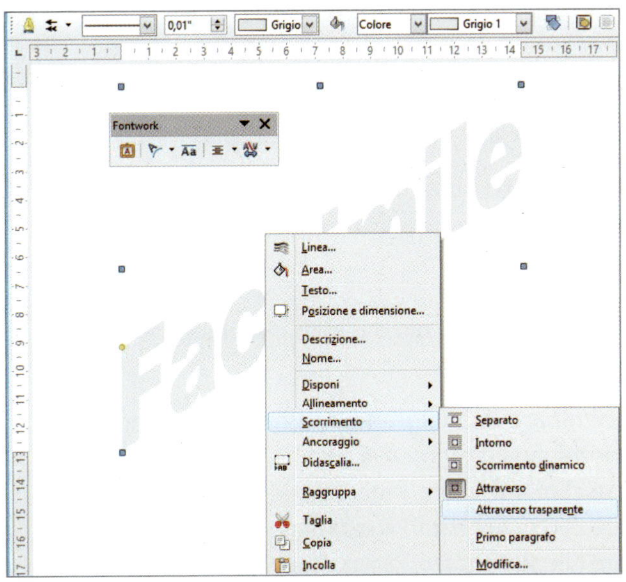

Per particolari esigenze, se si desidera aggiungere uno sfondo testuale, si ricorre a caselle di testo o a fontwork (questi ultimi possono essere facilmente inclinati), impostando gli oggetti con Scorrimento/Attraverso trasparente o Disponi/Sullo sfondo.

Per mantenere facilmente leggibile quanto sovrascritto, al testo dovrà essere applicato un colore tenue (per esempio, grigio).

L'inserimento sarà però valido solo per la pagina in cui è stato effettuato.

Svolgi i test

Gli esercizi sono disponibili anche nella versione digitale come test interattivi e autocorrettivi.

TEST DI COMPLETAMENTO

Completa le frasi con le espressioni mancanti, scegliendo tra quelle di seguito proposte.
Colonne – indipendenti – righe – Formato – parti – celle – tabulazioni – allineato

1 La formattazione a colonne viene richiesta da menu .... operando su ....
2 Le sezioni sono .... di documento .... l'una dall'altra.
3 Le .... stabiliscono la posizione esatta nella quale deve essere .... il testo incolonnato.
4 Una tabella è strutturata in .... e colonne la cui intersezione forma le ....

TEST VERO FALSO

Indica, barrando la relativa casella, se le seguenti affermazioni sono vere o false.

	V	F
1 Per visualizzare le sezioni è necessario attivare il comando Margini del testo.	☐	☐
2 Il simbolo della tabulazione applicata è indicato sul righello orizzontale.	☐	☐
3 Per spostarsi tra una riga e l'altra di una tabella usare il tasto Invio.	☐	☐
4 I fontwork sono elementi grafici che consentono di creare anche testo per filigrane.	☐	☐

TEST DI COLLEGAMENTO

Associa le voci della prima colonna con le corrispondenti opzioni della seconda.

1 Filigrana	A Porta il cursore nella colonna successiva.	1 ___
2 Ordina	B Separa il testo dalla parte precedente e/o successiva.	2 ___
3 Interruzione Colonna	C Barra degli strumenti o menu Tabella.	3 ___
4 Inserisci Sezione	D Scheda Sfondo.	4 ___

TEST A RISPOSTA SINGOLA O MULTIPLA

Per ogni quesito, indica la risposta o le risposte corrette. (○ risposta singola / ☐ risposta multipla)

1 All'interno di una tabella, premendo il tasto Invio:
- ○ si porta il cursore nella cella della riga sottostante
- ○ si porta il cursore nella cella a destra
- ○ si crea un nuovo paragrafo nella stessa cella
- ○ si aggiunge una nuova riga

2 Per applicare bordi alla tabella è possibile operare:
- ☐ nella scheda Bordi della finestra Pagina
- ☐ nella barra degli strumenti Tabella
- ☐ nella barra degli strumenti Formattazione
- ☐ nella scheda Bordi della finestra Formato tabella

3 L'ordinamento numerico si applica per ordinare:
- ☐ solo testo
- ☐ testo e numeri
- ☐ solo numeri
- ☐ valori dal più piccolo a quello più grande e viceversa

4 Per eliminare una filigrana inserita come sfondo grafico:
- ○ selezionarla e premere Canc
- ○ fare clic su Formato/Pagina/Sfondo/Elimina/OK
- ○ fare clic su Formato/Pagina/Sfondo/Rimuovi/OK
- ○ fare clic su Formato/Pagina/Sfondo/Colore/OK

Disponi ed elabora

- Il riquadro ELABORA elenca le consegne per lo svolgimento dell'esercizio.
- La presenza della barra (/) indica l'uso dell'Invio.
- Inserire le immagini da file (Immagini).

1 **Crea il file M3-4 Penisole e salvalo nella tua cartella**

LE PIÙ GRANDI PENISOLE //
Il territorio nazionale italiano ha una superficie di oltre 301 mila chilometri quadrati, di cui 138 costituiscono la parte peninsulare. Il nostro Paese non è ai primissimi posti nella graduatoria delle grandi penisole: ne esistono una quindicina di estensione maggiore e le più vaste si trovano in Asia. In Europa, invece, l'Italia è al quarto posto. //
Nella tabella sottostante è riportato l'elenco delle principali penisole. /

Penisola (Continente)	Bagnata da...	Superficie (in kmq)
ARABIA (Asia)	Oceano Indiano e Mar Rosso	2.730.000
INDIA (Asia)	Oceano Indiano	2.088.000
INDOCINA (Asia)	Oceano Indiano	1.921.000
ALASKA (America)	Oceano Pacifico e Mar Glaciale Artico	1.518.000
LABRADOR (America)	Oceano Atlantico	1.300.000
SCANDINAVIA (Europa)	Mar Glaciale Artico e Oceano Atlantico	800.000
IBERIA (Europa)	Oceano Atlantico e Mar Mediterraneo	581.000
ANATOLIA (Asia)	Mar Mediterraneo e Mar Nero	506.000
BALCANIA (Europa)	Mar Mediterraneo	468.000
KAMCIATKA (Asia)	Oceano Pacifico	264.000
MALACCA (Asia)	Oceano Indiano	237.000
YORK (Australia)	Oceano Pacifico	195.000
YUCATÀN (America)	Oceano Atlantico	169.000
COREA (Asia)	Oceano Pacifico	152.000
CALIFORNIA (America)	Oceano Pacifico	143.000
ITALIA (Europa)	Mar Mediterraneo	138.000

ELABORA
- **Margini**: tutti a 2,5 cm.
- **Titolo**: Alibi, 32 pt, Verde 4, , sfondo Verde 10.
- **1° paragrafo**: Freehand521 BT, 12 pt, sfondo Giallo chiaro.
- **2° paragrafo**: Aharoni, 13 pt, , distanza Sotto 0,30 cm.
- **Arresti di tabulazione**: tabulazione sinistra a 5,25 cm, tabulazione destra a 15,5 cm.
- **Intestazioni di ogni colonna**: sfondo Verde 5, Gautami, 11 pt, bianco, , maiuscoletto.
- **Testo**: Gautami, 11 pt, interlinea 1,5, sfondo Verde 10 a righe alterne.
- **Filigrana**: immagine da Galleria, Ambiente/Earth, Modo grafico/Filigrana, Scorrimento Attraverso trasparente.
- **Salva le modifiche e chiudi il file.**

LE PIÙ GRANDI PENISOLE

Nella tabella sottostante è riportato l'elenco delle principali penisole.

RIELABORA

Apri il file M3-4 Penisole archiviato nella tua cartella e salvalo con il nome M3-4 Penisole_Tabella

- Elimina gli sfondi ai paragrafi dell'elenco.
- Trasforma in tabella il testo che hai incolonnato con le tabulazioni.
- In ogni colonna allinea il testo al centro verticalmente. **Terza colonna**: 3,6 cm e [≡].
- Applica gli sfondi Arancione 2 e Ciano 10, bordi a ogni cella stile tratteggiato e Blu 2.

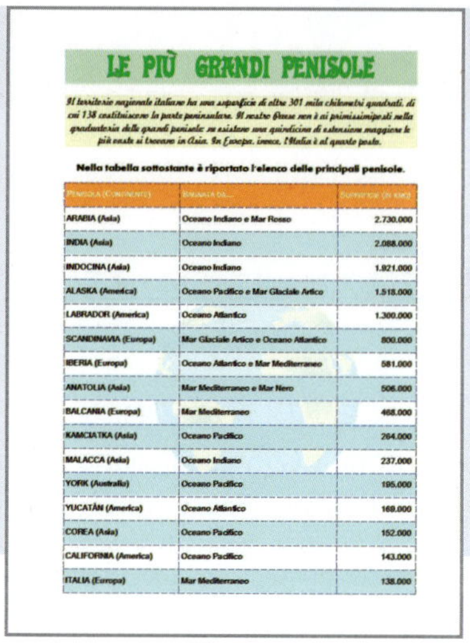

2 **Apri il file M3 Musei e salvalo nella tua cartella con il nome M3-4 Musei**

ELABORA

- **Margini**: tutti a 1,5 cm.
- **Titolo**: fontwork Preferito 3, altezza 2,7 cm.
- **Testo**: David, 12 pt, interlinea 1,5 righe, due colonne/distanza 1 cm, sillabazione manuale.
- **Titoli paragrafo**: Aharoni, 12 pt, Rosso 5, sfondo Giallo chiaro, distanza Sotto 0,10 cm.
- **Immagini**: da file, Scorrimento dinamico, larghezza 2,5 cm (Mantieni rapporto).
- **Filigrana**: inserire immagine Musei1-Filigrana, Tipo/Area.

3 **Apri il file M3 Carattere e salvalo nella tua cartella con il nome M3-4 Carattere**

ELABORA

- **Margini**: tutti a 2,5 cm.
- **Titolo**: fontwork Preferito 11, altezza 2,5 cm.
- **1° paragrafo**: VAGRounded BT, 11 pt, [≡], interlinea 1,5 righe, sfondo Grigioblu.
- **Tabella** (6 e 10 cm): DejaVu Sans, 15 e 11 pt, distanza Sopra e Sotto 0,20 cm, elenco puntato immagine [●], testo allineato al centro verticalmente, sfondi Blu 8 e Grigio 1, bordi alle celle Blu 10.

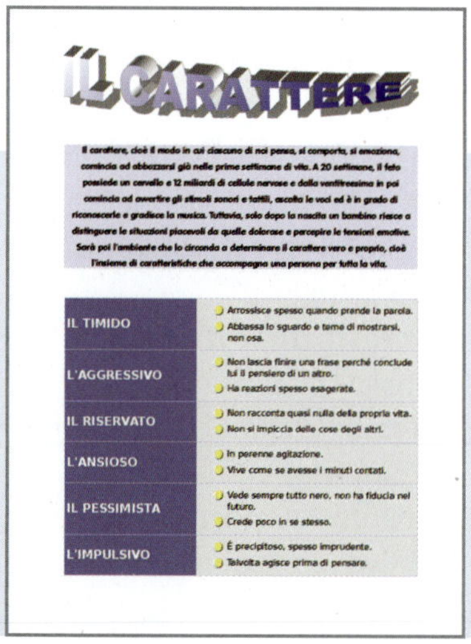

4 **Apri il file M3 Sardegna e salvalo nella tua cartella con il nome M3-4 Sardegna**

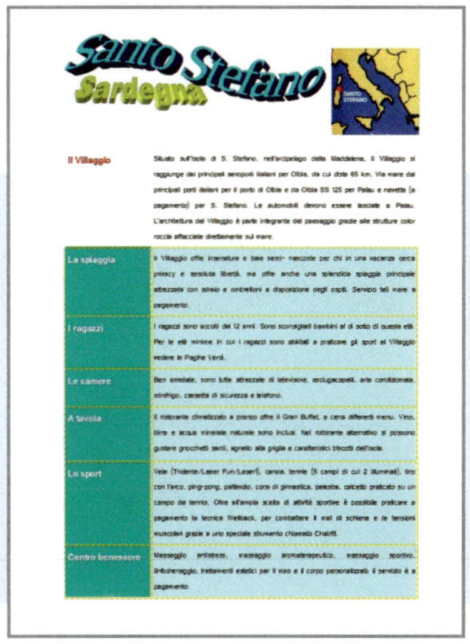

ELABORA

- **Margini**: superiore e inferiore a 2 cm, sinistro e destro a 2,5 cm.
- **Titolo**: fontwork Preferito 37 (11,6 x 3 cm) e 20 (6,5 x 1,3 cm).
- **Tabella**: (larghezza 3 e 13 cm), Tunga, 11 pt, prima colonna , 14 pt, Rosso 4 e Bianco; sfondi Ciano 4 e 10, bordo stile doppia linea Arancione 1, prima riga nessuno sfondo e nessun bordo.
- **Immagine**: da file, Scorrimento/Attraverso, disposizione Porta in fondo.

5 **Apri il file M3 Dormire e salvalo nella tua cartella con il nome M3-4 Dormire**

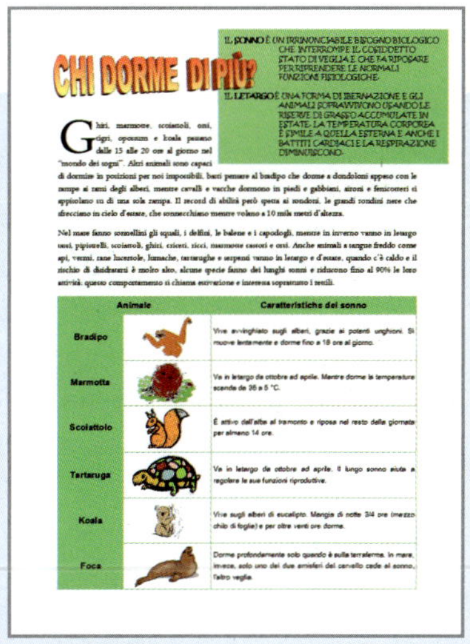

ELABORA

- **Margini**: tutti a 2,3 cm.
- **Titolo**: fontwork Preferito 16, 9 x 2,5 cm.
- **Casella di testo** (11 x 7 cm): Kristen ITC, 10 pt, , rientro sporgente 2,5 cm; riempimento Tango Green, Trasparenza 40%, Distanza testo nella cornice 0,30 cm per ogni lato; Scorrimento/Intorno, distanza dal testo a sinistra 0,3 cm. Posizionata esterna ai margini superiore e destro.
- **Testo**: Traditional Arabic, 12 pt, distanza Sotto 0,3 cm, capolettera.
- **Tabella** (3,4 e 9,4 cm): Utsaah, 13 pt, testo allineato al centro verticalmente, intestazioni di riga e di colonna 16 pt, , , sfondo Gialloverde 9, bordi alle celle dello stesso colore.
- **Immagini**: da file, altezza 1,9 cm (Mantieni rapporto), Ancoraggio/Come carattere, .

6 **Apri il file M3 Rifiuti elettronici e salvalo nella tua cartella con il nome M3-4 Rifiuti elettronici**

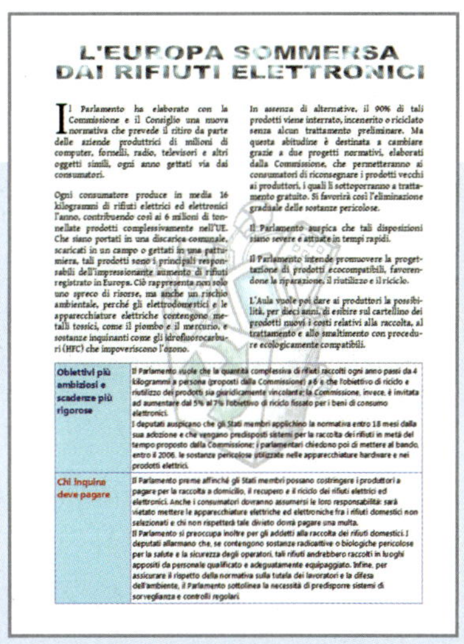

ELABORA

- **Margini**: tutti a 2 cm.
- **Titolo**: fontwork Preferito 1, altezza 1,5 cm, Riempimento Bitmap/Mercurio.
- **Testo**: Gentium Basic, 12 pt, due colonne, distanza 1 cm, sillabazione manuale, capolettera, distanza Sotto 0,40 cm.
- **Tabella** (3,5 e 13,5 cm): Lao UI, 12 pt, e 10 pt, Blu 5 e Rosso 4, sfondo Ciano 10, bordi Blu.
- **Filigrana**: inserire immagine Rifiuti elettronici-Filigrana, posizione centro.

7 Apri il file M3 Svezia e salvalo nella tua cartella con il nome M3-4 Svezia

ELABORA

- **Margini**: superiore e inferiore a 2,5 cm, sinistro e destro a 2 cm.
- **Titolo**: fontwork Preferito 2, altezza 4 cm, Riempimento Cielo azzurro.
- **Testo**: Ebrima, 10 pt, capolettera, interlinea 1,5 righe, distanza Sotto 0,10 cm, due colonne/distanza 1 cm, sillabazione manuale.
- **Immagine**: da file, Scorrimento dinamico, larghezza 5 cm (Mantieni rapporto), distanza dal testo a sinistra e a destra 0,3 cm.
- **Sottotitolo**: 14 pt, , Blu 2, sfondo Ciano 10, distanza Sotto 0,20 cm.
- **Elenco puntato**: immagine , distanza Sotto 0,20 cm.

8 Apri il file M3 Condizioni e salvalo nella tua cartella con il nome M3-4 Condizioni

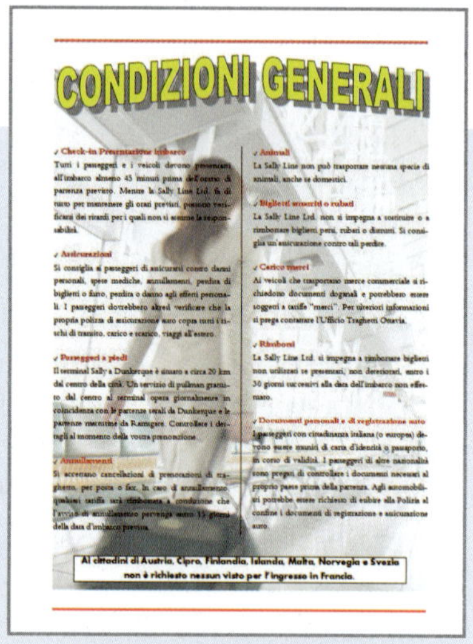

ELABORA

- **Margini**: tutti a 2 cm.
- **Titolo**: fontwork Preferito 7, altezza 2,5 cm.
- **Testo**: Traditional Arabic, 11 pt, due colonne/distanza 1 cm, sillabazione completa; interruzione di colonna dopo il paragrafo Annullamenti.
- **Elenco puntato** •, tabulazione 0,3 cm, Rosso 4, distanza Sotto 0,5 cm.
- **Ultimo paragrafo**: Aharoni, 12 pt, , rientro a sinistra e a destra 1 cm, sfondo bianco, bordi esterni.
- **Bordo pagina**: superiore e inferiore, Rosso, 3 pt.
- **Filigrana**: inserire immagine Condizioni-Filigrana.
- **Salva le modifiche e chiudi il file.**

RIELABORA

Apri il file M3-4 Condizioni archiviato nella tua cartella e salvalo con il nome M3-4 Condizioni_Tabella

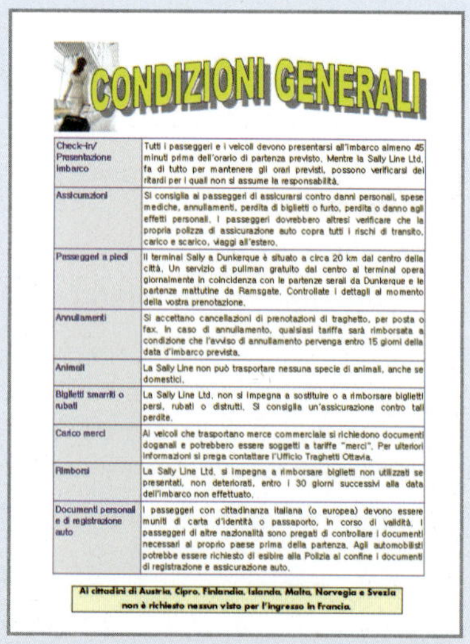

- Disponi il testo in ▶ **tabella** ◀, elimina la filigrana, il punto elenco, la distanza Sotto e i bordi pagina.
- **Titolo**: larghezza 15 cm, allineato a destra.
- **Immagine**: da file (Condizioni), altezza 4 cm (Mantieni rapporto), Scorrimento/Sullo sfondo.
- **Testo**: Dotum, 11 pt, bordi alle celle Blu 4, prima colonna , Blu 4, , sfondo Grigio 1.
- **Ultimo paragrafo**: sfondo Giallo chiaro.

Smart
Prima di convertire il testo in tabella elimina il formato a due colonne.

Esprimi la tua creatività

- Copia (o apri) e disponi i testi proposti.
- La presenza della barra (/) indica l'uso dell'Invio.
- Applica le formattazioni che ritieni idonee per realizzare documenti accattivanti.

1 **Crea il file M3-4 Laghi montani e salvalo nella tua cartella**

QUATTRO GEMME AI PIEDI DEI MONTI ///
Idro, Ampola, Ledro e l'Alto Garda sono fuori dai circuiti turistici, ma offrono luoghi splendidi e le strade per arrivarci sono un piacere per la guida. / Quattro laghi in un colpo solo e in mezzo, colline, valli, un paio di fiumi e le cime ancora basse che preparano alle Alpi. Strade qualche volta strette, qualche volta fatte di curve infinite: un piccolo grande viaggio tra **Lombardia** e **Trentino**, tutto da godere in relax. Non sono strade famose, queste non le troverete tra gli itinerari alla moda; le percorre chi ama le cose discrete, chi ama la natura più semplice, quella non travolta dal business turistico. Eppure ci sono piccole bellezze, degne di ben più prestigiose coste. / Il primo dei nostri laghi è il **Lago d'Idro**, l'Eridio, secondo il vecchio nome. Stretto e lungo, incassato tra le montagne, azzurro e pulito come altri non sono. Ci si arriva da sud prendendo la statale 45 bis che si stacca, puntando a nord, dall'autostrada Serenissima. **Vobarno** e **Vestone** sono nomi che potrebbero non dirvi nulla, eppure offrono un paesaggio incantevole. Poi Idro, il paesino che dà il nome al lago, appoggiato alla base del lungo biscione azzurro. Qualche migliaio di anni fa ci abitava un piccolo popolo di pescatori e cacciatori di cui si sono trovate splendide tracce. / La statale (la 237) percorre la costa ovest, a metà lago, vicino ad **Anfo** si trovano locande caratteristiche in cui è possibile consumare pasti rustici e mangiare cose di lago o di montagna. / Proseguendo si arriva a **Ponte Caffaro**. È un paese, e anche un ponte, proprio sul fiume **Chiese**, un torrentone che si incontra spesso lungo il tour. Siamo giunti così nel Trentino. Girando a destra, verso la **Valle d'Ampola**, uno specchio d'acqua grande come una capocchia di spillo, ma un minuscolo, prezioso punto del pianeta. Oggi è un biotopo rigorosamente protetto per difendere una particolare vegetazione. / Pochi chilometri più in là si entra nella **Valle di Ledro** e subito dopo spunta il blu del lago; questo è un po' più grande: ha tre paesini sulla sua sponda frequentati da turisti tranquilli, a piedi o in mountain bike, che poi si perdono nei numerosi sentieri. L'ufficio turistico della Valle di Ledro organizza visite naturalistiche a piedi e in mountain bike. / Il quarto lago è il **Garda**, ma non il Benaco balneare, cartolinesco e mondano veneto-lombardo che si trova giù a sud, ma la piccola parte che appartiene al **Trentino**, quella "punta" in cui leggi rigorose, per esempio, vietano la navigazione a motore ed è diventato quindi un piccolo paradiso per velisti e surfisti.

2 **Crea il file M3-4 Rocce e salvalo nella tua cartella**

TIPI DI ROCCE SEDIMENTARIE

Tipo	Caratteristiche
Argille residuali	Assai diffuse (costituiscono oltre il 70% delle rocce sedimentarie), sono prodotti dell'alterazione chimica di alcune rocce, come i graniti.
Calcari	Sono costituiti prevalentemente da carbonato di calcio ($CaCO_3$); ve ne sono di origine chimica (travertini) e di origine organica (calcari a foraminiferi).
Diatomiti	Costituite dall'accumulo dei microscopici gusci di alghe unicellulari, dette diatomee.
Dolomie	Sono costituite da dolomite (carbonato doppio di magnesio e calcio $CaMg(CO_3)_2$), formatasi per l'apporto di magnesio dell'acqua marina in depositi di carbonato di calcio organogeni.
Gesso	È costituito da solfato di calcio biidrato ($CaSO_4$, – $2H_2O$) originato dall'evaporazione di acque marine.
Lateriti	Sono prodotti dell'alterazione chimica delle rocce ricche di feldspato in regioni tropicali, rendono improduttivo il suolo.
Radiolariti	Sono costituiti da scheletri di radiolari (protozoi unicellulari) e sono ricchi di silicio.
Salgemma	Costituito da cloruro di sodio (NaCl), è originato dall'evaporazione di acque marine.

3 Crea il file M3-4 Credit e salvalo nella tua cartella

All'estero con la CREDIT CARD //
[*Casella di testo*: È il metodo più veloce e sicuro per pagare, soprattutto in viaggio. Ma anche le carte di credito presentano vantaggi e svantaggi: ecco quali sono le principali differenze fra le diverse carte. //
Di Valeria Zurla] //
[*Tabella 2 x 2*: **Vantaggi**
Le carte di credito sono ormai accettate praticamente ovunque e vale la pena utilizzarle all'estero per fare acquisti negli esercizi convenzionati o per pagare servizi (ristoranti, alberghi). / In questo modo dilazionerete nel tempo la spesa effettuata (l'addebito sul vostro conto avviene in media 20 giorni dopo la data dell'acquisto: 10 giorni dopo l'emissione dell'estratto conto per Visa, 6 giorni per American Express) e, nei Paesi della Comunità Europea, non vi sarà applicata alcuna commissione di cambio. / Inoltre le carte di credito offrono in genere una serie di servizi per i viaggiatori: assistenza sanitaria, pronto soccorso o assicurazioni di vario genere. /
Svantaggi
La carta di credito può essere utilizzata anche per prelevare contante. Le commissioni richieste per questo servizio sono però abbastanza alte. / Alla commissione fissa sul prelievo (3,5% per *American Express*, 4% per *Bankamericard*, *Diner's* e *CartaSì*) va infatti aggiunta la commissione di cambio se il prelevamento è stato fatto in un Paese non dell'area dell'Euro, che oscilla fra l'1 e il 2%. / *Bankamericard* e *American Express*, per esempio, assicurano, in caso di furto, gli oggetti acquistati con le loro carte, mentre *Diner's* rimborsa alcune delle spese legate ai viaggi (ritardi di volo, smarrimento bagagli) se il biglietto aereo è acquistato con la credit card.]
// Fonte: "TRAVEL Idee per viaggiare"
[*Due colonne*: **Il consiglio** / *Informatevi prima di partire su tutte le agevolazioni offerte dalla vostra carta (servizi prenotazioni, check-in facilitati, accesso a sale aeroportuali private) per poterle sfruttare al meglio.* /
Da ricordare / Per il prelievo del contante è preferibile il servizio Bancomat. In alternativa, per viaggi lunghi si può optare per i travellers's cheque.]

4 Crea il file M3-4 Escursioni Calabria e salvalo nella tua cartella

CALABRIA – SIMERI – ESCURSIONI ///
A partire da € 450,00 / (tariffe di solo soggiorno) / Apertura: da giugno a settembre / Partenze: settimanali / PIZZO CALABRO-TROPEA / Una giornata / Visita a Pizzo Calabro e a uno dei monumenti più suggestivi della Calabria: la chiesetta di Piedigrotta. Costeggiando le stupende spiagge di S. Eufemia si giungerà a Tropea. Visita della cattedrale normanna e passeggiata per il centro. / REGGIO CALABRIA E GERACE / Una giornata / Partenza dal Villaggio in pullman verso Reggio Calabria. Breve sosta fotografica sullo stretto di Messina. Visita al museo nazionale con i suoi bronzi di Riace. Pranzo sul promontorio del monte S. Elia di Palmi. Nel pomeriggio visita alla medioevale Gerace. Rientro risalendo la costa ionica. / SILA PICCOLA-MUSEO DELLE CARROZZE / Una giornata / Prima sosta al parco nazionale e proseguimento verso il lago Ampollino per il pranzo. Pomeriggio a Siano, piccola frazione di Catanzaro, per ammirare le numerose collezioni private di carrozze d'epoca, di proprietà del barone De Paula. Il barone in persona ci guiderà nella sua tenuta, permettendoci di visitare anche il maneggio annesso, le scuderie e il bazar. / PARCO ARCHEOLOGICO DI SCOLASCIUM E MERCATO DI CATANZARO LIDO / ½ giornata / Visita all'antica città di Skilleyton, fiorentissima colonia greca e del parco archeologico. Passeggiata e visita all'imponente basilica normanna di S. Maria della Roccella. Sosta a Catanzaro Lido e passeggiata nel vasto mercatino settimanale. / STILO E BIVONGI / ½ giornata / Arrivo a Stilo, cittadina ionica adagiata ai piedi del monte Consolino e visita della Cattolica, piccolo tempio intatto del X secolo di architettura orientale, simbolo della dominazione bizantina nella regione. Sosta presso il tempio normanno di S. Giovanni Theresti, a Bivongi, dove si trova una piccola comunità di monaci di rito greco-ortodosso, provenienti dal monte Athos, unica comunità cenobitica d'Italia. / SQUILLACE E COPANELLO / ½ giornata / Visita dell'antica cittadina dominata dal castello normanno, residenza dei Borgia nel XV secolo. Giro della cittadina con sosta alla cattedrale e al palazzo Pepe. Al rientro belvedere sulla scogliera di Copanello, da dove si ammira la Baia di Caminia e il golfo di Squillace.

5 **Crea il file M3-4 Travel Parigi e salvalo nella tua cartella**

TRAVEL VIAGGI // Piazzale Stefani, 87 – 20100 MILANO – Tel. 026598745 – Fax 026598758 – P.I. 00766670155 ///
[*Forma*: VIAGGIO A PARIGI / Quota di partecipazione: 690 euro]
PROGRAMMA
[*Tabella*: **1° GIORNO** / Ore 19.00: ritrovo dei partecipanti nella sala d'attesa della stazione ferroviaria di Milano C.le. / Ore 20.30 partenza dal binario 7. / Notte in treno cuccetta. /
2° GIORNO / Arrivo a Parigi alle ore 6.40. / Colazione libera. / Ore 7.30: partenza con guida per visita storica alla città in pullman. / Sistemazione in Hotel ***. / Ore 13: pranzo. Pomeriggio libero. / Ore 19.30: cena. Pernottamento. / Facoltativo night-club (25 euro). /
3° GIORNO / Colazione ore 8.30, partenza in pullman con guida per Versailles e visita alla reggia di re Luigi XIV e allo splendido parco. / Rientro a Parigi previsto per le ore 12.30. / Ore 15.30: partenza in pullman per l'imbarcadero per una gita in battello sulla Senna. / Cena libera. Pernottamento. / Facoltativo night-club. /
4° GIORNO / Mezza pensione. / Giornata libera per visite a carattere individuale o per shopping. /
5° GIORNO / Colazione. / Mattinata libera. / Ore 12.00: appuntamento in Place de la Concorde. / Pranzo in locale caratteristico della periferia a Parigi. / Pomeriggio: visita al Louvre con guida. / Proseguimento per Montmartre. Visita al Sacré Cœur e alla Place du Théâtre. / Cena in un ristorante tipico di detta località. /
6° GIORNO / Ore 6.00: partenza per la stazione ferroviaria. / Colazione libera. / Ore 7.05: partenza in treno TGV per l'Italia. / Ore 14.35: arrivo a Milano.]

6 **Crea il file M3-4 Laghi d'Italia e salvalo nella tua cartella**

I MAGGIORI LAGHI D'ITALIA ///
Nome – Regione – Superficie in km²
Garda – Veneto, Trentino e Lombardia – 370,95
Maggiore – Piemonte e Lombardia – 212,29
Como – Lombardia – 146
Trasimeno – Umbria – 127,95
Bolsena – Lazio – 114,59
Iseo – Lombardia – 65,39
Varano – Puglia – 61
Bracciano – Lazio – 57,6
Lesina – Puglia – 51,5
Lugano – Lombardia – 50,49

7 **Apri il file M3 Albero Natale e salvalo nella tua cartella con il nome M3-4 Albero Natale**

8 **Apri il file M3 Decalogo e salvalo nella tua cartella con il nome M3-4 Decalogo**

9 **Apri il file M3 E-commerce e salvalo nella tua cartella con il nome M3-4 E-commerce**

10 **Apri il file M3 Parchi e salvalo nella tua cartella con il nome M3-4 Parchi**

11 **Apri il file M3 Quale zucchero e salvalo nella tua cartella con il nome M3-4 Quale zucchero**

12 **Apri il file M3 Risparmio energetico e salvalo nella tua cartella con il nome M3-4 Risparmio energetico**

UNITÀ 5 PROGETTARE RELAZIONI E IPERTESTI

Clippy

L'aspetto dei documenti contribuisce a trasmettere il loro messaggio. Nell'applicazione dei vari accorgimenti tipografici, il contrasto deve coesistere con la semplicità: attirare l'attenzione del lettore su alcune parti del testo senza disorientarlo, e facilitare la comprensione delle argomentazioni.

In questa unità verranno dati suggerimenti e saranno approfondite le conoscenze di Writer per combinare i vari elementi e realizzare un progetto di pagina atto a presentare le informazioni nel modo più chiaro ed efficace possibile. A tale scopo, si rivelano di fondamentale importanza la ▶ **scelta del registro linguistico e del layout** ◀. Per esempio, in una relazione è molto importante l'informazione testuale, pertanto il testo deve essere presentato in modo chiaro e ordinato.
Questo tipo di documento solitamente è disposto su più pagine e talvolta prevede layout particolari (per esempio, il frontespizio, l'indice, pagine con un diverso orientamento), che richiedono impostazioni di stili di pagina, di carattere e di paragrafo e altro ancora che esamineremo di seguito.

Creare un frontespizio

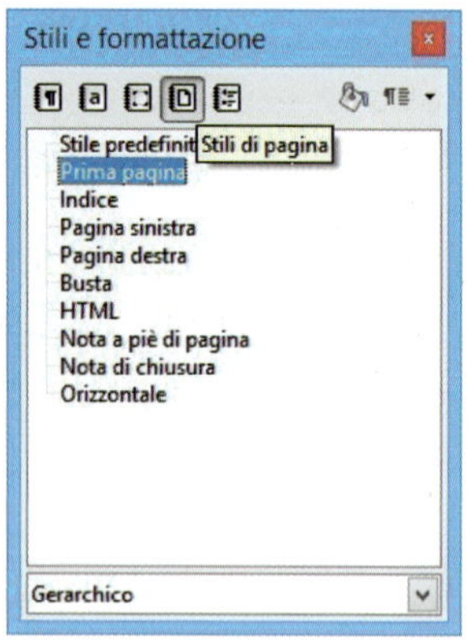

In un documento di più pagine, il frontespizio è la pagina iniziale in cui sono riportati il titolo, a volte seguito da un breve testo di presentazione, l'autore, l'anno di presentazione e altre informazioni; se gli argomenti trattati non sono numerosi, il frontespizio può includere anche l'indice.

Per richiedere il frontespizio, nella barra degli strumenti Formattazione (o da menu Formato) fare clic su Stili e formattazione/Stili di pagina e selezionare Prima pagina.
Il frontespizio può essere personalizzato inserendo oggetti grafici, immagini e caselle di testo.

Per uscire dalla modalità Prima pagina è necessario inserire un'interruzione di pagina, come descritto nel paragrafo successivo, specificando poi lo stile della pagina (Stile predefinito), oppure inserire un'interruzione di pagina e nella stessa finestra specificare lo stile della pagina successiva (*vedi* paragrafo "Utilizzare gli stili di pagina").

ECDL WP 6.1.3 - WP 6.1.4

Inserire un'interruzione di pagina

Quando si vuole proseguire con il testo in una nuova pagina senza aver raggiunto con la scrittura il margine inferiore, si consiglia di applicare l'interruzione di pagina (**ESEMPIO 1**) in sostituzione dell'uso ripetuto del tasto Invio, in quanto potrebbero sorgere problemi nella distribuzione del testo. Infatti, all'aggiunta di nuovo testo o di nuovi paragrafi nella pagina precedente, corrisponderà anche lo spostamento della prima riga della pagina successiva, che è stata raggiunta con l'uso dell'Invio, creando degli inestetismi nel layout in quanto il testo che si trovava a inizio pagina viene spostato di tante righe quante sono quelle aggiunte nella pagina precedente (**ESEMPIO 2**). Analogamente, eliminando del testo nella prima pagina, si verificherà una retrocessione di quello presente nella seconda pagina.

ESEMPIO 1

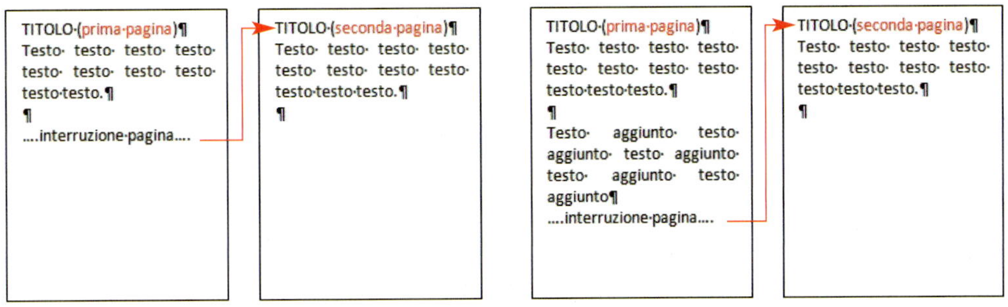

ESEMPIO 2

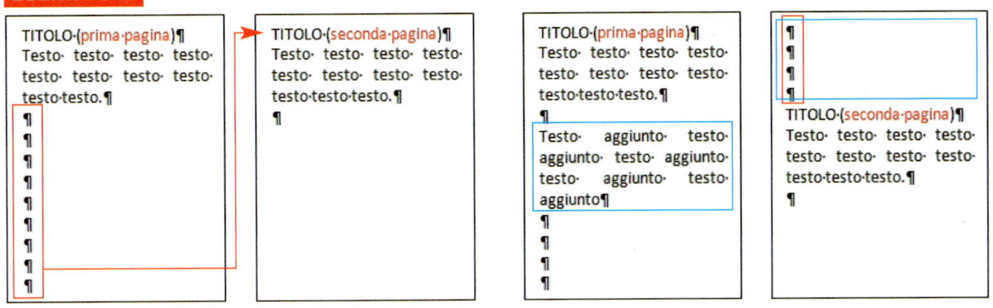

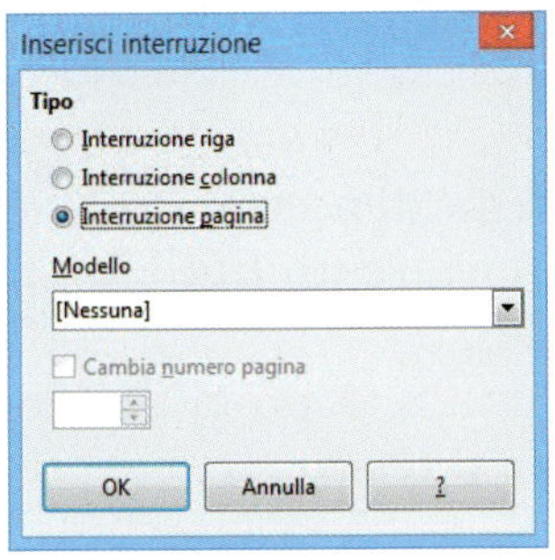

Per inserire un'interruzione di pagina, posizionare il cursore nel punto in cui si desidera inserire l'interruzione e da menu Inserisci scegliere Interruzione manuale/Interruzione pagina e fare clic su OK.

Per eliminare un'interruzione, posizionare il cursore prima del punto in cui è stata applicata l'interruzione e premere Canc.

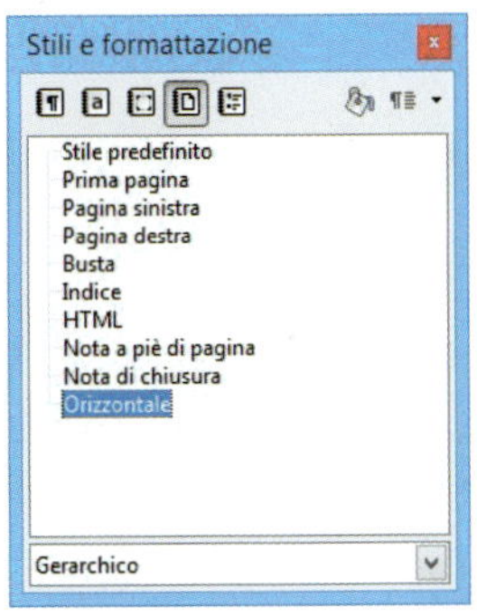

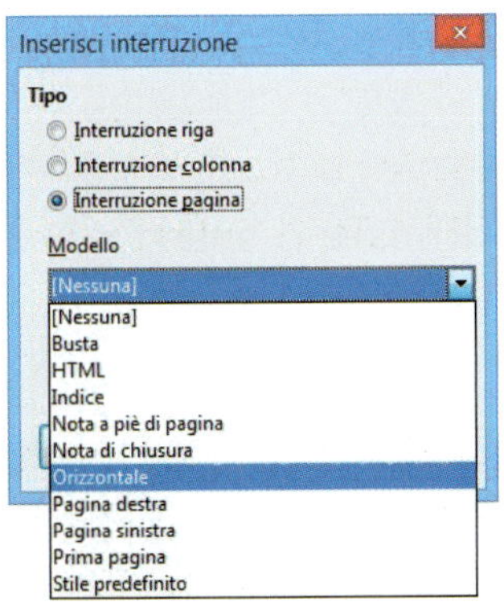

Utilizzare gli stili di pagina

In documenti complessi, può accadere di impostare diversi stili di pagina che dovranno essere separati da un'interruzione di pagina. Oltre che per definire la pagina del frontespizio (come abbiamo già visto), l'utilizzo degli stili pagina si rivela utile per altri layout. Facciamo alcuni esempi.

Per applicare nello stesso documento orientamenti di pagina differenti, posizionare il cursore nel punto in cui si desidera inserire l'interruzione e poi procedere in uno dei seguenti modi:
- richiedere l'Interruzione pagina, come già indicato sopra, quindi fare clic su Stili e formattazione/Stili di pagina e selezionare Orizzontale;
- richiedere l'Interruzione pagina, poi, nella sezione Modello della finestra, scegliere Orizzontale e confermare con OK.

Per ritornare all'orientamento verticale, procedere con una delle due modalità descritte scegliendo Stile predefinito.

Per definire la pagina dell'indice, procedere con una delle due modalità descritte per l'orientamento Orizzontale, scegliendo Indice. Per la pagina successiva all'indice, inserire un'interruzione di pagina e richiedere lo Stile predefinito.

ECDL WP 3.3.1 - WP 3.3.2

Utilizzare gli stili di paragrafo e di carattere

Ogni modello di documento presenta un proprio insieme predefinito di stili, ossia un insieme di caratteristiche di formattazione che possono essere associate a paragrafi, elenchi, titoli, sottotitoli e così via.
L'applicazione degli stili si rivela molto utile per creare layout coerenti o modificare la formattazione in modo veloce, ma anche per definire una gerarchia nei titoli e, di conseguenza, generare in automatico un sommario.
Si possono creare stili personalizzati, oppure utilizzare quelli predefiniti di Writer: in questo modo si potrà beneficiare di molti automatismi, come per esempio la strutturazione gerarchica del documento in paragrafi e sottoparagrafi, i cui titoli sono identificati dallo stile chiamato Titolo 1, Titolo 2 e così via.

Clippy
Writer dispone anche degli stili di cornice e di elenchi.

Oltre agli stili di pagina, già esaminati nel precedente paragrafo, i più ▶ **utilizzati** ◀ sono gli stili di carattere e gli stili di paragrafo:
- gli stili di carattere determinano gli aspetti riguardanti il tipo, la dimensione, lo stile, il colore e gli effetti dei caratteri;
- gli stili di paragrafo definiscono il layout di un paragrafo, ossia le caratteristiche riguardanti l'allineamento, l'interlinea, i rientri, la spaziatura, le tabulazioni, i bordi e così via. In genere mantengono lo stile carattere predefinito.

Lo stile standard di ogni nuovo documento è quello denominato Stile predefinito, a cui si può ricorrere quando si vuole riportare un titolo o un paragrafo alle condizioni di formattazione originale.
L'applicazione di uno stile può essere eseguita prima o dopo la digitazione; in quest'ultimo caso, è necessario selezionare il testo.

Clippy
Nell'elenco di Applica stile, solo Citazione è uno stile di carattere, gli altri sono tutti stili di paragrafo.

Le ▶ **scelte** ◀ possono essere effettuate da barra degli strumenti Formattazione/ Applica stile, oppure nel riquadro Stili e formattazione, che si apre facendo clic sull'omonimo pulsante o da menu Formato.

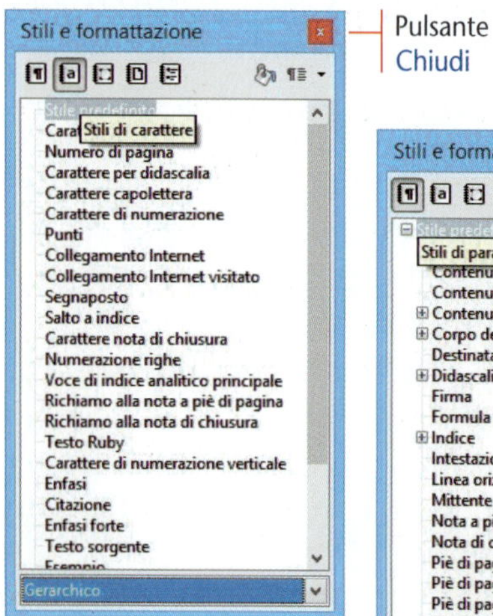

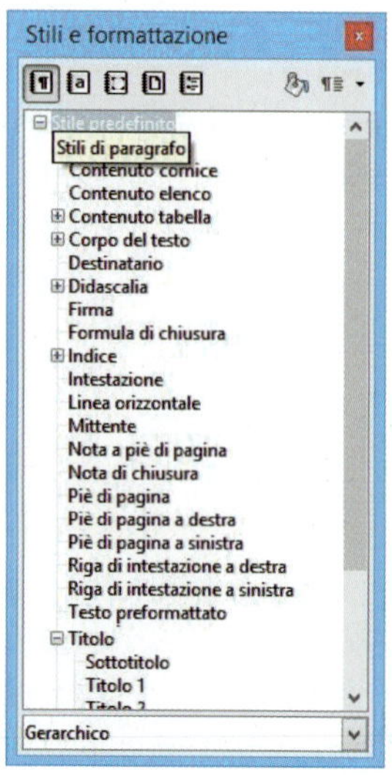

• Applicare uno stile carattere

1. Selezionare il testo da modificare.
2. Nella barra degli strumenti Formattazione fare clic sul pulldown di Applica stile e nell'elenco scegliere lo stile desiderato. Se non presente, fare clic su Extra.
3. Nel riquadro fare clic sul pulsante Stili di carattere e nell'elenco fare doppio clic su quello desiderato.
4. Per disattivare il riquadro, fare clic sul pulsante Chiudi.

• Applicare uno stile paragrafo

1. Posizionarsi nel paragrafo da modificare o selezionare tutti i paragrafi interessati.
2. Procedere come al **punto 2** della procedura sopra descritta.
3. Nel riquadro fare clic sul pulsante Stili di paragrafo e nell'elenco fare doppio clic su quello desiderato.
4. Per disattivare il riquadro, fare clic sul pulsante Chiudi.

• Modificare uno stile

Uno stile scelto può essere modificato in qualsiasi momento.

1 Selezionare il testo da formattare e applicare lo stile desiderato.

2 Fare clic su Applica stile, quindi clic destro sul nome dello stile applicato e da menu rapido scegliere Cambia.

3 Operare nelle schede della finestra Stile di... per eseguire le impostazioni che si desidera applicare e per ognuna fare clic su Assegna.

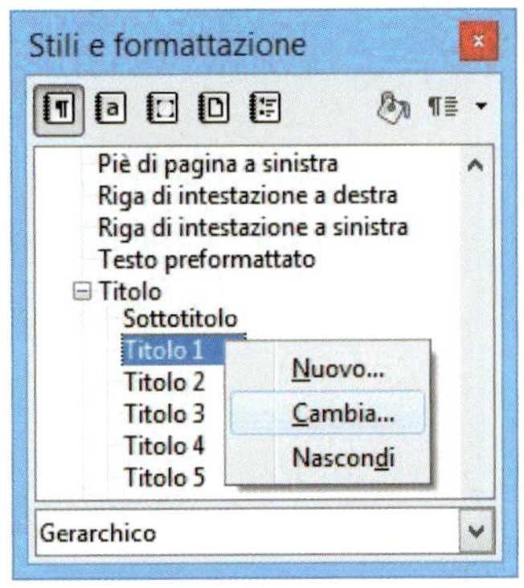

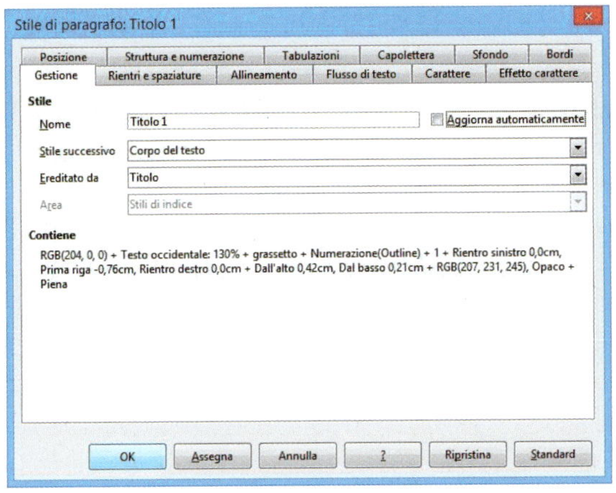

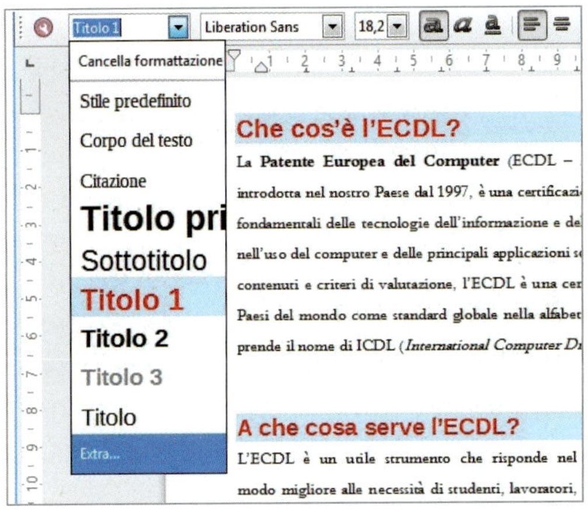

4 Al termine delle scelte confermare con OK.

5 Per utilizzare lo stile così impostato in altre parti del documento, procedere come al **punto 1** (nell'elenco, lo stile comparirà con le caratteristiche applicate).

Creare un sommario

Per facilitare la consultazione di un documento disposto su più pagine è opportuno creare un ▶ **sommario** ◀.

1 Dopo aver applicato gli stili a tutti i titoli del documento, posizionare il cursore nel punto in cui si desidera creare il sommario.

2 Da menu Inserisci scegliere Indici/ Indici e tabelle.

Clippy

Questa funzione può essere richiesta solo se nel documento sono stati applicati gli stili Titolo predefiniti o personalizzati. Il livello di ogni stile Titolo applicato al documento determina l'ampiezza del rientro che il titolo presenterà nel sommario.

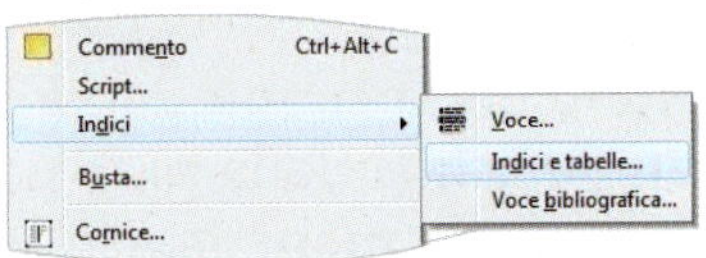

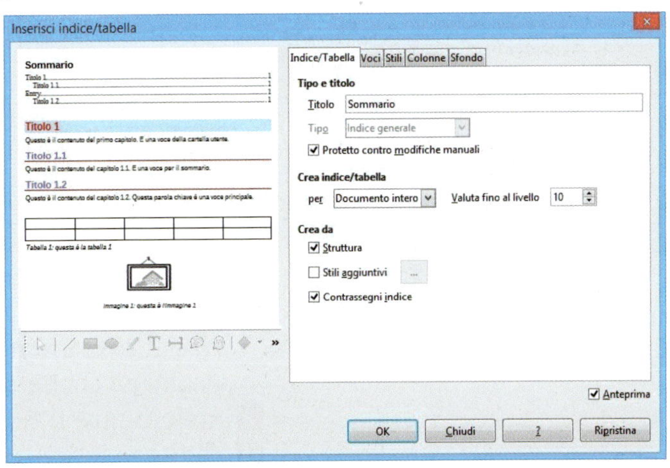

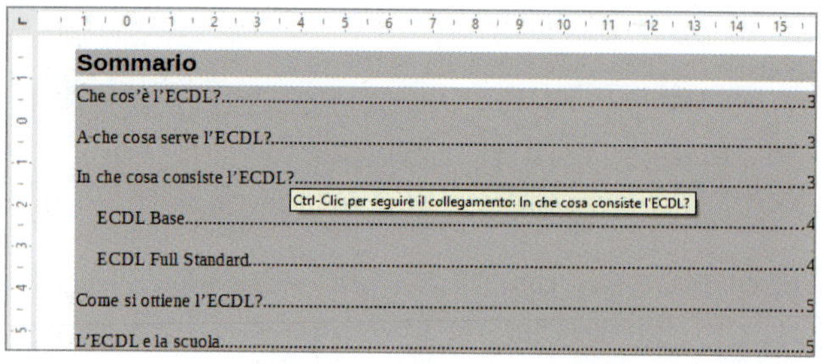

3 Nella scheda Indice/Tabella, a sinistra viene mostrato il layout del sommario e gli stili che sono stati applicati nel documento. Se diverso da quello proposto (Indice generale), sostituire il titolo e utilizzare le altre schede se si desidera modificare il layout.

4 Al termine, fare clic su OK.

Ogni voce del sommario è anche un collegamento ipertestuale: posizionando il mouse su di essa, viene mostrato un tooltip; tenendo premuto il tasto Ctrl il puntatore assume la forma di una manina e facendo clic si passa al titolo corrispondente nel documento.

• Aggiornare ed eliminare un sommario

In fase di elaborazione di un documento è possibile che vengano aggiunti, spostati o modificati titoli e contenuto del documento; ciò richiede di conseguenza un aggiornamento del sommario, in quanto la modifica non avviene in automatico.

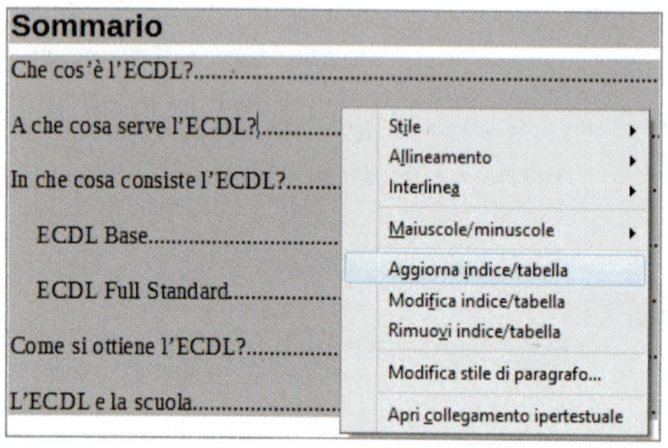

Fare clic destro nel sommario e scegliere:

- Aggiorna indice/tabella, per aggiornare le voci di sommario e i relativi numeri di pagina;
- Modifica indice/tabella, se la modifica riguarda il layout del sommario.

Per eliminare un sommario, da menu rapido scegliere Rimuovi indice/tabella.

Inserire note a piè di pagina

ESEMPI DI FORMATO NOTA
nota con **formato numerico**[1] [1] Testo della nota a fondo pagina
nota con **formato lettera**[a] [a] Testo della nota a fondo pagina
nota con **formato simbolo**[*] [*] Testo della nota a fondo pagina
nota con **formato numero romano**[IV] [IV] Testo della nota a fondo pagina

Le note sono utili per non appesantire un documento e, nello stesso tempo, arricchirlo con informazioni, spiegazioni o riferimenti bibliografici, elementi fondamentali in particolari documenti come articoli scientifici e ricerche.
Le note possono essere aggiunte a piè pagina e/o a fine documento.

Il tipo di numerazione scelto per la segnalazione della nota (numero, lettera, asterisco ecc.) viene inserito accanto al termine, con formato apice.

Lo stesso elemento viene inserito in fondo alla pagina a sinistra, il testo della nota è scritto con dimensioni inferiori rispetto a quelle del documento e una linea separatrice divide il testo del documento da quello della nota.

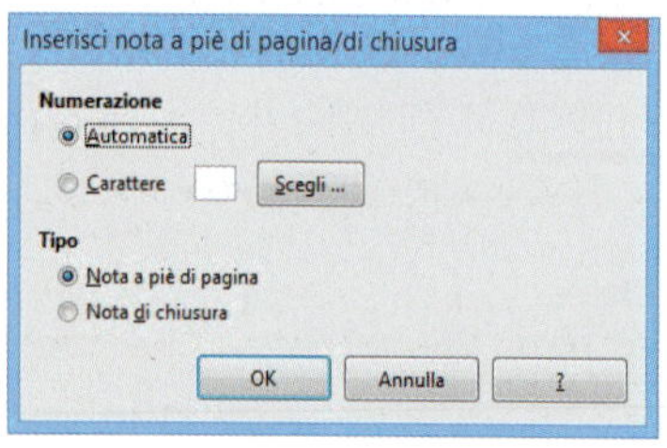

Per inserire note procedere nel seguente modo:

1 posizionare il cursore alla fine della parola sulla quale si vuole inserire il riferimento di nota, da menu Inserisci scegliere Inserisci nota a piè pagina/di chiusura;

2 specificare il tipo di nota e confermare con OK;

3 digitare il testo e poi fare clic nel documento.

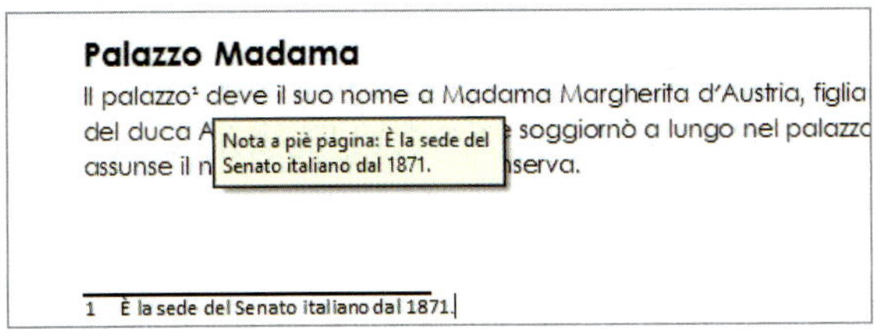

Posizionando il mouse sull'elemento che richiama la nota nel documento si visualizzerà il testo della nota all'interno di un box.

Per modificare una nota, selezionare il testo della nota e procedere con la digitazione.

Per eliminare una nota, selezionare l'elemento che la identifica accanto alla parola e premere il tasto Canc (a fondo pagina scompariranno il numero e il relativo testo; se nel documento sono presenti altre note successive, si aggiornerà il loro numero).

ECDL WP 6.1.5

Inserire un'intestazione e un piè di pagina

Le intestazioni e i piè di pagina sono particolari zone collocate nello spazio riservato al margine superiore (Intestazione) e in quello inferiore (Piè di pagina) del documento.

Clippy

In testi lunghi può essere necessario un testo identificativo (generalmente il titolo principale del documento), che può essere collocato in cima o in fondo a ciascuna pagina.

L'aggiunta di testo in queste aree è utilizzata per ottenerlo in ▶ **automatico** ◀ nella parte superiore o inferiore di ciascuna pagina del documento: è sufficiente digitare una sola volta il testo nelle rispettive zone, poi Writer lo applicherà a tutto il documento o alle pagine specificate.

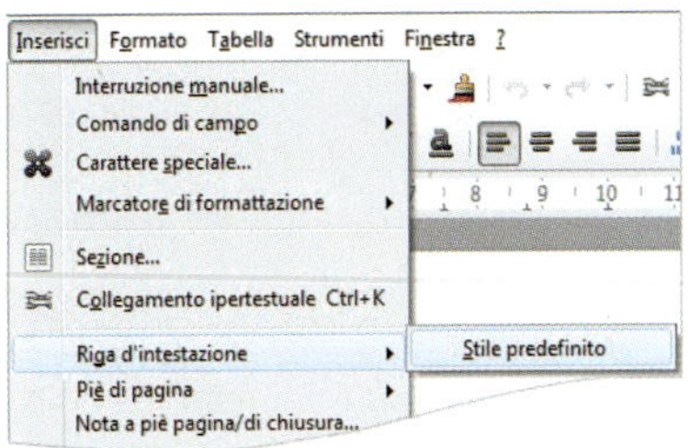

1 Da menu Inserisci, in base alle proprie esigenze, scegliere:
- Riga d'intestazione/Stile predefinito;
- Piè di pagina/Stile predefinito.

2 Fare clic all'interno della sezione scelta e digitare il testo. Se desiderato, modificare le dimensioni del carattere e l'allineamento del testo. Per ulteriori modifiche, fare clic sul pulldown della sezione interessata e scegliere Formatta intestazione o Formatta piè di pagina (per esempio, nella scheda Riga d'intestazione o Piè di pagina è possibile specificare la distanza del testo dall'area del documento).

Writer mostra la barra degli strumenti Navigazione, per spostarsi da una pagina all'altra. Se non è presente, richiederla da Visualizza/Barre degli strumenti

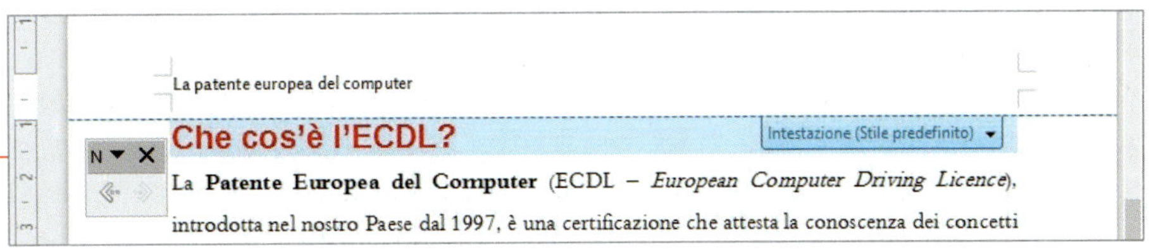

3 Per tornare al documento, fare clic nell'area della pagina.

Un modo veloce per inserire un'intestazione o un piè di pagina consiste nel fare clic nell'area superiore (o inferiore) del documento, quindi fare clic sul simbolo + e digitare il testo.

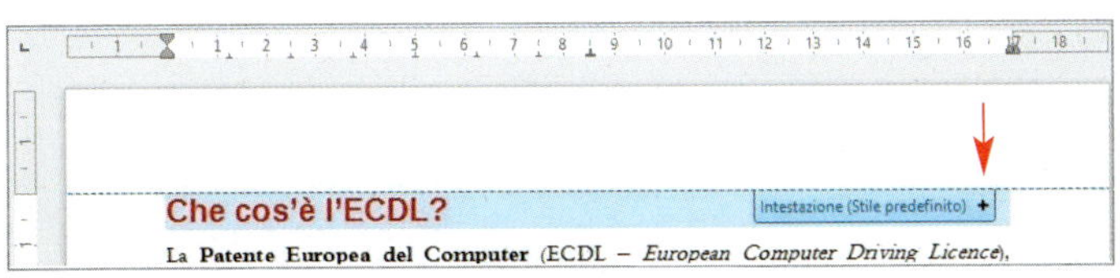

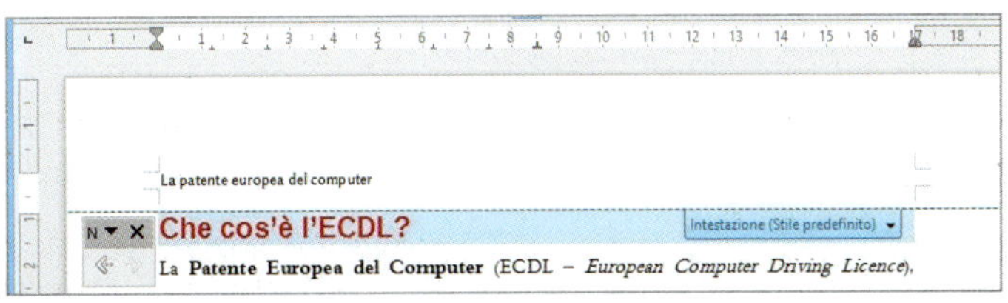

In un documento contenente un frontespizio, per escludere l'intestazione dalla prima pagina fare clic sul pulldown della sezione interessata e scegliere Formatta intestazione. Nella scheda Riga d'intestazione disattivare la spunta su Contenuto uguale nella prima pagina e confermare con OK.

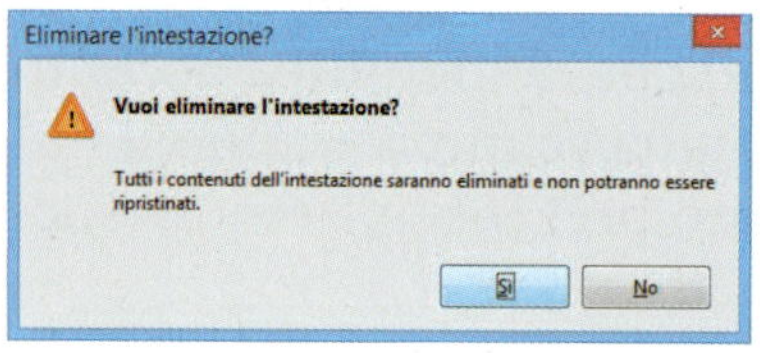

Per eliminare un'intestazione o un piè di pagina procedere come indicato al **punto 1** della procedura descritta a pagina precedente e disattivare la spunta da Stile predefinito, quindi, nella finestra che compare, fare clic su Sì.
In alternativa, fare clic sul pulldown della sezione interessata e scegliere Elimina intestazione o Elimina piè di pagina.

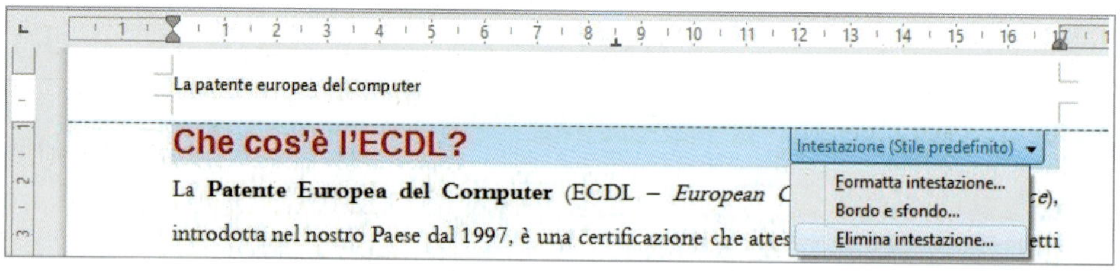

Un'intestazione o un piè di pagina possono essere eliminati anche selezionando il testo presente nella zona interessata e premendo Canc (in questo modo si elimina solo il testo, ma nel documento rimane l'area destinata all'intestazione o al piè di pagina).

ECDL WP 6.1.5

Aggiungere numeri di pagina

Ai documenti composti di più pagine è opportuno applicare i ▶ **numeri di pagina** ◀.

Per applicare la numerazione:

1. richiedere l'inserimento dell'intestazione o del piè di pagina, come già indicato;
2. posizionarsi nella zona interessata e da menu Inserisci ▶ **scegliere** ◀ Comando di campo/Numero di pagina;
3. se desiderato, modificare l'allineamento del numero. Per modificare le dimensioni e il tipo di carattere, selezionare il numero e procedere con le impostazioni desiderate;
4. per ritornare nel documento, fare clic nella pagina.

Clippy

Writer non applica il numero uno nei documenti in cui è stato inserito un frontespizio definito con lo stile Prima pagina.

Clippy

La stessa procedura si utilizza anche per inserire altri campi come la data corrente, il nome del file, l'autore e altre informazioni.

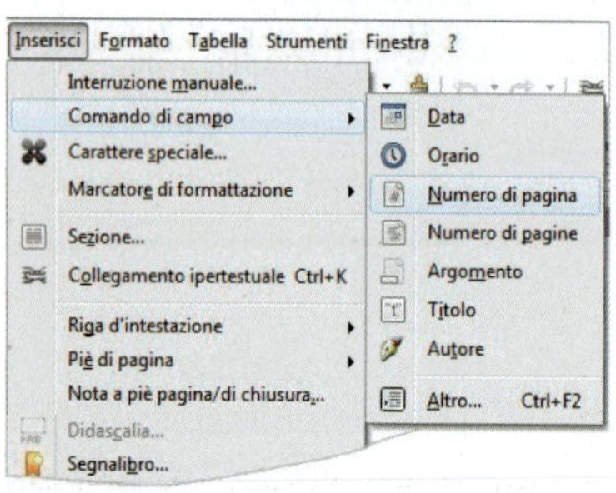

Per eliminare la numerazione delle pagine procedere come già indicato per l'eliminazione dell'intestazione o del piè di pagina, oppure selezionare il numero e premere Canc.

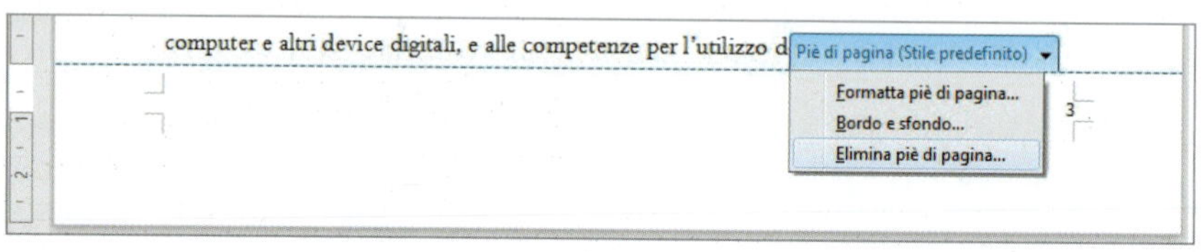

Pianificare e presentare una relazione

> **Clippy**
> In una relazione l'obiettivo è quello di spiegare le caratteristiche, le cause e mostrare gli sviluppi di un argomento.

La relazione è un testo informativo/espositivo che ha lo scopo di ▶ **presentare** ◀ in modo chiaro e ordinato idee e concetti attraverso un processo logico ragionato, frutto di un lavoro di ricerca.
In base all'utilizzo che se ne vuole fare e ai destinatari, la presentazione può essere fatta su carta oppure a video (in questo caso, si parla di ipertesto).
Per ottenere un elaborato completo, prima di iniziare la digitazione al computer è importante seguire le fasi di una corretta progettazione.

Zoom su...
ESPORTARE FILE IN FORMATO PDF

PROGETTAZIONE E PIANIFICAZIONE, cioè organizzazione dell'idea. In questa fase si individuano l'argomento (di che cosa si vuole parlare), il destinatario (l'insegnante, i compagni) e lo scopo del lavoro (fornire informazioni, sondaggi, dati).

RACCOLTA DELLE INFORMAZIONI, navigando in Internet, consultando libri, riviste, CD-ROM o tramite interviste.
Sulla base dei dati raccolti si definisce la scaletta, anche in forma di schema, degli argomenti da trattare.

STESURA, ossia scrittura della relazione.
In questa fase si sviluppano i punti della scaletta, suddividendo il testo in capoversi ognuno dei quali deve contenere l'idea centrale e le informazioni raggruppate per argomenti.

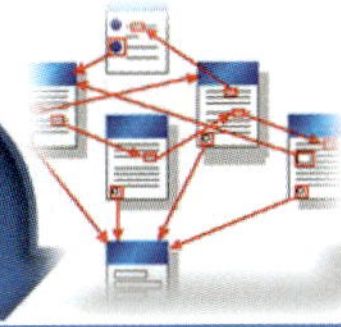

CONTROLLO del risultato, cioè revisione della correttezza e coerenza del contenuto e della forma.
In questa fase si deve curare l'aspetto grafico del testo per far sì che la comunicazione risulti chiara ed efficace.

Allena le competenze

- Utilizzare e personalizzare gli Stili
- Inserire interruzioni e immagini
- Creare un sommario

Supponiamo di aver raccolto e organizzato il testo per svolgere una ricerca su ciò che riguarda la patente europea del computer e l'acquisizione della relativa certificazione. Dopo aver predisposto la scaletta è stato scritto il testo in bozza; completiamo la relazione occupandoci del suo layout. Le immagini utilizzate sono state scelte dalla Galleria e da file (Immagini). Al termine dell'esercizio guidato, la relazione sarà impaginata come nell'esempio sotto riportato.

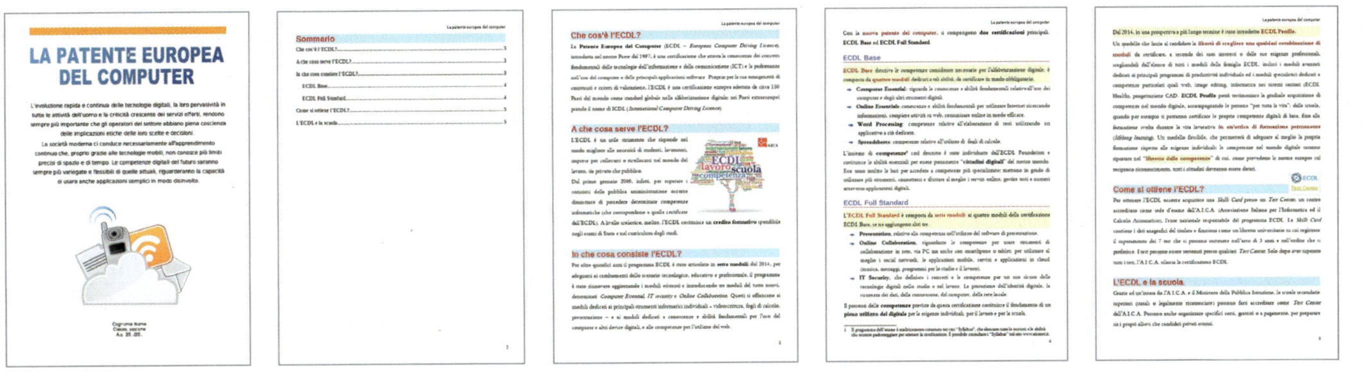

Apri il file M3 ECDL-bozza e salvalo nella tua cartella con il nome M3-5 Relazione ECDL

1 **Margini**: sinistro e destro a 2,5 cm, superiore e inferiore a 2 cm. Imposta lo stile di pagina Prima pagina.

2 Nella prima riga applica uno sfondo Arancione 2.

3 **Titolo**: fontwork Preferito 1, altezza 3 cm.
- Riempimento Sfumatura/Tango Blue.
- Stile linea/nessuno.
- Scorrimento/Separato.

LA PATENTE EUROPEA DEL COMPUTER

L'evoluzione rapida e continua delle tecnologie digitali, la loro pervasività in tutte le attività dell'uomo e la criticità crescente dei servizi offerti, rendono sempre più importante che gli operatori del settore abbiano piena coscienza delle implicazioni etiche delle loro scelte e decisioni.

La società moderna ci conduce necessariamente all'apprendimento continuo che, proprio grazie alle tecnologie mobili, non conosce più limiti precisi di spazio e di tempo. Le competenze digitali del futuro saranno sempre più variegate e flessibili di quelle attuali, riguarderanno la capacità di usare anche applicazioni semplici in modo disinvolto.

4 DejaVu Sans Light, 12 pt, [≡], interlinea 1,5 righe, distanza Sotto 0,1 cm.

5 Immagine da Galleria/Computer/Computer-Cloud. Scorrimento/Attraverso.

Cognome Nome
Classe, sezione
A.s. 20../20..

6 DejaVu Sans Light, 10 pt, [≡], interlinea singola.

7 Interruzione di pagina/stile predefinito.

PAGINA 2

8 Inserisci intestazione/Tutto, digita il testo mostrato, Liberation Sans, 10 pt, [≡]. Formatta intestazione/scheda Riga d'intestazione/Spaziatura 0,3 cm, escludi l'intestazione dalla prima pagina.

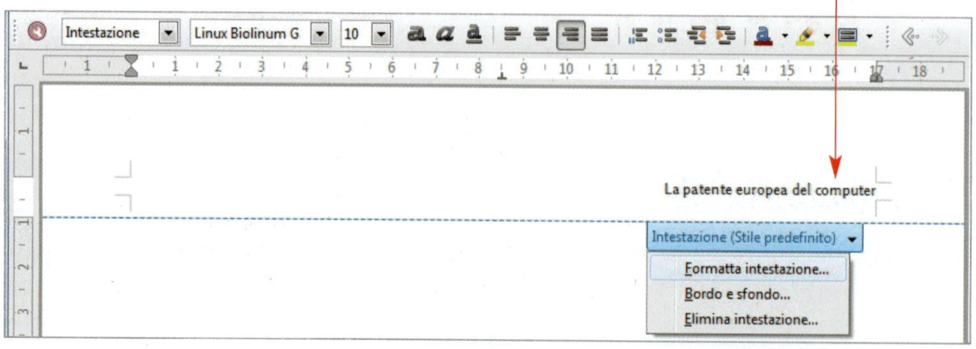

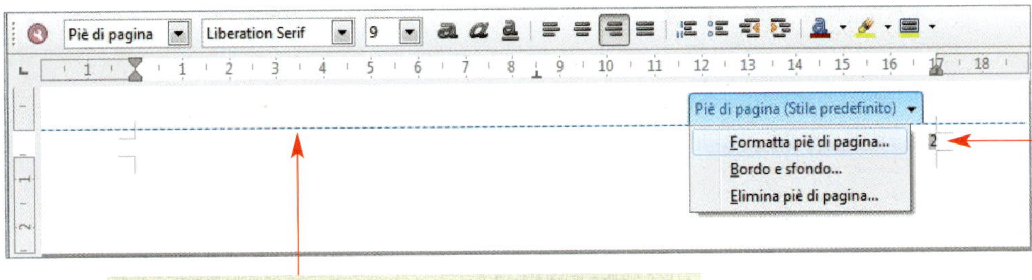

9 Inserisci piè di pagina/Tutto. Inserisci numero di pagina, [icona], 9 pt, Spaziatura 0,2 cm.

10 Clic nel documento, inserisci un'interruzione di pagina.

PAGINE 3 e 4

11 Applica gli stili Titolo 1, Titolo 2 e Corpo del testo; personalizza i titoli dei paragrafi e sottoparagrafi ed elabora il testo come indicato; inserisci le immagini da file ([icona] Immagini) con Scorrimento dinamico, altezza 6 e 2 cm (Mantieni rapporto).

Titolo 1

Titolo 1: mantenere le formattazioni predefinite, carattere Rosso 4, sfondo Blu classico.

Titolo 2: mantenere le formattazioni predefinite, carattere Blu, bordo inferiore, larghezza 0,5 cm, Rosso 4.

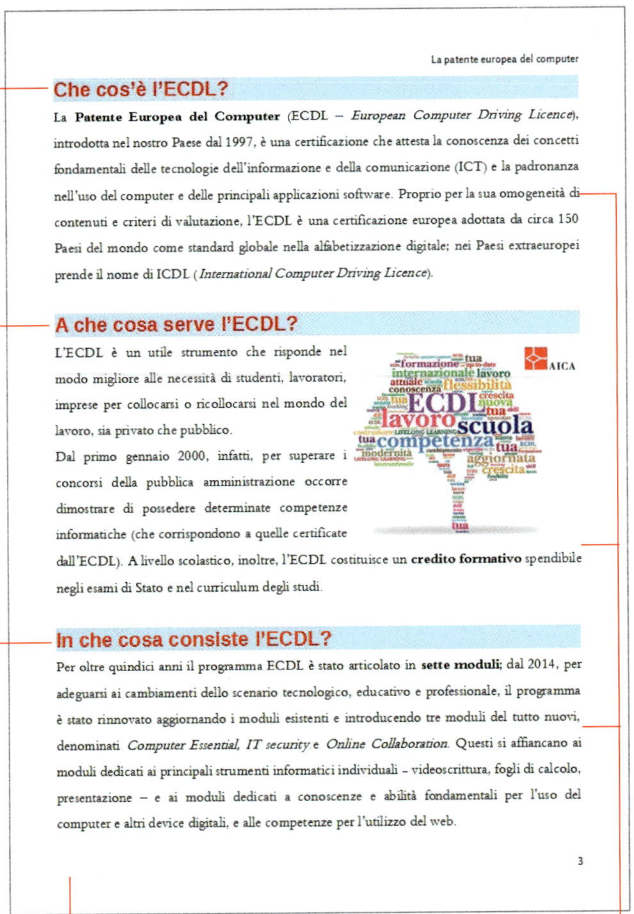

La patente europea del computer

Che cos'è l'ECDL?

La **Patente Europea del Computer** (ECDL – *European Computer Driving Licence*), introdotta nel nostro Paese dal 1997, è una certificazione che attesta la conoscenza dei concetti fondamentali delle tecnologie dell'informazione e della comunicazione (ICT) e la padronanza nell'uso del computer e delle principali applicazioni software. Proprio per la sua omogeneità di contenuti e criteri di valutazione, l'ECDL è una certificazione europea adottata da circa 150 Paesi del mondo come standard globale nella alfabetizzazione digitale; nei Paesi extraeuropei prende il nome di ICDL (*International Computer Driving Licence*).

A che cosa serve l'ECDL?

L'ECDL è un utile strumento che risponde nel modo migliore alle necessità di studenti, lavoratori, imprese per collocarsi o ricollocarsi nel mondo del lavoro, sia privato che pubblico.

Dal primo gennaio 2000, infatti, per superare i concorsi della pubblica amministrazione occorre dimostrare di possedere determinate competenze informatiche (che corrispondono a quelle certificate dall'ECDL). A livello scolastico, inoltre, l'ECDL costituisce un **credito formativo** spendibile negli esami di Stato e nel curriculum degli studi.

In che cosa consiste l'ECDL?

Per oltre quindici anni il programma ECDL è stato articolato in **sette moduli**; dal 2014, per adeguarsi ai cambiamenti dello scenario tecnologico, educativo e professionale, il programma è stato rinnovato aggiornando i moduli esistenti e introducendo tre moduli del tutto nuovi, denominati *Computer Essential*, *IT security* e *Online Collaboration*. Questi si affiancano ai moduli dedicati ai principali strumenti informatici individuali – videoscrittura, fogli di calcolo, presentazione – e ai moduli dedicati a conoscenze e abilità fondamentali per l'uso del computer e altri device digitali, e alle competenze per l'utilizzo del web.

3

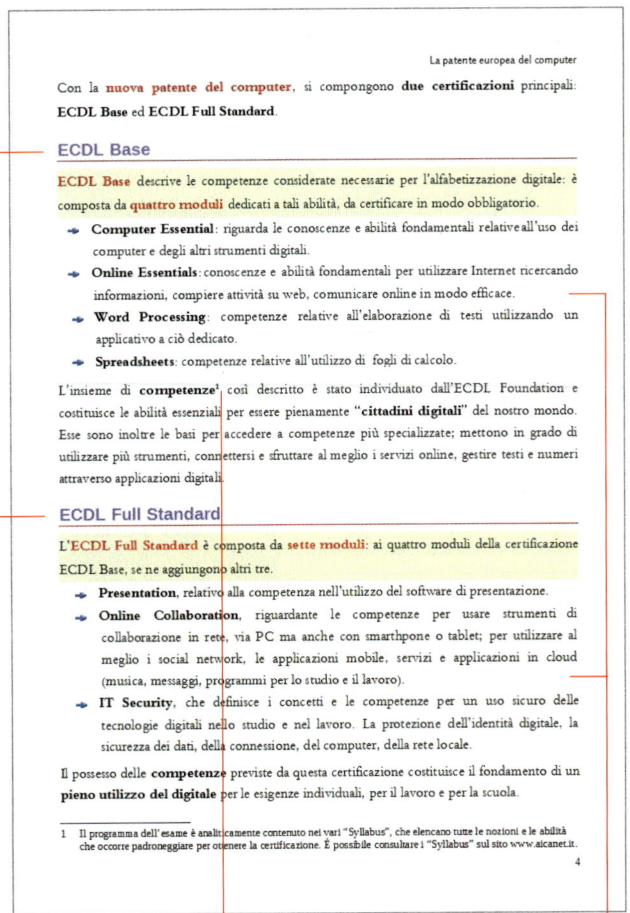

La patente europea del computer

Con la **nuova patente del computer**, si compongono **due certificazioni** principali: **ECDL Base** ed **ECDL Full Standard**.

ECDL Base

ECDL Base descrive le competenze considerate necessarie per l'alfabetizzazione digitale: è composta da **quattro moduli** dedicati a tali abilità, da certificare in modo obbligatorio.

- **Computer Essential**: riguarda le conoscenze e abilità fondamentali relative all'uso dei computer e degli altri strumenti digitali.
- **Online Essentials**: conoscenze e abilità fondamentali per utilizzare Internet ricercando informazioni, compiere attività su web, comunicare online in modo efficace.
- **Word Processing**: competenze relative all'elaborazione di testi utilizzando un applicativo a ciò dedicato.
- **Spreadsheets**: competenze relative all'utilizzo di fogli di calcolo.

L'insieme di **competenze**[1] così descritto è stato individuato dall'ECDL Foundation e costituisce le abilità essenziali per essere pienamente "**cittadini digitali**" del nostro mondo. Esse sono inoltre le basi per accedere a competenze più specializzate; mettono in grado di utilizzare più strumenti, connettersi e sfruttare al meglio i servizi online, gestire testi e numeri attraverso applicazioni digitali.

ECDL Full Standard

L'**ECDL Full Standard** è composta da **sette moduli**: ai quattro moduli della certificazione ECDL Base, se ne aggiungono altri tre.

- **Presentation**, relativo alla competenza nell'utilizzo del software di presentazione.
- **Online Collaboration**, riguardante le competenze per usare strumenti di collaborazione in rete, via PC ma anche con smarthpone o tablet; per utilizzare al meglio i social network, le applicazioni mobile, servizi e applicazioni in cloud (musica, messaggi, programmi per lo studio e il lavoro).
- **IT Security**, che definisce i concetti e le competenze per un uso sicuro delle tecnologie digitali nello studio e nel lavoro. La protezione dell'identità digitale, la sicurezza dei dati, della connessione, del computer, della rete locale.

Il possesso delle **competenze** previste da questa certificazione costituisce il fondamento di un **pieno utilizzo del digitale** per le esigenze individuali, per il lavoro e per la scuola.

1 Il programma dell'esame è analiticamente contenuto nei vari "Syllabus", che elencano tutte le nozioni e le abilità che occorre padroneggiare per ottenere la certificazione. È possibile consultare i "Syllabus" sul sito www.aicanet.it.

4

Interruzione di pagina

Corpo del testo: Traditional Arabic, 13 pt, [icona], Interlinea Proporzionale 120%, distanza Sotto 0,25 cm. Ove mostrato, sfondo Giallo chiaro e Rosso 4.

Nota a piè di pagina: Liberation Serif, 10 pt.

Elenco puntato: immagine [icona]. **Rientri**: Prima del testo 1,1 cm e Prima riga 0,7 cm. Ultima riga di ogni punto elenco distanza Sotto 0,2 cm.

PAGINA 5

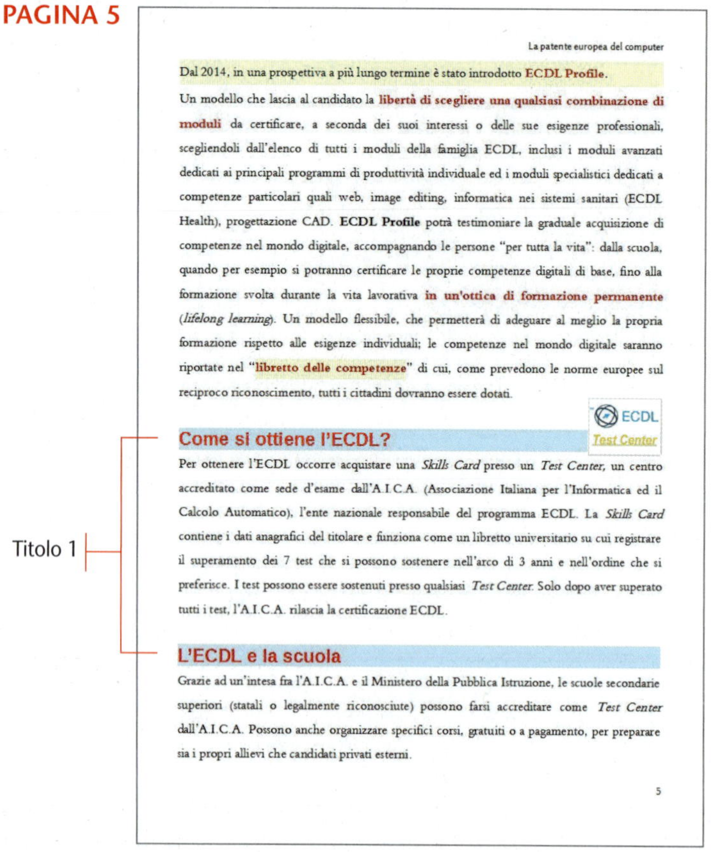

PAGINA 2

12 Posizionati nella prima riga e richiedi l'inserimento dell'indice/tabella. Modifica il titolo Indice generale in Sommario. Al titolo applica le caratteristiche del Titolo 1. Modifica lo stile di paragrafo applicando l'interlinea Doppia da scheda Rientri e spaziature.

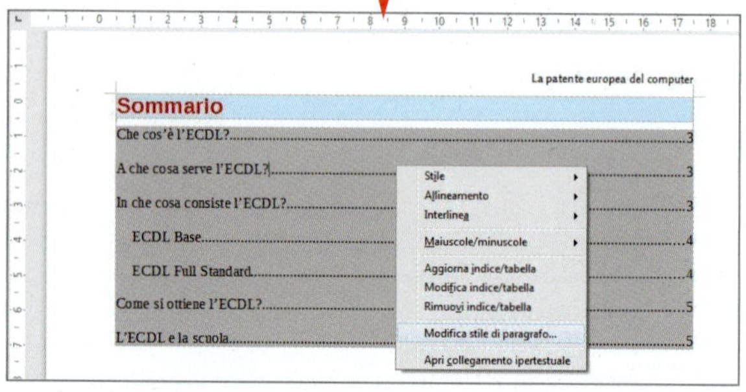

Ricercare sinonimi e contrari

Nella revisione di un documento è necessario mantenere la coerenza sintattica dei testi ed evitare di ripetere più volte la stessa parola.
Per ottenere dei sinonimi, fare clic destro sulla parola da sostituire e nel menu rapido scegliere il termine desiderato.

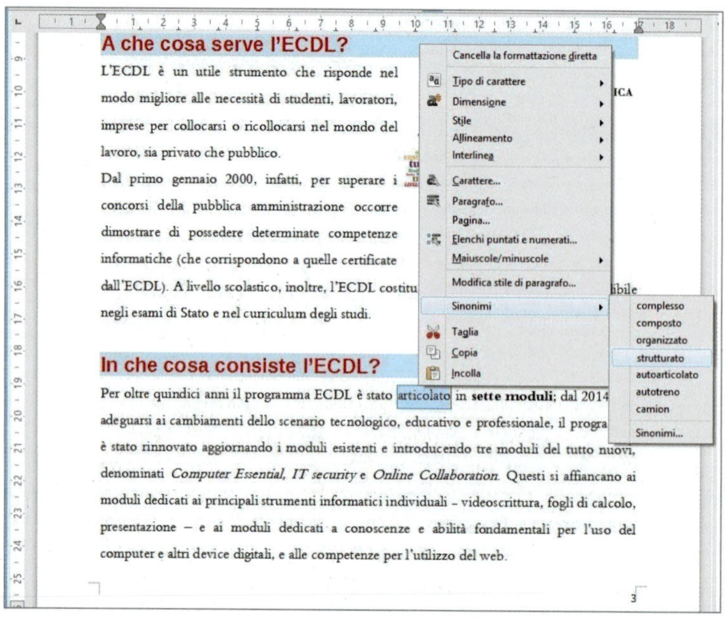

Invece, selezionando Sinonimi, si accede all'omonima finestra che offre un elenco più ampio di voci correlate.

È possibile accedere a tale finestra anche selezionando la parola interessata, poi, da menu Strumenti, scegliere Lingua/Sinonimi. Una volta individuato il sinonimo desiderato, nel riquadro Alternative selezionare il termine e fare clic su Sostituisci.

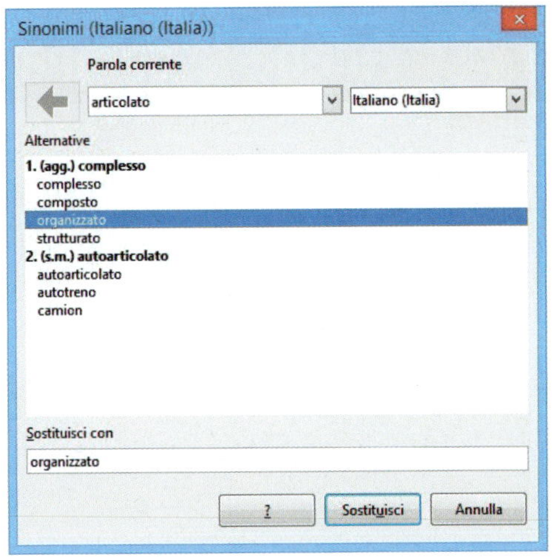

ECDL WP 2.2.4 - WP 2.2.5

Trovare e sostituire testo

A conclusione di un documento, possiamo avere la necessità di sapere quante volte un termine ricorre nel testo e, se è il caso, sostituirlo evitando così ripetizioni e ridondanze. A tale proposito, Writer include le funzioni Trova e Sostituisci.

Clippy

Facendo clic su Cerca tutto, con una sola azione il programma evidenzia nel documento tutte le parole che rispondono ai criteri della ricerca.

1. Da menu Modifica e fare clic su Trova.
2. Si attiva la barra degli strumenti Cerca: digitare il testo che si desidera trovare e fare clic sul ▶ **pulsante** ◀ Trova successivo; per proseguire, ripetere la stessa azione.

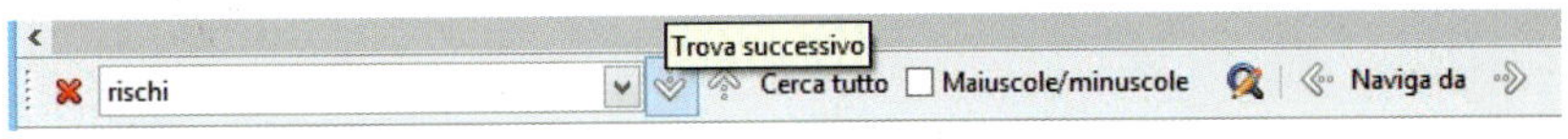

3. Il programma evidenzia nel documento gli elementi trovati; al termine della ricerca, sulla barra degli strumenti Cerca compare un messaggio che ci informa che la ricerca è stata completata.

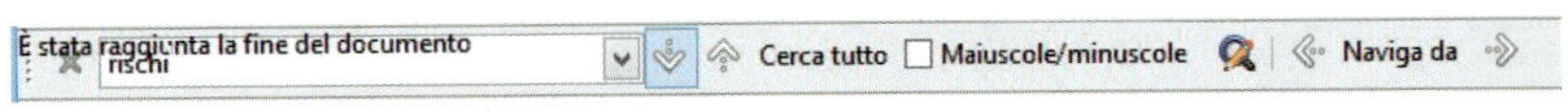

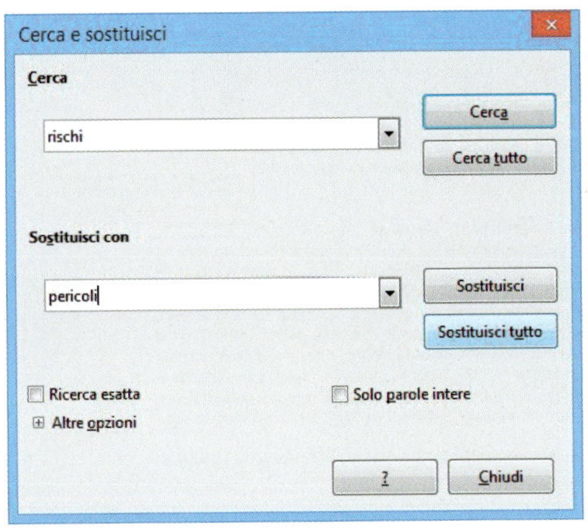

Qualora la parola o la frase da ricercare debba anche essere sostituita, da menu Modifica scegliere Trova e sostituisci. Digitare la parola o la frase da trovare e, nella casella di testo Sostituisci con, inserire la parola o la frase con cui si desidera sostituirla.
Facendo clic sul pulsante Sostituisci viene evidenziato il primo termine trovato nel documento; ripetendo l'operazione, si effettua la sostituzione della prima occorrenza rintracciata; per sostituire ulteriori ricorrenze, agire di nuovo sul medesimo pulsante.
Per una sostituzione globale, fare clic sul pulsante Sostituisci tutto. Un messaggio ci informerà di aver completato la ricerca ed effettuato tutte le sostituzioni. Al termine, fare clic su OK.

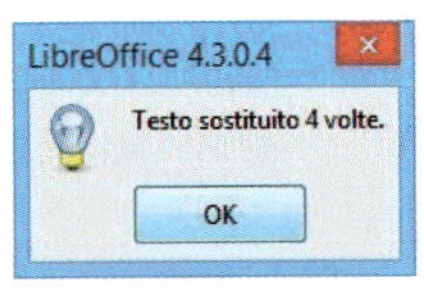

Allena le competenze

- Trovare ricorrenze e sostituire con sinonimi
- Inserire note a piè di pagina

Apri il file M3 Elettrosmog-bozza e salvalo con il nome M3-5 Elettrosmog sostituzioni

Nell'immagine proposta, i termini da sostituire con i sinonimi sono stati evidenziati in giallo.

1 A scelta, utilizza il menu rapido o la finestra Sinonimi e sostituisci le parole di seguito riportate con i sinonimi indicati.
Nel secondo paragrafo sostituisci:
- propagano con diffondono;
- speciali con particolari;
- prodotte con generate;
- modesti con moderati;
- collocati con situati.

Nel terzo paragrafo sostituisci:
- danneggiamento con deterioramento;
- alterare con modificare;
- irradiata con sprigionata.

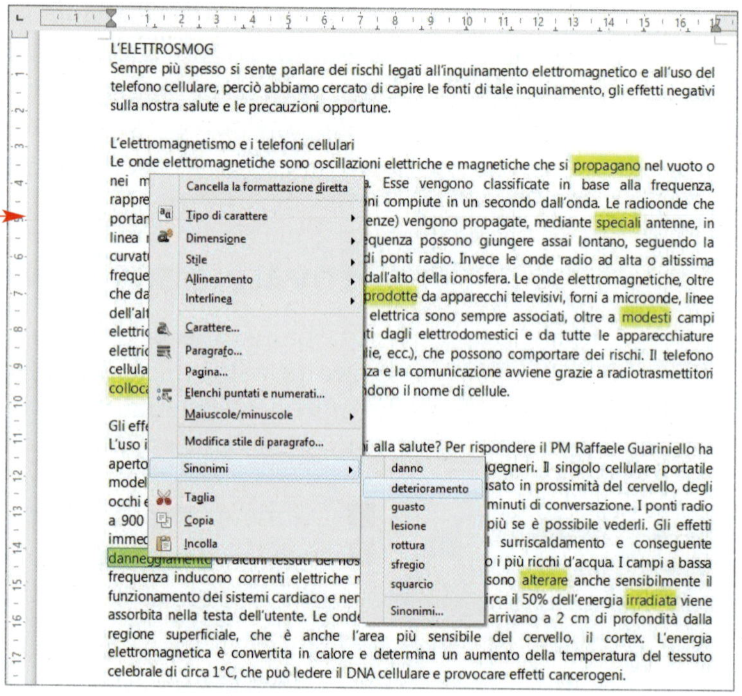

2 Utilizzando l'apposita funzione, ricerca e sostituisci nel documento le seguenti ricorrenze:
- rischi con pericoli;
- gli effetti con ▶ **le conseguenze** ◀.

Solo nel titolo del secondo paragrafo, sostituisci nocivi con negative.

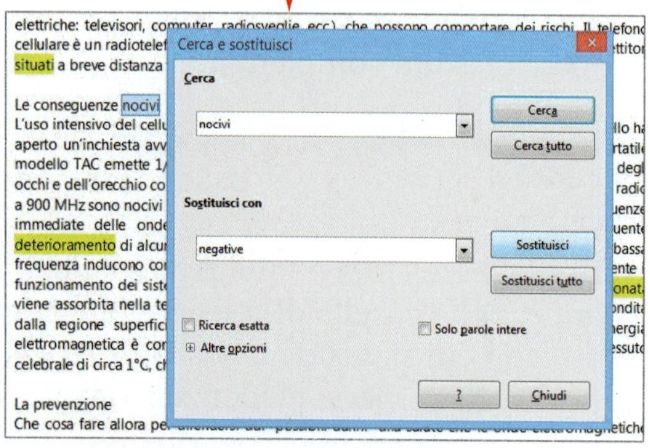

3 Nel terzo paragrafo, posizionati dopo la parola cortex (tra la x e il punto) e inserisci la seguente nota a piè di pagina:
Foglio di tessuto neurale (corteccia cerebrale) esterno al cervello. Esso svolge un ruolo chiave per memoria, attenzione, pensiero, linguaggio e coscienza.

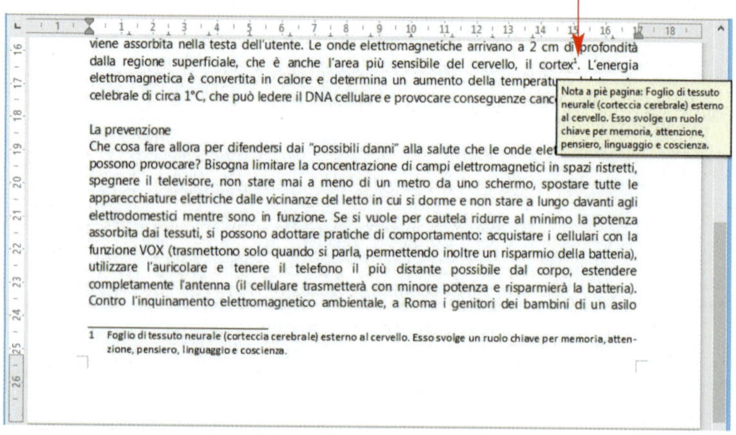

Clippy

Presta attenzione alle 4 sostituzioni effettuate e fai in modo che il genere dei termini che seguono sia concordante con quello della sostituzione.

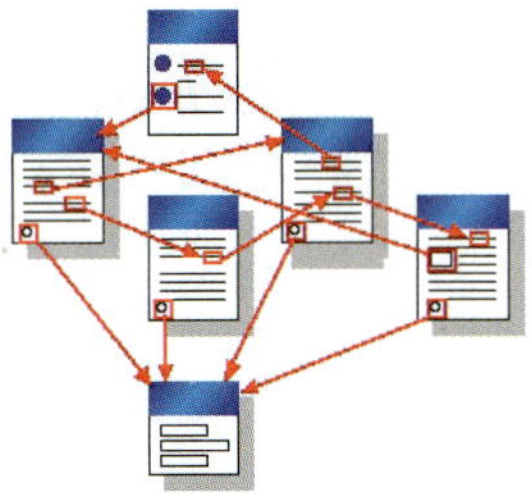

Clippy

Il sistema di consultazione del testo direttamente a video viene detto "navigare".
Nell'ipertesto, le informazioni (nodi) sono disposte su più livelli e il lettore naviga per mezzo di collegamenti ipertestuali (link).
Il termine link significa legame e in un ipertesto è costituito dalla parola chiave o dall'immagine a cui corrisponde uno sviluppo informativo (un paragrafo dello stesso documento, oppure un altro file).

Progettare e creare una relazione ipertestuale

In una relazione destinata alla stampa su carta la trattazione è lineare, ossia parte da un primo punto e si sviluppa con argomentazioni successive. Solitamente, anche la lettura avviene una pagina dopo l'altra.

Un'enciclopedia su CD-ROM o una pagina Web possono invece essere ▶ **lette in modo non sequenziale** ◀, seguendo un proprio percorso autonomo di ricerca. Questo tipo di lettura non è lineare e segue la logica di un ipertesto.

Un documento strutturato come ipertesto può essere letto seguendo percorsi diversi: ciò dipende dal modo che ognuno ha di organizzare e associare le idee.
Per creare un documento ipertestuale è necessario scomporre l'argomento in nodi concettuali autoconclusivi (organizzati in diversi livelli gerarchici) e indipendenti tra loro.
I nodi sono quello che nei libri definiamo "capitoli" o "paragrafi"; nella logica ipertestuale, i ▶ **nodi** ◀ e i ▶ **link** ◀ sono progettati con una mappa concettuale.

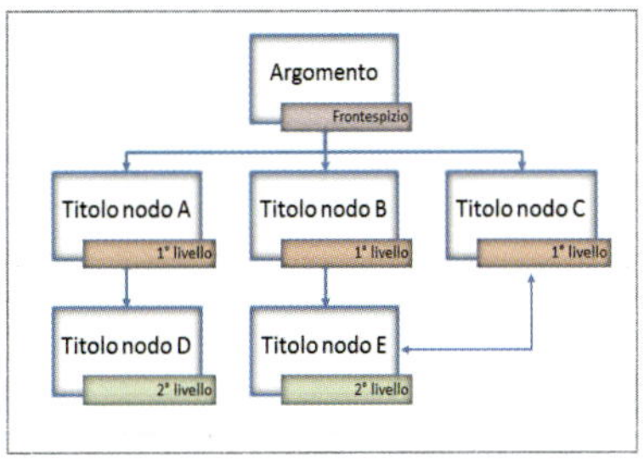

• Esempio di mappa concettuale

Per l'ipertesto è necessaria una progettazione su carta, come già visto per la relazione; in questa fase è molto importante definire i nodi e l'interfaccia grafica.
Nella stesura del testo si devono inoltre applicare dei segnalibri ai quali saranno associati collegamenti ipertestuali.

In fase di revisione, oltre al controllo ortografico e stilistico, si dovrà valutare la struttura ipertestuale e la funzionalità dei link.

Inserire segnalibri

Clippy

Il segnalibro è un indicatore elettronico invisibile che serve per identificare parti di testo e associarle a una data posizione nella pagina.

In documenti complessi i ▶ **segnalibri** ◀ servono per creare indici analitici o per spostarsi rapidamente nel documento.
In documenti strutturati in forma ipertestuale, la cui consultazione avviene a video, i segnalibri servono per creare collegamenti dall'indice iniziale ai titoli dei paragrafi.

Per inserire un segnalibro procedere nel seguente modo:

1. fare clic nel punto del documento in cui si desidera inserire il segnalibro, oppure selezionare il testo che si vuole includere nel riferimento e da menu Inserisci scegliere Segnalibro;
2. nella casella digitare il nome da assegnare al segnalibro senza includere spazi o segni di punteggiatura (è preferibile una sola parola) e confermare con OK.

Per eliminare un segnalibro, nella finestra selezionare il nome dall'elenco e fare clic sul pulsante Elimina.

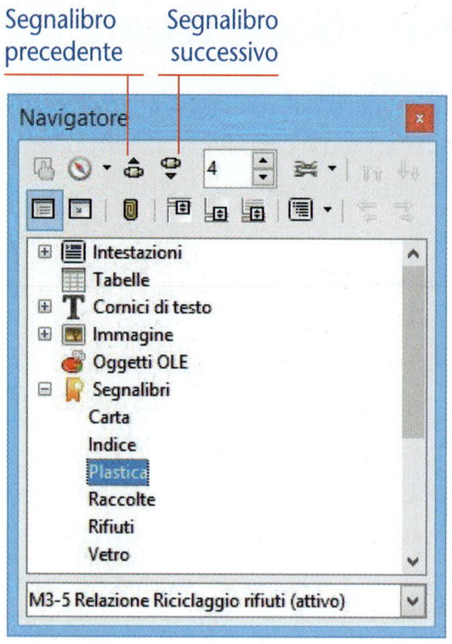

Per spostarsi in un documento che contiene segnalibri, nella barra degli strumenti Cerca (che si attiva da menu Modifica/Trova) fare clic su Naviga da e nella ▶ **finestra Navigatore** ◀ operare sul simbolo + per espandere l'elenco Segnalibri, quindi fare doppio clic sul nome del segnalibro che si desidera raggiungere (oppure utilizzare i pulsanti Segnalibro successivo/Segnalibro precedente); al termine, fare clic sul pulsante Chiudi.

Smart

Puoi attivare la finestra anche operando sul pulsante Navigatore, sulla barra degli strumenti Standard.

Clippy

I collegamenti ipertestuali (link) permettono la consultazione del testo in modo non lineare, creando una connessione a parti diverse di uno stesso documento, ad altri documenti di Writer, oppure ad altri tipi di file in un documento online.

Inserire collegamenti ipertestuali

Per inserire un ▶ **collegamento ipertestuale** ◀ all'interno di uno stesso documento è necessario prima aver applicato gli stili Titolo, oppure i segnalibri, poi procedere come di seguito indicato.

1. Selezionare l'elemento da collegare (testo o immagine).
2. Da menu Inserisci (o da barra degli strumenti Standard) fare clic su Collegamento ipertestuale.
3. Nella finestra fare clic su Documento e poi su Destinazione nel documento.
4. Nell'omonima finestra espandere l'elenco Segnalibri, selezionare il nome da collegare e in entrambe le finestre fare clic su Applica e poi su Chiudi.

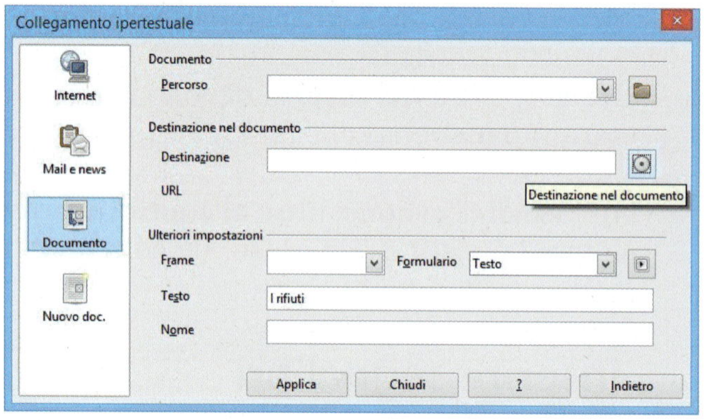

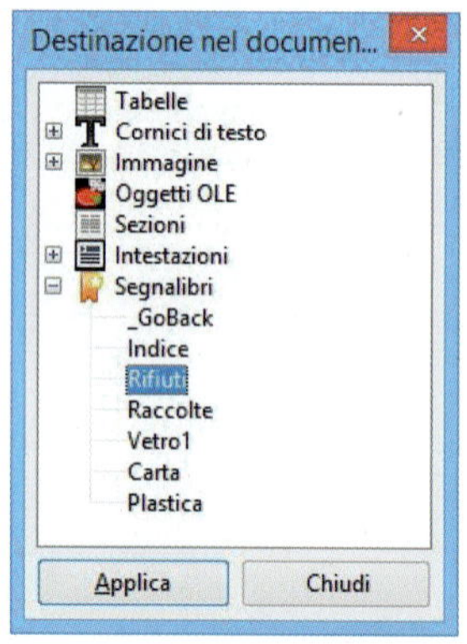

Per inserire un collegamento ad altri documenti o a pagine Web, procedere come di seguito indicato.

1. Operare come indicato ai **punti 1** e **2** della procedura sopra riportata.
2. Per inserire un collegamento:
   - a un file archiviato in una cartella, fare clic su Documento e poi su Apri file, raggiungere la cartella interessata, selezionare il file e fare clic su Apri;
   - a una pagina Web, fare clic su Internet, quindi, nella casella Destinazione, inserire l'URL della pagina Web da visitare, oppure operare sul pulsante Apri (se non già attiva, viene richiesta la connessione a Internet e si apre la pagina predefinita del browser in uso) e ricercare la pagina a cui collegarsi, copiare l'indirizzo e incollarlo nel campo Destinazione.

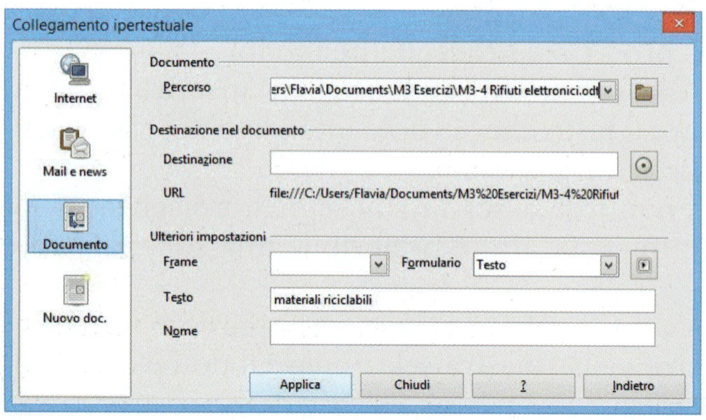

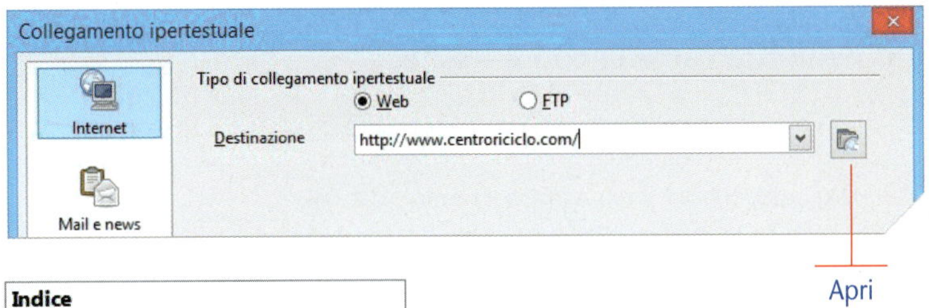

3 Fare clic su Applica e poi su Chiudi.

Nel documento, un link in genere si presenta sotto forma di testo sottolineato con un colore diverso dal testo circostante. Posizionando il mouse sul collegamento, viene mostrato un tooltip che informa sulle modalità di apertura. Diversamente, fare clic destro sul link e scegliere Apri collegamento ipertestuale.

Per eliminare un collegamento ipertestuale, fare clic destro su di esso e selezionare Elimina collegamento.

Allena le competenze

- Creare un semplice ipertesto con frontespizio personalizzato
- Inserire segnalibri e collegamenti ipertestuali a testo, file e pagine Web

Supponiamo di aver raccolto informazioni e organizzato lo schema per svolgere una ricerca sul tema del riciclaggio dei rifiuti; il testo è stato scritto in bozza.
Completiamo la relazione occupandoci del suo layout e predisponiamola per essere consultata direttamente al computer. Le immagini da disporre sono già inserite alla fine del documento.
L'organizzazione dei contenuti della relazione è basata sulla seguente mappa.

DA RIFIUTI ... A RISORSE
Titolo con breve introduzione allo scopo di sensibilizzare il lettore e di sviluppare una nuova cultura ambientale

I rifiuti	I rifiuti distinti per natura	Le raccolte differenziate	Riciclare il vetro... perché?	Riciclare la carta... perché	Riciclare la plastica... perché?
Evidenziare il problema dei rifiuti e del loro smaltimento	Mettere in risalto la necessità di una raccolta differenziata dei rifiuti. Sensibilizzare per una partecipazione più attiva.	Elencare i diversi contenitori per rifiuti predisposti dai singoli Comuni.	Descrivere i vantaggi sulla raccolta di questo tipo di rifiuto: tipo di rifiuto e facilità di riciclo.	Descrivere i vantaggi sulla raccolta di questo tipo di rifiuto: risparmio di risorse a favore dell'ambiente.	Descrivere i vantaggi sulla raccolta di questo tipo di rifiuto: impieghi e tipi di plastiche.

Al termine dell'esercizio guidato, la relazione ipertestuale sarà impaginata come nell'esempio sotto riportato.

Apri il file M3 Riciclaggio rifiuti-bozza e salvalo nella tua cartella con il nome M3-5 Relazione Riciclaggio rifiuti

Da rifiuti... a risorse

Il rifiuto è sempre lo scarto di un qualcosa
che abbiamo comunque usato,
che ci è stato utile e che è stato nostro.

LA NATURA NON RIFIUTA NULLA!

Tutto viene assimilato dal nostro ambiente:
dipende da noi se questo avviene nel modo corretto.

I RIFIUTI SONO UNA "RISORSA"!

Possono ridiventare materiale vero e proprio,
o produrre calore, energia, forza da utilizzare.

Indice

Alberto Molinari
Irene Fraccaroli
Mike Okushai

1 Margini superiore a 2 cm, sinistro e destro a 2,5 cm.

2 **Titolo**: fontwork Preferito 30. Altezza 1,6 cm.

3 **Testo**:
- Ebrima, 14 pt, , interlinea 1,5 righe.

Ai sottotitoli applica:
- 16 pt;
- sfondi Verde 8 e Arancione 1;
- Indice 12 pt.

4 Disposizione immagine:
- Allineamento/Centro;
- Scorrimento/Separato.

5 Casella di testo: Ebrima, 10 pt, [icona], [icona].

6 Inserisci interruzione di pagina e nuova sezione.

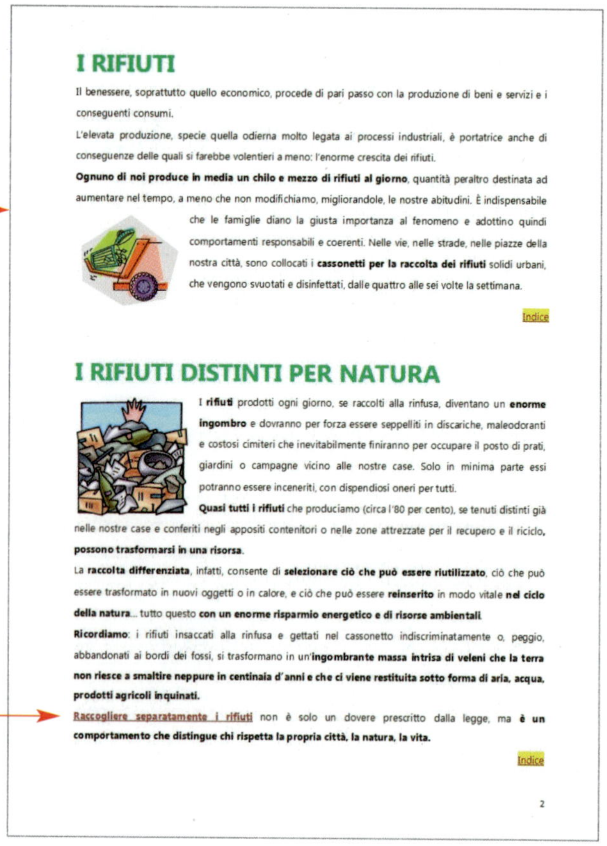

I RIFIUTI

Il benessere, soprattutto quello economico, procede di pari passo con la produzione di beni e servizi e i conseguenti consumi.

L'elevata produzione, specie quella odierna molto legata ai processi industriali, è portatrice anche di conseguenze delle quali si farebbe volentieri a meno: l'enorme crescita dei rifiuti.

Ognuno di noi produce in media un chilo e mezzo di rifiuti al giorno, quantità peraltro destinata ad aumentare nel tempo, a meno che non modifichiamo, migliorandole, le nostre abitudini. È indispensabile che le famiglie diano la giusta importanza al fenomeno e adottino quindi comportamenti responsabili e coerenti. Nelle vie, nelle strade, nelle piazze della nostra città, sono collocati i **cassonetti per la raccolta dei rifiuti** solidi urbani, che vengono svuotati e disinfettati, dalle quattro alle sei volte la settimana.

Indice

I RIFIUTI DISTINTI PER NATURA

I **rifiuti** prodotti ogni giorno, se raccolti alla rinfusa, diventano un **enorme ingombro** e dovranno per forza essere seppelliti in discariche, maleodoranti e costosi cimiteri che inevitabilmente finiranno per occupare il posto di prati, giardini o campagne vicino alle nostre case. Solo in minima parte essi potranno essere inceneriti, con dispendiosi oneri per tutti.

Quasi tutti i rifiuti che produciamo (circa l'80 per cento), se tenuti distinti già nelle nostre case e conferiti negli appositi contenitori o nelle zone attrezzate per il recupero e il riciclo, **possono trasformarsi in una risorsa**.

La **raccolta differenziata**, infatti, consente di **selezionare ciò che può essere riutilizzato**, ciò che può essere trasformato in nuovi oggetti o in calore, e ciò che può essere **reinserito** in modo vitale **nel ciclo della natura**... tutto questo **con un enorme risparmio energetico e di risorse ambientali**.

Ricordiamo: i rifiuti insaccati alla rinfusa e gettati nel cassonetto indiscriminatamente o, peggio, abbandonati ai bordi dei fossi, si trasformano in un'**ingombrante massa intrisa di veleni che la terra non riesce a smaltire neppure in centinaia d'anni e che ci viene restituita sotto forma di aria, acqua, prodotti agricoli inquinati.**

Raccogliere separatamente i rifiuti non è solo un dovere prescritto dalla legge, ma **è un comportamento che distingue chi rispetta la propria città, la natura, la vita.**

Indice

2

7 **Titoli**: tutti con stile Titolo 1, Ebrima, 24 pt, Verde 4, spaziatura Sopra 0,40 cm, Sotto 0,20 cm.
Ove presente il testo Perché applica il maiuscoletto.
Paragrafi: stile Predefinito, modifica in Ebrima, 10 pt, interlinea 1,5 righe, [icona].

8 Colloca in modo opportuno con Scorrimento/Dinamico le immagini che trovi alla fine del documento.

9 Inserisci i numeri di pagina, [icona].

10 Seleziona il testo Raccogliere separatamente i rifiuti, inserisci un collegamento ipertestuale alla pagina Web www.centroriciclo.com/ e fai in modo che, se selezionato, sia visualizzata la descrizione Centro riciclo di Vedelago Treviso.

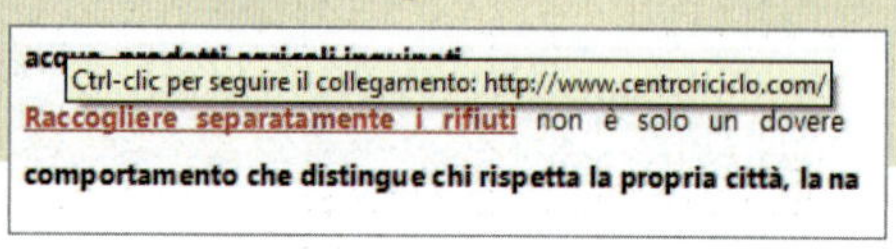

acqua, prodotti agricoli inquinati.
Ctrl-clic per seguire il collegamento: http://www.centroriciclo.com/
Raccogliere separatamente i rifiuti non è solo un dovere
comportamento che distingue chi rispetta la propria città, la na

11 A pagina 3 seleziona il testo materiali riciclabili e inserisci un collegamento ipertestuale al file M3-4 Rifiuti elettronici (*vedi* Consolidamento delle abilità M3-4, esercizio 6).

LE RACCOLTE DIFFERENZIATE

Da più di quindici anni la maggior parte dei comuni ha organizzato un sistema di raccolta separata per alcuni materiali riciclabili quali carta, vetro, plastica, alluminio ecc. e per quei rifiuti che possono essere dannosi per l'ambiente quali pile scariche e farmaci scaduti.

Sono stati così collocati gli **appositi contenitori**:

- la campana **verde** per il vetro e l'alluminio;
- il cassonetto **bianco** per la carta;
- il cassonetto **giallo** per la plastica;
- i contenitori per le pile scariche presso i rivenditori;
- i contenitori per i farmaci scaduti presso le farmacie;
- raccoglitori Caritas vestiario.

Ogni comune ha inoltre predisposto un'**isola ecologica** dove i cittadini possono conferire gratuitamente, quei materiali riciclabili o pericolosi che non è possibile depositare negli appositi contenitori stradali.

Indice

RICICLARE IL VETRO... ...PERCHÉ?

Il vetro si ricicla completamente senza alcun limite di rigenerazione. Le sue caratteristiche di igienicità, trasparenza e stabilità fanno sì che ancora oggi occupi un posto di primaria importanza nella conservazione dei prodotti alimentari.

La superficie, completamente impermeabile a liquidi e a gas, è inattaccabile dalla maggior parte degli agenti chimici, fisici e biologici proteggendo così il contenuto da fattori esterni. Il vetro resiste inalterato a buona parte degli acidi, rendendolo insostituibile come contenitore di prodotti farmaceutici e cosmetici.

Riciclare il vetro contribuisce a diminuire il consumo delle materie prime e di energia necessaria per la sua produzione, riducendo notevolmente i quantitativi di rifiuti da smaltire.

il processo di recupero è molto semplice: consiste, infatti, nel frantumare finemente il materiale, depurarlo da eventuali metalli, carta, legno, sughero e altri materiali eterogenei e, dopo un accurato lavaggio, si passa al processo di fusione e modellazione nella forma desiderata.

Indice

3

12 A pagina 4 elabora l'ultimo paragrafo con fontwork Preferito 1, riempimento Sfumatura/Gradient 7, altezza 1,6 cm.

RICICLARE LA CARTA... ...PERCHÉ?

Riciclare la carta e il cartone è un risparmio di risorse e un vantaggio per l'ambiente: significa minor volume di rifiuti in discarica, meno alberi da tagliare, meno acqua ed energia da consumare nella produzione di nuova carta.

La carta arriva alle cartiere, che provvedono al riciclaggio, in grandi balle, proveniente dagli scarti delle industrie cartotecniche, tipografiche e degli imballaggi, da giornali o riviste invendute e dalle raccolte differenziate.

La carta può essere non solo riciclata, ma anche ampiamente riutilizzata: il retro dei fogli di carta già stampati può servire per prendere appunti o lasciare messaggi, i sacchetti di carta possono trasportare la spesa più volte, i libri usati possono essere donati alle scuole o alle biblioteche.

Indice

RICICLARE LA PLASTICA... ...PERCHÉ?

La plastica è un materiale prezioso che essendo formato da polimeri, ne possiede le caratteristiche essenziali.

- Elevata inerzia chimica: i materiali plastici sono biodegradabili solo a lungo termine (occorrono dai 100 ai 1000 anni per decomporre una bottiglia di plastica).
- Elevato potere calorifico: i polimeri, materie che la compongono, sono derivati dal petrolio (una sola bottiglia di plastica può tenere accesa una lampadina da 100 watt per un'ora).
- Leggerezza: un insostituibile vantaggio per settori come l'imballaggio e le automobili.

Alcuni dei principali tipi di plastica

- **PE**: contenitori per detersivi, tappi e film per sacchi della spazzatura, bottiglie per il latte, nastri adesivi, taniche, cassette ecc.
- **PET**: contenitori per detergenti, accessori per le auto come borchie e clacson.
- **PVC**: bottiglie, nastro isolante, fili elettrici, tubi per l'edilizia, alveoli per frutta e uova.

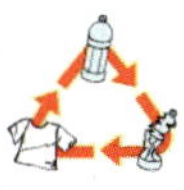

Indice

Non sprechiamo i rifiuti!

4

13 Nel frontespizio seleziona il testo Indice e inserisci il segnalibro con lo stesso nome.

14 A pagina 2 seleziona il titolo I RIFIUTI, e ripeti le stesse operazioni per inserire il segnalibro Rifiuti; seleziona quindi ciascun titolo e inserisci i relativi segnalibri come da tabella.

Titolo da selezionare	Nome del segnalibro
I rifiuti distinti per natura	Natura
Le raccolte differenziate	Raccolte
Riciclare la carta … … perché	Carta
Riciclare la plastica … … perché	Plastica
Riciclare il vetro … … perché	Vetro

15 Nel frontespizio seleziona il testo I rifiuti e applica un collegamento ipertestuale al segnalibro Rifiuti. Prosegui inserendo i collegamenti con i relativi segnalibri, come mostrato nella tabella.

16 A pagina 2, alla fine del primo paragrafo, digita il testo Indice, ≡. Inserisci un collegamento ipertestuale al segnalibro Indice per ritornare alla prima pagina dopo aver visitato un collegamento. Copia il link alla fine di ogni paragrafo come mostrato nelle immagini. Verifica quindi la funzionalità di ciascun link.

solidi urbani, che vengono svuotati e disinfettati, dalle la settimana.

Indice

Ctrl-clic per seguire il collegamento: #Indice

Svolgi i test

Gli esercizi sono disponibili anche nella versione digitale come test interattivi e autocorrettivi.

TEST DI COMPLETAMENTO

Completa le frasi con le espressioni mancanti, scegliendo tra quelle di seguito proposte.
Invio – posizione – autore – identificare – lineare – documento – titolo – ipertestuali – iniziale – pagina

1 Il frontespizio è la pagina ...., in cui sono riportati il ...., a volte seguito da un breve testo di presentazione, l'... e l'anno di presentazione.
2 L'interruzione di .... si utilizza in sostituzione dell'uso ripetuto del tasto ....
3 I segnalibri servono per .... parti di testo e associarle a una data .... nella pagina.
4 I collegamenti .... permettono la consultazione del .... in modo non ....

TEST VERO FALSO

Indica, barrando la relativa casella, se le seguenti affermazioni sono vere o false.

	V	F
1 Il frontespizio può essere inserito in qualsiasi pagina del documento.	☐	☐
2 Uno stile predefinito non può essere modificato.	☐	☐
3 Per creare un sommario è necessario utilizzare gli stili Titolo.	☐	☐
4 Quando si applica un segnalibro il testo appare evidenziato con un colore diverso.	☐	☐

TEST DI COLLEGAMENTO

Associa i comandi della prima colonna con i corrispondenti menu e opzioni della seconda.

1 Interruzione pagina	A Inserisci/Comando di campo.	1 ___
2 Numero di pagina	B Strumenti/Lingua.	2 ___
3 Stili di paragrafo	C Inserisci/Interruzione manuale.	3 ___
4 Sinonimi	D Formato/Stili e formattazione.	4 ___

TEST A RISPOSTA SINGOLA O MULTIPLA

Per ogni quesito, indica la risposta o le risposte corrette. (○ risposta singola / ☐ risposta multipla)

1 Un segnalibro è:
- ○ un indicatore elettronico invisibile
- ○ una formattazione del testo
- ○ un collegamento ipertestuale
- ○ un'interruzione del testo

2 Quali dei seguenti sono percorsi corretti per creare ed eliminare un sommario?
- ☐ Inserisci/Sommario
- ☐ Inserisci/Indici e tabelle
- ☐ Clic destro sul sommario/Rimuovi indice/tabella
- ☐ Clic destro sul sommario/Elimina sommario

3 I comandi Riga d'intestazione e Piè di pagina:
- ☐ si trovano nel menu Inserisci
- ☐ si trovano nel menu Visualizza
- ☐ si possono eliminare da menu Modifica
- ☐ si possono eliminare da menu Inserisci

4 Indica le fasi, nell'ordine corretto, per pianificare una relazione:
- ○ Progettazione/Raccolta/Controllo/Stesura
- ○ Raccolta/Progettazione/Controllo/Stesura
- ○ Progettazione/Raccolta/Stesura/Controllo
- ○ Stesura/Progettazione/Raccolta/Controllo

Disponi ed elabora

- Il riquadro ELABORA elenca le consegne per lo svolgimento dell'esercizio.
- La presenza della barra (/) indica l'uso dell'Invio.
- Inserire le immagini da file (Immagini).

1 **Apri il file M3 Linguaggi e salvalo nella tua cartella con il nome M3-5 Linguaggi**

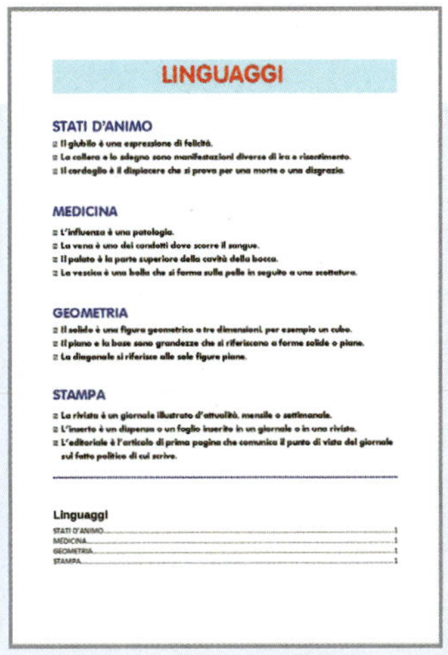
LINGUAGGI

STATI D'ANIMO

MEDICINA

GEOMETRIA

STAMPA

Linguaggi

ELABORA

- Sostituisci appropriatamente le parole scritte in rosso con i seguenti sinonimi: *espressione – felicità – manifestazioni – dispiacere – disgrazia – patologia – condotti – scorre – cavità – scottatura – figura – grandezze – forme – riferisce – giornale – dispensa – comunica – scrive* (presta attenzione alle concordanze di articoli e preposizioni).
- **Margini**: superiore e inferiore a 1,5 cm.
- **Titolo**: stile Titolo principale, Rosso 4, 32 pt, sfondo Ciano 10.
- **Sottotitoli**: stile Titolo 1, VAGRounded BT, 20 pt, Blu 4.
- **Testo**: stile Elenco 3, Aharoni, 12 pt.
- Alla fine dell'ultimo paragrafo applica un bordo inferiore stile tratteggiato, larghezza 2 pt, Blu 4.
- A fondo pagina crea un sommario dal titolo Linguaggi.

2 **Apri il file M3 Monitor e salvalo nella tua cartella con il nome M3-5 Monitor**

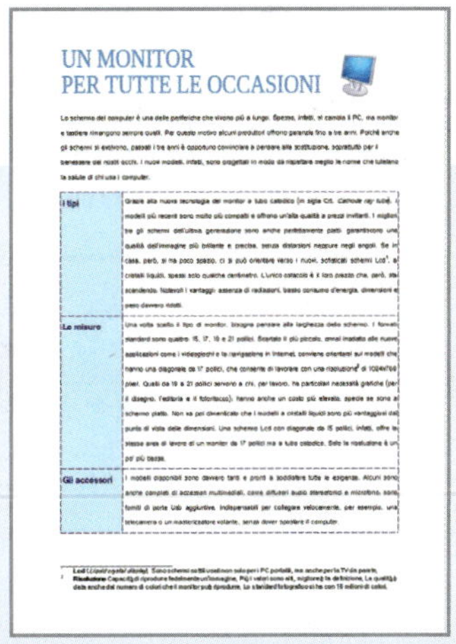
UN MONITOR PER TUTTE LE OCCASIONI

ELABORA

- **Margini**: tutti a 2,3 cm.
- **Titolo**: fontwork Preferito 4, 12,5 x 2 cm, allineamento fontwork a sinistra, colore riempimento e della linea Cielo azzurro 9.
- **Testo**: Tunga, 11 pt, distanza Sotto 0,3 cm.
- **Tabella**: 1ª colonna 3 cm, 14 pt, Blu 5, sfondo Blu classico; bordi tratteggiati, Blu 5.
- **Immagine**: da file, larghezza 2 cm (Mantieni rapporto), Scorrimento/Dinamico.

A destra dei termini evidenziati in giallo inserisci rispettivamente le seguenti note a piè pagina, elaborando il testo con Dotum, 8 pt:

1 **Lcd** (*Liquid crystal display*). Sono schermi sottili usati non solo per i PC portatili, ma anche per la TV da parete.

2 **Risoluzione**. Capacità di riprodurre fedelmente un'immagine. Più i valori sono alti, migliore è la definizione. La qualità è data anche dal numero di colori che il monitor può riprodurre. Lo standard fotografico si ha con 16 milioni di colori.

3 **Apri la cartella Ville d'Italia**

ELABORA

- **Crea un nuovo file e salvalo nella tua cartella con il nome M3-5 Ville d'Italia-ipertesto.**
- Crea il frontespizio predefinito, digita il titolo Ville d'Italia, inserisci un'immagine scegliendola tra una di quelle fornite.
- Predisponi la seconda pagina: digita il titolo Indice e componilo utilizzando i nomi dei file contenuti nella cartella Ville d'Italia.
- Apri ogni file e salvalo nella tua cartella personale quindi, in ciascuno:
  - crea ogni titolo con fontwork e formatta il testo in modo uniforme;
  - inserisci opportunamente le immagini (applica stili immagini) raccolte nella rispettiva cartella;
  - nell'intestazione digita il titolo Ville d'Italia;
  - alla fine digita il testo Vai all'indice e applica un collegamento con il file M3-5 Ville d'Italia-ipertesto. In quest'ultimo, per ogni voce dell'indice, applica i relativi collegamenti ipertestuali a ciascun file.

Esprimi la tua creatività

- Copia (o apri) e disponi i testi proposti.
- La presenza della barra (/) indica l'uso dell'Invio.
- Applica le formattazioni che ritieni idonee per realizzare documenti accattivanti.

1 Crea il file M3-5 La mia città e salvalo nella tua cartella

Progetta e crea una relazione, destinata a un pubblico della tua età, relativa alla località dove vivi.
Elenca nella pagina iniziale le seguenti voci, che svilupperai nella relazione:

- Info Città (dove, come, quando: notizie utili per una vacanza nella tua città);
- Accomodation (gli alberghi, i campeggi, le residenze turistico-alberghiere della tua città e del suo entroterra);
- Arte (i musei e tutto quanto è cultura nella tua città e nel suo entroterra);
- Enogastronomia (itinerari del gusto, prodotti tipici e qualche ricetta tipica della tua zona);
- Sport & Fun (tutti gli indirizzi per una vacanza attiva e divertente);
- Immagini (dal bianco e nero ai poster colorati e alle cartoline, una mostra delle fotografie più belle e significative);
- Eventi e News (spettacoli, manifestazioni e tutto quanto fa notizia).

Se sono previste nella tua zona, inserisci anche informazioni relative alle seguenti attività:

- Università (tesi di laurea e borse di studio, scuole online);
- Natura e benessere (forma e benessere, dove curarsi diventa un piacere).

2 Crea il file M3-5 IPad e salvalo nella tua cartella

LIBRI E GIORNALI SENZA CARTA ///
Che cos'è l'iPad? Fra le sue molte caratteristiche, i termini che lo sintetizzano meglio sono "computer" e "touch", che poi nell'informatica confluiscono nella definizione di "tablet pc". Ma rispetto agli apparecchi già noti di questa famiglia, qui siamo su un altro pianeta. Toccandolo con mano, ci si convince che la scintilla che ha portato alla sua nascita è di una semplicità assoluta. Immaginiamo che un giorno qualcuno si sia chiesto: «Fra le miriadi di cose che può fare un computer, ce n'è ancora qualcuna per cui la gente preferisce fare a meno del pc?». E qui arriva la risposta, tanto ovvia quanto geniale: leggere. È vero, passiamo ore a leggere davanti ad un monitor, per lavorare, giocare, comunicare, ma chi è che accende un computer per abbandonarsi "solo" al piacere della lettura? / Con l'iPad si rimane incantati davanti alle pagine "stampate" sull'eccezionale schermo da 9,7 pollici con risoluzione di 1024 x 768 pixel 1, che unisce alla brillantezza e fedeltà cromatica un notevole angolo di visione. E visto che stiamo parlando di un apparecchio soprattutto mobile, con i suoi 700 grammi di peso ed il centimetro (!) di spessore, è bene specificare le sue modalità di comunicazione con il mondo esterno: / — Wi-Fi, di serie su tutti i modelli; / — il 3G, che equipaggia tre delle sei versioni dell'iPad, con tanto di mini SIM da inserire nell'apposito alloggiamento; / — la funzionalità Bluetooth, che rende possibile il controllo attraverso una tastiera esterna anziché usare quella "touch" integrata, peraltro molto spaziosa nella sua "versione orizzontale" 2.

Prima nota da inserire: Dall'inglese *picture element*, i pixel sono piccoli quadrati o rettangoli che compongono la rappresentazione di una immagine.

Seconda nota da inserire: Una peculiarità dell'iPad sta nel non avere un verso, con il desktop che si "dispone" indifferentemente su uno dei suoi quattro lati a seconda del posizionamento.

3 Apri il file M3 Rumori e salvalo nella tua cartella con il nome M3-5 Rumori

4 Apri il file M3 Gita e salvalo nella tua cartella con il nome M3-5 Relazione gita

5 Apri il file M3 Botteguccia e salvalo nella tua cartella con il nome M3-5 Negozietto

Mettiti alla prova!

Gli esercizi sono disponibili anche nella versione digitale come test interattivi e autocorrettivi.

TEST DI COMPLETAMENTO

Completa le frasi con le espressioni mancanti, scegliendo tra quelle di seguito proposte.
sezione – tenui – carattere – indipendenti – scritta – Carattere speciale – immagine – paragrafi – testo – dividere – elenchi – Inserisci

1 Per inserire un .... che non è presente sulla tastiera si opera da menu .... scegliendo l'opzione ....
2 I .... evidenziati da numeri, simboli o lettere sono definiti ....
3 Una filigrana può essere costituita da un'....................................... o una .... con colori più ...., visibile sotto il .... del documento.
4 Le interruzioni di .... servono per .... il documento in sezioni, ... l'una dall'altra.

TEST VERO FALSO

Indica, barrando la relativa casella, se le seguenti affermazioni sono vere o false.

	V	F
1 Per eliminare il colore di sfondo a un paragrafo, selezionarlo e premere Canc.	☐	☐
2 L'orientamento della pagina influenza il modo con il quale il testo viene stampato sul foglio.	☐	☐
3 Le caselle di testo possono essere posizionate in qualsiasi punto del documento.	☐	☐
4 Le note possono essere aggiunte a piè di pagina e/o a fine documento.	☐	☐

TEST DI COLLEGAMENTO

Associa le opzioni della prima colonna con i corrispondenti menu della seconda.

1 Immagine	A Formato	1 ____
2 Caratteri non stampabili	B Inserisci	2 ____
3 Colonne	C Modifica	3 ____
4 Trova e sostituisci	D Visualizza	4 ____

TEST A RISPOSTA SINGOLA O MULTIPLA

Per ogni quesito, indica la risposta o le risposte corrette. (○ risposta singola / ☐ risposta multipla)

1 Per passare a pagina successiva quando non è stato raggiunto il margine inferiore si deve:
☐ premere più volte Invio
☐ inserire un'interruzione di pagina
☐ inserire un'interruzione di sezione
☐ non usare il tasto Invio

2 Per distanziare le voci di un elenco puntato:
○ premere due volte Invio
○ impostare l'interlinea doppia
○ applicare una distanza Sotto 0,5 cm
○ applicare un rientro Sopra 0,5 cm

3 Per registrare le modifiche e mantenere anche il file originale è necessario:
○ fare clic su Salva
○ da menu File scegliere Salva
○ da menu File scegliere Salva con nome
○ da menu File scegliere Chiudi e fare clic su Salva

4 Un collegamento ipertestuale può essere associato:
☐ a file archiviati su disco
☐ a segnalibri dello stesso documento
☐ solo a pagine Web
☐ solo a file di Writer

Mettiti alla prova!

- Disponi ed elabora la relazione proposta.
- Applica e personalizza gli Stili titolo per creare un sommario.
- Elabora le tabelle e inserisci le immagini da file (Immagini).

Nella versione digitale del volume puoi consultare i tutorial M3 – WRITER RIEPILOGO DELLE COMPETENZE:

- **1ª Parte, che riepiloga quanto appreso nelle Unità 2 e 3;**
- **2ª Parte, che sintetizza i contenuti dell'Unità 5 e consente di svolgere al meglio la verifica di seguito proposta.**

Apri il file M3 New Economy-bozza e salvalo nella tua cartella con il nome M3 Relazione New Economy

ELABORA

– **Margini**: tutti a 2,5 cm.

Frontespizio:
– **Titolo**: Aharoni, 32 pt, Cielo azzurro 5, ≡.
– **Sunto**: Batavia, 12 pt, bianco, sfondo Arancione 7, ≡, interlinea 1,5.
– **Cognome, Nome, Classe, Sezione, A.S.**: Aharoni, 10 pt, ≡.
– **Immagine**: da file, altezza 10 cm (Mantieni rapporto), Scorrimento/Separato, Allineamento/Centro, Colore bordo Arancione 5.

Seconda pagina:
– **Intestazione**: digita il titolo della relazione, Aharoni, 10 pt, ≡.
– **Numero di pagina**: Aharoni, 11 pt, ≡.
– **Titolo**: stile Titolo 1, Aharoni, 16 pt, Arancione 5. Inserisci tre Invii e poi un'interruzione di pagina.

Terza pagina:
– **1° Titolo**: stile Titolo 1.
– **2° e 3° Titolo**: stile Titolo 2, Aharoni, 12 pt, Ciano 5, punto elenco ◆.
– **Testo**: Gisha, 11 pt, ≡, interlinea 1,15, distanza Sotto 0,2 cm.
– **Tabelle**: 10 pt, distanza Sopra e Sotto 0,1 cm, prima colonna 5 cm, sfondo Ciano 9, ≡.

Quarta pagina:
– **Titoli**: **1°** e **2°** stile Titolo 2; **3°** stile Titolo 1.
– **Testo e tabelle**: come a pagina 3.
– **Immagine**: da file, larghezza 4 cm (Mantieni rapporto), Scorrimento/Intorno, distanza dal testo a sinistra 0,3 cm.

Seconda pagina:
– Richiedi il sommario, formattato interlinea Doppia, ≡, 14 pt (solo Titolo 1).

LE PROFESSIONI DELLA NEW ECONOMY

I profili professionali legati a Internet continuano a svilupparsi: in alcuni casi (marketing, comunicazione, vendite, grafica) è necessario adattare le competenze al nuovo mezzo di comunicazione, in altri si devono formare capacità tecniche ed informatiche specialistiche.

Cognome Nome
Classe, sezione
A.s. 20../20..

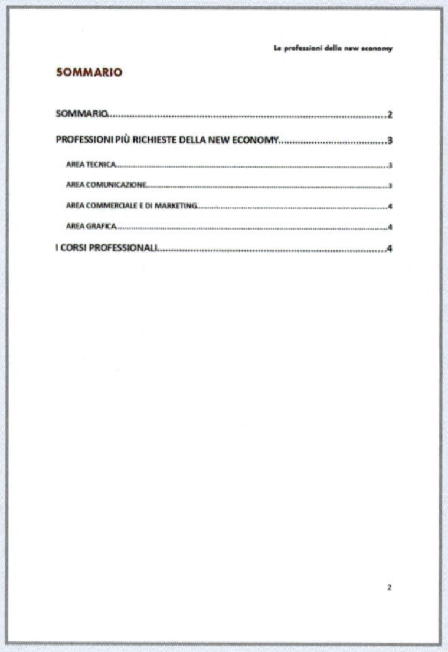

Le professioni della new economy

SOMMARIO

SOMMARIO....2
PROFESSIONI PIÙ RICHIESTE DELLA NEW ECONOMY....3
AREA TECNICA....3
AREA COMUNICAZIONE....3
AREA COMMERCIALE E DI MARKETING....4
AREA GRAFICA....4
I CORSI PROFESSIONALI....4

2

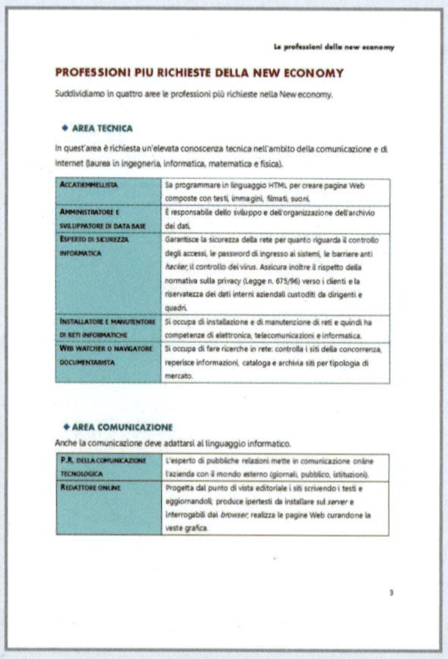

Le professioni della new economy

PROFESSIONI PIU RICHIESTE DELLA NEW ECONOMY

Suddividiamo in quattro aree le professioni più richieste nella New economy.

◆ AREA TECNICA

In quest'area è richiesta un'elevata conoscenza tecnica nell'ambito della comunicazione e di Internet (laurea in ingegneria, informatica, matematica e fisica).

Accatiemmellista	Sa programmare in linguaggio HTML per creare pagine Web composte con testi, immagini, filmati, suoni.
Amministratore e sviluppatore di data base	È responsabile dello sviluppo e dell'organizzazione dell'archivio dei dati.
Esperto di sicurezza informatica	Garantisce la sicurezza della rete per quanto riguarda il controllo degli accessi, le password di ingresso ai sistemi, le barriere anti *hacker*, il controllo dei virus. Assicura inoltre il rispetto della normativa sulla privacy (Legge n. 675/96) verso i clienti e la riservatezza dei dati interni aziendali custoditi da dirigenti e quadri.
Installatore e manutentore di reti informatiche	Si occupa di installazione e di manutenzione di reti e quindi ha competenze di elettronica, telecomunicazioni e informatica.
Web watcher o navigatore documentarista	Si occupa di fare ricerche in rete: controlla i siti della concorrenza, reperisce informazioni, cataloga e archivia siti per tipologia di mercato.

◆ AREA COMUNICAZIONE

Anche la comunicazione deve adattarsi al linguaggio informatico.

P.R. della comunicazione tecnologica	L'esperto di pubbliche relazioni mette in comunicazione online l'azienda con il mondo esterno (giornali, pubblico, istituzioni).
Redattore online	Progetta dal punto di vista editoriale i siti scrivendo i testi e aggiornandoli; produce ipertesti da installare sul *server* e interrogabili dai *browser*; realizza le pagine Web curandone la veste grafica.

3

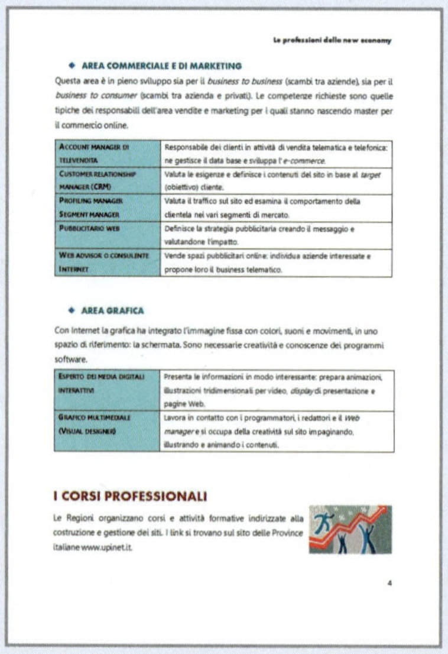

Le professioni della new economy

◆ AREA COMMERCIALE E DI MARKETING

Questa area è in pieno sviluppo sia per il *business to business* (scambi tra aziende), sia per il *business to consumer* (scambi tra azienda e privati). Le competenze richieste sono quelle tipiche dei responsabili dell'area vendite e marketing per i quali stanno nascendo master per il commercio online.

Account manager di televendita	Responsabile dei clienti in attività di vendita telematica e telefonica: ne gestisce il data base e sviluppa l'*e-commerce*.
Customer relationship manager (CRM)	Valuta le esigenze e definisce i contenuti del sito in base al *target* (obiettivo) cliente.
Profiling manager Segment manager	Valuta il traffico sul sito ed esamina il comportamento della clientela nei vari segmenti di mercato.
Pubblicitario web	Definisce la strategia pubblicitaria creando il messaggio e valutandone l'impatto.
Web advisor o consulente Internet	Vende spazi pubblicitari online: individua aziende interessate e propone loro il business telematico.

◆ AREA GRAFICA

Con Internet la grafica ha integrato l'immagine fissa con colori, suoni e movimenti, in uno spazio di riferimento: la schermata. Sono necessarie creatività e conoscenze dei programmi software.

Esperto dei media digitali interattivi	Presenta le informazioni in modo interessante: prepara animazioni, illustrazioni tridimensionali per video, *display* di presentazione e pagine Web.
Grafico multimediale (Visual designer)	Lavora in contatto con i programmatori, i redattori e il *Web manager* e si occupa della creatività sul sito impaginando, illustrando e animando i contenuti.

I CORSI PROFESSIONALI

Le Regioni organizzano corsi e attività formative indirizzate alla costruzione e gestione dei siti. I link si trovano sul sito delle Province italiane www.upinet.it.

4

MODULO 4

IMPRESS

UNITÀ 1
Il software per creare presentazioni

UNITÀ 2
Presentare con ipertesti e multimedialità

CONOSCENZE

- Conoscere le diverse visualizzazioni, le caratteristiche dei diversi tipi di layout e design diapositiva.
- Conoscere le procedure per inserire immagini, forme, grafici e tabelle.
- Conoscere le opzioni di stampa.
- Definire il concetto di presentazione ipertestuale e multimediale.
- Sapere cosa si intende per design diapositiva e conoscere le modalità per modificare pagine master.
- Sapere cosa si intende per transizione e animazione.

ABILITÀ

- Operare con le diverse visualizzazioni, applicare layout e design diapositiva adeguati al contenuto.
- Inserire e modificare immagini, forme, grafici.
- Stampare utilizzando le diverse opzioni.
- Creare presentazioni ipertestuali e multimediali inserendo link e suoni.
- Inserire immagini, modificare il carattere di pagine master.
- Applicare transizioni e animazioni.

COMPETENZE

L'alunno alla fine del modulo avrà acquisito le competenze che lo rendono in grado di:

- utilizzare la visualizzazione adatta all'operatività, scegliere idonei layout e design diapositiva;
- gestire nelle slide oggetti di diversa tipologia;
- impostare le opzioni per stampare una presentazione in modo adeguato in relazione ai diversi scopi;
- creare collegamenti interni ed esterni alla presentazione, inserendo anche suoni;
- modificare pagine master;
- applicare effetti di transizione e animazione adeguati ai contenuti e al pubblico.

UNITÀ 1 IL SOFTWARE PER CREARE PRESENTAZIONI

Info

I file degli esercizi con la dicitura Apri proposti nel modulo e le immagini da utilizzare sono disponibili come risorse online (hoepliscuola.it), archiviati rispettivamente nelle cartelle M4 Impress e Immagini. Si consiglia di creare una cartella personale in cui archiviare i file eseguiti.

Ciò che un tempo poteva soltanto essere letto e immaginato, oggi viene molte volte espresso attraverso filmati, voci e testi e trasmesso mediante il computer.

In questo modulo ci occuperemo di Impress, applicativo del pacchetto LibreOffice 4.3 che consente di realizzare presentazioni grafiche multimediali.

Per avviare il programma, sul desktop operare sull'icona di LibreOffice e poi fare clic su Presentazione Impress.

ECDL PR 1.1.1 - PR 1.1.2

L'interfaccia di Impress

All'avvio, il programma propone in automatico un ▶ **file** ◀ definito con il nome generico Senza nome1.

La finestra di Impress mostra i seguenti elementi.

Clippy

Un file creato in Impress viene denominato presentazione ed è costituito da diapositive.

La diapositiva è una "pagina" in cui inserire testo, elenchi, immagini, grafici, suoni e quant'altro serve a rendere efficace il messaggio.

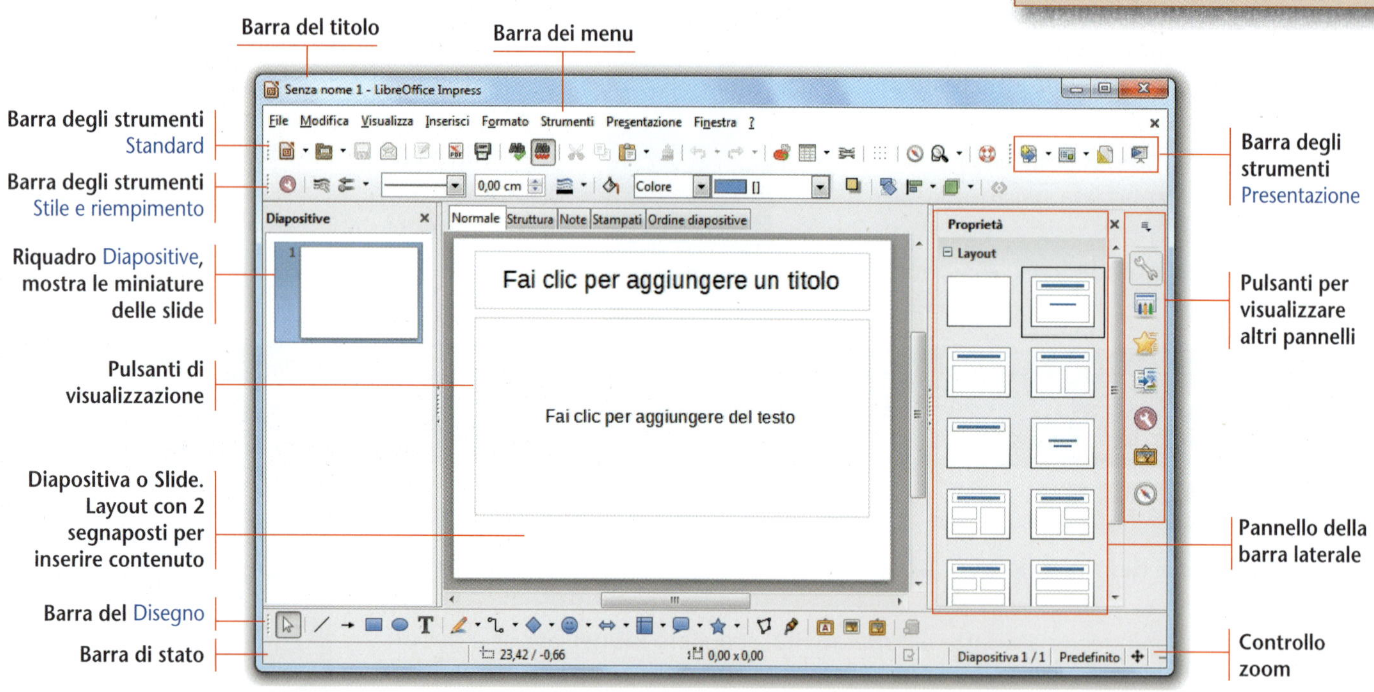

ECDL PR 2.1.1 - PR 2.1.3 - PR 6.2.4

Visualizzare una presentazione

Impress dispone di diverse visualizzazioni da scegliere in base al tipo di attività che si deve eseguire. In aggiunta a quelle elencate nella tabella, nella barra degli strumenti Presentazione è disponibile la visualizzazione Inizia dalla prima diapositiva, che mostra le diapositive a schermo intero in "modalità lettore".

VISUALIZZAZIONE	EFFETTO
Normale	È quella predefinita che mostra la diapositiva corrente. Mostra le miniature delle slide e in cui è possibile inserire, copiare, spostare, eliminare diapositive e modificarne il layout 
Struttura	Mostra il contenuto testuale solo dei segnaposti predefiniti e consente di intervenire sul testo. 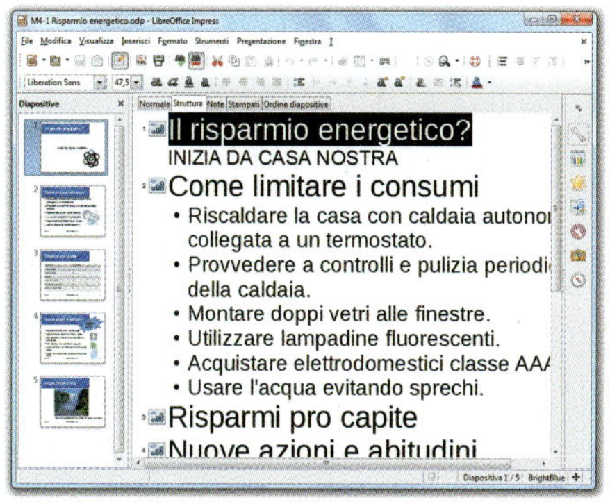
Note	Mostra la miniatura della diapositiva e un ampio riquadro per l'inserimento delle note che guidano il relatore durante la presentazione. 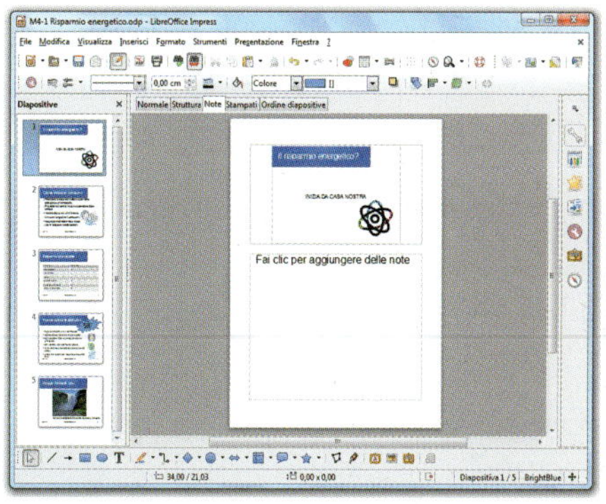
Ordine diapositive	Mostra le miniature delle slide disposte in successione, da sinistra a destra. Non è possibile intervenire sul testo (né applicare animazioni), ma solo sulle diapositive applicando effetti di transizione e con operazioni di copia, spostamento, eliminazione. 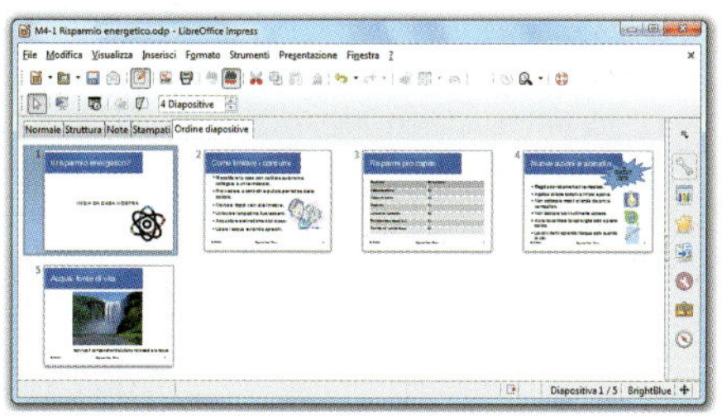

ECDL PR 1.1.3 - PR 1.1.4

Salvare in formati diversi

L'impostazione predefinita per il salvataggio di file di Impress è il formato Presentazione ODF (con estensione .odp), eseguibile con la versione corrente del programma.
Tuttavia, nella finestra Salva con nome, operando nella casella di riepilogo Salva come è possibile scegliere altri formati: nella tabella che segue ne elenchiamo alcuni.

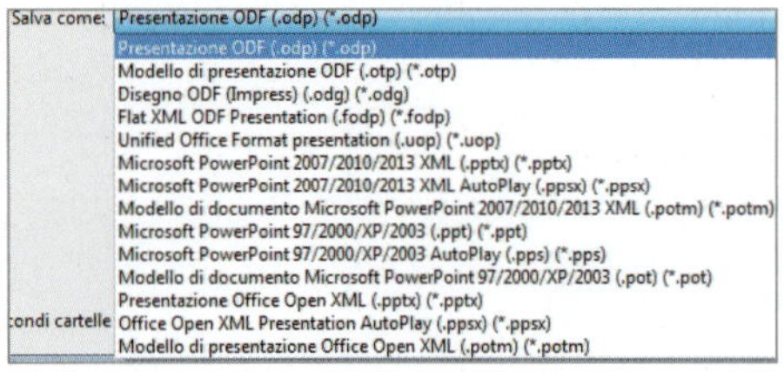

COMANDO	EFFETTI
Microsoft PowerPoint 2007/2010/2013 XML	Per salvare il file con un formato (.pptx) riconosciuto in una delle versioni di PowerPoint elencate.
Microsoft PowerPoint 2007/2010/2013 XML Autoplay	Per salvare un file con un formato (.ppsx) riconosciuto in una delle versioni di PowerPoint e, alla sua apertura, ottenerlo direttamente in visualizzazione Presentazione.
Modello di presentazione ODF	Per salvare il file come modello (.otp) da utilizzare per creare presentazioni uguali nella formattazione e nelle impostazioni di base.

ECDL PR 2.1.2

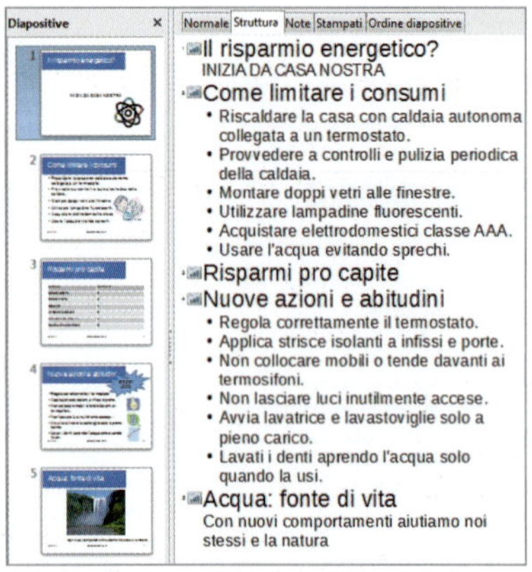

L'importanza del titolo delle diapositive

Per creare una presentazione efficace è importante inserire in ogni slide titoli appropriati che riassumano l'idea principale di ogni diapositiva e costituiscano una guida efficace per il lettore.
Di conseguenza, il titolo:

- deve essere informativo, chiaro e non troppo sintetico, né eccessivamente dettagliato;
- lo stesso titolo non va replicato in più di una slide;
- va evidenziato maggiormente rispetto al resto.

Inoltre, nelle fasi di lavorazione, risulta comodo avere ogni diapositiva identificata da un titolo, in quanto agevola le operazioni di controllo e di modifica della strutturazione gerarchica della presentazione.

Clippy

Il layout di una diapositiva definisce il numero e il tipo di segnaposti in essa inclusi.

Il layout diapositiva

Ogni ▶ **layout** ◀ diapositiva disponibile in Impress include specifici elementi che consentono la gestione del testo o di elementi grafici.

Nell'immagine mostrata, e nella tabella che segue, prendiamo in esame alcuni degli elementi di cui può essere costituita una diapositiva tipo.

ELEMENTO	CARATTERISTICHE
Segnaposto	Casella predefinita con bordi punteggiati o tratteggiati che fa parte del layout scelto, può contenere testo, ma anche oggetti grafici.
Casella di testo/Forma	Casella o forma che si può aggiungere a una diapositiva qualora si riveli necessario un ulteriore contenitore di testo, o altro oggetto grafico, in aggiunta a quelli predefiniti.
Design diapositiva/ Sfondo diapositiva	Colore o combinazioni di colori che possono essere personalizzate. Utilizzando un design diapositiva il colore di sfondo e quello di eventuali oggetti grafici sono inclusi nella formattazione predefinita.
Piè di pagina	Area inferiore della diapositiva prevista per l'inserimento della data, di eventuale testo e del numero diapositiva.

ECDL PR 2.2.1 - PR 2.2.4

Smart

È possibile inserire una diapositiva facendo clic nel riquadro Diapositive e premendo Invio.

Inserisce una diapositiva con layout Titolo, Contenuto

Inserisce una diapositiva con specifico layout

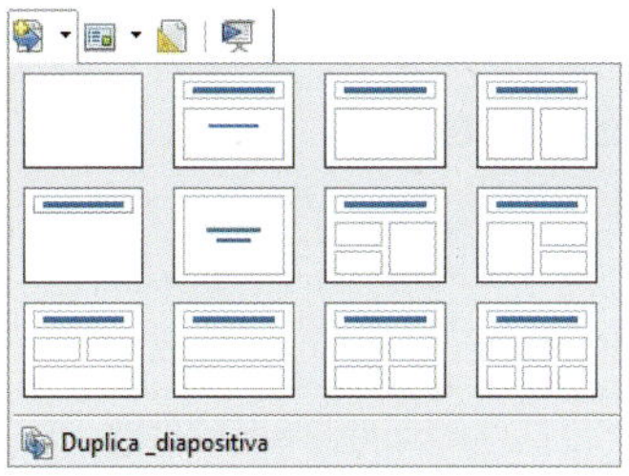

Inserire diapositive con layout specifici

All'avvio, Impress propone una diapositiva con il layout Titolo, testo centrato che può essere paragonata alla copertina di un libro.

Per ▶ **inserire ulteriori diapositive** ◀:
- nella barra degli strumenti Presentazione operare sul pulsante Pagina;
- da menu Inserisci scegliere Pagina.

Dal pulldown del pulsante Pagina sono disponibili dodici layout, le cui caratteristiche sono descritte nella tabella che segue.

TIPO DI LAYOUT	CARATTERISTICHE
Diapositiva vuota	Non contiene segnaposti per lasciare libertà nel definire il layout.
Titolo, testo centrato	È proposta ogni volta che si inizia una nuova presentazione; include due segnaposti, in genere destinati al titolo e al sottotitolo.
Titolo, Contenuto	È dotata di un segnaposto per il titolo e di un altro per testo/oggetti.
Titolo e Contenuto 2	Include il segnaposto titolo e altri due per testo/oggetti.
Solo titolo	Dispone di un unico segnaposto, previsto per il titolo.
Testo centrato	Dispone di un unico segnaposto, previsto per inserire testo.
Titolo, Contenuto 2 e Contenuto	Include il segnaposto titolo e altri tre per testo/oggetti grafici.
Titolo, Contenuto e Contenuto 2	Uguali alla precedente, si differenziano solo per la diversa collocazione dei segnaposti destinati a testo/oggetti.
Titolo, Contenuto 2 sopra Contenuto	
Titolo, Contenuto sopra Contenuto	Uguale a Titolo e Contenuto 2, dalla quale si differenzia solo per la diversa collocazione dei segnaposti destinati a testo/oggetti.
Titolo, Contenuto 4	Include il segnaposto titolo e altri quattro per testo/oggetti.
Titolo, Contenuto 6	Include il segnaposto titolo e altri sei per testo/oggetti.

Smart

Nei layout è possibile modificare le dimensioni e la posizione dei segnaposti; per ripristinare le impostazioni predefinite, da pulsante Layout diapositiva fai clic su Azzera layout diapositiva .

Per applicare un diverso ▶ **layout** ◀ a una diapositiva inserita, nella barra degli strumenti Presentazione fare clic su Layout diapositiva e nella raccolta scegliere quello desiderato.

Per eliminare diapositive, nella scheda Diapositive fare clic destro sulla slide da rimuovere e scegliere Elimina diapositiva.

ECDL PR 2.2.1 - PR 2.2.4

Gli oggetti dei layout

Otto dei dodici layout diapositiva permettono l'inserimento nelle slide di elementi diversi, operando direttamente sulla relativa icona.

ELEMENTO	CARATTERISTICHE
Tabella	Inserisce una tabella pronta a ricevere dati.
Grafico	Include nella slide un grafico predefinito, personalizzabile.
Immagine	Apre la specifica finestra in cui è possibile scegliere immagini archiviate.
Filmato	Permette di inserire una clip audio o video.

Allena le competenze

- Inserire slide con specifici layout e modificarli
- Cambiare visualizzazione
- Salvare in diversi formati

Crea il file M4-1 Verona e salvalo nella tua cartella

1 Digita il testo nella diapositiva Titolo, testo centrato, inserisci la seconda slide con layout Titolo e Contenuto 2, quindi digita il testo.

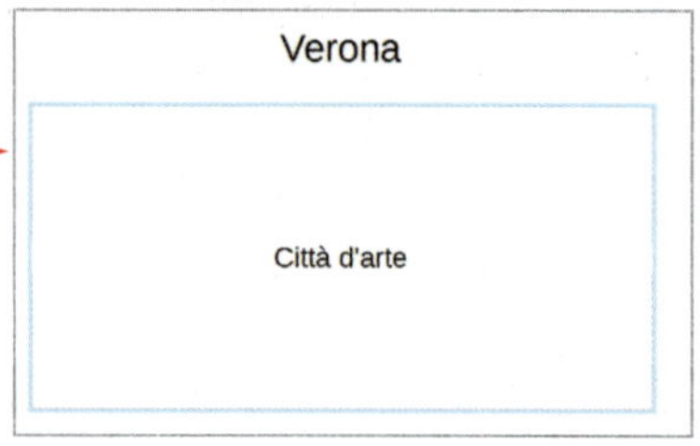

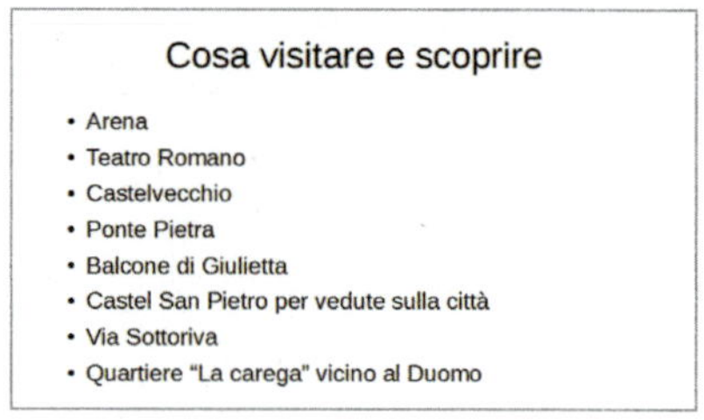

2 Cambia il layout, sposta e modifica il testo, gestisci gli elenchi puntati e modifica le dimensioni dei segnaposti. Applica il grassetto ai sottotitoli.

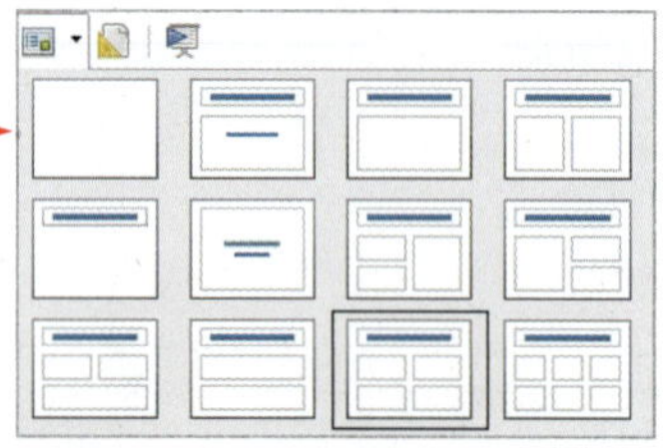

3 Inserisci la terza slide e digita il testo.

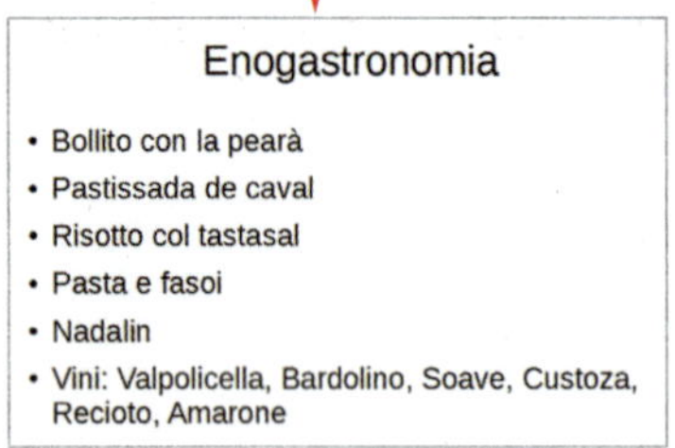

4 Cambia visualizzazione, salva le modifiche e poi salva nuovamente il file nel formato Modello di presentazione.

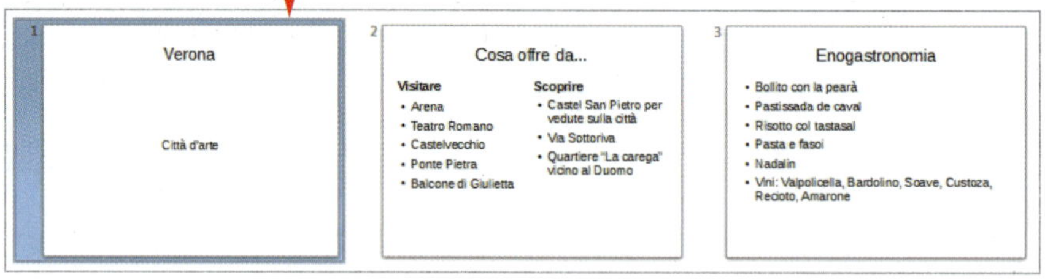

ECDL PR 2.2.2

Clippy

Ogni design diapositiva include impostazioni che riguardano la struttura dei segnaposti e le combinazioni di colori progettati per armonizzare la presentazione.

Applicare un design diapositiva

In una presentazione, l'aspetto grafico influisce notevolmente sull'efficacia del messaggio; Impress dispone di una raccolta di venti ▶ **design diapositiva** ◀, definiti anche Modelli di Sfondi di presentazione, che permettono di creare presentazioni con diapositive dall'aspetto coerente.

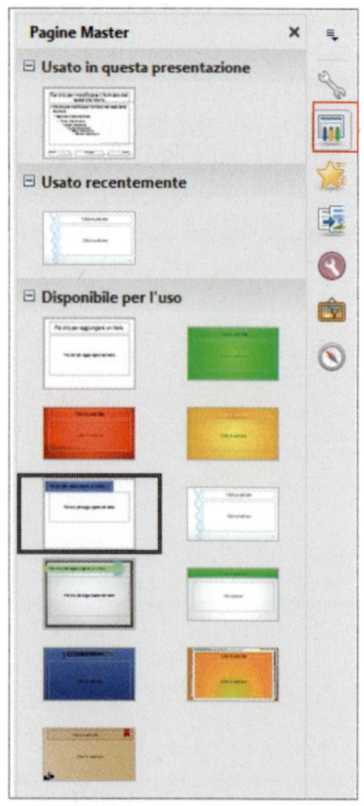

All'avvio, il programma propone una nuova presentazione cui è associato il design diapositiva Predefinito. Per applicarne uno diverso, nel pannello Pagine Master fare doppio clic su quello desiderato.

Facendo clic destro su un design diapositiva è possibile scegliere di applicarlo solo ad alcune slide della presentazione.

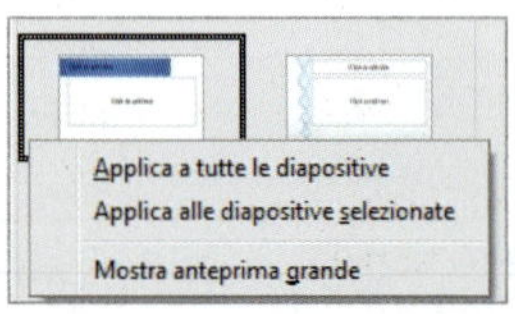

ECDL PR 2.2.2 - PR 2.2.3

Clippy

Per modificare uno sfondo applicato, ripetere la procedura descritta scegliendo quello desiderato.

Applicare uno sfondo alle diapositive

Alle diapositive è anche possibile applicare un ▶ **sfondo** ◀ di diverse tipologie.

1. Da menu Formato scegliere Pagina, poi attivare la scheda Sfondo.
2. Fare clic sul pulldown Riempimento e poi sull'opzione desiderata.
3. Eseguire la scelta nel sottomenu e fare clic su OK.
4. Nella finestra Impostazioni di pagina fare clic su Sì per applicare lo sfondo a tutte le slide della presentazione, oppure No per applicarlo solo a quelle selezionate.

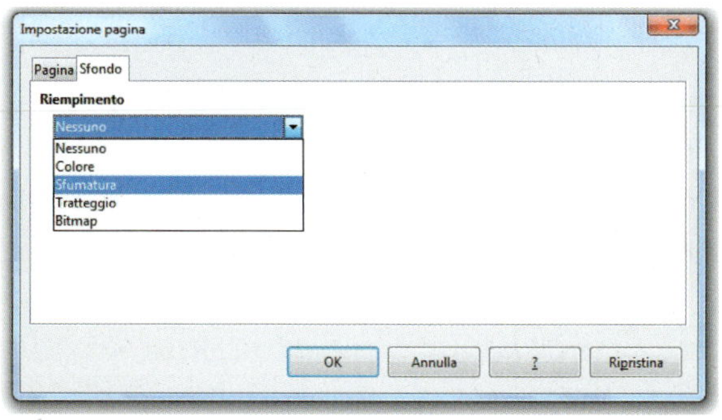

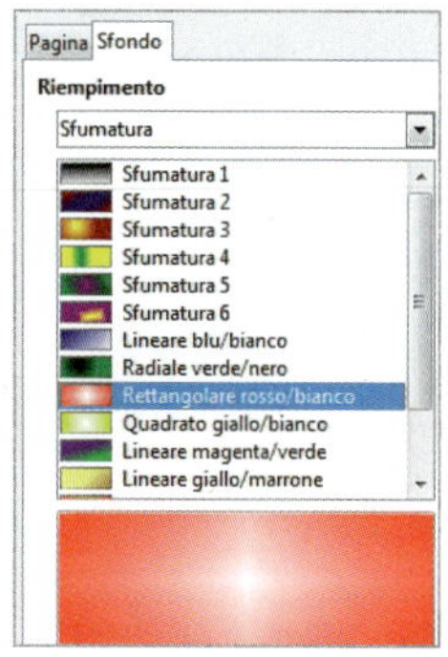

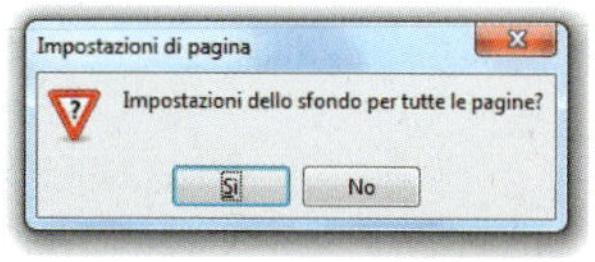

Clippy

Solo alcuni design diapositiva consentono la visualizzazione di una eventuale immagine di sfondo applicata.

Per applicare un' ▶ **immagine di sfondo** ◀, fare clic destro sulla diapositiva (al di fuori dei segnaposti) e selezionare Diapositiva/Imposta immagine di sfondo per la diapositiva, selezionare l'immagine e scegliere poi se applicare l'immagine come sfondo solo alla diapositiva corrente oppure a tutte quelle della presentazione.

ECDL PR 5.1.1

Inserire e gestire immagini e forme

L'inserimento di immagini può essere eseguito:

- da barra degli strumenti Disegno, operando sul pulsante Da file;
- da menu Inserisci scegliendo Immagine/Da file;
- operando sulle icone del gruppo oggetti presente in alcuni layout diapositiva.

È possibile inserire come immagine anche un elemento disponibile in LibreOffice:

- da pannello Galleria;
- da barra degli strumenti Disegno, operando sul pulsante Galleria.

Dopo aver scelto la categoria, fare clic destro sull'immagine desiderata e selezionare Inserisci.

Quando si inserisce un'immagine, Impress attiva l'omonima barra degli strumenti in cui sono disponibili i comandi per la sua gestione.

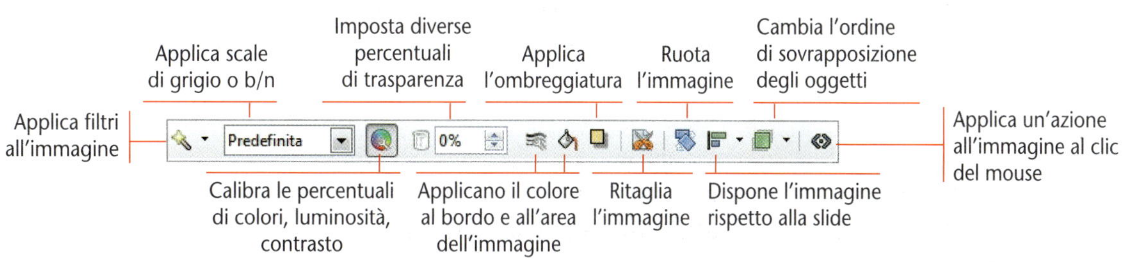

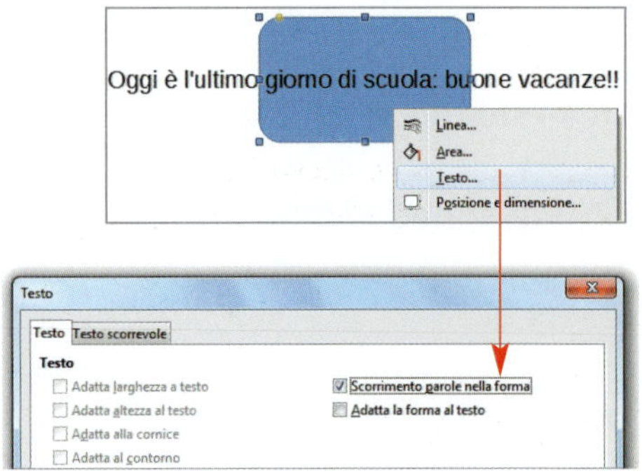

L'inserimento di forme di diversa tipologia può essere effettuato utilizzando i pulsanti, e i relativi menu, presenti sulla barra degli strumenti Disegno.

Scelta la forma, per inserirla è sufficiente tracciarne con il mouse le dimensioni. Nel caso in cui si voglia inserire testo, dopo aver disegnato la forma iniziare la digitazione. Per fare in modo che esso non fuoriesca dalla forma:

1. fare clic destro sul contenuto digitato e scegliere Testo;
2. nell'omonima finestra, mettere un segno di spunta su Scorrimento parole nella forma;
3. confermare con OK.

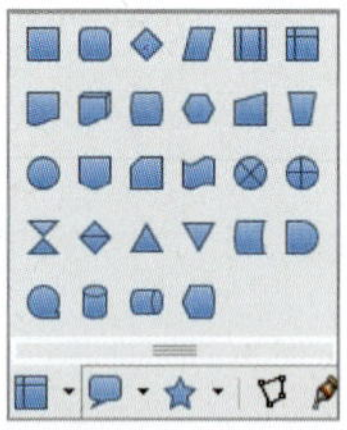

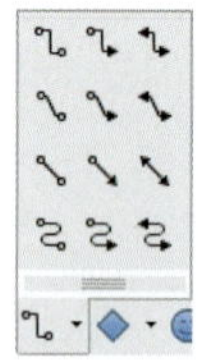

Utilizzando le forme, in particolare quelle disponibili dal pulsante Diagrammi di flusso collegate attraverso i comandi disponibili dal pulsante Connettore, è possibile creare organigrammi e rappresentare informazioni strutturate in forma gerarchica, disponendole secondo necessità.

Clippy

Alcuni comandi per la gestione di immagini e forme sono disponibili nel pannello Proprietà, dopo aver selezionato l'elemento da modificare.

Analogamente alle immagini, anche le forme possono essere ▶ **gestite** ◀ mediante i comandi disponibili nella barra degli strumenti Stili e riempimento.

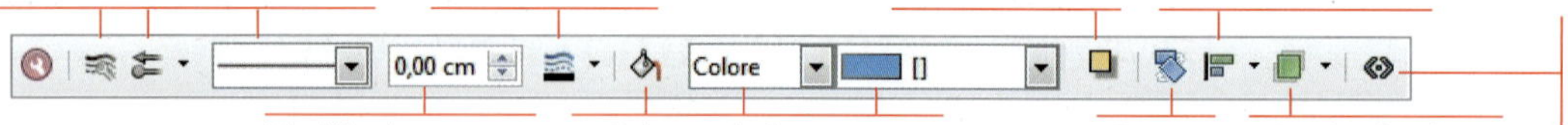

ECDL PR 4.1.1 - PR 4.1.2 - PR 4.1.3
PR 4.1.5 - PR 3.4.1 - PR 3.4.3

Inserire e gestire grafici e tabelle

L'inserimento di grafici e tabelle può essere eseguito:
- da barra degli strumenti Standard, operando sul pulsante Grafico o Tabella;
- da menu Inserisci scegliendo Grafico o Tabella;
- operando sulla corrispondente icona del gruppo oggetti presente in alcuni layout diapositiva.

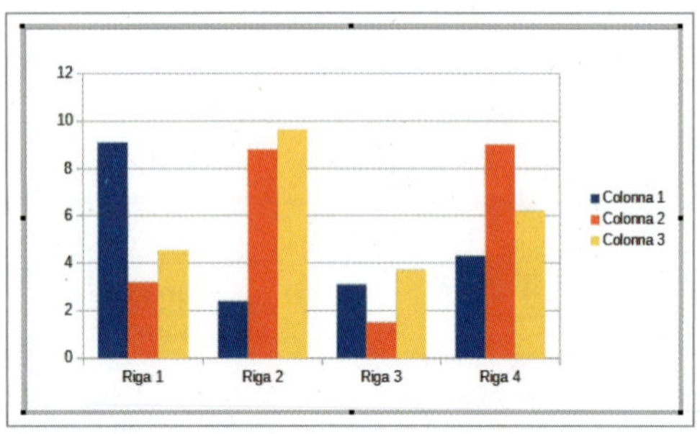

• Grafici

Quando si inserisce un grafico, Impress propone una barra con comandi per gestirne i diversi elementi e nasconde l'area Diapositive.

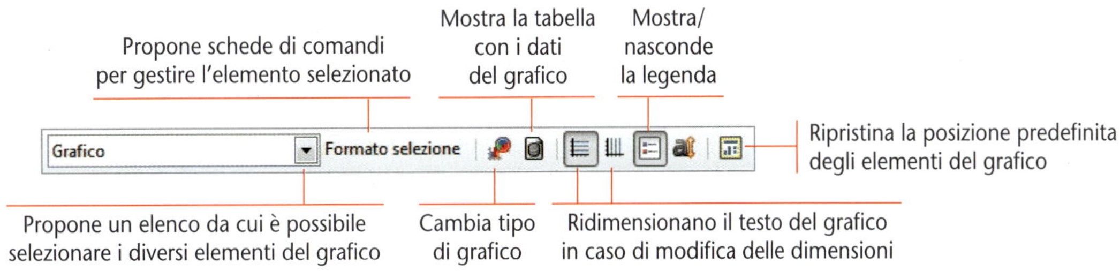

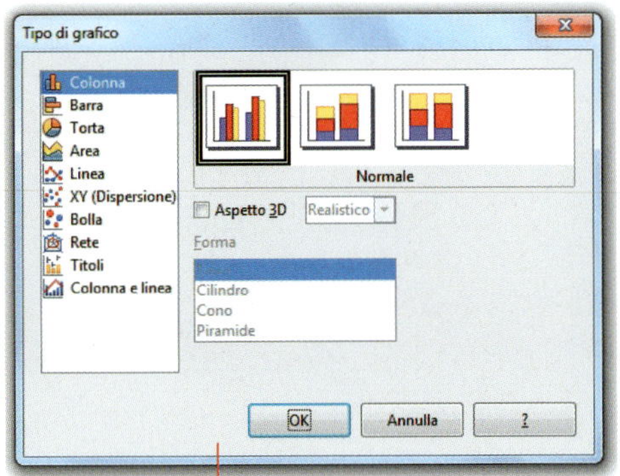

Finestra in cui cambiare il tipo di grafico

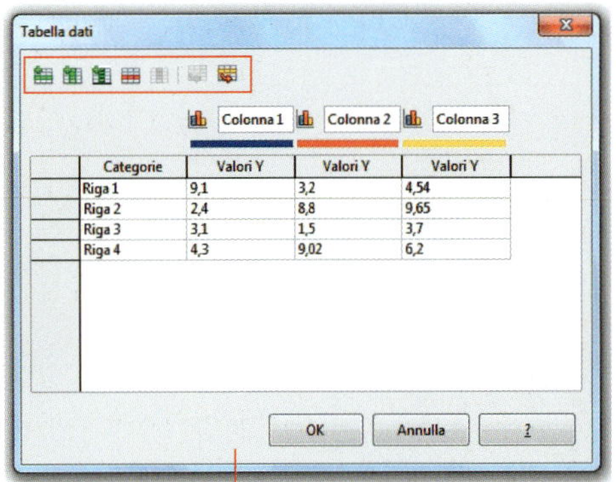

Finestra in cui modificare i valori rappresentati nel grafico, aggiungere ed eliminare righe e colonne operando sui relativi pulsanti

Per formattare i diversi elementi del grafico (colori colonne, dimensione, carattere ecc.) è possibile anche utilizzare il menu rapido: fare clic destro sull'elemento da modificare, scegliere l'opzione e, nella relativa finestra, operare le scelte desiderate. Per esempio, per mostrare le etichette dei dati in valore percentuale, fare clic destro sull'etichetta, scegliere Formato etichette dati e nella finestra fare clic su Mostra il valore come percentuale.

Eseguiti gli interventi desiderati, per uscire dalla modalità di modifica del grafico fare clic in un punto vuoto della diapositiva, al di fuori dei segnaposti.

Per ritornare in modalità modifica, fare doppio clic sul grafico.

La scelta del tipo di grafico dipende dal tipo di dati che si vuole rappresentare. Di seguito proponiamo alcuni esempi di grafici a Colonna (ovvero istogramma), Barre, Torta e Linea.

GRAFICO A COLONNE - ISTOGRAMMA

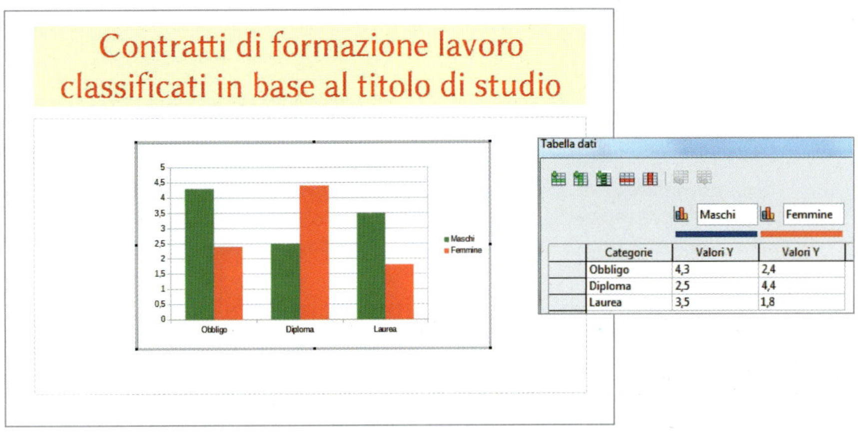

GRAFICO A LINEA - PUNTI E LINEE

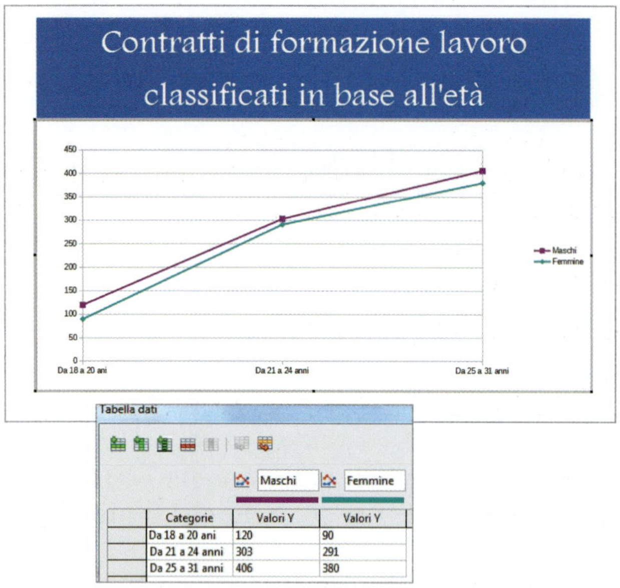

GRAFICO A TORTA - TORTA 3D

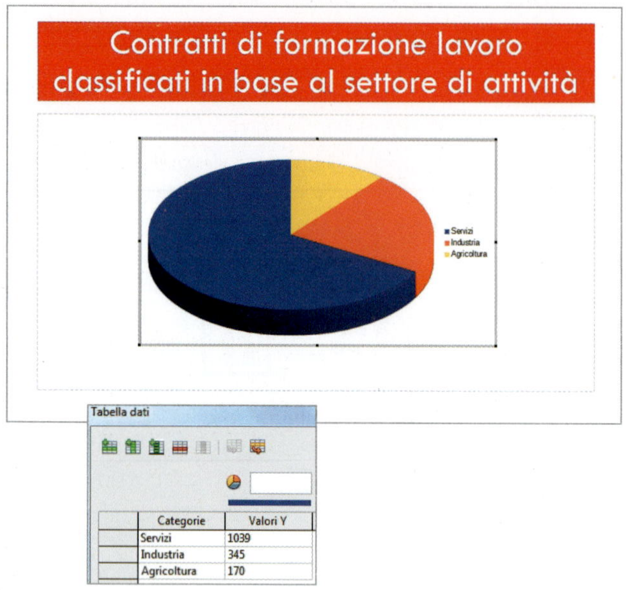

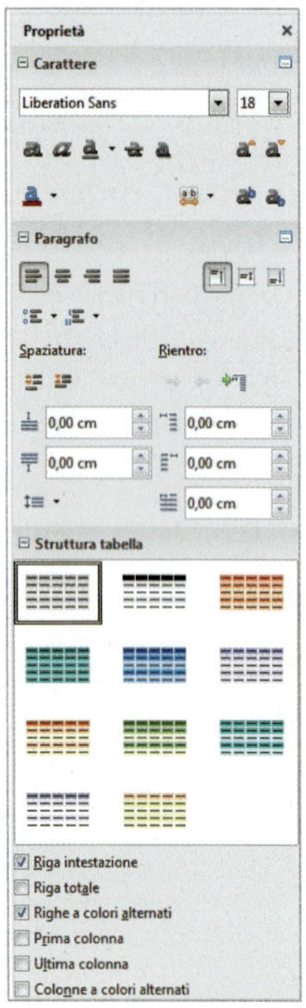

• Tabelle

Quando si inserisce una tabella, Impress propone l'omonima barra degli strumenti con i comandi per la gestione dei diversi elementi che la costituiscono.

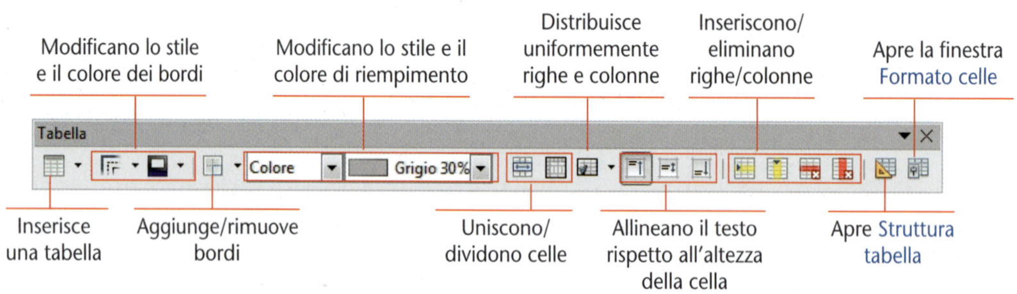

Facendo clic sulla tabella, il pannello Proprietà, con i comandi per la gestione del testo, si arricchisce di Struttura tabella che offre diverse possibilità per personalizzare l'aspetto della tabella. In particolare, attivando la spunta alle diverse opzioni presenti nella parte inferiore del pannello Proprietà, in relazione ai dati da inserire, è possibile, per esempio, evidenziare con lo stesso colore della riga d'intestazione, la riga dei totali, la prima colonna, l'ultima ecc.

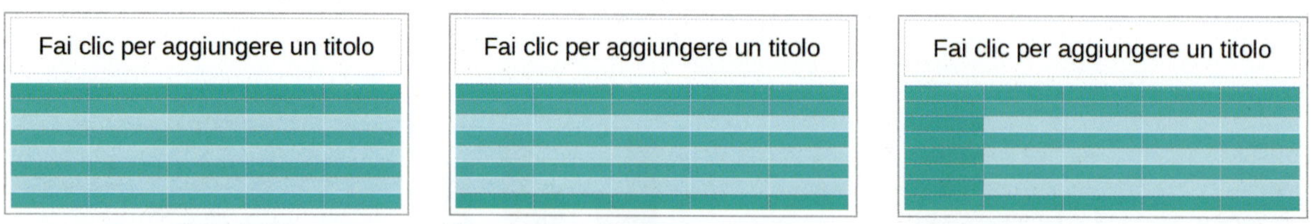

Eseguiti gli interventi desiderati, per uscire dalla modalità di modifica della tabella fare clic in un punto vuoto della diapositiva, al di fuori dei segnaposti.
Per ritornare in modalità modifica, fare clic sulla tabella.

ECDL PR 2.3.2 - PR 2.3.3

Clippy

La finestra in cui inserire il piè di pagina si ottiene anche da menu Inserisci/Numero di pagina, oppure Data e ora.

Personalizzare il piè di pagina

Il ▶ **comando** ◀ Intestazione e piè di pagina dispone di tre segnaposti progettati per inserire data, testo definito dall'utente e numero diapositiva.

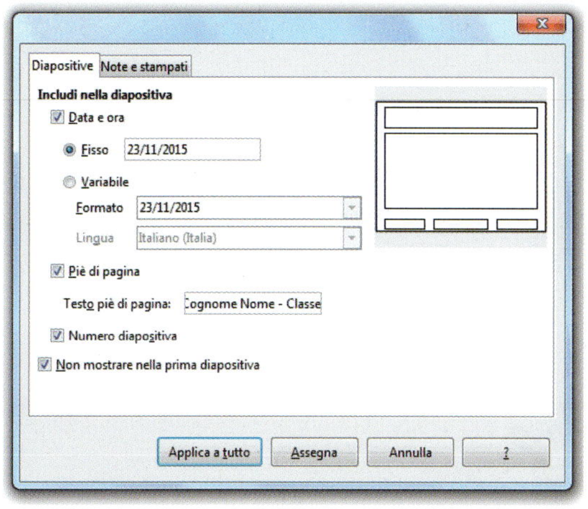

1. Da menu Visualizza fare clic su Intestazione e piè di pagina.
2. Attivare la spunta nella casella di controllo Data e ora e nella sezione:
   – fare clic su Variabile, se si desidera visualizzare la data corrente ogni volta che si esegue la presentazione;
   – fare clic su Fisso per inserire una data che rimarrà invariata.
3. Attivare la spunta nella casella Piè di pagina e digitare il testo da visualizzare.
4. Attivare la spunta nella casella Numero diapositiva per applicare la numerazione automatica delle slide.
5. Fare clic nella casella di controllo Non mostrare nella prima diapositiva per evitare che la prima slide mostri il piè di pagina.
6. Fare clic su Assegna per ottenere il testo solo nella diapositiva corrente, o nella serie selezionata, oppure su Applica a tutto per visualizzarlo in ogni slide della presentazione.

Per ottenere nella stampa i dati di intestazione e/o piè di pagina è necessario inserirli nella scheda Note e stampati.

Allena le competenze

- Applicare un design diapositiva
- Inserire e gestire immagini da Galleria
- Applicare sfumature a forme
- Inserire il piè di pagina

Apri il file M4-1 Verona dalla tua cartella

1. Applica il design diapositiva.

2. Da Galleria/Ambiente inserisci l'immagine e gestiscila come mostrato.

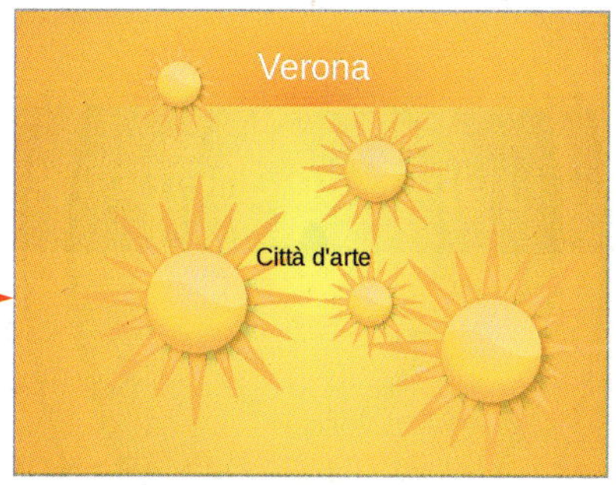

3. Ai due sottotitoli applica la sfumatura. Da Galleria/Trasporti inserisci l'immagine e gestiscila come mostrato. Inserisci il piè di pagina con data fissa, Cognome Nome – Classe e numero diapositiva.

4. Da Galleria/Persone inserisci l'immagine e gestiscila come mostrato.

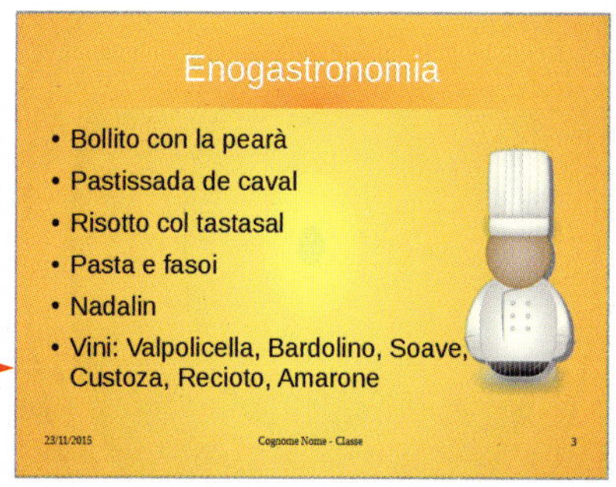

ECDL PR 2.2.5 - PR 2.2.6

Smart

Per spostare o duplicare slide si possono utilizzare le relative combinazioni di tasti Ctrl + X, Ctrl + C e Ctrl + V.
Lo spostamento di una diapositiva può essere eseguito anche mediante trascinamento.

Smart

Nella scheda Diapositive, il menu rapido include l'opzione Duplica diapositiva che riproduce una copia della diapositiva al di sotto di quella selezionata.

Copiare, spostare, eliminare diapositive

Nella riorganizzazione di una presentazione si può decidere di ▶ **spostare** ◀ una diapositiva, oppure di ▶ **copiarla** ◀. Tali modifiche possono essere eseguite in differenti modalità di visualizzazione e con diversi percorsi.

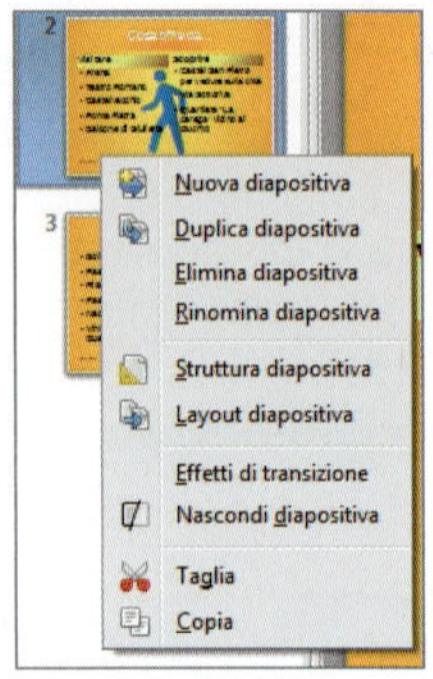

1. In visualizzazione Normale, nella ▶ **scheda** ◀ Diapositive (o in visualizzazione Ordine diapositive), fare clic destro sulla diapositiva da spostare e scegliere Taglia, oppure, per duplicarla, Copia.
2. Fare clic nel punto di inserimento e scegliere Incolla.

Per eliminare una o più slide, selezionarle e premere il tasto Canc oppure, nella scheda Diapositive (o in visualizzazione Ordine diapositive), fare clic destro sulla miniatura desiderata e scegliere Elimina diapositiva.

Allena le competenze

- Gestire tabelle, forme, immagini
- Inserire il piè di pagina
- Spostare diapositive

Crea il file M4-1 Risparmio energetico e salvalo nella tua cartella

Questo è l'ordine da dare alla presentazione.
Inserisci tutte le immagini da Immagini.

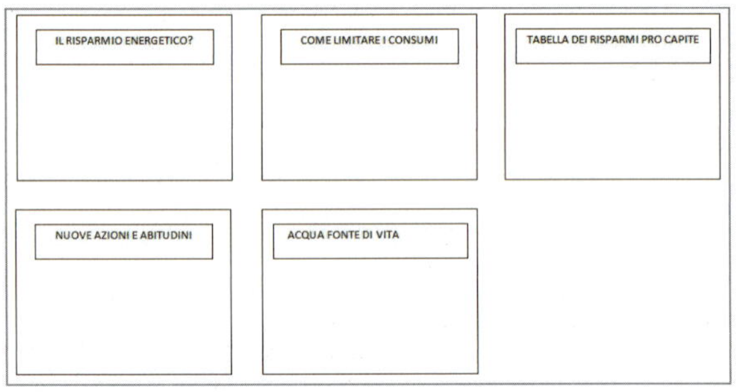

1 Applica il design diapositiva Azzurro brillante, digita il testo e inserisci l'immagine.

2 Nella slide 2 digita il testo e inserisci l'immagine.

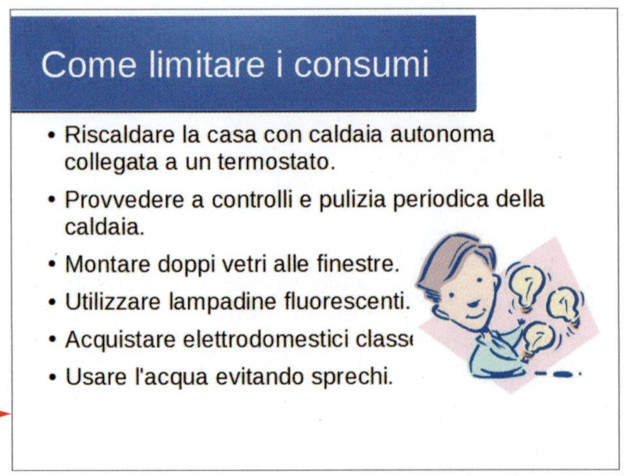

3 Nella slide 3 digita il testo, inserisci e gestisci la tabella. Ai sottotitoli applica il grassetto e le dimensioni 22 pt.

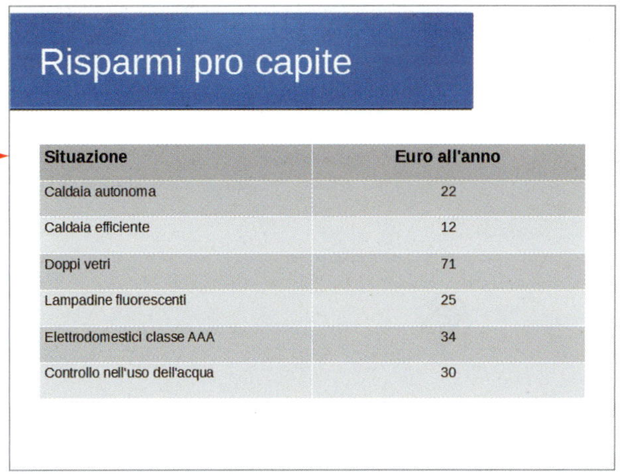

Situazione	Euro all'anno
Caldaia autonoma	22
Caldaia efficiente	12
Doppi vetri	71
Lampadine fluorescenti	25
Elettrodomestici classe AAA	34
Controllo nell'uso dell'acqua	30

4 Nella slide 4 digita il testo, inserisci le immagini e la forma Esplosione.

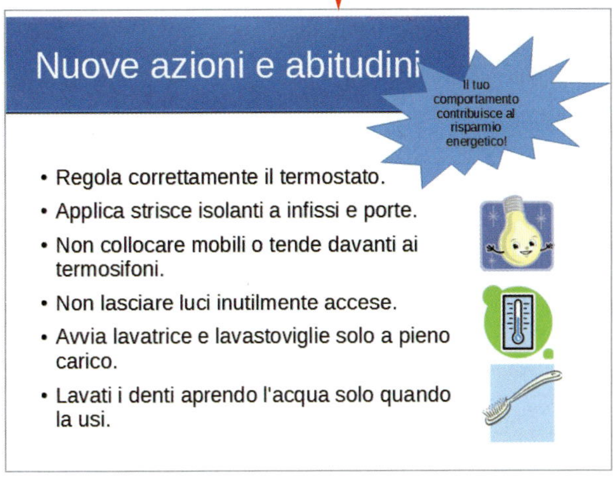

5 Nella slide 5 digita il testo e inserisci l'immagine.

6 Inserisci nel piè di pagina i tuoi dati, il numero diapositiva e imposta la data in modo che si aggiorni.

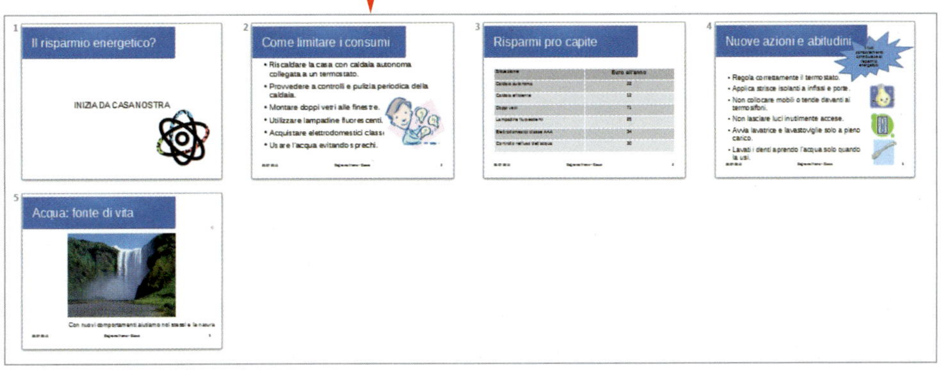

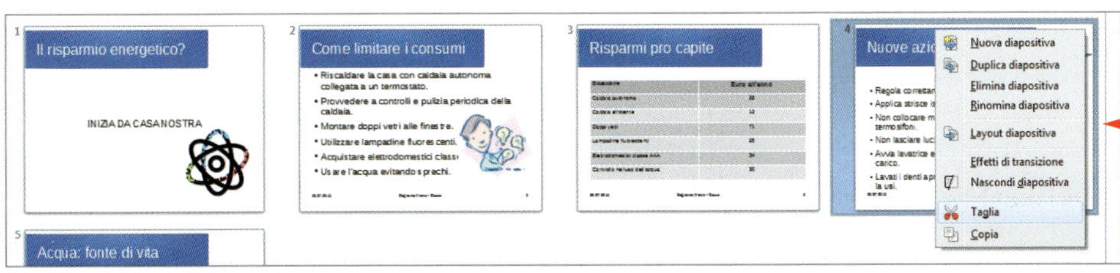

7 Sposta la slide 4 tra la 2 e la 3.

ECDL PR 6.2.3

Stampare una presentazione

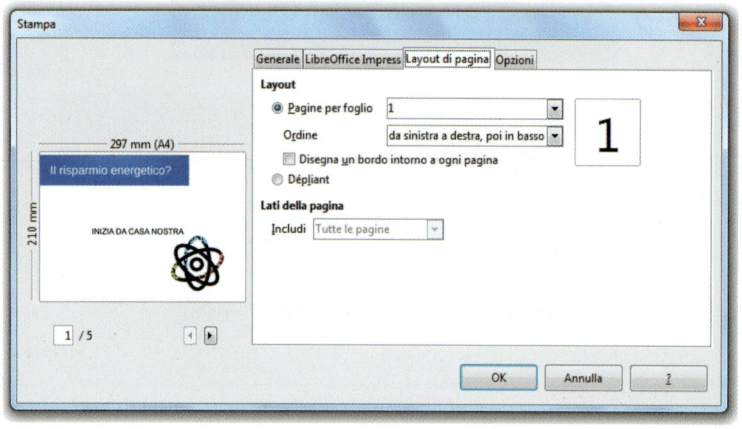

Da barra degli strumenti Standard, operando sul pulsante Stampa, si attiva l'omonima finestra che mostra in primo piano la scheda Layout di pagina. Se si confermano le opzioni proposte, facendo clic su OK, si otterrà la riproduzione su carta di una slide per foglio a piena pagina, scelta sconsigliata per il notevole spreco di cartucce e di carta.

Per stampare più slide in un foglio, dal pulldown Pagine per foglio, scegliere il numero desiderato, quindi fare clic su OK.

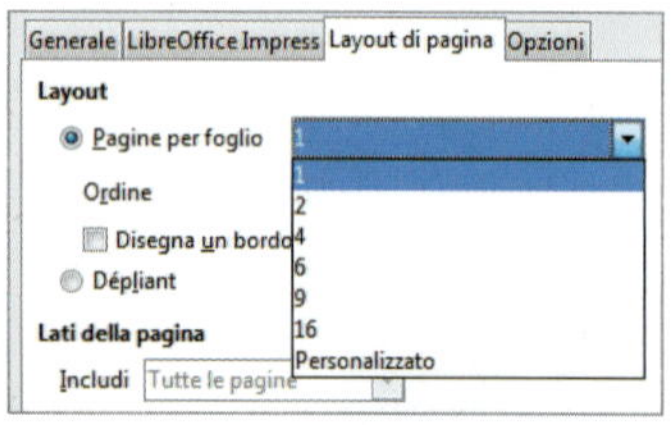

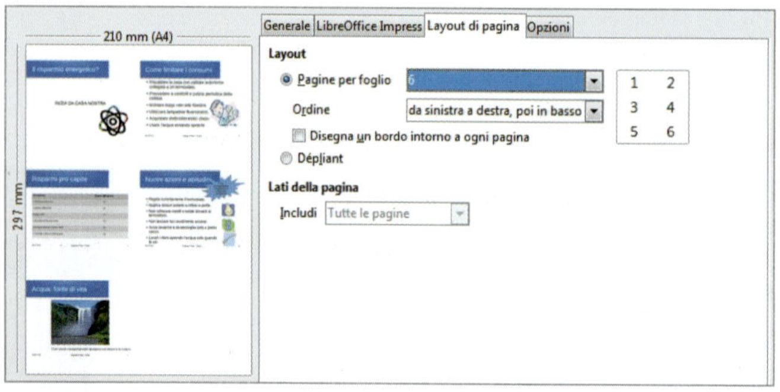

Clippy

Nella scheda Generale è possibile richiedere la stampa di una specifica slide della presentazione: fare clic sul pulsante Diapositive e inserire il numero della diapositiva desiderata.

Le stesse scelte si possono operare anche dalla ▶ **scheda** Generale ◀: nella sezione Stampa, fare clic sul pulldown della casella Documento e scegliere Stampati e in Diapositive per pagina selezionare il ▶ **numero di slide da riprodurre** ◀ sul medesimo foglio. Diversamente, scegliendo dal pulldown l'opzione Note o Struttura, si otterrà la stampa di quanto mostrato nelle relative visualizzazioni.

Clippy

Nella scheda Layout di pagina si può richiedere la stampa fino a un massimo di 16 diapositive per pagina, mentre nella scheda Generale il numero massimo è di 9 slide per pagina.

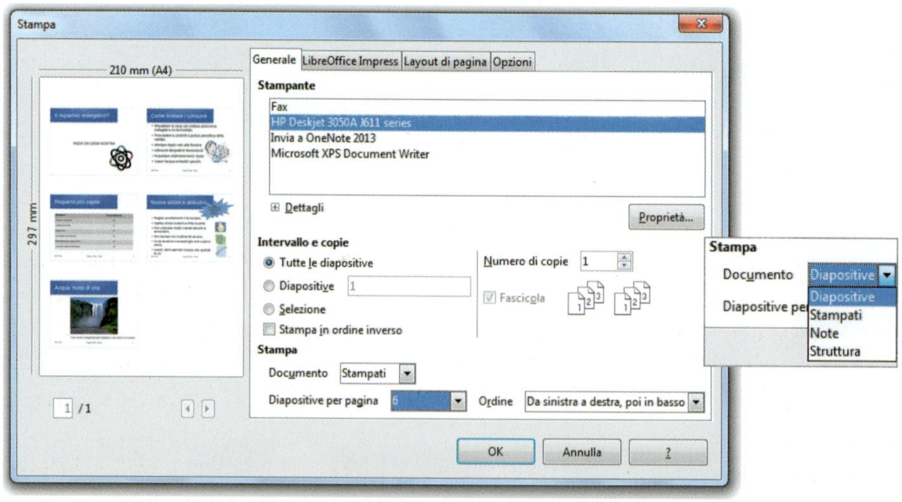

Per stampare più copie della presentazione, specificarne il numero nella casella Numero di copie. Nell'area sinistra della scheda è possibile vedere l'anteprima delle scelte operate: fare clic su OK per avviare il processo di stampa.

Svolgi i test

Gli esercizi sono disponibili anche nella versione digitale come test interattivi e autocorrettivi.

TEST DI COMPLETAMENTO

Completa le frasi con le espressioni mancanti, scegliendo tra quelle di seguito proposte.

Note e stampati – segnaposti – testo centrato – layout – testo – tipo

1 Il comando Intestazione e piè di pagina include tre .... progettati per contenere data, ... e numero diapositiva.
2 Il layout Titolo, ... è proposto in automatico all'avvio del programma.
3 Il .... di una diapositiva definisce il numero e il .... di segnaposti in essa inclusi.
4 Per ottenere nella stampa i dati di intestazione e/o piè di pagina, operare nella scheda .... della finestra attivata dal comando Intestazione e piè di pagina.

TEST VERO FALSO

Indica, barrando la relativa casella, se le seguenti affermazioni sono vere o false.

	V	F
1 Nella scheda Diapositive il menu rapido include l'opzione Duplica diapositiva.	☐	☐
2 La visualizzazione Ordine diapositive è quella predefinita proposta all'avvio di Impress.	☐	☐
3 Slide è sinonimo di diapositiva.	☐	☐
4 L'estensione di un file di Impress è .odp.	☐	☐

TEST DI COLLEGAMENTO

Associa le voci della prima colonna con il corrispondente significato della seconda.

1 Normale	A Mostra il testo contenuto in segnaposti predefiniti.	1 ____
2 Struttura	B Mostra la miniatura della slide e un ampio riquadro per annotazioni.	2 ____
3 Note	C Mostra le miniature delle slide.	3 ____
4 Ordine diapositive	D Mostra una slide.	4 ____

TEST A RISPOSTA SINGOLA O MULTIPLA

Per ogni quesito, indica la risposta o le risposte corrette. (○ **risposta singola** / ☐ **risposta multipla**)

1 Il design diapositiva non determina:
☐ la struttura dei segnaposti
☐ la combinazione dei caratteri
☐ il numero e il tipo di segnaposti contenuti nelle slide
☐ il tipo di carattere

2 Indica le affermazioni corrette riguardo lo sfondo delle slide:
☐ può essere costituito da un'immagine
☐ è possibile applicarlo solo ad alcune slide
☐ non è possibile applicare un tratteggio
☐ non è possibile applicare una sfumatura

3 Nella finestra Intestazione e piè di pagina è possibile:
○ richiedere la stampa di una specifica slide
○ richiedere la stampa di 9 diapositive per foglio
○ richiedere la stampa delle note
○ richiedere la stampa degli oggetti inseriti nelle slide

4 Il titolo delle slide non dovrebbe essere:
○ dettagliato
○ informativo
○ evidenziato rispetto al testo
○ univoco

Organizza ed elabora

- Applica i layout diapositiva indicati.
- Inserisci le immagini da file (Immagini).
- Il riquadro ELABORA elenca le formattazioni da applicare.

1 Crea il file M4-1 Animali e salvalo nella tua cartella

DIAPOSITIVA 1 – Titolo, testo centrato Titolo: ANIMALI Testo: E alcune curiosità
DIAPOSITIVA 2 – Titolo, testo centrato Titolo: "SUPERANIMALI" Testo: La natura ha dotato alcuni animali di sensi molto sviluppati per adattarli al loro habitat. Strane particolarità che stupiscono e affascinano.
DIAPOSITIVA 3 – Titolo, Contenuto 4 Titolo: ALCUNI "PRIVILEGIATI" Contenuto 4: (inserire un termine in ogni segnaposto): GATTI BALENE PIPISTRELLI SERPENTI
DIAPOSITIVA 4 – Testo centrato CARATTERISTICHE ESEMPLARI DEL MONDO ANIMALE
DIAPOSITIVA 5 – Titolo, Contenuto Titolo: STRANI "POTERI" Testo: • I gatti vedono al buio. • Le balene comunicano con suoni a bassa frequenza. • I pipistrelli si muovono al buio grazie agli ultrasuoni. • I serpenti utilizzano la lingua per sentire gli odori.

ELABORA

- **Sfondo diapositiva**: Sfumatura 6.
- **Titoli**: grassetto, ombra, colore carattere bianco.
- **Testo**: colore carattere bianco.
- **Diapositiva 1**: sottotitolo 44 pt; immagini, duplica.
- **Diapositiva 2**: sfondo diapositiva immagine.
- **Diapositiva 3**: immagini duplica, dimensiona e ruota.
- **Diapositiva 4**: immagine dimensiona.
- **Diapositiva 5**: immagine duplica e dimensiona.
- **Piè di pagina**: inserisci in tutte le slide, eccetto la prima, la data, i tuoi dati e il numero diapositiva.

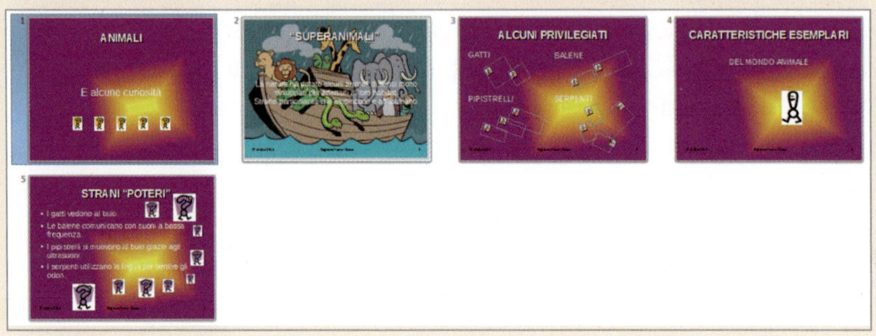

2 Apri il file M4 Parole e salvalo nella tua cartella con il nome M4-1 Parole

ELABORA

- **Design diapositiva**: Rosso astratto.
- **Titoli**: grassetto, ombra, colore carattere bianco.
- **Diapositiva 1**: immagine ruota, ombra.
- **Diapositiva 2**: colore segnaposto testo bianco; immagine duplica.
- **Diapositiva 3**: sfumatura segnaposto testo Axial light red/white; immagine porta in fondo.
- **Diapositiva 4**: da Galleria/Simboli Emotion03-Calm, Emotion02-Smiling, Emotion01-Laughing.
- **Diapositiva 5**: immagine porta in fondo.
- **Diapositiva 6**: immagine Filtro/Mosaico, porta in fondo.
- **Piè di pagina**: inserisci in tutte le slide, eccetto la prima, la data, i tuoi dati e il numero diapositiva.

3 **Crea il file M4-1 Gatto e salvalo nella tua cartella**

DIAPOSITIVA 1 – Titolo, testo centrato Titolo: IL GATTO Testo: Un amico caro	DIAPOSITIVA 2 – Titolo, testo centrato Titolo: È facile amarlo Testo: Il gatto è elegante, affascinante e discreto. Non è difficile amarlo, sa suscitare continuo stupore, ammirazione e tenerezza. Sensazioni e sentimenti che a poco a poco diventano vero amore, totale ed esclusivo.
DIAPOSITIVA 3 – Titolo, Contenuto e Contenuto 2 Titolo: Ha belle caratteristiche Contenuto 1: Il gatto rappresenta la libertà, perché non vuole essere preso né rinchiuso. Contenuto 2: È instancabile e scaltro nel cacciare la sua preda, dote che lo accomuna a un buon soldato, infatti proprio per questo motivo le antiche famiglie sveve e svizzere hanno inserito nei loro emblemi dei gatti.	DIAPOSITIVA 4 – Titolo e Contenuto 2 Titolo: A chi è adatto? Contenuto: • Il gatto ha tutte le caratteristiche per essere l'animale da compagnia più adatto a chi vive in città e non dispone di grandi spazi. • La maggior parte di essi, infatti, ama trascorrere il proprio tempo tra le mura domestiche e osservare il mondo dal balcone o dalla finestra.
DIAPOSITIVA 5 – Titolo e Contenuto 2 Titolo: Il suo posto Contenuto: • Il gatto ama trascorrere gran parte delle sue giornate a dormire, infatti si concede lunghe pause di "riflessione". Per questa ragione ha bisogno di un posto comodo e confortevole dove riposare. • Per la sua "cuccia" può andare bene un cestino con cuscino e comode copertine.	DIAPOSITIVA 6 – Titolo, testo centrato Titolo: Ammiriamolo! Testo: Molti dicono che cani e gatti siano nemici storici... qui proprio non sembra!

ELABORA

- **Design diapositiva:** Giallo astratto.
- **Titoli:** tipo carattere Courier new, grassetto, ombra.
- **Testo:** tipo carattere Courier new.
- **Diapositiva 1:** immagine ombra.
- **Diapositiva 2:** testo 26 pt; immagine trasparenza 50%, porta in fondo.
- **Diapositiva 3:** immagine ombra; testo 22 pt, elimina punto elenco; linea piena, spessore 0,20, nero, colore area Grigio 10%.
- **Diapositiva 4:** immagine ombra; colore area Grigio 10%.
- **Diapositiva 5:** immagine ombra; colore area Grigio 10%.
- **Diapositiva 6:** immagine ombra; colore carattere bianco; colore area Bitmap/Rose.
- **Piè di pagina:** inserisci in tutte le slide, eccetto la prima, la data, i tuoi dati e il numero diapositiva.

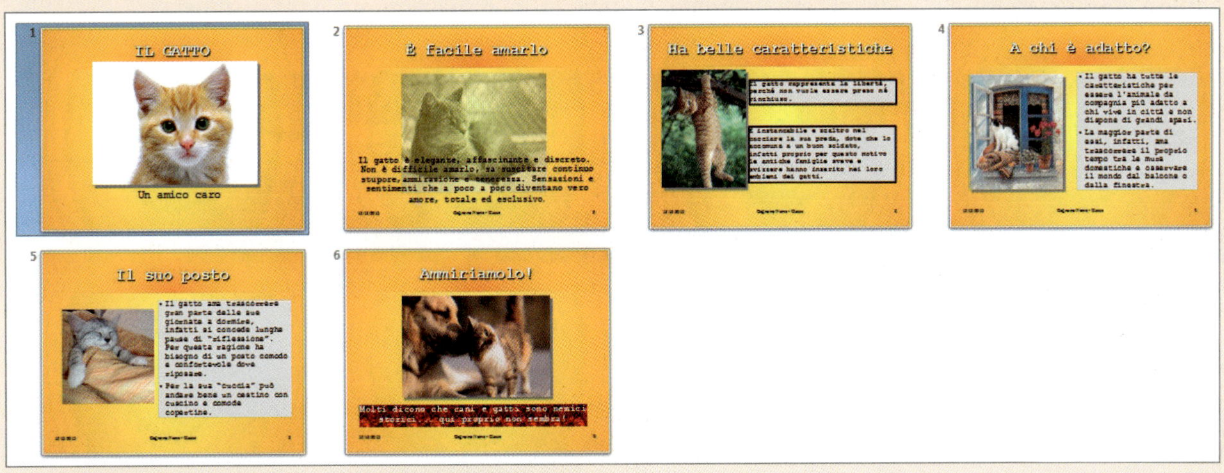

4 **Crea il file M4-1 Criceto e salvalo nella tua cartella**

DIAPOSITIVA 1 – Titolo, testo centrato Titolo: IL CRICETO Testo: Si accontenta di poco ed è facile da allevare	DIAPOSITIVA 2 – Solo titolo Titolo: Alcune informazioni Forma Parallelogramma: • Non è adatto ai bambini, perché ha bisogno di essere lasciato in pace. • È un animale notturno, in piena attività dal tramonto all'alba. • È solitario e fortemente territoriale, se è spaventato può mordere. • Vive poco più di due anni.
DIAPOSITIVA 3 – Solo titolo Titolo: Attrezzatura per ospitarlo Forma Trapezio: • Al criceto occorre una gabbia che sia spaziosa, ben aerata ma a prova di fuga. La più adatta è di forma rettangolare, perché gli permette di nascondersi negli angoli. • Sono necessari anche una piccola ciotola per il cibo e il beverino a goccia per l'acqua.	DIAPOSITIVA 4 – Solo titolo Titolo: Abitudini Forma Quadrato arrotondato: La sua dimora deve essere sistemata in un luogo tranquillo, lontano da correnti d'aria e dalla luce diretta del sole. La temperatura ideale è intorno ai 15 °C.
DIAPOSITIVA 5 – Solo titolo Titolo: Alimentazione Forma Settore di cerchio: Il criceto è onnivoro, e così, oltre ai classici semi, può mangiare cereali soffiati, pane integrale, carne cotta, tonno sott'olio, uova sode, yogurt, frutta e verdure fresche.	DIAPOSITIVA 6 – Solo titolo Titolo: Igiene e cure Forma Ottagono: (inserire una forma per ogni paragrafo): • Pulire la gabbia almeno una volta alla settimana. • Cambiare l'acqua ogni giorno. • Pulire spesso la ciotolina per il cibo.

ELABORA

- **Sfondo diapositiva:** Bitmap/Lino.
- **Titoli:** tipo carattere Liberation Serif, grassetto, colore carattere bianco (tranne nella diapositiva 1).
- **Tutte le forme:** colore area bianco, linea spessore 0,10 colore rosso. **Testo nelle forme:** tipo carattere Liberation Serif, colore carattere rosso (per adattare il testo alla forma: clic destro all'interno della forma/Testo/Scorrimento parole nella forma/OK).
- **Diapositiva 1:** immagine porta in fondo, ombra.
- **Diapositiva 2:** Forme base/Parallelogramma; immagine ombra.
- **Diapositiva 3:** Forme base/Trapezio; immagine ombra.
- **Diapositiva 4:** Forme base/Quadrato arrotondato; immagine ombra.
- **Diapositiva 5:** Forme base/Settore di cerchio; immagine ombra, porta in fondo.
- **Diapositiva 6:** Forme base/Ottagono, duplica; immagine ombra.
- **Piè di pagina:** inserisci in tutte le slide, eccetto la prima, la data, i tuoi dati e il numero diapositiva.

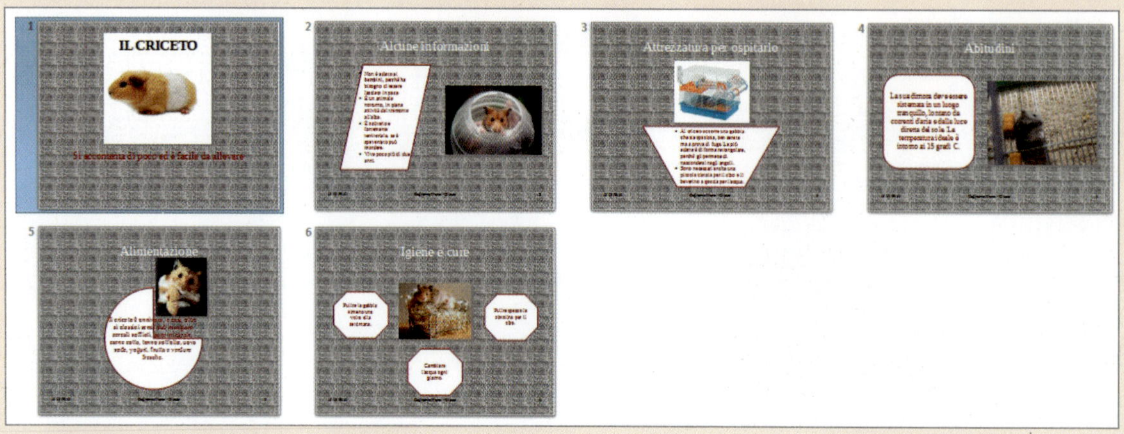

5 Crea il file M4-1 Uomo e salvalo nella tua cartella

DIAPOSITIVA 1 – Titolo, testo centrato Titolo: L'UOMO... Sottotitolo: MILIONI DI ANNI FA	DIAPOSITIVA 2 – Solo titolo Titolo: Evoluzione Forma Rettangolo: Il lungo percorso evolutivo che ha portato all'**Homo sapiens sapiens** è frutto di "mutazioni" favorevoli che hanno permesso la nostra affermazione sulla Terra.
DIAPOSITIVA 3 – Solo titolo Titolo: Mutazioni Forma Pentagono regolare: Molti organi del corpo umano mostrano segni di milioni di anni di evoluzione. Quale doveva essere l'aspetto dell'uomo primitivo? Quali particolarità rispetto a oggi?	DIAPOSITIVA 4 – Titolo, Contenuto Titolo: Caratteristiche dell'uomo primitivo Contenuto: • Aveva la coda. • Era dotato di più denti. • I piedi erano più muscolosi e quadrati. • Le unghie fungevano da artigli acuminati e taglienti. • Il corpo era ricoperto di peli. • L'olfatto era molto sviluppato.
DIAPOSITIVA 5 – Titolo, Contenuto Titolo: Alcune curiosità Contenuto: • La **coda**: un tempo era capace di muoversi. Oggi una persona ogni 500.000 nasce con una piccola coda, che può essere eliminata con un intervento di chirurgia plastica. • I **denti**: secondo alcune teorie l'uomo era dotato di una doppia fila di denti. • I **piedi**: si ritiene che fossero palmati, consentendo di nuotare velocemente. Oggi qualche persona nasce con questa anomalia.	DIAPOSITIVA 6 – Solo titolo Titolo: Organi "fossili" Forma Triangolo rettangolo: All'interno del nostro corpo ci sono **tre organi "fossili"** che un tempo avevano sicuramente più importanza di quanto non ne abbiano oggi. Forma Parallelogramma: • Il **timo**, una ghiandola posta dietro lo sterno che produce una parte delle difese naturali dell'organismo umano. • L'**appendice**, residuo di un organo che un tempo era molto più lungo, è produttrice di anticorpi. • Le **tonsille**, difendono la nostra gola dalle aggressioni esterne, un tempo erano probabilmente più grandi.

ELABORA

- **Design diapositiva**: DNA
- **Diapositiva 1**: immagine ombra, porta in fondo, linea piena 0,10, colore grafico 12.
- **Diapositiva 2**: forma colore riempimento blu 8, linea piena 0,10, colore grafico 12.
- **Diapositiva 3**: Forme base/Pentagono regolare, duplica, ruota, ombra; immagine porta in fondo.
- **Diapositiva 4**: immagine Filtro/Carboncino, ombra, linea piena 0,10, colore grafico 12.
- **Diapositiva 5**: immagine ombra, linea piena 0,10, colore grafico 12.
- **Diapositiva 6**: Forme base/Triangolo rettangolo (traslare), linea piena 0,10, colore grafico 12; Forme base/Parallelogramma, linea piena 0,10, colore grafico 12, ombra.
- **Piè di pagina**: inserisci in tutte le slide, eccetto la prima, la data, i tuoi dati e il numero diapositiva.

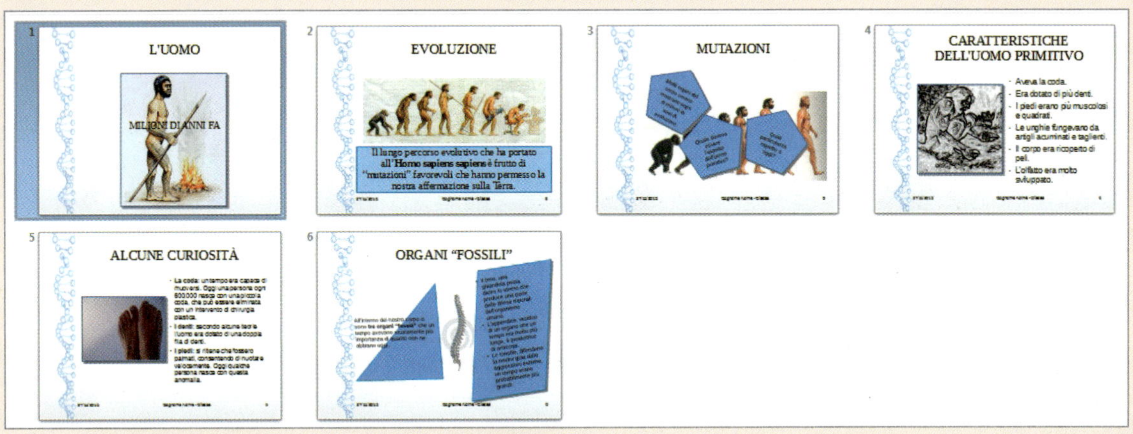

Esprimi la tua creatività

- Copia e disponi il testo proposto.
- Applica le formattazioni che ritieni idonee.
- Cerca e inserisci immagini da Galleria o dal Web.

1 **Crea il file M4-1 Società e salvalo nella tua cartella**

DIAPOSITIVA 1	DIAPOSITIVA 2	DIAPOSITIVA 3
LA SOCIETÀ DI MASSA ovvero "SOCIETÀ DI CONSUMATORI"	Quando è nata? È nata nel periodo della Belle époque, a seguito delle Rivoluzioni industriali. • La Prima rivoluzione industriale migliorò il tenore di vita della popolazione immettendo sul mercato beni di consumo immediato, come generi alimentari e tessuti. • La Seconda rivoluzione industriale offrì beni di consumo durevoli, come il telefono, il grammofono, l'automobile, la macchina da scrivere.	Perché è nata? Perché il pubblico rispose all'offerta di beni di consumo immediato e durevoli con il forte desiderio di possederli subito, dando luogo così a una società di consumatori. • Migliore tenore di vita • Offerta di beni di consumo immediato e durevoli • Desiderio di possesso

2 **Crea il file M4-1 Medioevo e salvalo nella tua cartella**

DIAPOSITIVA 1 MEDIOEVO NON SOLO "IL SECOLO BUIO"	DIAPOSITIVA 2 GLI ILLUMINISTI Consideravano il Medioevo un'epoca buia, dominata dall'oscurantismo religioso e dalla superstizione.
DIAPOSITIVA 3 GLI STUDIOSI DEL NOVECENTO Hanno sottolineato i meriti del Medioevo riconoscendone le trasformazioni sociali, il fermento spirituale e intellettuale, il progresso economico e tecnologico.	DIAPOSITIVA 4 OCCHIALI Fino al Medioevo per chi soffriva di ipermetropia o di presbiopia non c'era un rimedio disponibile. La prima testimonianza dell'invenzione degli occhiali risale al 1305, anche se l'idea delle lenti convesse sembra risalire alla fine del Duecento.
DIAPOSITIVA 5 LASAGNE, SPAGHETTI... FORCHETTA! Per mangiare più comodamente la pasta si diffuse nel Medioevo l'uso della forchetta.	DIAPOSITIVA 6 UNIVERSITÀ Nel Medioevo nelle università si studiavano le arti liberali, la teologia, il diritto e la medicina.

3 **Crea il file M4-1 Abitudini e salvalo nella tua cartella**

DIAPOSITIVA 1 ABITUDINI Senza abitudini non sarebbe vita, le azioni ripetitive ci rendono più sicuri, ci fanno risparmiare tempo e riducono lo stress.	DIAPOSITIVA 2 COME NASCE UN'ABITUDINE 1. Si parte da un evento scatenante. 2. Inizia la routine, l'abitudine vera e propria. 3. La ripetizione genera sicurezza e benessere.
DIAPOSITIVA 3 PERÒ... L'abitudine non deve "imprigionare". Gli psicologi consigliano di adottare piccoli accorgimenti quotidiani come, per esempio, scegliere percorsi differenti per recarsi al lavoro.	DIAPOSITIVA 4 OCCORRE FARE ATTENZIONE Le abitudini sono ancora più solide quanto vengono associate al luogo e al contesto temporale in cui sono ripetute. Un esempio? I pop corn al cinema!
DIAPOSITIVA 5 STEREOTIPI Con gli stereotipi, molto spesso, possiamo prevedere come si comporterà una persona. Ma questo, come tutte le abitudini consolidate, ci porta a ridurre la nostra capacità di giudizio e di apertura al mondo.	DIAPOSITIVA 6 E ALLORA? Impariamo a essere consapevoli delle nostre abitudini e a dominarle quando serve.

4 Crea il file **M4-1 Fiumi e laghi d'Italia** e salvalo nella tua cartella

DIAPOSITIVA 1
ITALIA
Fiumi e laghi

DIAPOSITIVA 2
Fiumi
Il seguente grafico rappresenta i cinque fiumi più lunghi del nostro Paese.

Fiume	Km
Po	652
Adige	410
Tevere	405
Adda	313
Oglio	280

DIAPOSITIVA 3
Caratteristiche dei fiumi italiani
- Per la forma allungata del nostro Paese e per la disposizione dei rilievi, i fiumi sono generalmente brevi.
- Solo i fiumi maggiori sono, in minima parte, navigabili.
- I fiumi appenninici e delle isole hanno piccola portata perché non sono alimentati dai ghiacciai e dai grandi laghi.

DIAPOSITIVA 4
Laghi
I laghi occupano il 2,4% della superficie, variano di forma e dimensione e hanno diversa origine.

Laghi	Caratteristiche
Alpini	Nascono dallo scioglimento dei nevai.
Prealpini	Sorgono nei solchi scavati da antichi ghiacciai.
Vulcanici	Sono situati nel cratere di vulcani spenti.
Alluvionali	Nascono quando un corso d'acqua trova depositi alluvionali sul proprio corso.
Costieri	Sono situati presso la costa e composti, in genere, di acqua salmastra.
Carsici	Si trovano in cavità rocciose scavate dalle acque.
Di sbarramento	Nati da frane che hanno sbarrato una valle.
Artificiali	Nati a seguito della costruzione di dighe.

DIAPOSITIVA 5
Qualche CURIOSITÀ... sui laghi
- La Finlandia è conosciuta come la terra dei mille laghi, mentre il Minnesota è conosciuto come la terra dei diecimila laghi.
- Più del 60% dei laghi di superficie sono situati in Canada.
- Il più grande lago artificiale è il Kielder Water in Gran Bretagna.
- Il lago più profondo d'Europa è l'Hornindalsvatnet in Norvegia.

5 Crea il file **M4-1 Illusioni** e salvalo nella tua cartella

DIAPOSITIVA 1
ILLUSIONI...
... O SOGNI?

DIAPOSITIVA 2
HAI UN SOGNO?
Non mollare perché chi crede in quello che desidera vive meglio e raggiunge obiettivi più elevati.

DIAPOSITIVA 3
COME CAMBIA L'ILLUSIONE?
Cambia in relazione all'età.
- 18-24 anni: il livello di aspettative irrealistiche è al massimo.
- 25-39 anni: gli obiettivi tendono a farsi più concreti.
- 40-59 anni: la tendenza alla concretezza degli obiettivi prosegue e tocca il massimo dopo i 60 anni.

DIAPOSITIVA 4
PENSA CHE VINCERAI
Le persone capaci di credere positivamente in se stesse raggiungono traguardi migliori rispetto a chi ha poca stima di sé.

DIAPOSITIVA 5
PENSA CHE VINCERAI MA NON VIVERE DI ILLUSIONI
Le persone che vivono di illusioni spesso sono affette da bipolarismo, ovvero da patologia psichiatrica.

DIAPOSITIVA 6
EFFETTO PLACEBO
Sfruttando l'influenza del pensiero positivo sulle malattie psicosomatiche si attiva l'effetto placebo, che contribuisce non poco anche all'efficacia di una terapia attiva.

6 Crea il file M4-1 Mente e salvalo nella tua cartella

DIAPOSITIVA 1 MENTE Alcune regole per non farla invecchiare	DIAPOSITIVA 2 Regole d'oro 1. Fare sport aerobico. 2. Combattere lo stress cronico. 3. Farsi degli amici. 4. Trovare un hobby interessante. 5. Dormire bene.
DIAPOSITIVA 3 Minacce 1. Mangiare cibo spazzatura. 2. Fumo, ipertensione, obesità. 3. Abusare di ansiolitici. 4. Stare troppo tempo al cellulare.	DIAPOSITIVA 4 Curiosità Studi in corso dimostrano una minor incidenza delle demenze nelle persone bilingui: probabilmente, passare da una lingua all'altra, sollecita il cervello rendendone più efficienti alcune aree.

7 Crea il file M4-1 Naso e salvalo nella tua cartella

DIAPOSITIVA 1 A PROPOSITO DI... NASI!	DIAPOSITIVA 2 ELEFANTE La sua proboscide può pesare fino a 100 chili e superare i 2 metri di lunghezza; può muoversi in ogni direzione ed essere utilizzata da naso, labbro, dito, mano e braccio per sollevare pesi.
DIAPOSITIVA 3 TAPIRO Il suo nasone è una proboscide in miniatura, con in cima le due narici. È dotato di un olfatto sensibilissimo, è mobile e il tapiro lo usa per esplorare il terreno in cerca di cibo.	DIAPOSITIVA 4 FORMICHIERE Il suo muso è allungato e conico. Non ha una buona vista, in compenso il suo olfatto è quaranta volte superiore a quello dell'uomo.

8 Crea il file M4-1 Computer e salvalo nella tua cartella

DIAPOSITIVA 1 Il computer...dentro e fuori Hardware – Software – Memorie	DIAPOSITIVA 2 Il computer • Il computer o elaboratore è un complesso di dispositivi (meccanici, elettrici, ottici). • I dati inseriti vengono elaborati attraverso un insieme organizzato di risorse. • Tali risorse sono complementari tra loro e si distinguono in due categorie: **hardware** (di cui fanno parte le **memorie**) e **software**.
DIAPOSITIVA 3 Hardware Per hardware si intendono tutti i componenti fisici, meccanici, elettrici, elettronici e ottici necessari per il funzionamento del computer e la memorizzazione dei dati.	DIAPOSITIVA 4 Dispositivi hardware I dispositivi hardware si suddividono in: • unità di input; • unità di elaborazione; • unità di output.
DIAPOSITIVA 5 Il software Il software è dato dall'insieme dei programmi che consentono a un computer di operare e di eseguire le elaborazioni dei dati e le funzioni richieste dall'utente. Esso si distingue in: • sistema operativo; • software applicativo.	DIAPOSITIVA 6 Le memorie del computer ROM: Contiene istruzioni per l'avviamento dell'elaboratore RAM: Mantiene in memoria programmi e dati durante l'elaborazione MEMORIE DI MASSA: Conservano i dati elaborati

UNITÀ 2 PRESENTARE CON IPERTESTI E MULTIMEDIALITÀ

Clippy

L'ipertesto è una forma di scrittura non sequenziale che permette una consultazione interattiva dei contenuti in base a un proprio percorso logico.
L'ipermedia è un file con collegamenti non solo a parti testuali ma anche a oggetti multimediali (immagini, suoni e filmati).

Nella realizzazione di una presentazione può essere necessario creare collegamenti ipertestuali con diapositive dello stesso file, o di altre presentazioni, oppure con file creati in altri programmi o, addirittura, connettersi a un sito o a una specifica pagina Web.
La trattazione degli argomenti non è più lineare e la presentazione diventa in questo modo ▶ **ipertestuale** ◀.

Clippy

La mappa concettuale è un reticolo associativo che guida nel percorso logico da seguire.
I nodi sono ciò che nei libri definiamo "capitoli" o "paragrafi", ovvero insiemi organizzati di informazioni autoconclusive.

Costruire mappa concettuale e storyboard

La costruzione dell'ipertesto richiede l'analisi delle informazioni e la loro organizzazione secondo una ▶ **mappa concettuale** ◀ in cui stabilire i collegamenti (*link*) che permettono la navigazione passando da un ▶ **"nodo"** ◀ all'altro. La tabella che segue mostra alcuni esempi di organizzazione dell'ipertesto.

TIPI DI STRUTTURA DI IPERTESTO	CARATTERISTICHE
	Organizzazione lineare Le informazioni sono collegate in modo che dal primo nodo si possa accedere solamente al secondo, da questo solo al terzo e ritorno.
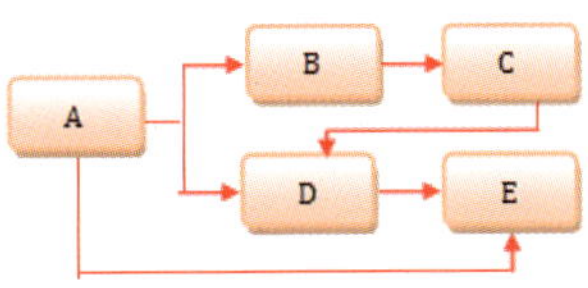	Organizzazione non lineare I nodi di informazione sono collegati in modo che da un nodo (A o C) si possa accedere direttamente a più nodi concettuali.
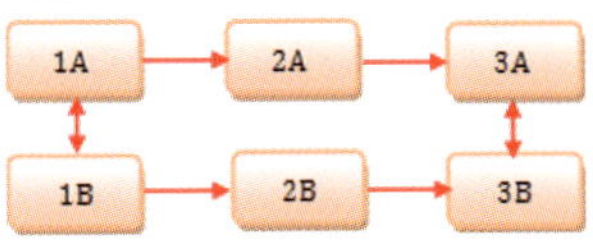	Organizzazione a griglia Si hanno due livelli di consultazione bidirezionali, ciascuno composto da più nodi progressivi; il lettore può procedere sullo stesso livello orizzontale, ma anche approfondire in verticale e risalire.
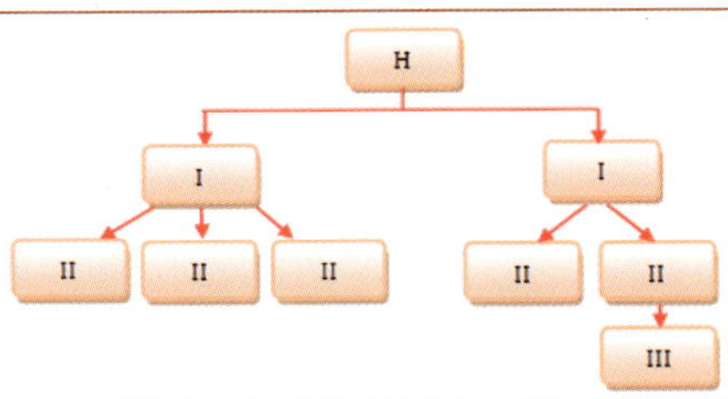	Organizzazione ad albero L'argomento è suddiviso in otto nodi. Dalla homepage si diramano due nodi di primo livello, ciascuno dei quali è collegato a nodi di secondo livello; tra questi, uno collega a un nodo di terzo livello.

Lo storyboard rappresenta la prima definizione del progetto grafico su cui lavorare per creare una presentazione efficace. Consiste nel disegnare su carta le slide e nello stabilire la disposizione del testo, degli oggetti e le loro formattazioni, annotando commenti di cui tener conto nella creazione della presentazione.

Nello schema che segue sono sintetizzate le fasi operative da seguire per ottimizzare i tempi di lavoro e ottenere una presentazione efficace.

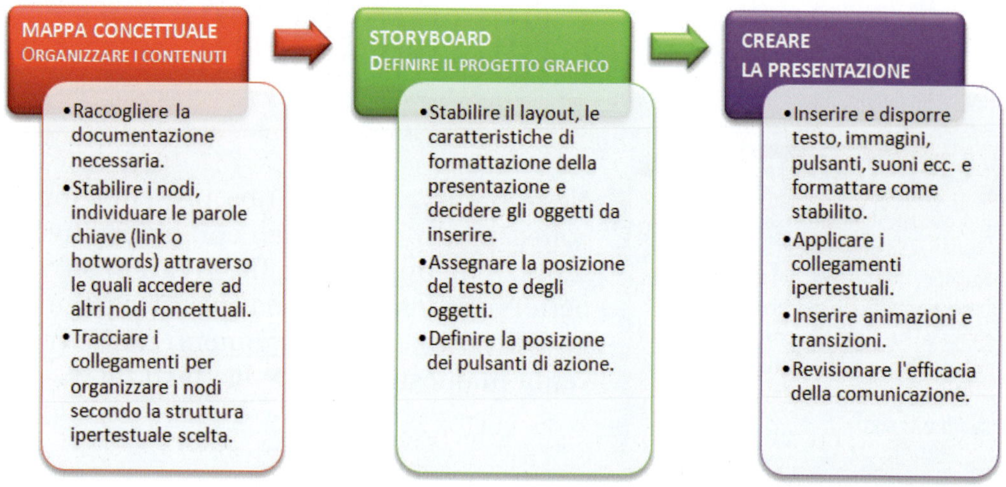

Va sottolineato che una particolare importanza riveste anche la fase di riciclo, per verificare la congruenza della struttura, la funzionalità dei link e valutare lo spessore informativo dell'ipertesto creato.

Creare collegamenti ipertestuali

Smart

È possibile creare un link anche mediante combinazione di tasti Ctrl + K, dopo aver selezionato il testo sul quale crearlo.

I ▶ **collegamenti** ◀ si creano attraverso link costruiti su testo, oggetti o immagini, oppure si inseriscono dei pulsanti per la navigazione cui vengono associate determinate azioni per lo spostamento.
Il comando per creare collegamenti è Collegamento ipertestuale, disponibile sulla barra degli strumenti Standard o da menu Inserisci.

Per creare un collegamento ipertestuale a una diapositiva della stessa presentazione:

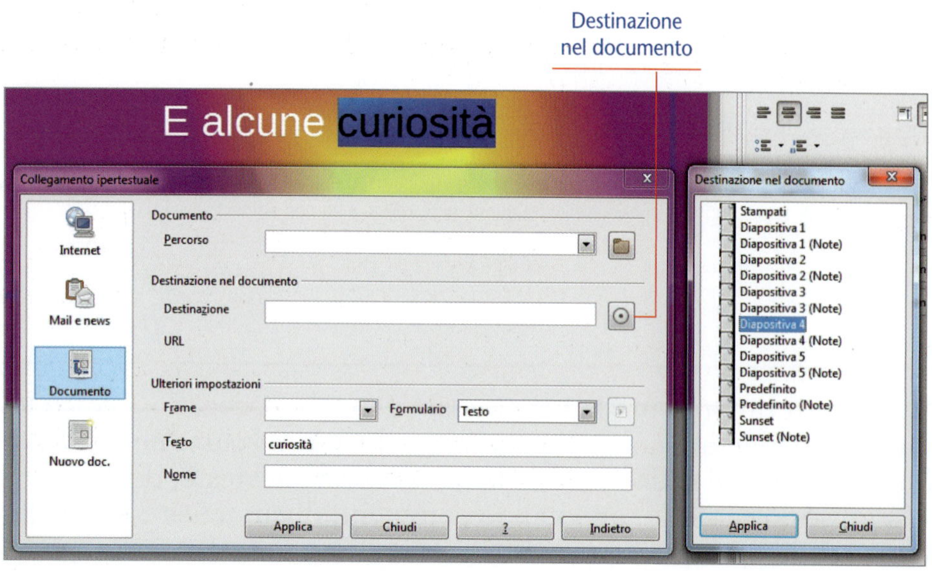

1. selezionare il testo o l'oggetto a cui associare il link e sulla barra degli strumenti Standard fare clic su Collegamento ipertestuale;
2. nella finestra fare clic su Documento e poi su Destinazione nel documento;
3. nell'omonima finestra selezionare la diapositiva da collegare, poi confermare con Applica in entrambe le finestre, quindi fare clic su Chiudi.

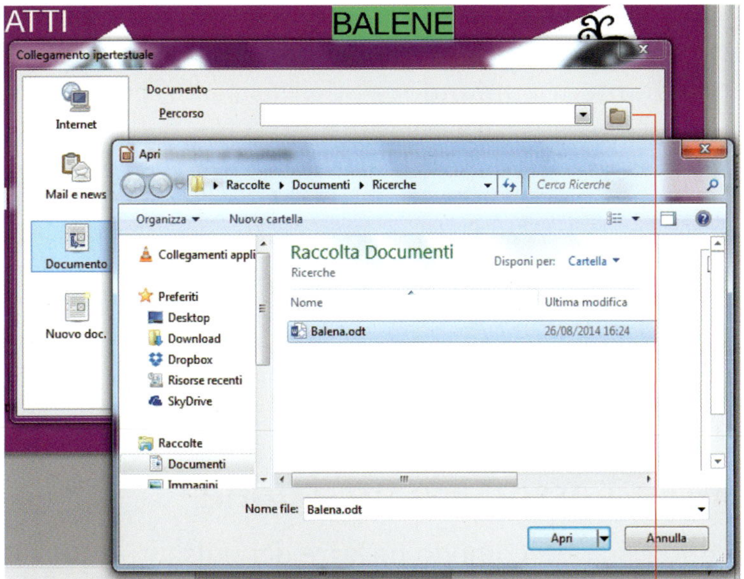

Apri file

Clippy

Prima di creare i collegamenti è opportuno predisporre i file nella medesima cartella in cui è memorizzata la presentazione.

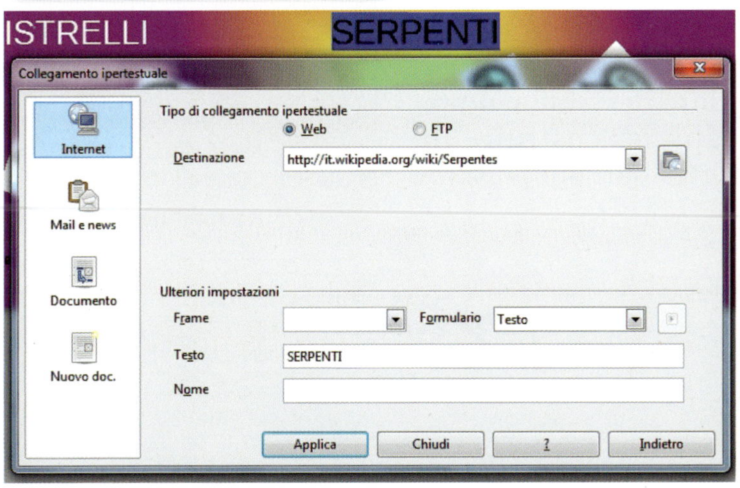

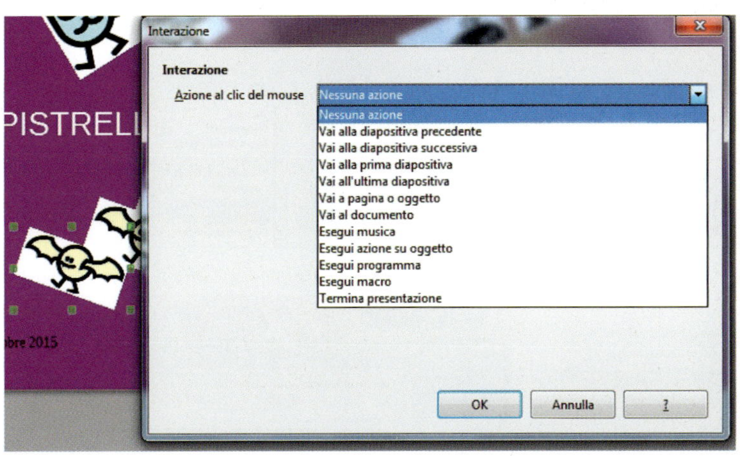

Per creare un collegamento ipertestuale a un file:

1. selezionare il testo o l'oggetto a cui associare il link e, sulla barra degli strumenti Standard, fare clic su Collegamento ipertestuale;
2. nella finestra fare clic su Documento e poi su Apri file, seguire il percorso di archiviazione fino a raggiungere il ▶ **file** ◀ da associare, selezionarlo e fare clic su Apri;
3. confermare con Applica in entrambe le finestre, quindi fare clic su Chiudi.

Per creare un collegamento ipertestuale a una pagina Web è consigliabile ricercare la pagina Web da collegare, copiare l'URL, quindi, nella presentazione:

1. selezionare il testo o l'oggetto a cui associare il link e, sulla barra degli strumenti Standard, fare clic su Collegamento ipertestuale;
2. nella finestra fare clic su Internet e nella casella Destinazione, da menu rapido, scegliere Incolla;
3. confermare con Applica, quindi fare clic su Chiudi.

Per realizzare un collegamento ipertestuale su un oggetto (forma o immagine) a una diapositiva o a un file è possibile utilizzare anche il comando Interazione, disponibile sulla barra degli strumenti Stile e riempimento e Immagine, oppure da menu rapido attivato sull'oggetto.

1. Selezionare l'oggetto da associare e da menu rapido scegliere Interazione.
2. Nella finestra fare clic sul pulldown Azione al clic del mouse e nell'elenco scegliere:
   - la diapositiva da collegare;
   - Vai a pagina o oggetto, per selezionare una specifica slide;
   - Vai al documento, per ottenere il pulsante Sfoglia e, seguendo il percorso di archiviazione, selezionare il file da collegare.
3. Confermare con OK.

Per eliminare un collegamento ipertestuale, dopo aver selezionato il testo o l'oggetto su cui è stato costruito:
- se è stato creato mediante il comando Collegamento ipertestuale, nell'omonima finestra cancellare il contenuto presente nelle diverse caselle, quindi fare clic su Applica e poi su Chiudi;
- se è stato creato mediante il comando Interazione, nell'omonima finestra scegliere Nessuna azione e confermare con OK.

Per modificare un collegamento ipertestuale è necessario eliminare quello esistente e crearne un altro.

Inserire pulsanti ed associare un'azione

Nelle presentazioni può risultare comodo inserire dei pulsanti a cui associare una specifica azione di navigazione. Il pannello Galleria, nella categoria Homepage, rende disponibili diverse immagini di pulsanti sui quali poi è possibile costruire un link.

Per creare un pulsante:

1. attivare il pannello Galleria e scegliere la categoria Homepage;
2. fare clic destro sul ▶ **pulsante** ◀ desiderato e selezionare Inserisci;
3. seguire le procedure descritte nel precedente paragrafo per costruire un collegamento ipertestuale sul pulsante inserito.

Clippy

Nella presentazione è bene che i pulsanti di azione siano tutti di uguale dimensione e collocati nella medesima posizione. A tale scopo, se un pulsante si ripete in diverse slide, dopo averlo inserito e dimensionato, è consigliabile duplicarlo utilizzando i comandi Copia e Incolla.

Allena le competenze

- Creare collegamenti ipertestuali tra diapositive
- Creare collegamenti ipertestuali esterni

Apri il file M4-1 Animali dalla tua cartella

1 Crea il link alla slide 4 Strani poteri.

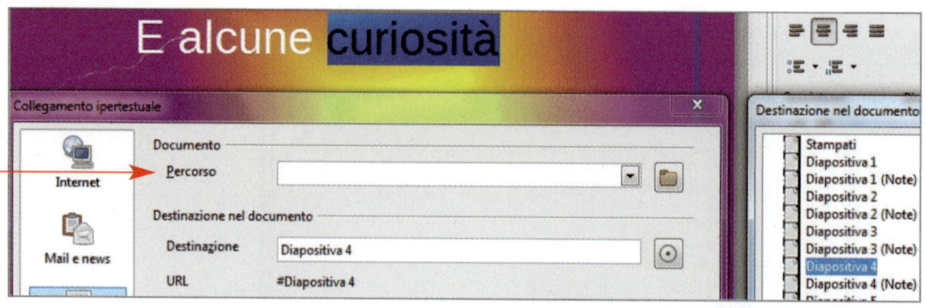

2 Crea il link al file Balena contenuto in M4 Impress.

3 Crea il link alla pagina Web di Wikipedia in cui si parla di serpenti.

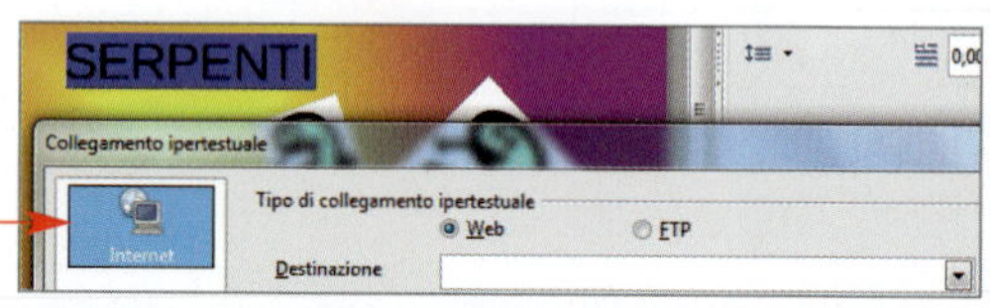

ECDL PR 6.1.2

Animare una presentazione

Animare una presentazione significa applicare a singoli oggetti della diapositiva effetti che, in visualizzazione Presentazione, fanno apparire o scomparire un oggetto, oppure consentono l'entrata del testo in differenti modalità.

L'elenco delle animazioni disponibili e gli strumenti per la loro gestione sono presenti nel pannello Animazione personalizzata, attivabile anche da menu Presentazione, o da menu rapido attivato sull'oggetto, scegliendo Animazione personalizzata.

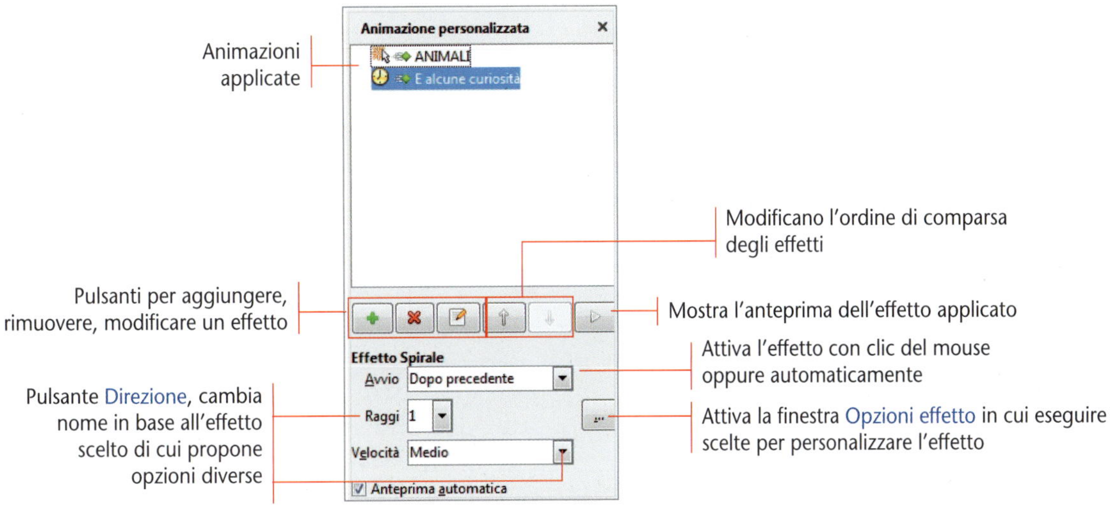

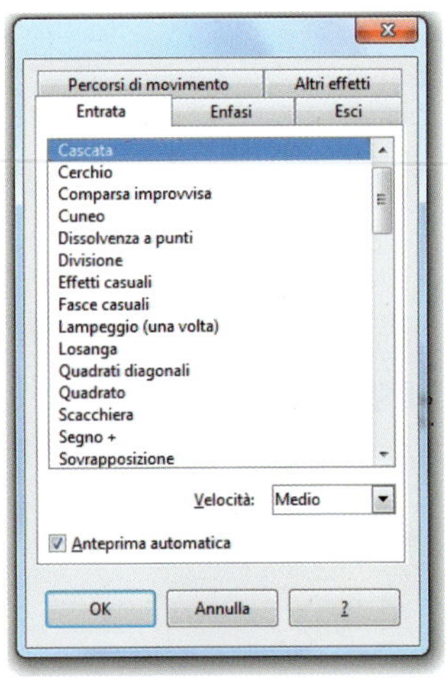

Per applicare un'animazione:

1. selezionare l'elemento desiderato, nel pannello fare clic su Aggiungi effetto;
2. nella finestra, le diverse schede consentono di scegliere effetti applicabili, per esempio, al momento di entrata o di uscita dell'oggetto; selezionare l'effetto desiderato, quindi fare clic su OK;
3. nel pannello scegliere l'opzione di avvio dell'animazione, l'eventuale direzione e velocità;
4. se nella medesima slide sono state impostate animazioni su diversi oggetti, per modificarne l'ordine di comparsa selezionare l'elemento desiderato e operare sui pulsanti Verso l'alto oppure Verso il basso.

Per sostituire un'animazione impostata con un'altra, selezionarla, poi operare sul pulsante Modifica effetto e scegliere quella desiderata.

Per eliminare un'animazione, selezionarla e poi fare clic su Rimuovi effetto.

ECDL PR 6.1.1

Applicare transizioni

Nella presentazione si può impostare la transizione, ovvero la modalità di passaggio da una diapositiva all'altra. È importante scegliere l'effetto appropriato al genere e allo scopo della presentazione ed è preferibile impostare un solo tipo di transizione per tutte le slide della presentazione.

L'elenco delle transizioni disponibili e gli strumenti per la loro gestione sono presenti nel pannello Cambio diapositiva attivabile anche da menu Presentazione.

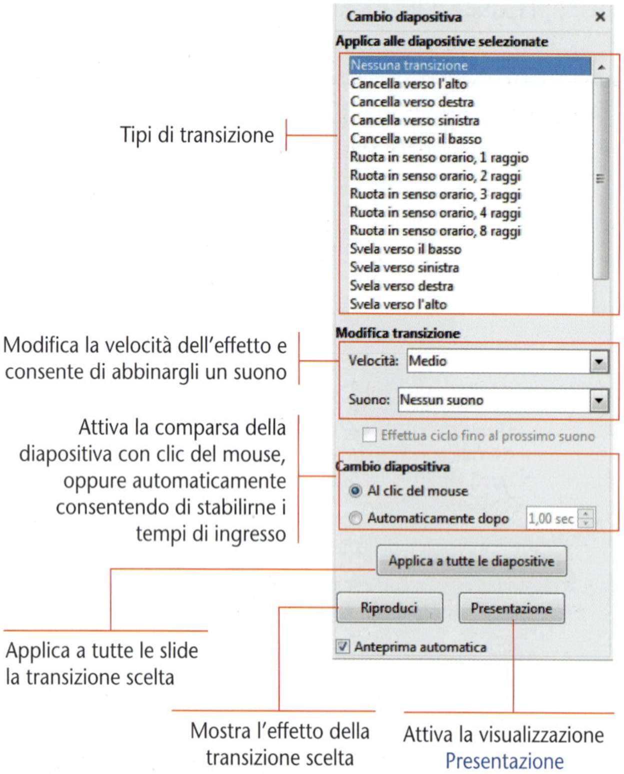

Per applicare una transizione:

1 selezionare la diapositiva desiderata, nel pannello fare clic su Cambio diapositiva e scegliere l'effetto;

2 se desiderato, fare clic su:
- Velocità per aumentarla o diminuirla;
- Suono per abbinare alla transizione un effetto audio;

3 scegliere se mantenere l'opzione Con un clic del mouse, oppure se attivarla su Automaticamente dopo per impostare l'avanzamento delle diapositive in automatico, indicando nella relativa casella il tempo di attesa dell'ingresso della slide successiva;

4 fare clic su Applica a tutte le diapositive per impostare la transizione su tutte le slide.

Per sostituire una transizione impostata con un'altra, fare clic su quella desiderata.
Per eliminare la transizione, fare clic su Nessuna e poi su Applica a tutte le diapositive.

Allena le competenze

- Applicare animazioni
- Applicare transizioni

Apri il file M4-1 Animali dalla tua cartella

1 Applica l'animazione.

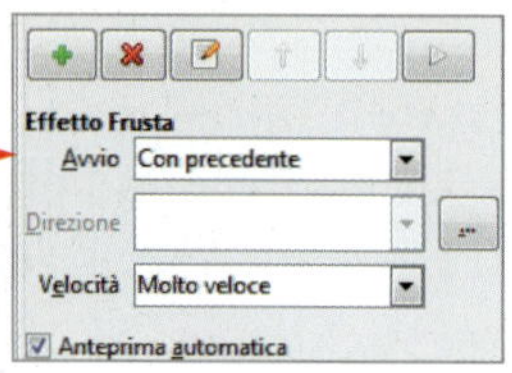

2 Applica l'avvio.

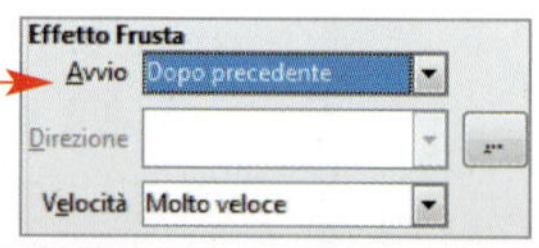

3 Applica l'animazione a ogni immagine.

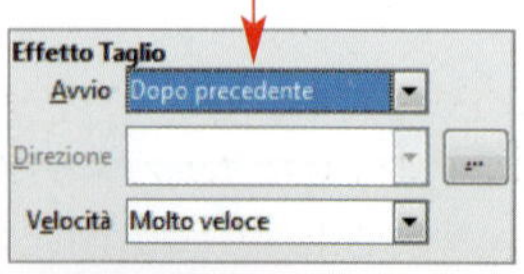

4 Applica la transizione a tutta la presentazione.

5 Guarda il risultato ottenuto.

Zoom su...
INSERIRE VIDEO

Inserire audio

In certi casi può rivelarsi utile aggiungere a una presentazione dei file audio memorizzati nel proprio archivio. Dopo aver visualizzato la diapositiva in cui inserire l'audio è possibile:
- da menu Inserisci scegliere Filmati e suoni e, nella finestra, fare doppio clic sul file audio desiderato;
- da menu Strumenti scegliere Lettore multimediale, nella finestra fare clic su Apri e doppio clic sul file, quindi confermare con Applica.

Clippy
Si consiglia di ridurre le dimensioni dell'icona audio e di posizionarla opportunamente nella slide.

Eseguito l'inserimento, nella slide compare l' ▶ **icona** ◀ dell'audio e, selezionandola, la barra degli strumenti Riproduzione disco che permette di impostare differenti opzioni.

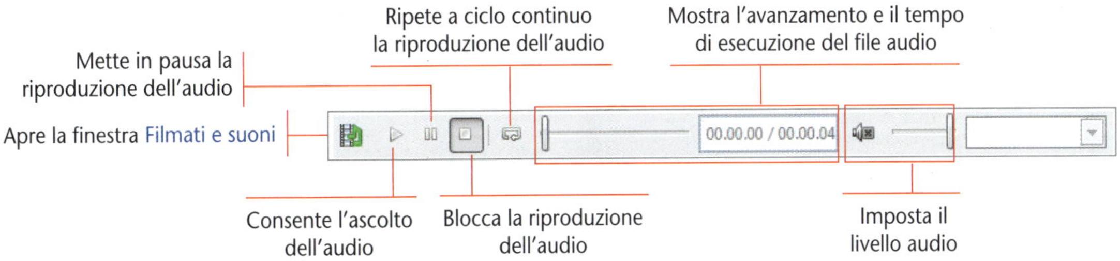

Per fare in modo che l'audio inserito accompagni tutta la presentazione, posizionarsi sulla prima slide, quindi:

1. da menu Inserisci scegliere Filmati e suoni e, nella finestra, fare doppio clic sul file audio desiderato;
2. sulla barra degli strumenti Riproduzione disco fare clic su Ripeti;
3. selezionare l'icona del file audio, fare clic su Riproduci e poi su Inizia dalla prima diapositiva per avviare la visione della presentazione a cui farà da sottofondo l'audio inserito.

Nel pannello Galleria, categoria Suoni, sono disponibili diverse clip audio: fare doppio clic su quella che si desidera inserire nella slide e nella finestra confermare con Applica.

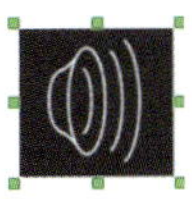

Per rimuovere qualsiasi audio inserito, fare clic sull'icona e premere Canc.

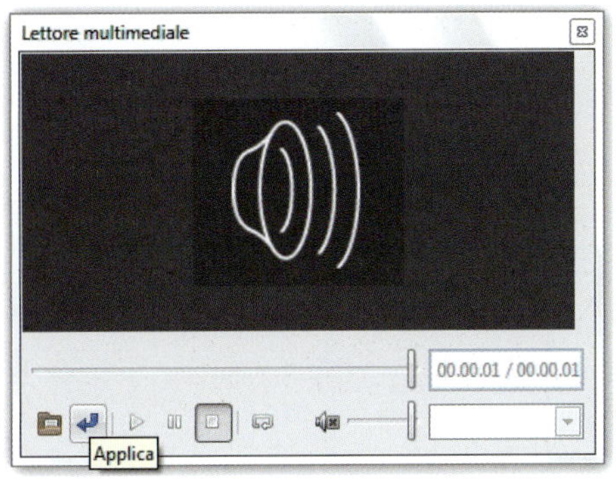

ECDL PR 2.3.1

Modificare le pagine master

Una delle caratteristiche di una buona presentazione è la coerenza nell'aspetto e, a tale proposito, i design diapositiva hanno un ruolo fondamentale.
Ogni presentazione include un master che varia per ogni design diapositiva applicato e ne controlla alcune proprietà di formattazione (colore dello sfondo, dimensione e posizione dei segnaposto, disegno di sfondo ecc.).

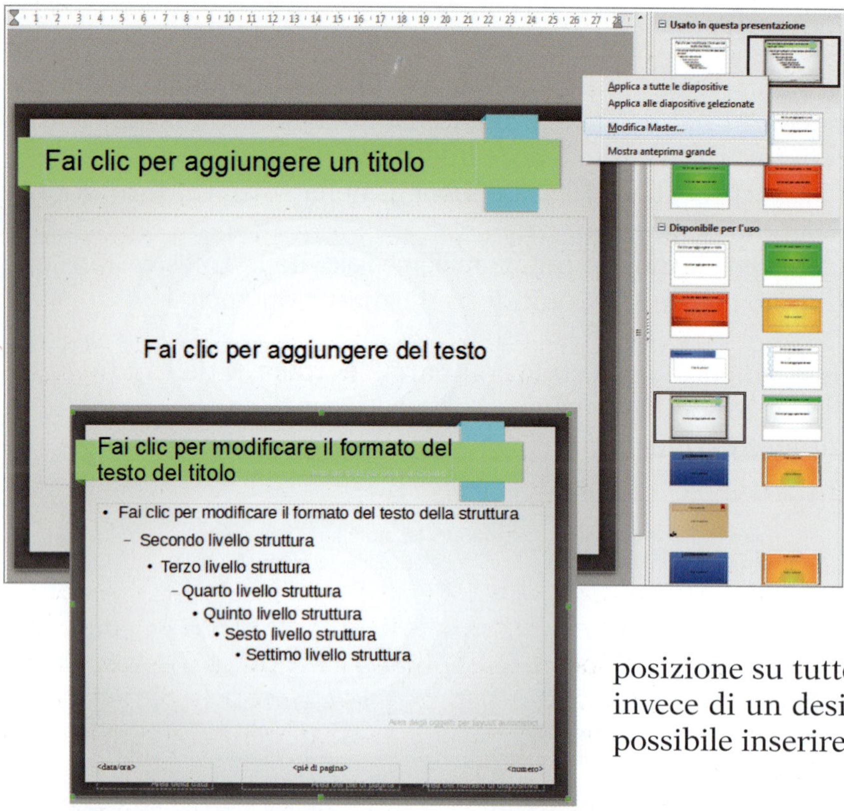

Applicato alla presentazione il design diapositiva desiderato, nel pannello Pagine Master, facendo clic destro su di esso e scegliendo Modifica Master, si attiva una visualizzazione che consente di modificare, per esempio, il tipo di carattere del titolo di tutte le diapositive di una presentazione, oppure lo stile del punto elenco.

Essendo la grafica di un design diapositiva costituita da oggetti, ovvero da forme colorate di diverso tipo, se il design scelto è composto da grafica che non copre tutta la slide, è possibile inserire anche elementi grafici (forma, immagine) che verranno poi visualizzati nella stessa posizione su tutte le diapositive. Se a una presentazione, invece di un design diapositiva, si applica uno sfondo, è possibile inserire forme o immagini.

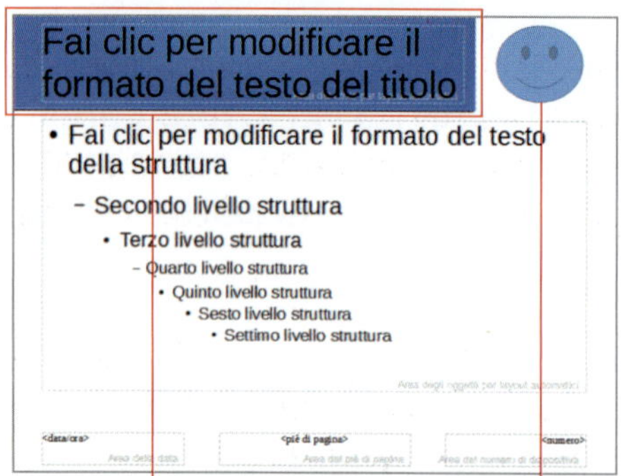

Design diapositiva con elemento grafico che copre in piccola parte la slide: è possibile inserire forme o immagini

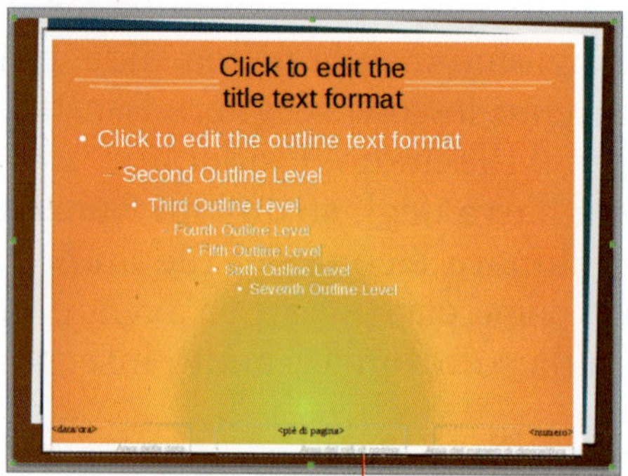

Design diapositiva con elemento grafico che copre tutta la slide: non è possibile inserire forme o immagini

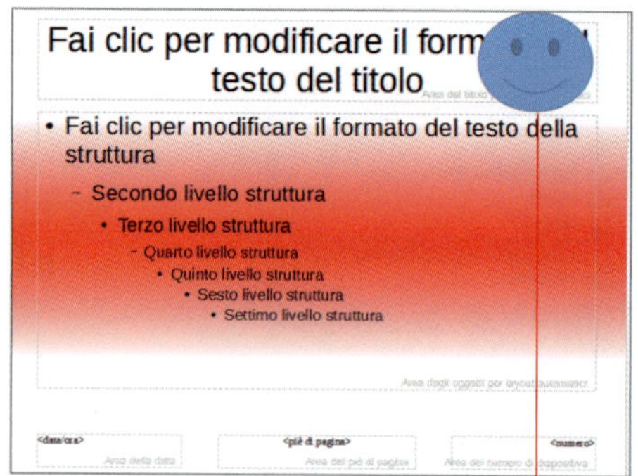

Presentazione a cui è applicato uno sfondo: è sempre possibile inserire forme o immagini

Per modificare il carattere del titolo:

1. applicare alla presentazione il design diapositiva desiderato;
2. nel pannello Pagine Master, sezione Usato in questa presentazione, fare clic destro sul design applicato e scegliere Modifica Master (si attiva la barra degli strumenti Vista sfondo);
3. selezionare il contenuto del segnaposto titolo e applicare il tipo di carattere desiderato;
4. nella barra degli strumenti Vista sfondo fare clic su Chiudi vista sfondo.

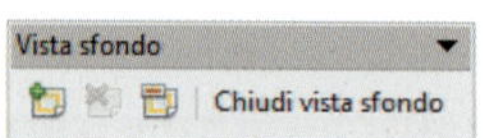

Allo stesso modo è possibile modificare il tipo di carattere del testo disposto in elenco puntato. Le modifiche apportate nel master non hanno invece effetto sul testo che non fa parte di un elenco puntato.

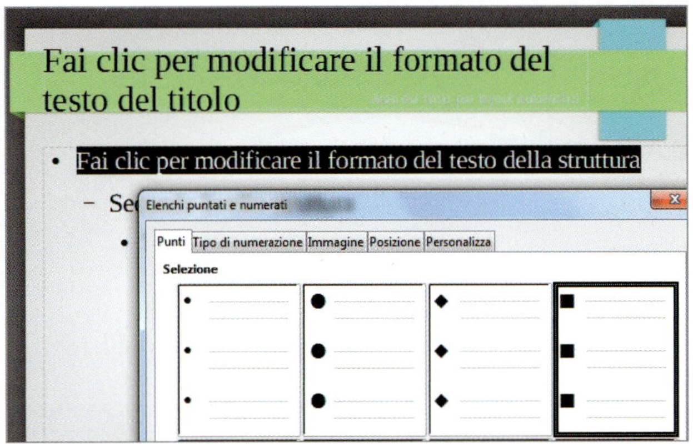

Per modificare lo stile e il colore del punto elenco:

1. nel pannello Pagine Master, sezione Usato in questa presentazione, fare clic destro sul design applicato e scegliere Modifica Master (si attiva la barra degli strumenti Vista sfondo);
2. selezionare il livello di struttura di cui si desidera modificare lo stile del punto elenco e, sulla barra degli strumenti Formattazione, fare clic su Elenchi puntati e numerati;
3. nella scheda Personalizza fare clic sul livello di struttura da modificare (in questo caso, 1) e scegliere l'eventuale colore;
4. nella scheda Punti fare clic su quello desiderato e confermare con OK;
5. nella barra degli strumenti Vista sfondo fare clic su Chiudi vista sfondo.

Per inserire un oggetto:

1. verificare che il design diapositiva scelto non copra tutta la slide;
2. nel pannello Pagine Master, sezione Usato in questa presentazione, fare clic destro sul design diapositiva applicato e scegliere Modifica Master;
3. nella barra degli strumenti Disegno scegliere la forma da inserire e tracciarla nella slide (eventualmente modificarne il colore, le dimensioni, la posizione);
4. nella barra degli strumenti Vista sfondo fare clic su Chiudi vista sfondo.

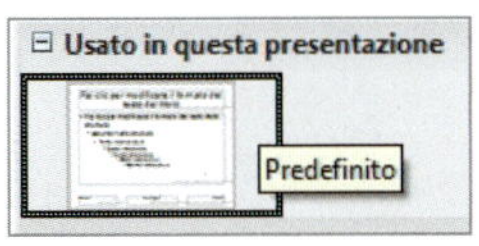

Nel caso in cui alla presentazione venga applicato un colore di sfondo in luogo di un design diapositiva, nel pannello Pagine Master, sezione Usato in questa presentazione, fare clic destro su Predefinito e scegliere Modifica Master, quindi procedere come indicato al **punto 3** della procedura appena descritta.

Per rimuovere un oggetto, fare clic destro sul design diapositiva applicato (oppure su Predefinito, in caso sia stato applicato uno sfondo), scegliere Modifica Master, selezionare l'oggetto e premere Canc.

Allena le competenze

- Organizzare lo storyboard
- Creare una presentazione ipertestuale e multimediale
- Inserire pulsanti d'azione

Crea il file M4-2 Spiagge e salvalo nella tua cartella

Questa è l'organizzazione da progettare per la presentazione.
Inserisci tutte le immagini da Immagini e il file audio da M4 Impress.

1 Applica il design diapositiva Azzurro brillante. Modifica il carattere del titolo e del testo della struttura.

2 Inserisci l'immagine: ruota, ombra, linea Piena, colore Grafico 11, spessore 0,10.

3 Nella slide 1 inserisci il file audio Musica Spiagge e applica le impostazioni affinché la musica accompagni tutta la presentazione.

4 Digita il testo e inserisci l'immagine: ruota, ombra, linea Piena, colore Grafico 11, spessore 0,10.

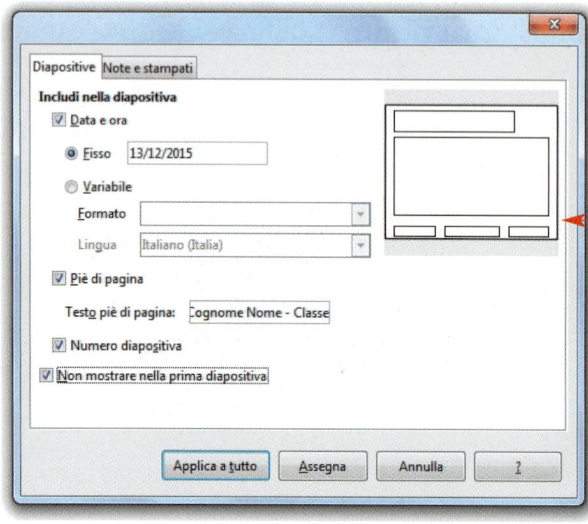

5 Inserisci e imposta il piè di pagina come indicato.

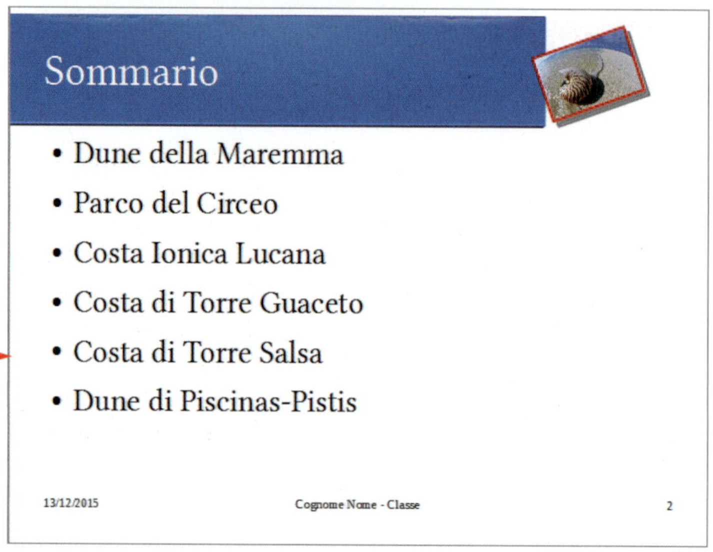

6 Inserisci la slide 2 e digita il testo.

7 Inserisci la slide 3 e digita il testo.

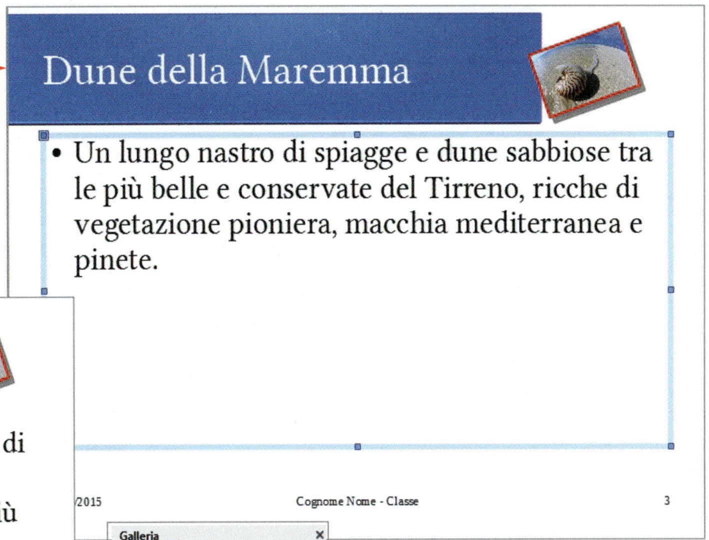

8 Disponi il testo, inserisci l'immagine e formattala come quella della slide 1.

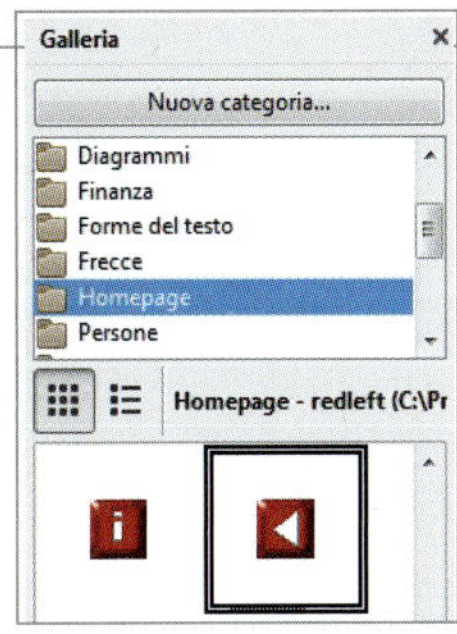

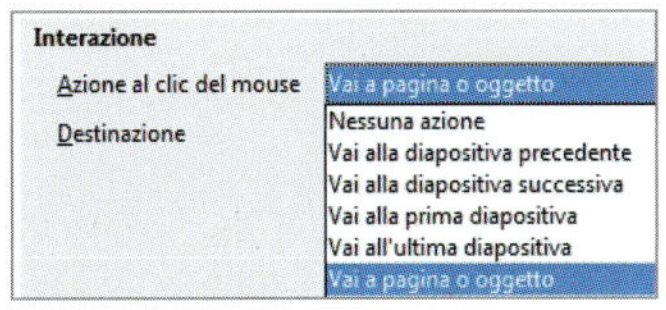

9 Inserisci il pulsante d'azione e collegalo alla slide 2 (Sommario).

10 Inserisci la slide 4, digita e disponi il testo, inserisci l'immagine, formattala come quella della slide 1.

11 Inserisci la slide 5, digita e disponi il testo, inserisci l'immagine, formattala come quella della slide 1.

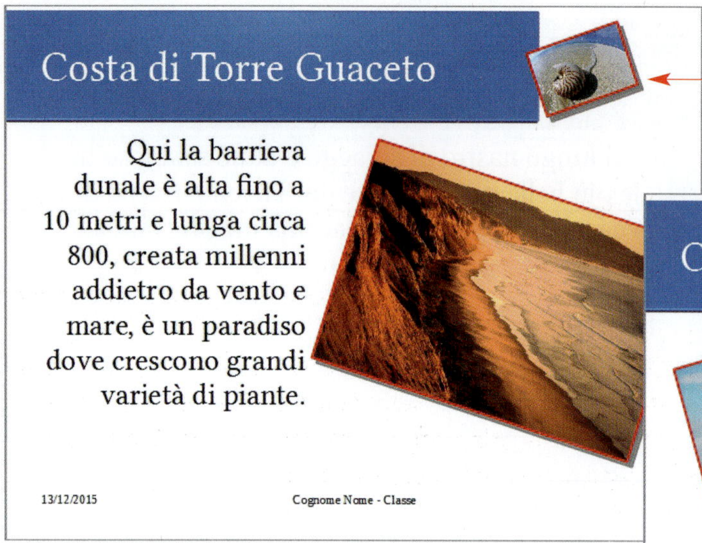

12 Inserisci la slide 6, inserisci l'immagine e formattala come quella della slide 1.

13 Inserisci la slide 7, digita e disponi il testo, inserisci l'immagine e formattala come quella della slide 1.

14 Inserisci la slide 8, digita e disponi il testo, inserisci l'immagine e formattala come quella della slide 1.

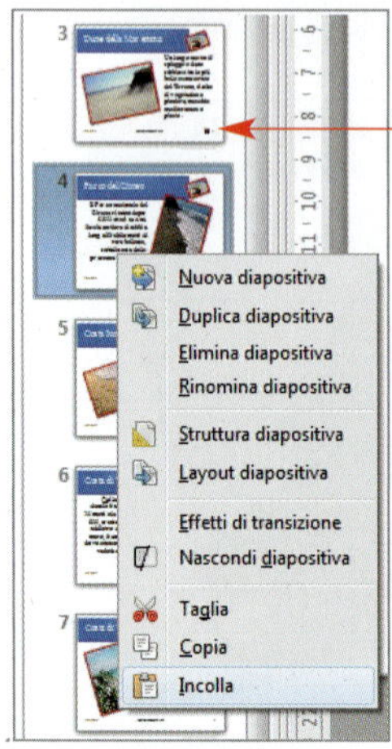

15 Copia il pulsante d'azione creato nella slide 3 e incollalo in tutte le diapositive, eccetto la prima.

16 Nella slide 2 collega i titoli presenti alle corrispondenti slide.

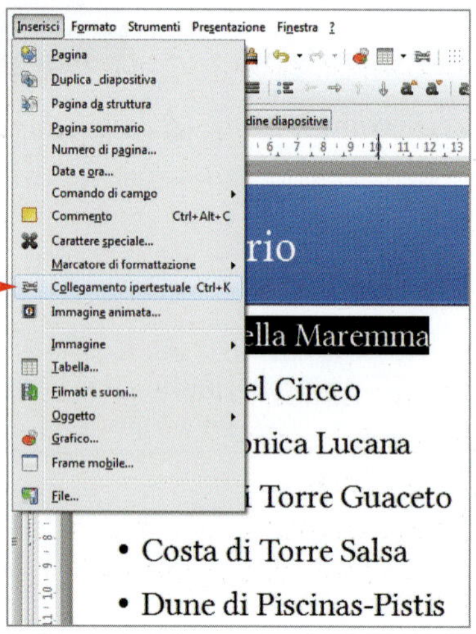

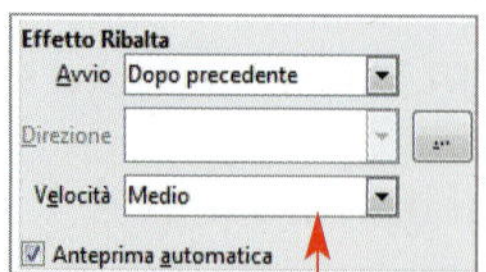

17 Nella slide 1 applica l'animazione al titolo e al sottotitolo.

18 Applica la transizione a tutte le slide.

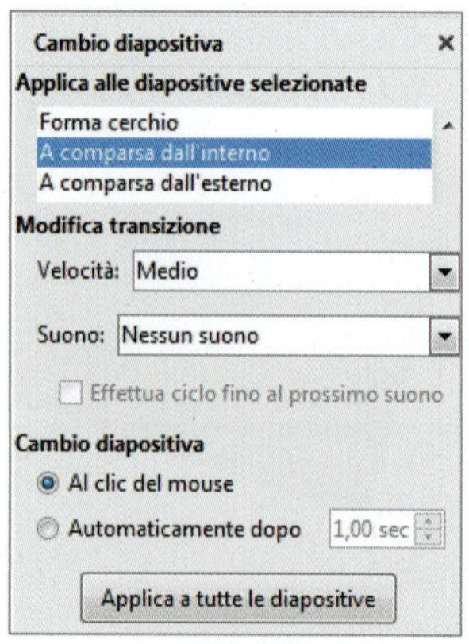

Svolgi i test

Gli esercizi sono disponibili anche nella versione digitale come test interattivi e autocorrettivi.

TEST DI COMPLETAMENTO

Completa le frasi con le espressioni mancanti, scegliendo tra quelle di seguito proposte.
mappa – logico – link – associativo – design – sequenziale – riciclo

1 L'ipertesto è una forma di scrittura non .... e il lettore può consultare i contenuti adattandoli al proprio percorso .... di conoscenza.
2 La .... concettuale è un reticolo .... che guida nel percorso logico da seguire.
3 La grafica di un .... diapositiva è costituita da oggetti, ovvero da forme colorate di diverso tipo.
4 Nella fase di .... di una presentazione si verifica la congruenza della struttura, la funzionalità dei .... e si valuta lo spessore informativo dell'ipertesto creato.

TEST VERO FALSO

Indica, barrando la relativa casella, se le seguenti affermazioni sono vere o false.

	V	F
1 Non è possibile creare un collegamento ipertestuale su un oggetto da menu rapido.	☐	☐
2 I collegamenti ipertestuali sono attivi in visualizzazione Normale.	☐	☐
3 In qualsiasi pagina master è possibile inserire un oggetto grafico che sarà visualizzato in ogni slide.	☐	☐
4 I pulsanti a cui associare un'azione sono disponibili nel pannello Galleria, categoria Homepage.	☐	☐

TEST DI COLLEGAMENTO

Associa le voci della prima colonna con le corrispondenti descrizioni della seconda.

1 Transizione	A Ha effetto su un elemento della slide.	1 ____
2 Mappa concettuale	B Ha effetto sulla slide.	2 ____
3 Animazione	C Serve per definire il progetto grafico.	3 ____
4 Storyboard	D Consente di organizzare i contenuti.	4 ____

TEST A RISPOSTA SINGOLA O MULTIPLA

Per ogni quesito, indica la risposta o le risposte corrette. (○ **risposta singola** / ☐ **risposta multipla**)

1 Non è possibile scegliere se l'effetto dell'animazione impostata debba comparire:
○ Al clic
○ Insieme a precedente
○ Con precedente
○ Dopo precedente

2 Indica le affermazioni corrette:
☐ non è possibile applicare, con un'unica operazione, la medesima animazione a tutti gli oggetti delle slide
☐ è possibile creare un link mediante la combinazione Ctrl + L
☐ i nodi sono insiemi organizzati di informazioni autoconclusive
☐ le animazioni applicate si possono riordinare

3 I comandi per creare collegamenti sono:
☐ Collegamento ipertestuale
☐ Collegamento
☐ Interazione
☐ Riferimento

4 Alla transizione non è possibile abbinare:
○ un effetto audio
○ una durata
○ l'avanzamento automatico
○ un effetto di animazione

Organizza ed elabora

- Applica i layout diapositiva indicati.
- Inserisci le immagini da file (Immagini).
- Il riquadro ELABORA elenca le formattazioni da applicare.

1 **Crea il file M4-2 Rivoluzione industriale e salvalo nella tua cartella**

DIAPOSITIVA 1 – Titolo, testo centrato Titolo: La Seconda rivoluzione industriale Sottotitolo: 1870-1945	DIAPOSITIVA 2 – Titolo, Contenuto Titolo: Caratteristiche Contenuto: • La Seconda rivoluzione industriale vide la fine del primato dell'Inghilterra e segnò l'ascesa della Germania e degli Stati Uniti. • Si basò su nuove fonti di energia: l'**elettricità** e il **petrolio**. • Creò una grande quantità di oggetti, fra cui il **telefono**, e di ritrovati come l'**acciaio**, che trasformarono la vita quotidiana.
DIAPOSITIVA 3 – Titolo e Contenuto 2 Titolo: L'elettricità Contenuto 1: Una nuova forma di energia che, come si disse a quei tempi, si può "accendere e spegnere" a proprio piacimento. Contenuto 2: Venne scoperta alla fine del Settecento da Alessandro Volta, ma poté essere applicata all'industria solo a partire dal 1860, l'anno in cui Antonio Pacinotti inventò la dinamo.	DIAPOSITIVA 4 – Titolo, Contenuto Titolo: Il petrolio Contenuto: Intorno al 1880, negli Stati Uniti e in Russia iniziò su larga scala l'estrazione del petrolio, il combustibile destinato a sostituire il carbone come fonte di energia. Un suo derivato, la benzina, permise lo sviluppo del motore a scoppio che nel 1885 azionò la prima automobile.
DIAPOSITIVA 5 – Titolo, Contenuto Titolo: Il telefono Contenuto: La scoperta dell'elettricità permise a breve distanza l'invenzione del telefono, inventato nel 1871 dall'italiano Antonio Meucci (al quale però l'americano Graham Bell rubò il brevetto), e del fonografo, inventato negli Stati Uniti da Thomas Alva Edison nel 1876.	DIAPOSITIVA 6 – Titolo, Contenuto Titolo: L'acciaio Contenuto: Fra le industrie "giovani", cioè nate nella seconda metà dell'Ottocento, una delle più vivaci fu l'industria dell'acciaio. L'acciaio, una nuova lega di ferro e carbonio, divenne il simbolo della Seconda rivoluzione industriale che fu definita anche "età dell'acciaio".

ELABORA

- **Design diapositiva**: Ispirazione; modifica pagina master carattere Linux Biolinum G.
- **Diapositiva 1**: sottotitolo grassetto; immagine linea piena, spessore 0,20, colore Grafico 4, duplica.
- **Diapositiva 2**: contenuto linea piena, spessore 0,20, colore Grafico 4; immagini ombra.
- **Diapositiva 3**: Contenuto 1 elimina punto elenco, allinea a destra. Contenuto 2 elimina punto elenco.
- **Diapositive 4, 5 e 6**: elimina punto elenco; immagine ombra.
- **Piè di pagina**: inserisci in tutte le slide, eccetto la prima, la data, i tuoi dati e il numero diapositiva.
- **Link**: da creare sui termini scritti in grassetto da collegare alle corrispondenti slide.
- **Pulsanti di azione**: da Gallery/Homepage Home, collegato alla prima slide e Indietro collegato alla seconda.
- **Animazioni e transizioni**: a piacere (transizioni Con clic del mouse; animazioni Con precedente).

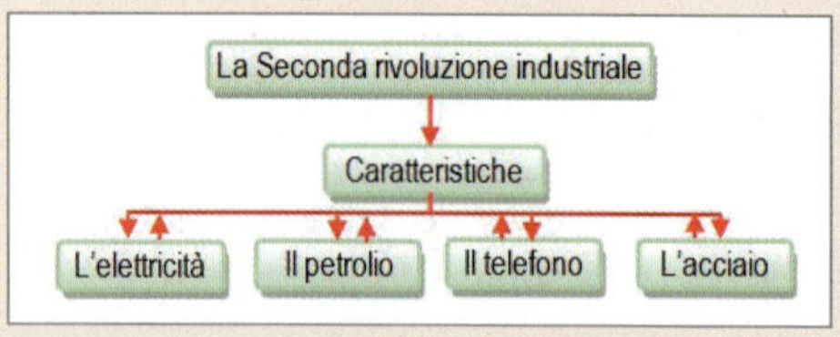

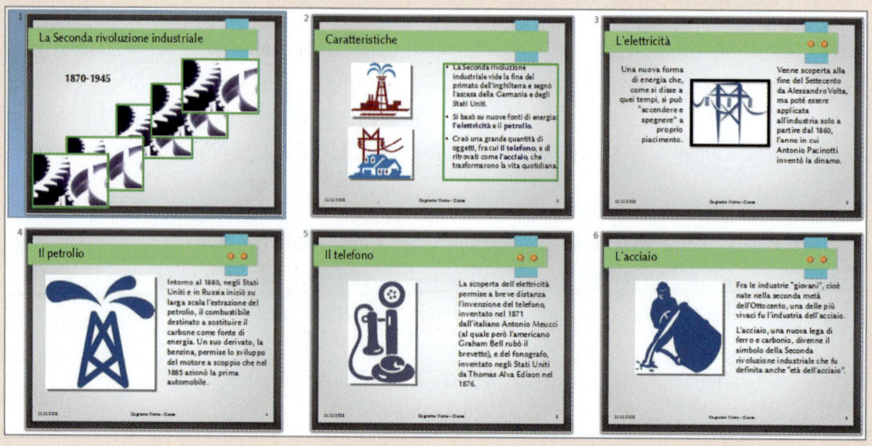

2 **Crea il file M4-2 Carnevale e salvalo nella tua cartella**

DIAPOSITIVA 1 – Titolo, testo centrato Titolo: È CARNEVALE... Sottotitolo: Tutti in maschera!	DIAPOSITIVA 2 – Titolo, Contenuto Titolo: SOMMARIO Contenuto: • LA FESTA DI CARNEVALE • IL PERIODO DEL CARNEVALE • LE MASCHERE
DIAPOSITIVA 3 – Titolo, testo centrato Titolo: LA FESTA DI CARNEVALE Forma Doppia parentesi quadra: È la festa più amata dai bambini. A Carnevale ci si traveste, si fanno feste, si partecipa alle sfilate di carri per le strade, si lanciano coriandoli, si mangiano dolci, tutto all'insegna dell'allegria e del divertimento. Testo: Da dove deriva il termine Carnevale?	DIAPOSITIVA 4 – Solo titolo Titolo: IL PERIODO DEL CARNEVALE Forma Ottagono: Il Carnevale inizia dopo il 6 gennaio, giorno dell'Epifania, e dura fino alla mezzanotte del martedì grasso, nel rito romano, e alla mezzanotte del sabato successivo, in quello ambrosiano (nel Milanese).
DIAPOSITIVA 5 – Titolo, Contenuto sopra Contenuto Titolo: LE MASCHERE Contenuto 1: L'abitudine di travestirsi è molto antica perché con il viso coperto si dicono o fanno cose che diversamente non si avrebbe avuto il coraggio di dire e fare. Contenuto 2: Le maschere tradizionali come Arlecchino e Brighella, Pantalone e Colombina sono nate nel teatro, intorno alla metà del Cinquecento.	DIAPOSITIVA 6 – Solo titolo Titolo: DA DOVE DERIVA IL TERMINE CARNEVALE? Forma Nuvola: Non si hanno notizie certe, ma sembra possa derivare dal latino medievale *carnem levore*, **"togliere la carne"**, oppure *carni vale* (*dicere*), **"dire addio alla carne"**. Entrambi questi significati si adattano bene a questa tradizionale festa che precede la Quaresima, periodo che è sempre stato caratterizzato da una più o meno rigorosa astinenza dalla carne.

ELABORA

- **Design diapositiva**: Verde rigoglioso.
- **Diapositive 1 e 2**: immagini.
- **Diapositiva 3**: Doppia parentesi quadra linea piena, spessore 0,30, colore Arancione 2; testo colore riempimento Arancione 2. Scorrimento parole nella forma.
- **Diapositiva 4**: forma Ottagono colore riempimento Arancione 2; immagini porta in fondo, ruota. Scorrimento parole nella forma.
- **Diapositiva 5**: elimina punto elenco; immagini linea piena, spessore 0,10, colore Arancione 2.
- **Diapositiva 6**: forma Nuvola colore riempimento Arancione 2. Scorrimento parole nella forma.
- **Piè di pagina**: inserisci in tutte le slide, eccetto la prima, la data, i tuoi dati e il numero diapositiva.
- **Link**: da creare sui termini scritti in grassetto da collegare alle corrispondenti slide.
- **Pulsanti di azione**: da Gallery/Homepage Home, collegato alla prima slide e Indietro collegato alla seconda (nella sesta diapositiva collegato alla seconda).
- **Animazioni e transizioni**: a piacere (transizioni Con clic del mouse; animazioni Con precedente).

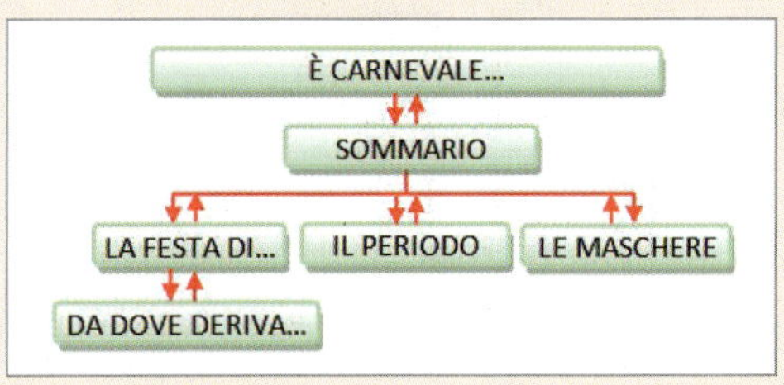

3 Crea il file M4-2 Alimentazione e salvalo nella tua cartella

DIAPOSITIVA 1 – Titolo, testo centrato Titolo: L'alimentazione Sottotitolo: ... intelligente	DIAPOSITIVA 2 – Titolo, Contenuto Titolo: Sommario Contenuto: • La dieta "perfetta" • La piramide alimentare • Impariamo a nutrirci • Fabbisogno alimentare giornaliero
DIAPOSITIVA 3 – Titolo, Contenuto Titolo: La dieta "perfetta" Contenuto: La tradizione alimentare italiana viene presa come esempio in molte altre parti del mondo. La dieta mediterranea è ricca di verdure, frutta, pesce e si distingue per l'utilizzo come condimento di olio extravergine di oliva, per il consumo di pasta e per una scarsa presenza di piatti a base di carne.	DIAPOSITIVA 4 – Titolo, Contenuto Titolo: La piramide alimentare Forme Triangolo isoscele/Rettangolo arrotondato: Zuccheri e grassi Carne, pesce, latte e derivati Frutta e verdura Cereali (riso, pasta, pane)
DIAPOSITIVA 5 – Titolo, Contenuto Titolo: Impariamo a nutrirci Contenuto: • Bere quotidianamente 1,5-2 litri d'acqua. • Mangiare frutta e verdura per apportare vitamine e sali minerali. • Assumere latte o yogurt per fornire calcio all'organismo. • Consumare pane e pasta per avere energia. • Evitare l'abuso di liquori, vino, caffè e alimenti confezionati.	DIAPOSITIVA 6 – Titolo, Contenuto Titolo: Fabbisogno alimentare giornaliero Grafico: Colazione 25% Pranzo 40% Cena 35%

Colazione	25%
Pranzo	40%
Cena	35%

ELABORA

- **Design diapositiva:** Tramonto, modifica pagina master carattere Linux Libertine Display G, 36 pt, Brown 3, grassetto; struttura testo Linux Libertine Display G, bianco.
- **Tutte le immagini:** linea piena, spessore 0,10, colore Brown 3, ombra.
- **Diapositiva 1:** ruota.
- **Diapositiva 3:** elimina punto elenco.
- **Diapositiva 4:** triangolo isoscele colore riempimento Brown 3; rettangoli arrotondati colore riempimento Giallo chiaro. Scorrimento parole nella forma.
- **Diapositiva 5:** colore carattere Nero; immagine porta in fondo.
- **Diapositiva 6:** grafico Torta 3D, area del grafico colore riempimento Giallo chiaro.
- **Piè di pagina:** inserisci in tutte le slide, eccetto la prima, la data, i tuoi dati e il numero diapositiva.
- **Link:** da creare sul testo dei quattro punti elenco della slide 2 da collegare alle corrispondenti diapositive.
- **Pulsanti di azione:** da Gallery/Homepage Home, collegato alla prima slide e Indietro collegato alla seconda.
- **Animazioni e transizioni:** a piacere (transizioni Con clic del mouse; animazioni Con precedente).

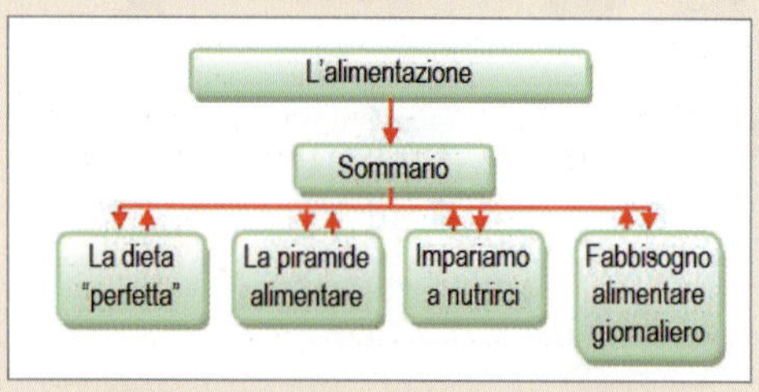

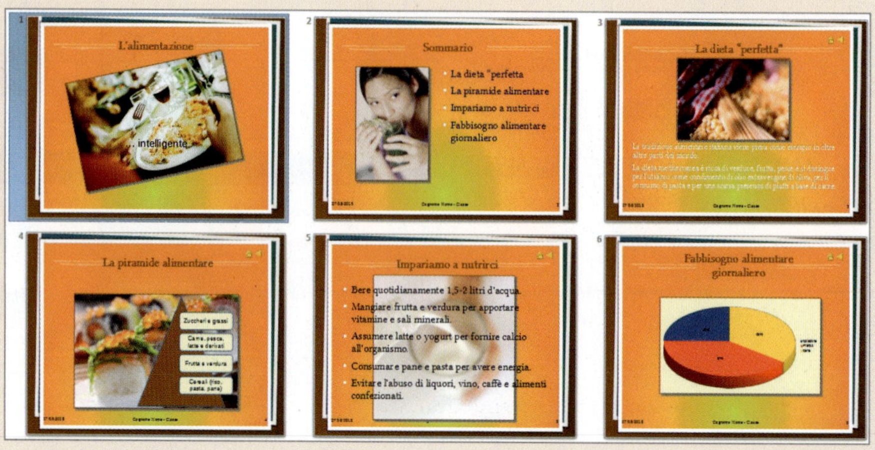

4 **Crea il file M4-2 Combinazioni alimentari e salvalo nella tua cartella**

DIAPOSITIVA 1 – Titolo, testo centrato Titolo: Le combinazioni alimentari Sottotitolo: Nell'alimentazione è importante fare attenzione non solo alla quantità dei cibi e alla loro varietà, ma anche al modo in cui si combinano.	DIAPOSITIVA 2 – Titolo, Contenuto Titolo: Sommario Contenuto: • Combinazioni con la carne e il pesce • Combinazioni con le uova • Combinazioni con il latte • Combinazioni con i cereali e i derivati • Combinazioni con i legumi • Combinazioni da "bocciare"
DIAPOSITIVA 3 – Titolo, Contenuto Titolo: Combinazioni con la carne e il pesce Contenuto: • Dal punto di vista nutritivo la carne, qualunque sia l'animale da cui proviene, è ricca di proteine di buona qualità e digeribilità, lipidi, vitamine e minerali, mentre contiene percentuali di zuccheri molto basse. • La carne è più digeribile se cotta a temperature non molto alte. L'alta temperatura, infatti, modifica la struttura delle proteine e rende la carne più dura.	DIAPOSITIVA 4 – Titolo, Contenuto Titolo: Combinazioni con le uova Contenuto: • L'uovo è un alimento tra i più preziosi per la nostra alimentazione. • Le proteine contenute nel tuorlo e nell'albume sono quelle che l'organismo umano utilizza meglio. • L'uovo è tollerato da sani e da malati, con la sola eccezione di chi soffre di calcoli alla cistifellea e quel che lo rende più o meno digeribile è la preparazione: alla coque è più digeribile che crudo, e crudo è più digeribile che fritto o sodo.
DIAPOSITIVA 5 – Titolo, Contenuto Titolo: Combinazioni con il latte Contenuto: • Il latte fornisce proteine di alto valore biologico, lipidi facilmente assimilabili, zuccheri, molti sali minerali e tutte le vitamine. • Un litro di latte contiene tante proteine quanto un etto e mezzo di carne, tanti grassi quanto mezzo etto di burro e tanti zuccheri quanti mezzo etto di zucchero. • Il valore nutritivo è maggiore nei formaggi, perché contengono i principi nutritivi del latte in forma concentrata.	DIAPOSITIVA 6 – Titolo, Contenuto Titolo: Combinazioni con i cereali e i derivati Contenuto: • I cereali sono il frumento, il riso, il mais, l'avena, l'orzo, la segale ecc. che hanno in comune una scarsa percentuale d'acqua, molti zuccheri, pochi lipidi, poche proteine e molto fosforo. • Necessari nell'alimentazione, non possono tuttavia rappresentare la fonte principale delle proteine che nei cereali hanno un basso valore biologico perché contengono scarse quantità di alcuni amminoacidi essenziali, molto importanti per il nostro organismo.
DIAPOSITIVA 7 – Titolo, Contenuto Titolo: Combinazioni con i legumi Contenuto: • I legumi sono quei prodotti vegetali che si presentano racchiusi in baccelli, come fagioli, piselli, ceci, lenticchie, fave, soia, lupini. • Rappresentano la fonte più importante di proteine tra i vegetali, hanno un elevato valore nutritivo soprattutto quando sono secchi, poiché più della metà del loro peso è costituita da amidi e sostanze grasse, oltre un quarto da sostanze azotate, da alcune vitamine e da piccole quantità di sali minerali.	DIAPOSITIVA 8 – Titolo, Contenuto Titolo: Combinazioni da "bocciare" Contenuto: • Carboidrati e proteine: mangiare gli uni a pranzo e le altre a cena, o viceversa. • Proteine e proteine: non mangiare in uno stesso pasto carne e formaggi, oppure uova e legumi. • Carboidrati e carboidrati: questa combinazione, seppure non consigliabile, è però più tollerabile delle precedenti. Fonte: www.softwaredidattico.it

ELABORA

- **Design diapositiva**: Grigio 10%; pagina master carattere Liberation Sans Narrow, Rosso 3, ombra, colore riempimento segnaposto titolo Bianco, struttura testo Liberation Sans Narrow, immagine da posizionare sopra il segnaposto data.
- **Diapositive 1 e 2**: immagine porta in fondo.
- **Diapositiva 8**: "Fonte..." allineata a sinistra, 11 pt.
- **Piè di pagina**: inserisci in tutte le slide, eccetto la prima, la data, i tuoi dati e il numero diapositiva.
- **Link**: da creare sul testo dei sei punti elenco della slide 2 da collegare alle corrispondenti diapositive.
- **Pulsanti di azione**: da Gallery/Homepage Home, collegato alla prima slide e Indietro collegato alla seconda.
- **Animazioni e transizioni**: a piacere (transizioni Con clic del mouse; animazioni Con precedente).

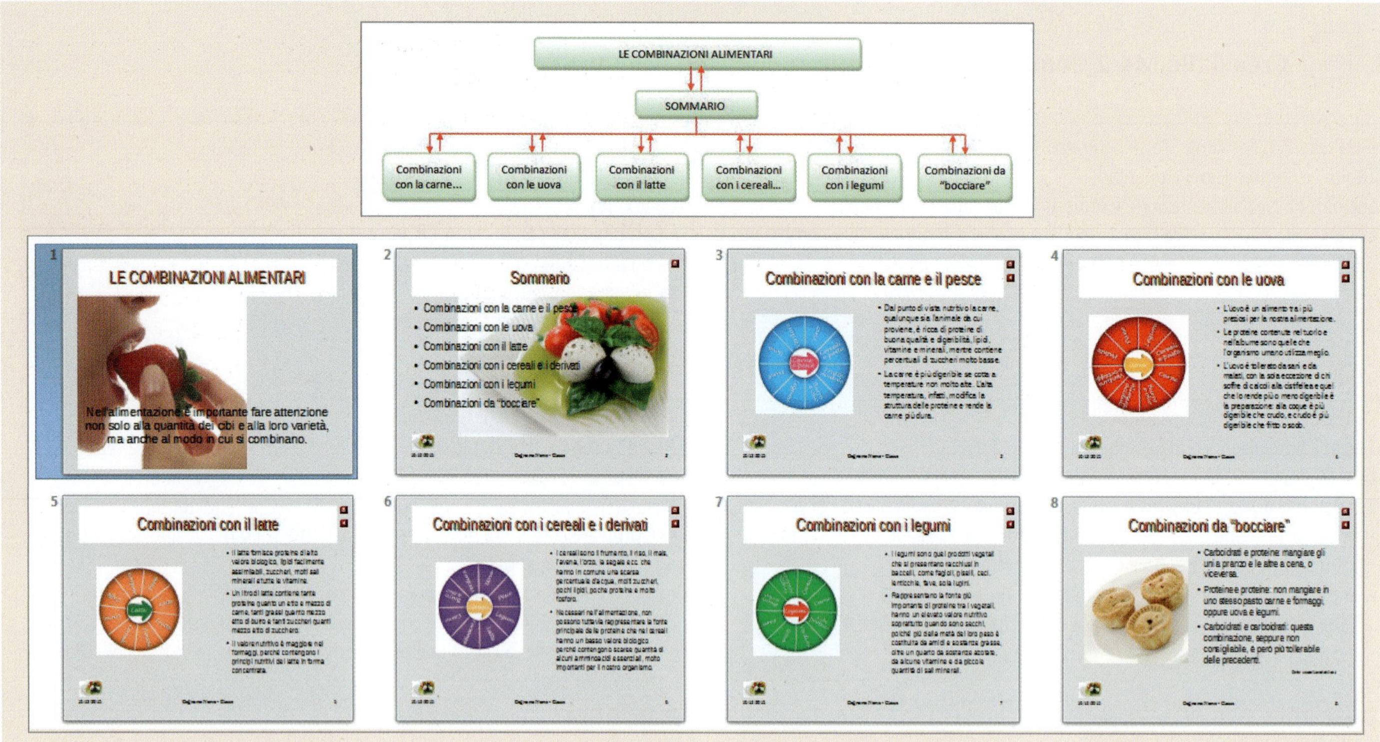

5 Crea il file M4-2 Casa sicura e salvalo nella tua cartella

DIAPOSITIVA 1 – Titolo, testo centrato Titolo: CASA SICURA Sottotitolo: Aria più respirabile.	DIAPOSITIVA 2 – Titolo, Contenuto Titolo: Sommario Contenuto: • Stai al caldo risparmiando energia • Accorgimenti • Al caldo senza pericoli • Consigli e approfondimenti • Ricorda
DIAPOSITIVA 3 – Titolo, Contenuto Titolo: Stai al caldo risparmiando energia Contenuto: Un calore sicuro, una città pulita, un risparmio per la famiglia: l'impianto termoautonomo concilia bene queste esigenze purché la manutenzione sia eseguita correttamente e nei tempi previsti dalla Legge.	DIAPOSITIVA 4 – Titolo, Contenuto 4 Titolo: Accorgimenti Contenuto: • Richiedi regolari interventi per caldaia e analisi fumi. • Elimina ogni ostacolo davanti ai termosifoni. • Non riscaldare troppo le stanze. • Utilizza un dispositivo per regolare la temperatura in casa.
DIAPOSITIVA 5 – Titolo, Contenuto 2 Titolo: Al caldo senza pericoli Contenuto 1: • Verifica che la Dichiarazione di conformità sia stata rilasciata dall'installatore. • Verifica che il libretto di impianto sia regolarmente compilato. Contenuto 2: • Verifica che il manutentore dell'impianto rilasci il rapporto di controllo tecnico **Modello H.** • Richiedi gli opportuni controlli.	DIAPOSITIVA 6 – Solo titolo Titolo: Consigli e approfondimenti Diagramma di flusso: dati memorizzati: Numerosi sono i quotidiani e le riviste che periodicamente riportano notizie sull'argomento "Risparmio energetico". Per consigli immediati si invita a visitare il sito www.ilrisparmioenergetico.info.
DIAPOSITIVA 7 – Titolo, Contenuto Titolo: Ricorda Contenuto: La responsabilità dell'efficienza della caldaia unifamiliare è dell'utilizzatore, sia esso il proprietario o l'affittuario dell'immobile dove è installata.	DIAPOSITIVA 8 – Solo titolo Titolo: Modello H Diagramma di flusso: ritardo: Il rapporto di controllo deve essere redatto in tre copie. • Copia 1 – va spedita al Comune insieme alla ricevuta di pagamento; • Copia 2 – va allegata al libretto d'impianto; • Copia 3 – va conservata dal manutentore.

ELABORA

- **Design diapositiva**: Predefinito; pagina master carattere DejaVu Serif Condensed, segnaposto titolo colore riempimento Sfumatura Radiale verde/nero, struttura testo DejaVu Serif Condensed, immagini da posizionare sotto il segnaposto titolo.
- **Diapositiva 1**: segnaposto sottotitolo colore riempimento Sfumatura Radiale verde/nero.
- **Diapositiva 3**: elimina punto elenco.
- **Diapositiva 4**: elimina punto elenco.
- **Diapositiva 6**: diagramma colore riempimento Sfumatura Radiale verde/nero.
- **Diapositiva 7**: elimina punto elenco.
- **Diapositiva 8**: diagramma colore riempimento Sfumatura Radiale verde/nero.
- **Piè di pagina**: inserisci in tutte le slide, eccetto la prima, la data, i tuoi dati e il numero diapositiva.
- **Link**: da creare sul testo dei cinque punti elenco della slide 2 da collegare alle corrispondenti diapositive e nella slide 5 (Modello H) da collegare alla diapositiva 8.
- **Pulsanti di azione**: da Gallery/Homepage Home, collegato alla prima slide e Indietro collegato alla seconda slide. Nella slide 8 il pulsante Indietro va collegato alla slide 5.
- **Animazioni e transizioni**: a piacere (transizioni Con clic del mouse; animazioni Con precedente).

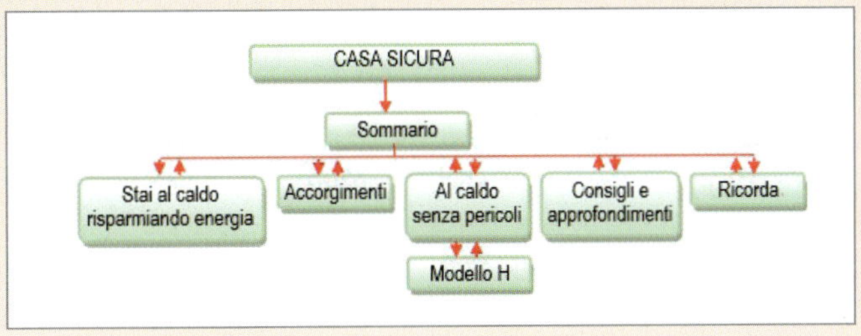

Esprimi la tua creatività

- Copia e disponi il testo proposto.
- Applica le formattazioni che ritieni idonee.
- Cerca e inserisci immagini da Galleria o dal Web.

1 Crea il file M4-2 Vino e salvalo nella tua cartella

DIAPOSITIVA 1 VINO Negli ultimi anni anche in campo enologico è cresciuto l'interesse per il prodotto biologico.	DIAPOSITIVA 2 Sommario • Requisiti di un vino biologico • Indagini e visite ispettive • Vino vegano • Vinitaly
DIAPOSITIVA 3 Requisiti di un vino biologico • Ottenuto da uve biologiche. • Prodotto da strutture certificate. • Rispetta il tenore massimo di solfiti previsto dal regolamento. • Rispetta determinate restrizioni.	DIAPOSITIVA 4 Indagini e visite ispettive Le attività di certificazione prevedono controlli documentali e verifiche ispettive sul 100% delle aziende richiedenti la certificazioni.
DIAPOSITIVA 5 Vino vegano A breve ci sarà la possibilità di trovare in commercio vini vegani certificati, cioè privi di sostanze di origine animale come, per esempio, albumina, gelatina animale, colla di pesce, caseina o caseinati.	DIAPOSITIVA 6 Vinitaly È la più grande manifestazione mondiale dedicata al vino che punta a supportare i produttori italiani nella crescita sui mercati esteri.

2 Crea il file M4-2 Piazza Navona e salvalo nella tua cartella

DIAPOSITIVA 1 PIAZZA NAVONA ROMA	DIAPOSITIVA 2 Sommario • Stadio di Domiziano • Scenografia • Fontana dei Fiumi • Incantevoli prospettive dopo il tramonto
DIAPOSITIVA 3 Stadio di Domiziano Quello che nel I secolo d.C. era lo stadio di Domiziano, dove si assisteva a lotte e pugilato, è ora un concentrato di: • arte • storia; • cultura.	DIAPOSITIVA 4 Scenografia La sua straordinaria scenografia è da oltre tre secoli palcoscenico della vita cittadina. Il magnifico complesso urbanistico è un osservatorio perfetto della vita cittadina, specchio in cui si riflettono vizi e virtù.
DIAPOSITIVA 5 Fontana dei Fiumi Viene spontaneo dirigersi verso la Fontana dei Fiumi, opera grandiosa di Gian Lorenzo Bernini del 1651, al centro della Piazza, sembra un soprammobile barocco in scala monumentale.	DIAPOSITIVA 6 Incantevoli prospettive dopo il tramonto Nell'antica piazza dei giochi non si può fare a meno di tornare anche la sera per godersi l'atmosfera del suggestivo spazio urbano illuminato, tra spettacoli di artisti e musicisti di strada.

3 Crea il file M4-2 Lampadina e salvalo nella tua cartella

DIAPOSITIVA 1 La lampadina Edison cambia la nostra vita con la sua invenzione: la lampada a incandescenza, una delle più grandi scoperte dell'umanità.	DIAPOSITIVA 2 Sommario • Inizio '800 • Metà '800 • Seconda metà '800 • Edison
DIAPOSITIVA 3 Inizio '800 • Il primo tentativo di ottenere una fonte di luce basato sull'elettricità fu compiuto a inizio '800 con il modello "uovo" di Davy. • Questo tipo di luce era però instabile e consumava velocemente il carbone.	DIAPOSITIVA 4 Metà '800 A metà '800 Goebel ideò delle lampade costituite da fiale di vetro parzialmente svuotate d'aria con al loro interno una strisciolina di bambù carbonizzato. Queste lampade, però, restavano accese solo pochi minuti.
DIAPOSITIVA 5 Seconda metà '800 Nel 1875 Sprengel riprese l'invenzione di Goebel e la modificò utilizzando una pompa aspirante a vapori di mercurio per ottenere il vuoto assoluto ed eliminare così dai bulbi di vetro l'ossigeno residuo responsabile della scarsa durata delle lampade.	DIAPOSITIVA 6 Edison Basandosi sulle precedenti invenzioni, e migliorandole, riuscì a fare funzionare la lampadina a incandescenza.

4 Crea il file M4-2 Limone e salvalo nella tua cartella

DIAPOSITIVA 1 IL LIMONE Prezioso frutto e medicamento che disintossica l'organismo.	DIAPOSITIVA 2 Sommario • Storia • Proprietà benefiche • Elenco delle proprietà • Impiego e assunzione
DIAPOSITIVA 3 Storia Un deciso impulso al suo impiego fu dato all'inizio dell'Ottocento, quando si scoprì che il succo di questo agrume risultava utilissimo nella prevenzione e nella cura dello scorbuto.	DIAPOSITIVA 4 Proprietà benefiche Il succo del limone possiede numerose proprietà benefiche che contribuiscono a migliorare il generale stato di salute e di benessere del nostro organismo.
DIAPOSITIVA 5 Elenco delle proprietà Proprietà del limone: • battericida; • diuretico; • contrasta i dolori articolari; • antiemorragico; • previene l'indurimento dei vasi sanguigni e dei tessuti; • protegge l'attività del fegato.	DIAPOSITIVA 6 Impiego e assunzione L'assunzione di limone va ovviamente graduata in relazione alle proprie caratteristiche e sensibilità. È sconsigliato il fai da te, infatti il suo impiego deve essere consigliato e seguito da un medico esperto.

5 Crea il file M4-2 Tempo e piante e salvalo nella tua cartella

DIAPOSITIVA 1 TEMPO E PIANTE Meteorologia e luna	DIAPOSITIVA 2 Sommario • Previsioni meteo e astri • Osservazione dei fenomeni • Calendario contadino • La semina • Agricoltura biodinamica • Stimolo alla sperimentazione
DIAPOSITIVA 3 Previsioni meteo e astri • Fin dall'antichità l'uomo ha cercato di prevedere l'andamento del tempo meteorologico grazie all'osservazione degli astri. • Specialmente le fasi della luna hanno da sempre influenzato i ritmi del lavoro nei campi.	DIAPOSITIVA 4 Osservazione dei fenomeni Fino ai primi anni del Novecento le previsioni meteorologiche, anche a lungo termine, erano formulate abbinando al Santo del giorno un particolare evento meteorologico, dopo aver osservato per anni il ripetersi di un fenomeno in un certo periodo.
DIAPOSITIVA 5 Calendario contadino Venivano osservati anche la volta celeste e il comportamento degli animali, le piante e i fiori: il calendario contadino era frutto di un insieme di conoscenze astronomiche, liturgiche e naturalistiche.	DIAPOSITIVA 6 La semina In linea di massima va seminato con luna calante ciò che cresce sotto terra e con luna crescente ciò che cresce sopra la terra.
DIAPOSITIVA 7 Agricoltura biodinamica Gli agricoltori biodinamici, oltre alle fasi lunari, pongono attenzione anche alle costellazioni dello zodiaco che la luna attraversa.	DIAPOSITIVA 8 Diapositiva 8 Stimolo alla sperimentazione Mettere alla prova questi antichi e nuovi saperi potrebbe costituire una sfida appassionante e un interessante stimolo alla sperimentazione.

6 Crea il file M4-2 Legno e salvalo nella tua cartella

DIAPOSITIVA 1 Il legno dentro casa Quale preferire per rivestire pavimenti, pareti e soffitti?	DIAPOSITIVA 2 Sommario • Materiale naturale • La scelta • Tipi di prodotti • Classificazione
DIAPOSITIVA 3 Materiale naturale Il legno è un materiale naturale ideale per i rivestimenti poiché è resistente all'usura, al tempo e all'umidità ed è capace di trasmettere un senso di benessere.	DIAPOSITIVA 4 La scelta Nella scelta della specie e del tipo di legno più adatto a specifici scopi incidono vari fattori tra cui tipologia e dimensioni degli ambienti, certificazioni di provenienza e prodotti usati per la posa e le finiture.
DIAPOSITIVA 5 Tipi di prodotti Tra le scelte esistono i prodotti tradizionali e i prodotti prefiniti, costituiti da un supporto centrale in legno povero e all'esterno da uno o due strati di legno nobile.	DIAPOSITIVA 6 Classificazione In genere i legni si classificano in: • duri, per pavimenti di zone molto frequentate; • di consistenza media, per pavimenti della zona notte; • teneri, per rivestimenti di porte e pareti o per realizzare mobili.

7 **Crea il file M4-2 Elettrosmog e salvalo nella tua cartella**

DIAPOSITIVA 1 ELETTROSMOG Il pericolo invisibile	DIAPOSITIVA 2 SOMMARIO • L'elettromagnetismo • I telefoni cellulari • Gli effetti nocivi • La prevenzione • Per saperne di più • Le leggi in materia
DIAPOSITIVA 3 L'elettromagnetismo • Le onde elettromagnetiche sono oscillazioni elettriche e magnetiche che si propagano nel vuoto o nei mezzi materiali con velocità finita. • Le onde elettromagnetiche, oltre che da fonti naturali (Sole, stelle), sono prodotte da apparecchi televisivi, forni a microonde, linee dell'alta tensione e antenne.	DIAPOSITIVA 4 I telefoni cellulari Il telefono cellulare è un radiotelefono a bassa potenza e la comunicazione avviene grazie a radiotrasmettitori collocati a breve distanza tra loro, che prendono il nome di cellule.
DIAPOSITIVA 5 Gli effetti nocivi • Gli effetti immediati delle onde ad alta frequenza consistono nel surriscaldamento e conseguente danneggiamento di alcuni tessuti del nostro corpo. • L'energia elettromagnetica determina un aumento della temperatura del tessuto cerebrale di circa 1 °C, che può ledere il DNA cellulare e provocare effetti cancerogeni.	DIAPOSITIVA 6 La prevenzione • Mantenere una distanza minima di un metro da uno schermo. • Spostare le apparecchiature elettriche dalle vicinanze del letto. • Non sostare a lungo davanti agli elettrodomestici in funzione. • Acquistare i cellulari con la funzione VOX (trasmettono solo quando si parla). • Utilizzare l'auricolare.
DIAPOSITIVA 7 Per saperne di più Per far controllare l'emissione elettromagnetica nella propria zona abitativa ci si può rivolgere a organi sanitari pubblici (ISPESL).	DIAPOSITIVA 8 Le leggi in materia Per approfondire e aggiornarsi sull'argomento si può ricorrere a Internet utilizzando i motori di ricerca.

8 **Crea il file M4-2 Caffè e salvalo nella tua cartella**

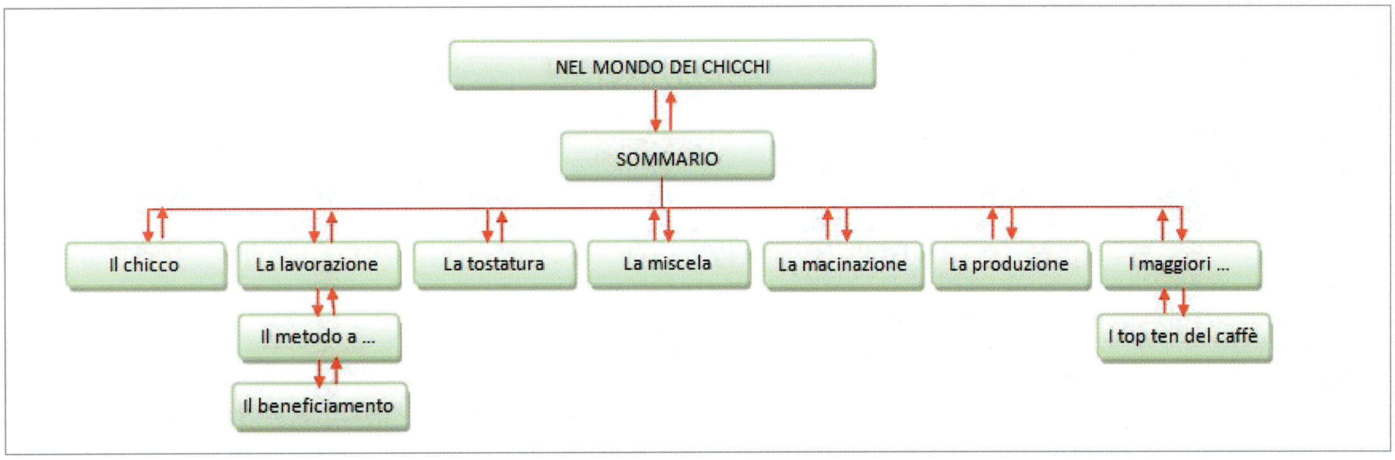

CONSOLIDAMENTO DELLE ABILITÀ

DIAPOSITIVA 1
NEL MONDO DEI CHICCHI
Coltivato in tre continenti, il caffè è uno dei prodotti più consumati dall'uomo.

DIAPOSITIVA 2
SOMMARIO
Il chicco
La lavorazione
La tostatura
La miscela
La macinazione
La produzione
I maggiori produttori

DIAPOSITIVA 3
Il chicco
Il chicco di **caffè** è il **seme** del frutto di un albero che cresce nelle regioni comprese tra il 25° parallelo Nord e il 25° parallelo Sud, appartenente alla famiglia delle Rubiacee, rappresentata da ben 50 specie botaniche, quasi tutte originarie dell'Africa.

DIAPOSITIVA 4
La lavorazione
Prima di estrarre il chicco, le bacche di qualità "**Robusta**" vengono trattate con il metodo a secco, mentre quelle di qualità "**Arabica**" con il metodo a umido.
Le bacche vengono poi lasciate al sole per 5-20 giorni.

DIAPOSITIVA 5
La tostatura
- Si tratta di un processo chimico di **trasformazione** del chicco di caffè verde (o crudo) in caffè commestibile.
- Durante la tostatura, che porta i chicchi a una temperatura superiore a 200 gradi, le sostanze chimiche in essi contenute reagiscono tra di loro.
- Più il caffè è tostato, più diventa amaro.

DIAPOSITIVA 6
La miscela
A parte il caso di miscela di sola Arabica o di sola Robusta, il caffè è il prodotto di un **mix di diverse varietà** provenienti da Paesi differenti e con livelli di tostatura più o meno intensi.

DIAPOSITIVA 7
La macinazione
Una volta **tostati** e **miscelati** con altre varietà, i chicchi sono pronti per essere **macinati**.
Ne servono da 50 a 70 per fare una tazzina di caffè.

DIAPOSITIVA 8
La produzione
Ogni anno si raccolgono oltre **5 milioni di tonnellate di chicchi** di caffè, di cui due terzi provengono dal Brasile, dove si coltiva quasi esclusivamente l'Arabica, la specie più pregiata. In Africa, invece, i campi sono riservati alla Robusta, più resistente alle malattie e al clima torrido.

DIAPOSITIVA 9
I maggiori produttori
Ecco la Top ten dei produttori mondiali. Vai al grafico

Paese	Caffè prodotto (in migliaia di ton)
Brasile	1.720
Colombia	654
Indonesia	375
Vietnam	309
Messico	265
Guatemala	253
Uganda	241
Costa d'Avorio	176
Salvador	140
Costa Rica	121

DIAPOSITIVA 10
I Top ten del caffè

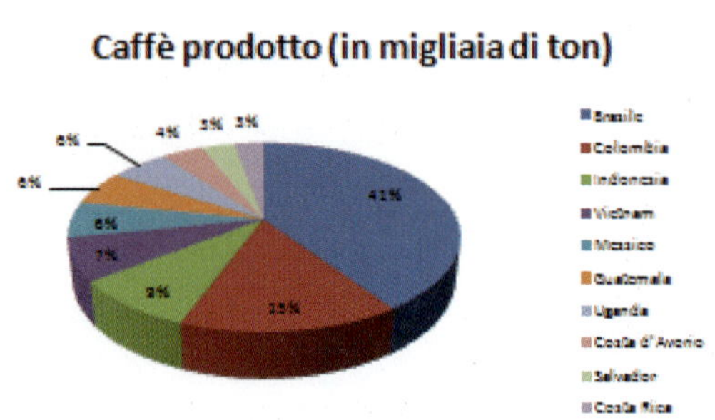

Torna alla tabella

DIAPOSITIVA 11 Torna a La lavorazione
Il metodo a umido
Le bacche vengono inserite in macchine "spolpatrici" per separare i chicchi dalla buccia e dal pergamino (sottile pellicola che protegge i chicchi).
I chicchi si lasciano poi **macerare** per 36 ore **in vasche piene d'acqua** e, dopo ulteriori lavaggi, vengono fatti asciugare negli essicatoi. A questo punto inizia il "beneficiamento".

DIAPOSITIVA 12 Torna a Il metodo a umido
Il beneficiamento
Con questo termine si indica una serie di operazioni che hanno lo scopo di **selezionare** i grani, eliminarne i difetti e migliorarne l'aspetto.

Mettiti alla prova!

Gli esercizi sono disponibili anche nella versione digitale come test interattivi e autocorrettivi.

TEST DI COMPLETAMENTO

Completa le frasi con le espressioni mancanti, scegliendo tra quelle di seguito proposte.
Diapositive – personalizzare – organigrammi – forme – testo – gerarchica

1 Quando si crea una tabella, il pannello Proprietà, con i comandi per la gestione del ...., si arricchisce di Struttura tabella, che offre diverse possibilità per .... l'aspetto della tabella.
2 Gli organigrammi permettono di rappresentare informazioni strutturate in forma ...., disponendole secondo necessità.
3 Utilizzando .... disponibili dai comandi Diagrammi di flusso e Connettore, è possibile creare ....
4 Quando si inserisce un grafico, Impress attiva una barra degli strumenti per la gestione e nasconde l'area ....

TEST VERO FALSO

Indica, barrando la relativa casella, se le seguenti affermazioni sono vere o false.

	V	F
1 La visualizzazione Struttura mostra il contenuto testuale anche di caselle di testo inserite.	☐	☐
2 Dopo aver inserito un grafico è possibile modificarne il tipo.	☐	☐
3 Non è possibile modificare i dati rappresentati in un grafico.	☐	☐
4 È possibile inserire un'immagine da Galleria facendo doppio clic su di essa.	☐	☐

TEST DI COLLEGAMENTO

Associa i layout della prima colonna con le corrispondenti caratteristiche della seconda.

1 Solo titolo	A È dotato di due segnaposti.	1 ___
2 Titolo e Contenuto 2	B È dotato di cinque segnaposti.	2 ___
3 Titolo, testo centrato	C È dotato di tre segnaposti.	3 ___
4 Titolo, Contenuto 4	D È dotato di un segnaposto.	4 ___

TEST A RISPOSTA SINGOLA O MULTIPLA

Per ogni quesito, indica la risposta o le risposte corrette. (○ risposta singola / ☐ risposta multipla)

1 Indica l'affermazione errata riguardo i file audio:
○ si integrano nella slide da menu Inserisci
○ si integrano nella slide da menu Strumenti
○ il pannello Galleria ne rende alcuni disponibili
○ si integrano nella slide da menu Presentazione

2 Indica le affermazioni corrette riguardo alla transizione:
☐ ne può essere applicata una diversa per ogni slide
☐ non è possibile applicarne una diversa per ogni slide
☐ è preferibile impostare la stessa per tutte le slide
☐ non è possibile applicarla alle slide

3 In visualizzazione Ordine diapositive è possibile:
☐ applicare transizioni
☐ applicare animazioni
☐ intervenire sul testo delle diapositive
☐ copiare e spostare diapositive

4 Indica l'affermazione errata:
○ al testo inserito è possibile applicare animazioni
○ è possibile salvare un file come modello
○ il titolo attribuito a una slide è bene che non venga replicato in altre
○ al testo inserito è possibile applicare transizioni

Mettiti alla prova!

- Applica i layout diapositiva indicati.
- Inserisci le immagini da file (Immagini).
- Il riquadro ELABORA elenca le formattazioni da applicare.

Per svolgere al meglio la verifica che segue, puoi consultare – nella versione digitale – il tutorial M4 – IMPRESS RIEPILOGO DELLE COMPETENZE, che sintetizza quanto hai appreso in questo modulo.

Crea il file M4 Statuto albertino e salvalo nella tua cartella

DIAPOSITIVA 1 – Titolo, testo centrato Titolo: STATUTO ALBERTINO Sottotitolo: Ecco alcune regole e articoli dello Statuto di Carlo Alberto	DIAPOSITIVA 2 – Titolo, Contenuto Titolo: Articoli e principi Tabella: Articolo – Principio 24 – Uguaglianza 26 – Libertà individuale 27 – Inviolabilità del domicilio 28 – Libertà di stampa
DIAPOSITIVA 3 – Titolo, Contenuto sopra Contenuto Titolo: Uguaglianza Contenuto 1: Art. 24 Principio di uguaglianza Contenuto 2: Tutti i regnicoli, qualunque sia il loro titolo o grado, sono uguali dinanzi alla legge. Tutti godono egualmente i diritti civili e politici, e possono accedere alle cariche civili e militari.	DIAPOSITIVA 4 – Titolo, Contenuto sopra Contenuto Titolo: Libertà individuale Contenuto 1: Art. 26 Principio di libertà Contenuto 2: La libertà individuale è garantita. Nessuno può essere arrestato, o tradotto in giudizio, se non nei casi previsti dalla legge, e nelle forme ch'essa prevede.
DIAPOSITIVA 5 – Titolo, Contenuto sopra Contenuto Titolo: Inviolabilità Contenuto 1: Art. 27 Principio dell'inviolabilità del domicilio Contenuto 2: Nessuna visita domiciliare può aver luogo se non in forza della legge, e nelle forme ch'essa prescrive.	DIAPOSITIVA 6 – Titolo, Contenuto sopra Contenuto Titolo: Libertà di stampa Contenuto 1: Art. 28 Principio della libertà di stampa Contenuto 2: La stampa sarà libera, ma una legge ne reprime gli abusi. Tuttavia le bibbie, i catechismi, i libri liturgici e di preghiere non potranno essere stampati senza il preventivo permesso del Vescovo.

ELABORA

- **Design diapositiva**: Vintage.
- **Diapositiva 1**: immagine linea piena, spessore 0,20, colore Rosso 2, ombra.
- **Diapositiva 2**: Struttura tabella.
- **Diapositive 3 e 6**: primo segnaposto testo colore riempimento Rosso 2, colore carattere bianco; elimina punto elenco in entrambi i segnaposti; immagine linea piena, spessore 0,20, colore Rosso 2, ombra.
- **Diapositive 4 e 5**: primo segnaposto testo colore riempimento Rosso 2, colore carattere bianco; elimina punto elenco in entrambi i segnaposti.
- **Piè di pagina**: inserisci in tutte le slide, eccetto la prima, la data, i tuoi dati e il numero diapositiva.
- **Link**: da creare sul testo contenuto nella tabella della seconda slide, da collegare alle corrispondenti diapositive.
- **Pulsanti di azione**: da Gallery/Homepage Home, collegato alla prima slide e Indietro collegato alla seconda.
- **Animazioni e transizioni**: a piacere (transizioni Con clic del mouse; animazioni Con precedente).
- **Parametri di stampa**: Data fissa, Cognome Nome – Classe, Numero di pagina; 6 stampati per pagina.

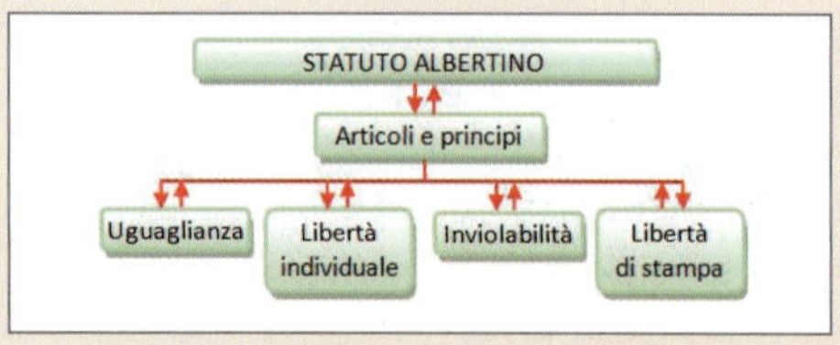

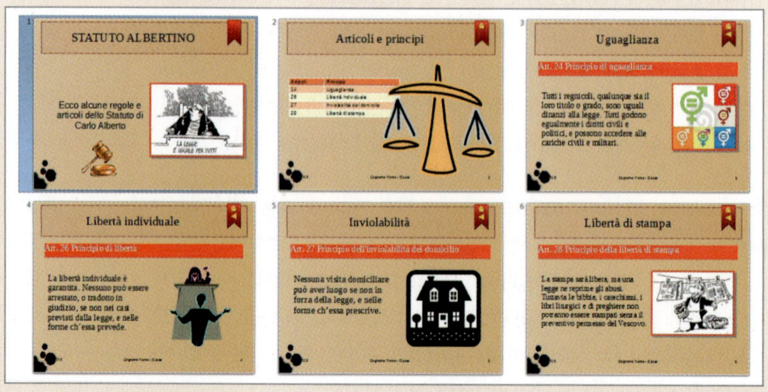

MODULO 5 CALC

UNITÀ 1
Il foglio elettronico

UNITÀ 2
Eseguire calcoli ed elaborare tabelle

UNITÀ 3
Creare grafici e stampare

UNITÀ 4
Gestire fogli di lavoro

UNITÀ 5
Utilizzare funzioni

CONOSCENZE

- Conoscere la definizione di cella, zona, etichetta, valore e formula.
- Conoscere le procedure per copiare, spostare, ordinare, modificare ed eliminare dati.
- Conoscere la struttura di una formula e la sintassi delle principali funzioni.
- Conoscere i diversi formati numerici, le modalità per elaborare tabelle, impostare la pagina e stampare fogli di lavoro.
- Conoscere le tecniche per creare grafici.
- Conoscere le procedure per copiare, spostare, proteggere, nascondere ed eliminare fogli di lavoro, consolidare e convalidare i dati.

ABILITÀ

- Eseguire semplici calcoli ed espressioni.
- Copiare, spostare, ordinare, cancellare dati.
- Eseguire calcoli con le funzioni matrici, matematiche, statistiche, logiche, di ricerca e 3D.
- Assegnare diversi formati numerici, elaborare tabelle e impostare i parametri di stampa.
- Creare e personalizzare grafici a colonne, a barre, a linee e a torta.
- Copiare, spostare, rinominare, proteggere nascondere ed eliminare fogli di lavoro.
- Usare gli strumenti per il consolidamento e la convalida dei dati, creare elenchi a discesa.

COMPETENZE

L'alunno alla fine del modulo avrà acquisito le competenze che lo rendono in grado di:

- comprendere il concetto di foglio elettronico e usare Calc per produrre dei risultati accurati;
- inserire dati nelle celle e applicare modalità appropriate per creare ed elaborare tabelle con formati numerici appropriati, bordi e sfondi;
- selezionare, copiare, spostare, ordinare ed eliminare dati, modificare righe e colonne;
- creare formule e utilizzare funzioni matrici, matematiche, statistiche, logiche, di ricerca e 3D, per risolvere semplici problemi; combinare più funzioni tra loro, convalidare e consolidare i dati;
- modificare le impostazioni di pagina di un foglio di lavoro e stampare i dati;
- scegliere, creare e formattare grafici per trasmettere informazioni in modo significativo;
- gestire e organizzare cartelle di lavoro utilizzando le funzioni per duplicare, spostare, proteggere, nascondere ed eliminare fogli di lavoro.

UNITÀ 1 IL FOGLIO ELETTRONICO

Info

I file degli esercizi con la dicitura Apri proposti nel modulo e le immagini da utilizzare sono disponibili come risorse online (hoepliscuola.it), archiviati rispettivamente nelle cartelle M5 Calc e Immagini. Si consiglia di creare una cartella personale in cui archiviare i file eseguiti.

Il foglio elettronico (definito anche *spreadsheet*) è uno strumento formidabile utilizzato per l'esecuzione di calcoli, la composizione e formattazione di tabelle e la creazione ed elaborazione di grafici.

In questo ▶ **modulo** ◀ ci occuperemo di LibreOffice Calc (che per convenienza chiameremo Calc), programma di LibreOffice 4.3, pacchetto di software applicativi gratuito, rilasciato con licenza libera e Open Source.

ECDL SS 1.1.1

L'interfaccia di Calc

Per avviare il programma, se presente il collegamento sul desktop fare doppio clic sulla relativa icona (oppure, da Start scegliere Tutti i programmi/LibreOffice 4.3). All'avvio LibreOffice propone l'elenco dei possibili file da realizzare: fare clic su Foglio elettronico Calc per operare nel relativo ambiente di lavoro.

La finestra di Calc è suddivisa in tre parti:

- la zona superiore, con le barre del titolo, dei menu, degli ▶ **strumenti** ◀, di calcolo e la riga di digitazione;
- l'area di lavoro, costituita da un reticolo di celle ottenute dall'intersezione di colonne (identificate dalle lettere) e di righe (distinte dai numeri);
- la zona inferiore, con i pulsanti di scorrimento fogli, le schede dei fogli di lavoro, la barra di scorrimento orizzontale, la barra di stato e i pulsanti di visualizzazione fogli e controllo dello zoom.

Clippy

ECDL SS 1.2.4

È possibile nascondere/mostrare le barre degli strumenti operando da menu Visualizza/Barre degli strumenti, attivando/disattivando la spunta sul nome della barra desiderata.

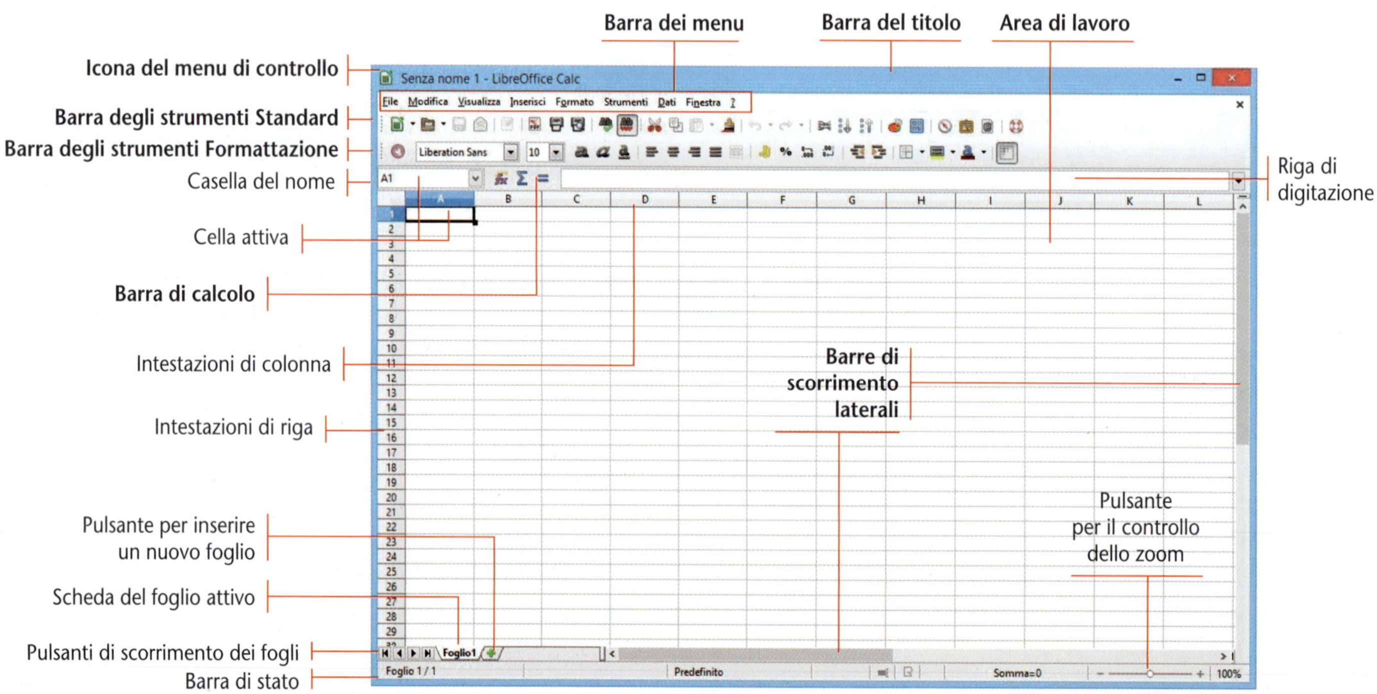

Creare, salvare, aprire e chiudere fogli elettronici

Clippy
Un file creato in Calc è definito foglio elettronico e può essere costituito da più fogli di lavoro.

All'avvio, Calc propone un documento dal nome generico Senza nome 1. Per creare ulteriori ▶ **nuovi fogli elettronici** ◀, salvarli, aprirne di esistenti, salvare le modifiche, chiuderli e uscire da Calc operare nel menu File, come indicato nella tabella che segue.

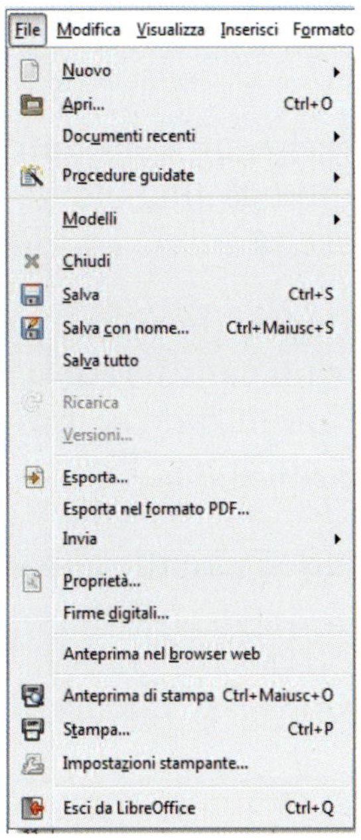

DEFINIZIONE	MENU FILE
CREARE UN NUOVO FOGLIO ELETTRONICO ECDL SS 1.1.2	Scegliere ▶ Nuovo/Foglio elettronico ◀. In alternativa, sulla barra degli strumenti Standard fare clic su Nuovo. **Smart** Puoi creare una nuova cartella di lavoro anche premendo la combinazione Ctrl + N.
SALVARE UN NUOVO FOGLIO ELETTRONICO ECDL SS 1.1.3 **Zoom su...** SALVARE UN FOGLIO ELETTRONICO IN ALTRI FORMATI	**1** Scegliere Salva con nome. **2** Digitare il nome del file (se la destinazione è diversa da Documenti, raggiungere la cartella di destinazione o selezionare l'unità disco interessata). **3** Fare clic su ▶ Salva ◀. **Clippy** L'impostazione predefinita per il salvataggio di file di Calc è il formato Foglio elettronico ODF, la cui estensione è .ods.
APRIRE UN FOGLIO ELETTRONICO ESISTENTE ECDL SS 1.1.1	**1** Scegliere Apri (oppure, sulla barra degli strumenti Standard, fare clic su Apri). **2** Selezionare il file e fare clic su Apri, oppure fare doppio clic su di esso (se diversa da Documenti, raggiungere la cartella di archiviazione o l'unità disco interessata).
SALVARE LE MODIFICHE A UN FILE ESISTENTE ECDL SS 1.1.3	Scegliere Salva. In alternativa, sulla barra degli strumenti Standard, fare clic su Salva.
SALVARE LE MODIFICHE MANTENENDO IL FILE ORIGINALE ECDL SS 1.1.3	Scegliere Salva con nome. – Per salvare il file nella stessa cartella, digitare il nuovo nome. – Per salvare il file in una cartella diversa da quella del file originale, mantenere il nome e specificare la cartella di destinazione.
CHIUDERE UN FILE ECDL SS 1.1.1	**Chiudere un file senza uscire da Calc** – Scegliere Chiudi. – Sotto la barra dei menu fare clic su Chiudi documento. **Chiudere un file e anche l'applicazione** – Scegliere Esci da LibreOffice. – Fare clic su Chiudi.

ECDL SS 4.2.1

Smart

Con il tastierino attivato, per inserire la virgola nei numeri decimali utilizza il tasto Canc.

Inserire dati

Quando si lavora in Calc, risulta molto pratico utilizzare il ▶ **tastierino numerico** ◀; per attivarlo/disattivarlo, premere il tasto Block Num (o Num Lock) posto in alto a sinistra del tastierino. Se disattivato, alcuni tasti funzionano come frecce direzionali.
Di seguito vediamo le regole da rispettare nell'utilizzo del foglio elettronico e come è possibile spostarsi al suo interno.

ECDL SS 2.1.1

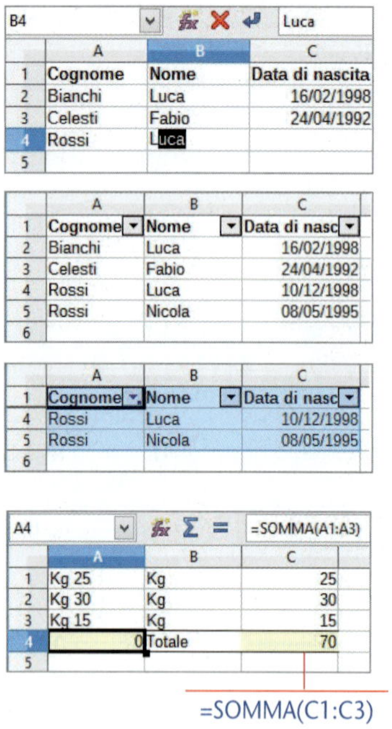

• In ogni cella un solo dato

Nella creazione di elenchi o tabelle è opportuno inserire un solo dato per ogni cella in modo che ogni colonna (campo) contenga un solo genere di dati (per esempio, cognome, nome, data di nascita ecc.).

Le ragioni del rispetto di questa regola, come di altre, sono diverse:
- facilita l'immissione dei dati in quanto, digitando i primi caratteri di un testo già inserito nella stessa colonna, Calc ripropone il dato e, premendo Invio, la funzione Completamento automatico ne completa l'inserimento;
- consente un'interpretazione chiara dei dati quando si creano elenchi;
- agevola le operazioni di ordinamento (crescente, decrescente) o di filtraggio dei dati (per esempio, tutti quelli che hanno lo stesso cognome ecc.);
- permette di eseguire i calcoli. Quando si inserisce un numero, questo deve essere separato da altri dati altrimenti non è possibile utilizzare i valori nei calcoli (come dimostrato nella cella A4 dell'immagine a fianco).

Clippy

La cella attiva è la cella idonea a ricevere i dati; è evidenziata da un bordo di spessore maggiore e il suo indirizzo compare nella Casella del nome.

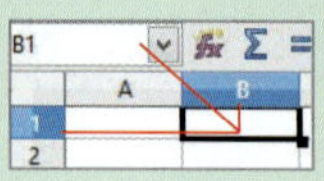

• Spostarsi nell'area di lavoro

Esaminando l'area di lavoro abbiamo visto che essa è strutturata in celle, ognuna individuata da un indirizzo, un riferimento univoco dato dalla lettera della colonna e dal numero della riga di intersezione.

È possibile spostarsi tra le celle facendo clic sulla ▶ **cella** ◀ interessata, oppure utilizzando la tastiera. Nella tabella sono descritti i tasti con le relative azioni.

TASTO	SPOSTAMENTO	TASTO	SPOSTAMENTO
←→↑↓	Cella sinistra, destra, sopra, sotto.	Ctrl + ↖	Prima cella del foglio (A1).
Tab	Cella a destra.	F5 + indirizzo cella (es. colonna A riga 12) + ↵ + [X].	Cella specificata.
Invio	Cella sotto.		
↖ (Home)	Prima cella della riga in cui si trova il cursore.	Casella del nome + indirizzo cella + ↵ (es. M72 + ↵).	Cella specificata.

ECDL SS 2.1.3

Clippy

Durante la digitazione, la Barra del calcolo mostra tre pulsanti: Creazione guidata funzione, Annulla e Accetta e il dato appare sia nella cella attiva, sia nella Riga di digitazione.

	A	B	C
1		12345	
2			

	A
1	MATERIALE EDILIZIO
2	
3	Copertura tetti
4	Travi e sassi
5	Mattoni e cemento
6	

• Inserire un numero, una data o del testo in una cella

L'inserimento dei dati nel foglio di lavoro è un'operazione molto semplice: basta fare clic nella cella interessata e ▶ **digitare** ◀ i dati; per confermare l'inserimento premere Invio o Tab, oppure fare clic sul pulsante Accetta se si vuole mantenere il cursore nella stessa cella.

Nel foglio di lavoro possono essere inseriti tipi di dati diversi e l'allineamento nelle celle è determinato in automatico da Calc, in base alla loro tipologia:

- le etichette (testo, testo e numeri o viceversa) sono allineate a sinistra. Un'etichetta non può mai essere oggetto di calcolo. Se un'etichetta supera la larghezza della cella (etichetta estesa), il testo immesso si sovrappone alla cella attigua, senza occuparla (purché sia vuota); se invece la cella accanto contiene dei dati, il testo viene visualizzato solo per la dimensione della colonna (accanto compare una freccetta rossa), che dovrà quindi essere allargata (oppure, per visualizzare momentaneamente il dato, fare doppio clic sulla freccetta rossa);

	A	B
1	Etichetta estesa	
2		
3		

	A	B
1	Etichetta est▸	234
2		
3		

- i valori (▶ **numeri** ◀, date, ore, percentuali, valute) sono allineati a destra, in base alla regola computistica che prevede l'incolonnamento delle unità sotto le unità, delle decine sotto le decine e così via e possono essere sempre oggetto di calcolo.
  Un valore non può sovrapporsi, né essere visualizzato parzialmente.
  Quando un numero supera la larghezza della cella, Calc visualizza i simboli ###, oppure un numero in notazione esponenziale (per esempio: 2,6E+008); questi messaggi significano che la cella è stretta ed è necessario modificare la larghezza della colonna per visualizzare correttamente il valore;

	A	B
1	5	-150
2	10	-10
3	123	3,25
4	4563	0,5
5	12345	3,25%
6	789456	1250,35
7	3216549	24/04/2015
8	258147369	24 apr 2015

Smart

Per inserire un valore come numero negativo digitalo tra parentesi; per esempio, inserendo (150) sarà interpretato come -150.

= 3216548
C
###
€ 32.165,00

= 3216548
C
€ 3.216.548,00
€ 32.165,00

= 258147369
C
3216549
2,6E+008

= 258147369
C
3216549
258147369

- le formule sono operazioni di calcolo che si distinguono in formule aritmetiche, che utilizzano solo operatori di calcolo, e funzioni testuali (formule predefinite il cui tipo di calcolo è definito dal nome che identifica la funzione).

	A	B
12	25	25
13	37	37
14	29	29
15	=A12+A13+A14	=SOMMA(B12:B14)
16		

	A	B
12	25	25
13	37	37
14	29	29
15	91	91
16		

Per disporre il testo su più righe all'interno della stessa cella durante la digitazione, premere i tasti Ctrl + Invio nel punto in cui si intende portare a capo il testo e al termine premere Invio.
Diversamente, ▶ **digitare il testo** ◀ e da menu Formato scegliere Celle, nella scheda Allineamento spuntare la casella Scorrimento testo automatico, quindi confermare con OK.

= BACINI FLUVIALI
G
BACINI FLUVIALI

Clippy

In questo caso però le dimensioni della colonna devono essere inferiori a quelle della lunghezza complessiva del testo.

ECDL SS 2.2.1 - SS 2.3.4

Smart

Per rimediare a qualsiasi procedura errata puoi utilizzare Annulla.
Per ripristinare l'ultima azione annullata fai clic su Ripristina.

Modificare e cancellare i dati di una cella

Le modifiche dei dati possono essere eseguite durante l' ▶ **immissione** ◀, o in seguito, con modalità diverse.

Le modalità per correggere i dati durante l'immissione sono:
- Canc o Backspace, per cancellare un carattere per volta;
- Esc o Annulla per annullare l'operazione e non confermare il dato inserito.

I dati immessi possono inoltre essere corretti con le seguenti modalità:
- fare clic sulla cella, digitare il nuovo dato e premere Invio, o fare clic sul pulsante Accetta (il nuovo inserimento sostituirà il precedente);
- fare doppio clic nella cella da modificare, oppure selezionare la cella e fare clic nella Riga di digitazione, quindi:
  - per aggiungere altro contenuto posizionare il cursore nel punto di inserimento e digitare, poi premere Invio;

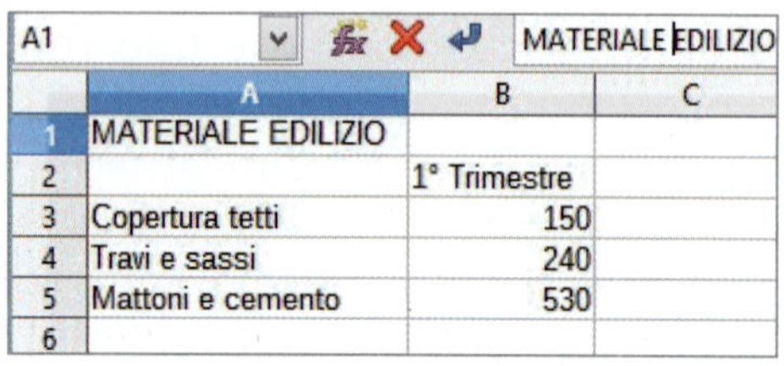

  - per sostituire parte del contenuto selezionare il testo da modificare nella Riga di digitazione e digitare quello nuovo, poi premere Invio.

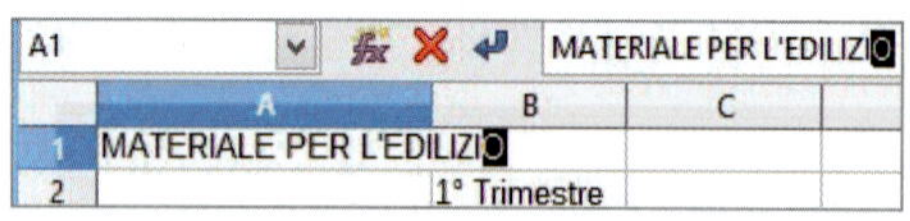

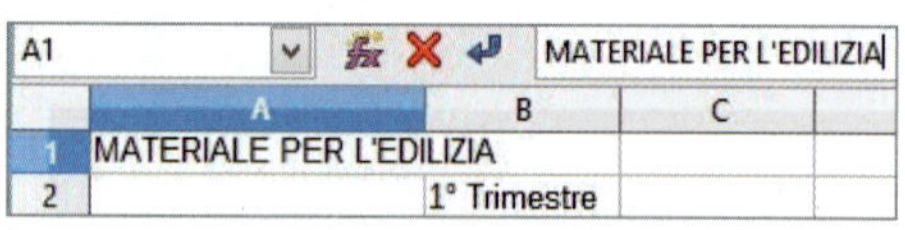

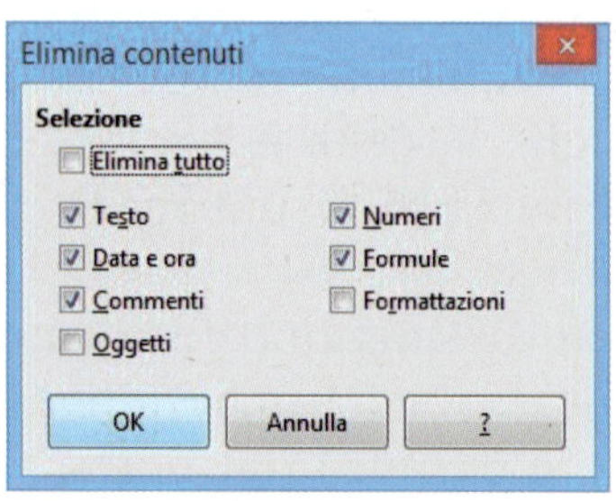

Per cancellare l'intero contenuto di una cella selezionarla e premere Canc (in questo modo si elimina il dato, ma non eventuali formati).
Per scegliere tra le opzioni di cancellazione, premere Backspace (o da menu Modifica scegliere Elimina contenuti).
Nella finestra attivata, spuntare le caselle interessate, per esempio scegliere:
- Formattazioni, per rimuovere solo i formati (formati numerici, tipo, dimensione, colore carattere, bordi, sfondi) mantenendo il contenuto;
- Elimina tutto, per eliminare qualsiasi tipo di contenuto e i formati.

ECDL SS 2.1.4 - SS 3.1.1 - SS 3.1.2

Clippy

La selezione di un insieme di celle adiacenti costituisce una zona (o intervallo di celle) identificabile dalle coordinate di cella poste in alto a sinistra e in basso a destra, separate dai due punti (:).

Selezionare celle, righe e colonne

In un foglio di lavoro, per inserire dati o per intervenire con modifiche in una o più celle con un'unica operazione, è necessario eseguire la ▶ **selezione** ◀.

Nella tabella che segue sono descritte le diverse modalità operative per la selezione dei vari elementi del foglio di lavoro.

ELEMENTO DA SELEZIONARE	MODALITÀ OPERATIVE
UNA CELLA 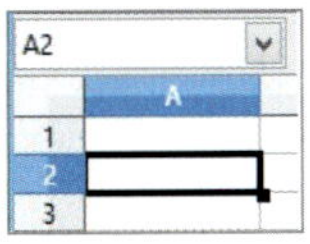	- Fare clic nella cella. - Premere i tasti Invio, o Tab, o frecce direzionali. - Digitare l'indirizzo nella Casella del nome e premere Invio.
CELLE ADIACENTI (O ZONA) 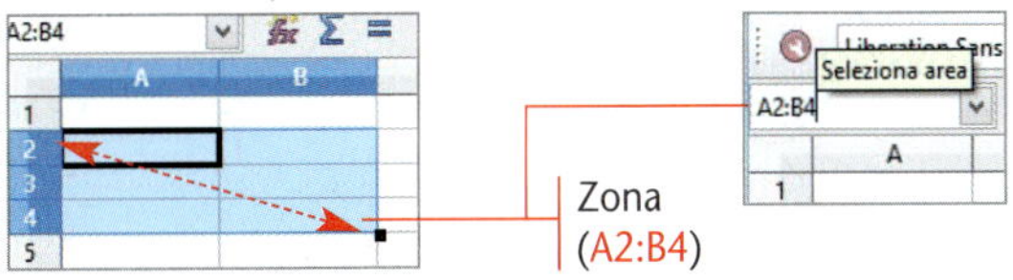 Il simbolo : significa "da ... a"; in questo caso tutte le celle da A2 a B4.	- Selezionare la prima cella dell'intervallo e trascinare fino all'ultima, quindi rilasciare il mouse (la prima cella selezionata rimane bianca e il suo indirizzo compare nella Casella del nome). - Selezionare la prima cella dell'intervallo e, tenendo premuto il tasto Shift, fare clic sulla cella all'estremità della diagonale della zona interessata. - Nella Casella del nome digitare l'indirizzo della prima cella dell'intervallo, seguito dai : e l'indirizzo dell'ultima cella dell'intervallo, quindi premere Invio.
CELLE NON ADIACENTI La selezione di celle non adiacenti non costituisce zona. 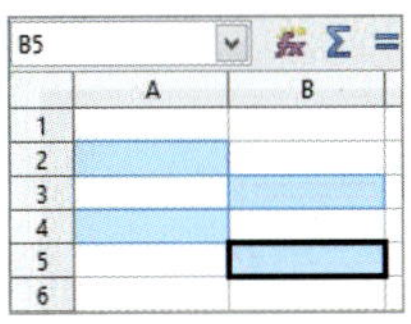	- Fare clic nella prima cella e, tenendo premuto il tasto Ctrl, selezionare le altre (l'ultima cella selezionata rimane bianca e il suo indirizzo compare nella Casella del nome).
UNA O PIÙ RIGHE 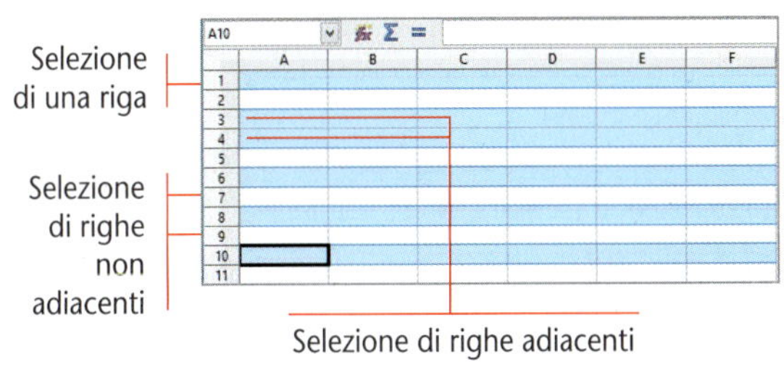	- Per selezionare una riga, fare clic sull'intestazione di riga (numero). - Per selezionare più righe adiacenti, fare clic sull'intestazione della prima riga e trascinare in basso (o in alto) fino a raggiungere l'ultima. - Per selezionare più righe non adiacenti, fare clic sull'intestazione di una riga e, tenendo premuto il tasto Ctrl, fare clic sulle altre intestazioni.
UNA O PIÙ COLONNE 	- Per selezionare una colonna, fare clic sull'intestazione di colonna. - Per selezionare più colonne adiacenti, fare clic sull'intestazione della prima colonna e trascinare verso destra (o verso sinistra) fino a raggiungere l'ultima. - Per selezionare più colonne non adiacenti, fare clic sull'intestazione di una colonna e, tenendo premuto il tasto Ctrl, fare clic sulle altre intestazioni.
TUTTE LE CELLE DEL FOGLIO DI LAVORO 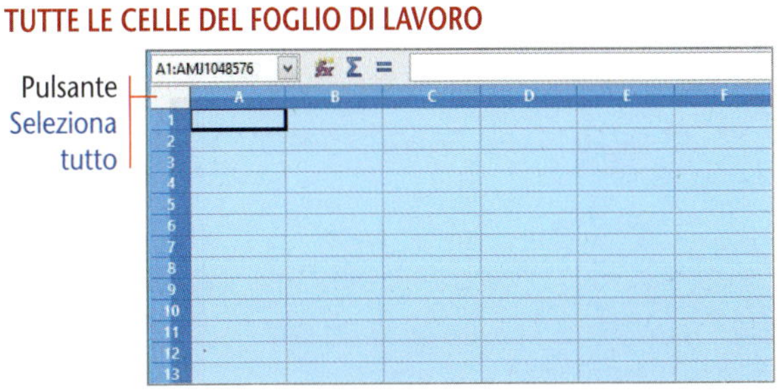	- Fare clic sul pulsante Seleziona tutto che si trova a sinistra, all'incrocio delle intestazioni di riga e di colonna. - Da menu Modifica scegliere Seleziona tutto. Per disattivare qualsiasi selezione fare clic nell'area vuota, oppure premere uno dei tasti freccia direzionali.

Operare su righe e colonne

Nel foglio di lavoro le colonne e le righe hanno una dimensione standard, comunque modificabile. Inoltre, l'inserimento di ulteriori dati in un foglio di lavoro può comportare l'aggiunta di altre righe o colonne; al contrario, in fase di revisione, può essere necessario eliminarne alcune.

MODIFICA	MODALITÀ OPERATIVE

INSERIRE RIGHE E COLONNE

ECDL SS 3.1.3

L'inserimento di una riga avviene sempre al di sopra di quella selezionata o della cella attiva; l'inserimento di una colonna avviene sempre alla sinistra di quella selezionata o della cella attiva.

Il numero di righe (o colonne) inserite sarà pari al numero di righe (o colonne) o di celle selezionate prima di procedere.

- Fare clic in una cella o selezionare la riga (o la colonna), da menu Inserisci scegliere l'opzione desiderata.
- Fare clic destro sull'intestazione di riga o di colonna e da menu rapido scegliere Inserisci.
- Fare clic destro in una cella, da menu rapido scegliere Inserisci..., nella finestra attivare Inserisci righe intere (o Inserisci colonne intere) e fare clic su OK.
- Fare clic sull'intestazione di riga (o colonna) e premere i tasti Ctrl e +.

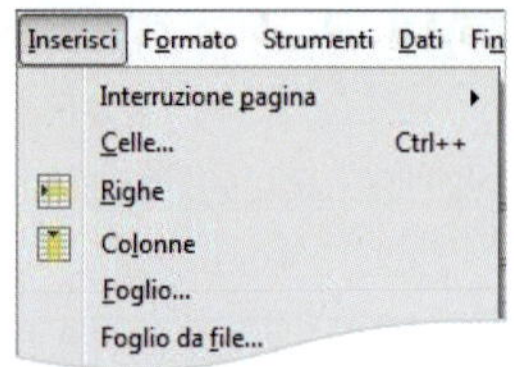

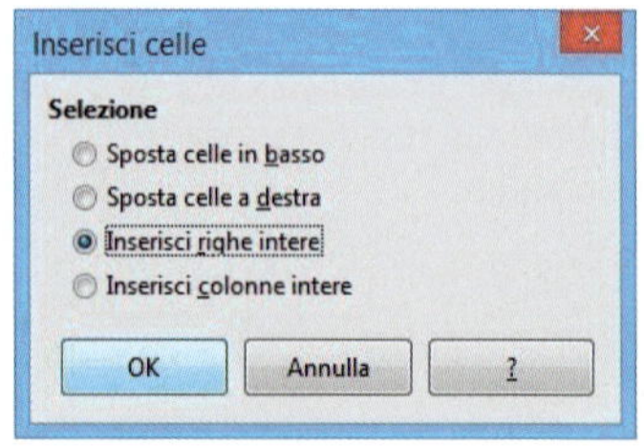

DIMENSIONARE RIGHE E COLONNE

ECDL SS 3.1.4

Smart

Anziché trascinare, con un doppio clic puoi richiedere l'adattamento automatico di righe e colonne.
Si tratta di un metodo semplice e veloce per adattare la dimensione della colonna o della riga affinché sia possibile visualizzarne completamente i dati contenuti.

Per dimensionare colonne e righe in modo personalizzato:

- posizionare il mouse sul lato destro dell'intestazione di colonna o sul lato inferiore della riga e quando assume la forma di una freccia a doppia punta ▶ **trascinare** ◀ verso destra (o verso il basso) per allargare, verso sinistra (o verso l'alto) per restringere;

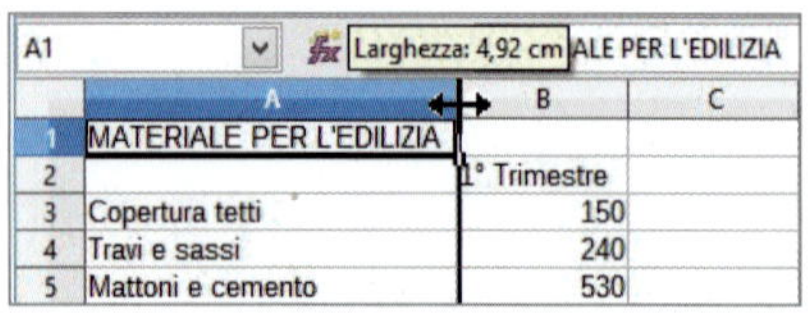

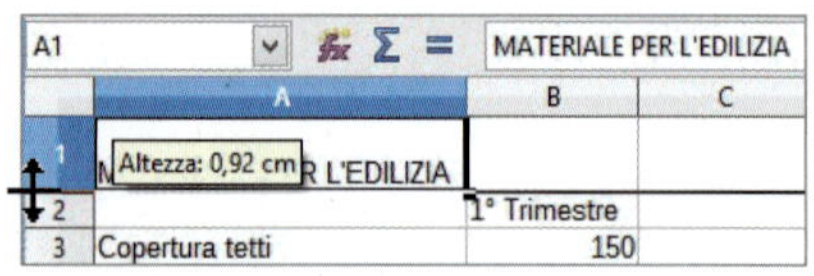

- da menu Formato scegliere Riga o Colonna, nel sottomenu scegliere Altezza... o Larghezza..., nella finestra di dialogo attivata specificare la misura desiderata e confermare con OK;

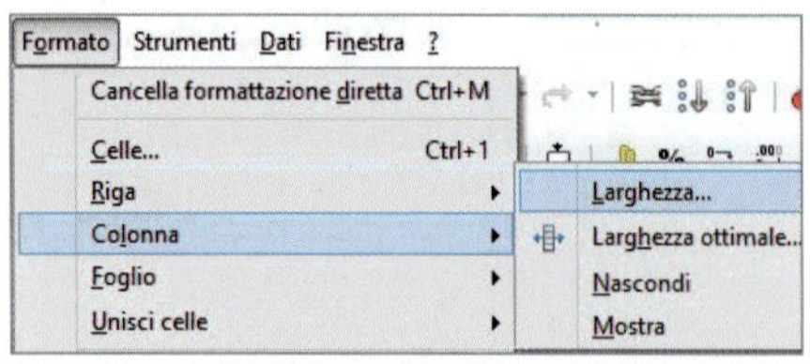

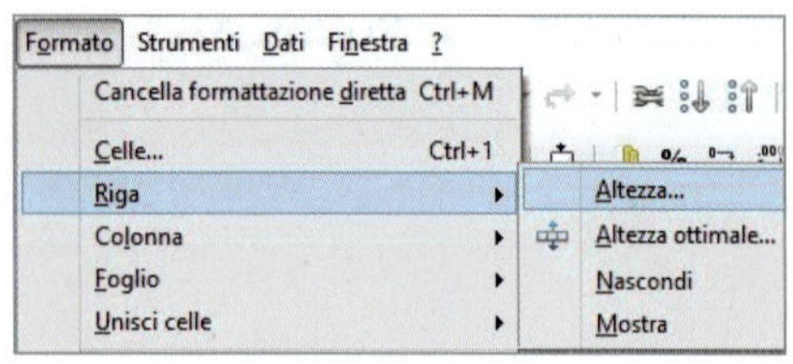

- fare clic destro sull'intestazione di riga o di colonna e scegliere Altezza riga o Larghezza colonna, quindi procedere come indicato sopra.

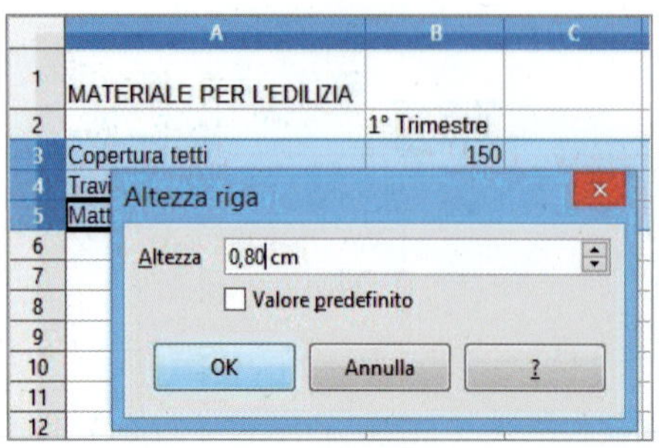

MODIFICA	MODALITÀ OPERATIVE
ELIMINARE RIGHE E COLONNE ECDL SS 3.1.3 Il numero di righe (o colonne) eliminate sarà pari al numero di righe (o colonne) o di celle selezionate prima di procedere.	– Selezionare la riga (o la colonna), da menu Modifica scegliere Elimina celle. – Fare clic destro sull'intestazione di riga (o di colonna) e da menu rapido scegliere Elimina le righe selezionate (Elimina le colonne selezionate). – Fare clic destro in una cella della riga (o colonna) da eliminare, da menu rapido scegliere Elimina..., nella finestra attivare l'opzione Elimina righe (o Elimina colonne). – Fare clic sull'intestazione di riga (o colonna) e premere i tasti Ctrl e –.

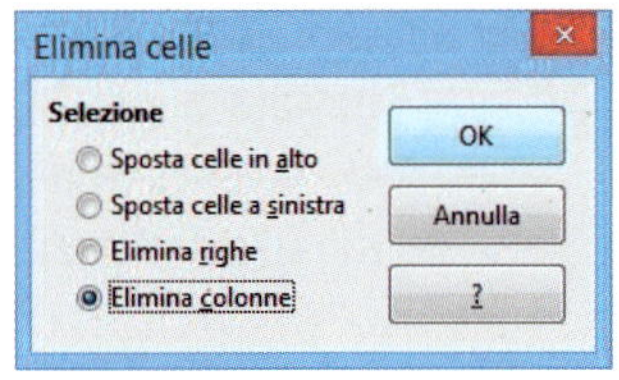

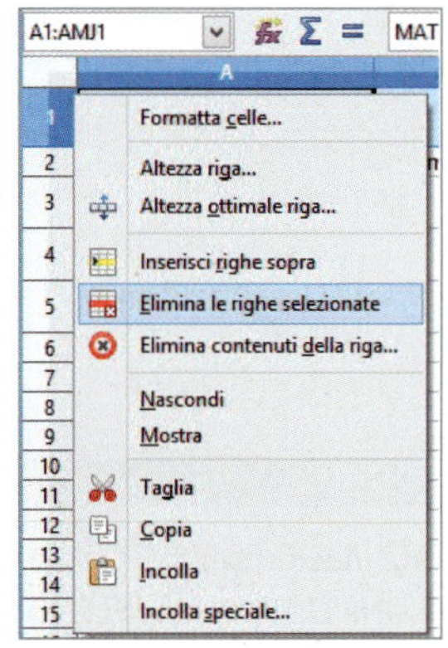

Allena le competenze

- Inserire e modificare i dati
- Portare a capo il testo nella stessa cella
- Dimensionare righe e colonne

Crea il file M5-1 Vulcani e salvalo nella tua cartella

1 Inserisci i dati nelle celle e dimensiona la colonna A come mostrato.

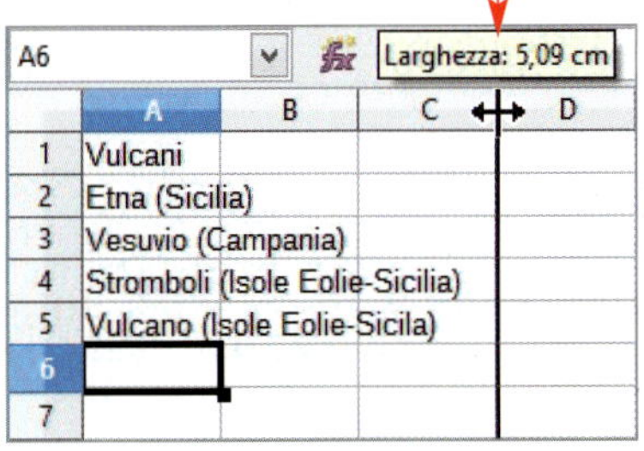

2 Inserisci i dati nella colonna B e dimensiona la riga 1 come mostrato.

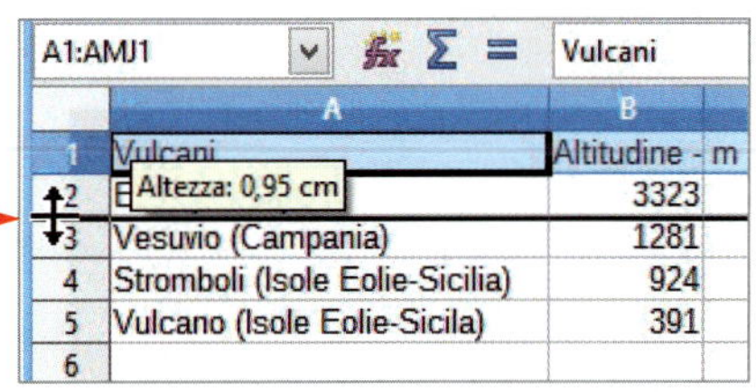

3 Fai clic in A1 e posizionati sulla riga di digitazione dopo **Vulcani**, quindi aggiungi il testo come mostrato e premi Invio.

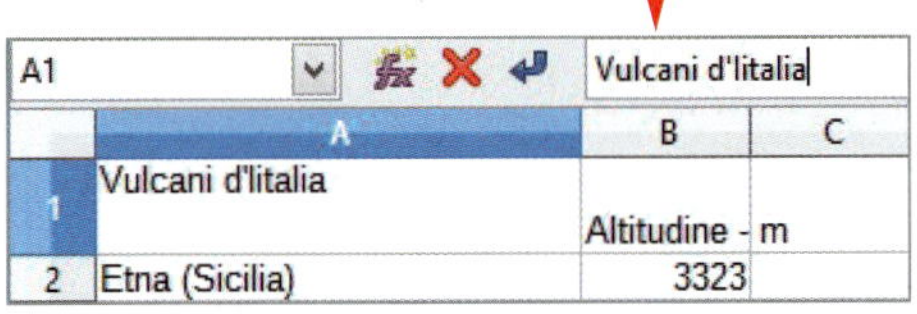

4 Posizionati in B1 prima del **trattino** e premi Ctrl + Invio, quindi spostati dopo la lettera **m**, inserisci uno spazio e il **trattino**, poi fai clic sul pulsante ↵. Operando nell'apposita finestra, dimensiona la colonna B a 2 cm.

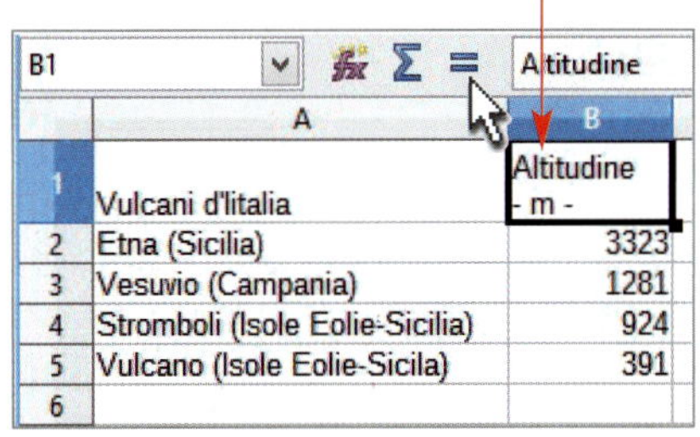

ECDL SS 2.3.1 - SS 2.3.3

Spostare e copiare dati

Con l'utilizzo delle funzioni Taglia, Copia e Incolla è possibile spostare o duplicare dati, contenuti in una o più celle, in una posizione diversa nel foglio di lavoro attivo o in un altro della stessa cartella di lavoro, oppure tra ▶ **fogli elettronici aperti** ◀. Calc offre diverse modalità per spostare o copiare i dati.

Clippy

Per incollare contenuto in un altro foglio della cartella attiva, fare clic sulla scheda del foglio di destinazione e poi clic nel punto di inserimento.
Per incollare contenuto in un'altra cartella di lavoro aperta, sulla barra delle applicazioni fare clic sul relativo pulsante e poi clic nel punto di inserimento.

MODIFICA	MODALITÀ OPERATIVE
TAGLIARE O COPIARE CONTENUTO DI UNA O PIÙ CELLE SELEZIONATE	– Da barra degli strumenti Standard fare clic su Taglia o su Copia. – Da menu Modifica scegliere Taglia o Copia. – Fare clic destro sulla cella o sulla zona selezionata e da menu rapido scegliere Taglia o Copia. – Premere le combinazioni Ctrl + X (per tagliare) o Ctrl + C (per copiare).
INCOLLARE CONTENUTO TAGLIATO O COPIATO	**1** Fare clic nel punto di inserimento (prima cella dell'area di incollamento). **2** Procedere in uno dei seguenti modi: – da barra degli strumenti Standard fare clic su Incolla; – da menu Modifica scegliere Incolla; – fare clic destro e da menu rapido scegliere Incolla; – premere la combinazione Ctrl + V.
SPOSTARE E COPIARE CON IL DRAG AND DROP	– Per spostare i dati selezionati all'interno del foglio di lavoro puntare sulla prima cella della selezione, trascinare e rilasciare nel punto desiderato. – Per eseguire la copia, trascinare nel punto desiderato e prima di rilasciare premere il tasto Ctrl.

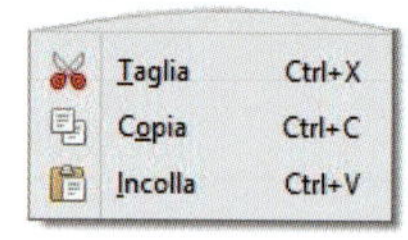

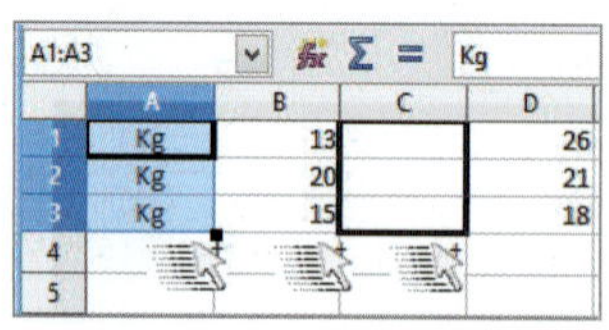

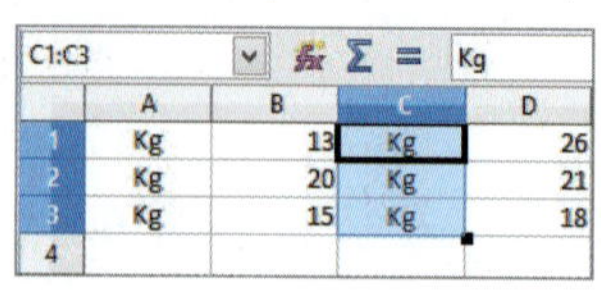

Calc tiene memoria dei dati inseriti in ogni colonna: quindi, per la ripetizione di dati già inseriti nella stessa colonna dello stesso foglio, in luogo delle funzioni Copia/Incolla risulta molto utile servirsi dell'opzione Lista di scelta: fare clic destro nella cella in cui si deve inserire il dato, da menu rapido scegliere Lista di scelta e nell'elenco proposto fare clic sul dato interessato.

• Usare lo strumento di riempimento automatico

La cella attiva in basso a destra presenta un quadratino: dopo aver inserito un dato, e averlo confermato con il pulsante ↵, posizionando il mouse su tale quadratino il puntatore assume la forma di un mirino; trascinando in qualsiasi direzione si possono eseguire varie funzioni di riempimento automatico che facilitano la copia e l'inserimento dei dati nel foglio di lavoro.

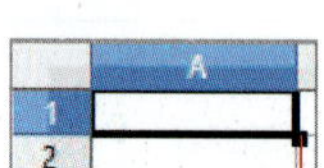

Quadratino di riempimento automatico

Nella tabella che segue sono indicate le operazioni che si possono eseguire con tale strumento.

OPERAZIONE	MODALITÀ OPERATIVE
Copia per trascinamento del contenuto di una cella.	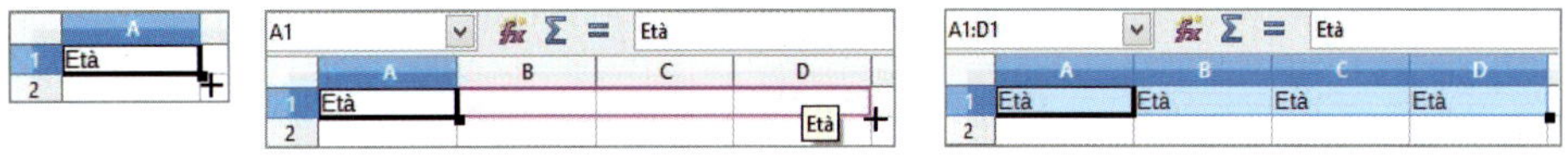
Creare una serie di sequenze predefinite (per esempio, la successione dei giorni della settimana, dei mesi, delle date e altro ancora).	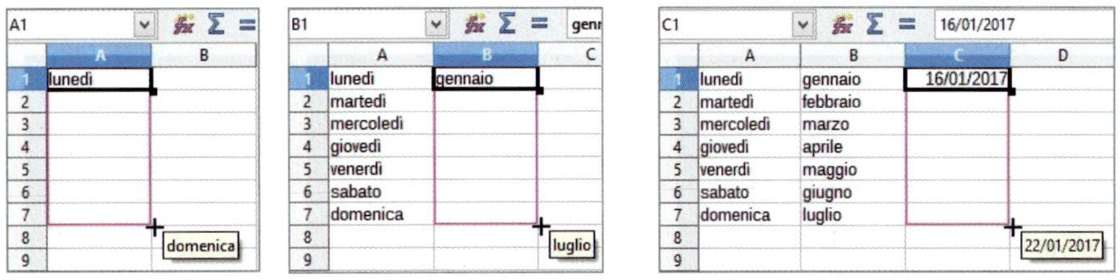
Copiare formule e funzioni, aggiornando automaticamente i dati e i ▶ **riferimenti di cella** ◀ alla nuova posizione.	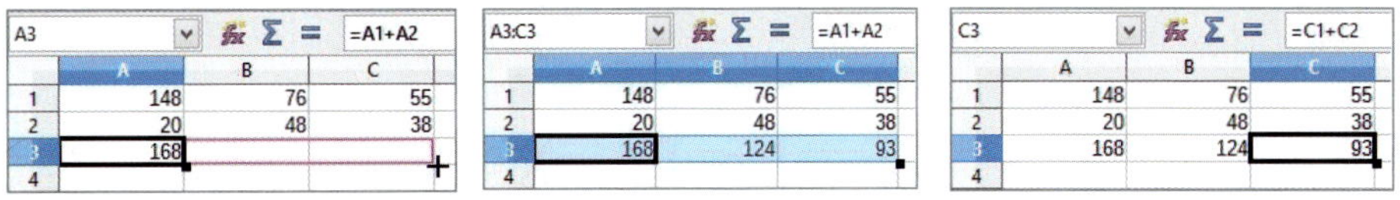  **Smart** Tale aggiornamento viene definito riferimento relativo. Per comprendere meglio questo concetto leggere attentamente il relativo paragrafo a pag. 231.
Incrementare la serie di un determinato valore: – ottenere l'incremento di un'unità di un dato contenente testo e valore (o viceversa); – ottenere l'incremento di un'unità relativamente a un valore; – ottenere l'incremento di più unità relativamente a un valore.	– Digitare il primo dato, confermare ed eseguire il trascinamento fino a completare la serie desiderata. 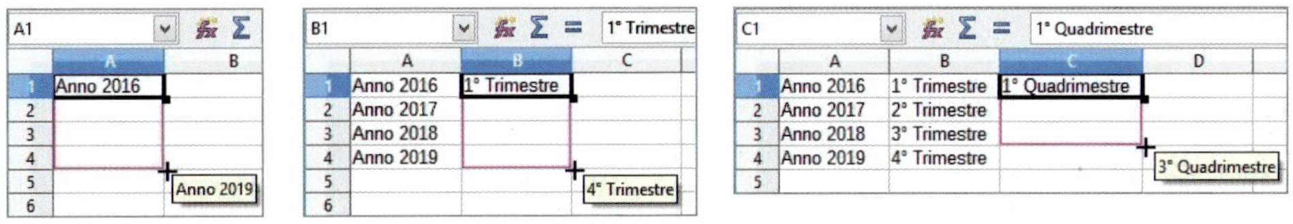 – Digitare il primo valore, confermare e, tenendo premuto il tasto Ctrl, eseguire il trascinamento fino a completare la serie desiderata. 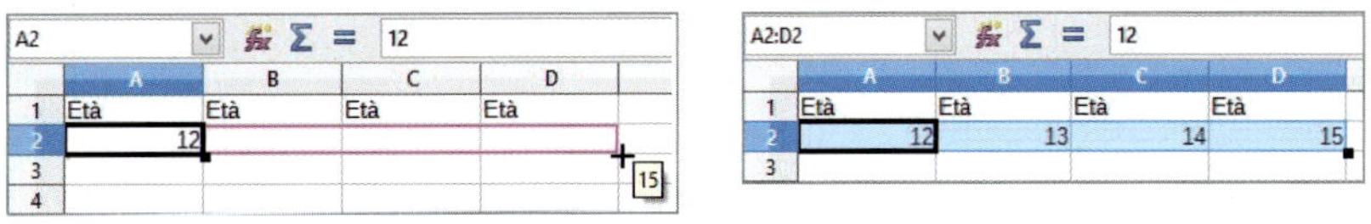 – Digitare il primo valore della serie e nella cella seguente inserire il successivo, quindi selezionare le due celle che contengono i valori iniziali ed eseguire il trascinamento fino a completare la serie desiderata: la differenza tra il secondo numero e quello iniziale costituirà il valore di incremento della serie. 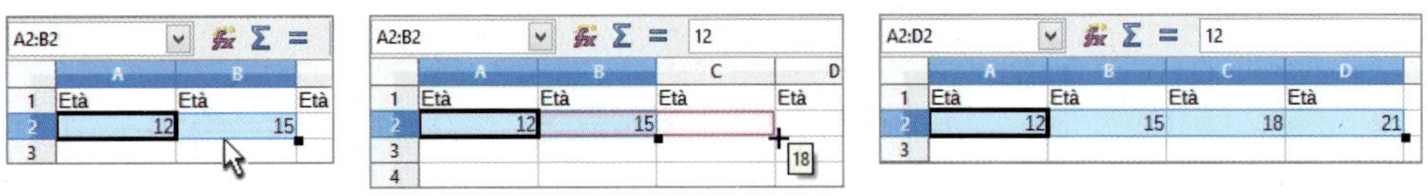

Allena le competenze

- Eseguire il riempimento automatico
- Adattare colonne ed eliminare righe
- Copiare e spostare dati

Crea il file M5-1 Presenze e salvalo nella tua cartella

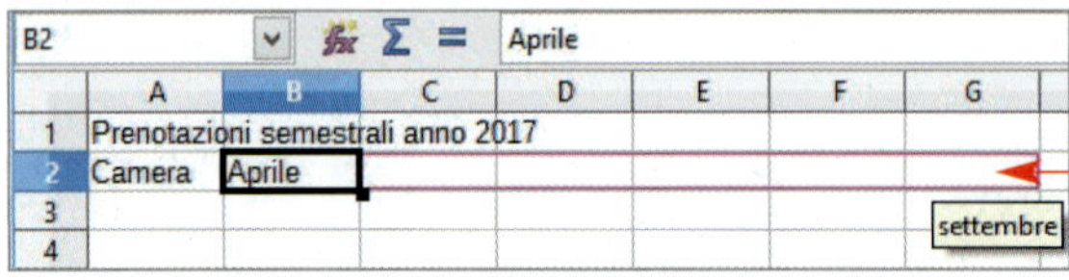

	A	B	C	D	E	F	G
1	Prenotazioni semestrali anno 2017						
2	Camera	Aprile					
3							settembre
4							

1 Inserisci i dati in A1, A2 e B1 ed esegui il riempimento automatico fino a G2.

2 In A3 inserisci e conferma il dato ed esegui il riempimento automatico fino ad A8.

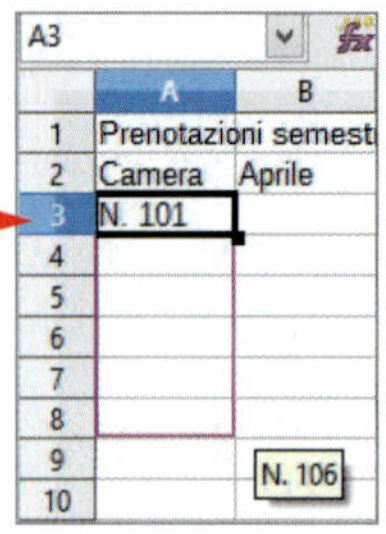

	A	B
1	Prenotazioni semest	
2	Camera	Aprile
3	N. 101	
4		
5		
6		
7		
8		
9		N. 106
10		

	A	B	C	D	E	F	G
1	Prenotazioni semestrali anno 2017						
2	Camera	Aprile	Maggio	Giugno	Luglio	Agosto	Settembre
3	N. 101	21	22	25	28	26	20
4	N. 102	22	23	22	30	28	18
5	N. 103	15	25	20	24	25	19
6	N. 104	20	17	15	20	27	21
7	N. 105	18	20	23	14	26	24
8	N. 106	0	26	12	25	28	12
9							
10							

3 Nella zona B3:G8 inserisci i dati come mostrato e adatta la colonna G.

4 Inserisci i dati in A10 e A11, seleziona la zona B2:G2 ed esegui la ▶ **copia dei dati** ◀.

	A	B	C	D	E	F	G
1	Prenotazioni semestrali anno 2017						
2	Camera	Aprile	Maggio	Giugno	Luglio	Agosto	Settembre
3	N. 101	21	22	25	28	26	20
4	N. 102	22	23	22	30	28	18
5	N. 103	15	25	20	24	25	19
6	N. 104	20	17	15	20	27	21
7	N. 105	18	20	23	14	26	24
8	N. 106	0	26	12	25	28	12
9							
10	Presenze turistiche						
11	Anno						
12							

Smart

Puoi copiare i dati selezionati anche mediante trascinamento, tenendo premuto il tasto Ctrl prima del rilascio in B11.

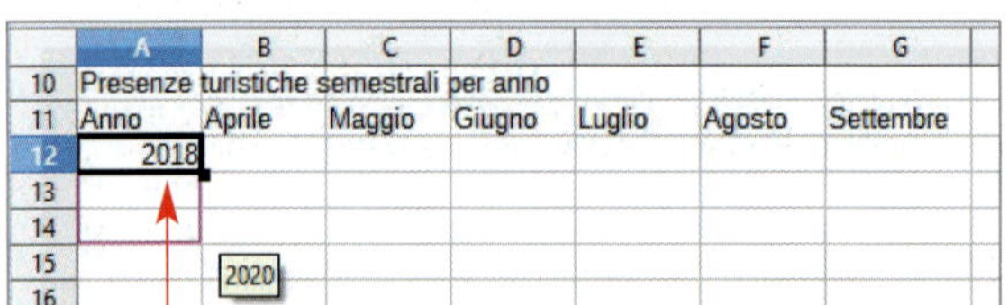

	A	B	C	D	E	F	G
10	Presenze turistiche semestrali per anno						
11	Anno	Aprile	Maggio	Giugno	Luglio	Agosto	Settembre
12	2018						
13							
14							
15		2020					
16							

5 In B11 incolla i dati copiati. In A12 inserisci il dato indicato ed esegui l'incremento della sequenza numerica fino ad A14.

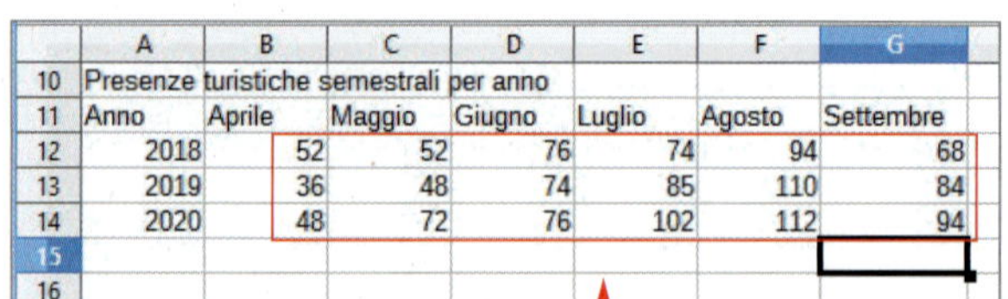

	A	B	C	D	E	F	G
10	Presenze turistiche semestrali per anno						
11	Anno	Aprile	Maggio	Giugno	Luglio	Agosto	Settembre
12	2018	52	52	76	74	94	68
13	2019	36	48	74	85	110	84
14	2020	48	72	76	102	112	94
15							
16							

6 Completa l'inserimento dei dati nella zona B12:G14 come mostrato.

7 Seleziona la zona A1:G9 e con la tecnica del drag and drop spostala a partire da A16.

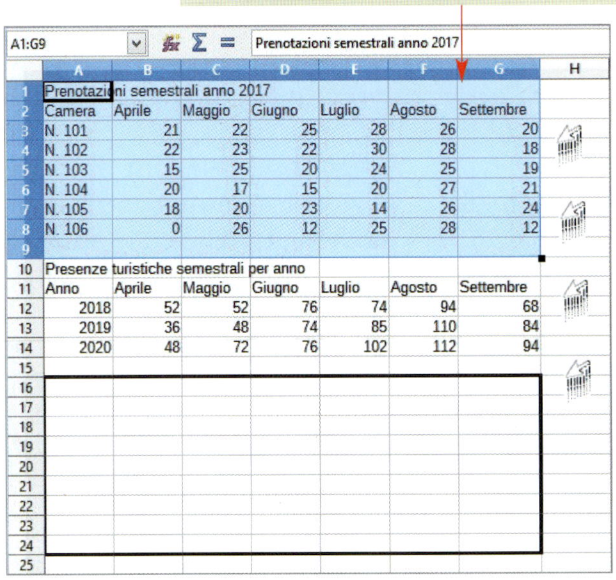

	A	B	C	D	E	F	G
1	Prenotazioni semestrali anno 2017						
2	Camera	Aprile	Maggio	Giugno	Luglio	Agosto	Settembre
3	N. 101	21	22	25	28	26	20
4	N. 102	22	23	22	30	28	18
5	N. 103	15	25	20	24	25	19
6	N. 104	20	17	15	20	27	21
7	N. 105	18	20	23	14	26	24
8	N. 106	0	26	12	25	28	12
9							
10	Presenze turistiche semestrali per anno						
11	Anno	Aprile	Maggio	Giugno	Luglio	Agosto	Settembre
12	2018	52	52	76	74	94	68
13	2019	36	48	74	85	110	84
14	2020	48	72	76	102	112	94

8 Seleziona ed elimina le righe da 1 a 9.

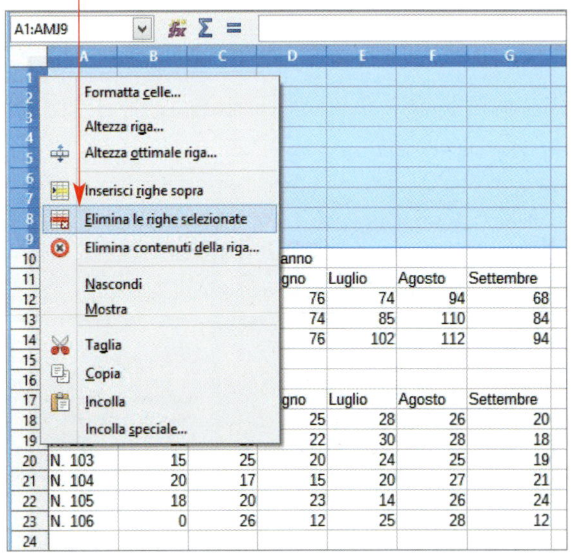

ECDL SS 2.2.5

Richiedere l'ordinamento numerico e alfabetico, crescente o decrescente

Utilizzando le specifiche funzioni di Calc, si può richiedere l'ordinamento crescente o decrescente di celle contenenti etichette, numeri e date.

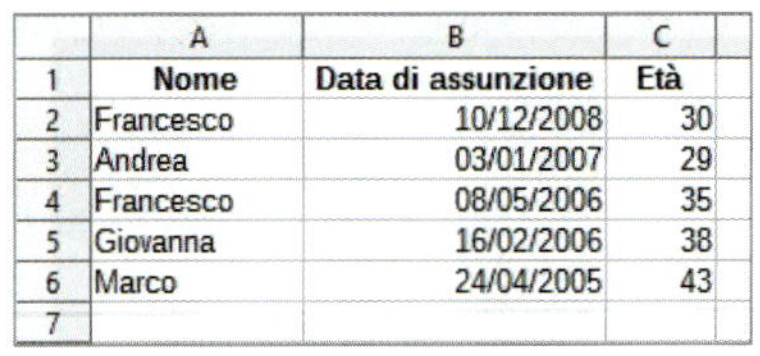

	A	B	C
1	Nome	Data di assunzione	Età
2	Francesco	10/12/2008	30
3	Andrea	03/01/2007	29
4	Francesco	08/05/2006	35
5	Giovanna	16/02/2006	38
6	Marco	24/04/2005	43
7			

Clippy

In questo caso, sarà Calc a selezionare tutta la zona dati nel momento in cui viene richiesto il comando di ordinamento.

1 Selezionare la zona interessata (oppure posizionarsi in una cella della ▶ **colonna** ◀ che si desidera ordinare).

2 Nella barra degli strumenti Standard, in base alle esigenze, fare clic su Ordina in modo crescente, oppure Ordina in modo decrescente.

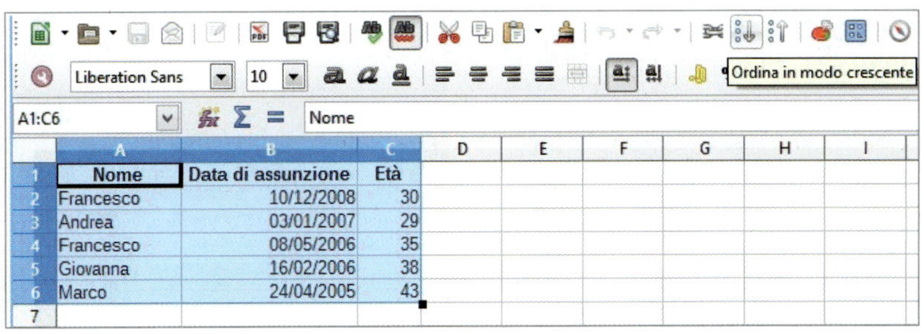

	A	B	C
1	Nome	Data di assunzione	Età
2	Francesco	10/12/2008	30
3	Andrea	03/01/2007	29
4	Francesco	08/05/2006	35
5	Giovanna	16/02/2006	38
6	Marco	24/04/2005	43
7			

L'ordinamento scelto verrà applicato alla ▶ **prima colonna** ◀ e Calc aggiornerà la disposizione in riga dei dati delle celle adiacenti.

	A	B	C
1	Nome	Data di assunzione	Età
2	Andrea	03/01/2007	29
3	Francesco	10/12/2008	30
4	Francesco	08/05/2006	35
5	Giovanna	16/02/2006	38
6	Marco	24/04/2005	43
7			

Clippy

Se la tabella contiene le intestazioni di colonna (prima riga) queste, anche se selezionate, non verranno incluse nell'ordinamento.

Per ordinamenti personalizzati, da menu Dati scegliere Ordina e nella finestra impostare i criteri di ordinamento, scegliendo la colonna (Chiave ordinamento 1) da ordinare e il tipo di ordinamento (Crescente/Decrescente) desiderato.

Se si selezionano solo le celle di una colonna e poi si richiede l'ordinamento desiderato, Calc mostra la finestra Ordina area:

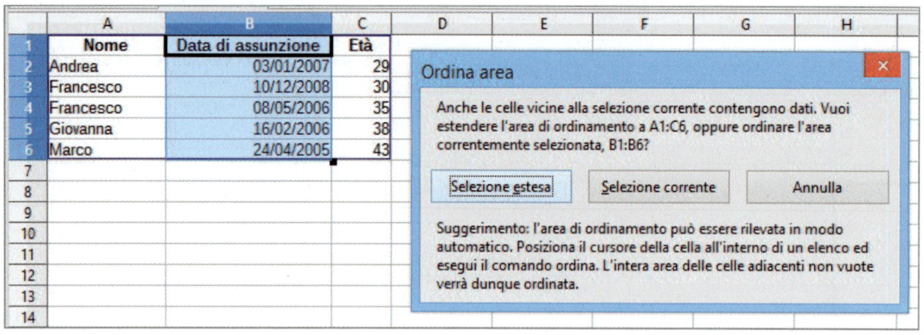

- scegliendo Selezione estesa, Calc aggiornerà la disposizione in riga dei dati delle celle adiacenti;
- scegliendo Selezione corrente, Calc procederà ordinando solo le celle selezionate e le altre manterranno la loro posizione originale.

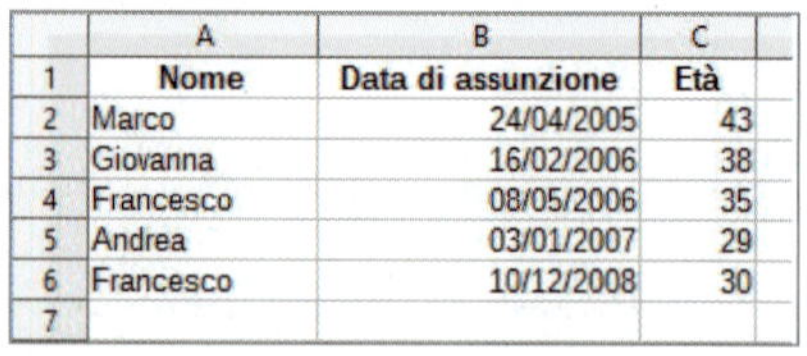

	A	B	C
1	Nome	Data di assunzione	Età
2	Marco	24/04/2005	43
3	Giovanna	16/02/2006	38
4	Francesco	08/05/2006	35
5	Andrea	03/01/2007	29
6	Francesco	10/12/2008	30
7			

Allena le competenze

- Aprire un file archiviato
- Dimensionare e adattare righe e colonne
- Richiedere ordinamenti crescenti e decrescenti

Apri il file M5 Ordinamenti e salvalo nella tua cartella con il nome M5-1 Ordinamenti

1 Dimensiona le colonne A e B a 2,54 cm e adatta le colonne D ed E.

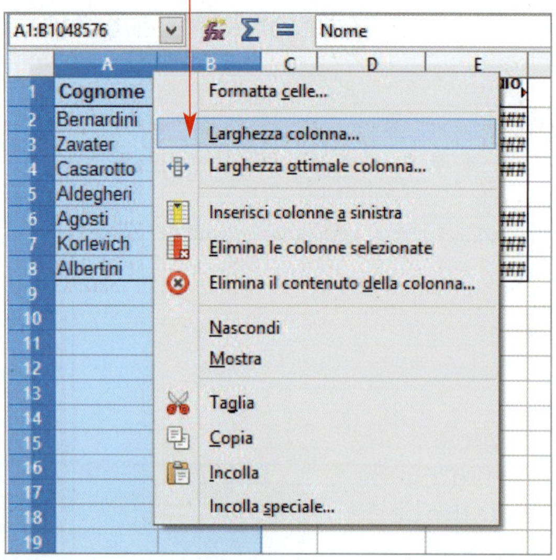

2 Dimensiona la riga 1 a 1 cm e le altre a 0,7 cm.

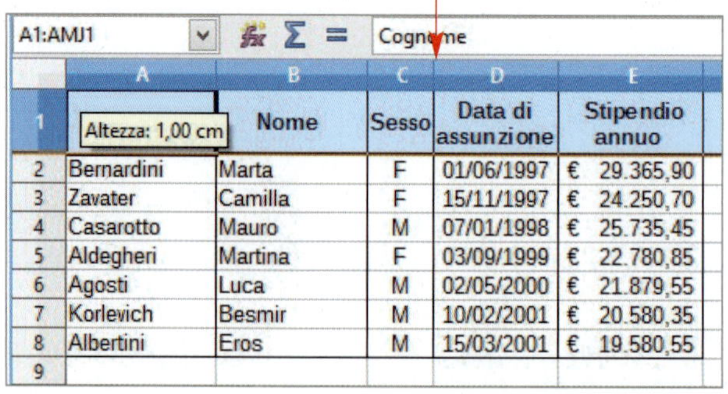

	A	B	C	D	E
1		Nome	Sesso	Data di assunzione	Stipendio annuo
2	Bernardini	Marta	F	01/06/1997	€ 29.365,90
3	Zavater	Camilla	F	15/11/1997	€ 24.250,70
4	Casarotto	Mauro	M	07/01/1998	€ 25.735,45
5	Aldegheri	Martina	F	03/09/1999	€ 22.780,85
6	Agosti	Luca	M	02/05/2000	€ 21.879,55
7	Korlevich	Besmir	M	10/02/2001	€ 20.580,35
8	Albertini	Eros	M	15/03/2001	€ 19.580,55
9					

3 Mediante trascinamento sposta la colonna D dopo la E.

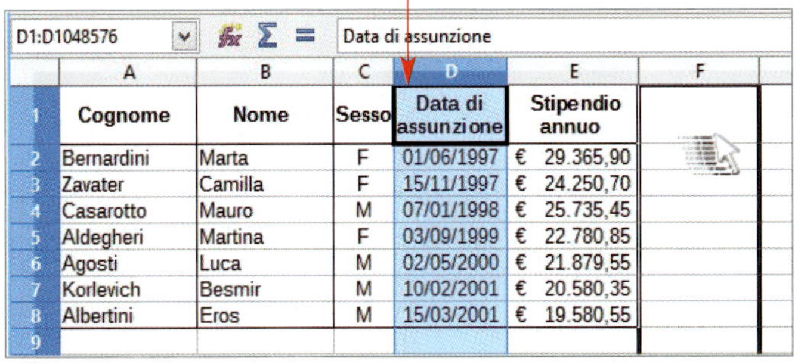

4 Elimina la colonna D.

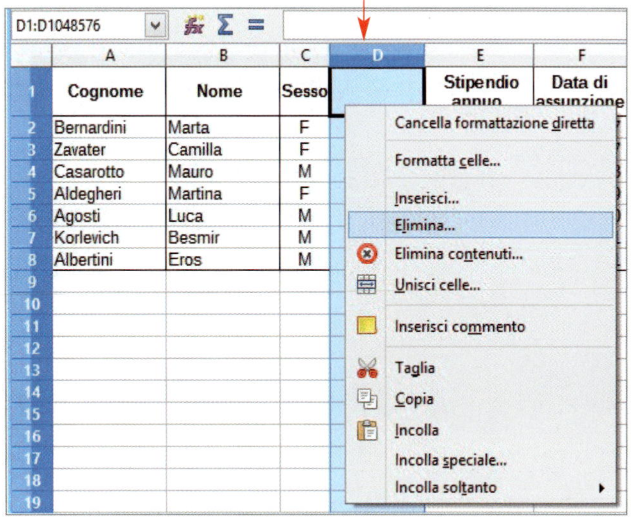

5 Nella colonna A richiedi l'ordinamento decrescente.

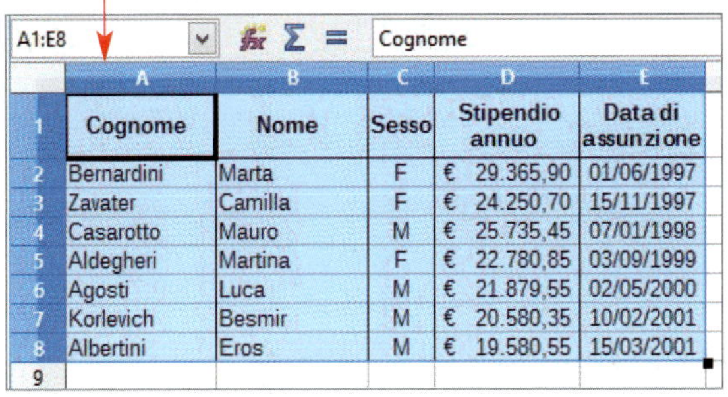

6 Seleziona la zona E2:E8, richiedi l'ordinamento decrescente (...dal più recente al meno recente) e chiedi di espandere la selezione a tutta la tabella.

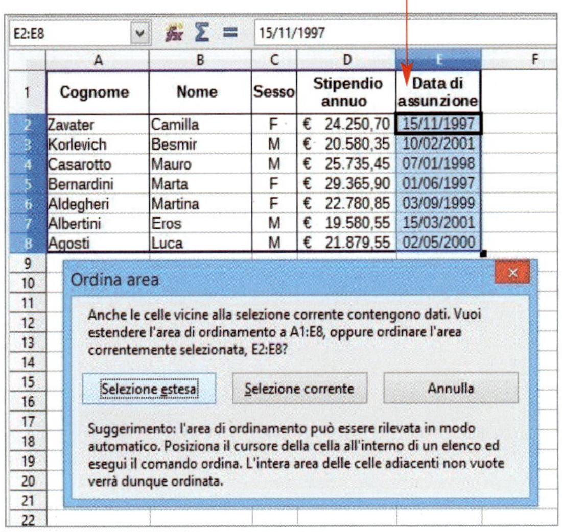

7 Seleziona la tabella e da menu richiedi l'ordinamento personalizzato decrescente (...dal più grande al più piccolo) in base alla colonna Stipendio annuo.

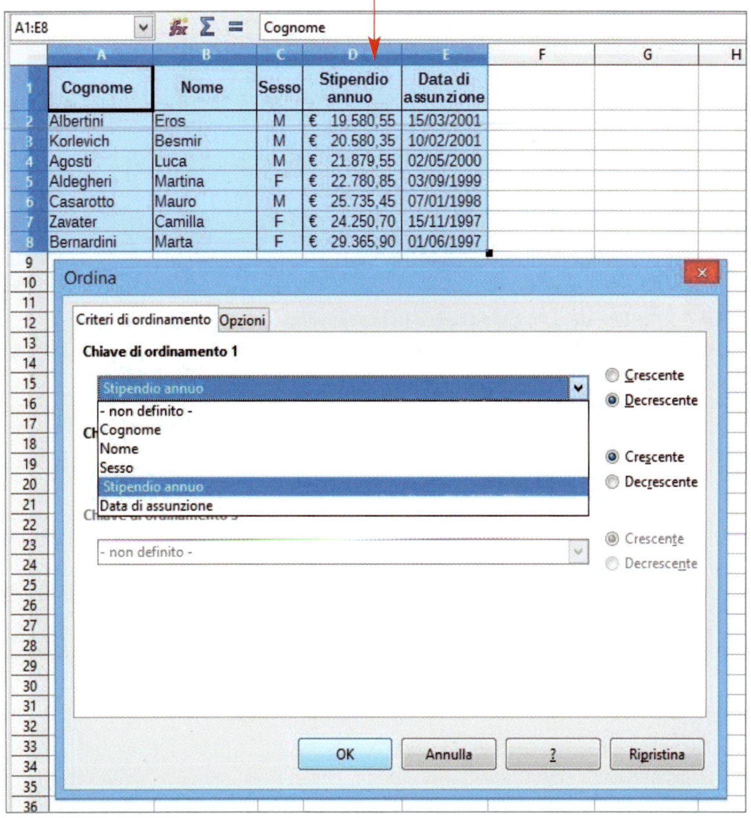

8 Con le stesse modalità del **punto 7**, richiedi l'ordinamento personalizzato decrescente (...dalla Z alla A) in base alla colonna Sesso.

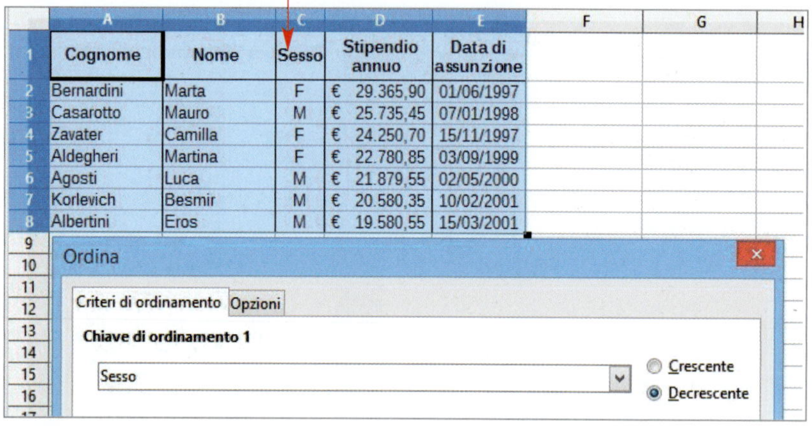

Cognome	Nome	Sesso	Stipendio annuo	Data di assunzione
Bernardini	Marta	F	€ 29.365,90	01/06/1997
Casarotto	Mauro	M	€ 25.735,45	07/01/1998
Zavater	Camilla	F	€ 24.250,70	15/11/1997
Aldegheri	Martina	F	€ 22.780,85	03/09/1999
Agosti	Luca	M	€ 21.879,55	02/05/2000
Korlevich	Besmir	M	€ 20.580,35	10/02/2001
Albertini	Eros	M	€ 19.580,55	15/03/2001

9 Con le stesse modalità del **punto 6**, richiedi l'ordinamento crescente (...dalla A alla Z) in base alla colonna Cognome.

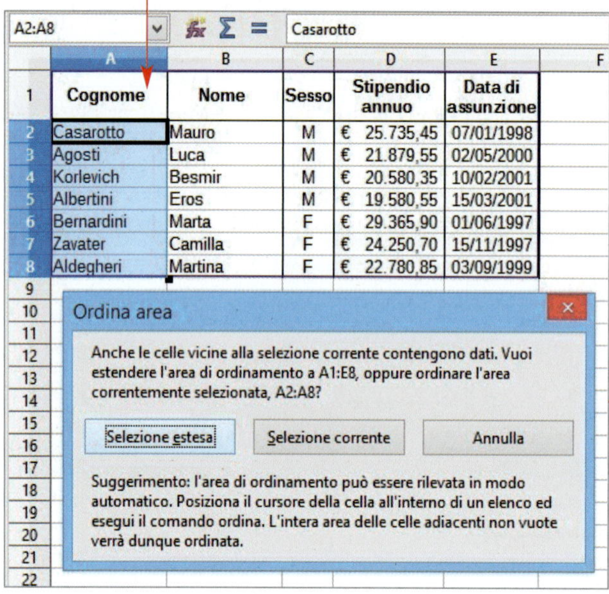

Cognome	Nome	Sesso	Stipendio annuo	Data di assunzione
Casarotto	Mauro	M	€ 25.735,45	07/01/1998
Agosti	Luca	M	€ 21.879,55	02/05/2000
Korlevich	Besmir	M	€ 20.580,35	10/02/2001
Albertini	Eros	M	€ 19.580,55	15/03/2001
Bernardini	Marta	F	€ 29.365,90	01/06/1997
Zavater	Camilla	F	€ 24.250,70	15/11/1997
Aldegheri	Martina	F	€ 22.780,85	03/09/1999

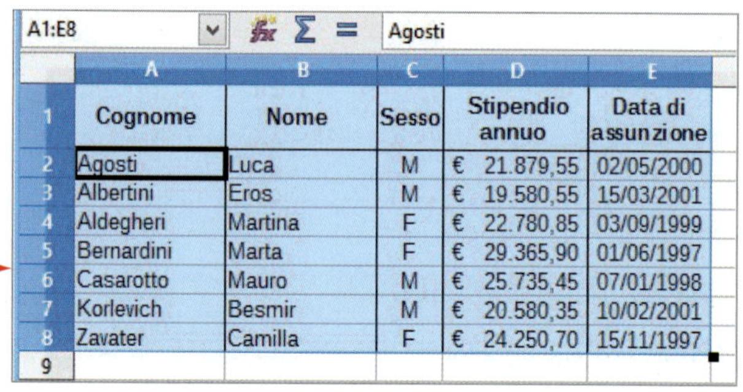

Cognome	Nome	Sesso	Stipendio annuo	Data di assunzione
Agosti	Luca	M	€ 21.879,55	02/05/2000
Albertini	Eros	M	€ 19.580,55	15/03/2001
Aldegheri	Martina	F	€ 22.780,85	03/09/1999
Bernardini	Marta	F	€ 29.365,90	01/06/1997
Casarotto	Mauro	M	€ 25.735,45	07/01/1998
Korlevich	Besmir	M	€ 20.580,35	10/02/2001
Zavater	Camilla	F	€ 24.250,70	15/11/1997

Svolgi i test

Gli esercizi sono disponibili anche nella versione digitale come test interattivi e autocorrettivi.

TEST DI COMPLETAMENTO

Completa le frasi con le espressioni mancanti, scegliendo tra quelle di seguito proposte.
lettere – doppio clic – area di lavoro – zona inferiore – zona superiore – colonna – alla sinistra – numeri – destro

1 La finestra di Calc è divisa in tre zone denominate (elencale partendo dall'alto) ...., ... e ....
2 Nel foglio di lavoro le colonne sono identificate da .... e le righe da ....
3 L'adattamento automatico di una colonna si esegue facendo .... sul lato .... dell'intestazione di ....
4 L'inserimento della colonna avviene .... della colonna selezionata.

TEST VERO FALSO

Indica, barrando la relativa casella, se le seguenti affermazioni sono vere o false. V F

1 Il dato kg 30 può essere oggetto di calcolo. ☐ ☐
2 Le date possono essere utilizzate nelle operazioni di calcolo. ☐ ☐
3 La combinazione di tasti Ctrl + Home attiva sempre la cella A1. ☐ ☐
4 Se una cella mostra i simboli ### significa che il valore supera la larghezza della colonna. ☐ ☐

TEST DI COLLEGAMENTO

Associa gli elementi (testo o immagine) della prima colonna con le corrispondenti descrizioni della seconda.

1 Etichetta	A Permette di incrementare la serie di un determinato valore.	1 ___
2 Inserimento di una riga	B Conferma il dato inserito senza cambiare cella.	2 ___
3 	C Avviene sopra la riga selezionata.	3 ___
4 	D Non può mai essere oggetto di calcolo.	4 ___

TEST A RISPOSTA SINGOLA O MULTIPLA

Per ogni quesito, indica la risposta o le risposte corrette. (○ **risposta singola** / ☐ **risposta multipla**)

1 Il contenuto di una cella viene visualizzato anche:
○ nella barra di stato
○ nella riga di digitazione
○ nell'intestazione di colonna
○ nell'intestazione di riga

2 L'etichetta è un dato formato:
☐ da numeri preceduti dal simbolo di valuta
☐ esclusivamente da solo testo
☐ da lettere
☐ da testo e numeri e viceversa

3 Il quadratino di riempimento permette di effettuare:
☐ lo spostamento dei dati
☐ una serie di sequenze predefinite
☐ la copia di formule
☐ la copia dei formati

4 Per cartella di lavoro s'intende:
○ un raccoglitore di file
○ un file di Calc
○ un foglio di lavoro
○ un insieme di celle selezionate

Calcola ed elabora

- Il riquadro ELABORA elenca le consegne per lo svolgimento dell'esercizio.

1 Crea il file M5-1 Laghi e salvalo nella tua cartella

Inserisci i dati riportati in tabella senza modificare le celle.

ELABORA

- In B1 e in C1 opera in modo da disporre il testo su due righe e dimensiona la riga 1 a 1,30 cm e le altre a 0,80 cm.
- Adatta in automatico la colonna A, con l'uso del mouse dimensiona le colonne B e C a 3,24 cm.
- Con l'uso del drag and drop sposta la zona B1:B11 in D1:D11.
- Opera da menu rapido per eliminare la colonna B.
- Operando nell'apposita finestra, dimensiona la colonna C a 2 cm.
- Salva le modifiche e chiudi il file.

	A	B	C
1	Principali laghi	Superficie (kmq)	Profondità massima (m)
2	Garda	370	346
3	Maggiore	212,2	372
4	Como	145,9	410
5	Trasimeno	128	6
6	Bolsena	114,5	146
7	Iseo	65,3	251
8	Varano	60,5	6
9	Bracciano	57,5	160
10	Lésina	51,4	2
11	Lugano	50,5	288
12			

2 Apri il file M5 Forniture e salvalo nella tua cartella con il nome M5-1 Forniture

ELABORA

- Adatta in automatico la colonna A.
- Da menu dimensiona le colonne C e D a 2 cm.
- Utilizzando il mouse dimensiona la riga 1 a 1 cm.
- Seleziona la zona C3:C5 e con la tecnica del drag and drop spostala nella zona E3:E5, quindi adatta la colonna E.
- Da menu contestuale elimina le colonne B e C.
- Posizionati in B2 e mediante lo strumento di riempimento automatico crea la sequenza in C2, quindi dimensiona la colonna C a 2 cm.
- In B5 sostituisci il dato 5320 con 6791 e in C3 modifica solo l'ultima cifra in 5 (3205).
- Con l'uso delle funzioni Taglia e Incolla, sposta la riga 4 a riga 6 e operando da menu rapido elimina la riga 4.
- Salva le modifiche, confronta il risultato finale delle modifiche con l'immagine mostrata e chiudi il file.

	A	B	C
1	FORNITURE		
2		1° Timestre	2° Timestre
3	Calcestruzzo	1500	3205
4	Mattoni e cemento	6791	8953
5	Travi e sassi	2480	4587
6			

3 Apri il file M5 Ore annue e salvalo nella tua cartella con il nome M5-1 Ore annue completo

ELABORA

- Adatta in automatico le colonne B, F e J; da barra multifunzione elimina la riga 25.
- Nelle celle a sfondo blu inserisci i nomi mancanti alternando l'uso delle funzioni Copia e Incolla all'opzione Lista di scelta.
- Nelle celle K2 e G8, accanto al testo presente (Ore), aggiungi lavorate.
- Seleziona l'intero foglio di lavoro e da barra multifunzione dimensiona l'altezza delle righe a 1 cm.
- Seleziona le colonne A, E, I e da menu rapido dimensionale a 3 cm.
- A partire dalla cella M2 (fino a M13), con l'uso del quadratino di riempimento crea la sequenza dei mesi fino a Dicembre.
- In N1 utilizza il comando da menu per disporre il testo su due righe e dimensiona la colonna N a 1,30 cm e la riga 1 a 0,8 cm.
- Sposta il dato della cella C1 in N2 (totale ore di Gennaio) e procedi in modo analogo per i dati di tutti gli altri mesi (per esempio, sposta con il drag and drop C7 in N3 – Febbraio –, operando da menu rapido C13 in N4 e così via fino a K19 in N13).
- Dimensiona la colonna M a 2 cm.
- Salva le modifiche e chiudi il file.

UNITÀ 2 ESEGUIRE CALCOLI ED ELABORARE TABELLE

Calc è un ambiente di ▶ **calcolo** ◀ in cui costruire formule, dalle più semplici alle più complesse, utilizzando operatori matematici, stringhe di testo, seguendo precise regole per il loro inserimento.

Le formule sono sequenze di valori costanti che generano nuovi valori e si distinguono in:

- formule aritmetiche (nei calcoli utilizzano solo operatori matematici che indicano il tipo di calcolo da eseguire);
- funzioni (formule predefinite il cui tipo di calcolo viene esplicitato dal nome che le identifica).

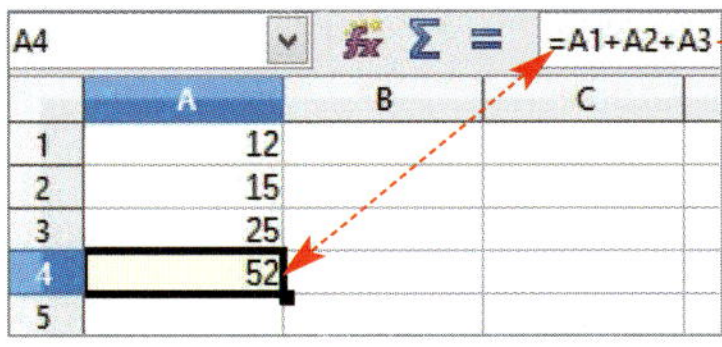

Formula aritmetica

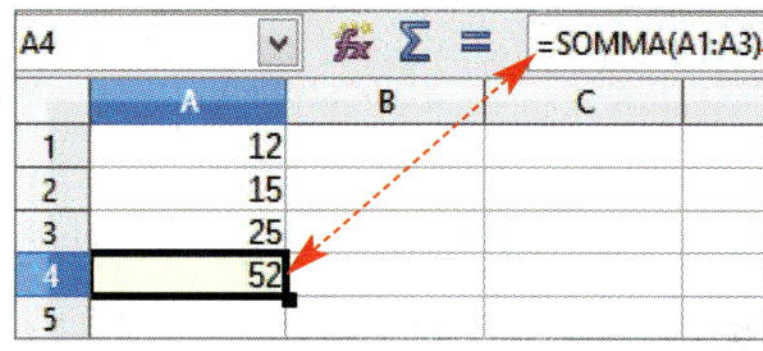

Funzione

Smart
Quando operi in Calc utilizza il tastierino numerico. Per attivarlo premi il tasto Block Num (ne indica l'attivazione il led sotto a Num Lock, in alto a destra della tastiera).

Smart
Il simbolo = può essere digitato o inserito in automatico operando sul pulsante [=] Funzione nella Barra di calcolo.

L'introduzione di formule inizia sempre con il ▶ **simbolo =** ◀ e prosegue senza spazi tra gli elementi. La conferma si esegue premendo il tasto Invio, oppure facendo clic sul pulsante Accetta qualora si voglia rimanere nella stessa cella per copiare la formula nelle celle adiacenti mediante trascinamento.

In un foglio di lavoro, oltre alla correttezza dei dati inseriti e dei calcoli eseguiti, riveste molta importanza anche l'aspetto. La formattazione contribuisce a una migliore e a una più facile interpretazione dei dati.

Formattare un foglio significa elaborare le tabelle con bordi e sfondi, assegnare formati diversi ai valori, modificare il tipo, la dimensione, il colore e lo stile del carattere, applicare allineamenti diversi, unire e centrare più celle.

Di seguito proponiamo un esempio di ▶ **una tabella formattata** ◀.

Clippy
La nomenclatura indicata in questo esempio sarà poi utilizzata nella sezione **ELABORA** degli esercizi.

Titolo della tabella
In genere allineato al centro, con dimensioni maggiori dei dati in tabella e dell'altezza riga rispetto al resto della tabella

Dati della tabella
In genere, con formato Separatore delle migliaia (con o senza decimali), bordi esterni solo alle colonne

Intestazioni di colonna
Centrate nelle celle, in grassetto e con dimensioni e uno sfondo diversi dalle altre righe della tabella

Intestazioni di riga
Allineate a sinistra e in grassetto

CONSUNTIVO SPESE					
Voci di spesa	**1° trimestre**	**2° trimestre**	**3° trimestre**	**4° trimestre**	**TOTALE**
Materie prime	91.750,60	96.850,10	96.850,10	99.850,60	**€ 385.301,40**
Personale	5.700,35	6.700,15	6.700,15	6.500,50	**€ 25.601,15**
Gestione logistica	11.800,45	16.400,40	16.400,40	18.700,35	**€ 63.301,60**
Pubblicità	7.850,90	8.550,80	8.550,80	9.850,90	**€ 34.803,40**
TOTALE	**€ 117.102,30**	**€ 128.501,45**	**€ 128.501,45**	**€ 134.902,35**	**€ 509.007,55**

Colonna dei totali
In grassetto e con formato Valuta (se contenente valori relativi a denaro)

Riga dei totali
In grassetto. I valori, se relativi a denaro, con formato Valuta, o Separatore delle migliaia, e con altezza riga un po' più grande di quelle delle righe con i dati della tabella; lo sfondo, in genere, è uguale a quello delle intestazioni di colonna

ECDL SS 4.1.1

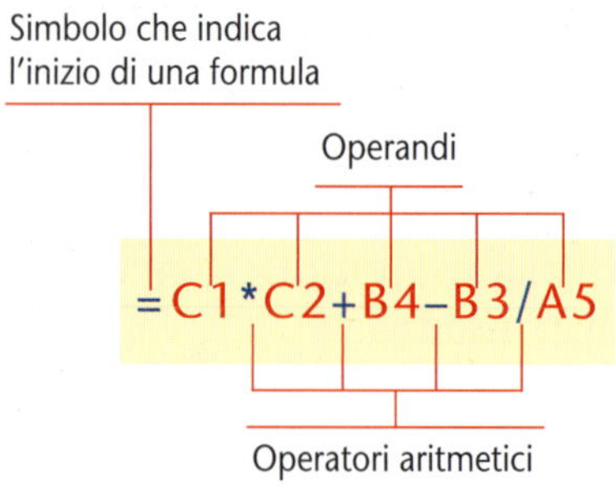

Inserire formule aritmetiche ed espressioni

La formula matematica è costituita da operandi (indirizzi di celle e/o valori numerici) e da operatori aritmetici che indicano il tipo di calcolo da eseguire.

Nella formula è consigliabile inserire gli indirizzi delle celle anziché digitare il loro contenuto (numeri), in quanto, sostituendo i valori all'interno delle celle, i risultati delle formule si aggiornano automaticamente. Diversamente, in caso di modifica sarebbe necessario intervenire in ogni formula, digitando il nuovo valore con notevole perdita di tempo e maggior rischio di commettere errori.

	A	B	C
1	10	20	=A1+B1
2	20	5	=A2-B2
3	5	4	=A3*B3
4	=A1+A2-A3	=B1*B2/B3	

	A	B	C
1	10	20	30
2	20	5	15
3	5	4	20
4	25	25	

	A	B	C
1	10	20	30
2	20	2	18
3	5	4	20
4	25	10	

L'inserimento degli indirizzi di cella nelle formule richiede attenzione: può essere eseguito digitando la lettera e il numero della cella, o, meglio ancora, indicando il riferimento con il mouse.

ECDL SS 4.1.2

• Calcolare con le formule

Per essere certi di inserire gli indirizzi di cella corretti è opportuno imparare fin da subito a servirsi del mouse. Vediamo di seguito la sequenza operativa per eseguire in A3, per esempio, la somma dei dati contenuti in A1 e in A2.

1 Fare clic in A3, digitare il simbolo = e fare clic in A1.

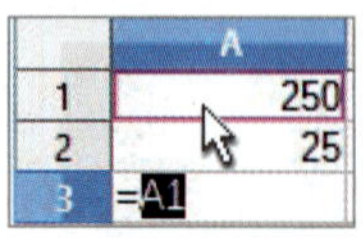

2 Premere il tasto dell'operatore matematico +.

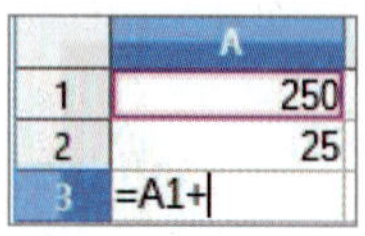

3 Fare clic in A2.

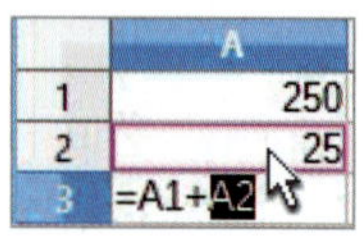

4 Confermare con Accetta. La Riga di digitazione mostra la formula che ha generato il risultato.

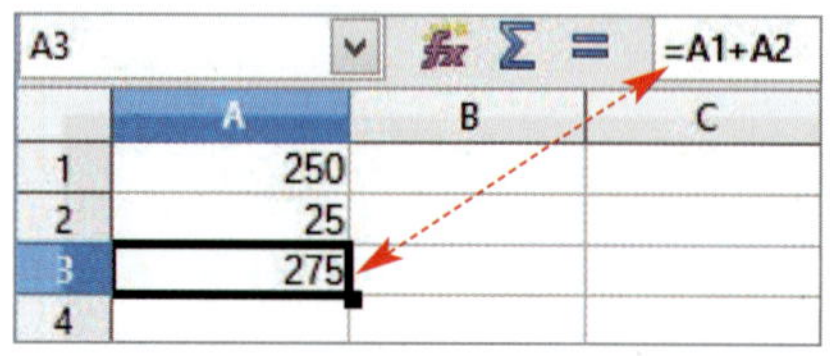

Gli operatori più comuni che possono essere utilizzati nelle formule sono: +, –, *, / e %.

Di seguito vengono riportati alcuni semplici esempi di formule con gli ▶ **operatori aritmetici** ◀.
Per maggiore chiarezza, nelle immagini sono state evidenziate con il fondino giallo le celle in cui sono state applicate le formule.

ADDIZIONE OPERATORE +

A3 =A1+A2

	A	B	C	D
1	15	15	15	15
2	5	5	5	5
3	20			
4				

Somma i valori inseriti nelle celle A1 e A2.

SOTTRAZIONE OPERATORE –

B3 =B1-B2

	A	B	C	D
1	15	15	15	15
2	5	5	5	5
3	20	10		
4				

Sottrae dal valore di B1 quello contenuto in B2.

MOLTIPLICAZIONE OPERATORE *

C3 =C1*C2

	A	B	C	D
1	15	15	15	15
2	5	5	5	5
3	20	10	75	
4				

Moltiplica il valore di C1 per quello contenuto in C2.

DIVISIONE — OPERATORE /

D3 — =D1/D2

	A	B	C	D
1	15	15	15	15
2	5	5	5	5
3	20	10	75	3
4				

Divide il valore di D1 per quello contenuto in D2.

CALCOLO PERCENTUALE — OPERATORI * E %

A6 — =A5*10%

	A	B	C	D
5	35			
6	=A5*10%			
7				

A6 — =A5*0,1

	A	B	C	D
5	35			
6	3,5			
7				

L'operatore * moltiplica il dato in A5 per 10 (valore digitato) e l'operatore % divide il prodotto per 100 calcolando il 10% del dato di A5. Quando viene confermata la formula, Calc trasforma il dato dividendolo per cento, ossia il valore utilizzato nel calcolo (in questo caso, 10/100).

Allena le competenze

- Inserire i dati
- Dimensionare righe e colonne
- Inserire e copiare formule matematiche

Crea il file M5-2 Formule e salvalo nella tua cartella

1 ▶ **Dimensiona le colonne** ◀ da A a E a 1,60 cm, e F, G, J e K a 3 cm, H a 2 cm e I a 3,5 cm. Inserisci i dati nelle celle come mostrato.

Smart
Per dimensionare le colonne non adiacenti selezionale usando il tasto Ctrl.

	A	B	C	D	E	F	G	H	I	J	K
1	Prenotazioni										
2	Camera	Arrivo	Partenza	Giorni	Persone	Prezzo camera base a notte	Prezzo al giorno per persona	Imposta di soggiorno	Prezzo complessivo per persona	Importo pagato da ogni persona	Importo totale pernottamento
3	104	15/07/16	18/07/16		2	84		1,5			
4	105	25/07/16	31/07/16		3	105		1,5			
5	106	28/07/16	31/07/16		1	57		1,5			
6	Totali										
7											

Inserisci il dato in A3 ed esegui la copia per trascinamento fino a A5

Inserisci il dato in H3, conferma con ↵, poi fai clic su [copia], quindi seleziona H4:H5 e usa [incolla]

Testo a capo con l'uso del tasto Ctrl

Smart
Per ogni formula impostata nella riga 3 esegui la copia per trascinamento fino alla riga 5.

2 Inserisci le ▶ **formule** ◀ come mostrato. Per maggiore chiarezza, nell'immagine sono state evidenziate con il fondino giallo le celle in cui sono state applicate le formule.

=C3-B3 · =F3/E3 · =G3+H3 · =I3*D3 · =J3*E3

K6 — =K3+K4+K5

	A	B	C	D	E	F	G	H	I	J	K
1	Prenotazioni										
2	Camera	Arrivo	Partenza	Giorni	Persone	Prezzo camera base a notte	Prezzo al giorno per persona	Imposta di soggiorno	Prezzo complessivo per persona	Importo pagato da ogni persona	Importo totale pernottamento
3	104	15/07/16	18/07/16	3	2	84	42	1,5	43,5	130,5	261
4	105	25/07/16	31/07/16	6	3	105	35	1,5	36,5	219	657
5	106	28/07/16	31/07/16	3	1	57	57	1,5	58,5	175,5	175,5
6	Totali			12	6						1093,5
7											

In D6 inserisci la formula =D3+D4+D5, confermala con ↵ ed esegui la ▶ **copia per trascinamento** ◀ in E6

Smart
Osserva gli indirizzi delle formule che hai copiato mediante trascinamento: nelle formule copiate in verticale (nella stessa colonna) si sono aggiornati i riferimenti di riga, in quella copiata in orizzontale (da C6 a D6) si sono aggiornati i riferimenti di colonna.

3 Sostituisci il dato in B4 come mostrato e poi verifica i risultati delle formule che Calc ha aggiornato in automatico.

	A	B	C	D	E	F	G	H	I	J	K
1	Prenotazioni										
2	Camera	Arrivo	Partenza	Giorni	Persone	Prezzo camera base a notte	Prezzo al giorno per persona	Imposta di soggiorno	Prezzo complessivo per persona	Importo pagato da ogni persona	Importo totale pernottamento
3	104	15/07/16	18/07/16	3	2	84	42	1,5	43,5	130,5	261
4	105	20/07/16	31/07/16	11	3	105	35	1,5	36,5	401,5	1204,5
5	106	28/07/16	31/07/16	3	1	57	57	1,5	58,5	175,5	175,5
6	Totali			17	6						1641
7											

Clippy

Gli operatori consecutivi con lo stesso livello di precedenza sono calcolati da sinistra verso destra.

• Calcolare con le espressioni

Nel ▶ **calcolo di espressioni** ◀ Calc applica le regole matematiche, ossia:
- elabora prima i dati tra parentesi;
- esegue prima moltiplicazioni e divisioni e poi somme e differenze.

Allena le competenze

- Inserire e copiare i dati
- Inserire formule matematiche
- Calcolare con le espressioni

Crea il file M5-2 Espressioni e salvalo nella tua cartella

1 Inserisci i dati nella zona A1:A5, seleziona la zona ed esegui la copia.

A1:A5

	A	B	C
1	2		
2	5		
3	10		
4	5		
5	3		
6			

2 Seleziona la zona B1:D5 e utilizza .

B1:D5 — 2

	A	B	C	D
1	2	2	2	2
2	5	5	5	5
3	10	10	10	10
4	5	5	5	5
5	3	3	3	3
6				

3 Inserisci le espressioni con le formule come mostrato e confronta i risultati ottenuti.

D6 — =D1*(D2+D3/D4-D5)

	A	B	C	D	E
1	2	2	2	2	
2	5	5	5	5	
3	10	10	10	10	
4	5	5	5	5	
5	3	3	3	3	
6	9	15	3	8	
7					

=A1*A2+A3/A4-A5

=B1*(B2+B3)/(B4-B5)

=C1*(C2+C3/C4-C5)

ECDL SS 4.1.4

Comprendere l'uso nelle formule dei riferimenti relativi e assoluti

In un foglio di lavoro i calcoli si effettuano inserendo formule che fanno riferimento alle celle contenenti i dati. Ogni cella, quindi, è individuata da un indirizzo formato da due riferimenti (coordinate): una lettera che definisce la colonna e un numero che indica la riga.
I riferimenti più usati nelle formule sono: relativo e assoluto.

=A3*C3 Per riferimento relativo s'intende l'indirizzo di cella che, in fase di copia della formula, Calc modifica e ▶ **aggiorna automaticamente** ◀:
- con il trascinamento verso il basso si incrementano i numeri che individuano la riga;
- con il trascinamento verso destra si incrementano le lettere che individuano la colonna.

=$B$2*B4 Per riferimento assoluto s'intende un indirizzo di cella che in fase di copia rimane inalterato, fornendo sempre la stessa posizione di cella in cui ricercare i dati.
Il riferimento assoluto di una cella è rappresentato dal simbolo $ (per esempio, $B$2) e si può creare durante l'inserimento della formula, ▶ **digitando** ◀ il simbolo $ davanti alla lettera della colonna e al numero della riga.

Zoom su...

IL RIFERIMENTO MISTO

Smart

Hai potuto verificare questi aggiornamenti di cella nell'esercizio M5-2 Formule.

Clippy

Per eliminare un riferimento assoluto, posizionarsi nell'indirizzo di cella e cancellare ciascun simbolo.

Allena le competenze

- Inserire formule matematiche
- Usare riferimenti relativi e assoluti
- Copiare formule mediante trascinamento

Crea il file M5-2 Riferimenti e salvalo nella tua cartella

	A	B	C
1	120	357	74
2	54	159	85
3	28	62	96
4			

1 Inserisci i dati come mostrato.

2 In A4 inserisci la formula indicata, confermala con ↵ ed esegui la ▶ **copia per trascinamento** ◀ fino a C4.

A4 =A1+A2+A3

	A	B	C	D
1	120	357	74	
2	54	159	85	
3	28	62	96	
4	202			
5				

Clippy

Calc interpreta la formula in questo modo: "*Somma il contenuto delle tre celle che sono situate sopra la cella attiva*" (ossia nelle righe 1, 2 e 3).
Poiché nelle colonne B e C, rispetto alla cella in cui viene inserita la formula, abbiamo la stessa situazione della colonna A, in B4 e in C4 si può copiare la formula.
In B4 e C4 Calc aggiorna quindi gli indirizzi rendendoli relativi alla cella in cui sono stati copiati, incrementando le lettere che individuano la colonna.

3 In D1 inserisci la formula indicata, confermala con ↵ ed esegui la ▶ **copia per trascinamento** ◀ fino a D4.

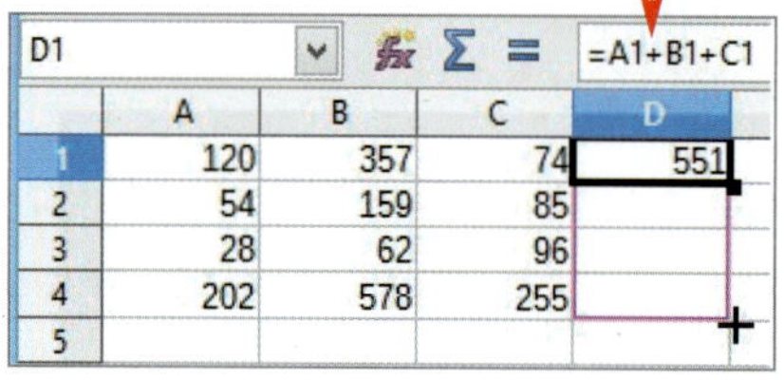

D1 | =A1+B1+C1

	A	B	C	D
1	120	357	74	551
2	54	159	85	
3	28	62	96	
4	202	578	255	
5				

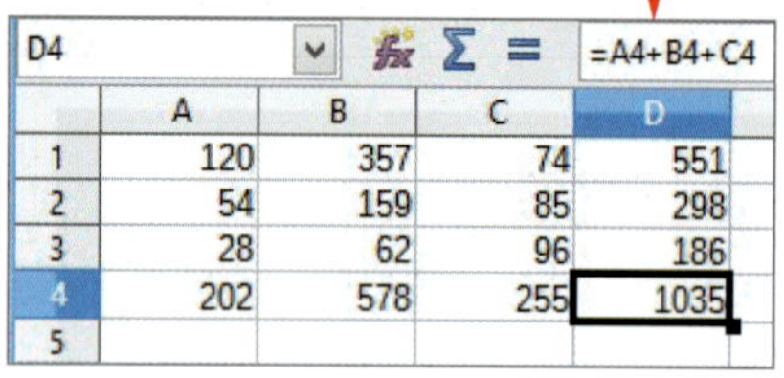

D4 | =A4+B4+C4

	A	B	C	D
1	120	357	74	551
2	54	159	85	298
3	28	62	96	186
4	202	578	255	1035
5				

Clippy

Calc interpreta la formula in questo modo: *"Somma il contenuto delle tre celle che sono situate a sinistra della cella attiva"* (ossia nelle colonne A, B e C).
Poiché nelle righe 2, 3, e 4, rispetto alla cella in cui viene inserita la formula, abbiamo la stessa situazione della riga 1, allora in D2, D3 e D4 si può copiare la formula.
Come si può notare, in D2, D3 e D4 Calc ha aggiornato gli indirizzi rendendoli relativi alla cella in cui sono stati copiati, incrementando i numeri che individuano la riga.

4 ▶ **Inserisci i dati** ◀ come mostrato e adatta la colonna F.

Smart

Per utilizzare il dato 15% nei calcoli, inseriscilo separato dal testo in F12.

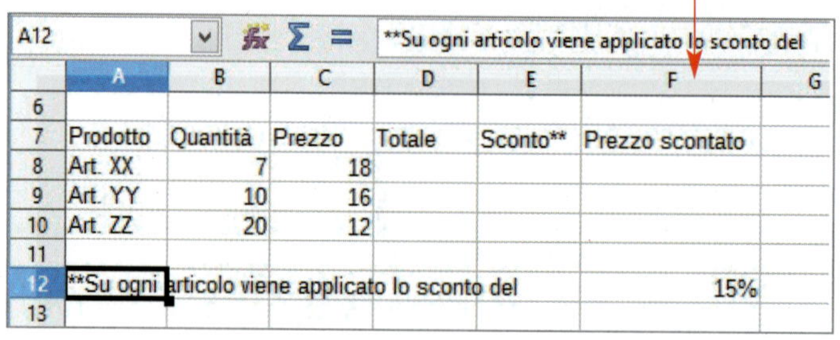

A12 | **Su ogni articolo viene applicato lo sconto del

	A	B	C	D	E	F	G
6							
7	Prodotto	Quantità	Prezzo	Totale	Sconto**	Prezzo scontato	
8	Art. XX	7	18				
9	Art. YY	10	16				
10	Art. ZZ	20	12				
11							
12	**Su ogni articolo viene applicato lo sconto del					15%	
13							

5 Inserisci le formule come mostrato.

=B8*C8   =D8*$F$12   =D8-E8

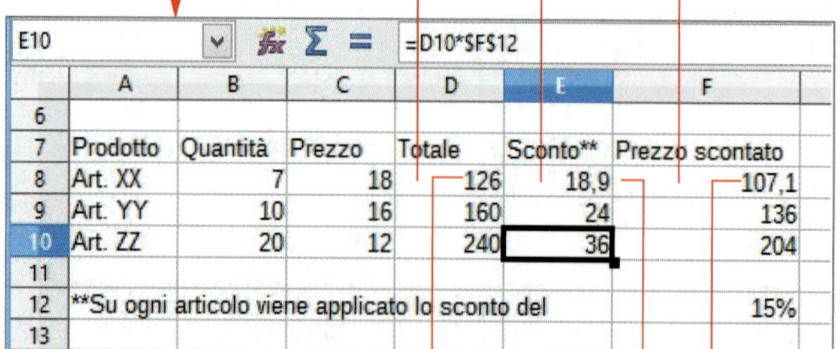

E10 | =D10*$F$12

	A	B	C	D	E	F
6						
7	Prodotto	Quantità	Prezzo	Totale	Sconto**	Prezzo scontato
8	Art. XX	7	18	126	18,9	107,1
9	Art. YY	10	16	160	24	136
10	Art. ZZ	20	12	240	36	204
11						
12	**Su ogni articolo viene applicato lo sconto del					15%
13						

Per ogni formula impostata nella riga 8 esegui la ▶ **copia per trascinamento** ◀ fino a riga 10

Clippy

Esaminando la tabella a fianco, vediamo che la cella F12 contiene il tasso che sarà utilizzato per calcolare lo sconto su ogni articolo. Per calcolare tale importo, la formula da impostare in E8 è la seguente: =D8*F12.
La regola vale anche per le celle successive, quindi si potrebbe eseguire la copia per trascinamento per replicare la formula.
Tuttavia, poiché le coordinate di riferimento (F12) nella formula devono mantenere la posizione fissa, è necessario bloccarle con il riferimento assoluto ($F$12).
Eseguendo quindi la copia per trascinamento si può verificare che in ogni cella il primo indirizzo si è aggiornato, mentre il secondo è rimasto inalterato.

ECDL SS 4.2.1

Clippy

Le funzioni sono divise per categoria, a seconda della tipologia di calcolo a cui si riferiscono (Matematica, Statistica, Logica, Finanza ecc.).

Inserire funzioni

Le funzioni sono ▶ **formule predefinite** ◀ costruite con un preciso ordine, detto sintassi, dato dal nome della funzione che esplicita il tipo di calcolo (per esempio SOMMA, CONTA.NUMERI e MEDIA) seguito da parentesi che racchiudono gli argomenti separati tra loro dagli operatori di riferimento.

- Gli argomenti specificano le celle o i valori utilizzati nella funzione e possono essere costituiti da riferimenti di cella, intervalli (zone), numeri, nomi definiti, valori logici o da altre funzioni.
- Gli operatori di riferimento (intervallo o unione) sono segni che servono per indicare le zone o separare gli argomenti da considerare nel calcolo. Quando in una funzione si inseriscono più argomenti, ognuno di essi è separato dal successivo con il punto e virgola (;).

Esaminiamo di seguito alcuni esempi.

Questa funzione utilizza un solo argomento: l'intervallo di celle B1:B5 (ossia comunica a Calc di sommare i numeri delle celle da B1 a B5).

L'operatore di intervallo : (da… a) indica una zona (celle adiacenti) che ha come vertici le celle indicate.

Operatore di riferimento

=SOMMA(B1:B5)

Nome della funzione — Argomento

Questa funzione utilizza due argomenti:
- il primo è il riferimento di cella B1;
- il secondo è l'intervallo di celle C1:C5.

In questo modo si comunica a Calc di sommare il valore della cella B1 a quelli da C1 a C5.

L'operatore di unione ; (e) indica celle non adiacenti.

Argomenti

Nome della funzione — =SOMMA(B1;C1:C5)

Operatori di riferimento

• La funzione matematica SOMMA

La funzione SOMMA genera il totale di una serie di numeri e la sua sintassi è la seguente: =SOMMA(num1;num2;…).

Due modi veloci per richiedere la somma di una zona di dati sono:
- attivare la cella in cui si desidera visualizzare il risultato, fare clic sul pulsante Σ Somma e poi su ↵ (o premere Invio);
- selezionare la zona delle celle coinvolte nel calcolo, compresa quella in cui andrà inserito il risultato, e fare clic su Σ.

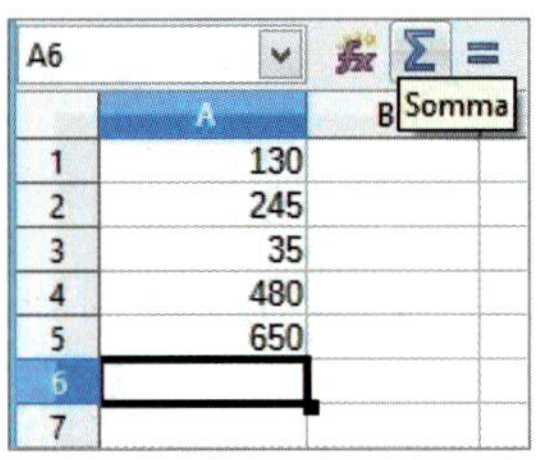

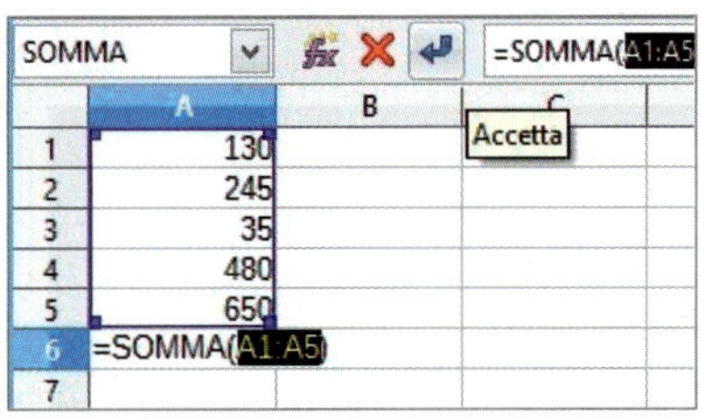

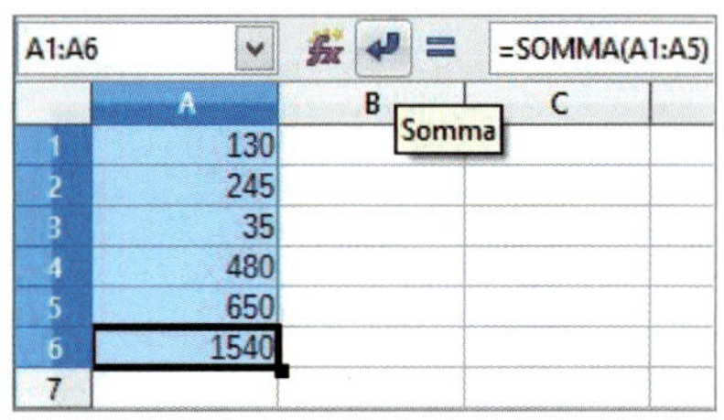

La funzione SOMMA può essere composta anche scegliendola dall'elenco a discesa in cui sono presenti le funzioni usate di recente.

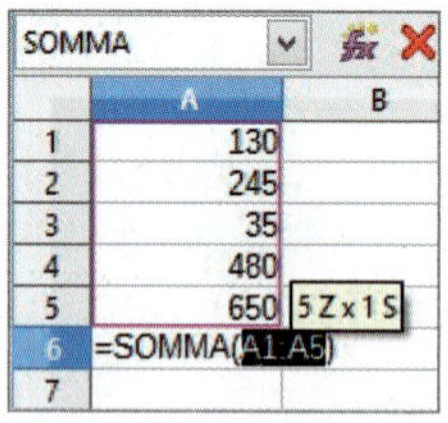

1 Posizionarsi nella cella in cui si desidera ottenere il risultato e fare clic su [=] Funzione, quindi fare clic sul pulldown della Casella del nome e selezionare il nome della funzione.

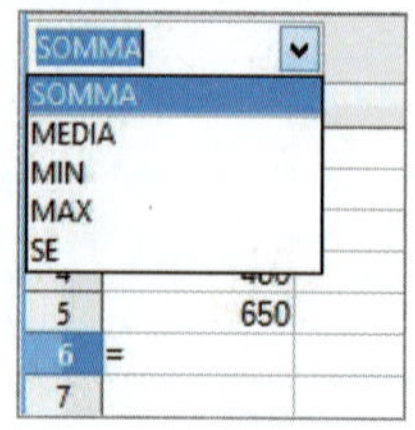

2 Nel foglio selezionare la zona da considerare nel calcolo e confermare con [↵] o premere Invio.

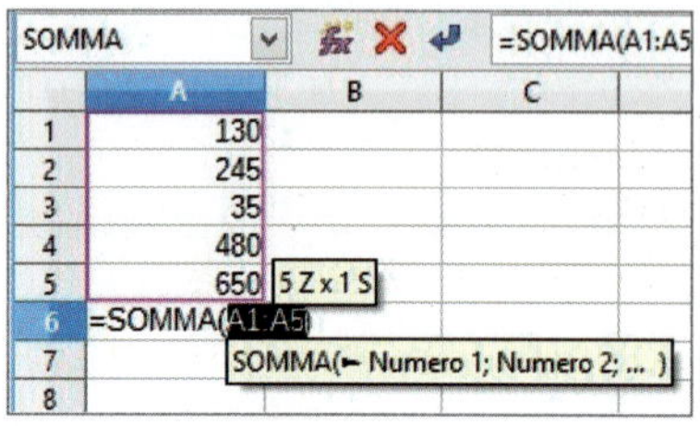

In alternativa, è possibile digitare la funzione nella cella.

1 Posizionarsi nella cella in cui si desidera ottenere il risultato e digitare la sintassi della funzione.
2 Selezionare la zona da considerare nel calcolo e premere Invio.

• Le funzioni statistiche MEDIA, MIN, MAX, CONTA.NUMERI e CONTA.VALORI

Nella categoria delle funzioni statistiche prenderemo in considerazione le funzioni elencate in tabella.

FUNZIONE	TIPO DI CALCOLO	SINTASSI
MEDIA	Calcola il valore medio tra quelli presenti in un intervallo di celle, sommando i singoli valori e dividendo il risultato per il numero di celle considerate.	=MEDIA(Numero1;Numero2;...)
MIN	Restituisce il valore minore tra quelli contenuti in un intervallo di celle.	=MIN(Numero1;Numero2;...)
MAX	Restituisce il valore maggiore tra quelli presenti in un intervallo di celle.	=MAX(Numero1;Numero2;...)
CONTA.NUMERI	Restituisce il numero di celle, di un determinato intervallo, che contengono numeri, incluse date e formule.	=CONTA.NUMERI(Valore1;Valore2;...)
CONTA.VALORI	Restituisce il numero di celle non vuote, di un determinato intervallo, contenenti qualsiasi tipo di dati.	=CONTA.VALORI(Valore1;Valore2;...)

Clippy

Le funzioni SOMMA, MEDIA, MIN e MAX sono molto comuni nell'uso del foglio elettronico e perciò gli sviluppatori di Calc le hanno inserite nell'elenco della Casella del nome agevolando così il loro inserimento. Tale elenco si incrementa con i nomi delle funzioni che via via vengono utilizzate.

La composizione di queste funzioni si esegue con le stesse ▶ **modalità** ◀ esaminate per la funzione SOMMA. Vediamo alcuni esempi.

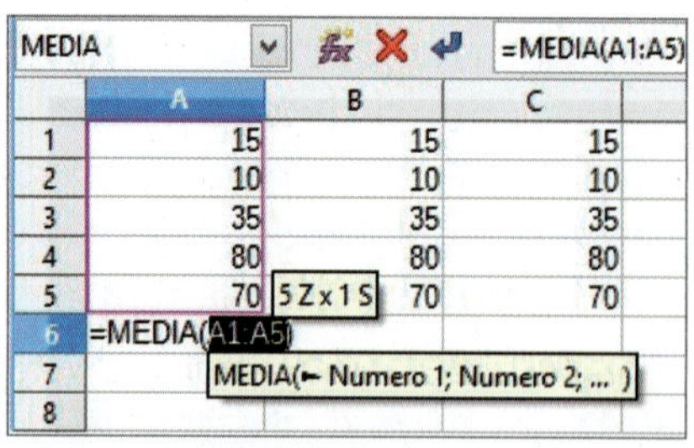

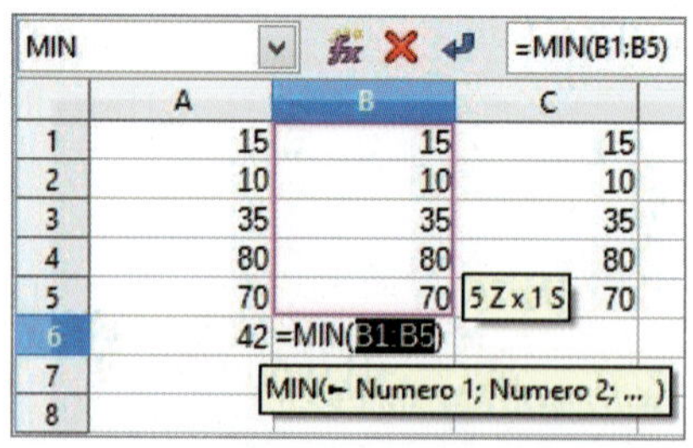

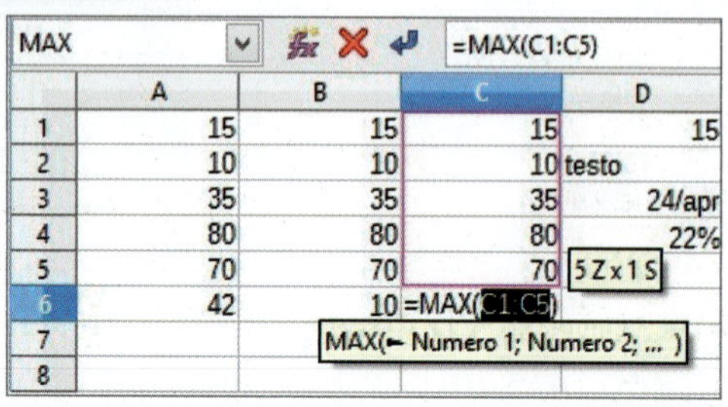

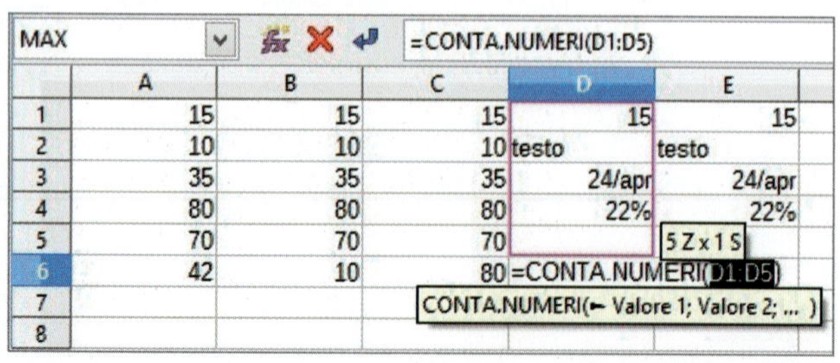

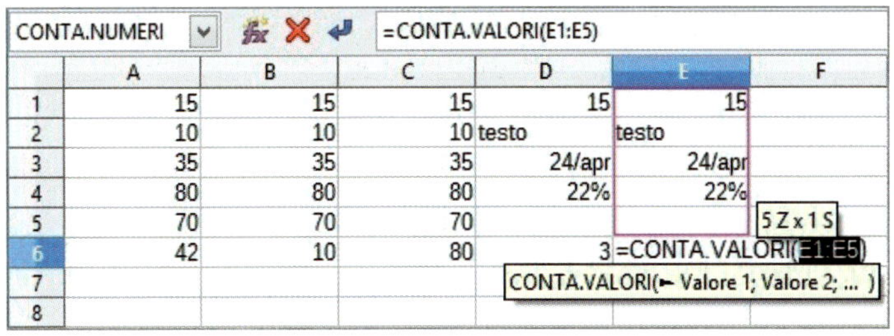

CONTA.NUMERI | =CONTA.VALORI(E1:E5)

	A	B	C	D	E	F
1	15	15	15	15	15	
2	10	10	10	testo	testo	
3	35	35	35	24/apr	24/apr	
4	80	80	80	22%	22%	
5	70	70	70			
6	42	10	80	3	=CONTA.VALORI(E1:E5)	
7						
8						

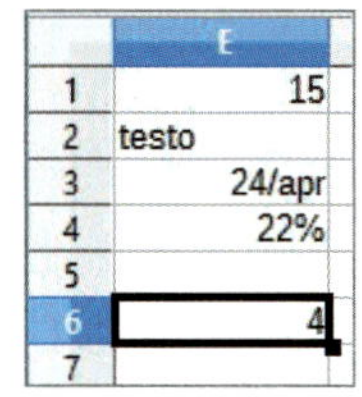

	E
1	15
2	testo
3	24/apr
4	22%
5	
6	4
7	

Allena le competenze

- Inserire funzioni
- Adattare colonne
- Copiare funzioni

Crea il file M5-2 Voti e salvalo nella tua cartella

1 Inserisci i dati come mostrato e adatta la colonna A.

	A	B	C	D
1	I MIEI VOTI - 1° PERIODO			
2	Prove di verifica scritte	Data	Voto	Media
3	Matematica	25/ott	7,5	
4		15/nov	7	
5		12/dic	6,5	
6		13/gen	8	
7	Media voti Matematica			
8				
9	Italiano	28/ott	6,5	
10		18/nov	6,5	
11		19/dic	7	
12		16/gen	6	
13	Media voti Italiano			
14				
15	Inglese	31/ott	7,5	
16		12/nov	7	
17		06/dic	9	
18		10/gen	8,5	
19	Media voti Inglese			
20				
21	Media complessiva			
22	Voto massimo			
23	Voto minimo			
24	N. verifiche 1° periodo			
25				

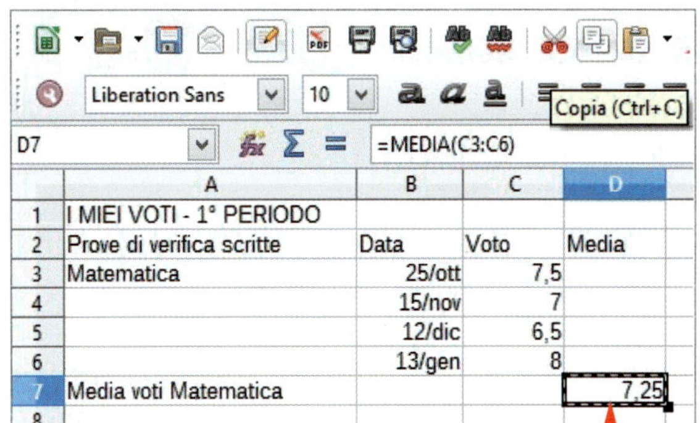

	A	B	C	D
1	I MIEI VOTI - 1° PERIODO			
2	Prove di verifica scritte	Data	Voto	Media
3	Matematica	25/ott	7,5	
4		15/nov	7	
5		12/dic	6,5	
6		13/gen	8	
7	Media voti Matematica			7,25
8				

2 In D7 inserisci la funzione per calcolare la media dei voti, poi confermala con Invio. ▶ **Copia** ◀ tale funzione e incollala in D13 e D19.

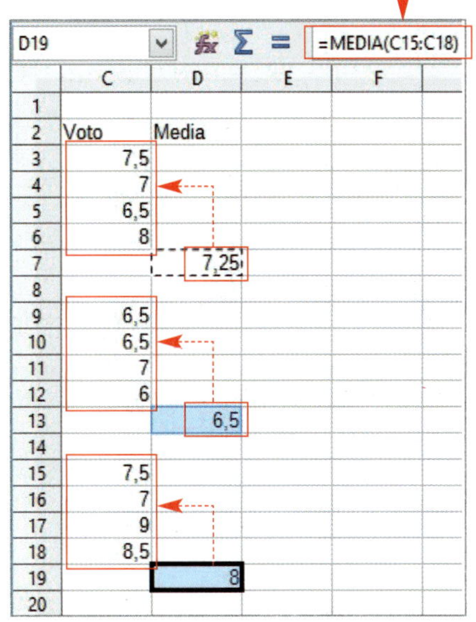

D19 | =MEDIA(C15:C18)

	C	D	E	F
1				
2	Voto	Media		
3	7,5			
4	7			
5	6,5			
6	8			
7		7,25		
8				
9	6,5			
10	6,5			
11	7			
12	6			
13		6,5		
14				
15	7,5			
16	7			
17	9			
18	8,5			
19		8		
20				

Smart

Osserva la disposizione dei dati considerati nel calcolo, rispetto alla cella in cui viene richiesto il risultato (D7). Come puoi notare (in D13 e D19), anche gli altri valori su cui calcolare la media sono disposti allo stesso modo, ossia nella colonna a sinistra in 4 celle sopra. Per la regola del riferimento relativo, puoi copiare tale formula e incollarla in D13 e D19. Come potrai verificare, Calc in ogni formula copiata ha aggiornato i riferimenti di riga.

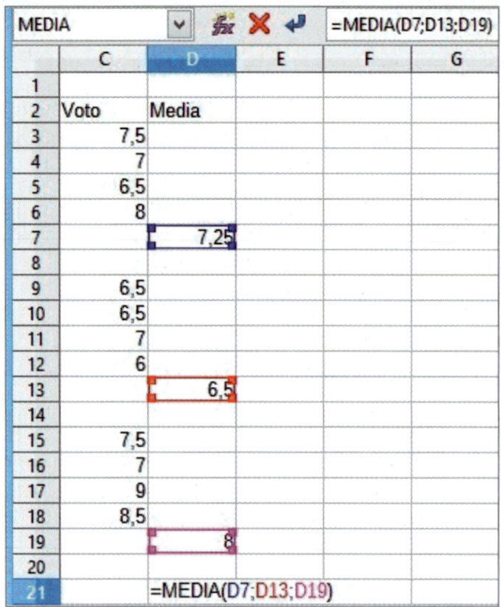

Smart

Nella composizione della funzione, per inserire gli indirizzi di cella, fai clic in D7 e, tenendo premuto il tasto Ctrl, fai clic in D13 e D19. Come puoi notare, Calc inserisce in automatico l'operatore di unione (;). La sintassi di questa funzione considera quindi tre argomenti.
Per comporre le funzioni in C22, C23 e C24, procedi in modo analogo (selezionando per ogni argomento la zona dei dati da considerare nel calcolo). In questi casi, Calc inserirà, per ogni zona selezionata, anche l'operatore di intervallo (:).

3 In D21 inserisci la funzione per calcolare la ▶ **media complessiva** ◀ dei voti e poi le ▶ **altre** ◀ come indicato.

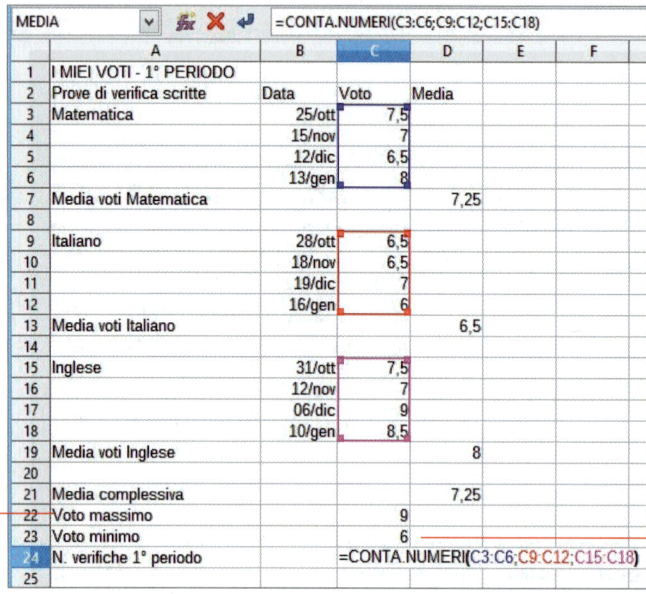

=MAX(C3:C6;C9:C12;C15:C18)

=MIN(C3:C6;C9:C12;C15:C18)

Smart

La funzione in C24, che conteggia il numero di verifiche effettuate eseguendo il calcolo sulla selezione dei voti conseguiti, restituisce il valore 12.
Mantenendo la stessa funzione, sostituisci gli indirizzi di cella inserendo i corrispondenti della colonna B; come potrai notare, ottieni lo stesso risultato: Calc esegue il conteggio anche sulle celle contenenti date, in quanto anch'esse sono considerate valori.
Nella stessa cella, poi, sostituisci la funzione presente con CONTA.VALORI e seleziona la zona C3:C18; poiché questa funzione restituisce il numero di celle non vuote, contenenti qualsiasi tipo di dati, otterrai ancora lo stesso risultato.

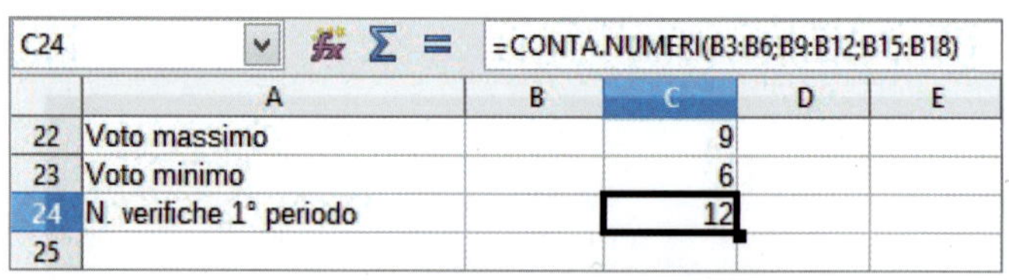

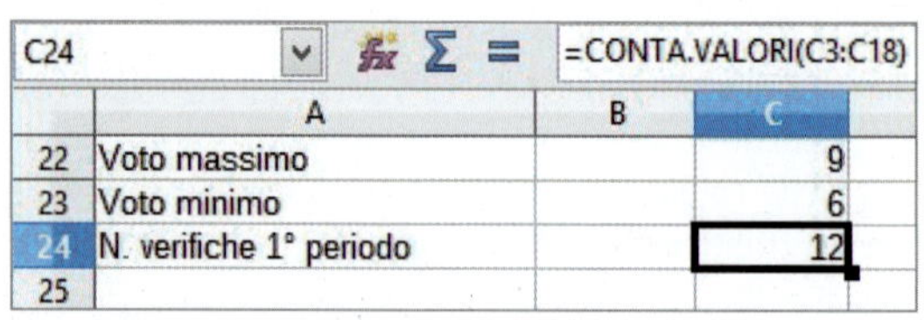

ECDL SS 4.1.3

Clippy

Un messaggio di errore è il risultato di un calcolo che Calc non può risolvere.

• Riconoscere e capire i messaggi di errore

Può capitare che nell'inserimento, copia o spostamento di formule il programma mostri dei ▶ **messaggi di errore** ◀.
Calc corregge gli errori più comuni in fase di inserimento; altre volte avverte dell'errore con un messaggio e ne propone la correzione.
In altre situazioni ancora, gli errori vengono segnalati nella cella con un messaggio che inizia con il simbolo # o con un codice.

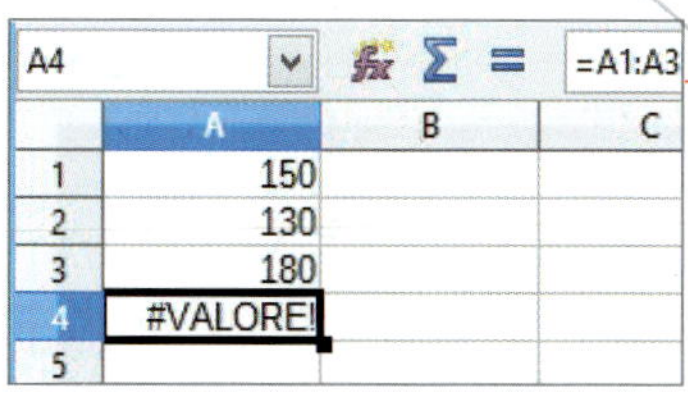

In questo caso, il messaggio d'errore compare perché:
- è una funzione e mancano il nome e le parentesi (per esempio, SOMMA(A1:A3));
- è una formula e manca l'indirizzo di A2 e l'operatore di riferimento ": " va sostituito con l'operatore matematico (per esempio, + se è un'addizione: =A1+A2+A3).

Nella tabella riportiamo alcuni dei messaggi d'errore in cui si può incorrere.

MESSAGGIO D'ERRORE	DESCRIZIONE
#VALORE	La formula contiene un operatore non valido, o si sta cercando di sommare celle contenenti etichette.
#RIF!	La cella contiene un riferimento a un indirizzo di cella sconosciuto, oppure è stata copiata una formula i cui riferimenti non corrispondono con il calcolo che si deve eseguire nella cella in cui è stata incollata.
#DIV/0!	La cella indicata come divisore non contiene alcun valore o è uguale a zero. Poiché Calc è fedele alle regole matematiche, un numero non può essere diviso per zero.
Err.522	Viene segnalato come errore se nella formula immessa in una cella si è incluso l'indirizzo della cella stessa tra le celle di riferimento (definito "riferimento circolare"). Per esempio, se in B6 si inserisce la formula =SOMMA(B2:B6), significa che uno dei valori da sommare è il risultato stesso e quindi l'operazione viene definita circolare.

ECDL SS 5.1.1 - SS 5.1.2 - SS 5.1.3

I formati numerici

Calc interpreta in automatico il tipo di dato inserito (etichetta o valore), ne assegna la categoria e ne stabilisce l'allineamento. Ai valori, senza alcuna indicazione particolare (barre separatrici nelle date e il simbolo di percentuale), applica il formato Numero/Standard.

Smart

Puoi accedere in modo rapido alla finestra Formato celle premendo Ctrl + 1.

I formati più comuni possono essere applicati:
- agendo sui comandi della barra degli strumenti Formattazione , i cui effetti sono descritti nella tabella riportata a pagina 238;
- intervenendo nella scheda Numeri della finestra Formato celle (▶ **attivata** ◀ da menu Formato, opzione Celle, oppure da menu rapido Formatta celle).

COMANDO	ASPETTO
Formato numero: valuta	Applica il simbolo di valuta €, due posizioni decimali e il punto separatore delle migliaia.
Formato numero: percentuale	Aggiunge alla destra del numero il simbolo di percentuale e lo divide in automatico per cento. La stessa formattazione si applica anche durante la digitazione con il simbolo %. Poiché con l'applicazione di questo formato Calc divide il valore per cento, il funzionamento di tale comando produce effetti diversi a seconda che venga attribuito alla cella prima della digitazione del dato o dopo averlo confermato: – se si applica il formato Percentuale a una cella vuota, il valore digitato viene affiancato in automatico dal simbolo %. Per esempio, digitando 12 esso si trasforma in 12% (e questo dato corrisponde a 0,12); – se la cella contiene già il dato, applicando il formato percentuale il valore, per essere mantenuto tale, viene moltiplicato per cento. Per esempio, se la cella contiene il numero 12, l'applicazione del formato percentuale lo trasforma in 1200% (e questo dato corrisponde a 12).
Formato numero: aggiungi cifra decimale Formato numero: togli cifra decimale	Aumenta o riduce le posizioni decimali del valore visualizzato. La diminuzione o l'aumento dei decimali non incidono sui valori numerici originari. Infatti se in una cella viene inserito un valore con due decimali e poi si formatta con una sola posizione decimale, il numero viene visualizzato con il formato applicato, ma il valore originario non cambia ed è quello utilizzato nei calcoli. 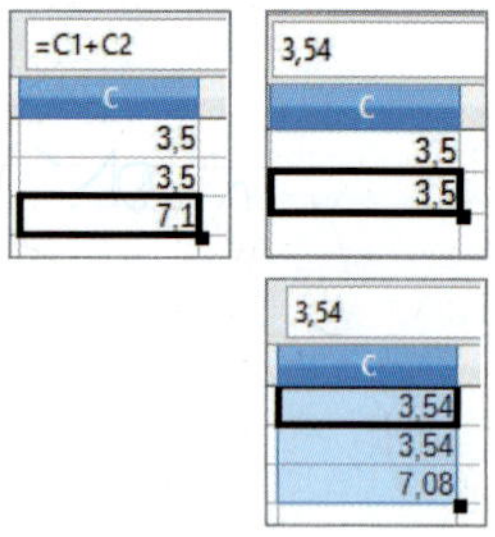

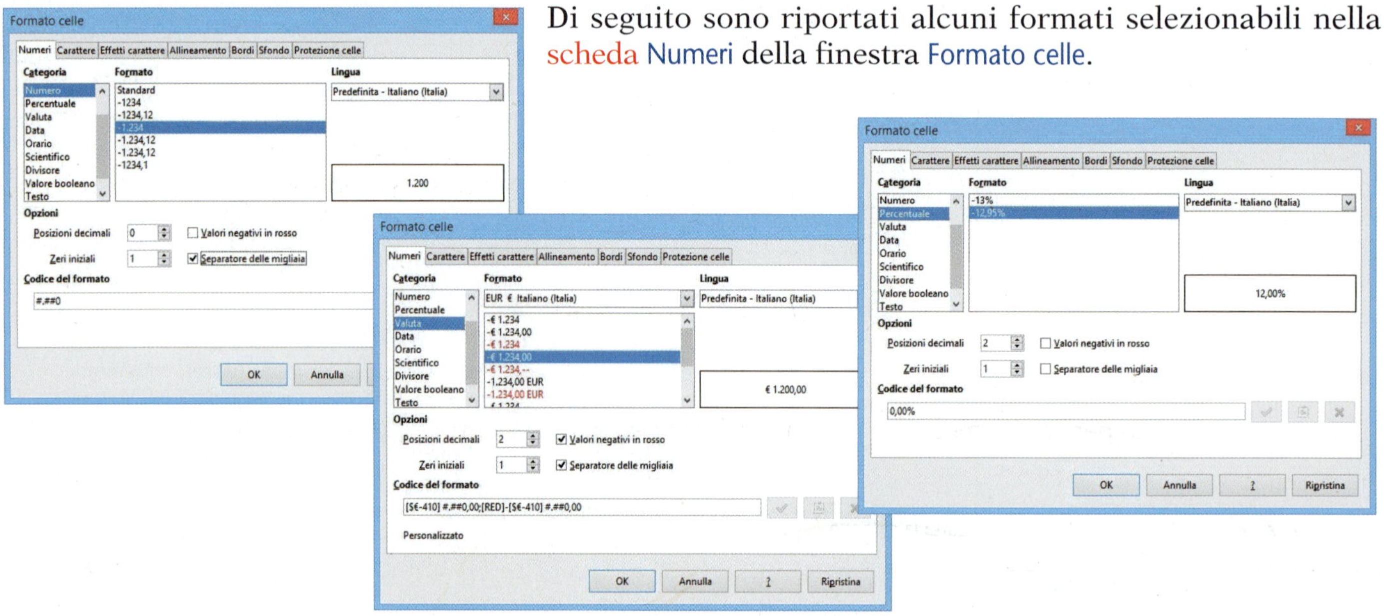

Di seguito sono riportati alcuni formati selezionabili nella scheda Numeri della finestra Formato celle.

Quando si sostituisce il contenuto di una cella in cui è stato applicato un formato con altri dati, questi manterranno lo stesso formato del dato cancellato.

Quindi, se nella stessa cella vogliamo un formato diverso, lo dobbiamo indicare con una modifica delle impostazioni (formattazione esplicita), oppure eliminare ▶ **ritornando al formato** ◀ Standard; diversamente, fare clic destro, scegliere Elimina contenuti, attivare la spunta su Formattazioni e fare clic su OK.

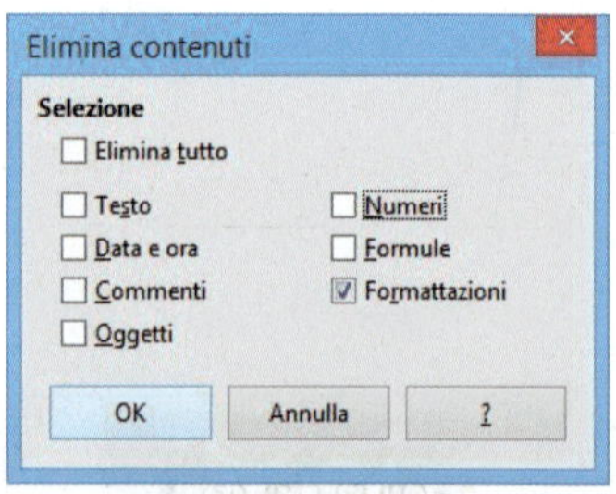

Smart

Puoi eliminare qualsiasi formattazione applicata scegliendo Cancella formattazione diretta da menu Formato.

Per eliminare contenuto e anche formati, scegliere Elimina tutto.

ECDL SS 5.1.2

Smart

Calc interpreta le date come numeri in quanto calcola i giorni che decorrono dal 1° gennaio 1900 fino alla data in questione. Nei calcoli fra date può capitare quindi che Calc restituisca un numero per noi incomprensibile; per visualizzare la data corretta, seleziona la cella e applica il formato appropriato.

• Applicare i formati Data

La formattazione di una ▶ **data** ◀ in fase di inserimento si può applicare in diversi modi:

- in formato numerico (data in cifre), digitando ogni dato separato dal successivo con la barra /; al momento della conferma, Calc applica in automatico il formato standard (gg/mm/aa);
- in formato alfanumerico (data estesa), facendo seguire al giorno il nome del mese; al momento della conferma, Calc applica in automatico il formato standard (gg/mm/aa).

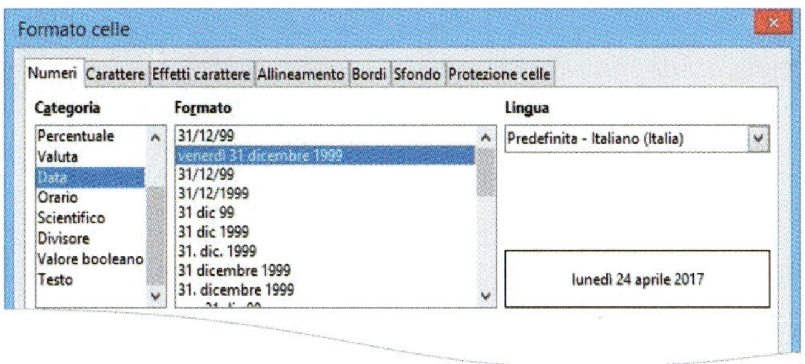

I formati data possono essere modificati operando le scelte nella scheda Numeri della finestra Formato celle.

Allena le competenze

- Inserire formule e funzioni
- Calcolare con le date
- Applicare formati numerici

Crea il file M5-2 Formati numerici e salvalo nella tua cartella

Situazione 1

Determina il saldo per ogni semestre. Calcola i totali delle entrate, delle uscite e il saldo totale.

1 ▶ **Inserisci i dati** ◀ come mostrato e adatta la colonna A.

D3 =B3-C3

	A	B	C	D
1	MOVIMENTI DI CASSA			
2	Periodo	Entrate	Uscite	Saldo
3	1° semestre	182560,5	95362	87198,5
4	2° semestre	201780	110584,3	
5	Totali			

Smart

Per ogni situazione presentata, digita i dati nelle celle senza applicare alcuna formattazione, conferma le formule inserite con il pulsante Accetta ed esegui la copia per trascinamento.

2 Applica i formati Numero/Separatore delle migliaia/2 posizioni decimali e e adatta le colonne B, C e D.

B5 =SOMMA(B3:B4)

	A	B	C	D
1	MOVIMENTI DI CASSA			
2	Periodo	Entrate	Uscite	Saldo
3	1° semestre	182.560,50	95.362,00	€ 87.198,50
4	2° semestre	201.780,00	110.584,30	€ 91.195,70
5	Totali	€ 384.340,50	€ 205.946,30	€ 178.394,20

Situazione 2

Determina per ogni voce di spesa l'importo semestrale e annuale. Calcola i totali.

1 A partire da A8 ▶ **inserisci i dati** ◀ come mostrato.

C10 =B10*3

	A	B	C	D
8	BILANCIO			
9	Voci spesa	Bimestrali	Semestrali	Annuali
10	Luce	43,55	130,65	
11	Acqua	27,6		
12	Gas	56,84		
13	Totali			

=B10*6

2 Applica i formati e .

B13 =SOMMA(B10:B12)

	A	B	C	D
8	BILANCIO			
9	Voci spesa	Bimestrali	Semestrali	Annuali
10	Luce	43,55	130,65	261,30
11	Acqua	27,60	82,80	165,60
12	Gas	56,84	170,52	341,04
13	Totali	€ 127,99	€ 383,97	€ 767,94

Situazione 3

Determina la quota trimestrale e mensile spettante a ciascun socio.

1 A partire da F1 ▶ **inserisci i dati** ◀ come mostrato e adatta ogni colonna.

H3 =G3/4

	F	G	H	I
1	DIVISIONE QUOTE			
2	Socio	Quota annua	Quota trimestrale	Quota mensile
3	Rossi	10850,5	2712,625	
4	Bianchi	9876,45		
5	Verdi	6425		

2 Applica il formato .

I3 =G3/12

	F	G	H	I
1	DIVISIONE QUOTE			
2	Socio	Quota annua	Quota trimestrale	Quota mensile
3	Rossi	€ 10.850,50	€ 2.712,63	€ 904,21
4	Bianchi	€ 9.876,45	€ 2.469,11	€ 823,04
5	Verdi	€ 6.425,00	€ 1.606,25	€ 535,42

Situazione 4

Determina la data di scadenza per il pagamento della fattura e i giorni di durata del prestito.

1 A partire da F8 ▶ **inserisci i dati** ◀ come mostrato e adatta la colonna F.

G10 =G8+G9

	F	G	H
8	Data fattura	16/02/17	
9	Pagamento a gg	30	data fattura
10	Scadenza	18/03/17	
11			
12	PRESTITO		
13	Data di emissione	10/03/17	
14	Data di restituzione	10/05/17	
15	Durata gg	61	

2 Alle celle contenenti le date applica il formato Numero/Data/GG MMM AAAA.

G15 =G14-G13

	F	G	H
8	Data fattura	16 feb 2017	
9	Pagamento a gg	30	data fattura
10	Scadenza	18 mar 2017	
11			
12	PRESTITO		
13	Data di emissione	10 mar 2017	
14	Data di restituzione	10 mag 2017	
15	Durata gg	61	

ECDL SS 5.2.1 - SS 5.2.2

Formattare il carattere, aggiungere bordi e sfondi alle celle

Clippy

La griglia che nel foglio di lavoro contrassegna i bordi delle celle, in fase di stampa non viene riprodotta se non espressamente richiesto.

Per far risaltare una o più celle rispetto ad altre, si possono modificare il tipo, la dimensione, il colore e lo stile del carattere, applicare ▶ **bordi** ◀ e sfondi alle celle.

Mantenendo la selezione della cella o della zona da modificare, tutte queste e altre impostazioni possono essere applicate:
– agendo sui comandi della barra degli strumenti Formattazione;

– dalla finestra Formato celle, schede Carattere, Bordi e Sfondo.

Nella tabella che segue sono riportate le diverse modalità operative per applicare bordi e sfondi alle celle selezionate.

DESCRIZIONE	MODALITÀ OPERATIVA
APPLICARE BORDI ECDL SS 5.3.4	– Per applicare bordi in modo veloce, nella barra degli strumenti Formattazione fare clic sul pulldown del pulsante Bordi, aggiungi linee e scegliere il tipo desiderato. – Per applicare bordi personalizzati, nella scheda Bordi della finestra Formato celle operare sui pulsanti della sezione Predefinito, scegliere lo Stile, la Larghezza e il Colore e confermare con OK. – Per eliminare i bordi fare clic sul primo formato del pulsante Bordi (oppure, nella scheda Bordi, scegliere Stile/nessuno). 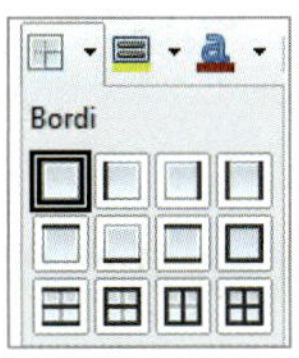 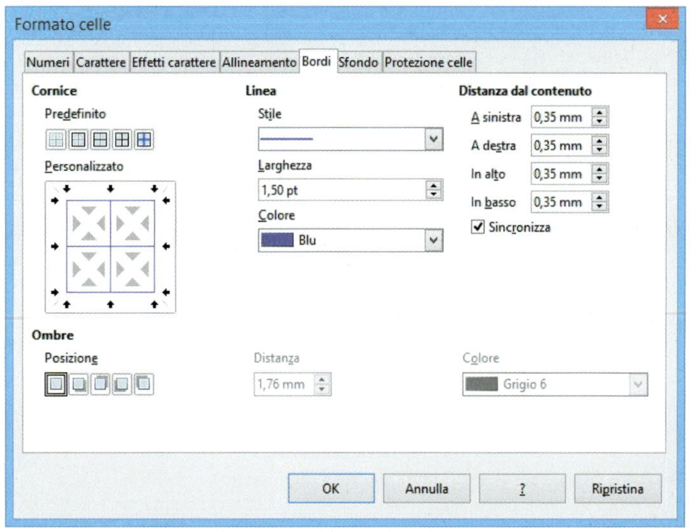
APPLICARE SFONDI E SFUMATURE ECDL SS 5.2.3	– Per applicare uno sfondo, nella barra degli strumenti Formattazione fare clic sul pulldown del pulsante Colore di sfondo e scegliere la tonalità desiderata. Le stesse scelte possono essere eseguite nella scheda Sfondo della finestra Formato celle. – Per eliminare uno sfondo fare clic su Trasparente.  **Zoom su...** COPIARE LA FORMATTAZIONE

ECDL SS 5.3.2

Allineare e orientare i dati

Calc interpreta in automatico i dati inseriti nel foglio di lavoro e di conseguenza applica l'allineamento differenziato a valori ed etichette; per quanto riguarda la disposizione verticale, ossia rispetto all'altezza della cella, l'allineamento predefinito è In basso.

In presenza di testo lungo, per recuperare spazio in senso orizzontale, oltre alla distribuzione su più righe (Scorrimento testo automatico) è possibile modificare l'orientamento del testo, ossia disporlo nella cella in senso verticale o inclinarlo con angolazioni diverse.

- Per modificare l'allineamento orizzontale, operare sui rispettivi pulsanti: Allinea a sinistra, Allinea al centro in orizzontale, Allinea a destra, Giustificato.
- Per modificare l'allineamento verticale e l'orientamento e altre proprietà, operare nella scheda Allineamento della finestra Formato celle.

Pulsanti per modificare l'allineamento orizzontale

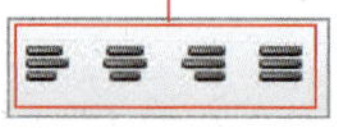

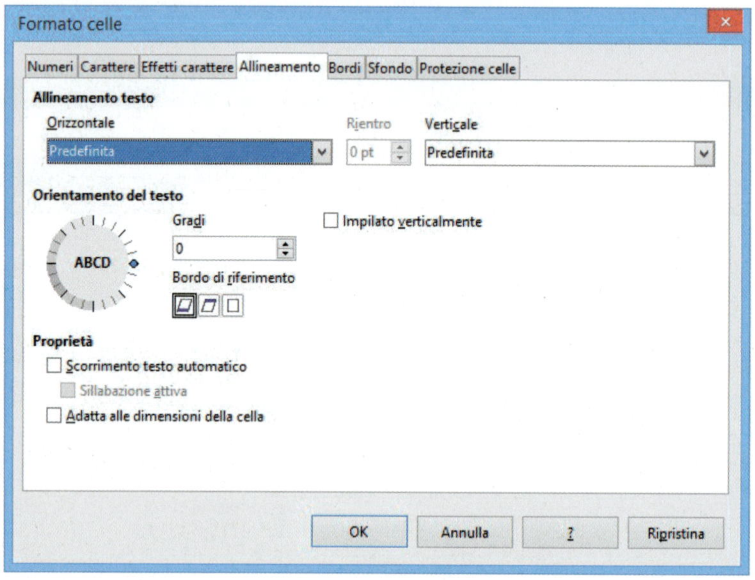

ECDL SS 5.3.3

Unire più celle e centrarne il contenuto

Calc permette di unire due o più celle ottenendo un'unica cella e di centrarne i dati contenuti. ▶ **L'unione** ◀ viene applicata in entrambe le direzioni, cioè sia in senso orizzontale che verticale.

1 Selezionare l'intervallo di ▶ **celle da unire** ◀.
2 Fare clic su Unisci e centra le celle.

Clippy

Per eseguire l'unione e la centratura i dati devono essere contenuti in una sola cella; tale cella dovrà essere la prima da cui si procederà con la selezione.

Clippy

Se nelle celle selezionate (esclusa la prima) sono presenti dati, Calc mostra un messaggio. Confermando con Sì, i dati andranno persi.

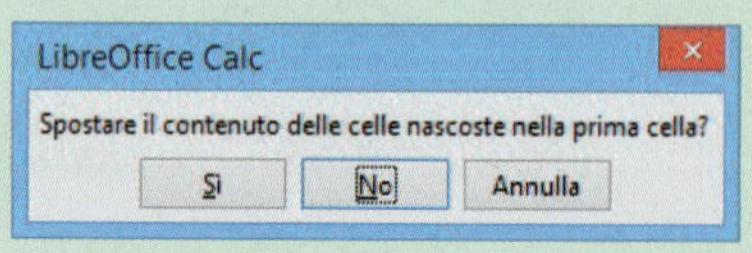

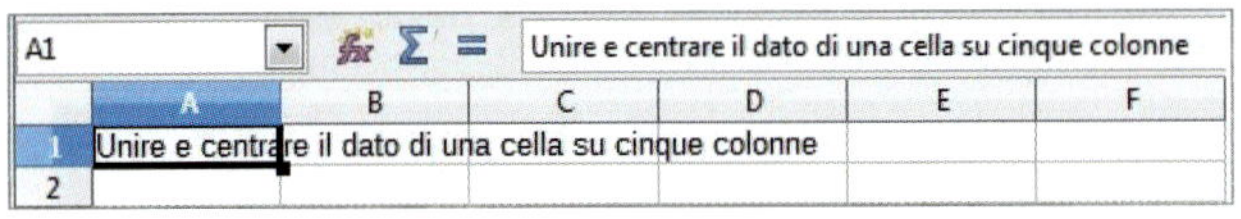

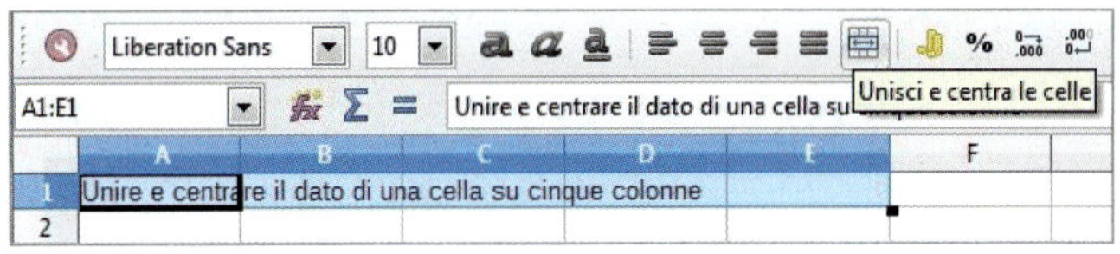

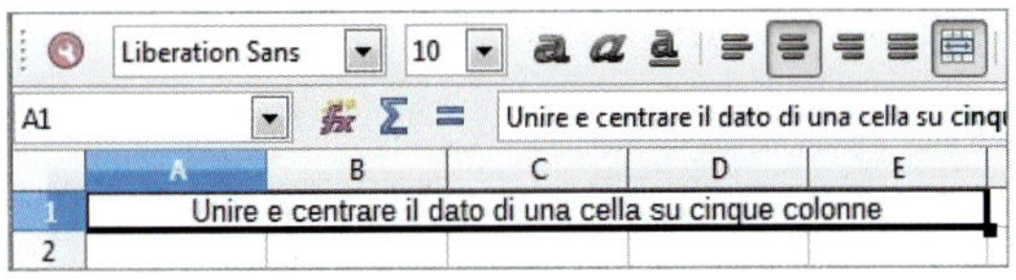

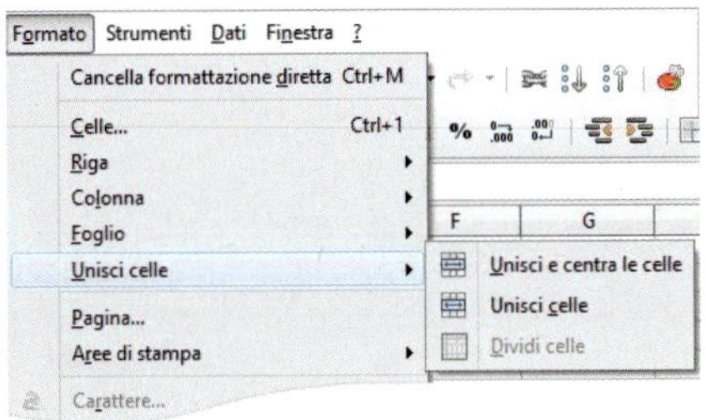

La stessa formattazione può essere applicata da menu Formato scegliendo Unisci celle. Nel sottomenu scegliere:
- Unisci e centra le celle per unire e centrare tra le celle;
- Unisci celle per unire senza centrare tra le celle.

Per separare le celle unite, selezionare la cella e fare clic nuovamente su Unisci e centra le celle, poi eliminare l'eventuale allineamento centrato.

Allena le competenze

- Applicare formati numerici
- Unire e centrare i dati su una zona
- Formattare con bordi, sfondi e stili cella

Crea il file M5-2 Compensi e salvalo nella tua cartella

1 ▶ Inserisci i dati ◀ come mostrato, adatta le colonne e copia fino a D7 la formula inserita in D3.

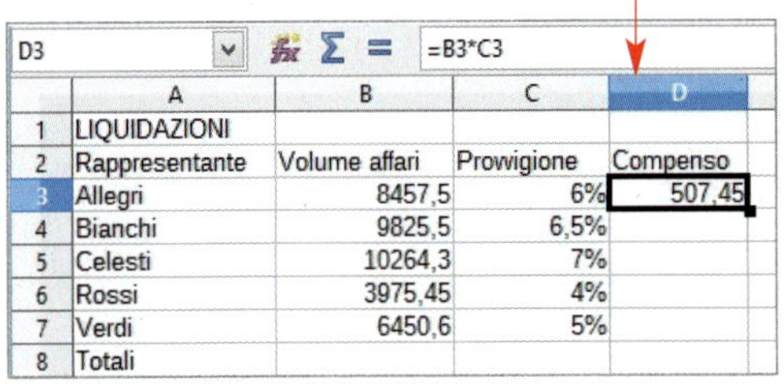

2 In B8 utilizza la funzione Somma e copiala in D8.

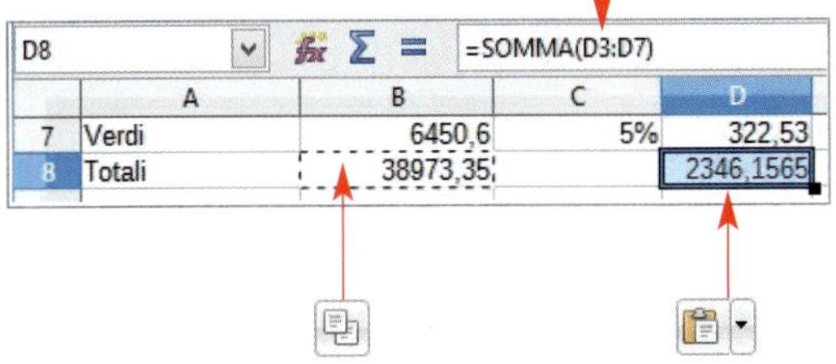

Smart

Per inserire in modo rapido i dati nella zona C3:C7, seleziona la zona vuota, applica il formato % e poi digita ogni numero: Calc in automatico vi inserirà accanto il simbolo %.

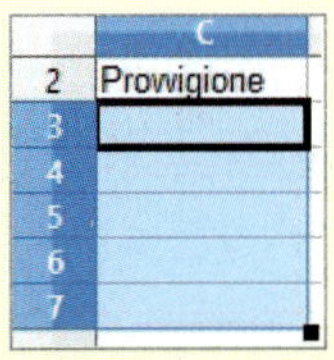

In C4 usa il comando ,000 per visualizzare anche nella cella il dato che Calc ha arrotondato.

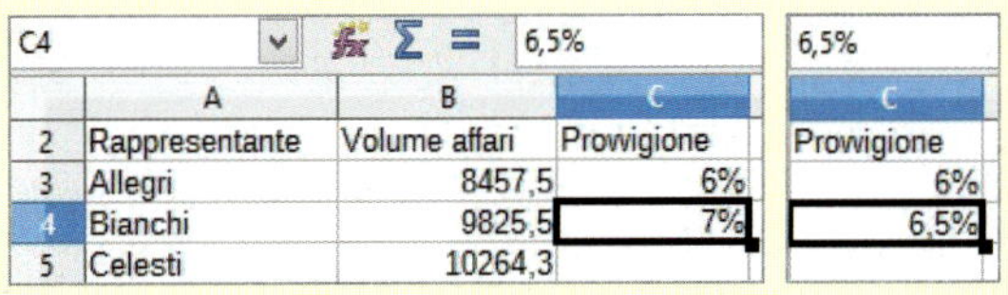

3 Dimensiona le colonne a 3,3 cm e le righe: 1 a 1,20 cm, 2 e 8 a 1 cm e le altre a 0,7 cm. Applica i formati numerici Separatore delle migliaia e ▶ ◀.

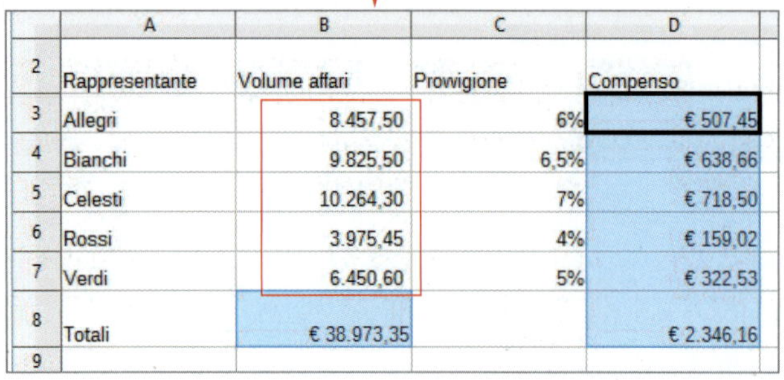

	A	B	C	D
2	Rappresentante	Volume affari	Provvigione	Compenso
3	Allegri	8.457,50	6%	€ 507,45
4	Bianchi	9.825,50	6,5%	€ 638,66
5	Celesti	10.264,30	7%	€ 718,50
6	Rossi	3.975,45	4%	€ 159,02
7	Verdi	6.450,60	5%	€ 322,53
8	Totali	€ 38.973,35		€ 2.346,16
9				

Smart

Per applicare il Formato numero: valuta seleziona le zone non adiacenti tenendo premuto il tasto Ctrl.

4 Seleziona la zona A1:D1, unisci e centra ed elabora come mostrato.

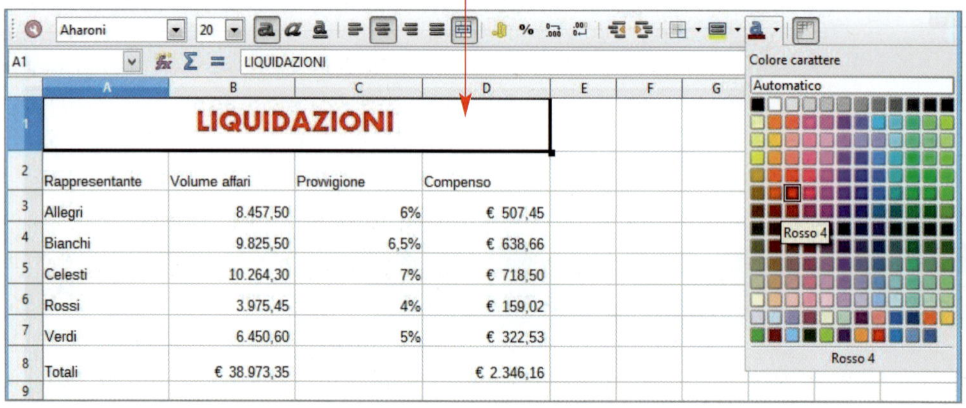

	A	B	C	D
1	LIQUIDAZIONI			
2	Rappresentante	Volume affari	Provvigione	Compenso
3	Allegri	8.457,50	6%	€ 507,45
4	Bianchi	9.825,50	6,5%	€ 638,66
5	Celesti	10.264,30	7%	€ 718,50
6	Rossi	3.975,45	4%	€ 159,02
7	Verdi	6.450,60	5%	€ 322,53
8	Totali	€ 38.973,35		€ 2.346,16
9				

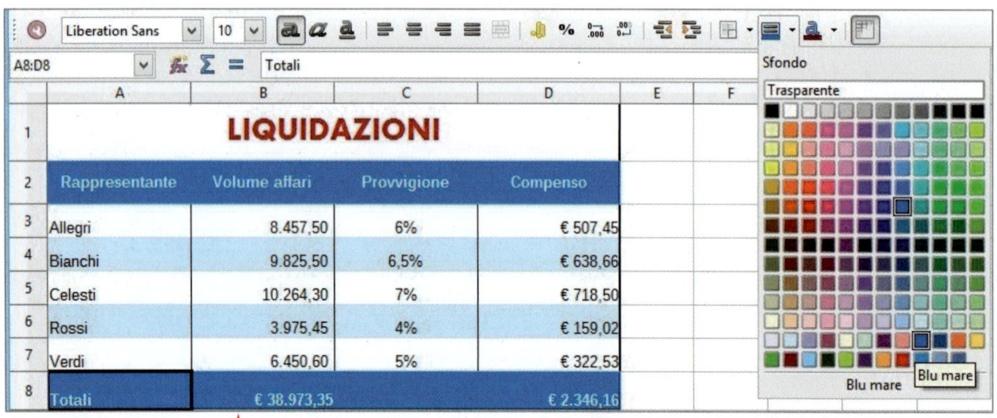

	A	B	C	D
1	LIQUIDAZIONI			
2	Rappresentante	Volume affari	Provvigione	Compenso
3	Allegri	8.457,50	6%	€ 507,45
4	Bianchi	9.825,50	6,5%	€ 638,66
5	Celesti	10.264,30	7%	€ 718,50
6	Rossi	3.975,45	4%	€ 159,02
7	Verdi	6.450,60	5%	€ 322,53
8	Totali	€ 38.973,35		€ 2.346,16

5 Formatta le intestazioni di colonna:
- allineate al centro in orizzontale e in verticale;
- sfondo Blu mare (quest'ultimo anche alla riga dei totali).

Centra i dati della colonna C.
Applica lo sfondo Blu classico alle ▶ **righe** ◀, bordi sinistro e destro ☐ alle ▶ **colonne** ◀ e bordi esterni ☐ a tutta la tabella (A1:D8).

Smart

Per applicare lo sfondo alle righe 4 e 6 seleziona le zone non adiacenti tenendo premuto il tasto Ctrl.
Così pure per le righe 2 e 8.

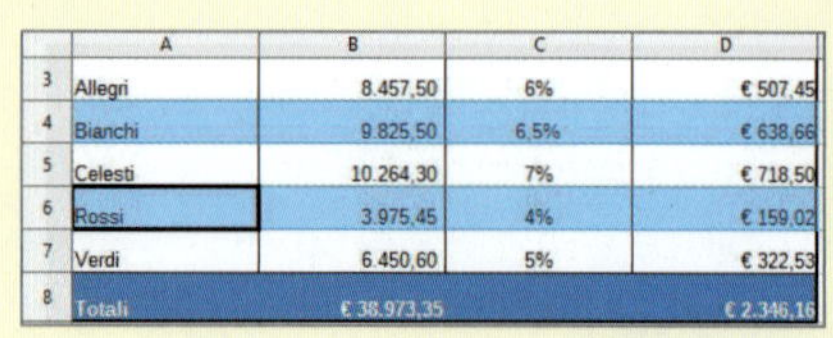

	A	B	C	D
3	Allegri	8.457,50	6%	€ 507,45
4	Bianchi	9.825,50	6,5%	€ 638,66
5	Celesti	10.264,30	7%	€ 718,50
6	Rossi	3.975,45	4%	€ 159,02
7	Verdi	6.450,60	5%	€ 322,53
8	Totali	€ 38.973,35		€ 2.346,16

Per applicare i bordi sinistro e destro ☐ alle colonne, seleziona separatamente ogni zona da A3:A7 a D3:D7.

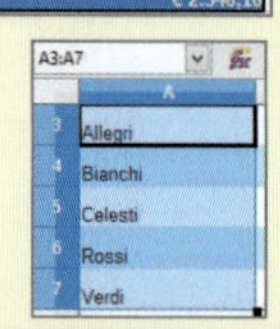

Svolgi i test

Gli esercizi sono disponibili anche nella versione digitale come test interattivi e autocorrettivi.

TEST DI COMPLETAMENTO

Completa le frasi con le espressioni mancanti, scegliendo tra quelle di seguito proposte.

numeri – Numero/Standard – particolare – Riga di digitazione – costanti – basso – originario – nuovo valore – sequenza – cella – copia – relativi

1 La formula è una .... di valori .... che genera un ....

2 Nella .... per trascinamento di una formula, negli indirizzi di cella .... a ogni spostamento verso il ...., si incrementano i ....

3 Ai dati inseriti senza alcuna indicazione ...., Calc assegna il formato ....

4 Nei calcoli il programma utilizza il valore .... (ossia quello che compare nella ....) e non quello visualizzato nella ....

TEST VERO FALSO

Indica, barrando la relativa casella, se le seguenti affermazioni sono vere o false.

	V	F
1 Non si possono eseguire calcoli tra due date inserite con il formato alfanumerico.	☐	☐
2 La formula C7+D10 è corretta.	☐	☐
3 L'operatore : si utilizza nelle formule matematiche per eseguire le divisioni.	☐	☐
4 La formula =A1+B7 e la funzione =SOMMA(A1;B7) calcolano lo stesso risultato.	☐	☐

TEST DI COLLEGAMENTO

Associa gli elementi (testo o immagine) della prima colonna con le corrispondenti descrizioni della seconda.

1 	A Applica il separatore delle migliaia, due posizioni decimali e il simbolo euro.	1 ____
2 	B Conta tutte le celle della zona D1:D10 che contengono solo valori numerici.	2 ____
3 =CONTA.NUMERI(D1:D10)	C Aumenta le posizioni decimali.	3 ____
4 =CONTA.VALORI(D1:D10)	D Conta tutte le celle non vuote dell'intervallo D1:D10.	4 ____

TEST A RISPOSTA SINGOLA O MULTIPLA

Per ogni quesito, indica la risposta o le risposte corrette. (○ risposta singola / ☐ risposta multipla)

1 La formula =C1:F3:
- ○ divide il dato di C1 per quello di F3
- ○ non restituisce alcun risultato
- ○ restituisce come risultato 0
- ○ restituisce il messaggio di errore #VALORE!

2 La formula =B10*10% moltiplica il dato di B10 per:
- ☐ 0,1 e lo divide per 100
- ☐ 10 e lo divide per 100
- ☐ 0,1
- ☐ 100 e lo divide per 10

3 Per eliminare un formato numerico scegliere:
- ☐ Numero/Standard da scheda Numeri
- ☐ Cancella formati da menu Modifica
- ☐ Elimina contenuti/Elimina tutto da menu Modifica
- ☐ Cancella formattazione diretta da menu Formato

4 La sintassi della formula inserita compare:
- ○ nella Casella del nome
- ○ nella Barra di calcolo
- ○ nella Riga di digitazione
- ○ tutte le risposte date sono corrette

Calcola ed elabora

- Applica le formule indicate e quelle che ritieni più idonee per lo svolgimento dell'esercizio.
- Il riquadro ELABORA elenca le formattazioni da applicare alle tabelle.

1 Crea il file M5-2 Produzioni e salvalo nella tua cartella

Un'azienda produttrice di bottiglie di plastica predispone il consuntivo delle produzioni effettuate nel primo semestre nei due settori produttivi, come riportato in tabella.

Determina:
- la produzione totale mensile e quella bimestrale;
- la produzione semestrale totale per articolo e quella totale.

	A	B	C	D
1	PRODUZIONI MENSILI, BIMESTRALI E SEMESTRALI			
2	Periodo	Modello AX	Modello BX	Totali
3				produzioni mensili
4	Gennaio	1850	2320	
5	Febbraio	3200	3850	
6	PRODUZIONE 1° BIMESTRE			
7	Marzo	1970	2100	
8	Aprile	2970	3050	
9	PRODUZIONE 2° BIMESTRE			
10	Maggio	1650	1860	
11	Giugno	2520	2940	
12	PRODUZIONE 3° BIMESTRE			
13	PRODUZIONE TOTALE 1° SEMESTRE			

	A	B	C	D
12	PRODUZIONE 3° BIMESTRE	=B10+B11	=C10+C11	=D10+D11
13	PRODUZIONE TOTALE 1° SEMESTRE	=B6+B9+B12	=C6+C9+C12	=D6+D9+D12

ELABORA
- **Larghezza colonne:** A 5 cm, B e C 2,5 cm, D 3,7 cm.
- **Altezza righe:** 1, 6, 9, 12 e 13 1 cm, le altre 0,6 cm.
- **Titolo tabella:** A1:D1, 13 pt, , Blu mare.
- **Intestazioni di colonna:** A2:A3, B2:B3 e C2:C3, D2:D3, , , Grigio 1, .
- **Dati della tabella:** A6:D6, A9:D9 e A12:D12, Giallo chiaro, . A4:A12 e , A13:D13 Blu mare, , B4:D13 Separatore delle migliaia.
- **Bordi alle colonne:** e poi alla **Tabella:** A1:D13 .

2 Crea il file M5-2 Costi annuali e salvalo nella tua cartella (SOMMA)

Un'azienda alimentare produttrice di insaccati rileva i costi annuali di un determinato articolo, suddivisi per trimestre.

Determina:
- l'importo speso per ogni trimestre;
- il totale della materia prima acquistata e l'importo annuale speso.

	A	B	C	D	E
1	COSTI ANNUALI	Periodo	Quantità Tonnellate	Prezzo Unitario	Importo
2		I trimestre	140	52,15	
3		II trimestre	160	56,8	
4		III trimestre	150	64,5	
5		IV trimestre	185	65,05	
6		Totali			

	E
2	=C2*D2

ELABORA
- **Larghezza colonne:** A 1,26 cm e le altre 3 cm.
- **Altezza righe:** 1 1,4 cm, 6 1 cm, le altre 0,8 cm.
- **Titolo tabella:** A1:A6, orientamento 90°, Ciano 4.
- **Intestazioni di colonna**: testo a capo, Aharoni, 12 pt, , allineamento verticale Al centro, Ciano 4, Bianco.
- **Intestazioni di riga**: David, 12 pt, , Ciano 5.
- **Dati della tabella**: David, 12 pt, C2:D6 , D2:E6 .
- **Bordi alle colonne:** Ciano 4.
- **Riga dei totali:** David, 12 pt, Rosso 4, in D6 Grigio 3, Ciano 4.
- **Tabella:** A1:E6 .

3 **Crea il file M5-2 Preventivo condominio e salvalo nella tua cartella** **(SOMMA)**

L'amministratore di un condominio presenta il preventivo delle spese annuali suddividendole in rate bimestrali.

Determina:
- l'importo bimestrale di ciascuna voce di spesa;
- l'importo totale delle spese condominiali;
- la rata bimestrale, complessiva di tutte le voci di spesa che ciascun condomino dovrà pagare, sapendo che le spese sono equamente divise.

	A	B	C
1	SPESE CONDOMINIALI		
2	Voce di spesa	Importo Annuale	Importo Bimestrale
3	Acqua giardino	85,6	
4	Illuminazione parti esterne	450,9	
5	Illuminazione scale	210,4	
6	Pulizia scale	890	
7	Giardiniere	1250,4	
8	Manutenzioni ordinarie	890,6	
9	Manutenzioni straordinarie	2580,5	
10	TOTALI		

	C
3	=B3/6

ELABORA
- **Larghezza colonne:** A 5,8 cm, B e C 2,5 cm.
- **Altezza righe:** 1 1,5 cm, 2 e 10 1,2 cm e le altre 0,7 cm.
- **Titolo tabella:** A1:C1 , Mandela, 20 pt, Rosso.
- **Intestazioni di colonna:** allineamento verticale Al centro, 12 pt, , , Cielo azzurro 10, .
- **Intestazioni di riga:** .
- **Dati della tabella:** Stile separatore.
- **Bordi alle colonne:** Blu.
- **Riga dei totali:** , Cielo azzurro 10, , .
- **Colonna dell'importo bimestrale:** , .
- **Tabella:** A1:C10 .

4 **Crea il file M5-2 Movimenti cassa e salvalo nella tua cartella** **(SOMMA)**

Un'azienda riporta dalle precedenti operazioni effettuate: 35.815,27 euro di entrate complessive e 12.640,25 di uscite complessive. In data 27 marzo registra le operazioni effettuate nella giornata come riportato in tabella.

Presenta il riepilogo di cassa della giornata con il saldo giornaliero, quello finale e il riporto.

	A	B	C	D	E
1	MOVIMENTI DI CASSA GIORNALIERI				
2	Data	Descrizione	Entrate	Uscite	Saldo
3	27/mar	Riporto	35815,27	12640,25	
4	27/mar	Pagamento fattura n. 361 del fornitore Trimex s.n.c.		5986,35	
5	27/mar	Pagamento bolletta energia elettrica n. 00258369		289,75	
6	27/mar	Riscossione fattura n. 489 sul cliente Perri Luca	1980,75		
7	27/mar	Riscossione fattura n. 492 sul cliente bianchi Davide	3650,84		
8	27/mar	Pagamento tratta spiccata dal fornitore Rossi Carlo		2581,6	
9	27/mar	Riscossione interessi su rinnovo cambiale	450,36		
10	27/mar	Riscossione fattura n. 494 sul cliente Lai Giulio	2896,37		
11	27/mar	Pagamento stipendio dipendente Zordan Giovanna		1326,85	
12	27/mar	TOTALE INCASSI/PAGAMENTI GIORNALIERI			
13	27/mar	Totale a riportare			

	E
3	=C3-D3
4	=E3+C4-D4

	C	D	E
12	=SOMMA(C4:C11)	=SOMMA(D4:D11)	=C12-D12
13	=C3+C12	=D3+D12	=C13-D13

ELABORA
- **Larghezza colonne:** A 2,59 cm, B 9 cm, C, D ed E 3 cm.
- **Altezza righe:** 1 1,3 cm, 2 e 12 1 cm, le altre 0,7 cm.
- **Titolo tabella:** A1:E1 , Latha, 20 pt, Blu 2, .
- **Intestazioni di colonna:** allineamento verticale Al centro, 11 pt, , , Grigio 2, .
- **Dati della tabella:** A3:B3, E3, A13:B13 ed E13 Giallo chiaro, , B3 e B13 , C3 e C13 Gialloverde 9, D3 e D13 Rosso 4, A3:E3 , A12:E12 Giallo chiaro, , , A3:A13 ; C3:E13 .
- **Bordi alle colonne:** A4:E11 .
- **Tabella:** A1:E13 .

CONSOLIDAMENTO DELLE ABILITÀ

5 **Crea il file M5-2 Rimanenze magazzino e salvalo nella tua cartella** (SOMMA)

Nel corso del primo semestre un'azienda industriale ha effettuato le seguenti registrazioni di magazzino.

Determina:

- i dati mancanti con le opportune formule;
- il totale delle quantità acquistate e vendute e il valore totale di acquisto;
- la quantità in tonnellate di rimanenza finale;
- il valore complessivo della rimanenza.

	A	B	C	D	E	F	G
1	CALCOLO DEL VALORE DELLA RIMANENZA FINALE DI MAGAZZINO						
2	Codice Articolo	Carico In tonnellate	Valore totale	Valore Unitario	Scarico In tonnellate	Rimanenza Finale (t)	Valore Della rimanenza
3	F6/RU	740	1773,4		594		
4	M3/BB	360	1590,8				486,08
5	R5/GH	1830		3,08		420	
6	F8/TP	1320		3,13	890	430	
7	M4/CA		3220,5		1130	560	1067,15
8	R5/FZ		1920,5	1,04	1453	387	
9	TOTALI						

	F	G
3	=B3-E3	=F3*D3

	D	E	F
4	=C4/B4	=G4/D4	=B4-E4

	B
7	=E7+F7

ELABORA

- **Larghezza colonne:** A 2,20 cm, G 3,5 cm e le altre 2,5 cm.
- **Altezza righe:** 1 1,2 cm, 2 e 9 1 cm, le altre 0,8 cm.
- **Titolo tabella:** A1:G1 , Aharoni, 12 pt, Ciano 7.
- **Intestazioni di colonna:** testo a capo, , , allineamento verticale Al centro, Ciano 9.
- **Intestazioni di riga:** , , Ciano 9.
- **Dati della tabella:** colonne B, E e F Stile separatore, colonne C, D e G .
- **Bordi alle colonne:** B3:G8 .
- **Riga dei totali:** , Ciano 9, D9 Grigio 5.
- **Tabella:** A1:G9 .

6 **Crea il file M5-2 Paghe e salvalo nella tua cartella** (SOMMA)

Una società presenta il consuntivo delle ore svolte da ciascun operaio con la rispettiva paga mensile.

Determina:

- la retribuzione oraria di ciascun operaio;
- il totale delle ore lavorate e delle retribuzioni mensili.

	A	B	C	D
1	PROSPETTO PAGHE			
2	Operaio	Ore lavorate	Paga mensile	Retribuzione oraria
3	Bellu Lino	158	2133	
4	Dini Mara	130	2300,6	
5	Edo Ada	152	2401,6	
6	Fois Marco	134	2010	
7	Gadda Maria	148	2072,6	
8	TOTALI			

	D
3	=C3/B3

ELABORA

- **Larghezza colonne:** A, C e D 3,5 cm, B 2,5 cm.
- **Altezza righe:** 1 1,2 cm, 2 e 8 1 cm, le altre 0,7 cm.
- **Titolo tabella:** A1:D1 , Liberation Mono, 18 pt, , Blu 4.
- **Intestazioni di colonna:** testo a capo, , , allineamento verticale Al centro, Rosso 4, Bianco.
- **Intestazioni di riga:** .
- **Dati della tabella:** B3:B8 , C3:D7 e C8 .
- **Bordi alle colonne:** A3:D7 .
- **Riga dei totali:** Rosso 4, Bianco, allineamento verticale Al centro, in D8 Arancione 7.
- **Tabella:** A1:D8 .

7 **Crea il file M5-2 Flussi e salvalo nella tua cartella** (SOMMA - MEDIA - MIN - MAX)

L'azienda F.lli Albertini predispone una tabella in cui analizza il flusso di cassa mensile registrato nel corso dell'anno.

Determina:
- il saldo mensile e totale;
- gli importi totali delle entrate e delle uscite;
- l'importo medio, minimo e massimo delle entrate, delle uscite e del saldo.

	A	B	C	D
1	MOVIMENTI DI CASSA ANNUALI			
2	MESE	ENTRATE	USCITE	SALDO
3	Gennaio	4500	2150,8	
4	Febbraio	7970,8	4695,3	
5	Marzo	5849,5	2548,5	
6	Aprile	5849,5	2989,5	
7	Maggio	8250,3	3693,4	
8	Giugno	7650,8	6540,2	
9	Luglio	6590,7	3840,7	
10	Agosto	3580,4	2369,5	
11	Settembre	6250,7	4258,7	
12	Ottobre	9680,6	6480,5	
13	Novembre	8976,4	9258,4	
14	Dicembre	9520,5	6741,9	
15	IMPORTI TOTALI			
16	IMPORTO MEDIO			
17	IMPORTO MINIMO			
18	IMPORTO MASSIMO			

	D
3	=B3-C3

	B
16	=MEDIA(B3:B14)
17	=MIN(B3:B14)
18	=MAX(B3:B14)

ELABORA
- **Larghezza colonne:** A 5,8 cm e le altre 2,7 cm.
- **Altezza righe:** 1 1,2 cm, 2 e 15 1 cm, 16, 17 e 18 0,8 cm, le altre 0,7 cm.
- **Titolo tabella:** A1:D1, Aharoni, 16 pt.
- **Intestazioni di colonna:** , , allineamento verticale Al centro, Giallo 9.
- **Intestazioni di riga:** .
- **Dati della tabella:** B3:C14 Stile separatore con due posizioni decimali.
- **Bordi alle colonne:** .
- **Righe:** 3, 5, 7, 9, 11 e 13 Giallo chiaro, 15 Giallo 9, 16 Arancione 10, 18 Giallo 3.
  Colonna D, righe 15, 16, 17 e 18 ; A15:D18 .
- **Tabella:** A1:D18 .

8 **Crea il file M5-2 Export e salvalo nella tua cartella** (SOMMA - MEDIA - MIN - MAX - CONTA.VALORI)

L'ufficio marketing di un'azienda che esporta prodotti caseari locali redige un rapporto da cui emerge il fatturato realizzato con le esportazioni verso diversi Paesi esteri. Negli anni n e n+1 sono stati rilevati i dati riportati in tabella.

Determina:
- il totale del fatturato di ciascun anno;
- la variazione del fatturato tra l'anno n e l'anno n+1 per ciascun Paese e quella totale;
- per ciascun anno, il fatturato medio, massimo e minimo.

	A	B	C	D
1	FATTURATO BIENNALE			
2	Paesi di destinazione	Fatturato in euro		
3		Anno n	Anno n+1	Variazioni
4	Austria	9540	10475	
5	Germania	26890	25938	
6	Gran Bretagna	18790	15880	
7	Svezia	12468	13758	
8	Spagna	6843	8758	
9	Grecia	3698	5740	
10	TOTALI			
11	FATTURATO MEDIO			
12	FATTURATO MASSIMO			
13	FATTURATO MINIMO			
14	N. Paesi considerati			

	D
4	=C4-B4

	A	B	C	D
13	FATTURATO MINIMO	=MIN(B4:B9)	=MIN(C4:C9)	
14	N. Paesi considerati			=CONTA.VALORI(A4:A9)

ELABORA
- **Larghezza colonne:** A 5 cm e le altre 3 cm.
- **Altezza righe:** 1 1,5 cm, 2 e 3 0,6 cm, 10:14 1 cm, le altre 0,7 cm.
- **Titolo tabella:** A1:D1, , 20 pt, Cielo azzurro 5.
- **Intestazioni di colonna:** A2:A3 e B2:D2, allineamento verticale Al centro, , , Cielo azzurro 10, B3:D3 Grigio 2.
- **Intestazioni di riga:** .
- **Dati della tabella:** Stile separatore con due posizioni decimali.
- **Bordi alle colonne:** .
- **Righe:** 10 e 14 Cielo azzurro 10, 12 Grigio 2.
- **Zone:** B10:C13 e D10 , D11:D13 Cielo azzurro 8, A14:C14 , A10:D14 e allineamento verticale Al centro, D14 .
- **Tabella:** A1:D14 .

CONSOLIDAMENTO DELLE ABILITÀ

9 Crea il file M5-2 Presenze aprile e salvalo nella tua cartella (SOMMA - MEDIA - CONTA.NUMERI)

L'Hotel Bellavista redige il prospetto con il calcolo delle presenze settimanali per il mese di aprile.
Determina:
- il totale delle presenze mensili per ogni camera;
- il totale delle presenze per ogni settimana;
- la media di presenze settimanali;
- il totale delle presenze del mese di aprile;
- il numero di camere occupate.

	A	B	C	D	E	F
1	PRESENZE SETTIMANALI MESE DI APRILE					
2	Camera	1^ settimana	2^ settimana	3^ settimana	4^ settimana	Presenze mensili per camera
3	109	5	6	7	7	
4	102	8	12	11	14	
5	107	9	8	12	12	
6	110	12	10	14	12	
7	104	10	10	9	12	
8	111	12	10	12	14	
9	106	7	4	7	7	
10	101	11	8	10	12	
11	108	11	10	9	7	
12	112	6	6	7	7	
13	103	9	12	10	14	
14	105	8	12	12	14	
15	TOTALI PRESENZE SETTIMANALI					
16	PRESENZE MEDIE SETTIMANALI					
17	TOTALE PRESENZE MESE DI APRILE					
18		N. camere occupate nel mese di aprile				

	B	C	D	E
16	=MEDIA(B3:B14)	=MEDIA(C3:C14)	=MEDIA(D3:D14)	=MEDIA(E3:E14)

	A
18	=CONTA.NUMERI(A3:A14)

ELABORA
- **Larghezza colonne:** A e F 3,5 cm e le altre 2 cm.
- **Altezza righe:** 1 1,5 cm, 2, 15 e 16 1,2 cm, 17 0,8 cm, le altre 0,7 cm.
- **Titolo tabella:** A1:F1, , 18 pt, Blu.
- **Intestazioni di colonna:** testo a capo, , , , Turchese 10.
- **Dati della tabella:** A3:F14 , ; righe 4, 6, 8, 10, 12 e 14 Grigio 1, F3:F14 .
- **Bordi alle colonne:** ; F15:F16 , Turchese 10.
- **Righe:** 15 e 17 Turchese 10, 16 Giallo chiaro, 18 Grigio 2; A15:F18, allineamento verticale Al centro, ; A17:E17 , .
- **Tabella:** A1:F18 .

10 Crea il file M5-2 Presenze marzo e salvalo nella tua cartella (SOMMA)

L'hotel Bellavista registra le presenze della prima settimana di marzo.
Determina:
- i giorni di permanenza e le presenze per ogni stanza;
- il totale delle presenze settimanali.

	A	B	C	D	E	F
1	PRESENZE PRIMA SETTIMANA DI MARZO					
2	Camera	N. letti	Arrivo	Partenza	Giorni di permanenza	Presenze
3	107	2	01-mar	06-mar		
4	108	3	03-mar	07-mar		
5	109	1	01-mar	05-mar		
6	110	3	02-mar	07-mar		
7	111	2	04-mar	08-mar		
8	112	2	01-mar	08-mar		
9	PRESENZE TOTALI					

	E	F
3	=D3-C3	=E3*B3

ELABORA
- **Larghezza colonne:** 2,3 cm.
- **Altezza righe:** 1, 2 e 9 1,2 cm, le altre 0,8 cm.
- **Titolo tabella:** A1:F1 , Aharoni, 14 pt, Rosso 5, Ciano 10.
- **Intestazioni di colonna:** , , allineamento verticale Al centro.
- **Intestazioni di riga:** .
- **Dati della tabella:** A3:F8 , allineamento verticale Al centro; C3:D8 formato data GG-MMM.
- **Righe:** 3, 5 e 7 Giallo chiaro.
- **Bordi alle colonne:** .
- **Riga dei totali:** , Ciano 10, allineamento verticale Al centro, A9:E9 , , F9 .
- **Tabella:** A1:F9 .

11 **Crea il file** M5-2 Costi di produzione **e salvalo nella tua cartella** **(SOMMA)**

La società Vetrolex predispone il prospetto dei costi di produzione di tre articoli suddiviso per semestri. Determina per ogni semestre:
- i costi totali delle materie prime e di produzione, quelli di ogni articolo e la produzione totale;
- il costo unitario di ciascun articolo.

	A	B	C	D	E
1	COSTI DI PRODUZIONE ANNUALI				
2		Articolo TEX	Articolo WIN	Articolo ROV	Totali
3	1° SEMESTRE				
4	Costi della materia prima	39620,5	49750,5	27640,2	
5	Costi di produzione	12500,5	18500,7	9876,2	
6	TOTALE COSTI 1° SEMESTRE				
7	Volume di produzione (unità)	18500	26500	39700	
8	COSTO UNITARIO				
9	2° SEMESTRE				
10	Costi della materia prima	42350,5	56350,5	31890,3	
11	Costi di produzione	17800,5	23700,5	12950,7	
12	TOTALE COSTI 2° SEMESTRE				
13	Volume di produzione (unità)	21500	32400	41950	
14	COSTO UNITARIO				

	B
6	=SOMMA(B4:B5)
7	18500
8	=B6/B7

ELABORA
- **Larghezza colonne:** A 6 cm, le altre 2,6 cm.
- **Altezza righe:** 1 1,2 cm, 3 e 9 1 cm, le altre 0,8 cm.
- **Titolo tabella:** A1:E1, 12 pt, , Ciano 9, .
- **Intestazioni di colonna:** , , allineamento verticale Al centro, .
- **Dati della tabella:** A3:E3 e A9:E9, , Grigio 1, ; A4:A5, A6:E6, A10:A11, A12:E12 Ciano 9, ; A8:D8, A14:D14, , Rosso 5; B4:E5 e B10:E11 Stile separatore con 2 posizioni decimali, B6:E6, B8:D8, B12:E12, B14:D14 ; B7:E7 e B13:E13 Stile separatore zero posizioni decimali; E8 ed E14 Grigio 4.
- **Bordi alle colonne:** B4:E8 e B10:E14 .
- **Tabella:** A1:E14 .

12 **Crea il file** M5-2 Interesse semplice **e salvalo nella tua cartella**

I seguenti capitali sono stati concessi a prestito per periodi e tassi diversi:
- 35.120,00 euro, per 2 anni al tasso del 7,25%;
- 78.500,00 euro, per 10 mesi al tasso del 3,25%;
- 30.200,00 euro, per 6 mesi al tasso del 4,15%;
- 85.430,00 euro, per gg. 90 al tasso del 7,15%;
- 85.200,00 euro, per gg. 150 al tasso del 6,75%.

Tempo espresso in:		Parametro
anni	a	100
mesi	m	1.200
gg. anno civile	gcv	36.500
gg. anno commerciale	gcm	36.000

Determina l'interesse maturato per ogni prestito concesso, considerando i parametri espressi nella tabella (per i calcoli riferiti ai giorni applica il procedimento dell'anno civile).

	A	B	C	D	E
1	Capitale	Tasso (%)	Tempo		Interesse semplice
2	35120	7,25	2	a	
3	78500	3,25	10	m	
4	30200	4,15	6	m	
5	85430	7,15	90	gg	
6	85200	6,75	150	gg	

	E
2	=A2*C2/100
3	=A3*C3/1200

ELABORA
- **Larghezza colonne:** D 1 cm, le altre 2,5 cm.
- **Altezza righe:** 1 1,2 cm, le altre 0,8 cm.
- **Intestazioni di colonna:** C1:D1 ; , allineamento verticale Al centro, , Cielo azzurro 8, , 11 pt, Bianco.
- **Dati della tabella:** colonne A ed E , ; B2:D6 , D2:D6 Rosso, ; A3:E4 Giallo chiaro, A5:E6 Ciano 10.
- **Bordi alle colonne:** A2:E6 .
- **Tabella:** A1:E6 .

Calcola ed esprimi la tua creatività

• Esegui i calcoli, applica i formati idonei per visualizzare i valori, elabora le tabelle con creatività per presentare con chiarezza i dati.

1 **Crea il file M5-2 Costo unitario e salvalo nella tua cartella**

La Ditta Production & C. nel corso dell'anno ha sostenuto i seguenti costi di produzione.

CALCOLO DEI COSTI DI PRODUZIONE IN BASE AI VOLUMI				
	Prodotto A	Prodotto B	Prodotto C	Prodotto D
Costo della materia prima	28.650,00	41.230,00	23.840,00	19.220,00
Costi di produzione	14.825,60	16.922,85	12.904,35	10.894,70
COSTI TOTALI				
Volume di produzione (unità)	35.700	46.950	14.220	8.120
COSTO UNITARIO				

Determina:
- i costi totali sostenuti per ciascun prodotto;
- il totale di ciascun costo;
- il costo unitario per prodotto.

2 **Crea il file M5-2 Bilancio semestrale e salvalo nella tua cartella**

La famiglia Rossi predispone il bilancio semestrale in base ai dati riportati in tabella.

Spese	Gennaio	Febbraio	Marzo	Aprile	Maggio	Giugno
Alimentari	480,80	450,60	535,00	590,50	520,25	490,50
Abbigliamento	630,00	230,70	180,50	120,80	241,50	183,40
Mediche	125,00	60,50	42,70	51,85	34,50	25,20
Assicurazioni auto	82,00	82,00	82,00	82,00	82,00	82,00
Varie	142,50	128,80	150,70	130,50	215,20	116,30
Entrate (stipendi)	3.820,50	3.850,50	3.650,50	3.830,50	3.790,60	3.680,50

Determina:
- il totale di ogni voce di spesa;
- l'importo medio, minimo e quello massimo di ogni voce di spesa;
- il totale delle spese mensili e il relativo saldo;
- il totale semestrale delle spese e delle entrate e il relativo saldo;
- la spesa media mensile.

3 **Crea il file M5-2 Interesse capitalizzato e salvalo nella tua cartella**

I seguenti capitali sono stati concessi a prestito per periodi e tassi diversi:
- 93.680,40 euro, per 6 mesi al tasso del 3,25%;
- 85.733,50 euro, per 4 mesi al tasso del 2,50%;
- 68.424,50 euro, per 3 anni al tasso del 6,25%;
- 54.983,70 euro, per 1 anno al tasso del 5,25%;
- 85.893,80 euro, per 7 mesi al tasso del 3,50%.

Tempo espresso in:		Parametro
anni	a	100
mesi	m	1.200
gg. anno civile	gcv	36.500
gg. anno commerciale	gcm	36.000

Determina l'interesse maturato per ogni prestito concesso e quello complessivo (per i calcoli riferiti ai giorni applica il procedimento dell'anno commerciale).

4 Crea il file M5-2 Interesse complessivo e salvalo nella tua cartella

I seguenti capitali sono stati concessi a prestito per periodi e tassi diversi:
- 24.000,60 euro, per gg. 60 al tasso del 4,5%;
- 32.500,50 euro, per gg. 90 al tasso del 5,25%;
- 48.500,90 euro, per 2 mesi al tasso del 7,25%;
- 56.500,80 euro, per 1 anno al tasso del 5,5%.

Tempo espresso in:		Parametro
anni	a	100
mesi	m	1.200
gg. anno civile	gcv	36.500
gg. anno commerciale	gcm	36.000

Determina l'interesse maturato per ogni prestito e quello complessivo.

5 Crea il file M5-2 Prospetto riassuntivo e salvalo nella tua cartella

Un'azienda presenta il resoconto delle spese e del fatturato quadriennali.

PROSPETTO RIASSUNTIVO				
Voci di costo	Anno n	Anno n+1	Anno n+2	Anno n+3
Personale	589.254,25	420.894,55	621.963,19	589.254,25
Materie prime	958.300,45	825.336,15	978.980,40	757.753,45
Affitto	192.000,00	192.000,00	192.000,00	192.000,00
Pubblicità	890.258,70	951.324,45	758.654,65	654.987,20
Spese varie	258.369,43	159.753,45	357.951,15	274.936,85
TOTALI COSTI				
Fatturato	2.870.963,00	2.652.740,50	2.950.980,45	2.954.365,40
UTILI				

Determina:
- il totale dei costi per ogni anno e di tutti gli anni;
- il fatturato totale;
- gli utili per ogni anno e quello totale;
- l'importo medio per ogni voce di costo;
- l'importo medio, minimo e massimo dei costi per ogni anno.

6 Crea il file M5-2 Costi totali e salvalo nella tua cartella

Un'azienda nel corso dell'anno ha sostenuto i seguenti costi di produzione.

CALCOLO DEI COSTI DI PRODUZIONE			
	Prodotto X	Prodotto Y	Prodotto Z
Costo della materia prima	16.250,00	18.320,00	10.350,00
Costi di produzione:			
– impianti e attrezzature	3.564,00	4.124,00	3.855,00
– programmazione produzione	870,00	960,00	480,00
– finitura e stiratura	986,00	867,00	685,00
– controllo qualità	850,00	994,00	435,00
– imballaggi	272,50	745,30	685,40
COSTI TOTALI			
Volume di produzione (unità)	34.800	47.670	14.220
COSTO UNITARIO			

Determina:
- il totale di ciascuna voce di costo;
- i costi totali di produzione;
- il costo unitario per prodotto.

7 **Crea il file M5-2 Consuntivo e salvalo nella tua cartella**

La famiglia Rossetti predispone una tabella con le principali voci di spesa annuali.

CONSUNTIVO SPESE			
SPESE	ANNUALI	TRIMESTRALI	MENSILI
Affitto	8400,0		
Illuminazione	1240,6		
Gas metano	3600,5		
Acqua	280,9		
Alimentari	6300,6		
Mediche	850,4		
Assicurazione auto	514,5		
Telefono	750,5		
Condominio	1250,3		
TOTALE SPESE			
SPESA MEDIA			
SPESA MASSIMA			
SPESA MINIMA			
N. voci di spesa			

Determina:
- l'importo trimestrale e mensile di ogni voce di spesa;
- il totale delle spese annuali, trimestrali e mensili;
- la spesa media, massima e minima annuale, trimestrale e mensile.

8 **Crea il file M5-2 Magazzino e salvalo nella tua cartella**

Al termine dell'anno di attività un'azienda ha effettuato le registrazioni dei movimenti di magazzino bimestrali come riportato in tabella.

MOVIMENTI DI MAGAZZINO SEMESTRALI						
Bimestre	Carico in tonnellate	Valore unitario	Valore totale	Scarico in tonnellate	Rimanenza in tonnellate	Valore rimanenza
Gen-Feb	8400,0					
Mar-Apr	1240,6					
Mag-Giu	3600,5					
Lug-Ago	280,9					
Set-Ott	6300,6					
Nov-Dic	850,4					
TOTALI	514,5					
Rimanenza bimestrale media						
Rimanenza bimestrale minima						
Rimanenza bimestrale massima						

Determina:
- il totale delle quantità acquistate e vendute;
- il valore totale e quello della rimanenza per ogni bimestre;
- la rimanenza finale di magazzino;
- il valore complessivo delle rimanenze finali di magazzino;
- la rimanenza bimestrale media, minima e massima.

UNITÀ 3 CREARE GRAFICI E STAMPARE

Clippy

I grafici sono rappresentazioni dei dati numerici attraverso forme geometriche e immagini.

Calc si presta non solo alla creazione di tabelle e all'esecuzione di calcoli, ma anche alla creazione di ▶ **grafici** ◀ che riepilogano visivamente i dati, ne rendono immediata la loro interpretazione e conferiscono un maggior impatto visivo, migliorando il layout del foglio di lavoro.
I grafici possono essere di vario tipo: a colonne (o istogramma), a barre, a torta (o aerogramma), a linee ecc.; la loro scelta dipende dal tipo di dati che si vuole rappresentare.
Di seguito proponiamo alcuni esempi di grafico.

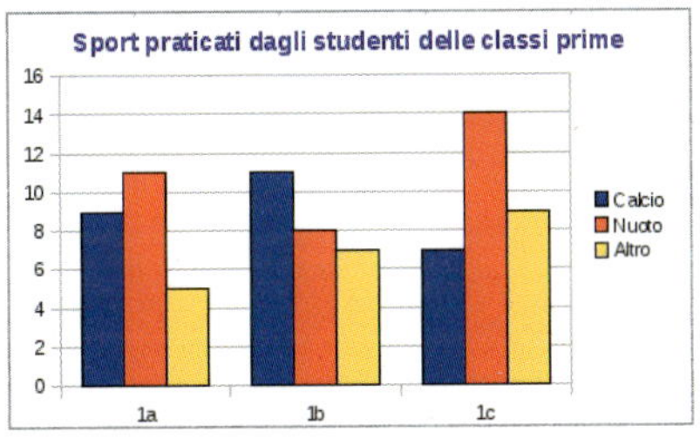

A colonne

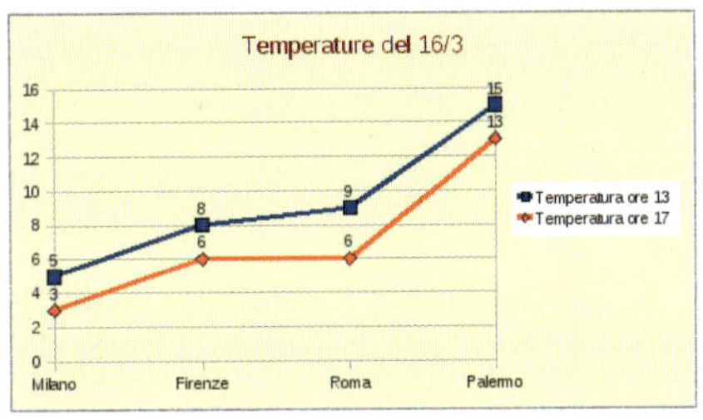

A linee

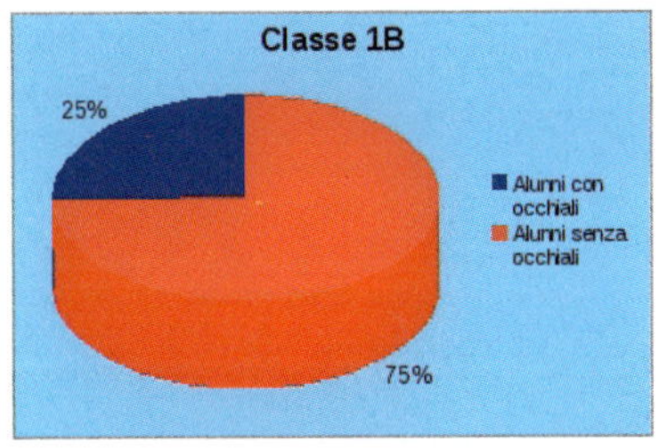

A torta

ECDL SS 6.1.1 - SS 6.1.2 - SS 6.1.4

Creare e personalizzare grafici

Clippy

I dati devono essere sempre selezionati a zona; per zone non adiacenti usare il tasto Ctrl.

Calc semplifica la creazione di un grafico mediante una procedura guidata di cui, a seguire, descriviamo i passaggi principali.

1. Selezionare la zona contenente i ▶ **dati da rappresentare** ◀.
2. Nella barra degli strumenti Standard fare clic sull'icona Grafico (oppure, da menu Inserisci, scegliere Oggetto/Grafico).
3. Scegliere il tipo di grafico desiderato, selezionare una delle modalità di rappresentazione proposte, quindi fare clic su Avanti.

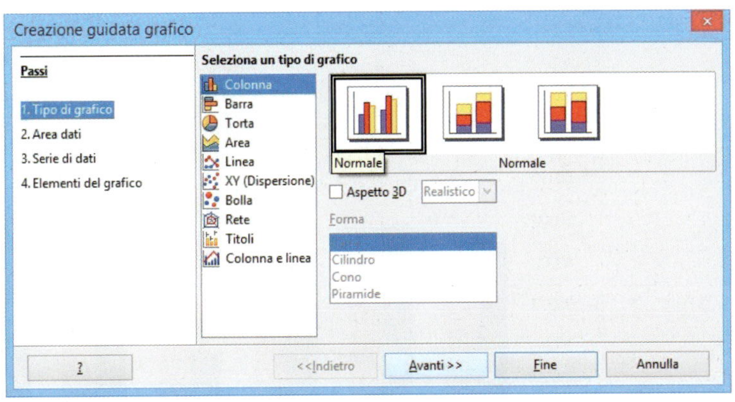

4. Nei passaggi successivi, verificare l'intervallo dati selezionato (Area dati), i ▶ **nomi della legenda** ◀ (Serie di dati) e aggiungere eventuali titoli del grafico e degli assi (Elementi del grafico); per ogni passaggio fare clic su Avanti e poi clic su Fine per incorporare il grafico nello stesso foglio della tabella da cui è stato creato.

Clippy

I nomi delle serie di dati vengono inseriti in automatico nella legenda selezionando anche le intestazioni di colonna.
I nomi delle categorie di dati vengono inseriti in automatico nell'asse X selezionando anche le intestazioni di riga.

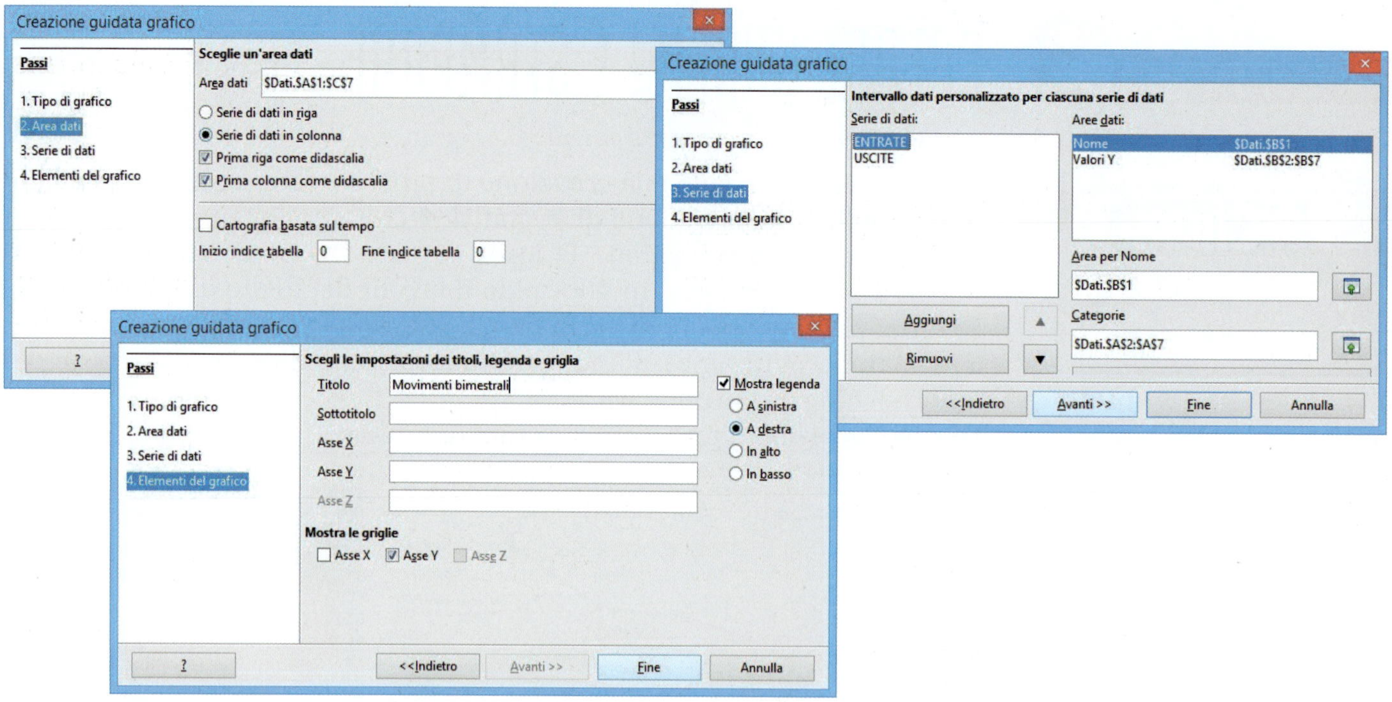

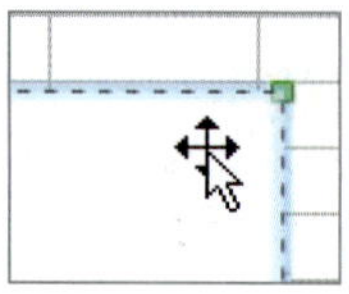
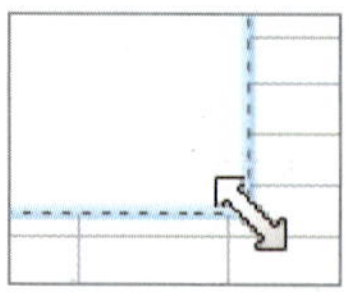

Per collocare il grafico in una diversa posizione, fare clic su un lato qualsiasi e trascinare nel punto desiderato.
Per dimensionarlo, posizionare il puntatore sui puntini di un lato o di un vertice e, quando assume la forma di una freccia a due punte, fare clic e trascinare all'interno o all'esterno.

• Elementi presenti in un grafico

Nella figura proposta vengono riportati alcuni tra i principali elementi costitutivi di un grafico a istogramma che possono essere singolarmente selezionati sia facendo doppio clic sul grafico e poi clic su di essi, sia con clic destro per attivare il menu rapido con le relative opzioni.

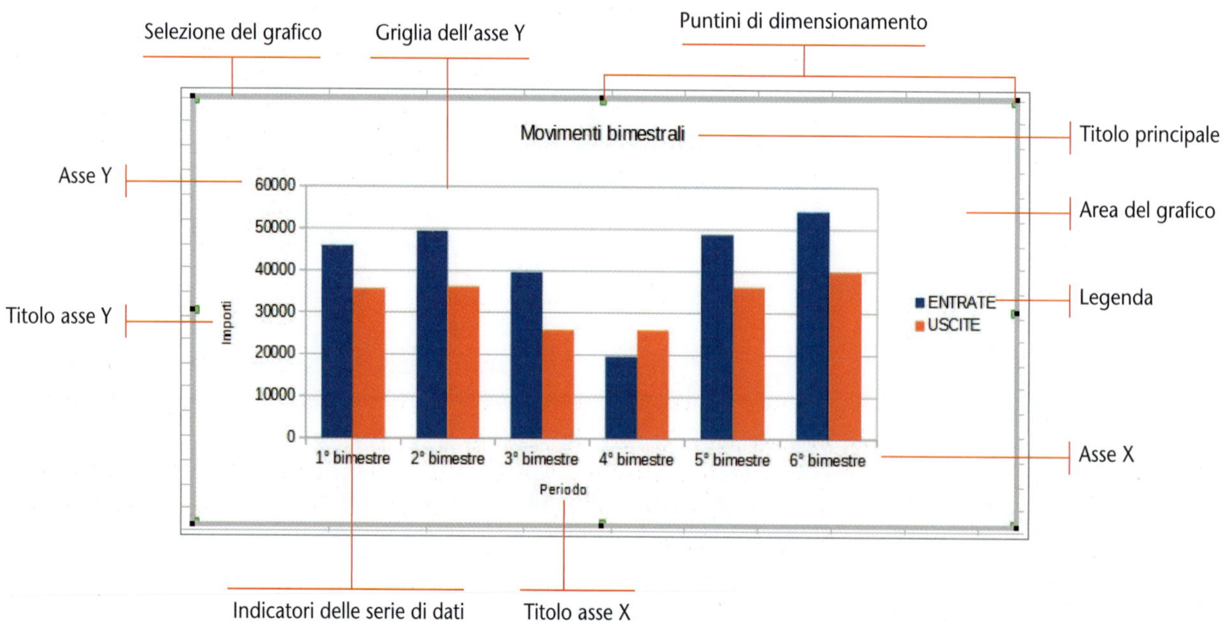

• Personalizzare un grafico

Clippy

Con un solo clic il grafico viene contornato da maniglie verdi e compare la barra degli strumenti Proprietà oggetti di disegno in quanto Calc lo interpreta come oggetto.

Una volta creato il grafico, selezionandolo con ▶ **un clic** ◀ Calc mostra la barra degli strumenti Proprietà oggetto di disegno e con doppio clic la barra degli strumenti Formattazione.

I comandi presenti nelle barre permettono di intervenire sui vari elementi del grafico consentendo di applicare bordi, colori di riempimento e sfumature all'area del grafico e agli indicatori delle serie dei dati, selezionare gli elementi del grafico, mostrare o nascondere la legenda o la griglia del grafico e altro ancora.

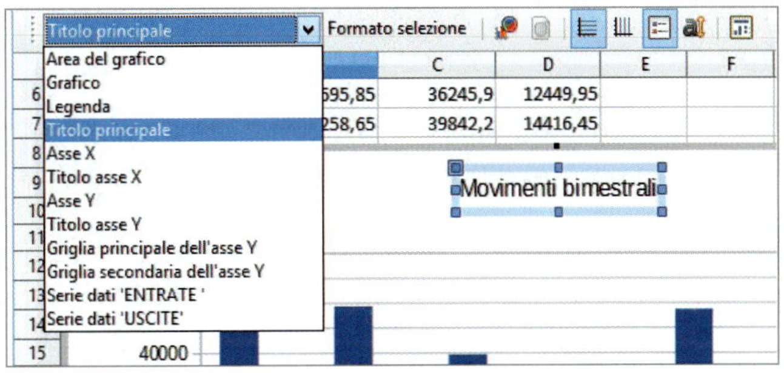

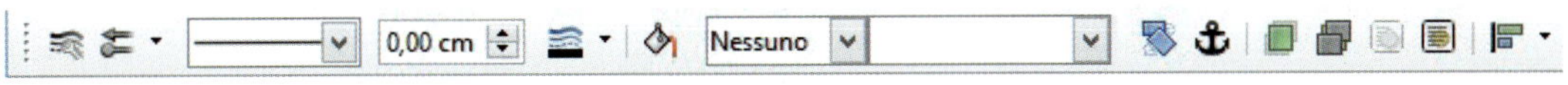

I singoli elementi che compongono il grafico possono essere selezionati anche con clic destro; così facendo, si attiva il menu rapido le cui voci cambiano in funzione dell'elemento selezionato (nell'immagine mostriamo alcuni esempi).

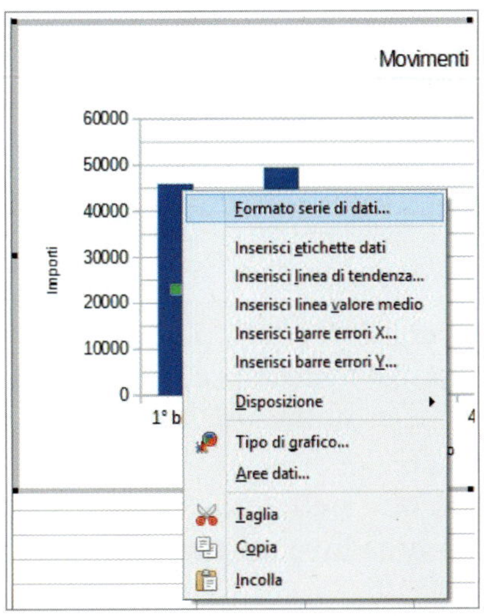

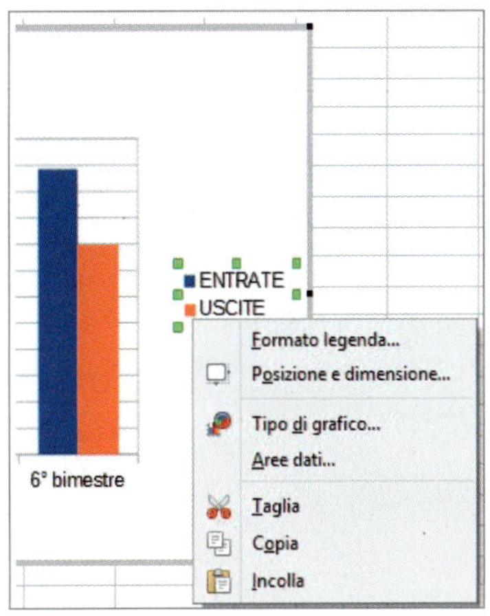

Scegliendo Formato... (per esempio Formato serie dati, Formato legenda ecc.) si attiva una specifica finestra in cui è possibile eseguire tutte le modifiche desiderate.
Tale finestra può essere attivata con doppio clic sull'elemento, oppure da menu Formato, o da barra degli strumenti Formattazione, scegliendo Formato selezione.

ECDL SS 6.2.1

• Aggiungere, modificare, eliminare titoli al grafico e agli assi e formattarli

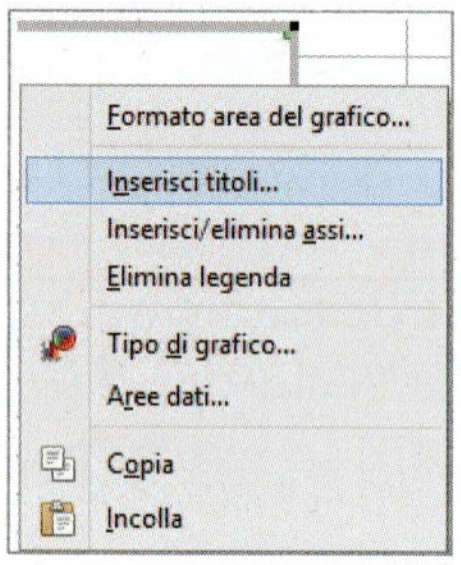

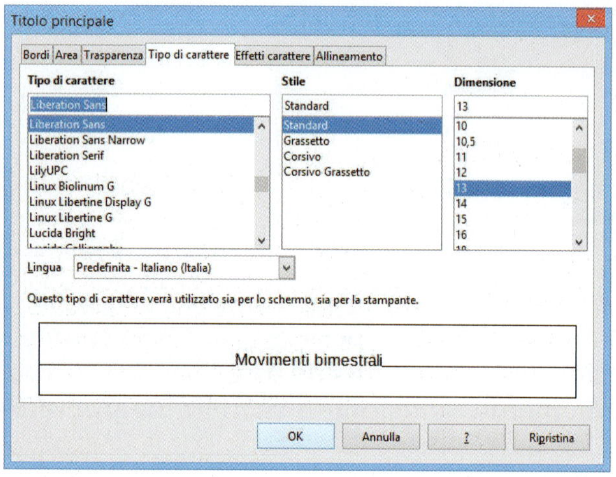

In un grafico il titolo contribuisce a descrivere i contenuti rappresentati, così pure i titoli degli assi. Essi possono essere inseriti in fase di realizzazione del grafico, nel passaggio 4 (Elementi del grafico), oppure in un momento successivo, facendo clic destro nell'area del grafico e scegliendo Inserisci titoli da menu rapido. Questi titoli possono essere inoltre formattati operando nelle schede della relativa finestra attivata scegliendo Formato... da menu rapido.

Il titolo di un grafico può essere modificato anche dopo il suo inserimento.

1. Fare doppio clic sul grafico e poi doppio clic sul titolo, quindi selezionare la parte di testo da modificare.

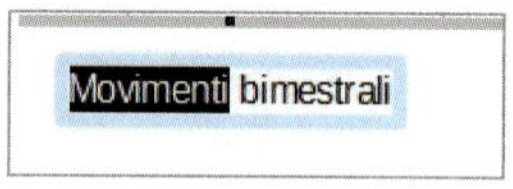

2. Digitare il nuovo testo e confermare facendo clic nell'area vuota del grafico.

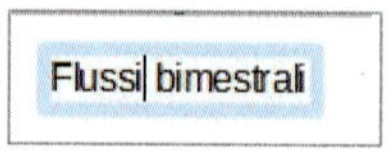

Per cancellare il titolo di un grafico, di un asse o un'etichetta, fare clic sul titolo o sull'etichetta e poi premere Canc.

ECDL SS 6.2.3

Clippy

La legenda identifica i diversi colori applicati agli indicatori dei dati affinché sia possibile leggere il grafico in modo preciso.

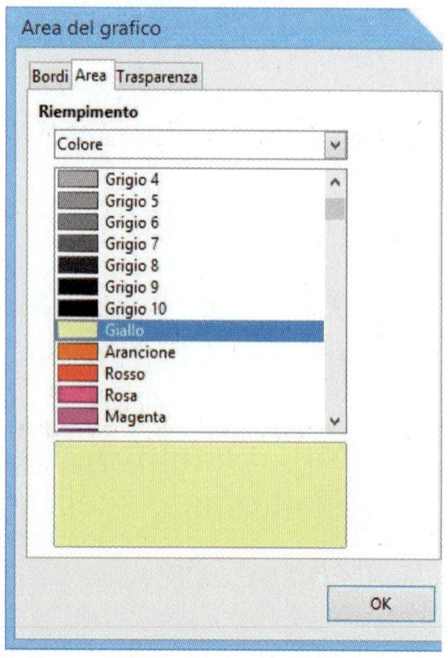

• Aggiungere sfondi e bordi all'area del grafico e della legenda

È possibile personalizzare ulteriormente il grafico aggiungendo un colore di riempimento (sfumature o bitmap) all'area del grafico e alla ▶ **legenda** ◀.

1. Fare doppio clic sul grafico e procedere con uno dei seguenti modi:
   - da menu Formato scegliere Area del grafico;
   - fare clic destro nello spazio bianco del grafico e scegliere Formato area del grafico;
   - fare doppio clic nell'area vuota del grafico.
2. Nella scheda Area fare clic sul colore desiderato e poi su OK.

Mantenendo la selezione del grafico, per cambiare il colore di riempimento della legenda o aggiungere bordi procedere con le stesse modalità scegliendo Formato/Legenda o Formato legenda.
Applicando le tecniche appena descritte è possibile modificare il colore degli indicatori di dati in un grafico a istogramma, a barre, i tracciati di un grafico a linee o le singole sezioni di un grafico a torta.

Smart

Puoi attivare la finestra anche con clic destro sull'area del grafico e da menu rapido scegliere Linea.

Per applicare un bordo all'area del grafico, selezionare il grafico con un solo clic e sulla barra degli strumenti Proprietà oggetto di disegno operare sul pulsante Linea (per ▶ **attivare la relativa finestra** ◀) o sui pulsanti Stile linea, Spessore linea e Colore linea.

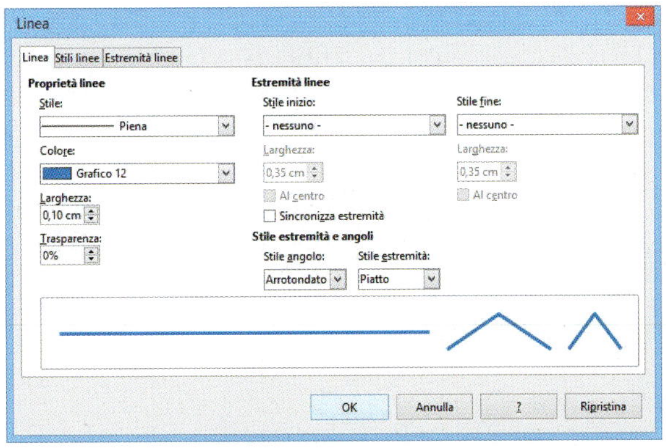

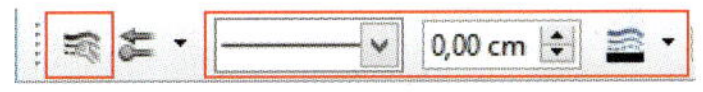

È possibile personalizzare l'area del grafico anche aggiungendo un'immagine: inserire l'immagine con le consuete modalità (Da file o da Galleria), dimensionarla e poi trascinarla nella posizione desiderata all'interno del grafico.

ECDL SS 6.2.2

• Inserire etichette agli indicatori di dati di un grafico

Nei grafici, allo scopo di agevolare l'interpretazione dei dati, si possono aggiungere ▶ **etichette** ◀, valori e percentuali.

1. Fare doppio clic sul grafico.
2. Da menu Inserisci scegliere Didascalia dati.
3. Attivare la spunta sulle voci desiderate (Mostra il valore come numero o Mostra il valore come percentuale). Per ogni opzione scelta è possibile specificare un diverso formato e una specifica posizione delle etichette operando sui relativi pulsanti Formato numero o Formato percentuale e Disposizione.
4. Eseguite le scelte fare clic su OK.

Clippy

L'etichetta fornisce informazioni aggiuntive su un indicatore di dati, che rappresenta una singola coordinata o un singolo valore derivati da una cella di un foglio dati.

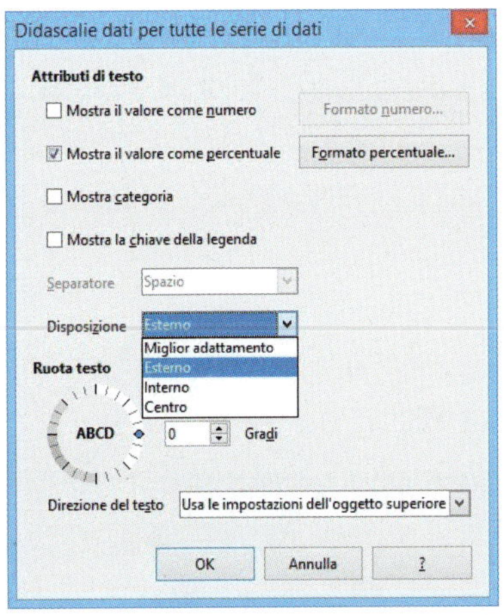

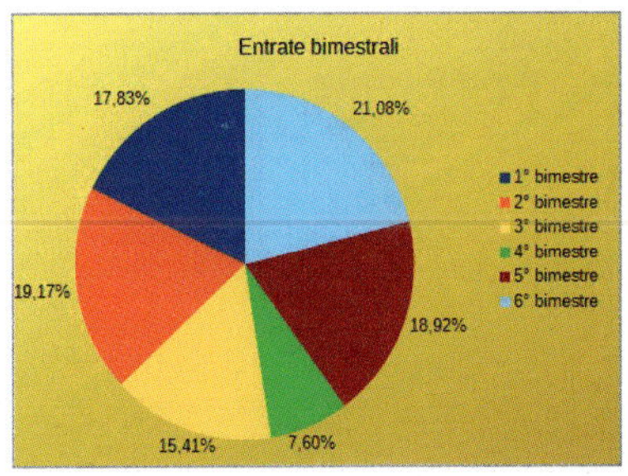

Per applicare le etichette a una sola serie di dati, fare clic destro su di essa, scegliere Formato etichette dati e, nella scheda Didascalia dati, proseguire come indicato dal **punto 3** della procedura appena descritta.

• Cambiare il tipo di grafico

Se il grafico creato non ci soddisfa possiamo cambiarlo con un altro tipo.

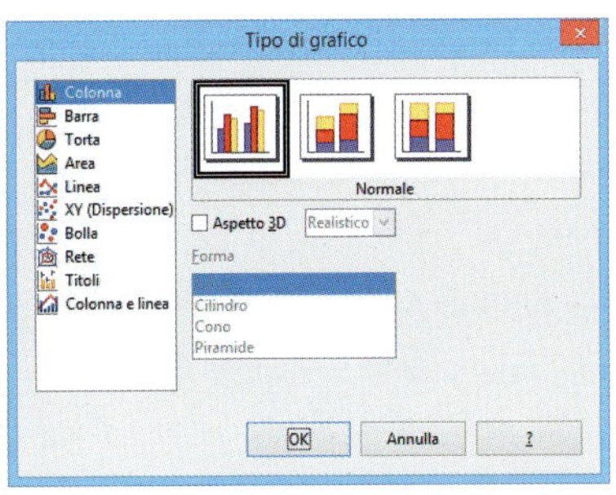

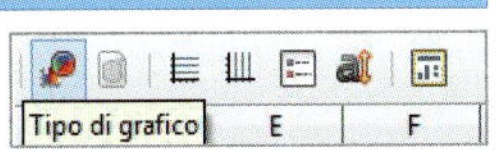

1. Fare doppio clic sul grafico per selezionarlo.
2. Scegliere uno dei seguenti percorsi:
   - clic destro nell'area del grafico e scegliere Tipo di grafico;
   - da menu Formato scegliere Tipo di grafico;
   - sulla barra degli strumenti Formattazione fare clic sul pulsante Tipo di grafico.
3. Nella finestra, fare clic sul tipo di grafico che si vuole utilizzare e scegliere il layout desiderato.
4. Fare clic su OK.

Creare ed elaborare un grafico a colonne e a barre

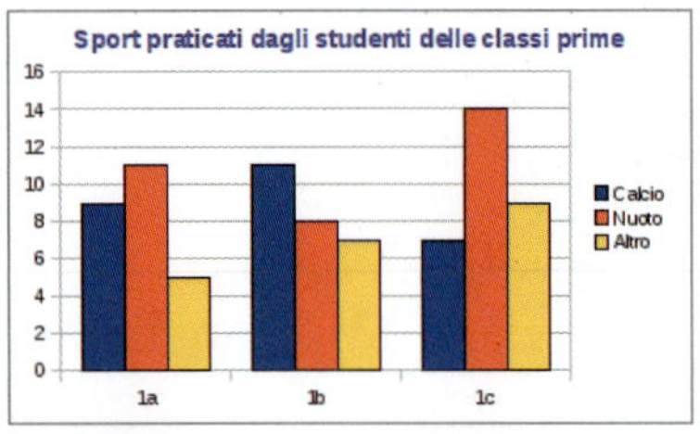

I grafici a colonne (o istogrammi) o a barre consentono il confronto tra più voci (o serie) della stessa categoria, nonché fra categorie (o elementi) diverse. Nell'immagine proposta a lato, il grafico mostra sull'asse orizzontale (categorie) le classi esaminate, e di ognuna le diverse voci, e sull'asse verticale (valori) il numero di studenti per ciascuno sport praticato.

Allena le competenze

- Inserire funzioni ed elaborare tabelle
- Creare ed elaborare un grafico a colonne
- Applicare una sfumatura allo sfondo e modificare il colore di una serie di dati

Crea il file M5-3 Report_graf e salvalo nella tua cartella

1 Inserisci i dati nelle celle e poi le funzioni come ▶ **mostrato** ◀; esegui la copia per trascinamento.

B3:E7 | Somma | 28795,15

	A	B	C	D	E	F
1	RAPPORTO VENDITE IN ITALIA					
2	ZONA	1° quadrimestre	2° quadrimestre	3° quadrimestre	TOTALE	Importo medio per zona
3	Nord	28795,15	30058,45	34631,5		
4	Centro	29650,5	34369,65	32580,35		
5	Sud	19520,25	21580,3	23745,85		
6	Isole	9460	14986,15	14856,15		
7	TOTALE					
8	Media vendite quadrimestrali					

=MEDIA(B3:D3)

=MEDIA(B3:B6)

Smart
Per calcolare in modo rapido i totali in riga e in colonna seleziona la zona B3:E7.

2 Elabora la tabella come indicato.

3,1 cm — 1,5 cm — 1,2 cm — 0,8 cm — 1,2 cm

	A	B	C	D	E	F
1	RAPPORTO VENDITE IN ITALIA					
2	ZONA	1° quadrimestre	2° quadrimestre	3° quadrimestre	TOTALE	Importo medio per zona
3	Nord	28.795,15	30.058,45	34.631,50	€ 93.485,10	€ 31.161,70
4	Centro	29.650,50	34.369,65	32.580,35	€ 96.600,50	€ 32.200,17
5	Sud	19.520,25	21.580,30	23.745,85	€ 64.846,40	€ 21.615,47
6	Isole	9.460,00	14.986,15	14.856,15	€ 39.302,30	€ 13.100,77
7	TOTALE	€ 87.425,90	€ 100.994,55	€ 105.813,85	€ 294.234,30	€ 98.078,10
8	Media vendite quadrimestrali	€ 21.856,48	€ 25.248,64	€ 26.453,46	€ 73.558,58	

Titolo: , Aharoni, 18 pt, , Blu 5 .
Intestazioni di colonna: allineamento verticale Al centro , , Arancione, Grigio 1, .
Intestazioni di riga e colonna F: .
Dati della tabella: B3:D6 Stile separatore con due posizioni decimali, E3:F6 , ▶ A3:F6 ◀.
Riga dei totali: come le intestazoni di colonna e .
Riga 8: come riga dei totali e Arancione 2, Bianco, F8 Arancione 5.
Tabella: A1:F8 .

Smart
Per applicare i bordi sinistro e destro a ogni colonna seleziona ciascuna zona (A3:A6...F3:F6) singolarmente.

3 Seleziona la zona A2:D6 e crea il grafico a colonne.

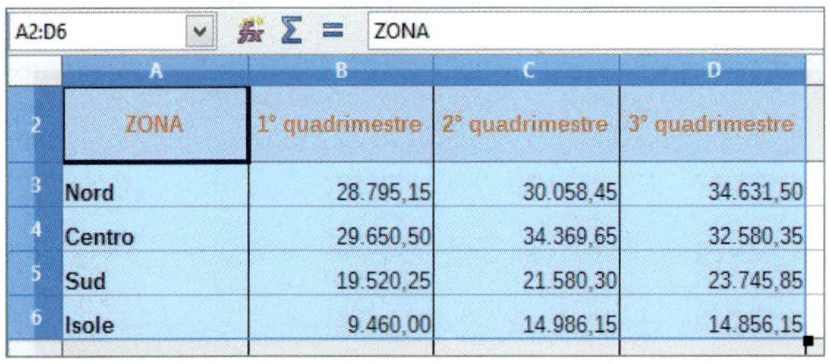

ZONA	1° quadrimestre	2° quadrimestre	3° quadrimestre
Nord	28.795,15	30.058,45	34.631,50
Centro	29.650,50	34.369,65	32.580,35
Sud	19.520,25	21.580,30	23.745,85
Isole	9.460,00	14.986,15	14.856,15

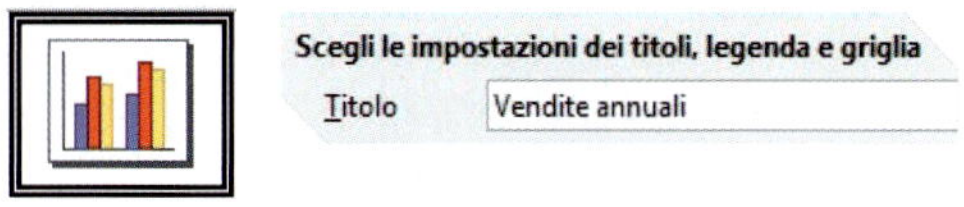

Clippy

Ogni serie di dati in un grafico è visualizzata con un colore o un motivo univoco ed è rappresentata nella legenda del grafico. In un grafico è possibile tracciare una o più serie di dati.

4 Posiziona e dimensiona il ▶ **grafico** ◀ come mostrato.

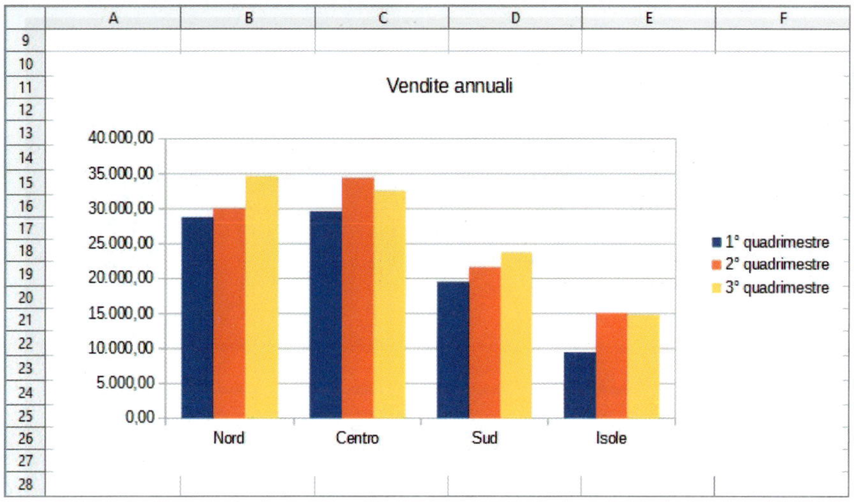

5 Inserisci il titolo dell'asse X e all'area del grafico applica lo sfondo Sfumatura/Deep Blue e bordo.

6 Seleziona ciascun elemento e applica il colore carattere Bianco. Dimensiona il titolo a 18 pt e applica lo stile grassetto.

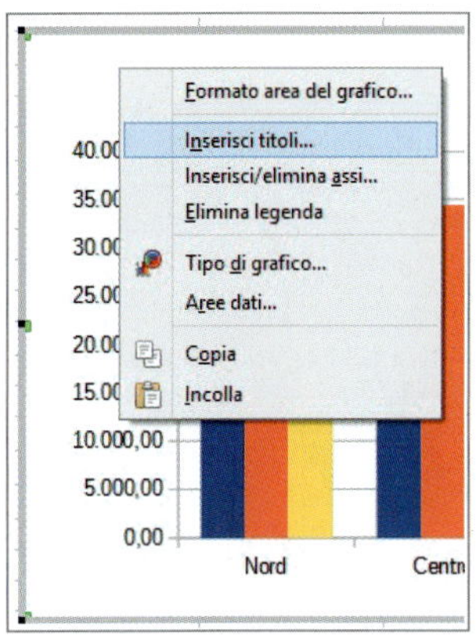

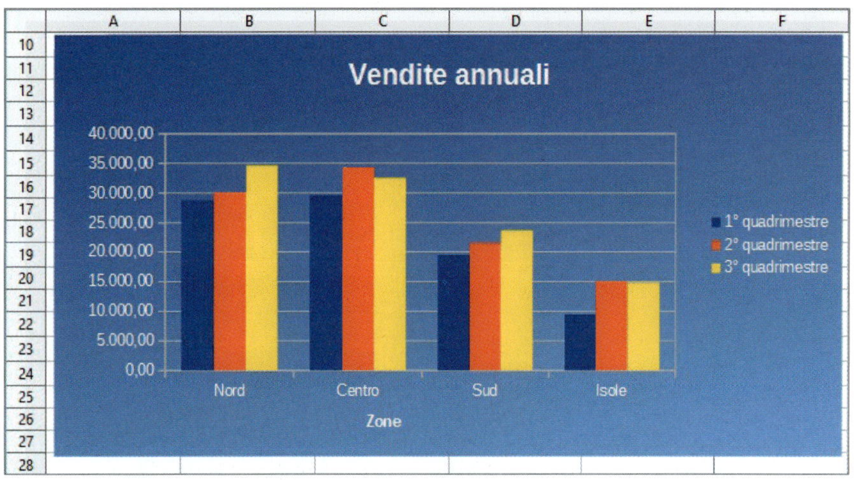

7 Alla serie dati "3° quadrimestre" applica il colore Verde chiaro, alla legenda applica un bordo Grafico 2. Salva le modifiche e chiudi il file.

RAPPORTO VENDITE IN ITALIA					
ZONA	1° quadrimestre	2° quadrimestre	3° quadrimestre	TOTALE	Importo medio per zona
Nord	28.795,15	30.058,45	34.631,50	€ 93.485,10	€ 31.161,70
Centro	29.650,50	34.369,65	32.580,35	€ 96.600,50	€ 32.200,17
Sud	19.520,25	21.580,30	23.745,85	€ 64.846,40	€ 21.615,47
Isole	9.460,00	14.986,15	14.856,15	€ 39.302,30	€ 13.100,77
TOTALE	€ 87.425,90	€ 100.994,55	€ 105.813,85	€ 294.234,30	€ 98.078,10
Media vendite quadrimestrali	€ 21.856,48	€ 25.248,64	€ 26.453,46	€ 73.558,58	

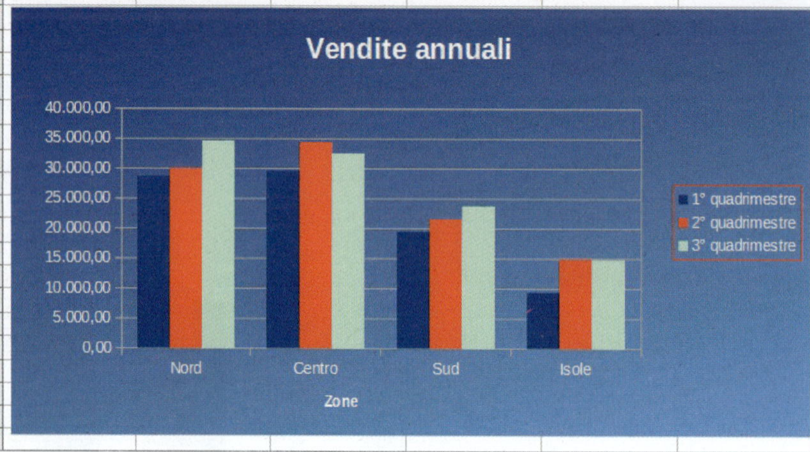

Allena le competenze

- Cambiare tipo di grafico e modificare il layout
- Salvare le modifiche mantenendo il file originale

Apri il file M5-3 Report_graf dalla tua cartella e salvalo con il nome M5-3 Report_barre

1 Seleziona il grafico e cambialo con il tipo a barre indicato. Seleziona l'asse Y e premi Canc.

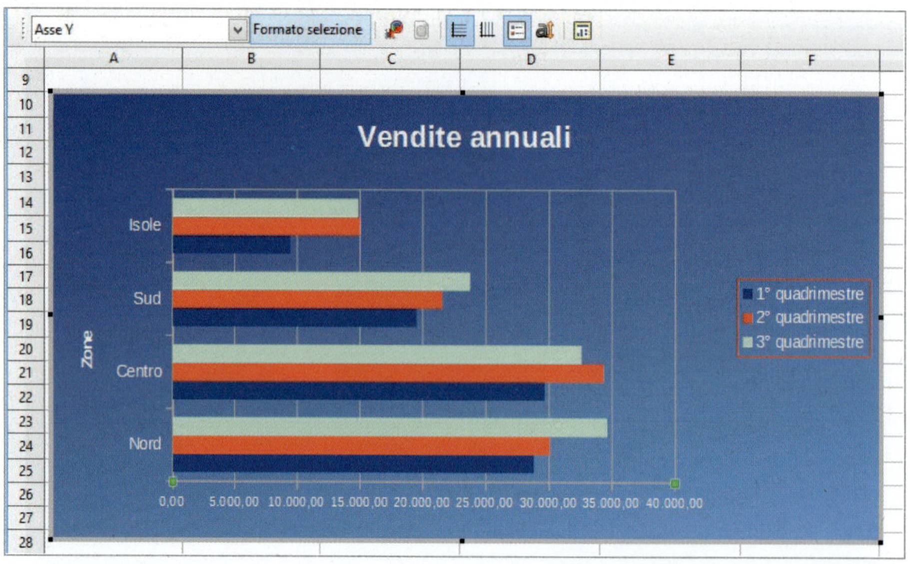

2 Posiziona la legenda in basso (finestra Legenda, scheda Posizione). Richiedi la visualizzazione delle etichette dati; seleziona e ▶ **dimensiona** ◀ ogni serie di etichette a 8 pt e ▶ **applica il colore Bianco** ◀.

Smart

Per modificare la dimensione e il colore utilizza i diversi percorsi possibili.

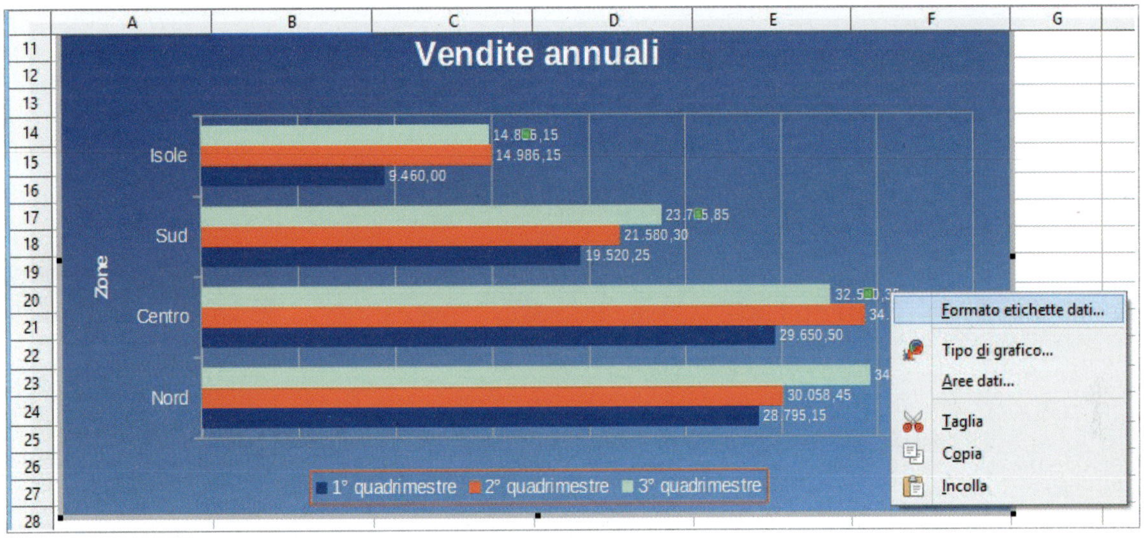

3 Seleziona la griglia dell'asse Y e premi Canc. Modifica il colore di sfondo con Sfumatura/Sunburst.

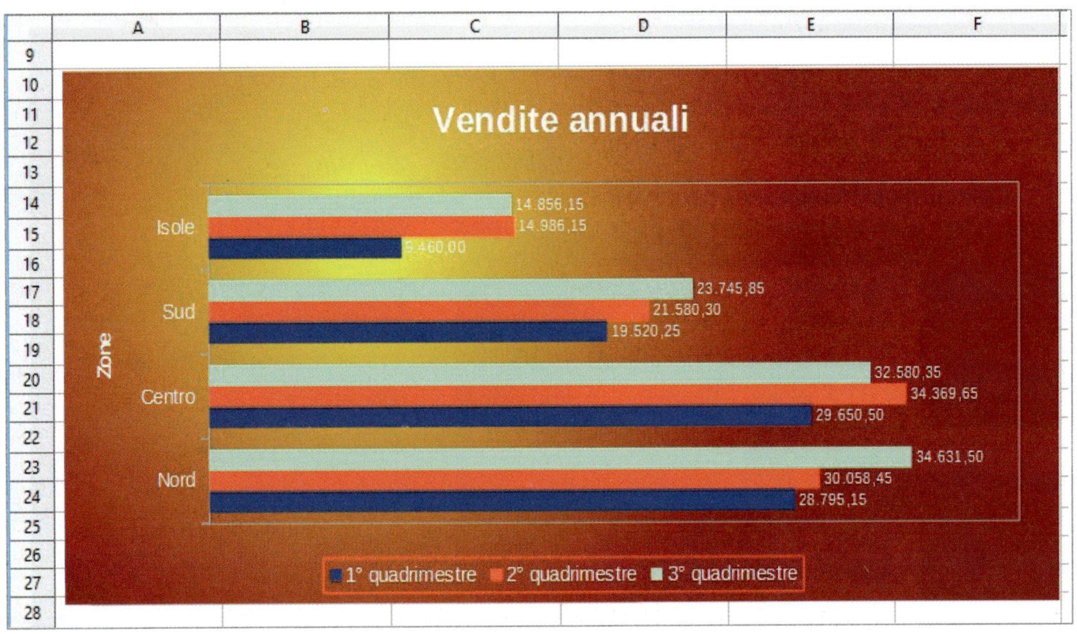

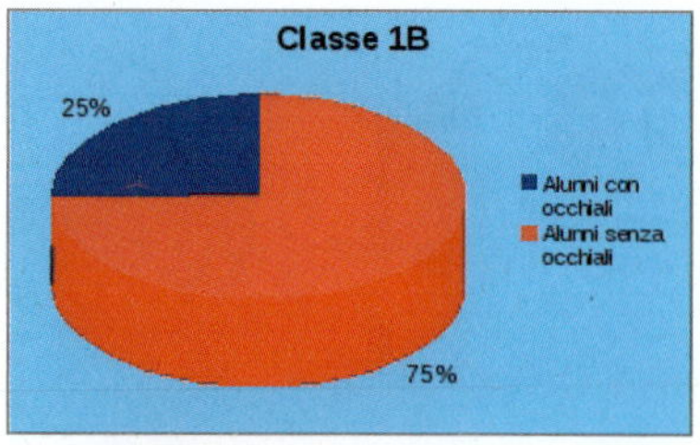

Creare ed elaborare un grafico a torta

Un grafico a torta (detto anche aerogramma) mostra le proporzioni dei vari elementi (sezioni) rispetto alla loro somma. Tale grafico consente di rappresentare una sola serie di dati.
Il grafico mostrato nell'immagine a lato distingue, all'interno di una classe, il numero di alunni che portano gli occhiali da quelli che non ne fanno uso.

Allena le competenze

- Inserire formule con il riferimento misto
- Creare ed elaborare un grafico a torta
- Modificare le serie di dati e il tipo di grafico

Crea il file M5-3 Esercizi ricettivi_graf e salvalo nella tua cartella

1 Inserisci i dati nelle celle. ▶ **Calcola i totali** ◀; in B10 inserisci la formula come mostrato ed esegui la ▶ **copia per trascinamento** ◀. Dimensiona le righe e le colonne come indicato.

B3:E7 — Somma — 21741

	A	B	C	D	E
1	ESERCIZI RICETTIVI PER AREA GEOGRAFICA				
2	Esercizi ricettivi	Nord	Centro	Sud	Italia
3	Alberghi	21741	6154	5349	
4	Campeggi e villaggi turistici	984	488	888	
5	Alloggi agro-turistici	2890	2650	940	
6	Altri alloggi iscritti al R.E.C.	55993	15644	1415	
7	Totale				
8	Percentuali				
9	Esercizi ricettivi	Nord	Centro	Sud	Italia
10	Alberghi				
11	Campeggi e villaggi turistici				
12	Alloggi agro-turistici				
13	Altri alloggi iscritti al R.E.C.				
14	Totale				

=B3/$E3

Smart
Per visualizzare subito i dati in formato percentuale, prima di eseguire i calcoli, seleziona la zona vuota B10:E14 e applica il formato %.

Smart
In B10 è stata inserita la formula con il riferimento misto (assoluto solo alla colonna): questo ti permette di copiare la formula per trascinamento in tutte le altre celle fino a E14. Come puoi notare, in ogni formula si aggiorna solo il riferimento di riga.

5 cm — 2,5 cm — 1 cm — 0,7 cm — 1 cm — 0,7 cm

E14 — =E7/$E7

	A	B	C	D	E
1	ESERCIZI RICETTIVI PER AREA GEOGRAFICA				
2	Esercizi ricettivi	Nord	Centro	Sud	Italia
3	Alberghi	21.741	6.154	5.349	33.244
4	Campeggi e villaggi turistici	984	488	888	2.360
5	Alloggi agro-turistici	2.890	2.650	940	6.480
6	Altri alloggi iscritti al R.E.C.	55.993	15.644	1.415	73.052
7	Totale	81.608	24.936	8.592	115.136
8	Percentuali				
9	Esercizi ricettivi	Nord	Centro	Sud	Italia
10	Alberghi	65,40%	18,51%	16,09%	100%
11	Campeggi e villaggi turistici	41,69%	20,68%	37,63%	100%
12	Alloggi agro-turistici	44,60%	40,90%	14,51%	100%
13	Altri alloggi iscritti al R.E.C.	76,65%	21,41%	1,94%	100%
14	Totale	70,88%	21,66%	7,46%	100%
15					

2 Dimensiona righe e colonne ed elabora le tabelle come proposto.

Titolo: , 12 pt, .
Intestazioni di colonna: allineamento verticale Al centro , , Bianco, Ciano 4 e Arancione 2.
Intestazioni di riga: Bianco, Ciano 4 e Arancione 2.
Dati delle tabelle: B3:E7, E10:E14 .
Tabelle: A1:E7, A8:E14 .

3 Seleziona la zona A9:D10 e crea il grafico a torta indicato.

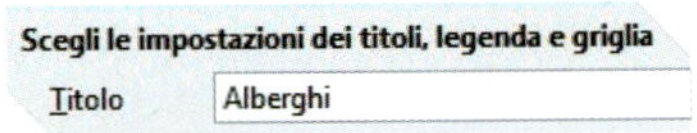

A9:D10 | Esercizi ricettivi

	A	B	C	D	E
9	Esercizi ricettivi	Nord	Centro	Sud	Italia
10	Alberghi	65,40%	18,51%	16,09%	100%
11	Campeggi e villaggi turistici	41,69%	20,68%	37,63%	100%
12	Alloggi agro-turistici	44,60%	40,90%	14,51%	100%
13	Altri alloggi iscritti al R.E.C.	76,65%	21,41%	1,94%	100%
14	Totale	70,88%	21,66%	7,46%	100%

4 Posiziona e dimensiona il grafico come mostrato. Richiedi la posizione delle etichette dati all'esterno. Elimina la legenda.
Elabora il titolo: 20 pt, grassetto, Rosso.

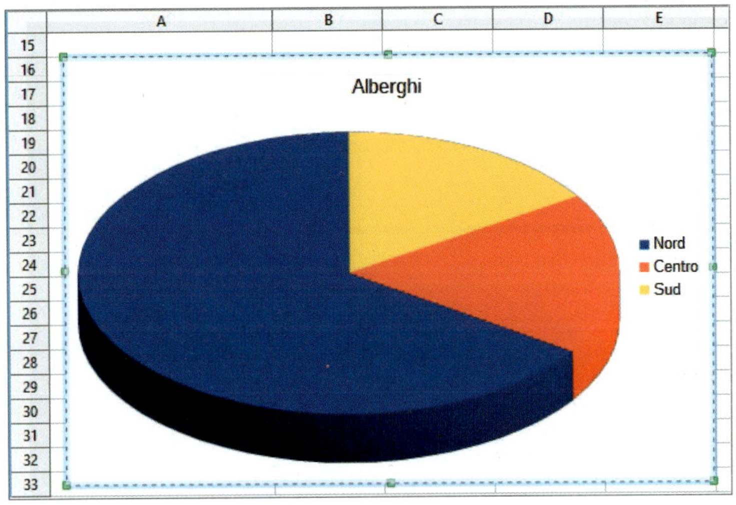

5 Seleziona con ▶ **clic destro** ◀ il punto dati Nord e applica il colore Grafico 8. Procedi in modo analogo per le altre due sezioni Centro e Sud e scegli il colore Grafico 6 e Grafico 1.

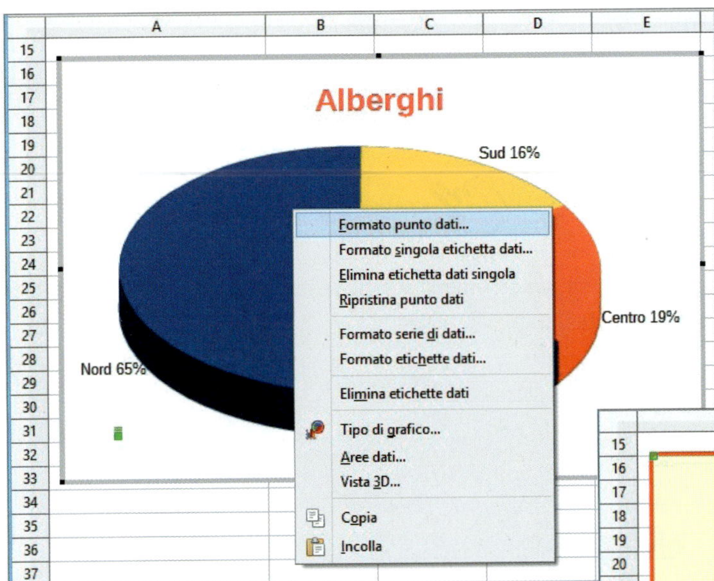

Smart

Per attivare la finestra puoi selezionare la sezione dati anche con due clic consecutivi.

6 All'area del grafico applica il colore Giallo chiaro e il bordo: Linea piena, Arancione 4, larghezza 0,1 cm.

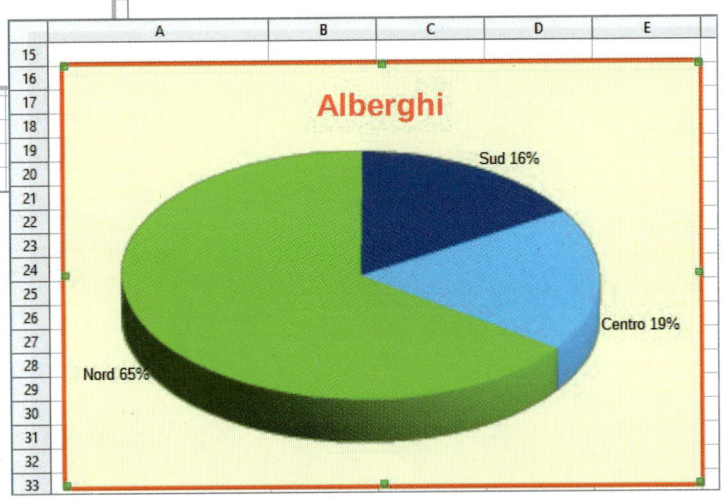

7 Salva le modifiche fin qui eseguite e poi salva il file con il nome M5-3 Esercizi ricettivi_barre.
- Cambia il grafico con il tipo a barre raggruppate.
- Elimina l'asse orizzontale, la griglia verticale e la ▶ **visualizzazione delle categorie** ◀.
- Come colore di sfondo applica il bitmap Cielo.

Smart

Puoi richiedere questa visualizzazione con clic destro su un'etichetta e scegliere Formato etichette dati. Nella finestra disattiva Mostra categoria.

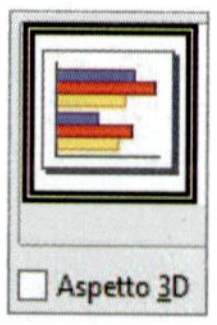

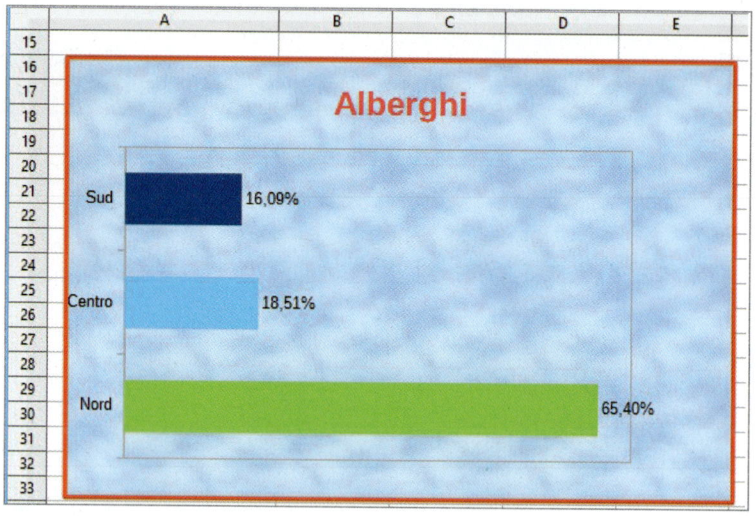

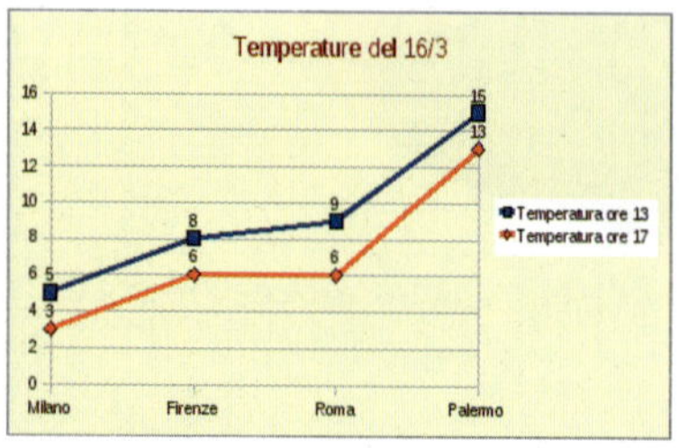

Creare ed elaborare un grafico a linee

Un grafico a linee mostra le tendenze di una o più serie di dati. Il grafico lineare si presta bene a rappresentare gli andamenti di fenomeni (meteorologici, demografici o economici).
Il grafico mostrato a lato rappresenta la variabilità delle temperature nelle diverse ore della giornata in alcune città.

Allena le competenze

- Elaborare tabelle
- Creare ed elaborare un grafico a linee
- Aggiungere etichette dati e un'immagine nel grafico

Crea il file M5-3 Temperature e salvalo nella tua cartella

1 Inserisci i dati, poi dimensiona le righe e le colonne come mostrato.

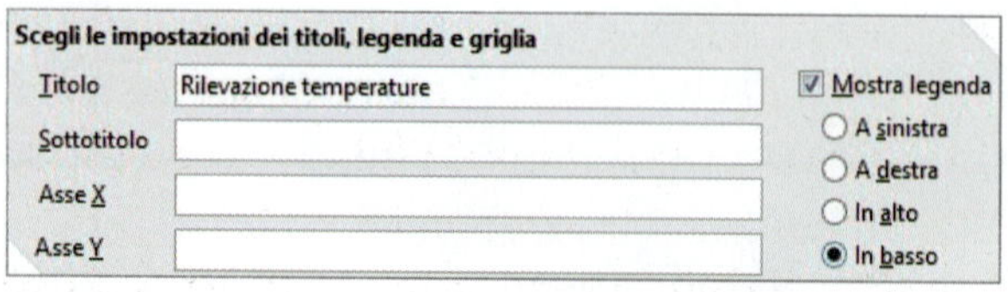

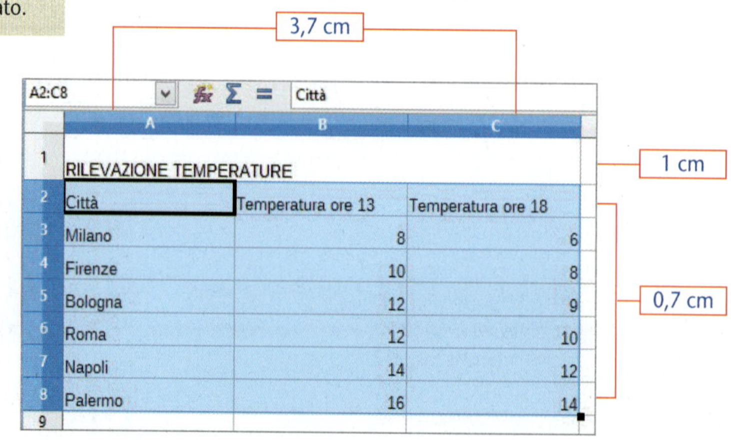

2 Elabora la tabella come indicato. Seleziona la zona A2:C8 e crea il grafico a linee, digita il titolo e imposta la legenda con posizione in basso. Posiziona il grafico e dimensionalo come mostrato.

	A	B	C
1	RILEVAZIONE TEMPERATURE		
2	Città	Temperatura ore 13	Temperatura ore 18
3	Milano	8	6
4	Firenze	10	8
5	Bologna	12	9
6	Roma	12	10
7	Napoli	14	12
8	Palermo	16	14

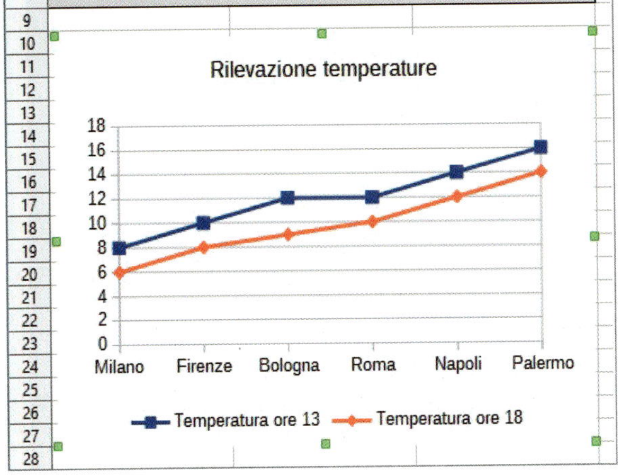

Titolo: , 14 pt, , Rosso 5.

Intestazioni di colonna: allineamento verticale Al centro , , Bianco, Rosso 5.

Intestazioni di riga: .

Dati della tabella: A3:C8 , allineamento verticale Al centro, righe 4, 6 e 8 Grigio 2.

Tabella: A1:C8 .

3 Elabora il grafico:
- **titolo**: Aharoni, 20 pt, grassetto, Blu;
- **area**: bordo Blu, larghezza 0,1 cm e sfondo Bitmap Marmo;
- **serie dati**: "Temperatura ore 13" colore blu;
- **etichette dati**: con disposizione a destra;
- aggiungi l'immagine da Galleria/Sun1.

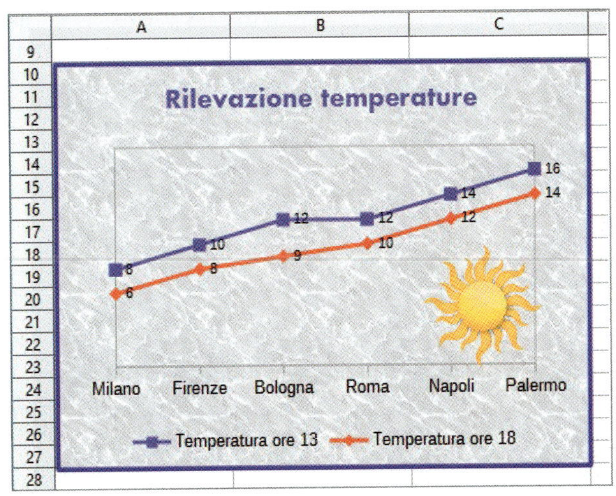

Clippy

In Calc è sconsigliato fare affidamento soltanto su ciò che viene mostrato nell'area di lavoro e procedere con la stampa immediata.

Preparazione della stampa

I fogli di lavoro vengono creati, oltre che per visualizzare i dati sullo schermo, anche per essere distribuiti allo scopo di presentare i dati elaborati.
Un'importanza rilevante quindi assume la stampa, che deve offrire una presentazione chiara e corretta del lavoro eseguito.
È sempre opportuno ▶ **controllare il layout** ◀ di quanto è stato eseguito e impostare adeguati parametri di stampa. A tale scopo, Calc dispone della modalità di visualizzazione Anteprima di stampa.

ECDL SS 7.2.4

• Visualizzare l'Anteprima di stampa

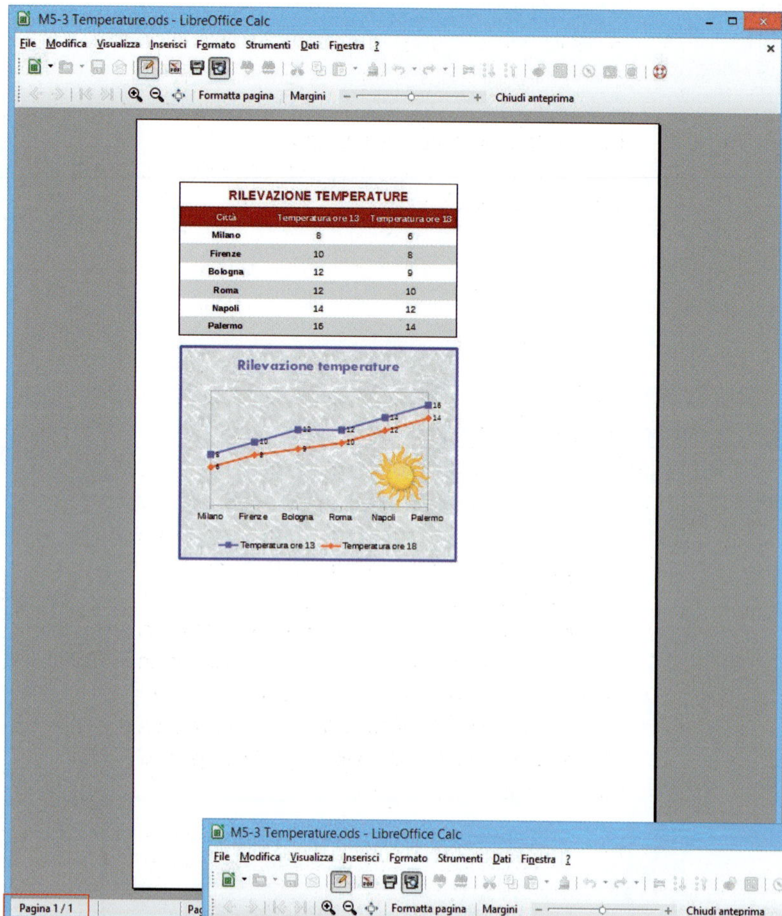

La visualizzazione Anteprima di stampa permette di osservare l'aspetto del foglio di lavoro quando sarà stampato. Per attivarla, nella barra degli strumenti Standard fare clic su Anteprima di stampa (oppure scegliere la stessa opzione da menu File).

Per scegliere i vari parametri di stampa fare clic sul pulsante Formatta pagina. Nella finestra si possono eseguire le diverse impostazioni passando da una scheda all'altra e confermando con OK alla fine di tutte le operazioni; in questo modo si evita di chiudere ogni volta la finestra.

Per tornare al foglio di lavoro, fare clic su Chiudi anteprima.

Prima di chiudere la finestra, controllare la barra di stato per verificare se il numero indicato corrisponde a quello delle pagine che si desiderano stampare

• Configurare le impostazioni di pagina per la stampa

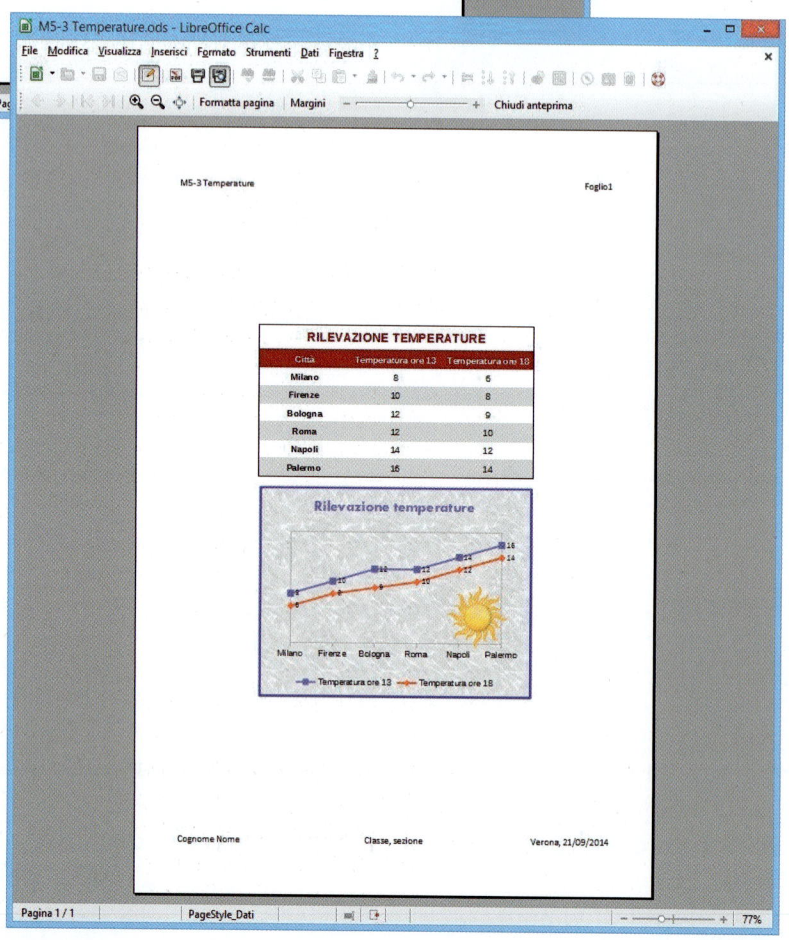

Nella tabella di pagina seguente sono indicate le impostazioni che si possono eseguire nelle schede della ▶ **finestra** Stile di pagina ◀ (che si attiva facendo clic su Formatta pagina); l'immagine a fianco mostra il risultato di alcune delle modifiche descritte per le schede Pagina, Intestazione e Piè di pagina (allineamento nella pagina, personalizzazione dell'intestazione e del piè di pagina).

Clippy

La finestra può essere attivata anche da menu Formato scegliendo Pagina, in visualizzazione Anteprima di stampa e anche operando dal foglio di lavoro in visualizzazione Normale.

SCHEDA	IMPOSTAZIONI

Pagina

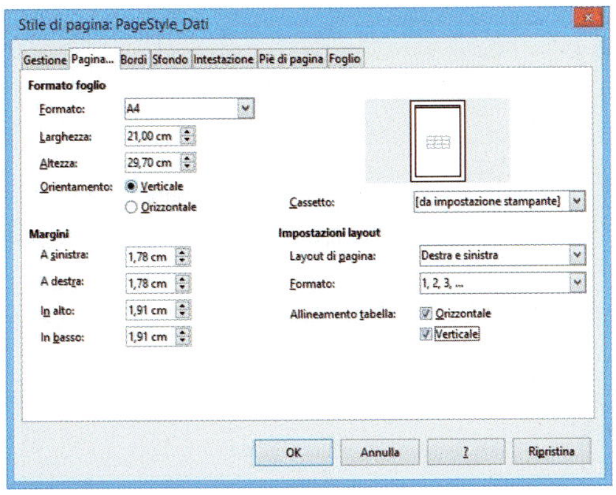

ECDL SS 7.1.1

- Modificare il formato della carta e altre opzioni di stampa.
- Modificare l'orientamento del foglio.
- Personalizzare i margini (operando sui pulsantini o digitando direttamente la misura nelle rispettive caselle).
- Impostare l'allineamento, centrando il contenuto nella pagina in senso orizzontale e/o verticale.

Intestazione/ Piè di pagina

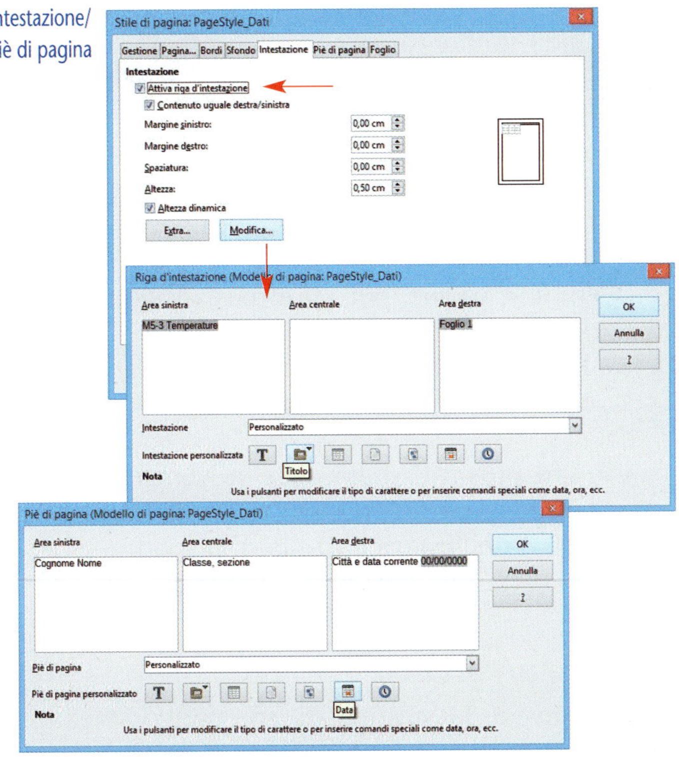

ECDL SS 7.1.4 - SS 7.1.5

1 Aggiungere testo personalizzato nell'intestazione o nel piè di pagina, oppure inserire campi predefiniti. Spuntare la casella Attiva riga d'intestazione e fare clic su Modifica. Le tre aree della finestra corrispondono alla posizione sinistra, centrale e destra del testo nell'area superiore del foglio.

2 Digitare il testo desiderato nelle aree interessate, oppure agire sui pulsanti presenti sulla barra degli strumenti per formattare il testo, inserire campi predefiniti come, per esempio, il nome del file, del foglio, il numero di pagina, la data e l'ora corrente, ecc. Operando sul pulsante della casella Intestazione è possibile inserire dall'elenco del testo predefinito.

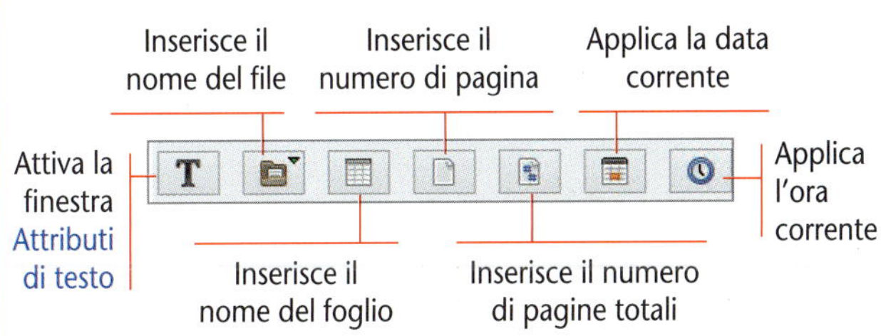

La scheda Piè di pagina presenta le stesse caratteristiche della scheda Intestazione, così pure la finestra attivata dal pulsante Modifica; procedere quindi come indicato ai **punti 1** e **2** per inserire le informazioni desiderate.

Foglio

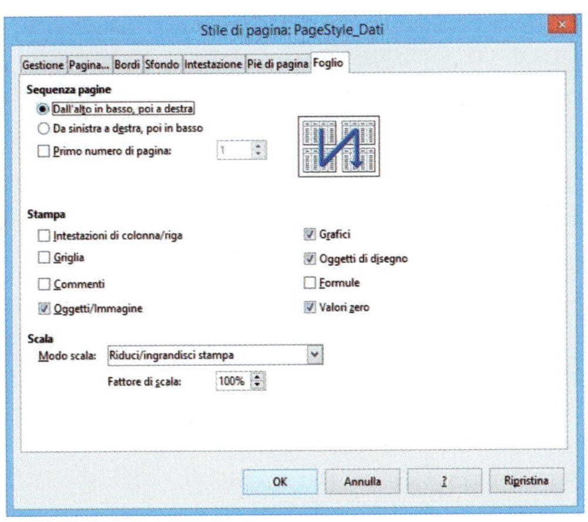

ECDL SS 7.2.2 - SS 7.1.3

- Attivare la stampa della griglia e delle intestazioni di riga e di colonna, nonché altre opzioni di stampa.
- Adattare e proporzionare il contenuto del foglio di lavoro in modo che rientri nel numero di pagine specificate per la stampa. Operare sul pulldown di Modo scala e scegliere:
  - Adatta area di stampa a larghezza/altezza e nei relativi campi specificare il numero di pagine (di larghezza e/o di altezza) entro le quali far rientrare il contenuto del foglio di lavoro per la stampa;
  - Riduci/ingrandisci stampa e nel campo Fattore di scala impostare un valore inferiore al 100%, oppure un valore superiore al 100%, per ridurre o per aumentare le proporzioni di stampa;
  - Numero massimo di pagine e nel campo Numero di pagine specificare il numero massimo di pagine su cui dovranno essere stampati i fogli. La scala di stampa sarà ridotta della misura necessaria per adattarsi al numero di pagine specificato.

ECDL SS 7.2.5

Stampare un foglio di lavoro

Dopo aver eseguito tutte le operazioni di controllo, di preparazione alla stampa e salvate le modifiche si può procedere con la stampa.
In particolari situazioni può accadere di dover stampare solo una porzione di un foglio di lavoro, oppure produrre più copie dello stesso o, addirittura, stampare tutti i fogli di lavoro. È possibile scegliere tutte queste e altre opzioni nella finestra Stampa, attivata facendo clic su Stampa (oppure si può scegliere la stessa opzione da menu File).

Nella sezione Intervallo copie è possibile scegliere tra le seguenti opzioni:

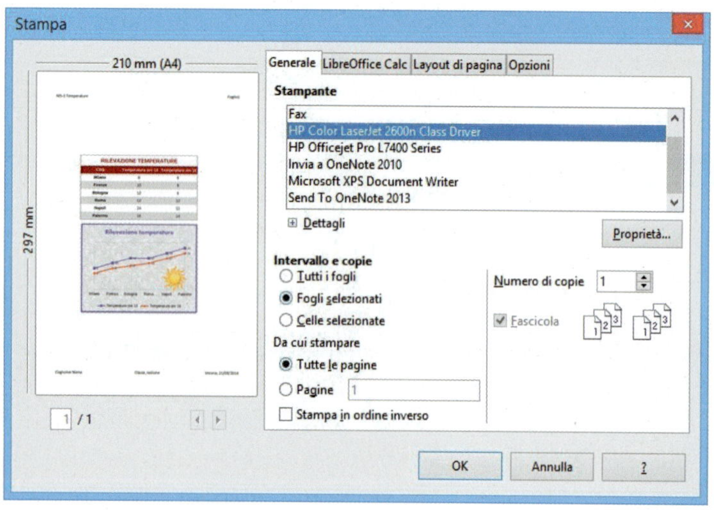

- Tutti i fogli, per stampare tutti i fogli contenenti dati presenti nella cartella di lavoro, compreso quello attivo;
- Fogli selezionati, per stampare uno o più fogli di lavoro selezionati (con il tasto Shift per fogli adiacenti, con il tasto Ctrl per fogli non adiacenti) prima di accedere alla finestra;
- Celle selezionate, per stampare solo l'intervallo di celle selezionato prima di accedere alla finestra;
- Tutte le pagine, per stampare l'intero foglio di lavoro selezionato;
- Pagine, per stampare solo le pagine dell'intervallo specificato nella casella.

Operando sui pulsanti della casella Numero di copie si può specificare quante copie stampare del foglio di lavoro indicato o dell'intera cartella di lavoro.
Per avviare la stampa, fare clic sul pulsante OK.

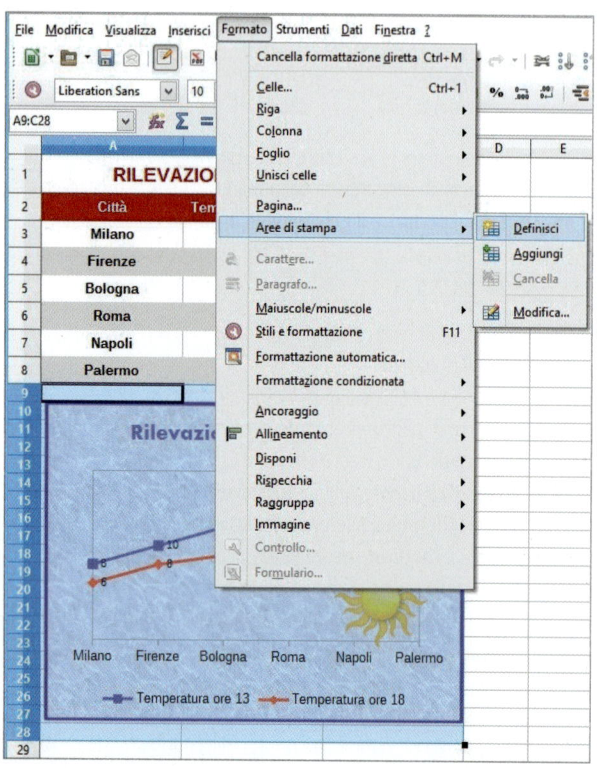

• Stampare un grafico

Calc non prevede la stampa di un grafico selezionato quindi, se un foglio di lavoro oltre al grafico contiene anche dati, per ottenere la stampa solo del grafico si può decidere di operare in base a uno dei percorsi di seguito indicati:

- definire come area di stampa la zona di celle occupata dal grafico (selezionare la zona interessata e da menu Formato scegliere Aree di stampa/Definisci);
- copiare il grafico in un foglio vuoto (selezionare il grafico, fare clic destro su di esso e scegliere Copia, attivare un foglio vuoto, fare clic destro e scegliere Incolla).

Verificare l'anteprima e fare clic su Stampa.

Allena le competenze

- Modificare i margini
- Personalizzare l'intestazione e il piè di pagina
- Stampare un foglio di lavoro

Apri il file M5-3 Esercizi ricettivi_barre **dalla tua cartella (v. anche pp. 264-266)**

1 Attiva l'anteprima di stampa e poi la finestra per impostare i parametri di stampa.

2 Nella finestra Stile di pagina:
- ▶ **margini** ◀ tutti a 2,5 cm;
- **centratura** orizzontale e verticale;
- **intestazione** con nome del file a sinistra e nome del foglio a destra;
- **piè di pagina** con dati personali, classe, sezione, città e data corrente in automatico.

Smart

In Anteprima di stampa, operando sul pulsante Margini, puoi mostrare le linee di demarcazione dei margini, dell'intestazione e del piè di pagina.

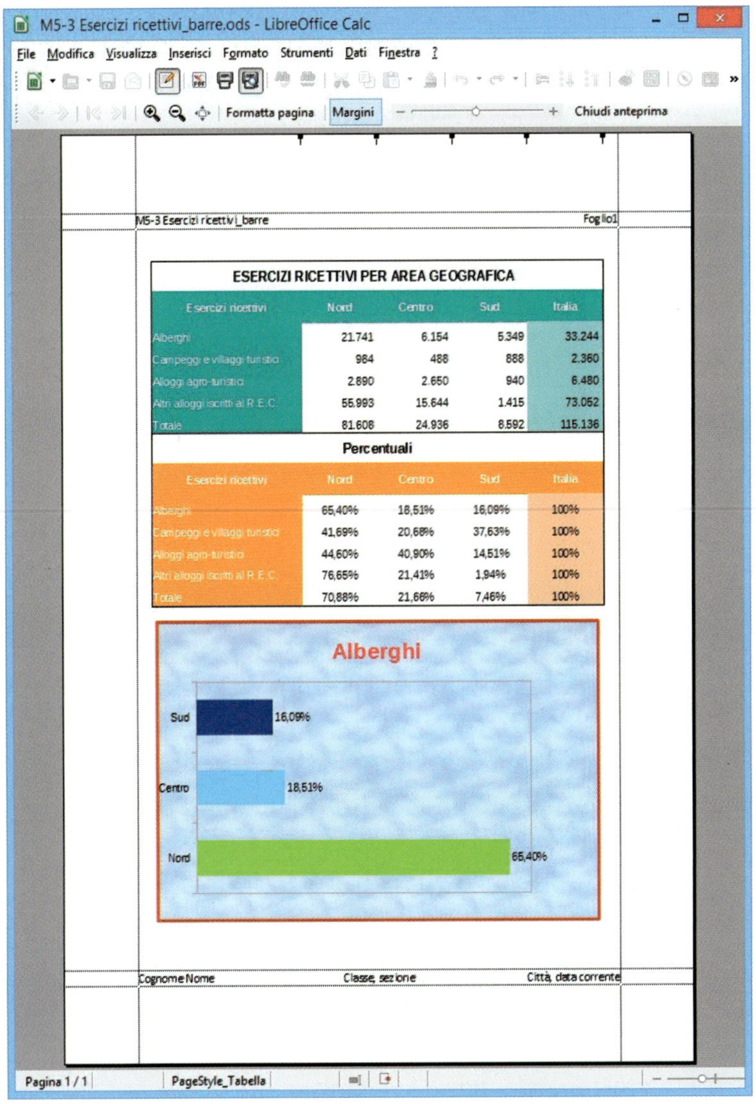

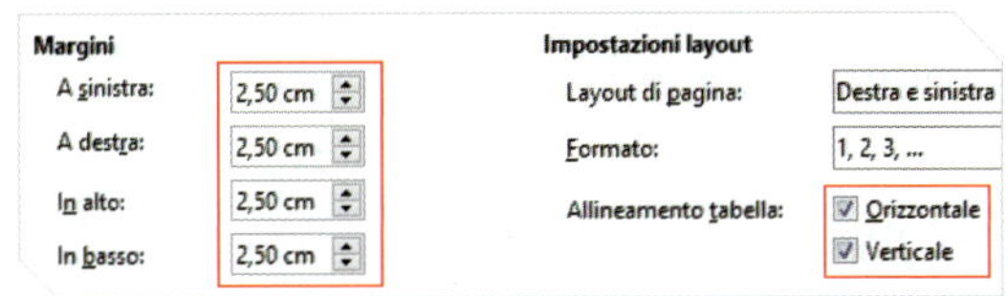

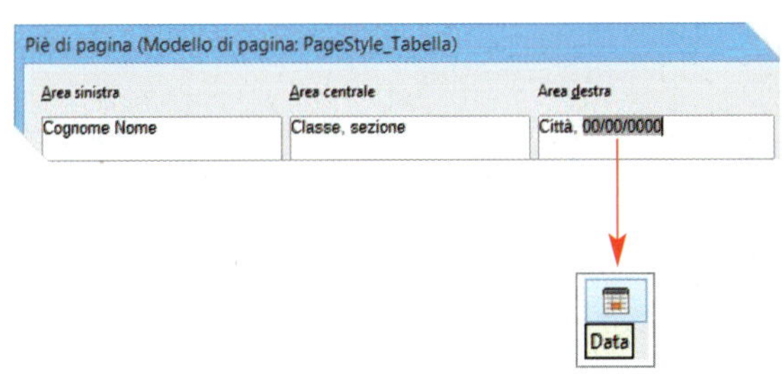

3 Salva le modifiche e stampa il foglio di lavoro.

Svolgi i test

Gli esercizi sono disponibili anche nella versione digitale come test interattivi e autocorrettivi.

TEST DI COMPLETAMENTO

Completa le frasi con le espressioni mancanti, scegliendo tra quelle di seguito proposte.
maniglietté – dati – oggetto – serie – rappresentare – interpreta – linee – categorie – torta – sola – tendenze – colonne

1 Un grafico a .... consente il confronto tra più .... di dati dello stesso elemento nonché fra .... diverse.
2 Un grafico a .... consente di .... una .... serie di dati.
3 Un grafico a .... mostra le .... di una o più serie di ....
4 Selezionando il grafico con un solo clic esso viene contornato da .... verdi e Calc lo .... come ....

TEST VERO FALSO

Indica, barrando la relativa casella, se le seguenti affermazioni sono vere o false. V F

1 In un grafico a colonne le categorie costituiscono l'asse orizzontale. ☐ ☐
2 In un grafico a torta è presente l'asse verticale dei valori. ☐ ☐
3 Per cambiare tipo di grafico, dopo averlo creato, è necessario prima cancellarlo. ☐ ☐
4 La scheda Foglio di Stile pagina permette di attivare la stampa della griglia. ☐ ☐

TEST DI COLLEGAMENTO

Associa le voci della prima colonna con il corrispondente significato della seconda.

1 Serie	A Sinonimo di grafico a torta.	1 ___
2 Sezioni	B In un grafico a colonne rappresenta i valori delle serie di dati.	2 ___
3 Asse verticale	C Elementi messi a confronto in un grafico a torta.	3 ___
4 Aerogramma	D Elementi messi a confronto in un grafico a colonne.	4 ___

TEST A RISPOSTA SINGOLA O MULTIPLA

Per ogni quesito, indica la risposta o le risposte corrette. (○ risposta singola / ☐ risposta multipla)

1 Nella scheda Pagina di Stile pagina è possibile:
○ modificare il contenuto dell'intestazione
○ modificare i margini
○ scegliere le proporzioni di stampa
○ specificare le pagine da stampare

2 La visualizzazione Anteprima di stampa consente di:
○ modificare il contenuto del foglio di lavoro
○ intervenire solo sulle formule e funzioni
○ impostare i parametri di stampa
○ cambiare la disposizione degli elementi visualizzati

3 Gli elementi di un grafico si possono selezionare:
☐ con clic destro su ognuno di essi
☐ da menu Modifica
☐ da barra degli strumenti Proprietà oggetto di disegno
☐ da barra degli strumenti Formattazione

4 Nel grafico, il testo del titolo può essere modificato:
☐ con clic destro sul titolo scegliendo Formato titolo
☐ con clic destro nel grafico scegliendo Inserisci titoli
☐ con doppio clic su di esso
☐ da scheda Tipo di carattere della finestra Titolo principale

Calcola ed elabora

- Applica le formule che ritieni più idonee per lo svolgimento dell'esercizio.
- Il riquadro ELABORA elenca le formattazioni da applicare alle tabelle e ai grafici.
- Inserisci le immagini da file (Immagini).

PARAMETRI DI STAMPA

Per ogni esercizio predisponi il foglio per la stampa con i seguenti parametri:
- orientamento della pagina: orizzontale (se non diversamente specificato);
- centratura nella pagina: verticale e orizzontale;
- intestazione: a sinistra richiedi (in automatico) il nome del file, a destra il nome del foglio;
- piè di pagina: a sinistra i tuoi dati, al centro la classe e la sezione, a destra la città e la data corrente (in automatico).

1 **Crea il file M5-3 Carico-scarico e salvalo nella tua cartella**

Al termine dell'anno di attività un'azienda ha effettuato le seguenti registrazioni di magazzino.

Determina:
- la rimanenza mensile e quella semestrale;
- il valore unitario e quello delle rimanenze mensili;
- il totale semestrale delle quantità acquistate e vendute;
- il valore complessivo delle quantità acquistate e delle rimanenze semestrali di magazzino;
- la rimanenza mensile media, minima e massima.

	A	B	C	D	E	F	G
1	MOVIMENTI DI MAGAZZINO SEMESTRALI						
2	Mese	Carico mensile (unità)	Valore totale	Valore unitario	Scarico mensile (unità)	Rimanenza mensile (unità)	Valore rimanenza
3	Gennaio	963	2501,75		672		
4	...	700	1829,95		482		
5	...	582	1392		508		
6	...	490	1125,3		219		
7	...	254	842,6		251		
8	Giugno	758	1993,7		645		
9	TOTALI 1° SEMESTRE						
10	RIMANENZA MENSILE MEDIA						
11	RIMANENZA MENSILE MINIMA						
12	RIMANENZA MENSILE MASSIMA						

ELABORA

- **Larghezza colonne:** A e F 4 cm, B, C, E e G 2,8 cm, D 2,5 cm.
- **Altezza righe:** 1, 2 e 9 1,2 cm, 10:12 0,8 cm, le altre 0,7 cm.
- **Titolo tabella:** A1:G1 , Grigio 4, 18 pt, Bianco.
- **Intestazioni di colonna:** , allineamento verticale Al centro, , Giallo chiaro, .
- **Intestazioni di riga:** .
- **Dati della tabella:** C3:D8, G3:G8 .
- **Bordo alle colonne:** A2:E6 .
- **Riga dei totali:** , Giallo chiaro, , B9, E9 Stile separatore, C9 e G9 , in D9 e G10:G12 Grigio 6.
- **Zone:** A10:F10 Arancione 10, A10:E10 , ; A11:E11 , ; A12:E12 , ; A12:F12 Arancione 2.
- **Tabella:** A1:D8 .
- **Grafico** A3:A8 e F3:F8: Linea/Punti e linee, posizione A14:G29, titolo (grassetto, 14 pt), elimina la legenda e la griglia, etichette dati a destra, colore linea Blu, sfondo area grafico Giallo chiaro, bordo Blu, spessore 0,1 cm; inserisci l'immagine (da file) e dimensionala.
- **Imposta i parametri di stampa.**

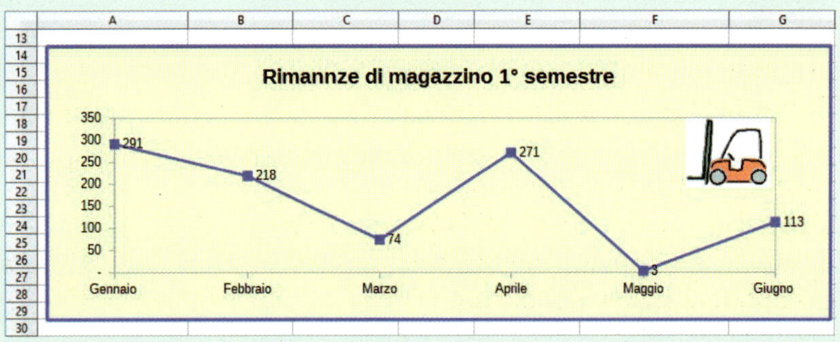

2 Crea il file M5-3 Ascolti TV e salvalo nella tua cartella

Un'agenzia di marketing conduce un'indagine sui dati d'ascolto televisivi del sabato sera, distribuiti in due fasce, per programmare la messa in onda di uno spot pubblicitario.

	A	B	C	D	E	F	G
1	Programmi televisivi	Fasce d'ascolto/SPETTATORI			ASCOLTO		
2		1ª serata	2ª serata	Totali	Medio	Minimo	Massimo
3	Telegiornale	8300000	4890000				
4	Sport	4200000	2700000				
5	Cultura	3700000	2780000				
6	Musica	6500000	4650000				
7	Soap Opera	3800000	3500000				
8	Varietà	7600000	4300000				
9	Film	5400000	5800000				
10	Telequiz	5200000	2500000				
11	Cartoni animati	3100000	955000				
12	Totali						

Determina:
- i totali delle due fasce d'ascolto;
- l'ascolto medio, minimo e massimo di ogni programma televisivo e per ogni fascia d'ascolto.

Crea un grafico a istogramma per rappresentare i dati degli ascolti di ciascun programma televisivo in prima e seconda serata.

ELABORA
- **Larghezza colonne:** A 3,3 cm e le altre 2,9 cm.
- **Altezza righe:** 1 1,3 cm, 2 e 12 1 cm, le altre 0,7 cm.
- **Titoli tabella:** , A1:D1 Blu classico, B1:D1 , E1:G1 , Arancione 10.
- **Intestazioni di colonna:** , allineamento verticale Al centro, , Grigio 2, D2 Blu classico, G2 Arancione 10, .
- **Intestazioni di riga:** ; A2:A11 Blu classico.
- **Dati della tabella:** B3:G12 Stile separatore zero decimali; D3:D11 Blu classico, .
- **Bordi alle colonne:** B3:G12 .
- **Riga dei totali:** , A12:D12 Blu classico, E12:G12 Arancione 10.
- **Tabella:** A1:G12 .
- **Grafico** A2:C11: Colonna/Aspetto 3D, posizione A14:H30, legenda in alto, titolo (grassetto, 16 pt, Rosso 4), sfondo area grafico Bitmap/Cielo, bordo Rosso 4, spessore 0,1 cm; inserisci l'immagine (da file) e dimensionala.
- **Imposta i parametri di stampa.**

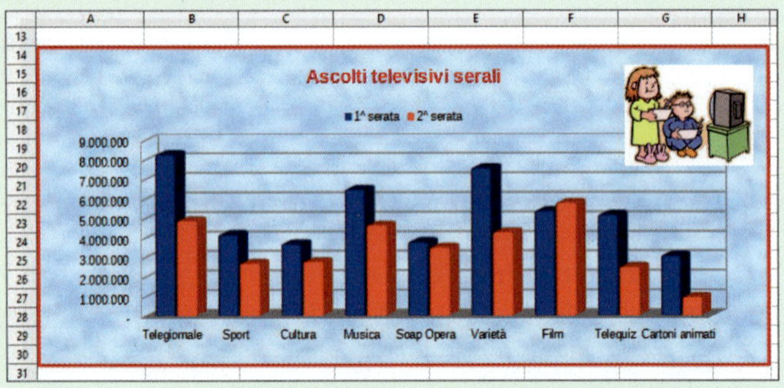

3 Crea il file M5-3 Precipitazioni e salvalo nella tua cartella

Un istituto di statistica rileva i dati delle precipitazioni minime e massime. Rappresenta con un grafico a linee le precipitazioni rilevate.

	A	B	C
1	PRECIPITAZIONI		
2	Ore	Minime	Massime
3		dati in millimetri	
4	6.00	8	12
5	10.00	3	10
6	14.00	10	14
7	18.00	16	22
8	22.00	22	24
9	0.00	16	20

ELABORA
- **Larghezza colonne:** 3,5 cm.
- **Altezza righe:** 1 1,2 cm, le altre 0,9 cm.

CONSOLIDAMENTO DELLE ABILITÀ

- **Titolo tabella:** A1:C1, Ciano 4, , 16 pt, Bianco.
- **Intestazioni di colonna:** , allineamento verticale Al centro, Grigio 1, , B3:C3 .
- **Dati in tabella:** , allineamento verticale Al centro, righe 4, 6 e 8 Ciano 10.
- **Bordi alle colonne:** A4:C9 .
- **Tabella:** A1:C9 .
- **Grafico** A4:C9: Linea/Punti e linee (Area dati/Prima colonna come didascalia, Serie di dati/Area per Nome Colonna B/B2 e Colonna C/C2), posizione D1:K9, legenda in alto (sfondo bianco), titolo (grassetto, 22 pt), etichette dati a sinistra (grassetto, 12 pt), Asse X grassetto, sfondo area grafico Bitmap/Gocce, bordo Grafico 1, spessore 0,1 cm.
- **Imposta i parametri di stampa.**

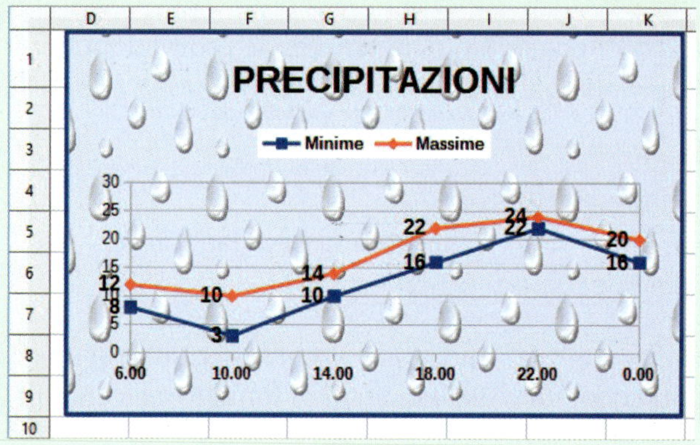

4 **Crea il file M5-3 Ricettività e salvalo nella tua cartella**

L'ufficio turistico provinciale censisce le strutture ricettive delle quattro zone in cui è suddivisa la Provincia. Emergono i dati riportati in tabella.

Determina:
– il totale di ciascuna tipologia di struttura ricettiva;
– il totale per ciascuna zona e di tutta la Provincia.

Rappresenta con un grafico a istogramma le diverse strutture ricettive suddivise per area geografica.

	A	B	C	D	E	F
1	STRUTTURE RICETTIVE					
2		Nord	Est	Sud	Ovest	Totale
3	Alberghi **	4	11	12	5	
4	Alberghi ***	9	7	8	4	
5	Alberghi ****	4	1	2	2	
6	Residence	1	0	2	3	
7	Bed & Breakfast	2	3	3	2	
8	Agriturismo	6	7	3	9	
9	Campeggi	2	1	0	1	
10	TOTALI					

ELABORA

- **Larghezza colonne:** A 4 cm, le altre 2,5 cm.
- **Altezza righe:** 1 1,2 cm, 2 e 10 1 cm, le altre 0,8 cm.
- **Titolo tabella:** A1:F1 , 14 pt.
- **Intestazioni di colonna:** , allineamento verticale Al centro, Ciano 9, .
- **Intestazioni di riga:** .
- **Dati della tabella:** , righe 4, 6 e 8 (colonne A:E) Giallo chiaro.
- **Riga dei totali:** Ciano 9, , .
- **Colonna dei totali:** , , Ciano 9.
- **Tabella:** A1:F10 .
- **Grafico** A2:E9: Colonna, posizione A12:G29, legenda in basso, titolo (grassetto, 16 pt, Blu 3), area grafico sfondo Verde chiaro/Trasparenza 50%, bordo Turchese 8, spessore 0,1 cm.
- **Imposta i parametri di stampa.**

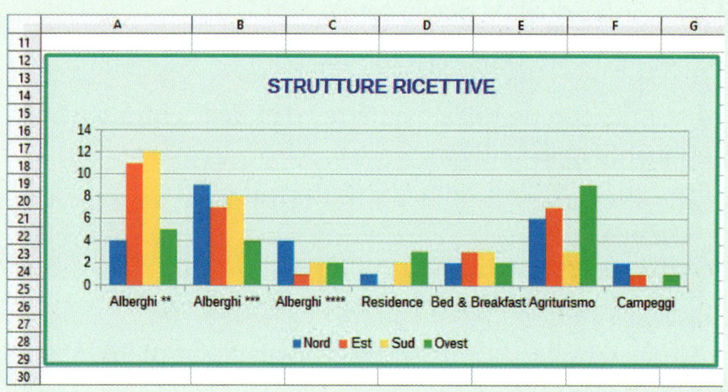

5 **Crea il file M5-3 Provvigioni agenti e salvalo nella tua cartella**

La ditta Ronaldi S.n.c. determina le provvigioni per il mese di aprile dei propri agenti sulla base dei dati riassunti in tabella.

Determina:
- il fatturato totale;
- le provvigioni spettanti a ciascun agente e il totale che l'azienda dovrà pagare ai propri venditori.

Rappresenta con un grafico a torta la provvigione spettante a ciascun agente e visualizza i dati in formato percentuale.

	A	B	C	D
1	PROVVIGIONI AGENTI			
2	Rappresentanti	Fatturato	Provvigione	Provvigioni totali
3	Graziani Carlo	42956	4,75%	
4	Ricciardi Enrico	76823	6,25%	
5	Maderna Massimiliano	68384	5,75%	
6	Bonaccini Maurizio	38527	4,50%	
7	Loris Lorenzo	51691	5,00%	
8	TOTALE			

	D
2	Provvigioni totali
3	=B3*C3

ELABORA
- **Larghezza colonne:** A 4,5 cm, B e C 2,7 cm, D 3,5 cm.
- **Altezza righe:** 1 1,2 cm, 2 e 8 1 cm, le altre 0,8 cm.
- **Titolo tabella:** A1:D1, 14 pt, Rosso 4.
- **Intestazioni di colonna:**, allineamento verticale Al centro, , Rosso 4, Bianco.
- **Intestazioni di riga:**.
- **Dati della tabella:** B3:B7 e D3:D7, C3:C7.
- **Bordi alle colonne:** A3:D7.
- **Riga dei totali:** , , Grigio 1, C8 Grigio 6.
- **Tabella:** A1:D8.
- **Grafico** A2:A7 e D2:D7: Torta/Normale, posizione A10:D24, titolo (grassetto, 16 pt, Rosso 4), sfondo area grafico Bitmap/Marmo, bordo Rosso 4, spessore 0,1 cm, etichette dati all'esterno, grassetto, sezione dato Loris Lorenzo sfondo Grafico 6. Cambia il grafico in Torta/Aspetto 3D.
- **Imposta i parametri di stampa.**

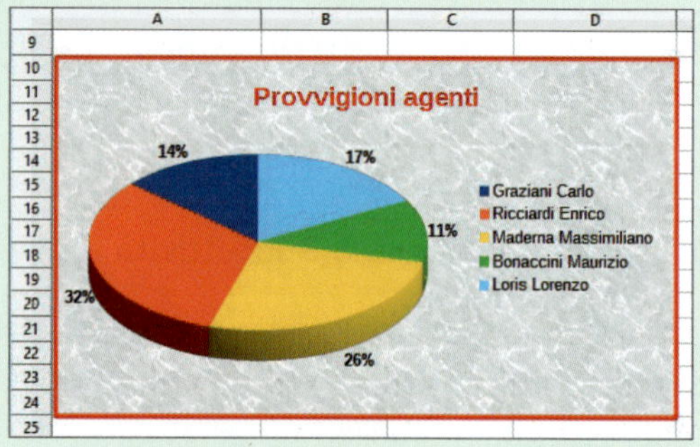

6 **Crea il file M5-3 Bilancio mensile e salvalo nella tua cartella**

La famiglia Rossi registra le entrate e le uscite mensili.

Determina:
- il saldo individuale e quello totale;
- i totali delle entrate e delle uscite mensili.

Rappresenta con un grafico a barre i dati delle entrate e delle uscite di ogni componente della famiglia.

	A	B	C	D
1	BILANCIO MENSILE			
2	Componenti	Entrate	Uscite	Saldo
3	Papà	1985,8	895,2	
4	Mamma	1768,3	730,9	
5	Nonno	987,6	245,8	
6	Giovanna	485,4	382,7	
7	Francesco	879,6	565,1	
8	Totali			

ELABORA
- **Larghezza colonne:** tutte a 3,3 cm.
- **Altezza righe:** 1, 2 e 8 1 cm, le altre 0,8 cm.
- **Titolo tabella:** A1:D1, Verde 8, 14 pt, Bianco, .
- **Intestazioni di colonna:**, allineamento verticale Al centro, , Giallo chiaro.
- **Intestazioni di riga:**.

- **Dati della tabella**: B3:C7 Stile separatore con due posizioni decimali, D3:D7 .
- **Bordi alle colonne**: A3:D7 .
- **Riga dei totali**: , Giallo chiaro .
- **Tabella**: A1:D8 .
- **Grafico** A2:C7: Barra/Normale, legenda in basso (sfondo Bianco), posizione A10:E26, titolo (grassetto, 14 pt, Ciano), sfondo area grafico Sfumatura/Olive Green, bordo Arancione 2, spessore 0,1 cm, etichette dati all'esterno, grassetto, serie dati Entrate sfondo ed etichette dati Verde chiaro, Uscite ed etichette dati Grafico 3, Asse X e Y (grassetto, Bianco), nascondi griglia.
- **Imposta i parametri di stampa**.

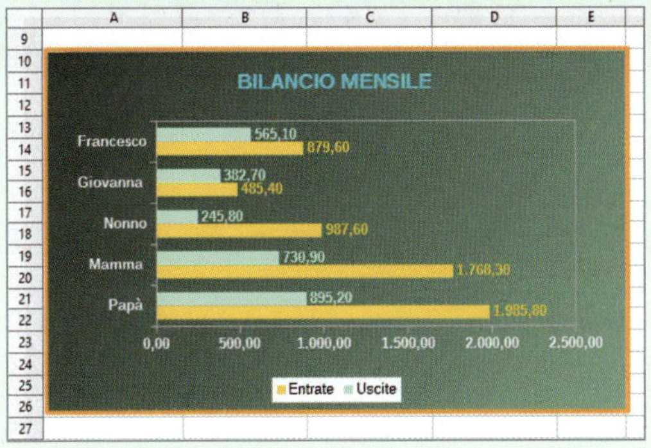

7 **Crea il file M5-3 Sport e salvalo nella tua cartella**

Un istituto predispone un prospetto con il numero degli alunni iscritti alle diverse discipline sportive suddivisi per classe.

Determina:
- il totale per ogni disciplina, il totale per classe e il numero medio degli studenti iscritti.

Rappresenta graficamente i dati relativi al numero degli alunni che in ciascuna classe pratica i diversi sport e aggiungi immagini esplicative.

	A	B	C	D	E	F	G
1	SPORT PRATICATI DAGLI STUDENTI DELL'ISTITUTO "C. MONTANARI"						
2	Classi	Calcio	Basket	Pallavolo	Nuoto	Altro	Totale per classe
3	Prime	40	38	25	9	5	
4	Seconde	37	32	28	22	7	
5	Terze	30	28	25	20	12	
6	Quarte	24	22	20	18	16	
7	Quinte	20	18	16	12	8	
8	Totali						
9	Media						

ELABORA
- **Larghezza colonne**: A e G 3,5 cm, le altre 2,8 cm.
- **Altezza righe**: 1, 2 e 8 0,8 cm, le altre 0,6 cm.
- **Titolo tabella**: A1:G1 , 14 pt, Blu, .
- **Intestazioni di colonna**: , allineamento verticale Al centro, , Blu, Bianco, .
- **Intestazioni di riga**: , .
- **Dati della tabella**: righe 4 e 6 Ciano 10 e 9 Grigio 1.
- **Bordi alle colonne**: A3:G7 .
- **Riga dei totali**: Blu, Bianco, .
- **Tabella**: A1:G9 .
- **Grafico** A2:F7: Colonne/Normale, posizione A11:G34, legenda in alto titolo (grassetto, 14 pt, Bianco, sfondo Blu), bordo Blu, spessore 0,1 cm. Indicatori dati sfondi Bitmap: Calcio/Prato artificiale, Basket/Arancione, Pallavolo/Ghiaia, Nuoto/Acqua, Altro/Fiamma. Inserisci le immagini (da file), dimensionale e posizionale come mostrato.
- **Imposta i parametri di stampa** (margini tutti a 1 cm).

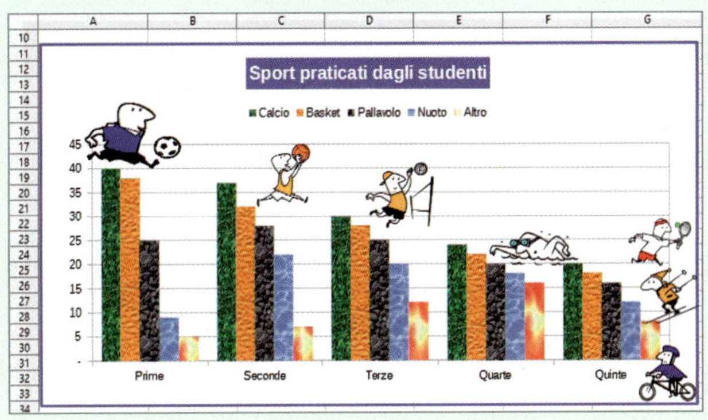

Calcola ed esprimi la tua creatività

- Esegui i calcoli, applica i formati idonei per visualizzare i valori, elabora le tabelle con creatività per presentare con chiarezza i dati e crea i grafici.

1 **Crea il file M5-3 Traffico aereo e salvalo nella tua cartella**

Il prospetto riassume i dati del traffico aereo degli aeroporti del Garda, per scali nazionali e internazionali, con voli di linea e charter.

AEROPORTI DEL GARDA: RESOCONTO TRASPORTO PASSEGGERI

	VOLI NAZIONALI		VOLI INTERNAZIONALI	
Compagnie aeree	I semestre 2015	II semestre 2015	I semestre 2015	II semestre 2015
Pegasus	30.486	24.857	31.880	4.272
One Travel	36.947	12.749	42.436	3.440
Icaro	30.823	9.364	34.596	13.931
Globetrotter	23.059	7.937	23.534	22.915
TripAir	4.970	4.328	5.840	5.150
Ryanair	22.980	20.365	33.561	32.654
AirDolomiti	12.560	11.789	15.654	13.850
AlpiEagles	8.950	7.589	6.981	7.005
Meridiana	9.456	8.654	8.321	7.658
Clickair	4.987	4.621	5.006	5.486

Determina:
– il valore totale, medio, minimo e massimo del traffico passeggeri per ogni compagnia aerea;
– il valore totale, medio, minimo e massimo del traffico passeggeri di ciascun periodo.

Rappresenta con due grafici a torta i dati (in formato percentuale) emersi per ogni primo semestre dei voli nazionali e internazionali.

2 **Crea il file M5-3 Rimanenze e salvalo nella tua cartella**

Nel corso dell'anno un'azienda mercantile ha effettuato le seguenti registrazioni di magazzino.

MOVIMENTI DI MAGAZZINO

Codice articolo	Costo unitario	Acquisti (t)	Vendite (t)
321/XF	€ 2,85	765	730
254/BB	€ 4,50	856	821
125/TY	€ 3,80	836	719
954/SH	€ 1,95	784	671
821/PK	€ 2,70	687	618
763/KL	€ 5,90	524	357

Determina:
– il costo totale per ogni articolo acquistato;
– il totale delle quantità acquistate e vendute e l'importo totale degli acquisti;
– la quantità di rimanenza finale di ciascun articolo e quella complessiva.

Con un grafico a colonne metti a confronto gli acquisti con le vendite di ogni articolo.
Con un grafico a torta rappresenta in formato percentuale la rimanenza in magazzino per ogni articolo.
Con un grafico a linee rappresenta l'andamento delle vendite per ogni articolo.

3 Crea il file M5-3 Compensi e salvalo nella tua cartella

L'azienda Trimetec s.r.l. liquida a fine anno i compensi spettanti ai propri agenti commerciali del centro sud in base al volume d'affari realizzato e alle provvigioni concordate.

Agente	Volume d'affari	Provvigione
Bianconi Carlo	27.895,50	8%
Donadoni Marco	26.452,60	8%
Leoni Giorgio	22.368,80	7,5%
Mazzi Luciano	20.786,30	7,5%
Nodali Davide	18.783,90	7%
Salvi Franco	18.450,40	7%
Trevisan Andrea	15.654,70	6,5%
Zuccato Renzo	14.258,50	6,5%
Zumarle Walter	14.659,20	6,5%
Ruminai Paolo	10.875,60	6%

Determina:
- le provvigioni spettanti a ciascun agente;
- il volume d'affari totale realizzato dagli agenti;
- il totale dei compensi versati dall'azienda.

Rappresenta con un grafico a torta il volume d'affari (in formato percentuale) effettuato da ciascun agente.

4 Crea il file M5-3 Hard-soft e salvalo nella tua cartella

Un'azienda predispone un rapporto che evidenzia il volume delle esportazioni.

VENDITE PRODOTTI INFORMATICI
(unità)

Paese	PC	Software	Stampanti	Scanner	Masterizzatori	DVD	Fotocamere digitali
U.S.A.	800.700	580.560	290.500	650.700	430.500	780.980	860.000
America centrale	650.250	250.300	156.320	105.300	320.450	254.980	654.240
America latina	320.450	180.600	130.540	95.000	45.900	63.400	360.800
Australia	650.780	246.780	180.650	70.520	36.450	54.120	180.540
Europa	658.000	690.000	350.000	540.000	550.000	670.000	680.000
Cina	390.000	450.000	189.000	380.000	460.000	690.000	750.000
Giappone	40.500	35.400	25.000	13.400	11.060	12.450	26.200
Emirati arabi	127.600	210.500	264.000	180.650	140.520	98.000	235.400
Altri paesi asiatici	45.000	53.500	65.900	71.500	65.300	42.100	68.900
Africa	42.000	29.800	15.000	36.000	45.000	75.000	28.000

Determina:
- il valore totale e medio di ogni articolo esportato;
- il valore totale e medio dei prodotti per ogni Paese di esportazione.

Rappresenta con un grafico a colonne le vendite di ciascun prodotto per ogni Paese considerato.

5 **Crea il file M5-3 Fatturato e salvalo nella tua cartella**

Un agente di commercio redige un prospetto delle vendite effettuate nel primo trimestre dell'anno per le ditte rappresentate.

FATTURATO TRIMESTRALE					
Ditte	Periodo			Totale	Fatturato medio
	Gennaio	Febbraio	Marzo		
Elibas S.p.A.	45987,80	55894,65	39456,30		
Comset s.n.c.	34587,25	64235,25	50250,90		
Edilmax & C.	57690,45	39698,10	41852,00		
F.lli Rossi s.a.s.	38970,40	35450,80	42741,25		
Totale					
Fatturato medio					

Determina:
- il totale delle vendite per ogni ditta e per ogni mese;
- il fatturato medio mensile e quello di ogni singola ditta.

Rappresenta con un grafico a barre il fatturato mensile di ogni ditta e con un grafico a torta quello trimestrale.

6 **Crea il file M5-3 Magazzino e salvalo nella tua cartella**

Nel corso dell'anno un'azienda rileva le seguenti giacenze di un determinato prodotto.

GIACENZE DI MAGAZZINO			
Mesi	Costo per tonnellata	Giacenze mensili (t)	Costo mensile
Gennaio	2450	21	
...	2340	23	
...	2410	35	
...	2433	36	
...	2386	38	
...	2464	31	
...	2430	35	
...	2380	27	
...	2415	30	
...	2345	35	
...	2370	31	
Dicembre	2405	25	
COSTO TOTALE			
Giacenza e costo medio mensile			

Determina:
- il costo mensile e quello totale delle giacenze;
- la giacenza media e il costo medio mensile.

Rappresenta con un grafico a linee l'andamento delle giacenze mensili e aggiungi un'immagine nel grafico.

UNITÀ 4 GESTIRE FOGLI DI LAVORO

In questa unità, oltre a richiamare negli esercizi le conoscenze acquisite, introdurremo procedure per gestire fogli di lavoro.

Organizzare i fogli di lavoro

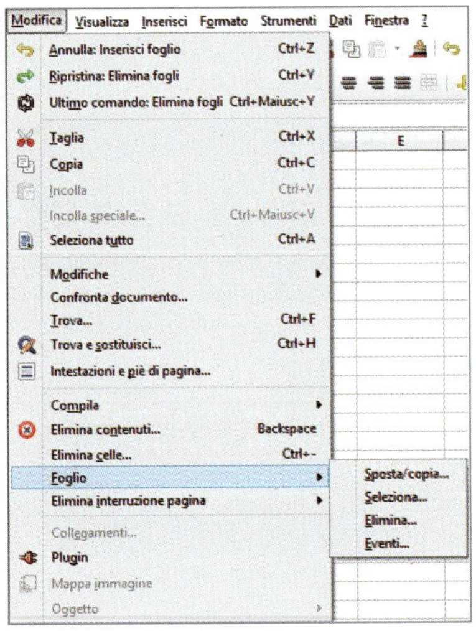

Quando si opera in Calc, può accadere di dover inserire, rinominare, eliminare, copiare e spostare fogli di lavoro all'interno della stessa cartella di lavoro o in altre.
Inoltre, per particolari esigenze di lavoro, potrebbe rendersi necessario proteggere alcuni dati nei fogli in modo che non vengano modificati o eliminati, oppure nascondere fogli di lavoro di servizio utilizzati per eseguire calcoli che non si vuole mostrare.

In altre situazioni può accadere di lavorare con dati disposti in un'area grande, con il rischio di non visualizzare le intestazioni dei titoli di riga e/o di colonna; per ovviare a questo problema, è possibile bloccare le colonne e/o le righe (riquadri) che riportano i titoli, in modo da poter far scorrere il foglio verso il basso e/o verso destra senza perdere di vista le intestazioni.

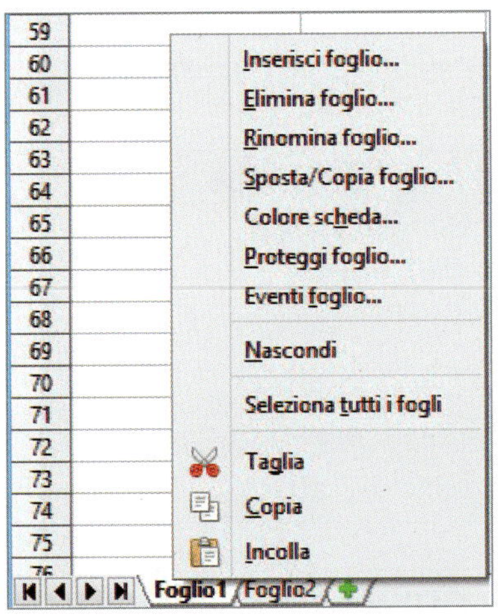

Tutte queste modifiche possono essere eseguite con percorsi diversi da menu, da menu rapido o direttamente, come descritto nelle tabelle riportate alle pagine 282-283, ma prima di descrivere questi percorsi è opportuno conoscere alcuni aspetti che riguardano tali modalità operative.

- L'inserimento di un nuovo foglio di lavoro avviene sempre alla sinistra di quello attivo.
- È buona norma assegnare a ciascun foglio un nome identificativo che renda eloquente il suo contenuto. Nella stessa cartella di lavoro non possono esistere due fogli con lo stesso nome.
- In una cartella si possono inserire/eliminare più fogli di lavoro assieme. A tal fine, selezionare la scheda di un foglio, premere il tasto Ctrl e fare clic sulle altre schede (tante quanti sono i fogli che si vogliono inserire/eliminare), oppure selezionare la scheda di un foglio, premere il tasto Shift e fare clic sull'ultima scheda per selezionare un intervallo di fogli (tanti quanti se ne vogliono inserire/eliminare) per poi procedere con uno dei percorsi di seguito descritti.
- Non è possibile ▶ **eliminare** ◀ tutti i fogli di una cartella di lavoro.

Clippy

È possibile annullare l'eliminazione di un foglio di lavoro agendo sul pulsante Annulla o da menu Modifica.

- Se in una cartella è presente un solo foglio di lavoro, non è possibile né spostarlo, né nasconderlo.
- Di default, le celle hanno proprietà Protetta; perciò, se si desidera operare solo nelle celle contenenti dati variabili, prima di attivare la protezione del foglio è necessario stabilire quali celle si potranno modificare e togliere loro la proprietà Protetta, poi applicare la protezione del foglio.

ECDL SS 3.2.2 - SS 3.2.4

• Inserire, rinominare ed eliminare fogli di lavoro

MODALITÀ OPERATIVA	PERCORSI POSSIBILI
Inserire fogli 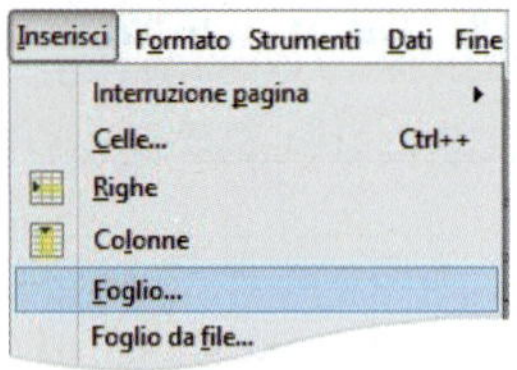	- Fare clic sulla linguetta Inserisci foglio di lavoro (con questa modalità il foglio viene sempre inserito alla fine, dopo l'ultimo). - Fare clic destro sulla scheda di un foglio e da menu rapido scegliere Inserisci foglio..., nella finestra è già selezionata l'opzione Nuovo foglio, eventualmente specificare la posizione e confermare con OK. - Da menu Inserisci scegliere Foglio. 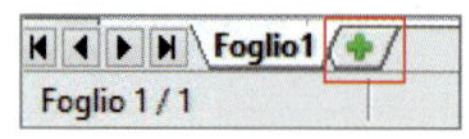
Rinominare un foglio 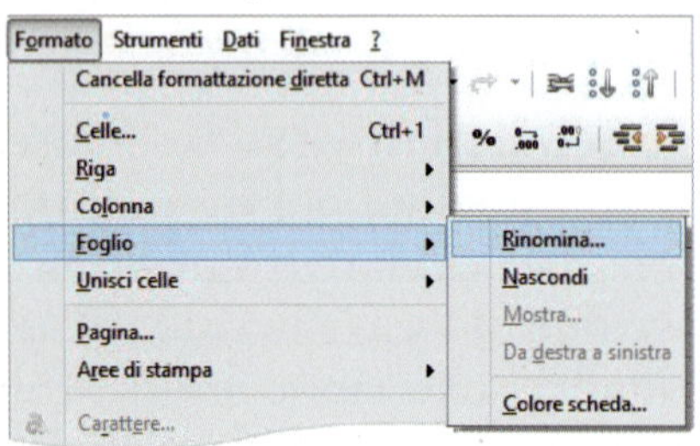	- Fare doppio clic sulla scheda del foglio, digitare il nuovo nome e confermare. - Fare clic destro sulla scheda, scegliere Rinomina foglio e procedere come sopra. - Da menu Formato scegliere Foglio/Rinomina e procedere come sopra. 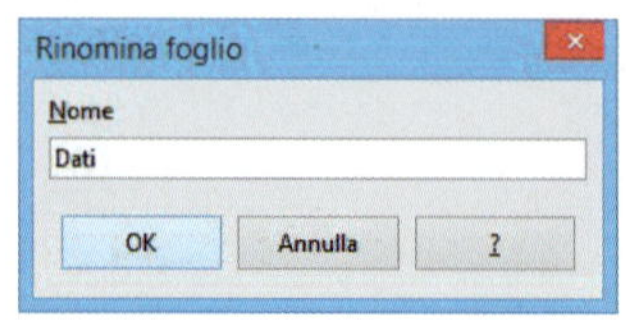 Zoom su... ATTRIBUIRE AI FOGLI NOMI SIGNIFICATIVI
Eliminare un foglio 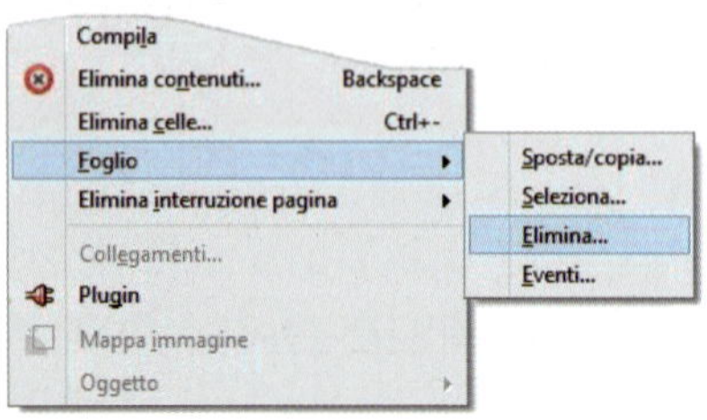	- Fare clic destro sulla scheda e scegliere Elimina foglio e confermare con Sì. - Da menu Modifica scegliere Foglio/Elimina e confermare con Sì. 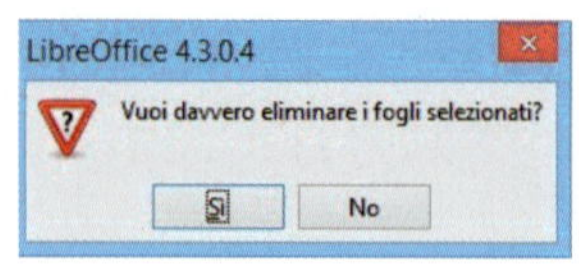

ECDL SS 3.2.4

• Spostare e copiare fogli di lavoro

Un metodo veloce per ▶ **copiare** ◀ o spostare fogli all'interno della stessa cartella è quello del drag and drop:

- per copiare, selezionare la scheda e, tenendo premuto il tasto Ctrl, trascinarla nel punto d'inserimento desiderato (accanto al puntatore appare il simbolo +);
- per spostare, selezionare la scheda del foglio e trascinarla nel punto d'inserimento desiderato.

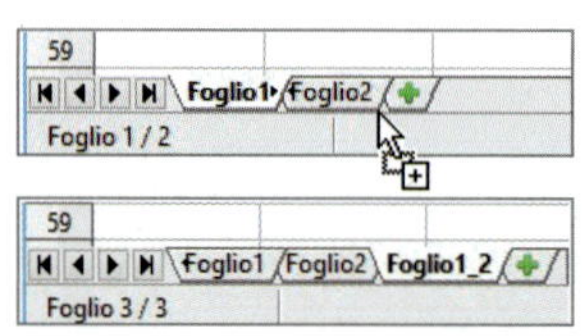

Per copiare o spostare fogli con altre modalità, o tra diverse cartelle di lavoro, è necessario aprire i file coinvolti nel processo di copia o spostamento, e procedere come descritto nella tabella che segue.

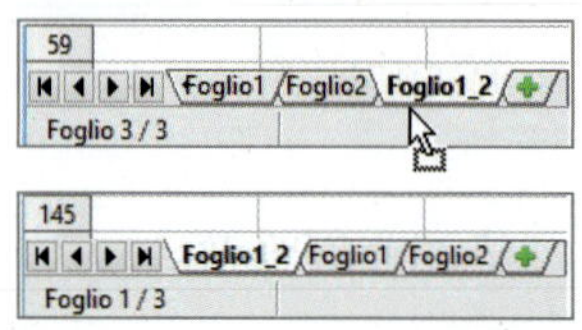

Clippy

Poiché nella stessa cartella non possono esistere due fogli con lo stesso nome, il nome di quello copiato sarà seguito dal numero 2 e da esso separato tramite underscore (per es., Foglio 1_2). Procedere quindi con la rinomina del foglio.

MODALITÀ OPERATIVA	PERCORSI POSSIBILI
Spostare fogli	– Fare clic destro sulla scheda del foglio di origine e da menu rapido scegliere Sposta/copia foglio, quindi nella finestra: 1 selezionare l' ▶ **opzione** Sposta ◀; 2 fare clic sulla casella di riepilogo Al documento e selezionare la cartella di destinazione. Scegliendo – nuovo documento – il foglio di lavoro viene spostato in un nuovo file; 3 nella zona Inserisci prima si può stabilire la posizione in cui il foglio sarà inserito; 4 confermare con OK. – Da menu Modifica scegliere Foglio/Sposta/copia e procedere come sopra.
Copiare fogli	Si procede con le stesse modalità indicate per lo spostamento, applicando però l' ▶ **opzione** Copia ◀.

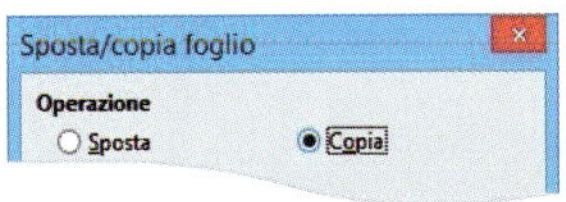

Clippy

Se nella cartella è presente un solo foglio, le opzioni Sposta e Copia non sono attivabili; si potrà quindi scegliere soltanto spostare all'ultima posizione e il programma effettuerà una copia del foglio nel documento attivo o nel file scelto nella sezione Posizione.

• Proteggere, nascondere e scoprire fogli di lavoro

MODALITÀ OPERATIVA – **PERCORSI POSSIBILI**

Proteggere fogli

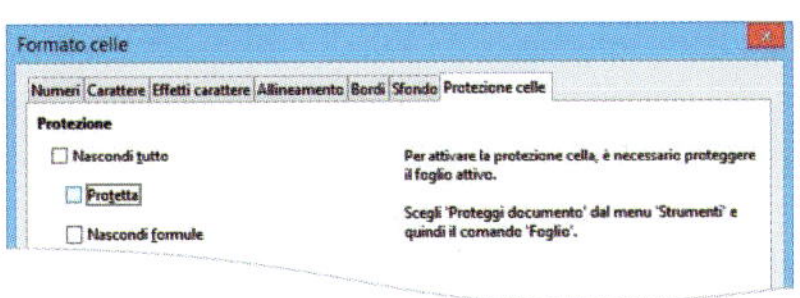

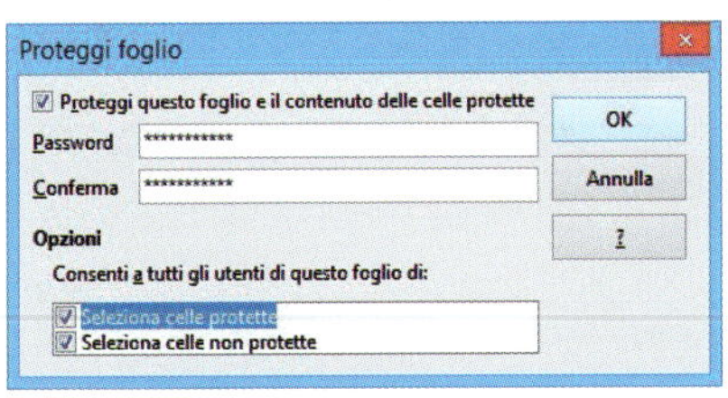

Prima di proteggere il foglio è necessario stabilire quali celle potranno poi essere modificate togliendo loro la proprietà Protetta:

1. selezionare le celle da sbloccare;
2. da menu Formato, scegliere Celle, attivare la scheda Protezione celle, disattivare la spunta da Protetta e confermare con OK.

Dopo questa operazione, si può eseguire la procedura di protezione foglio.
Fare clic destro sulla scheda del foglio interessato e scegliere Proteggi foglio (oppure, da menu Strumenti, scegliere Proteggi documento/Foglio). Nella finestra, disattivando la relativa spunta, è possibile specificare altre modalità di intervento oltre a quelle predefinite e inserire una password facoltativa per impedire che qualsiasi utente possa eliminare la protezione del foglio e modificare le celle protette. Operate le scelte, confermare con OK.

Per eliminare la protezione del foglio, fare clic destro sulla scheda del foglio interessato, disattivare la spunta da Proteggi foglio (oppure, da menu Strumenti, scegliere Proteggi documento/Foglio).
Se il foglio è protetto con password, il programma mostra una finestra in cui si dovrà digitare tale password.

▶ **Nascondere** ◀ e scoprire fogli

- Fare clic destro sulla scheda del foglio interessato e scegliere Nascondi.
- Da menu Formato, scegliere Foglio/Nascondi.

Per scoprire un foglio:

- fare clic destro sulla scheda di un qualsiasi foglio e scegliere Mostra, nella finestra selezionare il nome del foglio desiderato e fare clic su OK;
- da menu Formato, scegliere Foglio/Mostra e procedere come indicato al punto precedente.

Clippy

Anche se non sono visibili, nei calcoli è comunque possibile fare riferimento ai dati dei fogli di lavoro nascosti.

Allena le competenze

- Copiare, rinominare, spostare, proteggere, nascondere, eliminare fogli
- Cancellare oggetti grafici e la formattazione
- Sostituire i dati nelle celle non protette
- Mostrare le formule

Apri il file M5 Sport

1 Duplica il Foglio1 in una nuova cartella di lavoro e salva il file nella tua cartella con il nome M5-4 Sport fogli.

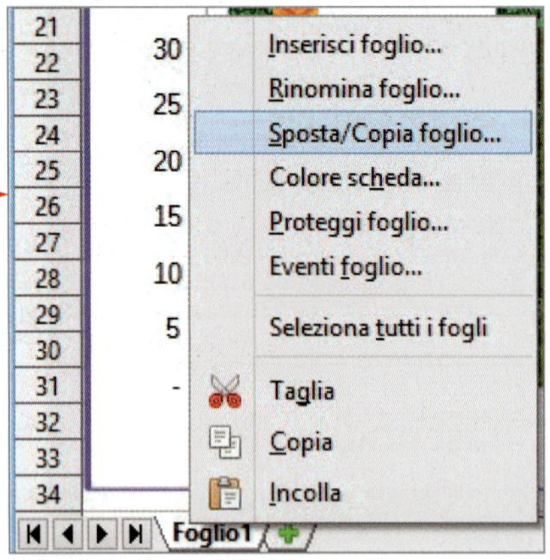

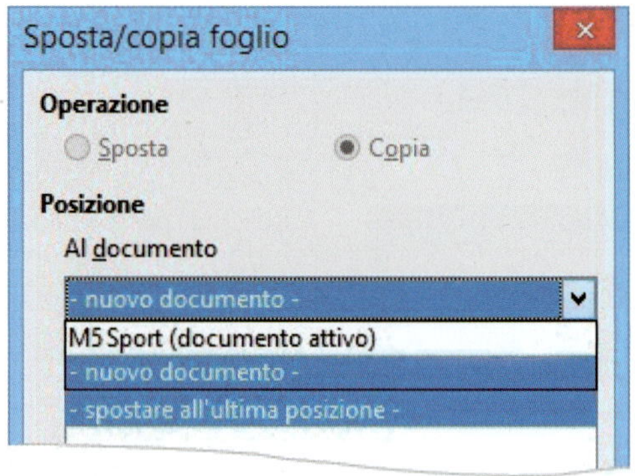

2 Chiudi il file M5 Sport senza salvare. Nel nuovo file, con la tecnica del drag and drop, duplica il Foglio1, quindi rinomina i due fogli rispettivamente in Formule e Prospetto.

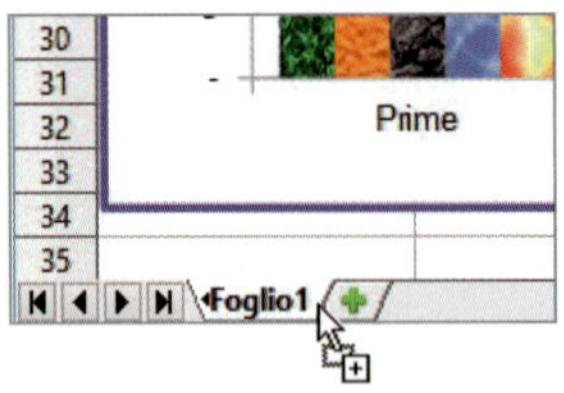

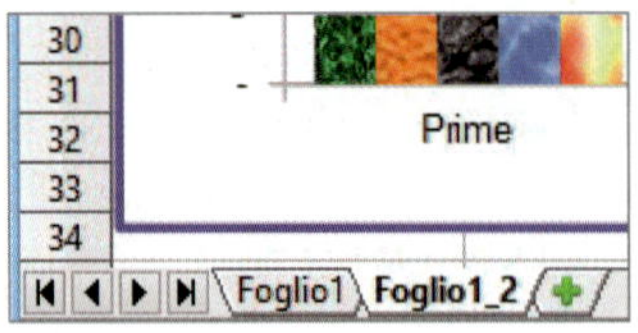

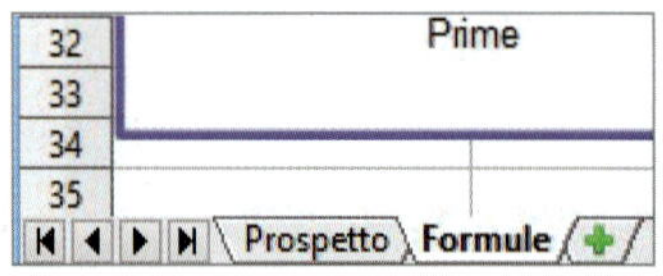

3 Nel foglio Formule:
- seleziona e cancella il grafico, quindi procedi allo stesso modo per eliminare anche ogni immagine;
- seleziona tutto il foglio e cancella i formati, quindi cancella il contenuto di A1;
- per visualizzare le formule che sono state applicate (vedi pag. 300), da menu Strumenti scegli Opzioni, nella finestra espandi LibreOffice Calc, seleziona Vista e spunta la casella Formule; dimensiona opportunamente le ▶ **colonne** ◀;
- proteggi il foglio Formule senza password e mantenendo le opzioni predefinite.

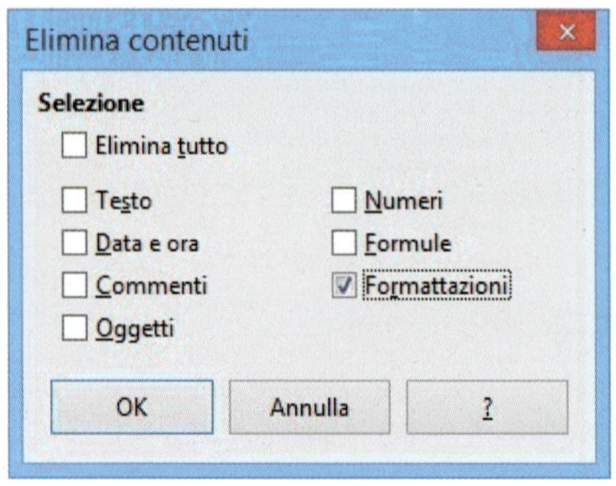

Smart

Puoi dimensionare velocemente le colonne facendo doppio clic a destra di ogni intestazione.

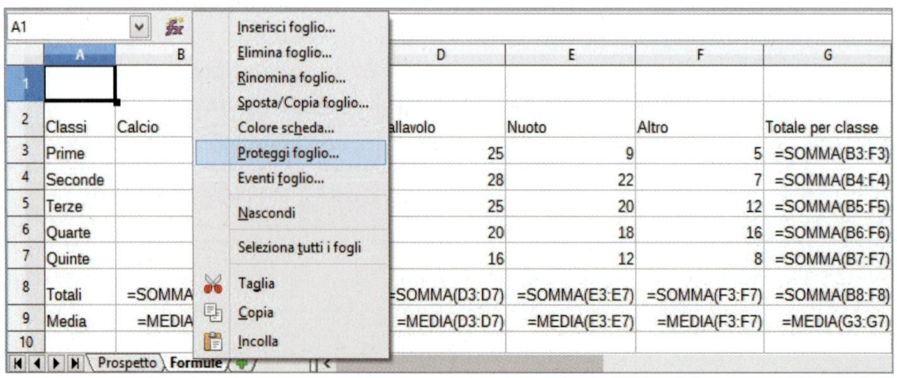

Nel foglio Prospetto, supponiamo di voler utilizzare questa tabella per effettuare lo stesso tipo di statistiche relative ad altre scuole; a tale scopo, per mantenere fissa la struttura della tabella e le formule inserite, proteggeremo il foglio Prospetto sbloccando soltanto le celle dei dati variabili.

4 Nel foglio Prospetto:
- disattiva la visualizzazione delle formule;
- seleziona la zona B3:F7 e con l'uso del tasto Ctrl fai clic in A1;
- attiva la finestra Formato celle e disattiva la protezione.

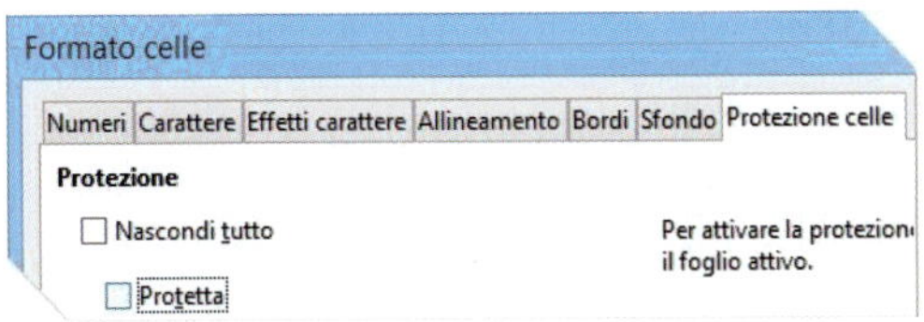

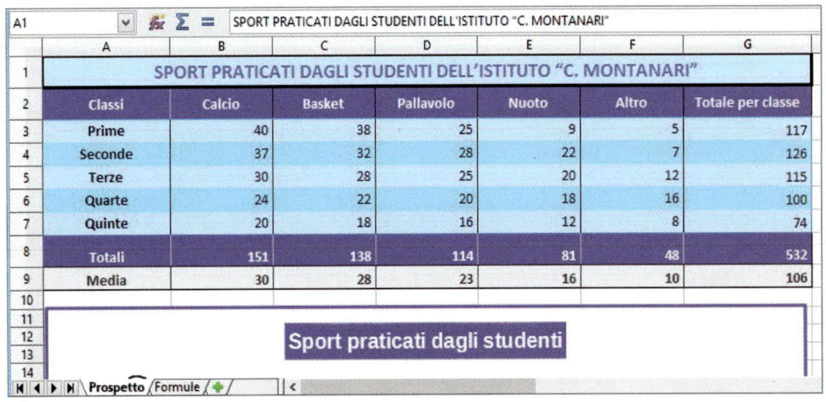

	A	B	C	D	E	F	G
1	SPORT PRATICATI DAGLI STUDENTI DELL'ISTITUTO "C. MONTANARI"						
2	Classi	Calcio	Basket	Pallavolo	Nuoto	Altro	Totale per classe
3	Prime	40	38	25	9	5	117
4	Seconde	37	32	28	22	7	126
5	Terze	30	28	25	20	12	115
6	Quarte	24	22	20	18	16	100
7	Quinte	20	18	16	12	8	74
8	Totali	151	138	114	81	48	532
9	Media	30	28	23	16	10	106

5 Proteggi il foglio Prospetto mantenendo le opzioni predefinite.

6 Duplica il foglio Prospetto e rinomina questi due fogli in Prospetto Base e Prospetto Montanari. Duplica il foglio Prospetto Base e rinominalo in Prospetto Pacinotti, poi sposta il foglio Formule all'inizio.

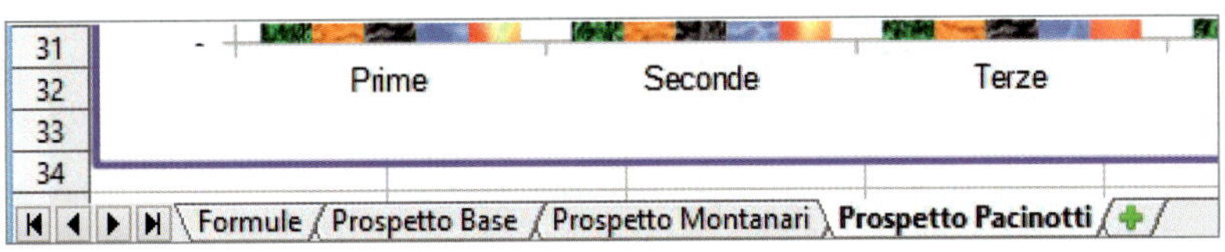

7 Nel foglio Prospetto Pacinotti:
- in A1 sostituisci il nome della scuola con "A. PACINOTTI";
- prova a intervenire nelle celle che non sono state sbloccate. Come potrai notare, a ogni tentativo di modifica Calc mostra un messaggio in cui informa che non è possibile intervenire in quanto la cella è protetta;
- a scelta modifica i dati variabili della zona B3:F7. Come potrai notare, a ogni modifica corrisponde un aggiornamento dei risultati e del grafico.

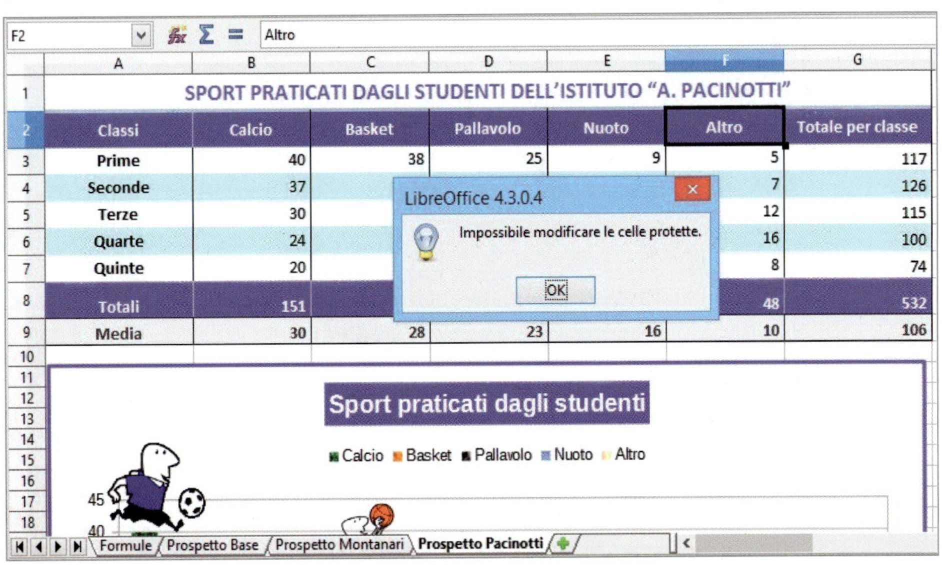

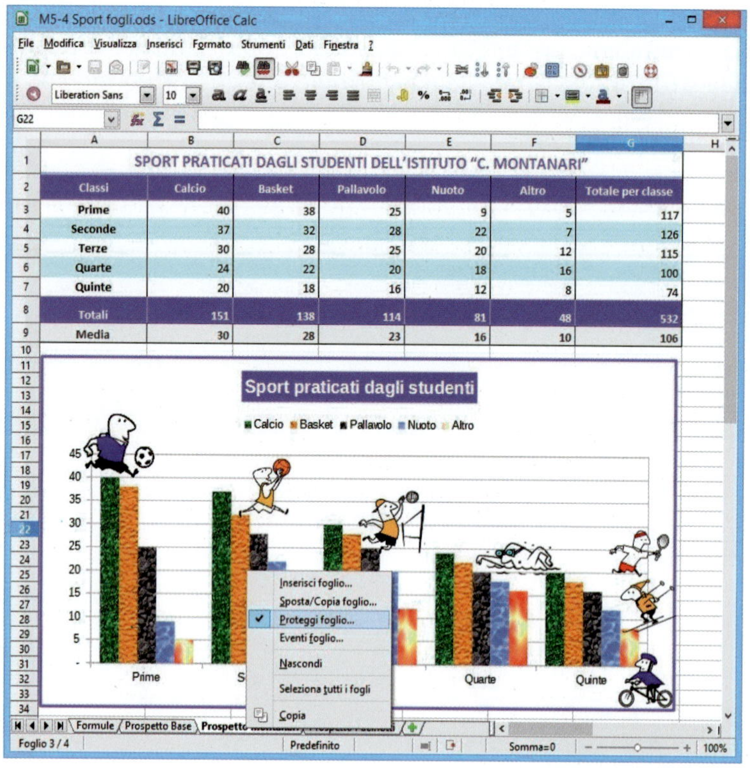

8 Rimuovi la protezione dei fogli Prospetto Montanari e Prospetto Pacinotti.

9 Nascondi i fogli Formule e Prospetto base.

10 Scopri il foglio Formule, disattiva la protezione e poi eliminalo.

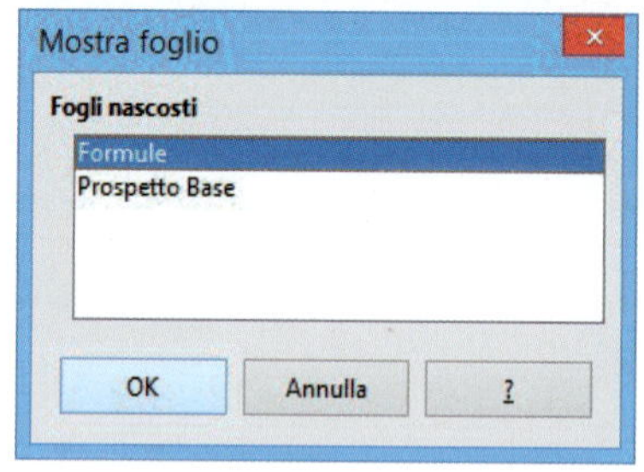

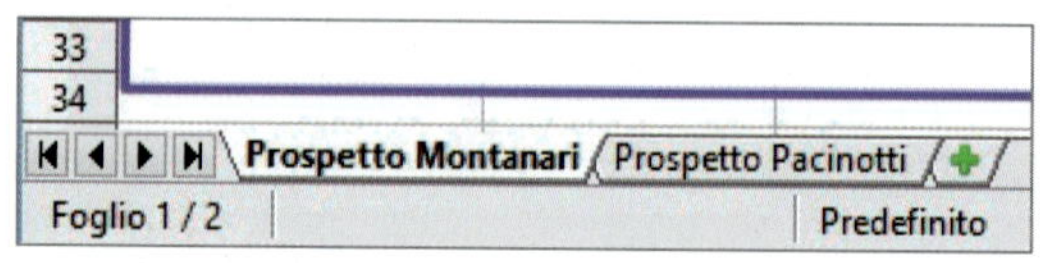

• Bloccare, sbloccare titoli di righe e/o colonne, dividere il foglio di lavoro in riquadri

MODALITÀ OPERATIVA | **PERCORSI POSSIBILI**

Bloccare righe e colonne

ECDL SS 3.1.5

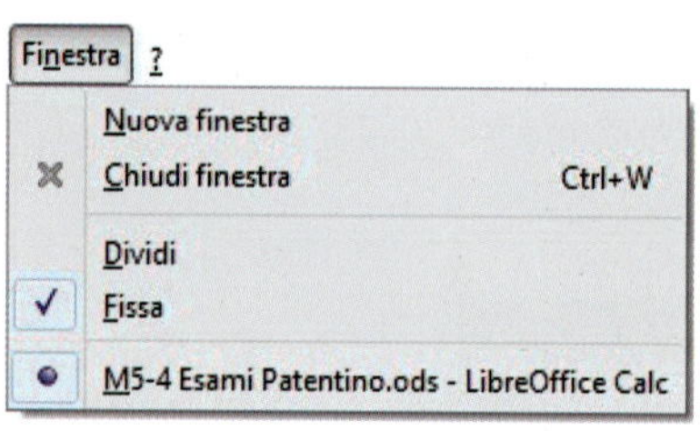

1 In base alle proprie esigenze, stabilire quali righe e/o colonne (riquadri) si desiderano bloccare e poi scegliere tra le seguenti opzioni:

- per fissare il riquadro orizzontale superiore, nella colonna A posizionarsi nella prima cella che si trova sotto la riga che intendiamo bloccare;
- per fissare il riquadro verticale sinistro, nella riga 1 posizionarsi nella prima cella che si trova a destra della colonna che intendiamo bloccare;
- per fissare, con un'unica operazione, il riquadro verticale sinistro e quello orizzontale superiore, posizionare il cursore nella cella sotto la riga e a destra della colonna che intendiamo bloccare.

2 Da menu Finestra scegliere Fissa per attivare la spunta: una riga nera indica il punto di separazione delle righe e delle colonne dal resto del foglio. Agendo sulle barre di scorrimento, le celle a sinistra e al di sopra della riga nera rimangono bloccate, le altre poste a destra e sotto si possono far scorrere in ogni direzione.

Per disattivare la linea nera di separazione e il blocco, da menu Finestra fare clic su Fissa per disattivare la spunta.

Suddividere in riquadri

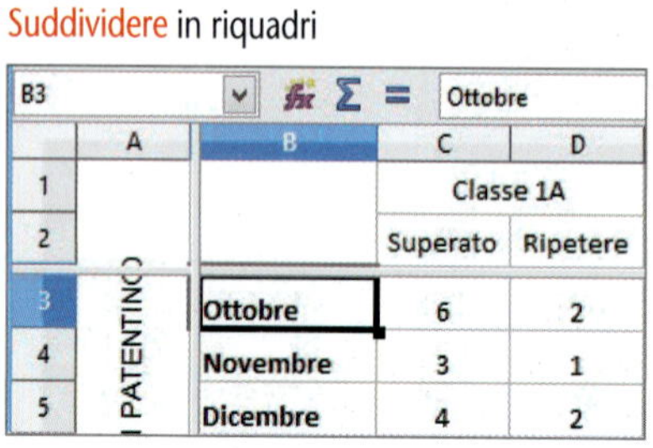

Per suddividere il foglio di lavoro in riquadri creando due o quattro aree distinte visibili contemporaneamente, ma che è possibile scorrere separatamente, procedere da barra multifunzione o direttamente nel foglio.

- Da menu Finestra scegliere Dividi (divide il foglio in quattro aree).
- Posizionare il puntatore sulla casella di divisione posta all'estremità superiore della barra di scorrimento verticale o all'estremità destra della barra di scorrimento orizzontale e, quando il puntatore assume la forma di divisore ✥ o ✥, trascinare la casella di divisione verso il basso o verso sinistra, fino alla posizione desiderata.

Per disattivare la divisione, fare clic su Dividi, oppure doppio clic sulla linea di divisione.

Allena le competenze

- Bloccare/sbloccare righe e colonne
- Ruotare il testo

Crea il file M5-4 Esami Patentino e salvalo nella tua cartella

Un Istituto Tecnico predispone la tabella con gli esiti degli esami per il patentino, suddivisi per mese, organizzati nell'anno scolastico. Utilizziamo la funzione per bloccare i riquadri e consultare i dati.

1 Inserisci i dati mostrati, nella riga 11 calcola i totali per ogni classe, seleziona A1:A11, fai clic su [icona] e ruota il testo verso l'alto.

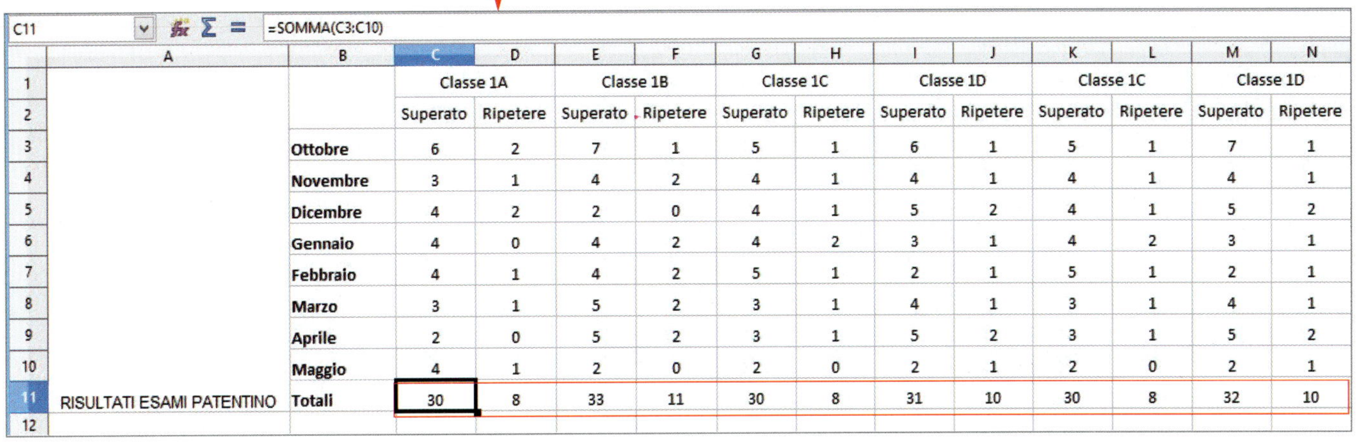
C11 =SOMMA(C3:C10)

	A	B	C	D	E	F	G	H	I	J	K	L	M	N
1			Classe 1A		Classe 1B		Classe 1C		Classe 1D		Classe 1C		Classe 1D	
2			Superato	Ripetere	Superato	Ripetere	Superato	Ripetere	Superato	Ripetere	Superato	Ripetere	Superato	Ripetere
3		Ottobre	6	2	7	1	5	1	6	1	5	1	7	1
4		Novembre	3	1	4	2	4	1	4	1	4	1	4	1
5		Dicembre	4	2	2	0	4	1	5	2	4	1	5	2
6		Gennaio	4	0	4	2	4	2	3	1	4	2	3	1
7		Febbraio	4	1	4	2	5	1	2	1	5	1	2	1
8		Marzo	3	1	5	2	3	1	4	1	3	1	4	1
9		Aprile	2	0	5	2	3	1	5	2	3	1	5	2
10		Maggio	4	1	2	0	2	0	2	1	2	0	2	1
11	RISULTATI ESAMI PATENTINO	Totali	30	8	33	11	30	8	31	10	30	8	32	10
12														

2 Dimensiona: le colonne A a 1,5 cm, B a 2,5 cm e le altre a 1,9 cm, le righe a 0,8 cm ed elabora il prospetto come mostrato:

- riga 1: ogni intestazione di classe [icona], [icona], [icona] Blu, [icona] Grigio 2.
- **Dati della tabella:** [icona] Verde 2, Rosso 2, Rosso 10; zone B2:N11 [icona] e C3:N10 [icona].
- **Tabella:** A1:N11 [icona].

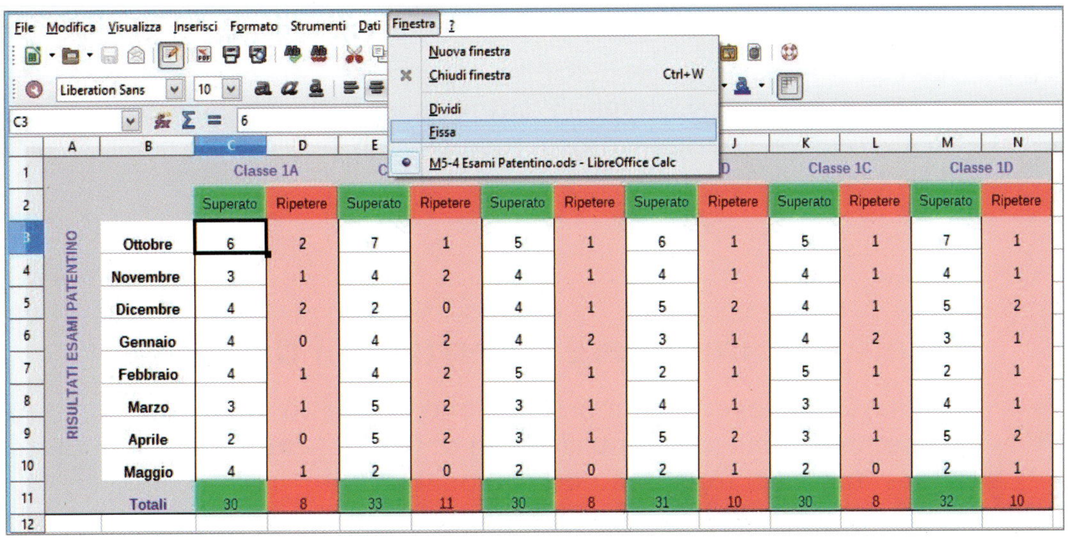

	A	B	C	D	E	F	G	H	I	J	K	L	M	N
1	RISULTATI ESAMI PATENTINO		Classe 1A								Classe 1C		Classe 1D	
2			Superato	Ripetere	Superato	Ripetere	Superato	Ripetere	Superato	Ripetere	Superato	Ripetere	Superato	Ripetere
3		Ottobre	6	2	7	1	5	1	6	1	5	1	7	1
4		Novembre	3	1	4	2	4	1	4	1	4	1	4	1
5		Dicembre	4	2	2	0	4	1	5	2	4	1	5	2
6		Gennaio	4	0	4	2	4	2	3	1	4	2	3	1
7		Febbraio	4	1	4	2	5	1	2	1	5	1	2	1
8		Marzo	3	1	5	2	3	1	4	1	3	1	4	1
9		Aprile	2	0	5	2	3	1	5	2	3	1	5	2
10		Maggio	4	1	2	0	2	0	2	1	2	0	2	1
11		Totali	30	8	33	11	30	8	31	10	30	8	32	10
12														

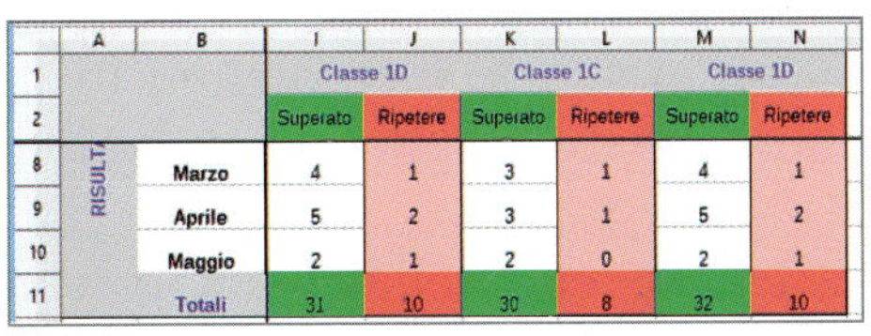

	A	B	I	J	K	L	M	N
1			Classe 1D		Classe 1C		Classe 1D	
2			Superato	Ripetere	Superato	Ripetere	Superato	Ripetere
8	RISULTATI	Marzo	4	1	3	1	4	1
9		Aprile	5	2	3	1	5	2
10		Maggio	2	1	2	0	2	1
11		Totali	31	10	30	8	32	10

3 Attiva C3 e fissa i riquadri per bloccare le colonne A e B e le righe 1 e 2. Scorri le righe e le colonne come mostrato nell'immagine. Al termine, sblocca i riquadri.

ECDL SS 7.2.3

Stampare in automatico titoli su ogni pagina di un foglio di lavoro

Clippy

Il programma aggiunge in automatico il simbolo di riferimento assoluto accanto a ogni numero e a ogni lettera.

Nei prospetti, le intestazioni di riga e colonna che identificano categorie di informazione sono situate nelle righe superiori e nella prima colonna a sinistra.
Per la stampa di tabelle molto ampie, si rivela opportuno riprodurre in ogni pagina le etichette di riga e di colonna.

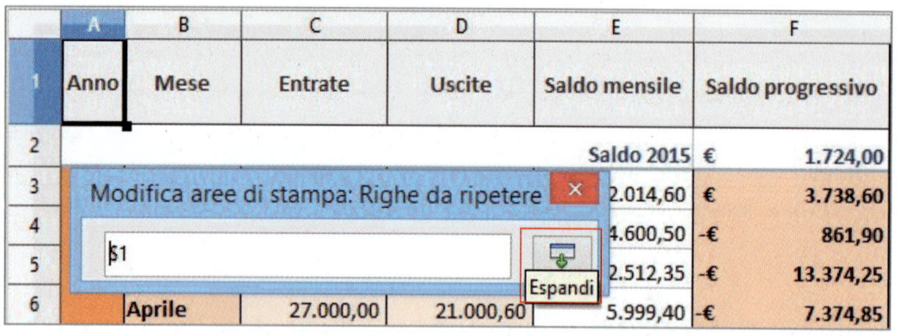

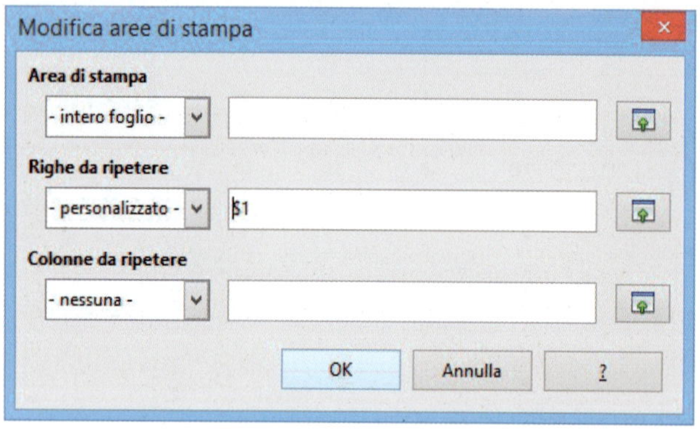

1. Da menu Formato selezionare Aree di stampa/Modifica.
2. Nella casella Righe da ripetere, fare clic sul pulsante Riduci e nel foglio di lavoro selezionare una cella nella ▶ **riga** ◀ o nelle righe da inserire come titolo di intestazione. Fare clic sul pulsante Espandi per ritornare alla finestra Modifica aree di stampa.
3. Nella casella Colonne da ripetere, procedere come per le righe selezionando una cella nella colonna o nelle colonne da ripetere su ogni pagina.
4. Confermare con OK.

Per verificare il risultato ottenuto, verificare in Anteprima di stampa e far scorrere i fogli operando sul pulsante Pagina successiva.

Per eliminare la stampa dei titoli, ripetere il **punto 1** della procedura appena descritta, selezionare i dati presenti nelle caselle e premere Canc (in alternativa, operare sul rispettivo pulsante e scegliere nessuna), quindi fare clic su OK.

Inserire e rimuovere interruzioni di pagina

Clippy

Per una chiara consultazione dei dati, prima di procedere si rivela opportuno impostare la stampa in ogni pagina dei titoli di colonna (Formato/Aree di stampa/Modifica).

Il programma agevola l'impaginazione del foglio di lavoro con l'impostazione manuale delle interruzioni di pagina, che consente di decidere la stampa dei fogli in modo personalizzato.
Prima di procedere è necessario visualizzare le interruzioni di pagina predefinite in Anteprima di stampa e, in base alle proprie esigenze, impostare manualmente le ▶ **interruzioni di pagina** ◀, ottenendo così la stampa del numero esatto di pagine desiderate.

1. Selezionare una cella nella riga sottostante o nella colonna a destra del punto in cui si intende applicare l'interruzione, da menu Inserisci

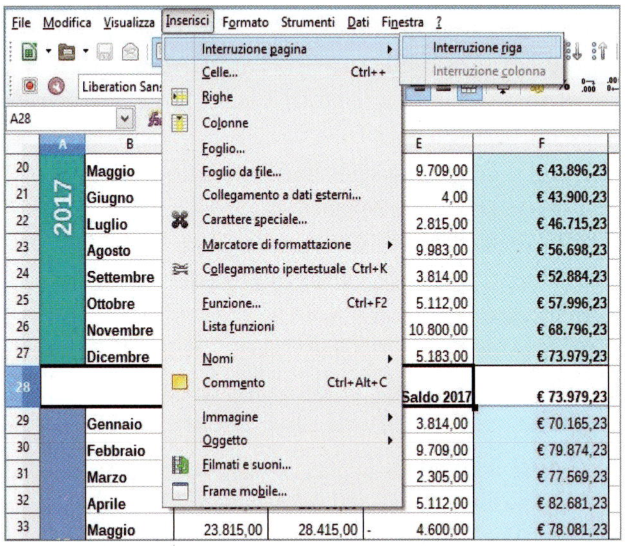

scegliere Interruzione pagina/Interruzione riga (o Interruzione colonna).

2 Nel foglio di lavoro Calc segna la posizione dell'interruzione di pagina con una linea di colore blu.

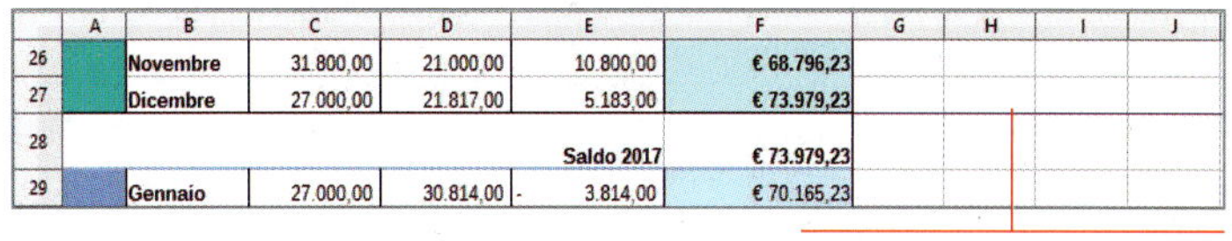

Interruzione personalizzata

Fare clic su Anterima di stampa per verificare l'esito dell'impostazione: la finestra mostra la porzione di foglio che verrà stampata nella prima pagina.
Per scorrere i fogli, fare clic su Pagina successiva e Pagina precedente.

Per rimuovere un'interruzione, selezionare una cella nella riga sottostante l'interruzione orizzontale o nella colonna a destra dell'interruzione verticale e da menu Modifica scegliere Elimina interruzione pagina/Interruzione riga (o Interruzione colonna).

Titoli della riga 1 del foglio di lavoro

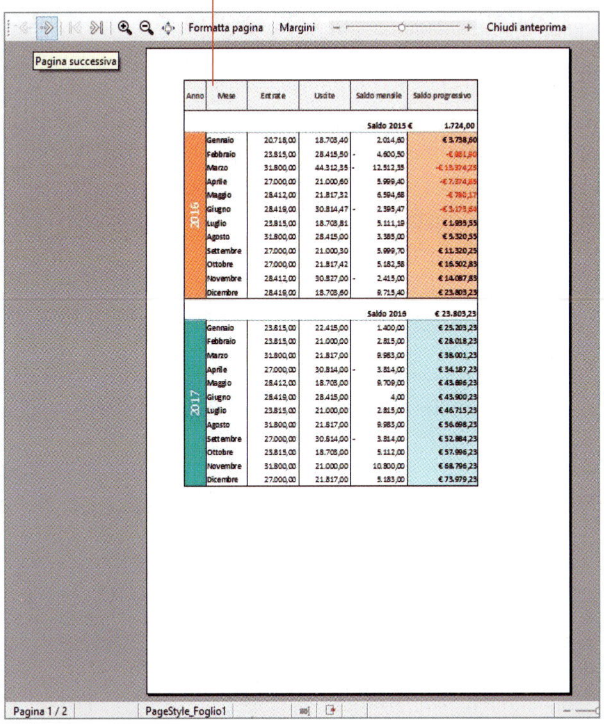

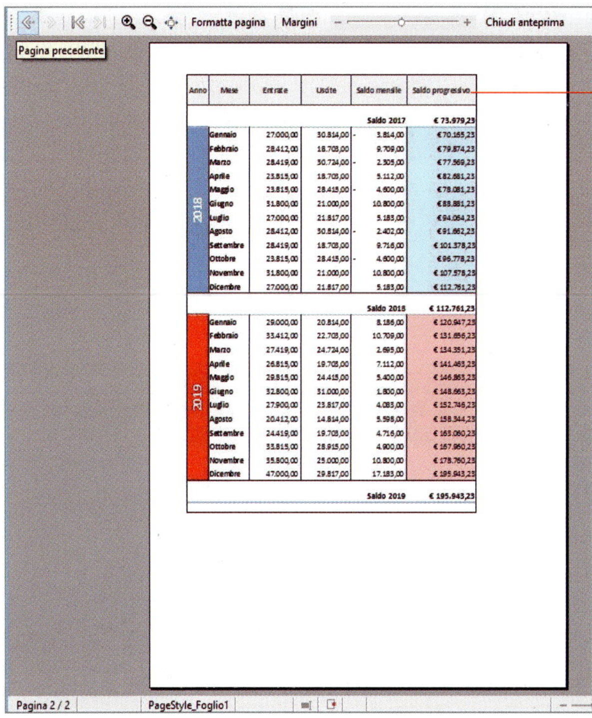

Ripetizione nella seconda pagina dei titoli di riga 1

La formattazione condizionale

Clippy

Un formato condizionale modifica l'aspetto delle celle che soddisfano le condizioni richieste (o criteri).

In un foglio di lavoro può essere utile assegnare regole di formattazione condizionale (▶ **formattazione visiva** ◀ sotto forma di colori, icone o altro), che facilitano così la visualizzazione e l'analisi dei dati.

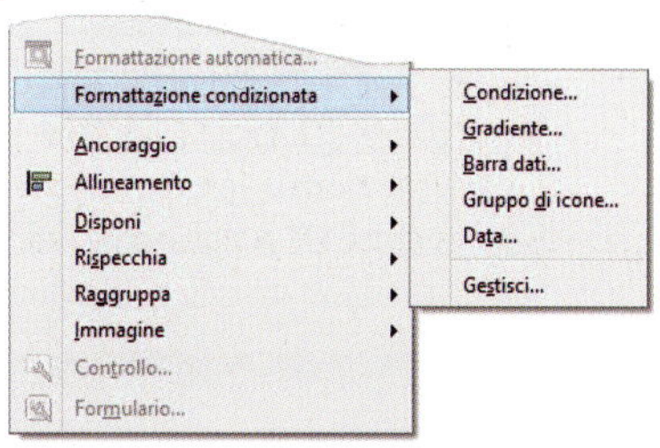

Clippy

Se non è presente lo stile con i formati che desideriamo applicare alle celle possiamo crearne uno nuovo come mostrato nelle immagini riportate nella pagina.

Per ▶ **applicare un formato** ◀, selezionare la zona interessata e da menu Formato selezionare Formattazione condizionata, quindi eseguire la scelta. I formati condizionali comprendono varie opzioni di visualizzazione; per esempio:

– Condizione permette di distinguere con uno specifico stile le celle in una zona che corrispondono alla condizione impostata;
– Gradiente sono guide visive che agevolano l'interpretazione della variazione dei dati mostrando le celle con sfondi di diverso colore (i più bassi, i medi e i più alti), in base al valore impostato;
– Barra dati consente di confrontare con la sfumatura del colore i valori delle celle rispetto ad altre;
– Gruppo di icone consente di classificare i dati in categorie. Ogni icona rappresenta un intervallo di valori che distingue i più alti, i medi e i più bassi;
– Data consente, in un intervallo di celle contenenti date, di formattare le celle in base alla data specificata.

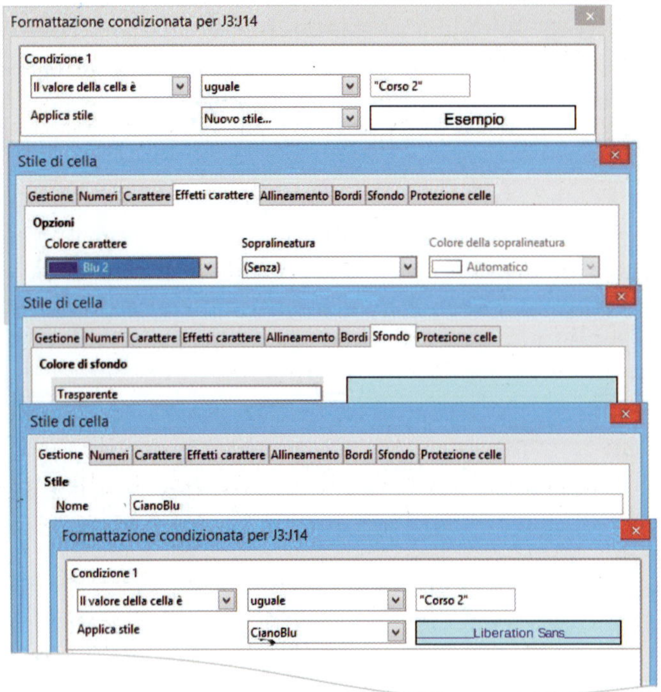

	J
3	Corso 1
4	Corso 1
5	Corso 2
6	Corso 1
7	Corso 1
8	Corso 1
9	Corso 2
10	Corso 2
11	Corso 1
12	Corso 1
13	Corso 1
14	Corso 1

Per cancellare i formati condizionali selezionare la zona interessata, da menu Formato scegliere Formattazione condizionata/Gestisci, nell'elenco selezionare l'area interessata e fare clic su Elimina.

Per eliminare ogni formattazione condizionale in tutto il foglio, selezionarlo, da menu Modifica scegliere Elimina contenuti e applicare la spunta solo alla casella Formattazioni.

Allena le competenze

• Impostare regole di formattazione condizionale per rappresentare la variazione dei dati con sfumature di colore

Apri il file M5-4 Esami Patentino dalla tua cartella e salvalo con il nome M5-4 Esami Patentino formattazione

1 Seleziona C3:C10 e applica la ▶ **formattazione condizionale** ◀ Barra dati/Più opzioni/Positivo/Verde. Procedi in modo analogo per rappresentare le variazioni di dati delle restanti colonne "Superato" per tutte le classi, come mostrato nell'immagine.

	A	B	C	D	E	F	G	H	I	J	K	L	M	N
1	RISULTATI ESAMI PATENTINO		Classe 1A		Classe 1B		Classe 1C		Classe 1D		Classe 1C		Classe 1D	
2			Superato	Ripetere	Superato	Ripetere	Superato	Ripetere	Superato	Ripetere	Superato	Ripetere	Superato	Ripetere
3		Ottobre	6	2	7	1	5	1	6	1	5	1	7	1
4		Novembre	3	1	4	2	4	1	4	1	4	1	4	1
5		Dicembre	4	2	2	0	4	1	5	2	4	1	5	2
6		Gennaio	4	0	4	2	4	2	3	1	4	2	3	1
7		Febbraio	4	1	4	2	5	1	2	1	5	1	2	1
8		Marzo	3	1	5	2	3	1	4	1	3	1	4	1
9		Aprile	2	0	5	2	3	1	5	2	3	1	5	2
10		Maggio	4	1	2	0	2	0	2	1	2	0	2	1
11		Totali	30	8	33	11	30	8	31	10	30	8	32	10

Smart

Puoi selezionare ogni zona con l'uso del tasto Ctrl e poi applicare la formattazione in un'unica soluzione.

Zoom su...

ASSEGNARE NOMI A CELLE E ZONE

Clippy

Quando si utilizzano i dati da un altro foglio, è necessario in tale foglio definire con un nome la zona contenente le voci.

Clippy

È possibile scegliere anche Elenco e digitare ogni voce separata da un Invio nella rispettiva sezione.

Creare elenchi a discesa con la convalida dei dati

La funzione di convalida dati consente di controllare il tipo di dati o i valori inseriti in una cella in modo che siano accurati e coerenti; si utilizza per diversi scopi:

- semplificare l'immissione dei dati e limitarne l'inserimento a voci specifiche definite dall'utente mediante un elenco a discesa;
- garantire immissioni corrette dei dati, mediante visualizzazione di un messaggio di input quando si fa clic sulla cella;
- definire restrizioni sui tipi di dati che è possibile o è necessario immettere in una cella visualizzando un messaggio di errore qualora non vengano rispettati i criteri definiti.

È possibile creare un elenco a discesa delle voci da inserire utilizzando il contenuto di celle che si trovano in un'altra posizione dello stesso foglio o di un ▶ **altro foglio** ◀ nella stessa cartella di lavoro.

1. Predisporre l'elenco con le voci da utilizzare.
2. Selezionare la cella (o la zona) in cui si desidera inserire l'elenco a discesa e da menu Dati scegliere Validità.
3. Nella scheda Criteri fare clic nella casella Permetti, ▶ **selezionare** ◀ Intervallo di celle e attivare la spunta a Disponi in ordine crescente.
4. Per specificare la posizione dell'elenco delle voci, nella casella Sorgente fare clic su Riduci e nel foglio ▶ **selezionare la zona interessata** ◀; se trattasi di altro foglio, allora fare clic sulla relativa scheda e selezionare la zona interessata. Fare clic su Espandi per tornare alla finestra.
5. Fare clic su OK.

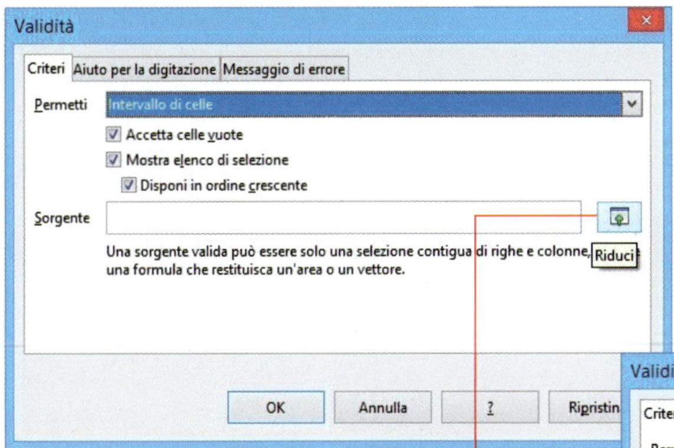

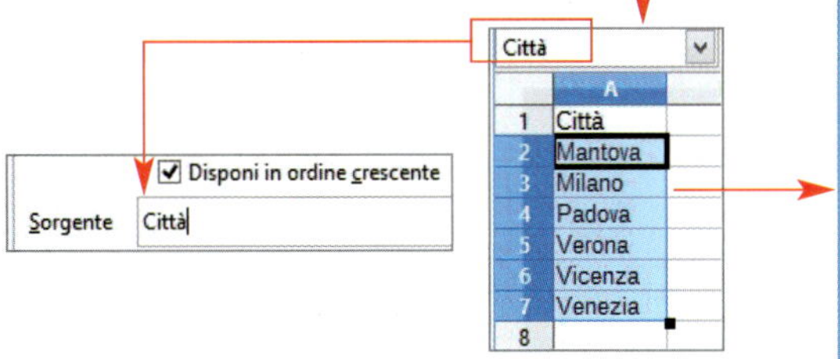

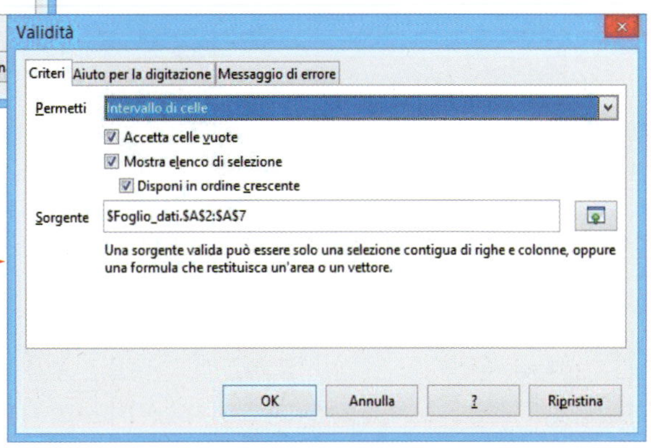

Clippy

Se la zona è stata definita con un nome, allora nella casella Sorgente basterà digitare il nome della zona.

Quando si crea un elenco a discesa, nella cella viene visualizzata una freccia. Per immettere le informazioni, fare clic sulla freccia e quindi sulla voce desiderata.

È inoltre possibile:

- nella scheda Aiuto per la digitazione inserire una nota per indicare il tipo di dato che deve essere immesso nella cella;
- nella scheda Messaggio di errore digitare il testo da visualizzare qualora siano stati immessi dati non validi.

Allena le competenze

- Rinominare fogli
- Utilizzare la funzionalità per la convalida dei dati

Crea il file M5-4 Corsisti e salvalo nella tua cartella

Un Istituto predispone l'elenco degli iscritti ai corsi di lingua. Per agevolare l'inserimento di alcuni dati, utilizziamo Validità.

1 Inserisci un nuovo foglio e rinomina i fogli in Foglio_dati e Prospetto.

2 Nel Foglio_dati inserisci i dati mostrati e assegna il nome alle zone (Inserisci/Nomi/Definisci):
- A2:A7 Città;
- C2:C8 Corso.

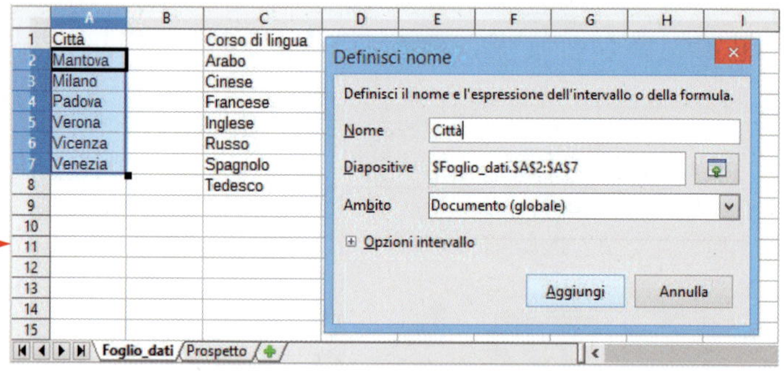

3 Nel foglio Prospetto inserisci i dati ed elabora il foglio come mostrato: Rosso 4 e Grigio 2.
Per compilare le zone E3:E23 e F3:F23 utilizza la funzione Validità:
- seleziona E3:E23, richiedi Validità/Intervallo di celle e nella casella Sorgente digita Città (oppure nel Foglio_dati seleziona la zona Città);
- procedi in modo analogo per la zona F3:F23 e nel Foglio_dati seleziona la zona Corso.

4 Nelle colonne E e F procedi con l'inserimento dei dati mostrati scegliendoli dal relativo elenco.

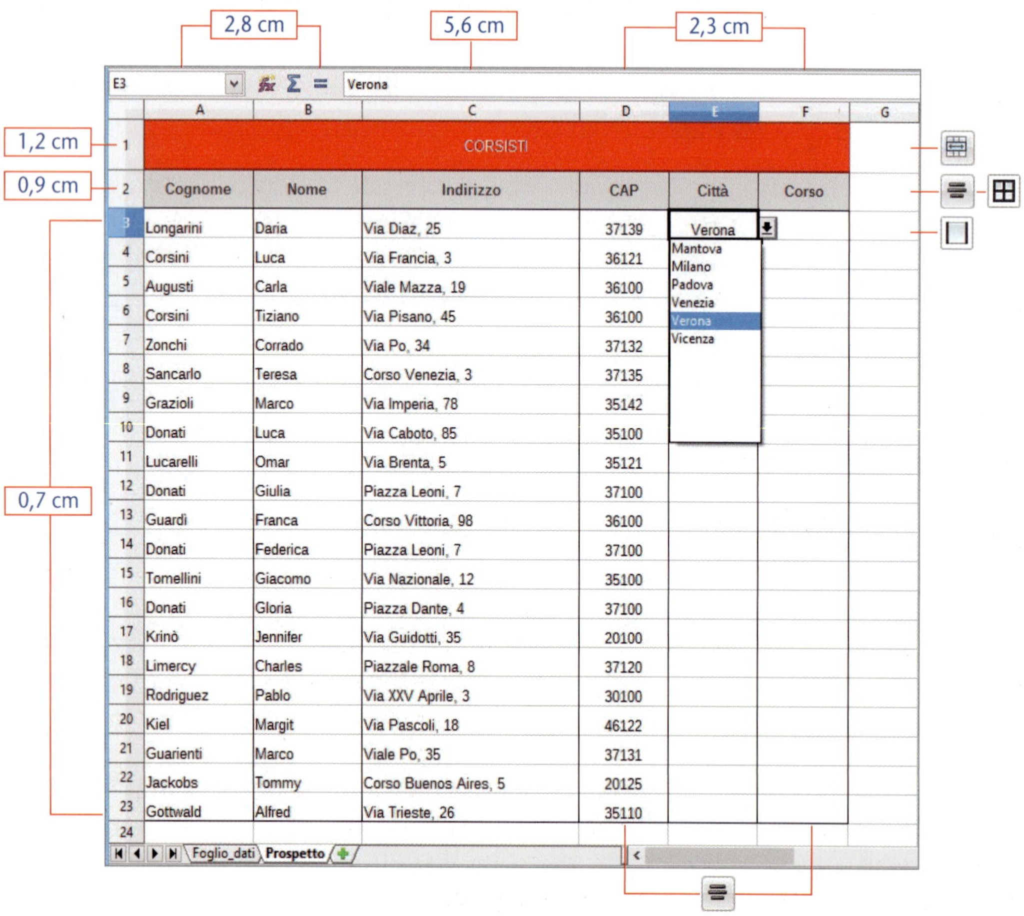

Cognome	Nome	Indirizzo	CAP	Città	Corso
Longarini	Daria	Via Diaz, 25	37139	Verona	
Corsini	Luca	Via Francia, 3	36121		
Augusti	Carla	Viale Mazza, 19	36100		
Corsini	Tiziano	Via Pisano, 45	36100		
Zonchi	Corrado	Via Po, 34	37132		
Sancarlo	Teresa	Corso Venezia, 3	37135		
Grazioli	Marco	Via Imperia, 78	35142		
Donati	Luca	Via Caboto, 85	35100		
Lucarelli	Omar	Via Brenta, 5	35121		
Donati	Giulia	Piazza Leoni, 7	37100		
Guardi	Franca	Corso Vittoria, 98	36100		
Donati	Federica	Piazza Leoni, 7	37100		
Tomellini	Giacomo	Via Nazionale, 12	35100		
Donati	Gloria	Piazza Dante, 4	37100		
Krinò	Jennifer	Via Guidotti, 35	20100		
Limercy	Charles	Piazzale Roma, 8	37120		
Rodriguez	Pablo	Via XXV Aprile, 3	30100		
Kiel	Margit	Via Pascoli, 18	46122		
Guarienti	Marco	Viale Po, 35	37131		
Jackobs	Tommy	Corso Buenos Aires, 5	20125		
Gottwald	Alfred	Via Trieste, 26	35110		

Città	Corso
Verona	Cinese
Vicenza	Inglese
Vicenza	Russo
Vicenza	Russo
Verona	Inglese
Verona	Arabo
Padova	Cinese
Padova	Cinese
Padova	Russo
Verona	Spagnolo
Vicenza	Tedesco
Verona	Russo
Padova	Tedesco
Verona	Arabo
Milano	Tedesco
Verona	Francese
Venezia	Arabo
Mantova	Spagnolo
Verona	Cinese
Milano	Inglese
Padova	Arabo

Svolgi i test

Gli esercizi sono disponibili anche nella versione digitale come test interattivi e autocorrettivi.

TEST DI COMPLETAMENTO

Completa le frasi con le espressioni mancanti, scegliendo tra quelle di seguito proposte.

Protetta – stessa – Ctrl – default – uguale – attribuire – non – fogli – trascinamento – foglio – appropriati – celle

1 La copia di un .... di lavoro si può eseguire mediante .... con l'uso del tasto ....

2 È consigliato .... ai fogli nomi ...., che rendano chiaro il loro contenuto.

3 Le .... di un foglio di lavoro, per ...., hanno la proprietà ....

4 Nella .... cartella .... possono esistere .... con il nome ....

TEST VERO FALSO

Indica, barrando la relativa casella, se le seguenti affermazioni sono vere o false.

	V	F
1 È possibile recuperare un foglio eliminato solo chiudendo il file dopo aver salvato le modifiche.	☐	☐
2 La funzionalità Validità consente di semplificare l'immissione dei dati.	☐	☐
3 In una cartella di lavoro si possono eliminare tutti i fogli in essa contenuti.	☐	☐
4 Prima di proteggere un foglio è necessario specificare le celle che potranno poi essere modificate.	☐	☐

TEST DI COLLEGAMENTO

Associa i menu della prima colonna con le corrispondenti opzioni della seconda.

1 Strumenti	A Fissa	1 ____
2 Dati	B Proteggi documento/Foglio	2 ____
3 Finestra	C Formattazione condizionata	3 ____
4 Formato	D Validità	4 ____

TEST A RISPOSTA SINGOLA O MULTIPLA

Per ogni quesito, indica la risposta o le risposte corrette. (○ **risposta singola** / ☐ **risposta multipla)**

1 Indica quale, tra i seguenti, non è un percorso possibile:
- ○ Modifica/Foglio/Elimina
- ○ Finestra/Dividi
- ○ Formato/Aree di stampa/Titoli
- ○ Formato/Foglio/Rinomina

2 Indica, tra le seguenti, l'affermazione corretta:
- ○ è possibile eliminare tutti i fogli di una cartella
- ○ è possibile rinominare più fogli contemporaneamente
- ○ la formattazione condizionale modifica i risultati
- ○ è possibile fare riferimento ai dati dei fogli nascosti

3 Si possono selezionare più fogli con l'uso dei tasti:
- ☐ Ctrl (per fogli non adiacenti)
- ☐ Alt (per fogli non adiacenti)
- ☐ Shift (per fogli non adiacenti)
- ☐ Shift (per fogli adiacenti)

4 Il comando per rinominare un foglio è disponibile:
- ☐ da menu Strumenti
- ☐ da menu Modifica
- ☐ da menu Formato
- ☐ da menu rapido attivato sulla scheda del foglio

Calcola ed elabora

- Applica le formule che ritieni più idonee per lo svolgimento dell'esercizio.
- Il riquadro ELABORA elenca le formattazioni da applicare alle tabelle e ai grafici.
- Inserisci le immagini da file (Immagini).

PARAMETRI DI STAMPA

Per ogni esercizio predisponi il foglio per la stampa con i seguenti parametri:
– orientamento della pagina: orizzontale (se non diversamente specificato);
– centratura nella pagina: verticale e orizzontale;
– intestazione: a sinistra richiedi (in automatico) il nome del file, a destra il nome del foglio;
– piè di pagina: a sinistra i tuoi dati, al centro la classe e la sezione, a destra la città e la data corrente (in automatico).

1 **Crea il file M5-4 Strutture ricettive e salvalo nella tua cartella**

L'ufficio turistico regionale censisce le strutture ricettive delle tre zone in cui è suddivisa la Regione. Emergono i dati riportati in tabella.

Determina:
– il totale di ciascuna tipologia di struttura ricettiva;
– il totale per ciascuna zona e di tutta la Regione.

	A	B	C	D	E
1	STRUTTURE RICETTIVE				
2	ALBERGHIERE E PARALBERGHIERE	Nord	Centro	Sud	Totale
3	Alberghi **	190	180	122	
4	Alberghi ***	590	347	308	
5	Alberghi ****	326	285	183	
6	Alberghi *****	104	95	59	
7	Motel	70	65	43	
8	Residence turistico-alberghieri	87	90	61	
9	Bed & Breakfast	360	258	325	
10	Agriturismo	430	560	495	
11	Beauty farm	73	58	62	
12	TOTALI				
13	EXTRALBERGHIERE	Nord	Centro	Sud	Totale
14	Esercizi di affittacamere	490	450	367	
15	Case per vacanze	82	74	52	
16	Ostelli per la gioventù	21	18	14	
17	Residenze rurali e d'epoca	16	15	12	
18	Villaggi turistici	81	68	150	
19	Foresterie per turisti	40	51	37	
20	Centro soggiorno studi	23	18	14	
21	Alloggi agrituristici	70	54	67	
22	Rifugi escursionistici	67	53	38	
23	Rifugi alpini	76	21	9	
24	TOTALI				
25	ALL'APERTO	Nord	Centro	Sud	Totale
26	Campeggi	65	94	120	
27	Parchi vacanza	16	24	25	
28	TOTALI				

ELABORA

- **Larghezza colonne**: A 7 cm e le altre 2 cm.
- **Altezza righe**: 1 1,2 cm, 2, 13 e 25 1 cm, 12, 24 e 28 0,8 cm le altre 0,7 cm.
- **Titolo tabella**: A1:E1, 16 pt, , Cielo azzurro 5.
- **Intestazioni di colonna**: righe 2, 13 e 25 , Cielo azzurro 5, , Bianco, , allineamento verticale Al centro.
- **Intestazioni di riga**: Cielo azzurro 5, .
- **Dati della tabella**: B3:D11, B14:D23 e B26:D27 formattazione condizionata Barra dati/Arancione 1.
- **Righe e colonna dei totali**: Arancione 1, , Stile separatore delle migliaia, zero posizioni decimali.
- **Tabella**: A1:E28 .
- **Imposta i parametri di stampa** (orientamento verticale).
- Duplica il Foglio1 e rinomina i fogli con Prospetto e Formule; nel foglio Prospetto richiedi la stampa dei titoli di riga 1 e a riga 13 inserisci un'interruzione di pagina.
- Nel foglio Formule cancella la formattazione e richiedi la visualizzazione delle formule, adatta le colonne, poi nascondi questo foglio.

2 Crea il file M5-4 Rip-Acquedotto e salvalo nella tua cartella

I lavori per la sistemazione dell'acquedotto sono costati complessivamente 1.200.000,00 euro. Tale spesa viene ripartita fra i Comuni che usufruiscono del servizio, in proporzione al numero degli abitanti di ciascuno di essi.

Determina:
- il numero totale degli abitanti;
- la quota di spesa spettante a ogni Comune.

Rappresenta con un grafico a torta i risultati ottenuti.

	A	B	C
1	RIPARTO SPESE		
2	Costi complessivi	1200000	
3	Coefficiente di riparto		
4	Comuni	Abitanti	Quote di spesa
5	San Martino B. A.	13095	
6	Zevio	12035	
7	Lavagno	5961	
8	San Bonifacio	17513	
9	Soave	6562	
10	TOTALE		

	B	C
3	=B2/B10	
4	Abitanti	Quote di spesa
5	13095	=B5*$B$3

ELABORA
- **Larghezza colonne**: A 4,5 cm, B e C 3,1 cm.
- **Altezza righe**: 1 1,5 cm, 4 e 10 1 cm, le altre 0,7 cm.
- **Titolo tabella**: A1:C1, , 18 pt, Grigio 2, .
- **Intestazioni di colonna**: Rosso 10, , , , allineamento verticale Al centro.
- **Intestazioni di riga**: .
- **Dati della tabella**: A2:B3 . B5:B10 Stile separatore delle migliaia, zero posizioni decimali; B2 e C5:C10 .
- **Bordi alle colonne**: .
- **Riga dei totali**: , Rosso 10. B3:B9 formattazione condizionata Barra dati/Blu 10.
- **Tabella**: A1:C10 .
- A5:B9: sblocca questa zona e proteggi il foglio.
- **Grafico** A5:A9 **e** C5:C9: Torta/Normale/3D, posizione E1:K10, Titolo (grassetto, 18 pt, sfondo Giallo chiaro), sfondo area grafico Bitmap/Cielo, bordo Rosso 10, spessore 0,1 cm, etichette dati in formato percentuale, all'esterno, grassetto.

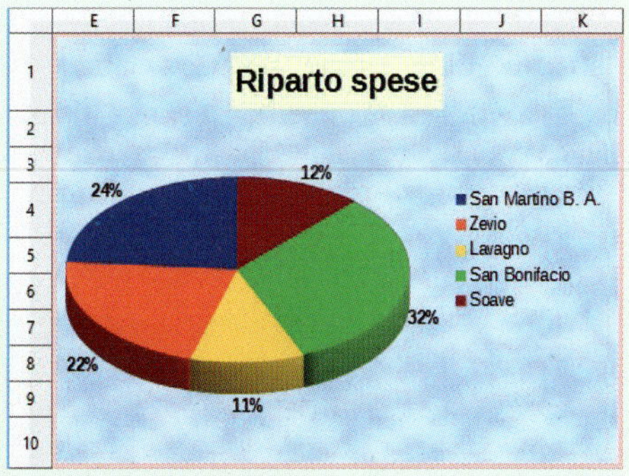

- **Imposta i parametri di stampa**.
- Duplica il Foglio1 e rinomina i fogli con Prospetto e Formule; nel foglio Formule cancella il grafico e la formattazione, quindi richiedi la visualizzazione delle formule, adatta le colonne poi nascondi questo foglio.
- Nel foglio Prospetto disattiva la visualizzazione delle formule, nella zona A5:B9 personalizza i dati inserendo i nomi dei Comuni della tua provincia e aggiornando i rispettivi abitanti.
- Scopri il foglio Formule, spostalo prima del foglio Prospetto ed eliminalo.

3 Crea il file M5-4 Rapporto vendite e salvalo nella tua cartella

Un'azienda redige il rapporto delle vendite trimestrali effettuate nell'anno suddiviso per zone.

Determina:
- i totali per ciascun trimestre;
- la media delle vendite per zona e per trimestre.

Crea un grafico a colonne per confrontare i dati dei quattro trimestri per ciascuna zona.

	A	B	C	D	E	F	G
1	RAPPORTO VENDITE IN ITALIA						
2	ZONA	1° trimestre	2° trimestre	3° trimestre	4° trimestre	TOTALE	Importo medio per zona
3	Nord	28795,15	30058,45	34631,5	37825,6		
4	Centro	29650,5	34369,65	32580,35	33150,4		
5	Sud	19520,25	21580,3	23745,85	22674,65		
6	Isole	9460	14986,15	14856,15	13825,3		
7	TOTALE						
8	Media vendite trimestrali						

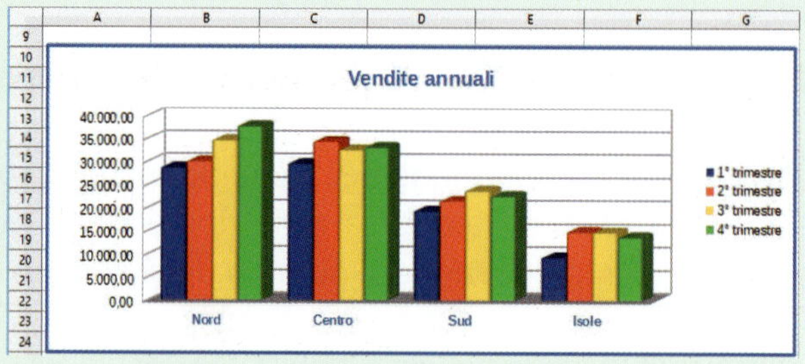

ELABORA

- **Larghezza colonne**: tutte 3 cm.
- **Altezza righe**: 1, 2 e 8 1,5 cm, le altre 0,7 cm.
- **Titolo tabella**: A1:G1, Aharoni, 18 pt, Blu mare.
- **Intestazioni di colonna**: Grigio 2, , , allineamento verticale Al centro.
- **Intestazioni di riga**: .
- **Dati della tabella**: B3:E6 Stile separatore delle migliaia, due posizioni decimali.
- **Bordi alle colonne**: .
- B3:E6: formattazione condizionata Gruppo di icone/5 stelle.
- **Totali e importi medi in riga e colonna**: , . **Riga** 7: Grigio 2. **Riga** 8: Blu mare, F8 e G8 Grigio 5.
- **Tabella**: A1:G8 .
- **Grafico**: Colonna/Normale/3D, posizione A10:G24; Titolo (grassetto, 18 pt, Blu mare), bordo Blu mare, spessore 0,1 cm; Asse X, grassetto, Blu mare.
- **Imposta i parametri di stampa** (margini tutti a 2 cm).
- Duplica il Foglio1 e rinomina i fogli con Prospetto e Formule; nel foglio Formule cancella la formattazione e richiedi la visualizzazione delle formule, adatta le colonne, richiedi la stampa delle intestazioni di riga e di colonna, poi nascondi questo foglio.
- Nel foglio Prospetto disattiva la visualizzazione delle formule.
- Scopri il foglio Formule.

4 **Crea il file M5-4 Presenze turistiche e salvalo nella tua cartella**

L'Ente del turismo rileva le presenze turistiche semestrali della provincia.

Determina:
- il totale delle presenze per ciascun mese e la percentuale di presenze mensili rispetto al totale;
- il totale e la media delle presenze di turisti italiani e stranieri.

	A	B	C	D	E	F	G	H	I
1	PRESENZE TURISTICHE								
2	1° semestre								
3	Presenze turistiche	Gennaio	Febbraio	Marzo	Aprile	Maggio	Giugno	Presenze totali	Presenze medie
4	Italiani	654	620	451	475	528	683		
5	Stranieri	251	324	288	293	256	297		
6	Totale								
7	Percentuale mensile								

ELABORA

	B
6	=SOMMA(B4:B5)
7	=B6/$H$6

- **Larghezza colonne**: A 4,4 cm e le altre 2,2 cm.
- **Altezza righe**: 1 1,5 cm, 3 e 6 0,9 cm, 2, 4, 5 0,7 cm e 7 1,1 cm.
- **Titolo tabella**: A1:I1, Aharoni, 24 pt, Rosso 4. **Riga** 2: , , Rosso 4, Bianco.
- **Intestazioni di colonna**: Grigio 1, Rosso 4, , , , allineamento verticale Al centro.
- **Intestazioni di riga**: .
- **Dati della tabella e riga dei totali**: A4:I6, con due posizioni decimali.
- **Bordi alle colonne**: .
- **Riga** 6: Grigio 1, Rosso 4, . **Riga** 7: , Rosso 4, Bianco, .
- **Tabella**: A1:I7 .
- B4:G5: sblocca questa zona e proteggi il foglio.
- **Imposta i parametri di stampa**.
- Duplica il Foglio1 e rinomina i fogli con 1° Semestre e 2° Semestre; nel foglio 2° Semestre sostituisci a scelta i dati della zona B4:G5 e nascondi il foglio.
- Mostra il foglio 2° Semestre e rinominalo con Formule, rimuovi la protezione, richiedi la visualizzazione delle formule ed elimina il foglio.

CONSOLIDAMENTO DELLE ABILITÀ

5 Crea il file M5-4 Variazioni e salvalo nella tua cartella

L'amministratore delegato del punto vendita "Online@Mobili" redige a fine anno un prospetto che riassume le variazioni delle vendite registrate negli ultimi due anni.

	A	B	C	D	E
1	MOBILIFICIO "ONLINE@MOBILI"				
2	Vendite	Anno n	Anno n + 1	Variazione	%
3	Cucine	45800	64500		
4	Salotti	33460	28700		
5	Camere letto	38120	42340		
6	Camere bambino	22430	33290		
7	Ingressi	13460	7460		
8	Arredo casa	56320	52100		
9	Luce arreda	12400	8970		
10	Oggettistica	7940	9850		
11	Bricolage	8660	12580		
12	TOTALI				

Determina:
- le variazioni intervenute nell'anno n + 1 in termini assoluti e percentuali;
- la percentuale totale di variazione complessiva delle vendite.

	D	E
2	Variazione	%
3	=C3-B3	=D3/B3

ELABORA
- **Larghezza colonne:** A:D 3,7 cm ed E 2,5 cm.
- **Altezza righe:** 1 1,2 cm, 2 e 12 1 cm, le altre 0,8 cm.
- **Titolo tabella:** A1:E1, , 15 pt, Blu mare, .
- **Intestazioni di colonna:** Ciano 5, Bianco, , , allineamento verticale Al centro.
- **Intestazioni di riga:** Ciano 9, .
- **Dati della tabella:** Stile separatore delle migliaia, due posizioni decimali. **Bordi alle colonne:** .
- B3:D11: formattazione condizionata Gruppo di icone/5 Frecce.
- **Riga dei totali:** Ciano 5, , Bianco, . **Colonna %:** Ciano 9, , , .
- **Tabella:** A1:E12 .
- **Imposta i parametri di stampa.**
- Duplica il Foglio1 e rinomina i fogli con Prospetto e Formule; nel foglio Formule elimina la formattazione, richiedi la visualizzazione delle formule e la stampa delle intestazioni di riga e di colonna.

6 Crea il file M5-4 Rip-Parco e salvalo nella tua cartella

La sistemazione del Parco montano è costata complessivamente 1.500.000 euro. Tale spesa viene ripartita fra i Comuni del Parco, in proporzione al numero degli abitanti di ciascun Comune.

	A	B	C
1	COMUNI DEL PARCO NATURALE DELLA LESSINIA		
2	www.lessiniapark.it		
3	Ripartizione spese sistemazione Parco naturale della Lessinia		
4			
5	Spesa complessiva	1500000	
6			
7	Comuni	Abitanti	Quote di spesa
8	Altissimo	1733	
9	Bosco Chiesanuova	3203	
10	Crespadoro	1141	
11	Dolcè	2200	
12	Erbezzo	775	
13	Fumane	3816	
14	Grezzana	10045	
15	Marano di Valpolicella	2897	
16	Roncà	3385	
17	Roverè Veronese	2095	
18	San Giovanni Ilarione	4889	
19	Sant'Anna di Alfaedo	2462	
20	Selva di Progno	1001	
21	Velo Veronese	798	
22	Vestenanova	2614	
23	Totale		

Determina il numero totale degli abitanti e la quota di spesa a carico di ciascun Comune.
Presenta la tabella disponendo l'elenco dei Comuni in base al numero di abitanti dal più grande al più piccolo.

	C
7	Quote di spesa
8	=$B$5/$B$23*B8
9	=$B$5/$B$23*B9

ELABORA
- **Larghezza colonne:** A 6,5 cm e le altre 3,7 cm.
- **Altezza righe:** 1 1,4 cm, 3 1,3 cm, 7 e 23 1 cm, le altre 0,8 cm.
- **Titolo tabella:** A1:C1, , 13 pt, Verde 8.
- C2:C6: inserisci immagine da file (Loghi Lessinia parco).
- A2:B2, A3:B3, Giallo chiaro. **Riga** 5 Arancione 10, , A2:B6 .
- **Intestazioni di colonna:** Verde 9, , , , allineamento verticale Al centro.
- **Intestazioni di riga:** .
- **Dati della tabella:** colonna B Stile separatore delle migliaia, zero posizioni decimali, colonna C .
- **Riga dei totali:** Verde 9, , ; B8:B22 ordinamento ; C8:C22 formattazione condizionata Barra dati/Verde 9.
- **Bordi alle colonne:** .
- **Tabella:** A1:C23 .
- Rinomina il Foglio1 con Prospetto.
- **Imposta i parametri di stampa** (orientamento verticale).

Calcola ed esprimi la tua creatività

- Esegui i calcoli, applica i formati idonei per visualizzare i valori, elabora le tabelle con creatività per presentare con chiarezza i dati e crea i grafici.

1 Crea il file M5-4 Rips-Utili riserva e salvalo nella tua cartella

Si è costituita una società fra quattro soci che hanno effettuato i seguenti apporti:
- Zenari: un immobile del valore di 350.000 euro;
- Graziani: mobili e arredi del valore di 156.000 euro;
- Zucchi: denaro contante per 280.000 euro;
- Erbisti: denaro contante per 215.000 euro.

Al termine dell'anno la società consegue un utile di 87.230 euro. I soci decidono di accantonare il 10% dell'utile a riserva volontaria e di ripartire il residuo in proporzione alle quote di capitale apportato.
Utilizza la funzione Validità per inserire i nomi dei soci e metti in evidenza le quote di utile con la formattazione condizionata.

Determina:
- la quota di utile destinata a riserva;
- la quota di utile spettante a ciascun socio;
- le percentuali di partecipazione dei soci al capitale sociale.

Rappresenta graficamente le quote di utile spettanti a ciascun socio.

Conferimenti anno n		
Socio	Natura conferimento	Capitale conferito
Zenari	Immobile	350.000
Graziani	Mobili e arredi	156.000
Zucchi	Contanti	280.000
Erbisti	Contanti	215.000
Totale		
Utile anno n + 1		87.230
Riserva volontaria	10%	
Utile da ripartire		
Coefficiente di riparto		
Riparto utili anno n + 1		
Socio	Quota di utile	Quote %li di capitale sociale
Zenari		
Graziani		
Zucchi		
Erbisti		
Totali		

2 Crea il file M5-4 Rip-Premio e salvalo nella tua cartella

Una conceria ripartisce un premio di 12.200 euro fra sei dipendenti in proporzione all'anzianità di servizio riportata in tabella.

Determina l'ammontare del premio spettante a ciascun dipendente e mettilo in evidenza con la formattazione condizionata.
Presenta la tabella in ordine crescente in base all'anzianità di servizio.

Rappresenta graficamente l'ammontare del premio spettante a ciascun dipendente.

RIPARTO PREMIO AZIENDALE		
Premio da ripartire	12.200	
Dipendente	Anzianità lavorativa (anni)	Quota premio
Manfredini Carlo	18	
Oliboni Eugenio	21	
Taddei Lorenzo	19	
Zangarelli Giulio	16	
Truzzoli Ilario	23	
Castioni Dario	12	
Totale		

3 Crea il file M5-4 Vendite e salvalo nella tua cartella

Una società predispone il prospetto delle vendite annuali per regione, suddivise per semestri.

Determina i totali annuali delle vendite per ogni regione e per semestre, nonché gli importi medi per regione.
Utilizza la funzione Validità per inserire i nomi di regione.

Rappresenta graficamente l'andamento dei due semestri nelle varie regioni.

VENDITE SEMESTRALI				
Regione	1° semestre	2° semestre	Totale	Media
Lombardia	49.548,85	53.987,55		
Veneto	43.598,36	47.895,32		
Toscana	52.365,25	55.426,35		
Lazio	47.265,45	42.987,85		
Campania	36.584,15	38.756,75		
Sicilia	30.789,15	29.456,35		
Vendite Nord (Lombardia-Veneto)				
Vendite Centro (Toscana-Lazio)				
Vendite Sud (Campania-Sicilia)				

UNITÀ 5 UTILIZZARE FUNZIONI

> **Info**
>
> Negli esercizi guidati delle schede **Allena le competenze**, per maggiore chiarezza sono state evidenziate con il fondino giallo le celle in cui applicare le formule (alcune delle quali sono indicate in colore blu).

In questa unità proseguiamo lo studio delle funzioni, intrapreso nell'unità 2, esaminandone alcune tra quelle più usate in ambito scolastico presenti nelle varie categorie.

Inserire funzioni

L'inserimento di una funzione si può effettuare mediante la digitazione, e immettendo i riferimenti di cella tramite il mouse.

Per inserire una funzione è anche possibile utilizzare la creazione guidata.

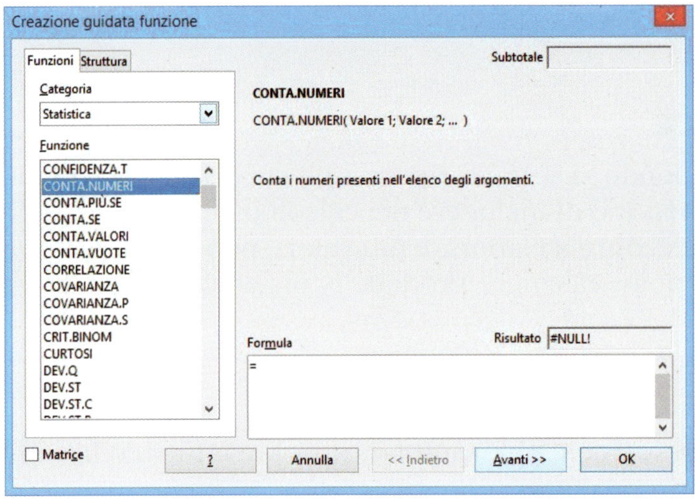

1. Posizionarsi nella cella in cui si desidera ottenere il risultato e poi, nella Barra di calcolo, fare clic su Creazione guidata funzione (oppure, da menu Inserisci, scegliere Funzione).
2. Nella scheda Funzioni selezionare una categoria di funzioni (oppure Tutte), poi nell'elenco fare clic sulla funzione desiderata (per esempio, CONTA.NUMERI).
3. Fare clic su Avanti.
4. Nel primo campo (in questo caso, Valore 1) digitare gli indirizzi dell'intervallo interessato, oppure fare clic sul pulsante Riduci, nel foglio di lavoro selezionare le celle interessate e poi fare clic sul pulsante Espandi.
5. Fare clic su OK.

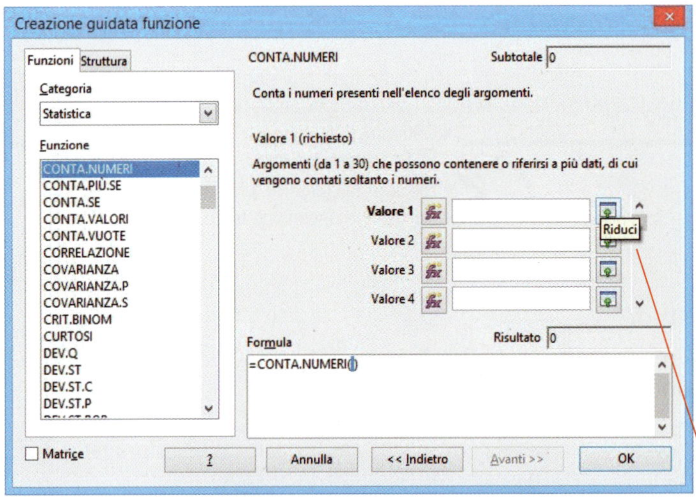

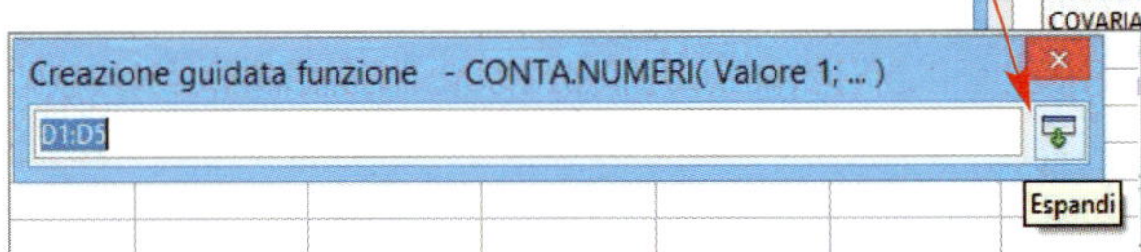

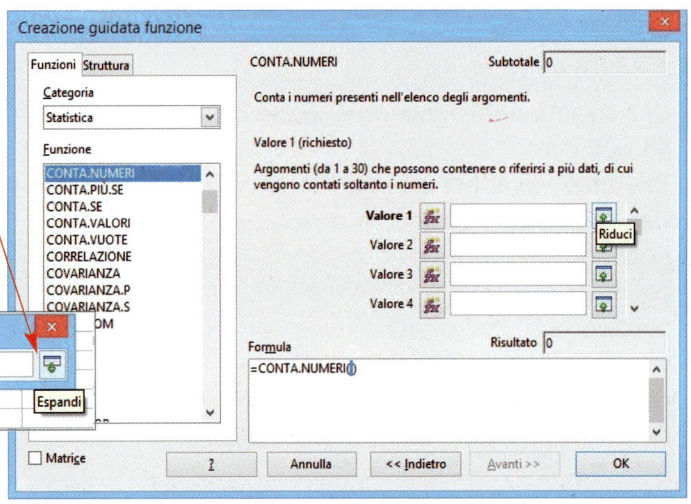

> **Clippy**
> Quando si richiede tale visualizzazione, Calc mostra le formule in tutti i fogli della cartella di lavoro. Si consiglia di duplicare il foglio, rinominarlo in Formule e utilizzarlo quando si richiede la visualizzazione delle formule. Per proseguire poi con le attività negli altri fogli è necessario disattivare tale modalità eliminando la spunta da Formule.

• Visualizzare la sintassi delle formule

Per visualizzare una formula è necessario posizionarsi nella cella e osservare la Barra della formula, oppure fare doppio clic sulla cella stessa. Tuttavia è possibile vedere tutte le formule contenute in un foglio di lavoro operando anche nel seguente modo: da menu Strumenti scegliere Opzioni, nella finestra espandere LibreOffice Calc, selezionare Vista e spuntare la casella Formule. Con questa operazione vengono ▶ **mostrate le formule** ◀, nelle celle in cui sono stati eseguiti i calcoli viene ignorato qualunque formato numerico ed è necessario adattare le colonne per visualizzare le formule (i formati applicati vengono ripristinati appena si disattiva la visualizzazione operando sul relativo pulsante).

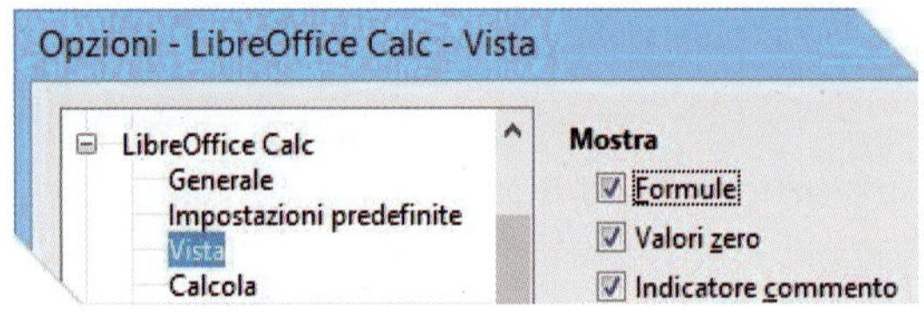

Funzioni matrice

Le matrici si usano quando si devono ripetere gli stessi calcoli con più valori, in quanto permettono di includere nei calcoli diverse zone di celle. Una formula matrice, oltre a elaborare più valori, può anche restituire più valori (per esempio, calcolare prodotti e, insieme, sommare tali prodotti).

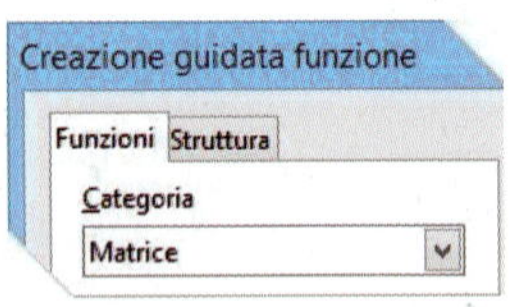

• MATR.SOMMA.PRODOTTO

Questa funzione opera su due o più gruppi di valori restituendo la somma dei relativi prodotti.
La sintassi è: =MATR.SOMMA.PRODOTTO(Matrice1;Matrice2;...), dove Matrice1, Matrice2, ... sono le zone contenenti valori da moltiplicare tra loro e poi da sommare.

Allena le competenze

- Comporre la funzione MATR.SOMMA.PRODOTTO
- Eseguire calcoli di riparto composto diretto
- Duplicare e rinominare fogli

Una società ha realizzato nel corso dell'anno un utile netto di 48.800 euro.
Tale utile viene accantonato a riserva per il 15% e il residuo viene ripartito tra i soci in proporzione alle quote di capitale conferito e al tempo di permanenza (mesi) del capitale nella società in base ai valori indicati nella tabella.

Caminotto Giulia	12.000	12
Poli Rossella	31.000	9
Balestri Federica	27.000	7
Scardelli Lucia	20.000	5

Determina le quote di utile spettante ai singoli soci.

> **Info**
> Per **svolgere l'esercizio**:
> - calcola il coefficiente di riparto composto diretto (funzione MATR.SOMMA.PRODOTTO);
> - moltiplica il coefficiente di riparto per le grandezze per cui si era ripartito (capitale x tempo).

Crea il file M5-5 Ripc_utile MATR e salvalo nella tua cartella

1 Inserisci i dati nelle celle e poi le formule e in D5 la funzione per calcolare il coefficiente di riparto, come mostrato. In D8 applica il riferimento assoluto ed esegui la copia per trascinamento.

2 Elabora la tabella applicando le formattazioni come mostrato.

Titolo: , Aharoni, 16 pt, Cielo azzurro 5, Giallo chiaro.
Dati della tabella: C3:C5 ; B8:B11 e D8:D11 Stile separatore con due posizioni decimali. Cielo azzurro 10 e 5.
Tabella: A1:D12 .

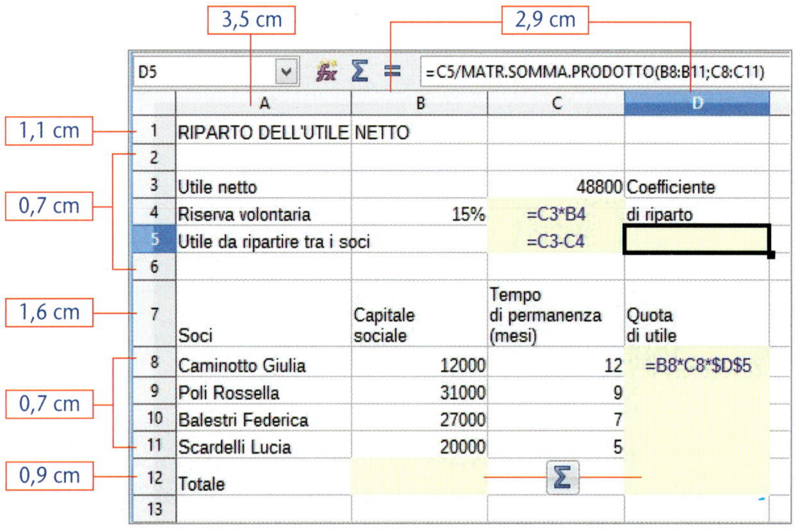

	A	B	C	D
1	RIPARTO DELL'UTILE NETTO			
2				
3	Utile netto		48800	Coefficiente
4	Riserva volontaria	15%	=C3*B4	di riparto
5	Utile da ripartire tra i soci		=C3-C4	
6				
7	Soci	Capitale sociale	Tempo di permanenza (mesi)	Quota di utile
8	Caminotto Giulia	12000	12	=B8*C8*$D$5
9	Poli Rossella	31000	9	
10	Balestri Federica	27000	7	
11	Scardelli Lucia	20000	5	
12	Totale			
13				

3 Imposta i parametri di stampa: centratura orizzontale e verticale; nell'intestazione richiedi il nome del file a sinistra e del foglio a destra, nel piè di pagina inserisci i tuoi dati, la classe, la città e la data corrente.

4 Duplica il Foglio1 e rinomina i fogli in Prospetto e Formule.
Nel foglio Formule seleziona tutto il foglio e cancella i formati, mostra le formule, dimensiona opportunamente le colonne e richiedi la stampa delle intestazioni di riga e di colonna, poi disattiva la visualizzazione.

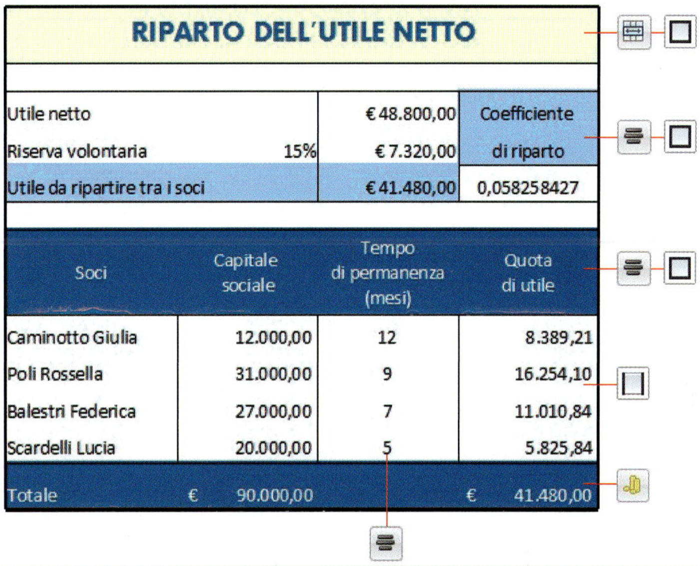

RIPARTO DELL'UTILE NETTO			
Utile netto		€ 48.800,00	Coefficiente
Riserva volontaria	15%	€ 7.320,00	di riparto
Utile da ripartire tra i soci		€ 41.480,00	0,058258427
Soci	Capitale sociale	Tempo di permanenza (mesi)	Quota di utile
Caminotto Giulia	12.000,00	12	8.389,21
Poli Rossella	31.000,00	9	16.254,10
Balestri Federica	27.000,00	7	11.010,84
Scardelli Lucia	20.000,00	5	5.825,84
Totale	€ 90.000,00		€ 41.480,00

Funzioni matematiche

Le funzioni matematiche eseguono operazioni sui numeri (per esempio somme, prodotti, radici quadrate, arrotondamenti ecc.).

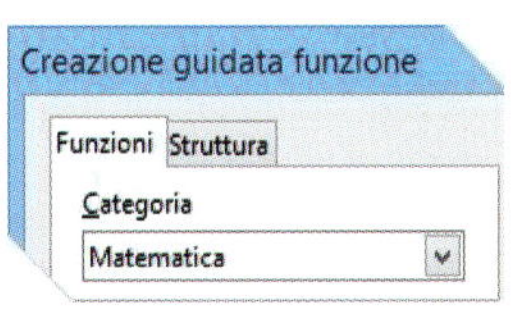

• ARROTONDA

ECDL SS 4.2.1

La funzione ARROTONDA permette di arrotondare le cifre a un numero specificato di posizioni decimali, arrotondando per difetto le cifre inferiori a 5 e per eccesso quelle superiori o uguali a 5.

La funzione applica l'arrotondamento matematico. Per esempio, se si richiede di arrotondare 523,154 a due posizioni decimali, Calc restituirà 523,15; richiedendo per lo stesso numero l'arrotondamento a una posizione decimale, Calc restituirà 523,2.

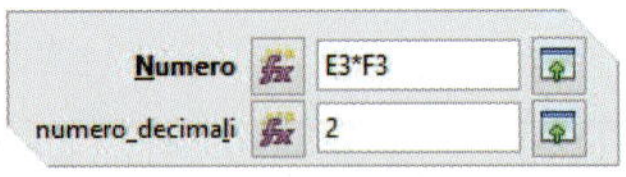

La sintassi è: =ARROTONDA(Numero;numero decimali) dove:
- Numero è il numero reale da arrotondare;
- numero decimali indica il ▶ **numero di cifre** ◀ a cui si vuole arrotondare.

Clippy

La funzione ARROTONDA, quando si impiega per gli importi in euro, ha come ultimo argomento 2, così da restituire due cifre dopo la virgola.

Allena le competenze

- Comporre la funzione ARROTONDA
- Calcolare lo sconto e l'IVA
- Duplicare e rinominare fogli

Un'azienda effettua una vendita promozionale di alcuni prodotti per i mesi di marzo e aprile.
Determina l'importo dello sconto, l'importo scontato, l'importo dell'IVA e il prezzo scontato comprensivo d'imposta.

Info

Per **svolgere l'esercizio**:
- calcola lo sconto con la funzione ARROTONDA al secondo decimale (;2) e sottrailo dal prezzo unitario;
- calcola l'importo IVA sul prezzo scontato con la funzione ARROTONDA al secondo decimale (;2);
- somma il prezzo scontato all'importo IVA.

Crea il file M5-5 Listino_ARR e salvalo nella tua cartella

1 Inserisci i dati nelle celle. Nella riga 3 imposta le formule e le funzioni come mostrato ed esegui la copia per trascinamento.

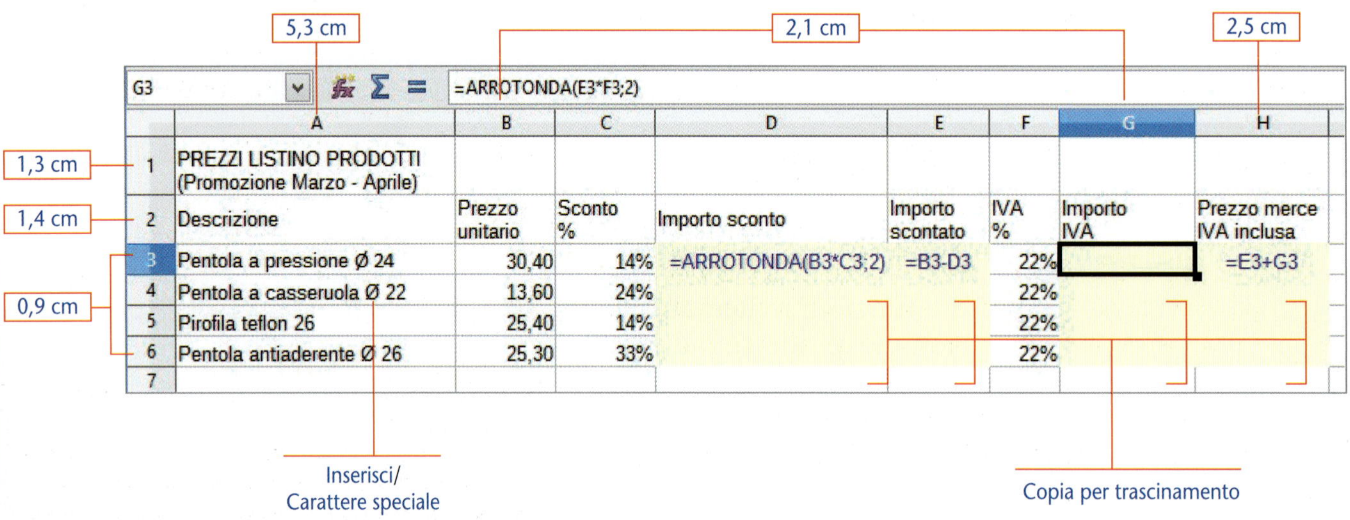

	A	B	C	D	E	F	G	H
1	PREZZI LISTINO PRODOTTI (Promozione Marzo - Aprile)							
2	Descrizione	Prezzo unitario	Sconto %	Importo sconto	Importo scontato	IVA %	Importo IVA	Prezzo merce IVA inclusa
3	Pentola a pressione Ø 24	30,40	14%	=ARROTONDA(B3*C3;2)	=B3-D3	22%		=E3+G3
4	Pentola a casseruola Ø 22	13,60	24%			22%		
5	Pirofila teflon 26	25,40	14%			22%		
6	Pentola antiaderente Ø 26	25,30	33%			22%		
7								

2 Elabora la tabella applicando le formattazioni come mostrato.

Rosso 5, Blu classico, Giallo chiaro.

Titolo: , 12 pt, Rosso 5.

Intestazioni di colonna: allineamento verticale Al centro.

Dati della tabella: e Stile separatore con 2 posizioni decimali.

Tabella: A1:H6 .

PREZZI LISTINO PRODOTTI
(Promozione Marzo - Aprile)

Descrizione	Prezzo unitario	Sconto %	Importo sconto	Importo scontato	IVA %	Importo IVA	Prezzo merce IVA inclusa
Pentola a pressione Ø 24	30,4	14%	4,26	€ 26,14	22%	5,75	€ 31,89
Pentola a casseruola Ø 22	13,6	24%	3,26	€ 10,34	22%	2,27	€ 12,61
Pirofila teflon 26	25,4	14%	3,56	€ 21,84	22%	4,80	€ 26,64
Pentola antiaderente Ø 26	25,3	33%	8,35	€ 16,95	22%	3,73	€ 20,68

3 Imposta i parametri di stampa: centratura orizzontale e verticale; nell'intestazione richiedi il nome del file a sinistra e del foglio a destra, nel piè di pagina inserisci i tuoi dati, la classe, la città e la data corrente.

4 Duplica il Foglio1 e rinomina i fogli in Prospetto e Formule. Nel foglio Formule seleziona tutto il foglio e cancella i formati, mostra le formule, dimensiona opportunamente le colonne e richiedi la stampa delle intestazioni di riga e di colonna, poi disattiva la visualizzazione.

• SOMMA.SE

La funzione SOMMA.SE verifica ogni cella utilizzando uno specifico test condizionale e permette di includere nella somma quelle celle dell'intervallo indicato che soddisfano la condizione riportata nei criteri previsti.

La sintassi è: =SOMMA.SE(Area;Criteri;Intervallo somma) dove:

- Area corrisponde all'intervallo di celle da verificare e la funzione controlla quali soddisfano la condizione espressa nel criterio;
- Criteri specifica il test condizionale. È dato dai criteri che determinano le corrispondenze delle celle da sommare;
- Intervallo somma indica le celle da sommare, se soddisfano i criteri assegnati.

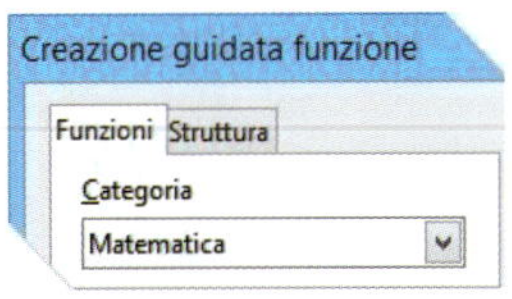

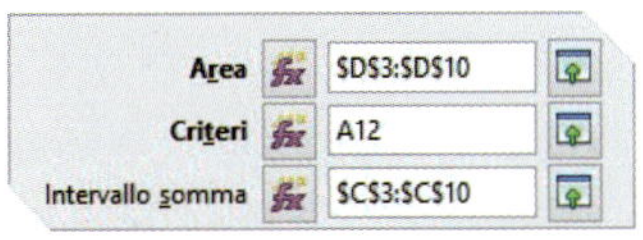

Allena le competenze

- Comporre le funzioni SOMMA.SE e ARROTONDA
- Eseguire calcoli percentuali
- Usare la funzione Validità
- Duplicare e rinominare fogli

Un'azienda esegue il resoconto mensile delle vendite effettuate dai propri agenti di zona e delle provvigioni loro spettanti ricercando il volume del fatturato nell'elenco dei clienti riportati nella tabella.

Determina il fatturato complessivo di ciascun agente, la rispettiva provvigione e i totali dei fatturati e delle provvigioni.

Info

Per **svolgere l'esercizio**:
- somma i fatturati di ciascun agente (funzione SOMMA.SE);
- calcola la provvigione sul fatturato di ciascun agente (funzione ARROTONDA al secondo decimale).

Crea il file M5-5 Provvigioni agenti SOM-SE e salvalo nella tua cartella

1 Inserisci i dati nelle celle senza compilare la zona D3:D10. Per inserire i dati in tale zona procedi con la funzione Validità nel seguente modo:
- seleziona D3:D10 e attiva la finestra Validità, richiedi il criterio Intervallo di celle/Disponi in ordine crescente e seleziona l'origine dati A12:A14;
- nella zona D3:D10 procedi con l'inserimento dei dati scegliendo i nomi dall'elenco.

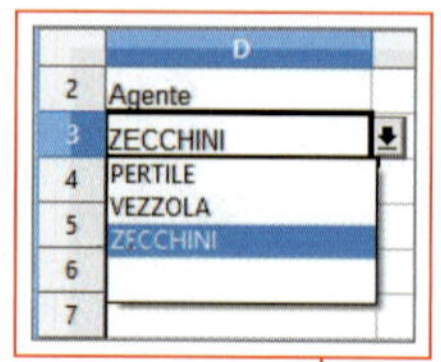

2 Nella riga 12 inserisci le funzioni mostrate ed esegui la copia per trascinamento fino a riga 14.

3 In C12 imposta la ▶ **funzione SOMMA.SE** ◀ e applica i riferimenti assoluti agli intervalli di celle contenenti i fatturati e i nomi degli agenti.

Clippy

La funzione opera verificando la corrispondenza del seguente criterio: se nella zona D3:D10 trovi il nome ▶ **PERTILE** ◀, allora nella zona C3:C10 somma i valori corrispondenti a tale criterio (ossia tutte le celle con gli importi relativi all'agente PERTILE).

Smart

Nella formula puoi sostituire l'indirizzo di cella A12 con la stringa "PERTILE", nome contenuto in A12. Se utilizzi la stringa "PERTILE", in C13 sostituiscila con "VEZZOLA" e in C14 con "ZECCHINI".

C12 =SOMMA.SE($D$3:$D$10;A12;$C$3:$C$10)

Larghezza colonna C: 3,6 cm. Altezze righe: riga 1: 1,2 cm; riga 2: 1 cm; righe 3-10: 0,8 cm; riga 11: 1 cm; righe 12-14: 0,8 cm; riga 15: 1 cm.

	A	B	C	D
1	RESOCONTO MENSILE PROVVIGIONI AGENTI			
2	Cliente	Cod. Cliente	Fatturato	Agente
3	Albani Luigi	C031	4980,8	ZECCHINI
4	Antonini Andrea	C032	5793,9	PERTILE
5	Borghi Maria	C034	243,6	PERTILE
6	Carli Giulia	C035	7413,7	ZECCHINI
7	Gotti Davide	C036	9590,6	VEZZOLA
8	Maffei Valeria	C037	5580,4	ZECCHINI
9	Rinaldi Beatrice	C038	2419,6	VEZZOLA
10	Valenti Carlo	C039	1524,8	PERTILE
11	Agente	Provv. %	Fatturato	Provvigioni totali
12	PERTILE	3%		=ARROTONDA(B12*C12;2)
13	VEZZOLA	5%		
14	ZECCHINI	6%		
15	Totali			Σ
16				

4 Elabora la tabella applicando le formattazioni come mostrato.

RESOCONTO MENSILE PROVVIGIONI AGENTI			
Cliente	Cod. Cliente	Fatturato	Agente
Albani Luigi	C031	€ 4.980,80	ZECCHINI
Antonini Andrea	C032	€ 5.793,90	PERTILE
Borghi Maria	C034	€ 243,60	PERTILE
Carli Giulia	C035	€ 7.413,70	ZECCHINI
Gotti Davide	C036	€ 9.590,60	VEZZOLA
Maffei Valeria	C037	€ 5.580,40	ZECCHINI
Rinaldi Beatrice	C038	€ 2.419,60	VEZZOLA
Valenti Carlo	C039	€ 1.524,80	PERTILE
Agente	Provv. %	Fatturato	Provvigioni totali
PERTILE	3%	€ 7.562,30	€ 226,87
VEZZOLA	5%	€ 12.010,20	€ 600,51
ZECCHINI	6%	€ 17.974,90	€ 1.078,49
Totali		€ 37.547,40	€ 1.905,87

Ciano 4 e Grigio 1.

Titolo: , 14 pt, Bianco.

Intestazioni di colonna: allineamento verticale Al centro, Bianco.

Dati della tabella: e . Formattazione condizionata: Barra dati/Ciano 4.

Bordi esterni alle colonne: .

Tabella: A1:D15 .

5 Imposta i parametri di stampa: centratura orizzontale e verticale; nell'intestazione richiedi il nome del file a sinistra e del foglio a destra, nel piè di pagina inserisci i tuoi dati, la classe, la città e la data corrente.

6 Duplica il Foglio1 e rinomina i fogli in Gennaio e Formule.
Nel foglio Formule seleziona tutto il foglio e cancella i formati, mostra le formule, dimensiona opportunamente le colonne e richiedi la stampa delle intestazioni di riga e di colonna.
Disattiva la visualizzazione delle formule.

Clippy

L'ordine degli argomenti della funzione SOMMA.PIÙ.SE è diverso da quello degli argomenti della funzione SOMMA.SE. In particolare, l'argomento Intervallo somma è il primo argomento in SOMMA.PIÙ.SE, mentre è il terzo argomento in SOMMA.SE.

• SOMMA PIÙ SE

La funzione SOMMA.PIÙ.SE somma le celle di un intervallo che soddisfano più criteri. La ▶ **sintassi** ◀ è:

=SOMMA.PIÙ.SE(Intervallo somma;intervallo1;criteri1;intervallo2;criteri2; ...), dove:

- Intervallo somma (obbligatorio) indica una o più celle da sommare, inclusi numeri o nomi, intervalli o riferimenti di cella contenenti numeri. Le celle vuote e i valori di testo saranno ignorati;
- intervallo1 (obbligatorio) è il primo intervallo in cui valutare i criteri associati;
- criteri1 (obbligatorio) sono criteri in forma di numero, espressione, riferimento di cella o testo che determinano quali celle nell'argomento intervallo2 saranno sommate. I criteri possono essere espressi per esempio come 10%, ">10%", B4, "Vendite" o "10%";
- criteri2; ... sono criteri associati ai rispettivi intervalli aggiuntivi.

Ogni cella nell'argomento Intervallo somma viene sommata solo se per la cella sono veri tutti i criteri corrispondenti specificati. Ogni argomento intervallo1 deve contenere lo stesso numero di righe e colonne dell'argomento Intervallo somma.

Allena le competenze

- Comporre la funzione SOMMA.PIÙ.SE
- Usare Validità per elenchi e messaggi di input
- Rinominare fogli

Un'azienda redige il prospetto trimestrale per la liquidazione delle provvigioni ai propri agenti relativamente al fatturato realizzato suddiviso per mese.

Determina il fatturato mensile complessivo di ogni agente e quello trimestrale, nonché la provvigione spettante a ciascun agente assegnando il relativo tasso in base ai parametri indicati.

Crea il file M5-5 Provvigioni SOM+SE e salvalo nella tua cartella

1 Inserisci un nuovo foglio e rinomina i fogli Foglio_Dati e Prospetto.

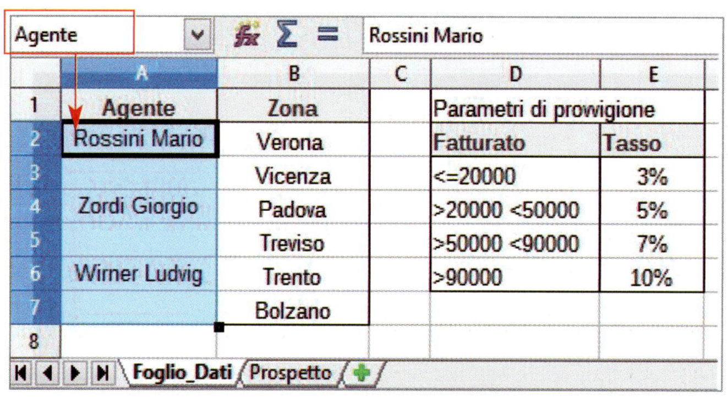

	A	B	C	D	E
1	Agente	Zona		Parametri di provvigione	
2	Rossini Mario	Verona		Fatturato	Tasso
3		Vicenza		<=20000	3%
4	Zordi Giorgio	Padova		>20000 <50000	5%
5		Treviso		>50000 <90000	7%
6	Wirner Ludvig	Trento		>90000	10%
7		Bolzano			
8					

	A	B	C
1	Agente	Zona	
2	Rossini Mario	Verona	
3		Vicenza	
4	Zordi Giorgio	Padova	
5		Treviso	
6	Wirner Ludvig	Trento	
7		Bolzano	
8			

2 Nel Foglio_Dati:
- inserisci i dati come mostrato, dimensiona opportunamente le colonne e applica [icona] Grigio 1 e [icona];
- seleziona A2:A7 e, per definire il nome di questa zona, fai clic nella Casella del nome, digita Agente e premi Invio; seleziona B2:B7 e, procedendo in modo analogo, assegna il nome Zona.

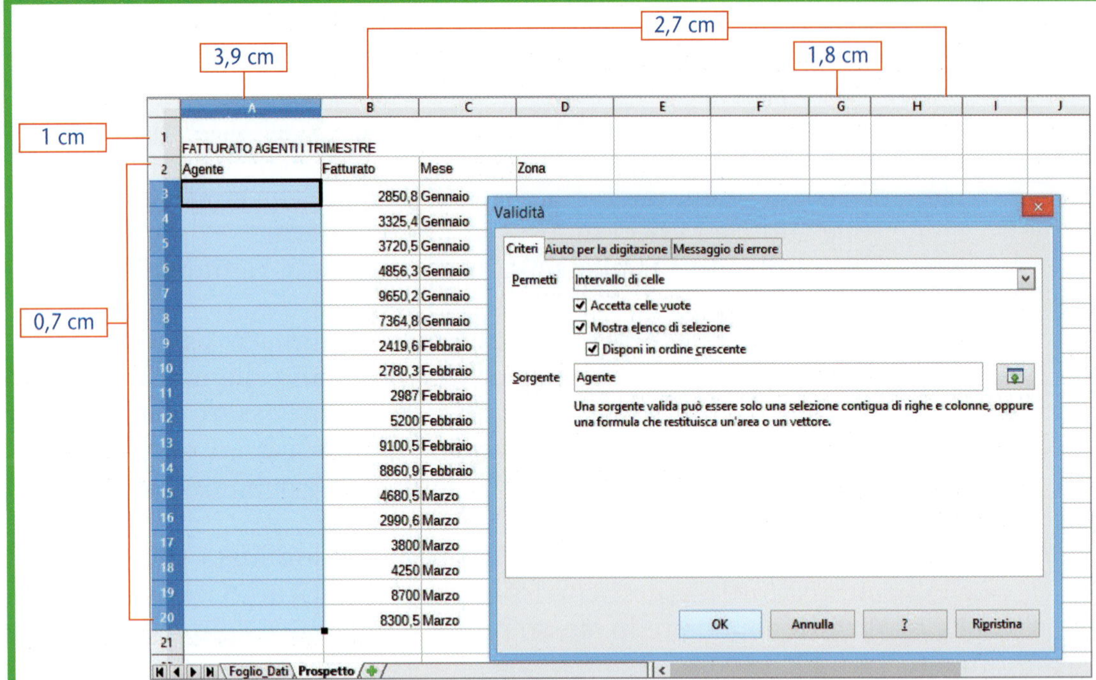

3 Nel Prospetto inserisci i dati come mostrato. Nelle colonne A e D utilizza la funzione Validità per creare due elenchi a discesa rispettivamente con i dati delle zone che hai nominato Agente e Zona.
- Nella zona A3:A20 procedi con l'inserimento dei dati scegliendo i nomi dall'elenco.
- Nella zona D3:D20 procedi in modo analogo per inserire i nomi delle città.

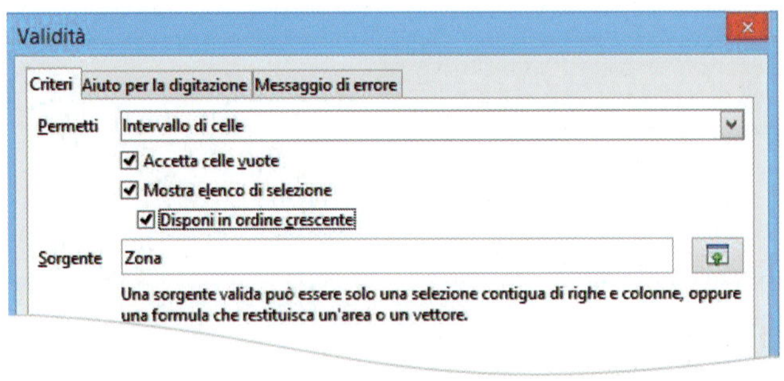

4 A partire da riga 22, predisponi il prospetto per la determinazione del fatturato di ogni agente suddiviso per mese, quello complessivo e della provvigione spettante. Nelle colonne A e B, per inserire i nomi degli agenti e delle città, applica la Validità con le modalità già viste.

5 In C25 inserisci la funzione SOMMA.PIÙ.SE per determinare il fatturato conseguito dall'agente Rossini Mario nel mese di ▶ **Gennaio** ◀. Copia tale funzione in D25 ed E25, modificando in ciascuna il criterio relativo al mese di riferimento. Seleziona C25:E25 e copia le formule, che poi incollerai a partire da C27 e da C29.

Clippy

La funzione SOMMA.PIÙ.SE esprime la seguente sintassi: somma i valori della zona B3:B20 se nelle corrispondenti celle della zona A3:A20 trovi il dato di A25 (Rossini Mario) e se nella zona C3:C20 trovi "Gennaio". Applica i riferimenti assoluti a ogni zona.
Attenzione all'indirizzo della cella A25 che contiene un riferimento misto: in questo indirizzo viene reso assoluto solo il riferimento di colonna ($A) per poter copiare la funzione nelle colonne D ed E senza che si aggiorni, e viene mantenuto relativo l'indirizzo di riga (25) in quanto in fase di copia si aggiornerà alle righe 27 e 29.

6 In F25 inserisci la funzione SOMMA per determinare il fatturato complessivo di ogni agente e copia tale funzione in F27 e F29.
In H25 imposta la funzione ARROTONDA e copia tale funzione in H27 e da H29.
In C31 inserisci la funzione SOMMA per calcolare i totali dei fatturati e copiala fino a F31.

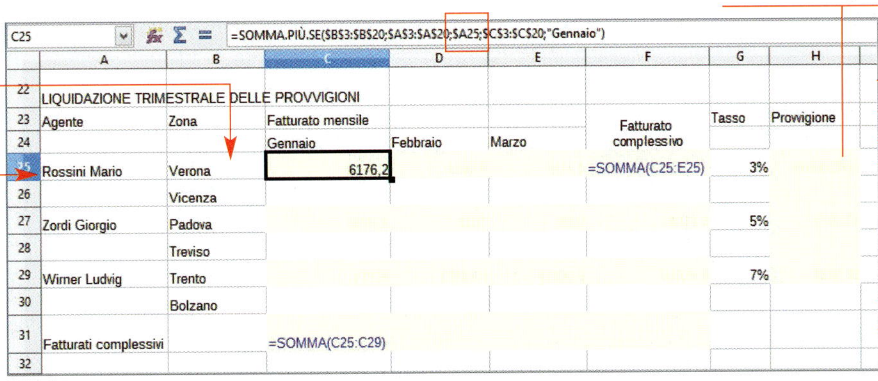

	A	B	C	D	E	F	G	H
22	LIQUIDAZIONE TRIMESTRALE DELLE PROVVIGIONI							
23	Agente	Zona	Fatturato mensile			Fatturato complessivo	Tasso	Provvigione
24			Gennaio	Febbraio	Marzo			
25	Rossini Mario	Verona	6176,2			=SOMMA(C25:E25)	3%	
26		Vicenza						
27	Zordi Giorgio	Padova					5%	
28		Treviso						
29	Wirner Ludvig	Trento					7%	
30		Bolzano						
31	Fatturati complessivi		=SOMMA(C25:C29)					
32								

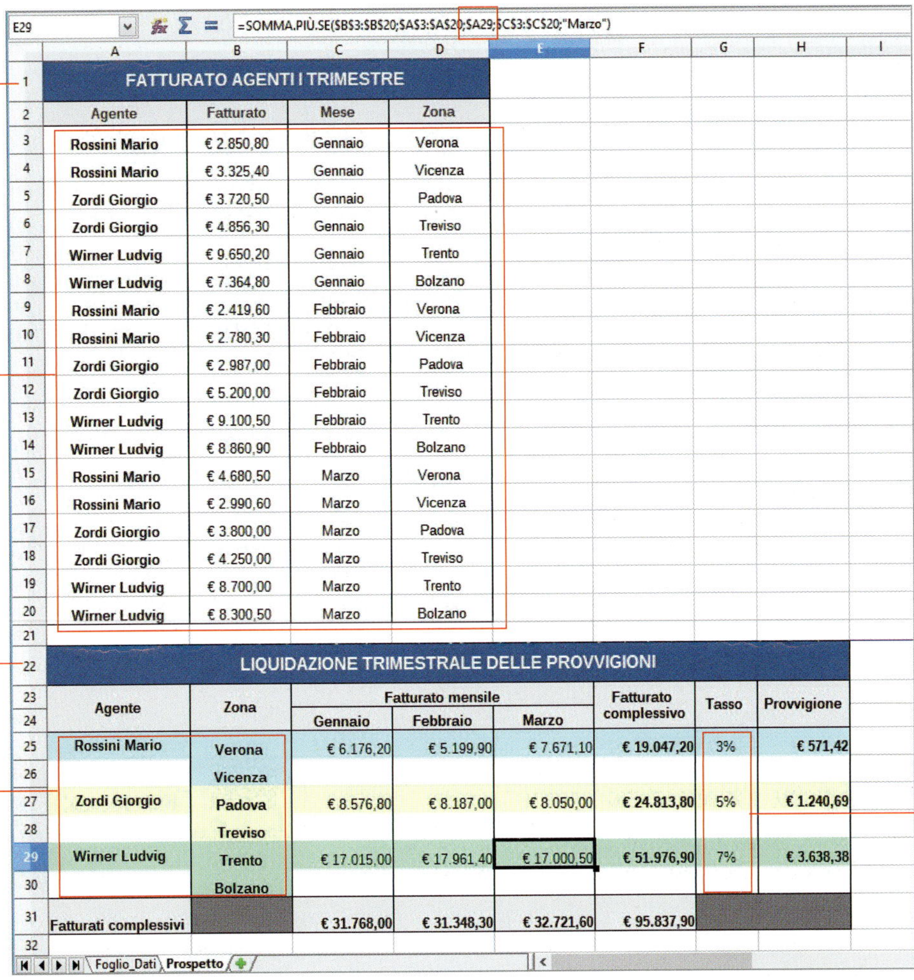

	A	B	C	D
1	FATTURATO AGENTI I TRIMESTRE			
2	Agente	Fatturato	Mese	Zona
3	Rossini Mario	€ 2.850,80	Gennaio	Verona
4	Rossini Mario	€ 3.325,40	Gennaio	Vicenza
5	Zordi Giorgio	€ 3.720,50	Gennaio	Padova
6	Zordi Giorgio	€ 4.856,30	Gennaio	Treviso
7	Wirner Ludvig	€ 9.650,20	Gennaio	Trento
8	Wirner Ludvig	€ 7.364,80	Gennaio	Bolzano
9	Rossini Mario	€ 2.419,60	Febbraio	Verona
10	Rossini Mario	€ 2.780,30	Febbraio	Vicenza
11	Zordi Giorgio	€ 2.987,00	Febbraio	Padova
12	Zordi Giorgio	€ 5.200,00	Febbraio	Treviso
13	Wirner Ludvig	€ 9.100,50	Febbraio	Trento
14	Wirner Ludvig	€ 8.860,90	Febbraio	Bolzano
15	Rossini Mario	€ 4.680,50	Marzo	Verona
16	Rossini Mario	€ 2.990,60	Marzo	Vicenza
17	Zordi Giorgio	€ 3.800,00	Marzo	Padova
18	Zordi Giorgio	€ 4.250,00	Marzo	Treviso
19	Wirner Ludvig	€ 8.700,00	Marzo	Trento
20	Wirner Ludvig	€ 8.300,50	Marzo	Bolzano

	A	B	C	D	E	F	G	H
22	LIQUIDAZIONE TRIMESTRALE DELLE PROVVIGIONI							
23	Agente	Zona	Fatturato mensile			Fatturato complessivo	Tasso	Provvigione
24			Gennaio	Febbraio	Marzo			
25	Rossini Mario	Verona	€ 6.176,20	€ 5.199,90	€ 7.671,10	€ 19.047,20	3%	€ 571,42
26		Vicenza						
27	Zordi Giorgio	Padova	€ 8.576,80	€ 8.187,00	€ 8.050,00	€ 24.813,80	5%	€ 1.240,69
28		Treviso						
29	Wirner Ludvig	Trento	€ 17.015,00	€ 17.961,40	€ 17.000,50	€ 51.976,90	7%	€ 3.638,38
30		Bolzano						
31	Fatturati complessivi		€ 31.768,00	€ 31.348,30	€ 32.721,60	€ 95.837,90		

7 Elabora le tabelle applicando le formattazioni come mostrato.

Titolo: Cielo azzurro 8, 12 pt, Bianco, .
Intestazioni di colonna: Grigio 1, .
B31, G31 e H31: Grigio 5.
Dati della tabella: e , Ciano 10, Giallo chiaro, Verde 10.
Bordi alle colonne: .
Tabelle: A1:D20 e A22:H31 .

8 A riga 22 inserisci un'interruzione di pagina (Inserisci/Interruzione pagina/Interruzione riga).

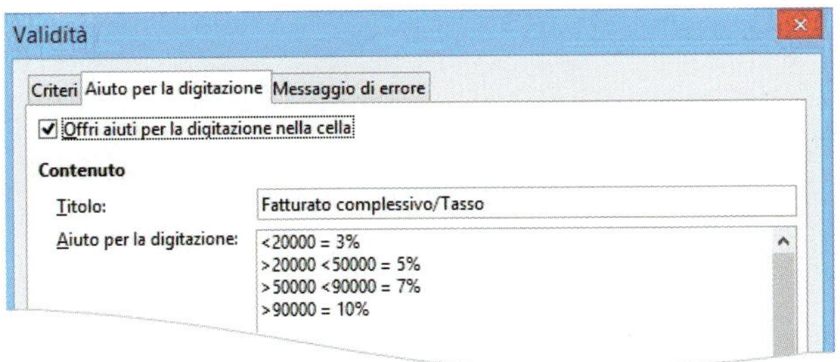

9 Seleziona la zona G25:G29 e imposta un messaggio di input per inserire correttamente i tassi di provvigione in base alla tabella creata nel foglio dati (Dati/Validità/Aiuto per la digitazione).

10 Imposta i parametri di stampa: margini tutti a 2 cm, orientamento orizzontale, centratura orizzontale e verticale; nell'intestazione richiedi il nome del file a sinistra e del foglio a destra, nel piè di pagina inserisci i tuoi dati, la classe, la città e la data corrente.

La SOMMA 3D

Clippy

Per utilizzare le formule 3D, nella cartella è opportuno predisporre tabelle con la stessa struttura; inoltre, i valori da prendere in considerazione, riportati in più fogli, dovranno trovarsi nella stessa cella o zona di celle.

In un foglio di lavoro si possono eseguire calcoli che prendono in considerazione dati contenuti su fogli diversi disposti in modo stratificato. Operazioni di questo tipo sono denominate formule tridimensionali (3D), perché costituite da riferimenti che considerano una terza dimensione, oltre le due già disponibili nel foglio di lavoro (righe e colonne). L'impiego di ▶ **formule tridimensionali** ◀ è anche definito consolidamento dei dati.

Clippy

Questa modalità risulta poco conveniente se si deve ripetere il consolidamento dei dati in altre celle, in quanto non può essere copiata ma va composta ogni volta nelle singole celle.

Tali funzioni possono essere composte digitandole direttamente nella cella in cui si vuole ottenere il risultato, oppure utilizzando da menu Dati la ▶ **modalità** ◀ Consolida: nella finestra si sceglie la funzione e si aggiungono i riferimenti nell'Area dati di sorgente (per ogni cella selezionata nel foglio fare clic su Aggiungi), quindi si indica il foglio e la cella in cui copiare i risultati consolidati.

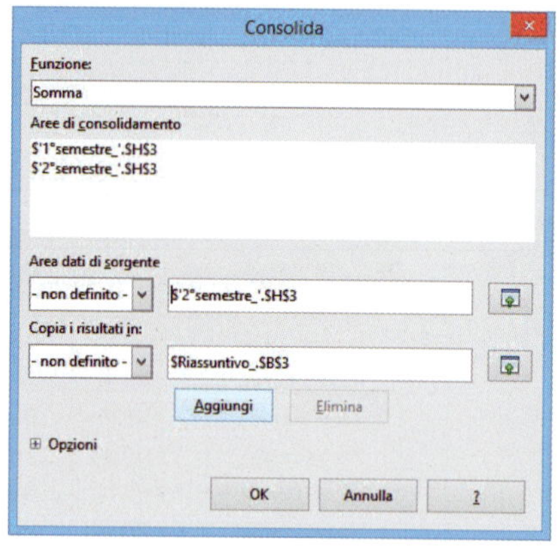

Allena le competenze

- Comporre la funzione di SOMMA tridimensionale
- Rinominare fogli di lavoro
- Applicare la formattazione condizionale

Una famiglia predispone il bilancio suddiviso in due semestri, uno per ogni foglio di lavoro. Supponiamo di voler riassumere gli importi di spesa e le entrate in un ulteriore foglio di lavoro per calcolare i totali annuali.

Crea il file M5-5 Bilancio 3D e salvalo nella tua cartella

1 Nella colonna A inserisci i dati mostrati, dimensiona righe e colonne come indicato e imposta i ▶ **parametri di stampa** ◀.

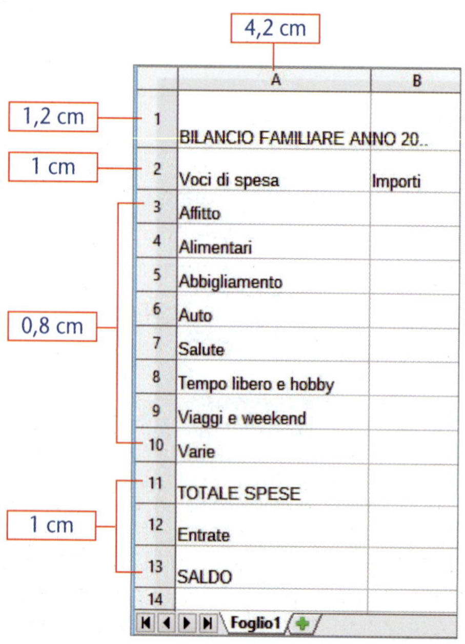

Smart

Questa modalità ti consente di impostare i parametri di stampa una sola volta. Diversamente, dopo aver inserito i dati nella colonna A, puoi copiarli negli altri due fogli, però dovrai impostare i parametri di stampa in ognuno.

2 Duplica il Foglio1 per due volte e rinomina i fogli 1°semestre, 2°semestre e Riassuntivo.

3 Nei fogli 1°semestre e 2°semestre dimensiona le colonne come mostrato, quindi inserisci i rispettivi dati indicati e le ▶ **formule** ◀ per ottenere i risultati. In ogni foglio modifica appropriatamente il testo di A1.

2,5 cm — 2,7 cm

B13 =B12-B11

	A	B	C	D	E	F	G	H
1	BILANCIO FAMILIARE 1° Semestre ANNO 20..							
2	Voci di spesa	Gennaio	Febbraio	Marzo	Aprile	Maggio	Giugno	TOTALI
3	Affitto	735	735	735	735	735	735	
4	Alimentari	896,9	788,7	925,5	1020,86	860,76	820,45	
5	Abbigliamento	950,4	350,65	190,78	265,87	370,65	284,76	
6	Auto	150,65	1320,09	98,61	657,8	1230,01	114,27	
7	Salute	115,76	375,45	69,23	25,5	264,8	62,85	
8	Tempo libero e hobby	150,86	184,75	159,35	239,65	153,75	227,98	
9	Viaggi e weekend	150	220	1508,6	389,5	285	290	
10	Varie	689,45	147,68	303,5	645,76	155,54	674,84	
11	TOTALE SPESE							
12	Entrate	6325,76	7324,53	6398,7	6375,65	6355,15	7319,74	
13	SALDO							
14		3839,02	4122,32	3990,57	3979,94	4055,51	3210,15	23197,51
15								

1°semestre / 2°semestre / Riassuntivo

H13 =SOMMA(B13:G13)

	A	B	C	D	E	F	G	H
1	BILANCIO FAMILIARE 2° Semestre ANNO 20..							
2	Voci di spesa	Luglio	Agosto	Settembre	Ottobre	Novembre	Dicembre	TOTALI
3	Affitto	735	735	790	790	790	790	
4	Alimentari	335,5	290,6	668,75	915,46	795,74	1315,45	
5	Abbigliamento	250,4	230	285,6	140,87	280,65	1484,76	
6	Auto	360,65	950,5	198,61	750,85	650,2	824,46	
7	Salute	60,5	65,4	84,45	43,5	275,8	190,65	
8	Tempo libero e hobby	420,5	575	285,35	260,65	203,8	675,5	
9	Viaggi e weekend	980	1820	250	189,5	305,4	950	
10	Varie	369,9	237,68	210,5	276	347,5	568,5	
11	TOTALE SPESE							
12	Entrate	6455,9	6780,5	7215,25	6964,95	6840,35	14670,9	
13	SALDO							
14								

1°semestre / 2°semestre / Riassuntivo

Smart

Per ottenere in modo rapido i risultati nella colonna H e a riga 11, seleziona B3:H11 e fai clic su Σ.

4 Elabora le tabelle applicando le formattazioni e gli stili come mostrato.

Titolo: , 16 pt, Cielo azzurro 8, .

Intestazioni di colonna: , allineamento verticale al centro, Cielo azzurro 9, Bianco, .

Dati delle tabelle: , Blu classico, Cielo azzurro 9 e Grigio 1, Stile separatore con 2 posizioni decimali, , , righe 12 e 13 .

H3:H10: Formattazione condizionata Barra dati/Rosso.

Tabelle: A1:H13 .

BILANCIO FAMILIARE 1° Semestre ANNO 20..

Voci di spesa	Gennaio	Febbraio	Marzo	Aprile	Maggio	Giugno	TOTALI
Affitto	735,00	735,00	735,00	735,00	735,00	735,00	€ 4.410,00
Alimentari	896,90	788,70	925,50	1.020,86	860,76	820,45	€ 5.313,17
Abbigliamento	950,40	350,65	190,78	265,87	370,65	284,76	€ 2.413,11
Auto	150,65	1.320,09	98,61	657,80	1.230,01	114,27	€ 3.571,43
Salute	115,76	375,45	69,23	25,50	264,80	62,85	€ 913,59
Tempo libero e hobby	150,86	184,75	159,35	239,65	153,75	227,98	€ 1.116,34
Viaggi e weekend	150,00	220,00	1.508,60	389,50	285,00	290,00	€ 2.843,10
Varie	689,45	147,68	303,50	645,76	155,54	674,84	€ 2.616,77
Totale spese	€ 3.839,02	€ 4.122,32	€ 3.990,57	€ 3.979,94	€ 4.055,51	€ 3.210,15	€ 23.197,51
Entrate	€ 6.325,76	€ 7.324,53	€ 6.398,70	€ 6.375,65	€ 6.355,15	€ 7.319,74	€ 40.099,53
Saldo	€ 2.486,74	€ 3.202,21	€ 2.408,13	€ 2.395,71	€ 2.299,64	€ 4.109,59	€ 16.902,02

BILANCIO FAMILIARE 2° Semestre ANNO 20..

Voci di spesa	Luglio	Agosto	Settembre	Ottobre	Novembre	Dicembre	TOTALI
Affitto	735,00	735,00	790,00	790,00	790,00	790,00	€ 4.630,00
Alimentari	335,50	290,60	668,75	915,46	795,74	1.315,45	€ 4.321,50
Abbigliamento	250,40	230,00	285,60	140,87	280,65	1.484,76	€ 2.672,28
Auto	360,65	950,50	198,61	750,85	650,20	824,46	€ 3.735,27
Salute	60,50	65,40	84,45	43,50	275,80	190,65	€ 720,30
Tempo libero e hobby	420,50	575,00	285,35	260,65	203,80	675,50	€ 2.420,80
Viaggi e weekend	980,00	1.820,00	250,00	189,50	305,40	950,00	€ 4.494,90
Varie	369,90	237,68	210,50	276,00	347,50	568,50	€ 2.010,08
Totale spese	€ 3.512,45	€ 4.904,18	€ 2.773,26	€ 3.366,83	€ 3.649,09	€ 6.799,32	€ 25.005,13
Entrate	€ 6.455,90	€ 6.780,50	€ 7.215,25	€ 6.964,95	€ 6.840,35	€ 14.670,90	€ 48.927,85
Saldo	€ 2.943,45	€ 1.876,32	€ 4.441,99	€ 3.598,12	€ 3.191,26	€ 7.871,58	€ 23.922,72

5 Nel foglio Riassuntivo, in B3 costruisci la formula tridimensionale nel seguente modo:
- digita =SOMMA(e fai clic sulla scheda 1°semestre, quindi fai clic in H3;
- digita i : e fai clic sulla ▶ **scheda** ◀ 2°semestre, quindi fai clic in H3 e poi digita la parentesi) per chiudere la formula così strutturata: =SOMMA('1°semestre_'.H3:2°semestre'.H3);
- fai clic su Accetta e copia la formula fino a riga 13.

Clippy

Durante la composizione della formula 3D, dopo aver premuto il tasto Shift le etichette dei fogli appaiono evidenziate in bianco.

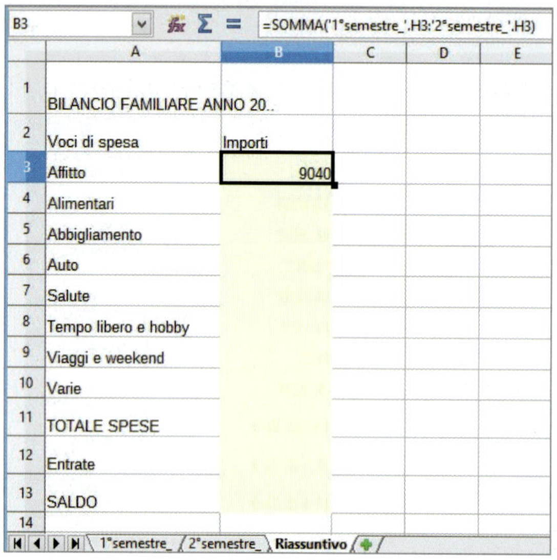

BILANCIO FAMILIARE ANNO 20..	
Voci di spesa	Importi
Affitto	€ 9.040,00
Alimentari	€ 9.634,67
Abbigliamento	€ 5.085,39
Auto	€ 7.306,70
Salute	€ 1.633,89
Tempo libero e hobby	€ 3.537,14
Viaggi e weekend	€ 7.338,00
Varie	€ 4.626,85
TOTALE SPESE	€ 48.202,64
Entrate	€ 89.027,38
SALDO	€ 40.824,74

6 Elabora la tabella come i fogli Semestre....

Titolo: 11 pt.

B3:B10: Formattazione condizionata Barra dati/Rosso.

Tabella: A1:B13 ☐.

Funzioni logiche

Le funzioni logiche utilizzano test condizionali, Vero o Falso, che mettono a confronto numeri, etichette e formule, per individuare, al verificarsi della condizione posta, il dato da mostrare o l'operazione da eseguire.

ECDL SS 4.2.2

• SE

La funzione SE verifica una particolare condizione e utilizza un valore se la condizione è vera, o un altro se la condizione è falsa.

La sintassi è: =SE(Test;Se_vero;Se_falso), dove:
- Test corrisponde all'argomento condizione (indirizzo di cella in cui si vuole esaminare il verificarsi della condizione iniziale);
- Se_vero corrisponde all'argomento utilizzato nel caso in cui la condizione sia vera (si può utilizzare un valore, un'etichetta o una formula);
- Se_falso corrisponde all'argomento utilizzato nel caso in cui la ▶ **condizione sia falsa** ◀ (si può utilizzare un valore, un'etichetta o una formula).

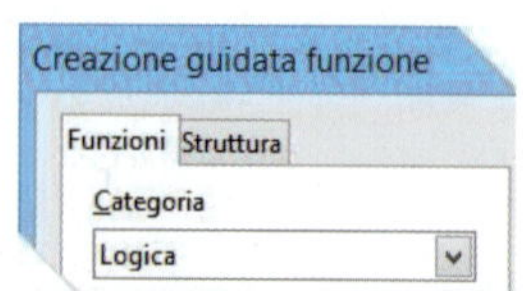

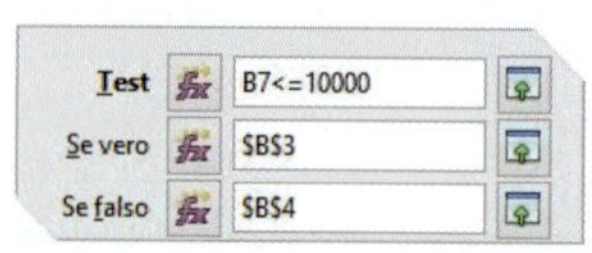

Clippy

Se si vuole che al verificarsi della condizione falsa la cella rimanga vuota, nella sintassi della funzione, come ultimo argomento si dovrà inserire "". I simboli delle virgolette (aperte e chiuse) restituiscono una stringa nulla e stanno a significare se falso non scrivere niente.

Allena le competenze

- Comporre le funzioni SE e ARROTONDA
- Eseguire calcoli percentuali

Un'azienda liquida le provvigioni agli agenti con tassi differenziati in base alle seguenti condizioni:
– per un fatturato uguale o inferiore a 10.000,00 euro, tasso del 6%;
– per un fatturato superiore a 10.000,00 euro, tasso del 9%.

Determina le provvigioni spettanti a ogni agente, applicando il relativo il tasso, il totale del fatturato e delle provvigioni.

Info

Per **svolgere l'esercizio**:
- imposta la funzione SE per verificare se ogni agente ha totalizzato un fatturato inferiore o uguale (<=), oppure superiore (>) a 10.000 euro per individuare il tasso di provvigione da applicare;
- moltiplica il tasso per il fatturato per calcolare la provvigione spettante a ciascun agente.

Crea il file M5-5 Provvigioni agenti SE e salvalo nella tua cartella

1 Inserisci i dati dell'esercizio e dimensiona righe e colonne come indicato.

2 In C7 inserisci la ▶ **funzione SE** ◀ per determinare il tasso di provvigione. Applica i riferimenti assoluti e copia la funzione fino a C14.

Smart

Puoi comporre la funzione anche utilizzando il test B7>=10000; in questo caso, dovrai inserire $B$4 come argomento "Se_vero" e $B$3 come argomento "Se_falso".

3 In D7 inserisci la funzione ARROTONDA per calcolare l'importo della provvigione e copia la funzione fino a D14.

4,2 cm — 3 cm

C7 =SE(B7<=10000;$B$3;$B$4)

	A	B	C	D
1	PROVVIGIONI AGENTI REGIONE CAMPANIA			
2	Fatturato	Tasso di provvigione		
3	fino a 10.000 euro	6%		
4	oltre 10.000 euro	9%		
5				
6	Agente	Fatturato	Tasso di provvigione	Provvigione
7	Albertini Gaia	18000		=ARROTONDA(B7*C7;2)
8	Dalla Pozza Denis	27000		
9	Esposito Michele	9500		
10	Gualtieri Antonella	13000		
11	Isalberghi Mattia	6900		
12	Ottoboni Cristina	8000		
13	Paganelli Emilia	22000		
14	Zoncati Fiorella	4900		
15	Totale		Σ	
16				

1 cm — 1 cm — 0,7 cm — 1 cm

4 Elabora la tabella applicando le formattazioni come mostrato.

Titolo: , 11 pt, , Giallo 4, Bianco.
Tabella dati: Grigio 1, , .
Immagine: da file (Immagini).
Intestazioni di colonna: Arancione 10, , , allineamento verticale Al centro.
Dati della tabella: , , Arancione 10, C15 Giallo 4.
Tabella: A1:D15 .

PROVVIGIONI AGENTI REGIONE CAMPANIA			
Fatturato	Tasso di provvigione		
fino a 10.000 euro	6%		
oltre 10.000 euro	9%		
Agente	Fatturato	Tasso di provvigione	Provvigione
Albertini Gaia	€ 18.000,00	9%	€ 1.620,00
Dalla Pozza Denis	€ 27.000,00	9%	€ 2.430,00
Esposito Michele	€ 9.500,00	6%	€ 570,00
Gualtieri Antonella	€ 13.000,00	9%	€ 1.170,00
Isalberghi Mattia	€ 6.900,00	6%	€ 414,00
Ottoboni Cristina	€ 8.000,00	6%	€ 480,00
Paganelli Emilia	€ 22.000,00	9%	€ 1.980,00
Zoncati Fiorella	€ 4.900,00	6%	€ 294,00
Totale	€ 109.300,00		€ 8.958,00

5 Imposta i parametri di stampa: centratura orizzontale e verticale; nell'intestazione richiedi il nome del file a sinistra e del foglio a destra, nel piè di pagina inserisci i tuoi dati, la classe, la città e la data corrente.

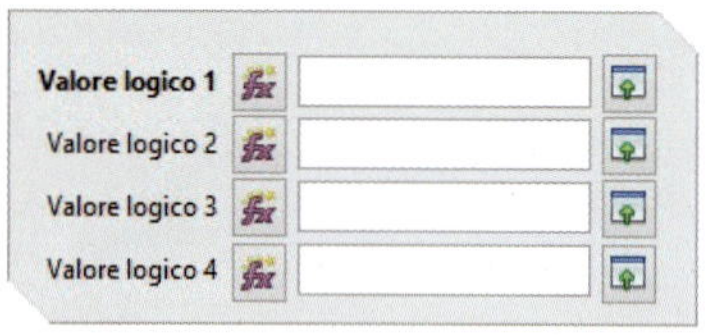

• E e O

Le funzioni E e O permettono di creare test condizionali composti che agiscono con gli operatori logici =, <, >.

– La funzione E può contenere fino a 30 argomenti logici, o test condizionali, che si devono realizzare contemporaneamente.
  La sintassi è: =E(Valore logico1;Valore logico2;...;Valore logico30), dove Valore logico1 è l'argomento, o condizione, che viene verificato assieme a Valore logico2 e a eventuali successivi.
– La funzione aggiuntiva O può contenere fino a 30 argomenti logici, o test condizionali, che si possono realizzare alternativamente.
  La sintassi è: =O(Valore logico1;Valore logico2;... ;Valore logico30), dove Valore logico1 è l'argomento, o condizione, che viene verificato in alternativa a Valore logico2 e a eventuali successivi.

Sovente tali funzioni si utilizzano annidate con SE.

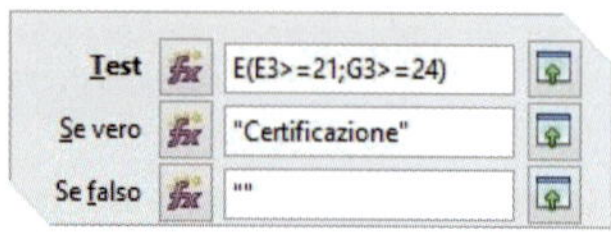

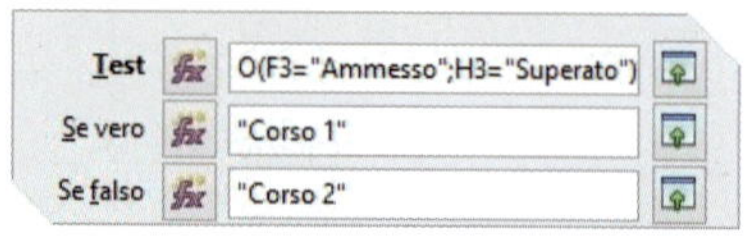

Allena le competenze

- Comporre le funzioni SE semplice e annidata con E e O
- Applicare la formattazione condizionale

L'esame di lingua e letteratura inglese prevede tre prove scritte e, per l'ammissione all'orale, la media dei voti deve essere uguale o superiore a 18. Lo stesso criterio vale anche per il punteggio conseguito poi alla prova orale, che determinerà il superamento dell'esame.
Calcola la media dei voti di ciascun candidato.

Imposta inoltre i seguenti test:
– un test che verifichi, in base al risultato delle prove scritte, l'ammissione o meno all'orale (Ammesso/Non ammesso);
– un test che verifichi, in base al risultato delle prove scritte e del punteggio conseguito alla prova orale, il superamento o meno dell'esame complessivo (Superato/Ripetere);
– un test che assegni la certificazione a coloro che allo scritto hanno conseguito la media superiore o uguale a 21 e all'orale un voto superiore o uguale a 24;
– un test che verifichi se i candidati sono stati ammessi all'esame orale o se l'hanno superato per destinarli ai diversi corsi.

Presenta l'elenco in ordine alfabetico con i risultati emersi.

Info

Per **svolgere l'esercizio** imposta le funzioni:
- MEDIA per calcolare la media dei voti di ciascun candidato;
- SE per verificare il punteggio medio dei voti: uguale o superiore a 18 (>=18) se Vero restituirà "Ammesso", se Falso "Non ammesso";
- SE per verificare il voto finale: uguale o superiore a 18 (>=18) se Vero restituirà "Superato", se Falso "Ripetere";
- SE annidata con E per verificare se il voto conseguito all'orale è uguale o superiore a 21 e se il voto finale è uguale o superiore a 24. Se entrambe le condizioni sono Vere restituirà "Certificazione", se una delle due è Falsa non scriverà niente "";
- SE annidata con O per destinare i candidati ai diversi corsi di lingua, in base all'ammissione all'esame orale e al suo superamento.

Crea il file M5-5 Esami SE-E-O e salvalo nella tua cartella

1 Inserisci i dati dell'esercizio e dimensiona righe e colonne come mostrato.

2 In E3 inserisci la funzione per calcolare la media dei voti e copia la funzione fino a E14.

3 In F3 componi la funzione SE per verificare la media dei voti conseguiti da ciascun candidato e copiala fino a F14.

4 Nella colonna G inserisci i dati e dimensiona le colonne come mostrato.

5 In H3 componi la funzione SE per verificare l'esito del voto finale di ciascun candidato e copiala fino ad H14.

3,6 cm · 2,2 cm · 2,7 cm · 1 cm · 0,7 cm

F3 =SE(E3>=18;"Ammesso";"Non ammesso")

	A	B	C	D	E	F
1	RISULTATI ESAME DI LINGUA E LETTERATURA INGLESE					
2	Candidato	Grammatica	Traduzione	Letteratura	Media voti	Esame orale
3	Orlandi Nada	20	24	24	=MEDIA(B3:D3)	
4	Basevi Luca	19	22	16		
5	Neumann Saber	20	22	24		
6	Pirchler Agnese	16	18	16		
7	Zordan Francesco	20	22	18		
8	Ouassini Ahmed	24	16	24		
9	Marchi Zeno	16	18	18		
10	Zordan Giovanna	22	26	24		
11	Zenti Carla	14	20	20		
12	Wagner Ulrich	16	18	17		
13	Yang Janwey	19	22	20		
14	Donati Chiara	26	24	19		
15						

6 In I3 componi la funzione SE nidificata con E per verificare la media dei voti e l'esito del voto finale di ciascun candidato che, per assegnare la certificazione, dovranno soddisfare entrambi i criteri impostati; copia la funzione fino ad I14.

2,2 cm · 2,7 cm

H3 =SE(G3>=18;"Superato";"Ripetere")

	F	G	H	I
2	Esame orale	Voto finale	Esito	
3	Ammesso	24		
4	Ammesso	17		
5	Ammesso	22		
6	Non ammesso			
7	Ammesso	24		
8	Ammesso	21		
9	Non ammesso			
10	Ammesso	26		
11	Ammesso	16		
12	Non ammesso			
13	Ammesso	24		
14	Ammesso	26		
15				

2,7 cm

I3 =SE(E(E3>=21;G3>=24);"Certificazione";"")

	E	F	G	H	I
2	Media voti	Esame orale	Voto finale	Esito	
3	23	Ammesso	24	Superato	
4	19	Ammesso	17	Ripetere	
5	22	Ammesso	22	Superato	
6	17	Non ammesso		Ripetere	
7	20	Ammesso	24	Superato	
8	21	Ammesso	21	Superato	
9	17	Non ammesso		Ripetere	
10	24	Ammesso	26	Superato	
11	18	Ammesso	16	Ripetere	
12	17	Non ammesso		Ripetere	
13	20	Ammesso	24	Superato	
14	23	Ammesso	26	Superato	
15					

7 In J3 componi la funzione SE nidificata con O per destinare i candidati ai corsi di lingua 1 o 2 in base all'ammissione all'esame e al suo superamento: se uno dei due test risulterà vero allora restituirà Corso 1, se entrambi i test risulteranno falsi restituirà Corso 2; copia la funzione fino ad J14.

8 Seleziona la zona A3:H14 e richiedi l'ordinamento crescente (dalla A alla Z).

9 Imposta i parametri di stampa: margini tutti a 2 cm, centratura orizzontale e verticale; nell'intestazione richiedi il nome del file a sinistra e del foglio a destra, nel piè di pagina inserisci i tuoi dati, la classe, la città e la data corrente.

2,7 cm

J3 =SE(O(F3="Ammesso";H3="Superato");"Corso 1";"Corso 2")

	F	G	H	I	J
2	Esame orale	Voto finale	Esito		Assegnazione corsi
3	Ammesso	24	Superato	Certificazione	
4	Ammesso	17	Ripetere		
5	Ammesso	22	Superato		
6	Non ammesso		Ripetere		
7	Ammesso	24	Superato		
8	Ammesso	21	Superato		
9	Non ammesso		Ripetere		
10	Ammesso	26	Superato	Certificazione	
11	Ammesso	16	Ripetere		
12	Non ammesso		Ripetere		
13	Ammesso	24	Superato		
14	Ammesso	26	Superato	Certificazione	
15					

10 Elabora la tabella applicando le formattazioni e gli stili come mostrato.

Titolo: , , 14 pt, Blu mare.
Intestazioni di colonna: Grigio 1, , Allineamento verticale Al centro, .
Dati della tabella: , e .
Tabella: A1:J14 .

Formattazione condizionata/Condizione/Nuovo stile (vedi pag. 290) per evidenziare le celle contenenti il testo:
- Ripetere (H3:H14), sfondo Rosso 10 (stile Sfondo rosso);
- Certificazione (I3:I14), sfondo Arancione 1 (stile Sfondo arancione);
- Corso 2 (J3:J14), sfondo Ciano 10 con testo Blu 2 (stile CianoBlu).

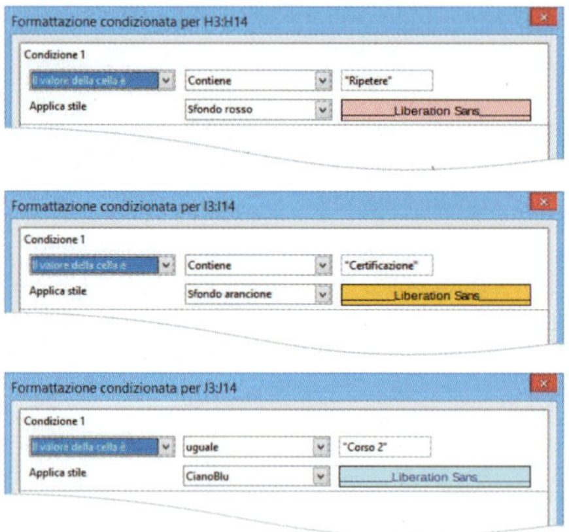

RISULTATI ESAME DI LINGUA E LETTERATURA INGLESE									
Candidato	Grammatica	Traduzione	Letteratura	Media voti	Esame orale	Voto finale	Esito		Asseganzione corsi
Basevi Luca	19	22	16	19	Ammesso	17	Ripetere		Corso 1
Donati Chiara	26	24	19	23	Ammesso	26	Superato	Certificazione	Corso 1
Marchi Zeno	16	18	18	17	Non ammesso		Ripetere		Corso 2
Neumann Saber	20	22	24	22	Ammesso	22	Superato		Corso 1
Orlandi Nada	20	24	24	23	Ammesso	24	Superato	Certificazione	Corso 1
Ouassini Ahmed	24	16	24	21	Ammesso	21	Superato		Corso 1
Pirchler Agnese	16	18	16	17	Non ammesso		Ripetere		Corso 2
Wagner Ulrich	16	18	17	17	Non ammesso		Ripetere		Corso 2
Yang Janwey	19	22	20	20	Ammesso	24	Superato		Corso 1
Zenti Carla	14	20	20	18	Ammesso	16	Ripetere		Corso 1
Zordan Francesco	20	22	18	20	Ammesso	24	Superato		Corso 1
Zordan Giovanna	22	26	24	24	Ammesso	26	Superato	Certificazione	Corso 1

Funzioni statistiche

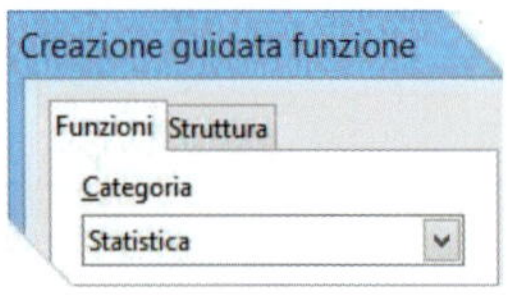

Calc offre una vasta gamma di funzioni Statistiche che permettono di eseguire semplici attività di analisi e altre più complesse, utilizzando test condizionali o particolari strumenti avanzati.
Di seguito sono proposti esempi di utilizzo di alcune funzioni appartenenti al gruppo CONTA, che permettono di contare le celle e i dati in esse contenuti, se rispondenti a criteri prestabiliti.

Clippy
La funzione CONTA.SE può essere applicata in alternativa alla funzione CONTA.VALORI, trattata a pag. 234. I criteri non operano distinzione tra maiuscole e minuscole. Nei criteri è possibile utilizzare i caratteri jolly, ovvero il punto interrogativo (?) e l'asterisco (*), che rappresentano rispettivamente un singolo carattere e una sequenza di caratteri.

• CONTA.SE

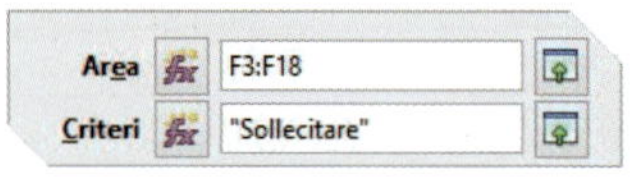

La funzione CONTA.SE ▶ **conta** ◀, in un intervallo, il numero di celle che soddisfano un singolo criterio specificato.
La sintassi è: =CONTA.SE(Area;Criteri), dove:
– Area è la zona di celle da confrontare per il conteggio;
– ▶ Criteri ◀ rappresenta il test che esplicita quali celle verranno contate. Può essere scritto in forma di numero, espressione o testo.

Clippy
Nella sintassi delle funzioni, ogni argomento criteri... deve contenere lo stesso numero di righe e colonne dell'argomento intervallo.

• CONTA.PIÙ.SE

La funzione CONTA.PIÙ.SE conta le celle di un intervallo che soddisfano tutti i criteri impostati. La sintassi è:
=CONTA.PIÙ.SE(intervallo1;criteri1; intervallo2;criteri2;...), dove:
– intervallo1 (obbligatorio) è il primo intervallo in cui eseguire il conteggio valutando i criteri associati;
– ▶ criteri1 ◀ (obbligatorio) sono criteri in forma di numero, espressione, riferimento di cella o testo che determinano quali celle nell'argomento intervallo1 saranno conteggiate;
– intervallo2; criteri2; ... sono intervalli aggiuntivi e criteri associati.

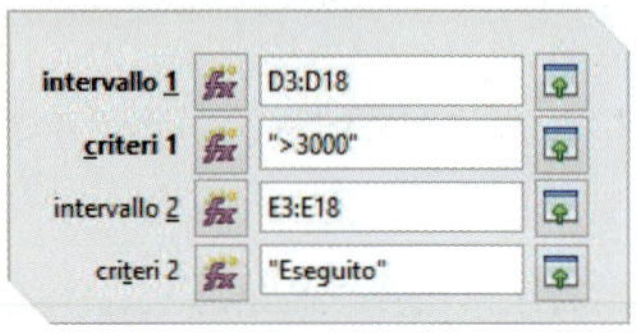

Allena le competenze

- Comporre le funzioni SE, CONTA.NUMERI, CONTA.SE e CONTA.PIÙ.SE
- Applicare la formattazione condizionale

Un'azienda redige il prospetto delle fatture emesse nel mese di marzo, in cui determina:

– il numero totale delle fatture emesse nel mese considerato e il fatturato complessivo;
– il numero di fatture pagate e non pagate;
– quante fatture di importo superiore a 3000 euro sono state saldate e quante sono ancora da pagare.

Info

Per **svolgere l'esercizio** imposta le funzioni:

- SE per verificare l'avvenuto pagamento ("Eseguito"); se Vero lascerà la cella vuota "", se Falso restituirà "Sollecitare";
- CONTA.NUMERI per contare quante sono le fatture emesse nel mese di marzo;
- SOMMA per calcolare il fatturato complessivo;
- CONTA.SE per contare quante sono le fatture saldate ("Eseguito");
- CONTA.SE per contare quante sono le fatture non ancora saldate ("Sollecitare");
- CONTA.PIÙ.SE per contare quante fatture di importo superiore a 3000 euro (">3000") sono state saldate ("Eseguito"). In questo caso devono essere soddisfatti due criteri;
- CONTA.PIÙ.SE per contare quante fatture di importo superiore a 3000 euro (">3000") non sono state saldate ("Sollecitare"). In questo caso devono essere soddisfatti due criteri.

Crea il file M5-5 Pagamenti CONTA e salvalo nella tua cartella

1 Inserisci i dati dell'esercizio e dimensiona righe e colonne come mostrato.

3,6 cm | 1,8 cm | 3 cm | 1 cm | 0,7 cm | 1 cm | 0,7 cm

F21 =CONTA.PIÙ.SE(D3:D18;">3000";E3:E18;"Eseguito")

	A	B	C	D	E	F
1	RESOCONTO MESE DI MARZO					
2	Cliente	N. fattura	Data	Importo fattura	Pagamento	Note
3	Futura S.p.A.	225	01-mar	3250,8	Eseguito	
4	Orlandi s.r.l.	226	02-mar	1850,95	Eseguito	
5	Weber S.p.A.	227	03-mar	2698,2	Eseguito	
6	Ross S.p.A.	228	07-mar	2320		
7	F.lli Alberti & C.	229	08-mar	3854	Eseguito	
8	Globosys S.p.A.	230	10-mar	1952,5		
9	Gandini s.a.s.	231	11-mar	2483,7		
10	Marcotti s.r.l.	232	14-mar	4210,75	Eseguito	
11	Donati S.p.A.	233	14-mar	3900,2	Eseguito	
12	Dress & Wear	234	15-mar	1713,1		
13	Roncari s.a.s.	235	16-mar	3210,2		
14	Andrian & C.	236	21-mar	4140,25	Eseguito	
15	Saletti S.p.A.	237	22-mar	3230,7	Eseguito	
16	Benetti S.p.A.	238	24-mar	4100,75		
17	Rossini Aldo	239	28-mar	3979,9		
18	Domotex s.r.l.	240	29-mar	1820,85	Eseguito	
19	TOTALI			Σ		
20						
21	Numero fatture di importo superiore a 3.000 euro saldate entro il mese					
22	Numero fatture di importo superiore a 3.000 euro ancora da evadere					
23						

2 In F3 inserisci la funzione che verifica se è stata saldata la fattura: =SE(E3="Eseguito";"";"Sollecitare"); poi copia la funzione fino a F18.

3 In B19 inserisci la funzione che conta quante sono le fatture emesse: =CONTA.NUMERI(B3:B18)

4 In E19 inserisci la ▶ **funzione** ◀ che conta quante sono le fatture saldate: =CONTA.SE(E3:E18;"Eseguito")

Smart

In questo caso puoi impostare anche la funzione CONTA.VALORI(E3:E18): essa esegue il conteggio da E3 a E18 di tutte le celle non vuote, in questo caso quelle che contengono il dato Eseguito.

5 In F19 inserisci la ▶ **funzione** ◀ che conta quante sono le fatture non saldate: =CONTA.SE(E3:E18;"Sollecitare")

6 In F21 inserisci la funzione mostrata per contare quante fatture di importo superiore a 3000 euro sono state saldate. In F22 componi la stessa funzione, ma per contare quante fatture di importo superiore a 3000 euro non sono state saldate, quindi inserisci: =CONTA.PIÙ.SE(D3:D18;">3000";F3:F18;"Sollecitare")

7 Elabora il prospetto applicando le formattazioni e gli stili come mostrato.

Titolo: ,16 pt, Arancione 1, Bianco, .
Intestazioni di colonna: , allineamento verticale Al centro, Grigio 1, .
Intestazioni di riga: .
Dati della tabella: formato Data personalizzato (gg-mmm) e , , ; A21 Verde chiaro, e , A22 Rosso 10 e .
Tabella: A1:F23 .

8 Imposta i parametri di stampa: centratura orizzontale e verticale; nell'intestazione richiedi il nome del file a sinistra e del foglio a destra, nel piè di pagina inserisci i tuoi dati, la classe, la città e la data corrente.

Clippy

In questo caso si può utilizzare solo questa funzione perché le celle della zona F3:F18 contengono ciascuna una funzione che verifica un test. Quindi, anche se vuote, per l'esito del test, usando la funzione CONTA.VALORI verrebbero conteggiate come contenenti un dato e il risultato non sarebbe veritiero.

Formattazione condizionata/Condizione/Nuovo stile (vedi pag. 290) per evidenziare le celle contenenti il testo:
- Eseguito (E3:E18), sfondo Verde chiaro (stile Sfondo verde);
- Sollecitare (F3:F18), sfondo Rosso 10 (stile Sfondo rosso).

Formattazione condizionata/Barra dati/Arancione 1.

RESOCONTO MESE DI MARZO					
Cliente	N. fattura	Data	Importo fattura	Pagamento	Note
Futura S.p.A.	225	01-mar	€ 3.250,80	Eseguito	
Orlandi s.r.l.	226	02-mar	€ 1.850,95	Eseguito	
Weber S.p.A.	227	03-mar	€ 2.698,20	Eseguito	
Ross S.p.A.	228	07-mar	€ 2.320,00		Sollecitare
F.lli Alberti & C.	229	08-mar	€ 3.854,00	Eseguito	
Globosys S.p.A.	230	10-mar	€ 1.952,50		Sollecitare
Gandini s.a.s.	231	11-mar	€ 2.483,70		Sollecitare
Marcotti s.r.l.	232	14-mar	€ 4.210,75	Eseguito	
Donati S.p.A.	233	14-mar	€ 3.900,20	Eseguito	
Dress & Wear	234	15-mar	€ 1.713,10		Sollecitare
Roncari s.a.s.	235	16-mar	€ 3.210,20		Sollecitare
Andrian & C.	236	21-mar	€ 4.140,25	Eseguito	
Saletti S.p.A.	237	22-mar	€ 3.230,70	Eseguito	
Benetti S.p.A.	238	24-mar	€ 4.100,75		Sollecitare
Rossini Aldo	239	28-mar	€ 3.979,90		Sollecitare
Domotex s.r.l.	240	29-mar	€ 1.820,85	Eseguito	
TOTALI	16		€ 48.716,85	9	7
Numero fatture di importo superiore a 3.000 euro saldate entro il mese					6
Numero fatture di importo superiore a 3.000 euro ancora da evadere					3

Funzioni foglio elettronico

Clippy

Per comprendere quale funzione utilizzare per la ricerca si deve analizzare la posizione dei valori di confronto (il primo argomento). Se i valori si trovano nella prima colonna della tabella, allora si tratta di una tabella verticale (quindi impiegare CERCA.VERT); se sono nella prima riga, la tabella è orizzontale (allora utilizzare CERCA.ORIZZ).

Alla categoria Foglio elettronico appartengono le funzioni di ricerca e riferimento che operano nell'orientamento orizzontale e verticale e permettono di ▶ **ricercare un valore** ◀, il quale soddisfa specifici requisiti, in base alla posizione che questo occupa in un intervallo di celle.

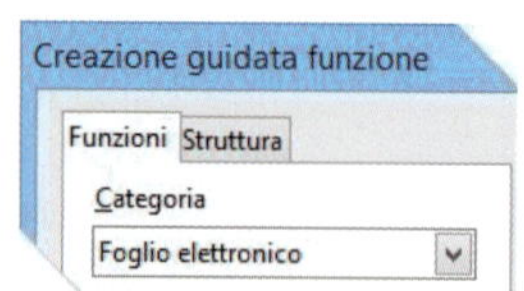

• CERCA.VERT

La funzione CERCA.VERT ricerca un valore specificato nella prima colonna di una tabella e, in corrispondenza della stessa riga, preleva il dato dalla colonna indicata dalla funzione.
La sintassi è: =CERCA.VERT(Criterio di ricerca;Matrice;Indice;Ordinato)

• CERCA.ORIZZ

La funzione CERCA.ORIZZ ricerca un valore specificato nella prima riga di una tabella e, in corrispondenza della stessa colonna, preleva il dato dalla riga indicata nella funzione.
La sintassi è: =CERCA.ORIZZ(Criterio di ricerca;Matrice;Indice;Ordinato)

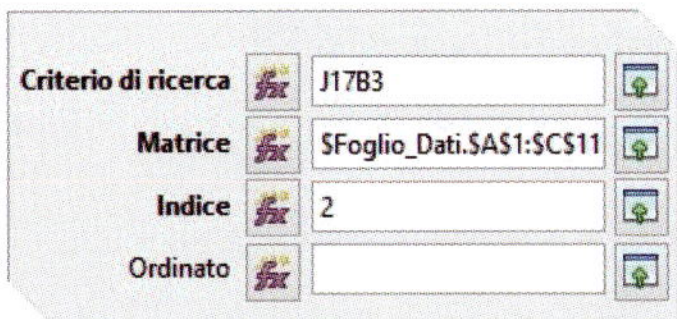

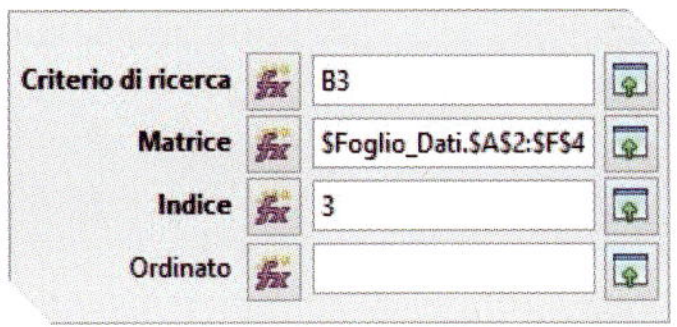

Nella sintassi delle funzioni:
- Criterio di ricerca è il dato cercato nella prima colonna (CERCA.VERT) o nella prima riga (CERCA.ORIZZ) della Matrice (valore, etichetta o riferimento);
- Matrice è l'intervallo di celle in cui effettuare la ricerca. L'intervallo può essere costituito da un vettore (i dati sono disposti in una riga o in una colonna) o da una matrice (i dati sono inseriti in una tabella costituita da righe e colonne adiacenti);
- Indice è il numero della colonna (CERCA.VERT) o di riga (CERCA.ORIZZ) della Matrice da cui attingere il ▶ **dato che sarà restituito** ◀;
- Ordinato è il valore (facoltativo) che indica il tipo di ricerca da eseguire.

Clippy

Se non viene trovata alcuna corrispondenza, compare il messaggio di errore #N/D.

Allena le competenze

- Comporre la funzione CERCA.VERT
- Rinominare fogli
- Usare la funzione Validità
- Applicare riferimenti assoluti

Una compagnia assicurativa propone ai clienti una polizza aggiuntiva a copertura del rischio infortuni.
Il premio da versare viene calcolato in base a una percentuale del premio netto annuo attualmente pagato, la cui aliquota varia in relazione alla classe di rischio (categoria) a cui i clienti sono stati assegnati, più una quota fissa relativa alla classe di appartenenza.

Info

Per **svolgere l'esercizio** è necessario:
- ricercare l'aliquota per classe di appartenenza di ciascun assicurato e la relativa quota fissa;
- determinare l'importo della polizza aggiuntiva, da assegnare a ciascun cliente, sommando la quota fissa al prodotto del premio annuo per l'aliquota della classe di appartenenza.

Nella tabella i dati di confronto (categoria) sono disposti in colonna; per eseguire la ricerca, quindi, utilizzeremo la funzione CERCA.VERT.

Crea il file M5-5 Polizza CERCA-V e salvalo nella tua cartella

1 Inserisci un nuovo foglio e rinomina i fogli Foglio_Dati e Prospetto.

2 Nel Foglio_Dati inserisci i dati e formatta la tabella. Alla zona A2:A11 assegna il nome Categoria.

Categoria | = 1

	A	B	C
1	Categoria	Aliquota	Quota fissa
2	1	3%	12
3	2	6%	15
4	3	8%	18
5	4	12%	22
6	5	15%	25
7	6	19%	28
8	7	23%	32
9	8	27%	37
10	9	30%	45
11	10	35%	50
12			

Foglio_Dati / Prospetto

3 Nel foglio Prospetto inserisci i dati e dimensiona righe e colonne come indicato.
Nella zona B3:B12 utilizza Validità per creare l'elenco a discesa con i valori della zona Categoria definita nel Foglio_Dati.

4 Inserisci le formule indicate. Mentre componi la ▶ **funzione** ◀ in D3, fai clic sulla scheda Foglio_Dati, seleziona A1:C11 e blocca i riferimenti di questa zona; digita ;2 e premi Invio. Procedi in modo analogo in E3 e inserisci ;3 come ultimo argomento.

Clippy

In D3 la funzione ha il seguente procedimento logico: leggi il dato scritto in B3; cerca tale valore nel Foglio_Dati, nella prima colonna dell'intervallo A1:C11 e, una volta trovato, restituisci il dato contenuto nella cella della rispettiva riga della colonna 2.
In E3 la funzione ha lo stesso procedimento logico della precedente, ma il dato da restituire si trova nella colonna 3.

	A	B
1	CALCOLO POLIZZA AGGIUNTIVA	
2	Assicurato	Categoria
3	Andreini Luca	6
4	Benincasa Giulia	1
5	Bianchi Silvia	2
6	Brown John	3
7	Castaldo Marco	4
8	Corradesi Laura	5
9	Felicetti Maria	6
10	Rossi Daniele	7
11	Tornieri Davide	8
12	Willereim Klaus	9
		10

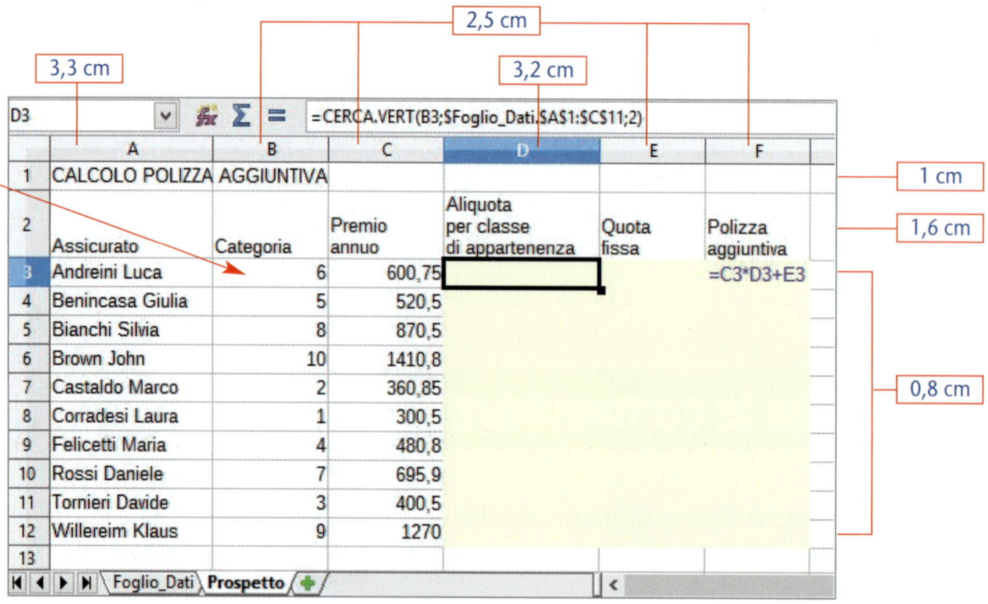

	A	B	C	D	E	F
1	CALCOLO POLIZZA AGGIUNTIVA					
2	Assicurato	Categoria	Premio annuo	Aliquota per classe di appartenenza	Quota fissa	Polizza aggiuntiva
3	Andreini Luca	6	600,75			=C3*D3+E3
4	Benincasa Giulia	5	520,5			
5	Bianchi Silvia	8	870,5			
6	Brown John	10	1410,8			
7	Castaldo Marco	2	360,85			
8	Corradesi Laura	1	300,5			
9	Felicetti Maria	4	480,8			
10	Rossi Daniele	7	695,9			
11	Tornieri Davide	3	400,5			
12	Willereim Klaus	9	1270			
13						

5 Elabora la tabella applicando le formattazioni e gli stili come mostrato.

Titolo: , Cielo azzurro 5, 14 pt, , Bianco.
Intestazioni di colonna: , allineamento verticale Al centro, , .
Dati della tabella: , Blu classico e Cielo azzurro 5, , , .
Tabella: A1:F12 .

CALCOLO POLIZZA AGGIUNTIVA					
Assicurato	Categoria	Premio annuo	Aliquota per classe di appartenenza	Quota fissa	Polizza aggiuntiva
Andreini Luca	6	€ 600,75	19%	€ 28,00	€ 142,14
Benincasa Giulia	5	€ 520,50	15%	€ 25,00	€ 103,08
Bianchi Silvia	8	€ 870,50	27%	€ 37,00	€ 272,04
Brown John	10	€ 1.410,80	35%	€ 50,00	€ 543,78
Castaldo Marco	2	€ 360,85	6%	€ 15,00	€ 36,65
Corradesi Laura	1	€ 300,50	3%	€ 12,00	€ 21,02
Felicetti Maria	4	€ 480,80	12%	€ 22,00	€ 79,70
Rossi Daniele	7	€ 695,90	23%	€ 32,00	€ 192,06
Tornieri Davide	3	€ 400,50	8%	€ 18,00	€ 50,04
Willereim Klaus	9	€ 1.270,00	30%	€ 45,00	€ 426,00

6 Imposta i parametri di stampa: centratura orizzontale e verticale; nell'intestazione richiedi il nome del file a sinistra e del foglio a destra, nel piè di pagina inserisci i tuoi dati, la classe, la città e la data corrente.

Allena le competenze

- Comporre la funzione CERCA.ORIZZ
- Rinominare fogli

Una ditta di trasporti applica ai propri clienti tariffe differenziate, riferite alla distanza chilometrica, in base al tariffario riportato in tabella (Tariffe per classe).
Determina la classe di appartenenza e le spese di trasporto addebitate ai singoli clienti.

Info

Per **svolgere l'esercizio** è necessario:
- ricercare la classe di appartenenza di ciascun cliente;
- determinare la spesa di trasporto dovuta da ciascun cliente, ricercando la tariffa chilometrica da applicare e moltiplicandola per i km di percorrenza.

Nella tabella i dati di confronto (km) sono disposti in riga; per eseguire la ricerca, quindi, utilizzeremo la funzione CERCA.ORIZZ.

Crea il file M5-5 Tariffario CERCA-O e salvalo nella tua cartella

1 Inserisci un nuovo foglio e rinomina i fogli Foglio_Dati e Prospetto.

2 Nel Foglio_Dati inserisci i dati e formatta la tabella.

[icone], Grigio 1, [icone].

	A	B	C	D	E	F
1			Tariffe per classe			
2	Km	100	200	300	400	500
3	Classe	1	2	3	4	5
4	Tariffa/km	0,55	0,5	0,45	0,4	0,35
5						

Foglio_Dati / Prospetto

3 Nel foglio Prospetto inserisci i dati e dimensiona righe e colonne come indicato.

3,5 cm — 2,6 cm — 1 cm — 0,7 cm

C3 =CERCA.ORIZZ(B3;$Foglio_Dati.$A$2:$F$4;2)

	A	B	C	D	E
1	Tariffario spese di trasporto				
2	Clienti	Km	Classe	Spesa trasporto	
3	Agostini Carlo	340			
4	Arcieri Luca	120			
5	Bisaglia Paolo	410			
6	Caneddu Loris	560			
7	Murras Elena	370			
8	Olivatti Michele	250			
9	Pasetto Laura	200			
10	Scandola Maria	450			
11					

Foglio_Dati / Prospetto

Clippy

In C3 la funzione ha il seguente procedimento logico: leggi il dato scritto in B3; cerca tale valore nel Foglio_Dati, nella prima riga dell'intervallo A2:F4 e, una volta trovato, restituisci il dato contenuto nella cella della rispettiva colonna della riga 2.
In D3 la funzione ha lo stesso procedimento logico della precedente, ma il dato da restituire si trova nella riga 3.

4 Inserisci le formule indicate. Mentre componi la ▶ **funzione** ◀ in C3, fai clic sulla scheda Foglio_Dati, seleziona A2:F4 e blocca i riferimenti di questa zona; digita ;2 e premi Invio. In D3 procedi in modo analogo e inserisci =CERCA.ORIZZ(B3;Foglio_Dati!$A$2:$F$4;3).

5 Elabora la tabella applicando le formattazioni indicate.

Titolo: [icona],12 pt, [icona], [icona].
Intestazioni di colonna: [icona], allineamento verticale Al centro, [icona], [icona] Arancione 10, [icona].
Dati della tabella: [icona], [icona], [icona], [icona] Giallo chiaro e Arancione 10, [icona].
Immagine: da file ([icona] Immagini).
Tabella: A1:D10 [icona].

D3 =CERCA.ORIZZ(B3;$Foglio_Dati.$A$2:$F$4;3)*B3

	A	B	C	D
1	Tariffario spese di trasporto			
2	Clienti	Km	Classe	Spesa trasporto
3	Agostini Carlo	340	3	€ 153,00
4	Arcieri Luca	120	1	€ 66,00
5	Bisaglia Paolo	410	4	€ 164,00
6	Caneddu Loris	560	5	€ 196,00
7	Murras Elena	370	3	€ 166,50
8	Olivatti Michele	250	2	€ 125,00
9	Pasetto Laura	200	2	€ 100,00
10	Scandola Maria	450	4	€ 180,00
11				

Foglio_Dati / Prospetto

6 Imposta i parametri di stampa: centratura orizzontale e verticale; nell'intestazione richiedi il nome del file a sinistra e del foglio a destra, nel piè di pagina inserisci i tuoi dati, la classe, la città e la data corrente.

Svolgi i test

Gli esercizi sono disponibili anche nella versione digitale come test interattivi e autocorrettivi.

TEST DI COMPLETAMENTO

Completa le frasi con le espressioni mancanti, scegliendo tra quelle di seguito proposte.
= < > – *formule – determina – consolidamento – condizionali – test – etichette – conteggiate – operatori – logiche – statistiche*

1 Le funzioni .... impiegano .... condizionali, per confrontare numeri, ... e formule.
2 Nelle funzioni .... CONTA..., i criteri rappresentano il test che .... quali celle saranno ....
3 L'impiego di .... tridimensionali è anche definito .... dei dati.
4 La funzione E permette di creare test .... composti che agiscono con gli .... logici ....

TEST VERO FALSO

Indica, barrando la relativa casella, se le seguenti affermazioni sono vere o false. V F

1 Per mostrare le formule si opera nella finestra Opzioni selezionando Vista/Formule. ☐ ☐
2 La funzione SOMMA.SE appartiene alla categoria Logica. ☐ ☐
3 La funzione ARROTONDA(654,71;0) restituisce un numero intero. ☐ ☐
4 Le formule 3D operano su più fogli di lavoro solo in tabelle con la stessa struttura. ☐ ☐

TEST DI COLLEGAMENTO

Associa le voci della prima colonna con le corrispondenti descrizioni della seconda.

1 Creazione guidata funzione	A Operatori utilizzati per impostare il test condizionale maggiore o uguale a.	1 ___
2 Funzione	B Finestra in cui si compone la funzione.	2 ___
3 =>	C Operatori utilizzati per impostare il test condizionale minore o uguale a.	3 ___
4 =<	D Opzione del menu Inserisci per attivare la finestra in cui scegliere la funzione.	4 ___

TEST A RISPOSTA SINGOLA O MULTIPLA

Per ogni quesito, indica la risposta o le risposte corrette. (○ risposta singola / ☐ risposta multipla)

1 Indica quali, tra le seguenti funzioni, appartengono solo alla categoria Logica:
○ SOMMA.SE – E – SE – O
○ CERCA.VERT – SOMMA.SE – SE
○ SE – E – O
○ SOMMA.SE – E – O – CONTA.SE

2 Indica, tra le seguenti, le affermazioni corrette:
☐ Vista/Formule visualizza solo le funzioni
☐ Vista/Formule visualizza funzioni e formule
☐ ARROTONDA applica l'arrotondamento matematico
☐ SOMMA.SE nella sintassi imposta più criteri

3 Nella sintassi della funzione CERCA.VERT la Matrice è:
○ l'intervallo di celle in cui effettuare la ricerca
○ la tabella dove effettuare i calcoli
○ solo la riga in cui ricercare i dati
○ solo la colonna in cui ricercare i dati

4 La funzione ARROTONDA(115,35;1) restituisce il valore:
☐ 115,4
☐ 115,3
☐ arrotondato all'unità
☐ con una posizione decimale arrotondata per eccesso

Calcola ed elabora

- Applica le formule che ritieni più idonee per lo svolgimento dell'esercizio.
- Il riquadro ELABORA elenca le formattazioni da applicare alle tabelle.
- Inserisci le immagini da file (Immagini).

PARAMETRI DI STAMPA

Per ogni esercizio predisponi il foglio per la stampa con i seguenti parametri:
- orientamento della pagina: orizzontale (se non diversamente specificato);
- centratura nella pagina: verticale e orizzontale;
- intestazione: a sinistra richiedi il nome del file, a destra il nome del foglio;
- piè di pagina: a sinistra i tuoi dati, al centro la classe e la sezione, a destra la città e la data corrente (in automatico).

1 **Crea il file M5-5 Ripc-Utile società e salvalo nella tua cartella** (MATR.SOMMA.PRODOTTO – ARROTONDA)

A fine anno una società ha conseguito un utile netto di 15.800 euro da ripartire tra i soci, proporzionalmente al capitale conferito e al suo tempo di permanenza (giorni) nella società, in base ai dati riportati in tabella.

	A	B	C	D
1	RIPARTO DELL'UTILE NETTO			
2				
3	Utile netto	15800	Coefficiente di riparto	
4				
5	Soci	Capitale conferito	Permanenza del capitale (mesi)	Quota di utile
6	Anderloni Matteo	10000	8	
7	Corsi Luca	14000	10	
8	Bellomi Giulio	10000	5	
9	Albarelli Marco	12000	4	
10	Rodriguez Wilma	8000	12	
11	Crespini Lorenzo	11000	9	
12	Bertagna Renato	9000	5	
13	Alberti Enrico	12000	6	
14	Lofri Giovanni	14000	12	
15	Totale			

Determina:
- la quota di utile spettante a ciascun socio;
- l'importo totale del capitale conferito e delle quote di utile.

ELABORA
- **Larghezza colonne:** A e C 4 cm, B e D 2,9 cm.
- **Altezza righe:** 1, 5 e 15 1 cm, 3 0,8 cm, le altre 0,7 cm.
- **Titolo tabella:** A1:D1 , 12 pt, , Rosso 10, .
- **Riga 3:** , Grigio 1, , B3 .
- **Intestazioni di colonna:** Cielo azzurro 9, Bianco, , , allineamento verticale Al centro.
- **Dati della tabella:** B6:B14 e D6:D14 Stile separatore con 2 posizioni decimali; righe 7, 9, 11, 13 Blu classico; C6:C14 .
- **Riga dei totali:** Cielo azzurro 9, ; C15 Cielo azzurro 7.
- **Tabella:** A1:D15 .
- **Imposta i parametri di stampa.**

	D
3	=B3/MATR.SOMMA.PRODOTTO(B6:B14;C6:C14)
4	
5	Quota di utile
6	=ARROTONDA($D$3*B6*C6;2)

2 **Crea il file M5-5 Ripc-Spese studio e salvalo nella tua cartella** (MATR.SOMMA.PRODOTTO – ARROTONDA)

Un avvocato e un notaio utilizzano alcuni locali come studio legale e decidono di ripartire le spese comuni (affitto, riscaldamento, energia elettrica e acqua), ammontanti a 14.500 euro, proporzionalmente ai guadagni annui e al numero dei clienti di ciascuno.
- Avvocato Marchi: guadagno annuo 73.800 euro, clienti 260.
- Notaio Cicogna: guadagno annuo 82.400 euro, clienti 178.

	A	B	C	D
1	Riparto spese comuni			
2				
3	Spese complessive	14500		
4	Coefficiente di riparto			
5				
6	Studio legale associato	Guadagno annuo	Clienti	Quota oneri a carico
7	Avvocato Marchi	73800	260	
8	Notaio Cicogna	82400	178	
9	Totali			

Determina l'importo di spesa a carico di ciascun legale.

	B
4	=B3/MATR.SOMMA.PRODOTTO(B7:B8;C7:C8)

	D
7	=ARROTONDA($B$4*B7*C7;2)

CONSOLIDAMENTO DELLE ABILITÀ

ELABORA
- **Dimensione colonne:** A 5 cm, le altre 3 cm.
- **Altezza righe:** 1 1,2 cm, 3, 4, 7 e 8 0,8 cm, 6 e 9 1 cm.
- **Titolo tabella:** A1:D1, 14 pt, , Arancione 10.
- **Intestazioni di colonna:** Grigio 1, , , allineamento verticale Al centro, .
- **Dati della tabella:** A3:B4 Ciano 10; A7:A8 e D7:D8; B3, B7:B9 e D7:D9; C7:C9, .
- **Riga dei totali:** Grigio 1, , , .
- **Tabella:** A1:D9.
- **Imposta i parametri di stampa.**

3 **Crea il file M5-5 Movimenti banca e salvalo nella tua cartella** (SE)

Il c/c bancario presso la Banca del Lavoro di un'azienda, al 31 ottobre presenta un saldo Dare di € 7.564,85.
Nel mese di novembre si registrano le movimentazioni di conto riportate in tabella.

	A	B	C	D	E	F
1	MOVIMENTI DI CONTO CORRENTE n. 00465745 - MESE DI NOVEMBRE					
2	Data	Descrizione	Dare	Avere	Saldo	
3	31/ott	Saldo iniziale	7564,85			
4	05/nov	Accredito A/B n. 0046875 cliente Foschi	1520,9			
5	09/nov	Emesso A/B n. 0044889 favore fornitore Elmex		1850,6		
6	09/nov	Addebito competenze e spese mese ottobre		47,5		
7	10/nov	Bonifico in conto fattura n. 127 fornitore Rossi		9695,35		
8	11/nov	Pagata bolletta energia elettrica n. 0036548		546,9		
9	15/nov	Riscossa cambiale cliente Zorzi	4950			
10	15/nov	Addebito di commissioni		3,5		
11	18/nov	Bonifico a saldo fattura n. 254 cliente Moretti	3120			
12	21/nov	Bonifico a saldo fattura n. 104 cliente Onofri	2976,75			
13	26/nov	Pagamento stipendio dipendente Olivieri		1125		
14						
15				RIEPILOGO		
16				Saldo iniziale		
17				Saldo finale		
18				Variazione		

	E	F
2	Saldo	
3	=SE(F3>0;"D";"A")	=C3-D3
4	=SE(F4>0;"D";"A")	=F3+C4-D4
5	=SE(F5>0;"D";"A")	=F4+C5-D5

	E	F
16	=E3	=SE(E3="D";F3;-F3)
17	=E13	=SE(E13="D";F13;-F13)
18	=SE(F18>0;"D";"A")	=F17-F16

Presenta il riepilogo dei movimenti di conto corrente del mese di novembre.

ELABORA
- **Larghezza colonne:** A 2 cm, B 9 cm, C, D e F 3,1 cm, E 1,2 cm.
- **Altezza righe:** 1 1,2 cm, 2 e 15 0,9 cm, le altre 0,7 cm.
- **Titolo tabella:** A1:F1, Cielo azzurro 5, Bianco, 14 pt, .
- **Intestazioni di colonna:** Grigio 1, , 11 pt, , allineamento verticale Al centro, , (E2:F2).
- **Dati della tabella:** riga 3 e D15:F18; A3:A13 ed E3:E13; C3:D13 Stile separatore con due posizioni decimali; F3:F13 e F16:F18; D15:F15, Cielo azzurro 5, Bianco, 12 pt, . D18:F18 Rosso 10.
- **Bordi alle colonne:** A3:F13 e zona D15:F18.
- **Formattazione condizionata:**
  - E3:E13 Condizioni/sfondo Rosso 10, testo Rosso 5, per visualizzare le celle contenenti il testo "**A**";
  - F3:F13 Condizioni/valore rosso, per visualizzare le celle con valore minore di **0**.
- **Tabella:** A1:F18.
- **Imposta i parametri di stampa.**

4 Crea il file M5-5 Spese magazzino e salvalo nella tua cartella (MATR.SOMMA.PRODOTTO)

Due grossisti di mobili hanno sostenuto spese di magazzino per 6.000 euro da ripartire in proporzione diretta rispetto al valore e alla giacenza delle merci in magazzino.

Determina:

- la quota di spesa di magazzino da imputare a ogni merce in base ai dati espressi in tabella;
- l'importo totale del valore di giacenza e della quota di spesa di ciascun grossista.

	A	B	C	D	E	F
1	RIPARTO SPESE COMUNI DI MAGAZZINO					
2	Spese generali di magazzino		6000		Coefficiente di riparto	
3	Descrizione merce		Codice	Valore giacenza	Giacenza (giorni)	Quota di spesa
4	Grossista "A"	Scarpiere	GG040	15050,3	52	
5		Camerette bimbo	CC020	42120,8	43	
6		Tavoli da giardino	SC010	12500,7	65	
7		Sedie da giardino	SG040	18803,5	40	
8	Grossista "B"	Armadietti in PVC	AP030	14200,2	32	
9		Librerie da ufficio	LU050	27090,6	65	
10		Sedie da ufficio	CU060	13900,9	29	
11		Mobili da bagno	BB010	42010,3	33	

	F	G
2	iente di riparto	=C2/MATR.SOMMA.PRODOTTO(D4:D11;E4:E11)
3	Quota di spesa	
4	=$G$2*D4*E4	
5	=$G$2*D5*E5	
6	=$G$2*D6*E6	
7	=$G$2*D7*E7	=SOMMA(F4:F7)

ELABORA

- **Dimensione colonne:** A 1,3 cm, B 4 cm, C, D ed E 2,3 cm, F e G 3 cm.
- **Altezza righe:** 1 1,2 cm, 2 e 3 1 cm, le altre 0,8 cm.
- **Titolo tabella:** A1:F1, , Grigio 1, Rosso 5, 16 pt, , .
- **Riga 2:** , allineamento verticale Al centro, C2, G2 nove posizioni decimali, C2 e G2 Grigio 1.
- **Intestazioni di colonna:** Arancione 10, , , allineamento verticale Al centro, , (F3:G3).
- **Intestazioni di riga:** A4:A7 e A8:A11, orientamento 90°, , Bianco, Cielo azzurro 5; A8:A11 Rosso 5.
- **Dati della tabella:** C4:C11 ed E4:E11, D4:D11 Stile separatore con 2 posizioni decimali, F4:F11; riga 7 bordo inferiore. G7 e G11, Bianco, Cielo azzurro 5, G11 Rosso 5.
- **Bordi esterni alle colonne:** .
- **Formattazione condizionata:** E4:E11 Barra dati/Arancione 1.
- **Tabella:** A1:G11.
- **Imposta i parametri di stampa.**

5 Crea il file M5-5 Promozioni e salvalo nella tua cartella (ARROTONDA)

Un'azienda predispone il prospetto degli articoli in promozione del periodo Maggio-Giugno applicando gli sconti stagionali e l'IVA, come indicato nella tabella.

Determina:

- lo sconto praticato su ogni prodotto e i singoli importi scontati;
- l'importo IVA e il prezzo di ciascuna merce comprensivo di IVA.

	A	B	C	D	E	F	G	H	I
1	Promozioni Maggio - Giugno								
2	Descrizione merce	Codice	Prezzo unitario	Sconto	Importo sconto	Prezzo scontato	IVA	Importo IVA	Prezzo IVA inclusa
3	Costumi mare	MR09	28,6	30%			22%		
4	Calzature montagna	GH05	45,4	35%			22%		
5	Teli mare	SG04	15,2	25%			22%		
6	Accessori campeggio	CG01	20,5	33%			22%		
7	Set free climbing	SC08	90,5	37%			22%		
8	Set bicicletta	BC07	25,4	27%			22%		

	E	F	G	H	I
3	=ARROTONDA(C3*D3;2)	=C3-E3	0,22	=ARROTONDA(F3*G3;2)	=F3+H3

ELABORA

- **Larghezza colonne:** A 4,3 cm, le altre 2,3 cm.
- **Altezza righe:** 1 e 2 1,4 cm, le altre 0,9 cm.
- **Titolo tabella:** A1:I1, Aharoni, 16 pt, , .
- **Intestazioni di colonna:** Ciano 8, Bianco, , , allineamento verticale Al centro.
- **Intestazioni di riga:** Ciano 8, Bianco, .
- **Dati della tabella:** , colonne C, E, F e H; I3:I8 Ciano 8, Bianco, , .
- **Bordi esterni alle colonne:** B3:H8.
- **Formattazione condizionata:** D3:D8 Barra dati/Arancione 1.
- **Tabella:** A1:I8.
- **Imposta i parametri di stampa.**

6 **Crea il file M5-5 Provvigioni agenti e salvalo nella tua cartella** (ARROTONDA – SE)

Un'azienda determina le provvigioni dei propri agenti sulla base dei dati riassunti in tabella.

Determina il fatturato totale, le provvigioni spettanti a ciascun agente e il totale che l'azienda dovrà pagare ai propri venditori.

Nella colonna Risultato imposta il test condizionale per verificare il fatturato di ciascun agente che visualizzi "Buono" se maggiore di 50.000 euro, "Da migliorare" diversamente.

	A	B	C	D	E
1	PROVVIGIONI AGENTI				
2	Agenti	Fatturato	Tasso di provvigione	Provvigione	Risultato
3	Bonaccini Maurizio	38527	4,50%		
4	Ghilardi Luca	51691	4,75%		
5	Loris Paolo	51691	5,00%		
6	Maderna Massimiliano	42956	5,75%		
7	Ricciardi Enrico	76823	6,25%		
8	TOTALE				

	D	E
3	=ARROTONDA(B3*C3;2)	=SE(B3>=50000;"Buono";"Da migliorare")

ELABORA

- **Larghezza colonne:** A 4,5 cm, le altre 2,8 cm.
- **Altezza righe:** 1 e 2 1,2 cm, 8 1 cm, le altre 0,8 cm.
- **Titolo tabella:** A1:E1 , Rosso 5, Bianco, 14 pt, .
- **Intestazioni di colonna:** Grigio 1, , , allineamento verticale Al centro, .
- **Dati della tabella:** B3:B7 e D3:D7 Stile separatore con 2 posizioni decimali. C3:C7 .
- **Bordi alle colonne:** A3:E7 .
- **Riga dei totali:** A8:E8 Grigio 1, , , . C8 ed E8 Grigio 5
- **Formattazione condizionata:** E3:E7 Condizione/sfondo Rosso 10, per visualizzare le celle contenenti il testo "Buono".
- **Tabella:** A1:E8 .
- **Imposta i parametri di stampa.**

7 **Crea il file M5-5 Formazione squadre e salvalo nella tua cartella** (SE – MIN – MEDIA – MAX – CONTA.SE – CONTA.PIÙ.SE)

L'insegnante di Scienze motorie raccoglie i dati relativi alla statura degli studenti per assegnare i ragazzi di altezza superiore a 175 cm alla squadra di basket e gli altri a quella di pallavolo.

Calcola l'altezza minima, media e massima del gruppo considerato.

Determina il tipo di attività cui saranno destinati gli studenti considerando i criteri fissati. In base ai risultati emersi dal test, assegna i ragazzi alle rispettive squadre.

Determina il numero totale degli studenti e di quanti sono destinati a ogni squadra.

	A	B	C	D	E
1	FORMAZIONE SQUADRE				
2	Studenti	Altezza cm	Attività	Squadra basket	Squadra pallavolo
3	Basevi Alessandro	175			
4	Fiorio Lorenzo	175			
5	Forti Andrea	175			
6	Grandis Simone	178			
7	Jordan Mike	188			
8	Lugarini Nicola	170			
9	Pivanello Carlo	171			
10	Quaglia Francesco	188			
11	Soffiati Giulio	173			
12	Tacchella Renato	177			
13	Tesini Giacomo	172			
14	Tessari Franco	182			
15	Villa Luca	187			
16	Totali				
17	Altezza	Cm		Immagine Sport basket	Immagine Sport pallavolo
18	Minima				
19	Media				
20	Massima				

ELABORA

- **Larghezza colonne:** A, D ed E 4,5 cm, B 2,1 cm, C 2,8 cm.
- **Altezza righe:** 1, 2 e 16 1 cm, le altre 0,7 cm.
- **Titolo tabella:** A1:E1, 14 pt, , .
- **Intestazioni di colonna e A17:B17:** Cielo azzurro 5, , allineamento verticale Al centro.
- **Intestazioni di riga:** .
- **Dati della tabella:** colonne B:E ; bordi esterni alle colonne: ; D3:D15 e D17:D20 Verde chiaro; E3:E15 e E17:E20 Arancione 10.
- **Immagini:** da file (Immagini).
- **Formattazione condizionata:**
  - B3:B15 Condizione/sfondo Verde chiaro per visualizzare le celle contenenti un valore maggiore di 175;
  - C3:C15 Condizione/sfondo Arancione 10 per visualizzare le celle contenenti il testo Pallavolo;
  - B17:B20 Gruppo di icone/3 frecce/Valore (>= 177; >= 188), per enfatizzare le celle in base ai dati in esse contenuti.
- **Tabella:** A1:E20 .
- **Imposta i parametri di stampa.**

	B
18	=MIN(B3:B15)
19	=MEDIA(B3:B15)
20	=MAX(B3:B15)

	C	D	E
2	Attività	Squadra basket	Squadra pallavolo
3	=SE(B3>175;"Basket";"Pallavolo")	=SE(C3="Basket";A3;"")	=SE(C3="Pallavolo";A3;"")

	B	C	D	E
16	=CONTA.SE(B3:B15;">0")		=CONTA.PIÙ.SE(B3:B15;">175";C3:C15;"Basket")	=CONTA.PIÙ.SE(B3:B15;"<=175";C3:C15;"Pallavolo")

8 Crea il file M5-5 Fatturato agenti e salvalo nella tua cartella (SOMMA.SE – SE – ARROTONDA)

Un'azienda di commercio esegue il resoconto mensile delle vendite effettuate dai propri agenti stabilendo le provvigioni a essi spettanti in base ai seguenti tassi di commissione:
– 6% per un fatturato complessivo fino a 30.000 euro;
– 9% per un fatturato complessivo superiore a 30.000 euro.

Determina il fatturato totale di ciascun agente e le rispettive provvigioni.

ELABORA

- **Larghezza colonne:** D e G 1,4 cm, le altre 3,1 cm.
- **Altezza righe:** 1 e 6 1 cm, le altre 0,7 cm.
- **Titolo tabella:** A1:H1 , Ciano 8, Bianco, 14 pt, .
- A2:C2 Grigio 1, , (A2:B2), A3:C4 .
- **Intestazioni di colonna riga 6:** Ciano 8, Bianco, 11 pt, .
- **Dati delle tabelle:** tutti , colonne A ed E Ciano 8, Bianco, , colonne B, F e H , bordi alle colonne .
- **Riga dei totali:** Ciano 8, Bianco, .
- **Tabelle:** A2:C4, A6:C17, E6:H11 e A1:H17 .
- **Imposta i parametri di stampa.**

	A	B	C	D	E	F	G	H
1	Liquidazione mensile delle prowigioni							
2	Fatturato		Prowigione					
3	< =	30000	6%					
4	>	30000	9%					
5								
6	Agente	Fatturato	Codice Cliente		Agente	Fatturato	Tasso	Prowigione
7	Benetti	4831,5	C089-VR		Benetti			
8	Benetti	5890,6	C090-VR		Paleschi			
9	Benetti	1087,4	C091-VI		Turri			
10	Benetti	8854,8	C092-VI		Zumer			
11	Paleschi	9624,65	C093-PD		Totali			
12	Paleschi	7520,8	C094-PD					
13	Paleschi	8870,15	C095-PD					
14	Turri	14975,2	C096-TV					
15	Turri	15677,2	C097-TV					
16	Zumer	7254,3	C098-VE					
17	Zumer	6150,5	C099-VE					

	F	G	H
6	Fatturato	Tasso	Prowigione
7	=SOMMA.SE($A$7:$A$17;E7;$B$7:$B$17)	=SE(F7<=$B$3;$C$3;$C$4)	=ARROTONDA(F7*G7;2)

9 **Crea il file M5-5 Riassuntivo vendite_3D e salvalo nella tua cartella** (SOMMA 3D – ARROTONDA)

Un'azienda produttrice di abbigliamento ed accessori predispone il resoconto del fatturato conseguito nei suoi 2 punti vendita negli anni n e n + 1, come riportato nelle tabelle.

Determina i fatturati totali per ogni punto vendita dei vari prodotti negli anni presi in considerazione e la relativa variazione percentuale.

In un foglio riepilogativo calcola il fatturato totale degli anni n e n + 1 dei due punti vendita e la relativa variazione percentuale.

	A	B	C	D
1	Punto vendita di Treviso			
2	Prodotto	Anno n	Anno n + 1	Variazione
3	Maglie	9500,4	9450,9	
4	Borse	8334,5	9870,6	
5	Scarpe	7712	7134,2	
6	Jeans	19450,5	22590,1	
7	Accessori	12461,58	14478,4	
8	Totali			

Treviso / Vicenza / Riassuntivo

	D
2	Variazione
3	=ARROTONDA((C3-B3)/B3;2)

	A	B	C	D
1	Punto vendita di Vicenza			
2	Prodotto	Anno n	Anno n + 1	Variazione
3	Maglie	4258,2	4430,3	
4	Borse	7390,8	8271,1	
5	Scarpe	5928,2	6418,6	
6	Jeans	14214,3	16152,9	
7	Accessori	7234,6	7492,7	
8	Totali			

Treviso / Vicenza / Riassuntivo

	A	B	C	D
1	Riassuntivo fatturato punti vendita di Treviso e Vicenza			
2	Prodotto	Anno n	Anno n + 1	Variazione
3	Maglie	=SOMMA($Treviso.B3:$Vicenza.B3)	=SOMMA($Treviso.C3:$Vicenza.C3)	=SOMMA($Treviso.D3:$Vicenza.D3)

Treviso / Vicenza / Riassuntivo

ELABORA

- **Larghezza colonne:** tutte 2,7 cm.
- **Altezza righe:** 1, 2 e 8 1 cm, le altre 0,8 cm.
- **Titolo tabelle:** A1:D1 , Blu 5, 14 pt, .
- **Intestazioni di colonna** (in ogni foglio applica a scelta uno sfondo): Ciano 8, Rosso 2 e Cielo azzurro 8, Bianco, , , allineamento verticale Al centro.
- **Intestazioni di riga:** .
- **Dati delle tabelle:** Stile separatore con 2 posizioni decimali, colonna D ; righe 4 e 6 (in ogni foglio usa a scelta uno sfondo della tonalità delle intestazioni di colonna): Ciano 10, Rosso 10 e Blu classico.
- **Bordi esterni alle colonne:** .
- **Riga dei totali:** e con lo stesso stile applicato alle intestazioni di colonna; D8 Grigio 6.
- **Imposta i parametri di stampa.**

Calcola ed esprimi la tua creatività

• Esegui i calcoli, applica i formati idonei per visualizzare i valori, elabora le tabelle con creatività per presentare con chiarezza i dati.

1 Crea il file M5-5 Ripc-Spese e salvalo nella tua cartella (MATR.SOMMA.PRODOTTO – ARROTONDA)

Un'azienda all'ingrosso ha sostenuto spese generali di magazzino per 3.000 euro da ripartire in proporzione diretta rispetto al valore e alla giacenza media delle merci in magazzino.

Determina la quota di spesa di magazzino da imputare a ogni merce in base ai dati espressi in tabella, l'importo totale del valore di giacenza e della quota di spesa.

RIPARTO SPESE COMUNI DI MAGAZZINO			
Spese generali di magazzino	€ 3.000,00	Coefficiente di riparto	
Descrizione merce	Codice	Valore giacenza	Giacenza media (giorni)
Mobili da giardino	AD020	€ 48.000,60	45
Mobili da ufficio	BQ050	€ 35.000,90	90
Librerie	CF040	€ 12.000,40	60
Mobili da bagno	GN010	€ 16.000,30	50
Armadi a due ante	AK014	€ 28.000,50	35
Scaffali da ufficio	SU058	€ 15.000,70	82
Sedie da ufficio	CS065	€ 22.000,90	27
Tavoli da cucina	TC034	€ 13.000,80	39

2 Crea il file M5-5 Promozione e salvalo nella tua cartella (ARROTONDA – CONTA.VALORI)

Un'azienda commerciale predispone il prospetto degli articoli in promozione del periodo Settembre-Ottobre applicando gli sconti stagionali indicati nella tabella.

Determina:
- lo sconto praticato su ogni prodotto e i singoli importi scontati;
- l'importo IVA (aliquota 22%) da applicare a ciascun prodotto e il prezzo promozionale di ciascuna merce comprensivo di IVA;
- il numero degli articoli messi in promozione.

Descrizione merce	Codice	Prezzo unitario	Sconto
Cellulare T210	CL03	€ 38,90	33%
Piastra per capelli	HS09	€ 29,40	25%
Stufa elettrica	SE04	€ 18,40	36%
Ferro da stiro prof.	FP02	€ 70,50	33%
Macchina caffè	MC08	€ 490,50	30%
Aspirapolvere	AP07	€ 275,40	27%
Pulitore a vapore	PV08	€ 250,70	26%
Phon prof.	PP02	€ 18,50	15%
Rasoio elettrico 3T	RE04	€ 36,90	23%

3 Crea il file M5-5 Provvigioni fatturato e salvalo nella tua cartella (SOMMA.SE – SE – ARROTONDA)

Un'azienda di commercio all'ingrosso esegue il resoconto trimestrale delle vendite effettuate dai propri rappresentanti e stabilisce le provvigioni loro spettanti in base ai seguenti parametri:
- 4% per un fatturato complessivo fino a 30.000 euro;
- 5% per un fatturato complessivo oltre 30.000 euro.

Determina il fatturato totale di ciascun rappresentante e le rispettive provvigioni.

Codice Cliente	Fatturato	Rappresentante
CL56/BA	€ 8.350,75	Esposito
CL48/TO	€ 9.846,35	Donadoni
CL32/BZ	€ 6.136,90	Beker
CL65/BA	€ 5.740,85	Esposito
CL63/BA	€ 4.980,00	Esposito
CL42/TO	€ 6.964,35	Donadoni
CL37/BZ	€ 5.135,20	Beker
CL42/PV	€ 6.564,30	Donadoni
CL41/TO	€ 6.787,25	Donadoni
CL51/BZ	€ 6.445,00	Beker
CL55/BA	€ 3.984,45	Esposito
CL35/BZ	€ 4.125,40	Beker

4 **Crea il file M5-5 Esame e salvalo nella tua cartella** (SE – MEDIA)

L'esame di lingua e letteratura francese è suddiviso in quattro parti, tre scritti e un orale; per essere ammesso alla prova orale è necessario che ogni candidato raggiunga nelle prove scritte la media aritmetica non inferiore a 18 punti e per essere destinato al Corso 1 deve essere stato ammesso alla prova orale. Al termine delle prove scritte sono emersi i dati di seguito riportati.

Candidati	Grammatica	Traduzione	Letteratura
Basevi Luca	19	22	10
Marchi Zeno	18	20	24
Pirchler Agnese	10	24	12
Ouassini Ahmed	24	10	18

Determina:
- il punteggio medio ottenuto da ciascun candidato negli scritti;
- quali studenti sono stati ammessi alla prova orale;
- quali studenti essendo stati ammessi alla prova orale saranno destinati al Corso 1.

5 **Crea il file M5-5 Sollecito e salvalo nella tua cartella** (SE – SOMMA.PIÙ.SE)

Un'azienda predispone l'elenco delle fatture ancora non incassate.

Determina:
- l'importo di ogni fattura considerando che l'aliquota IVA è del 22%;
- l'importo da incassare per le fatture di importo superiore a 3.000 euro.

Cliente	N. fatt.	Data	Imponibile
Armedini S.p.A.	458	07/07	€ 2.400,50
Corradi s.r.l.	845	15/07	€ 4.500,85
Pandolfi s.a.s.	995	18/07	€ 2.580,40
Casati S.p.A.	1152	27/07	€ 3.650,70
Solaini & C. s.a.s.	1354	08/08	€ 5.680,25
Gasparini s.n.c.	1468	11/08	€ 6.450,75

Prevedi una colonna Note in cui comporre la specifica funzione che verifichi il seguente test:
per le fatture d'importo superiore a 3.000,00 euro restituire la dicitura "Sollecitare", diversamente lasciare la cella vuota.

6 **Crea il file M5-5 Report fatturato e salvalo nella tua cartella** (SOMMA 3D – ARROTONDA)

La Ditta BIT S.p.A di Verona, produttrice di supporti ottico-magnetici, redige il resoconto del fatturato conseguito nei suoi 3 punti vendita negli anni n e n + 1, come riportato nelle tabelle.

Fatturato punto vendita di Verona		
Prodotto	Anno n	Anno n + 1
CD-R	€ 8.500,12	€ 6.450,98
CD-RW	€ 13.334,56	€ 15.870,04
DVD	€ 3.812,05	€ 4.234,28
Hard disk	€ 22.430,55	€ 23.590,16
Pen drive	€ 13.461,58	€ 15.468,47

Fatturato punto vendita di Mantova		
Prodotto	Anno n	Anno n + 1
CD-R	€ 3.620,08	€ 3.520,12
CD-RW	€ 6.456,33	€ 8.958,77
DVD	€ 4.512,36	€ 4.780,45
Hard disk	€ 13.243,45	€ 13.990,80
Pen drive	€ 9.346,07	€ 10.127,56

Fatturato punto vendita di Trento		
Prodotto	Anno n	Anno n + 1
CD-R	€ 4.158,23	€ 6.450,06
CD-RW	€ 8.390,88	€ 9.871,16
DVD	€ 5.918,27	€ 6.418,69
Hard disk	€ 9.224,30	€ 10.152,90
Pen drive	€ 7.134,65	€ 7.492,75

Determina i fatturati totali per ogni filiale dei vari prodotti negli anni presi in considerazione, la relativa variazione percentuale e la previsione per l'anno n + 2 (suddivisi in tre diversi fogli di lavoro, ugualmente strutturati).

In un foglio riepilogativo calcola il fatturato totale degli anni n e n + 1 dei tre punti vendita, e la relativa variazione percentuale.
Nel foglio riepilogativo crea un grafico a istogramma per rappresentare il fatturato totale degli anni n e n + 1 nelle tre filiali.

Mettiti alla prova!

Gli esercizi sono disponibili anche nella versione digitale come test interattivi e autocorrettivi

TEST DI COMPLETAMENTO

Completa le frasi con le espressioni mancanti, scegliendo tra quelle di seguito proposte.

Finestra – Protetta – Logica – SE – riquadri – proteggere – togliendo – Matematica – stabilire – SOMMA.SE – argomenti – separatamente

1 La funzione .... appartiene alla categoria delle funzioni ....

2 La funzione .... appartiene alla categoria delle funzioni .... e la sua sintassi è costituita da tre .... per verificare il test posto.

3 Prima di .... un foglio di lavoro è necessario .... quali celle potranno poi essere modificate .... loro la proprietà ....

4 Per suddividere il foglio di lavoro in .... per creare aree che è possibile scorrere ...., si opera da menu ....

TEST VERO FALSO

Indica, barrando la relativa casella, se le seguenti affermazioni sono vere o false.

	V	F
1 È possibile copiare un foglio di lavoro con il drag and drop, tenendo premuto il tasto Ctrl.	☐	☐
2 Gli operatori logici si utilizzano nelle funzioni per impostare test condizionali.	☐	☐
3 L'opzione Fissa si utilizza per ottenere la stampa della prima riga o della prima colonna.	☐	☐
4 Le interruzioni di pagina sono inserite solo in automatico dal programma.	☐	☐

TEST DI COLLEGAMENTO

Associa le voci della prima colonna con le corrispondenti opzioni della seconda.

1 Formato/Pagina	A Intervallo somma;intervallo1;criteri1;intervallo2;criteri2	1 ____
2 Formato	B Area;Criteri;Intervallo somma	2 ____
3 SOMMA.PIÙ.SE	C Per scegliere l'opzione Formattazione condizionata.	3 ____
4 SOMMA.SE	D Per impostare i parametri di stampa.	4 ____

TEST A RISPOSTA SINGOLA O MULTIPLA

Per ogni quesito, indica la risposta o le risposte corrette. (○ risposta singola / ☐ risposta multipla)

1 La funzione =ARROTONDA(25/2;0):
- ☐ restituisce un numero senza decimali
- ☐ restituisce 12
- ☐ restituisce 13
- ☐ restituisce 12,50

2 Quale procedura è corretta per rinominare un foglio?
- ○ Clic destro nel foglio/Rinomina/digitare il nome/OK
- ○ Clic destro sulla scheda/digitare il nome/Invio
- ○ Doppio clic sulla scheda/Rinomina/Invio
- ○ Doppio clic sulla scheda/digitare il nome/Invio

3 In Stile di pagina, la scheda Pagina serve per:
- ○ modificare i margini
- ○ centrare verticalmente la tabella nel foglio
- ○ modificare l'orientamento del foglio
- ○ tutte le risposte sono esatte

4 L'eliminazione di un foglio si può annullare:
- ☐ chiudendo il file senza salvare le modifiche
- ☐ scegliendo Mostra da menu rapido
- ☐ facendo clic sul pulsante Annulla
- ☐ facendo clic su Salva e chiudendo il programma

Mettiti alla prova!

- Utilizza in modo appropriato le funzioni indicate per giungere alla soluzione del problema.
- Elabora la tabella.

Nella versione digitale del volume puoi consultare i tutorial M5 – CALC RIEPILOGO DELLE COMPETENZE:

- **1ª Parte, che riepiloga quanto appreso nelle Unità 2 e 3;**
- **2ª Parte, che sintetizza i contenuti dell'Unità 5 e consente di svolgere al meglio la verifica di seguito proposta.**

Crea il file M5 Resoconto pagamenti e salvalo nella tua cartella
(ARROTONDA - SE – CONTA.NUMERI – SOMMA – CONTA. VALORI - CONTA.SE - CONTA.PIÙ.SE - SOMMA.PIÙ.SE - SOMMA.SE)

Una società redige il prospetto delle fatture emesse nel mese di maggio.

Determina:
- il numero totale di fatture emesse nel mese di maggio e di quelle pagate;
- l'importo IVA a carico di ciascuna fattura e quello totale;
- l'importo totale di ogni fattura e il fatturato complessivo del mese di maggio;
- il numero totale di fatture saldate e non ancora saldate;
- il numero totale di fatture di importo superiore a 4.000 euro non ancora saldate e il relativo importo da incassare;
- l'importo complessivo da incassare.

	A	B	C	D	E	F	G	H
1	Cliente	N. fattura	Data	Imponibile	IVA	Totale fattura	Pagamenti	Note
2					22%			
3	F.lli Delai	320	3-mag	1420,25			Pagato	
4	Merlin s.r.l.	321	4-mag	930,55			Pagato	
5	Weber S.p.A.	322	5-mag	2398,2			Pagato	
6	Ross S.p.A.	323	7-mag	1860,5				
7	Dorru Paola s.a.s.	324	10-mag	2363,7				
8	Moretti s.r.l.	325	13-mag	3710,75			Pagato	
9	Donaroli S.p.A.	326	14-mag	4200,2			Pagato	
10	Wan & Wan	327	18-mag	2913,1				
11	Rondasi s.a.s.	328	20-mag	4610,2				
12	Andreis & C.	329	21-mag	2540,25			Pagato	
13	Danesi S.p.A.	330	24-mag	2430,7			Pagato	
14	Donati & C.	331	27-mag	2600,75				
15	Roberti Aldo	332	28-mag	4479,9				
16	Dan & Dan s.r.l.	333	31-mag	3220,85			Pagato	
17	TOTALI							
18								
19	Numero di fatture di importo superiore a 4.000 euro non ancora saldate e somma da incassare							
20	N. totale di fatture non ancora saldate e importo complessivo da incassare							

Nella colonna Note imposta il test condizionale per verificare lo stato dei pagamenti che visualizzi "Sollecitare" per le fatture non ancora saldate e lasci la cella vuota diversamente.

ELABORA

- **Larghezza colonne:** A 3,9 cm, B 1,8 cm, le altre 2,9 cm.
- **Altezza righe:** 17, 19 e 20 0,9 cm, le altre 0,7 cm.
- **Intestazioni di colonna:** Grigio 1, , , allineamento verticale Al centro, , riga 1 e 2 di ogni colonna (eccetto E1 ed E2) .
- **Dati della tabella:** colonne B, C, G e H ; D, E e F, H19 e H20 ; C3:C16 formato data gg-mmm; riga 17 Grigio 1, , C17 Grigio 5. A19:H19 Rosso 10, A20:H20 Rosso 4.
- **Formattazione condizionata per evidenziare le celle contenenti il testo:**
  - Pagato (G3:G16) Verde chiaro;
  - Sollecitare (H3:H16) Rosso 10.
- **Bordi alle colonne:** A3:H16 .
- **Tabella:** A1:H20 .
- **Imposta i parametri di stampa con orientamento orizzontale.**
- Stampa il foglio Prospetto.
- Duplica il Foglio1 e rinomina i fogli con Prospetto e Formule.
- Nel foglio Formule: cancella la formattazione, applica la dimensione carattere 8 pt, richiedi la visualizzazione delle formule, adatta le colonne, imposta i margini sinistro e destro a 0,5 cm e adatta il foglio a una pagina.
- Disattiva la visualizzazione delle formule.

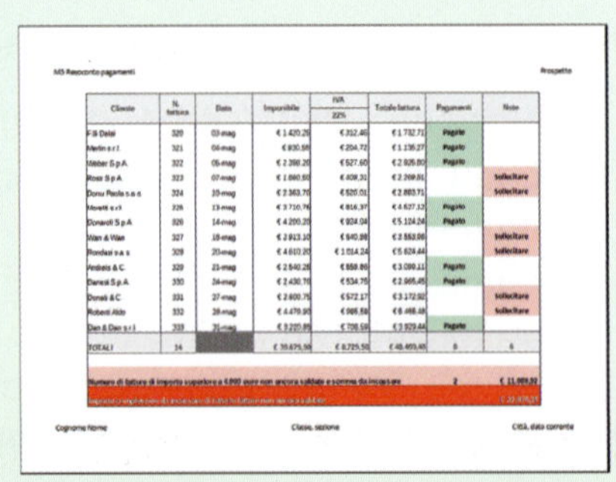

APPENDICE

LAVORARE NEL CLOUD

DROPBOX • GOOGLE DRIVE

CONOSCENZE

- Conoscere l'ambiente di Dropbox.
- Conoscere le procedure per eseguire l'upload di file e cartelle e per condividerli.
- Conoscere l'ambiente di Google Drive.
- Conoscere le procedure per creare file di diversa tipologia.
- Conoscere le procedure per condividere file, inserire commenti.
- Conoscere come visualizzare la cronologia delle revisioni e ripristinare versioni precedenti.

ABILITÀ

- Utilizzare gli strumenti di Dropbox.
- Eseguire upload/download di file e cartelle e condividerli.
- Utilizzare gli strumenti di Google Drive.
- Creare documenti, fogli di lavoro e presentazioni.
- Condividere file in diverse modalità e inserire commenti.
- Visualizzare la cronologia delle revisioni e ripristinare versioni precedenti.

COMPETENZE

L'alunno alla fine del modulo avrà acquisito le competenze che lo rendono in grado di:

- servirsi dell'ambiente di Dropbox per gestire il proprio archivio;
- creare un sistema di cartelle condivise funzionale ai propri bisogni;
- servirsi dei servizi di Google Drive per gestire file e cartelle nel cloud;
- produrre file di diversa tipologia, adeguati agli argomenti da trattare;
- co-costruire contenuti in modalità sincrona/asincrona mediante la condivisione di file;
- monitorare i diversi interventi eseguiti su un file e ripristinare revisioni.

LAVORARE NEL CLOUD

> **Info**
>
> I file e le immagini da utilizzare sono disponibili come risorse online (hoepliscuola.it), archiviati rispettivamente nelle cartelle Appendice Cloud e Immagini. Si consiglia di creare una cartella personale in cui archiviare i file eseguiti.

Il cloud computing, espressione inglese traducibile in italiano come "nuvola informatica", è un insieme di tecnologie atte a erogare servizi di diversa tipologia, come per esempio l'archiviazione di dati, l'uso di applicazioni ecc.
Il cloud consente di utilizzare risorse hardware e software attraverso la Rete mediante un'architettura client/server, offrendo nuovi modi di collaborare da qualsiasi luogo, anche attraverso dispositivi mobili.

Nelle diverse realtà professionali, i software necessari per lo svolgimento delle specifiche attività sono spesso molto costosi e richiedono, oltre a strutture hardware dedicate, soprattutto un team di esperti in grado di installarle, configurarle, aggiornarle. Tuttavia, piccole e medie organizzazioni spesso non possono permettersi di impiegare risorse economiche per pagare esperti nella gestione di hardware e software e, per tale motivo, si orientano verso il cloud: il fornitore del servizio rende disponibili risorse hardware e software tramite il pagamento di un canone.

La tecnologia del cloud offre sicuramente vantaggi in termini economici, di accesso ai dati e della loro gestione e sicurezza.

Archiviare e condividere con Dropbox

Un esempio di cloud computing che si concretizza con la possibilità di memorizzare i propri file online (attività definita cloud storage) è il servizio offerto da Dropbox (www.dropbox.com), che permette l'archiviazione e la sincronizzazione automatica di file.
I file e le cartelle caricati possono essere condivisi e sono raggiungibili mediante qualsiasi dispositivo dotato di connessione a Internet.

È possibile scaricare il programma, oppure evitarne l'installazione e accedere ai propri file attraverso il browser, semplicemente connettendosi al sito e inserendo i dati del proprio profilo creato all'atto della registrazione in Dropbox.

Lo spazio di archiviazione che Dropbox rende disponibile è adattabile alle diverse esigenze dell'utente e il servizio di hosting può essere gratuito o a pagamento. In particolare, il servizio offre gratuitamente 2 GB di spazio, che possono aumentare consigliando Dropbox ad altri utenti, oppure collegando l'account Facebook, Twitter, ecc.
Per le organizzazioni che hanno bisogno di spazi di archiviazione consistenti, Dropbox ha stabilito un piano tariffario diversificato.

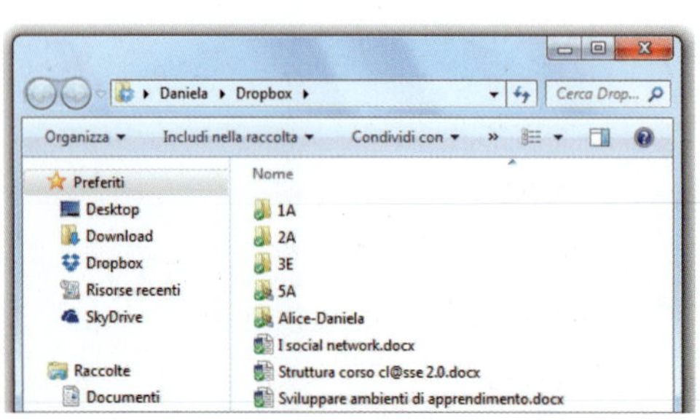

Nel caso in cui Dropbox venga installato, nell'area di notifica è visibile la corrispondente icona: facendo doppio clic su di essa si accede al proprio spazio, visibile come una cartella del proprio pc.

Creare l'account

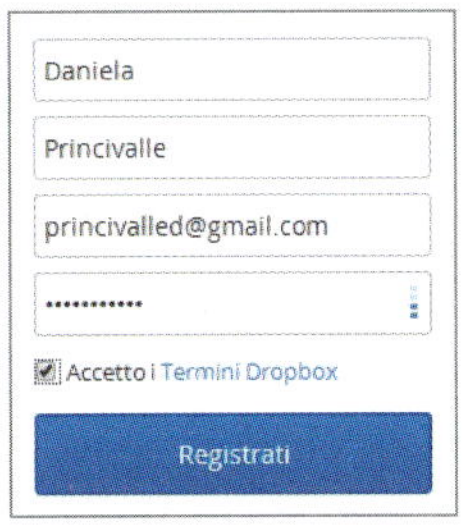

1. Avviare il browser Internet Explorer.
2. Digitare l'URL www.dropbox.com e fare clic su Registrati.
3. Compilare i campi con i dati richiesti e confermare con Registrati.
4. Dropbox propone una videata in cui offre informazioni sulle diverse funzionalità disponibili: nell'area sinistra sono presenti i comandi per la diversa visualizzazione di file e cartelle, mentre in quella destra si trovano quelli per modificare le impostazioni dell'account e per uscire.

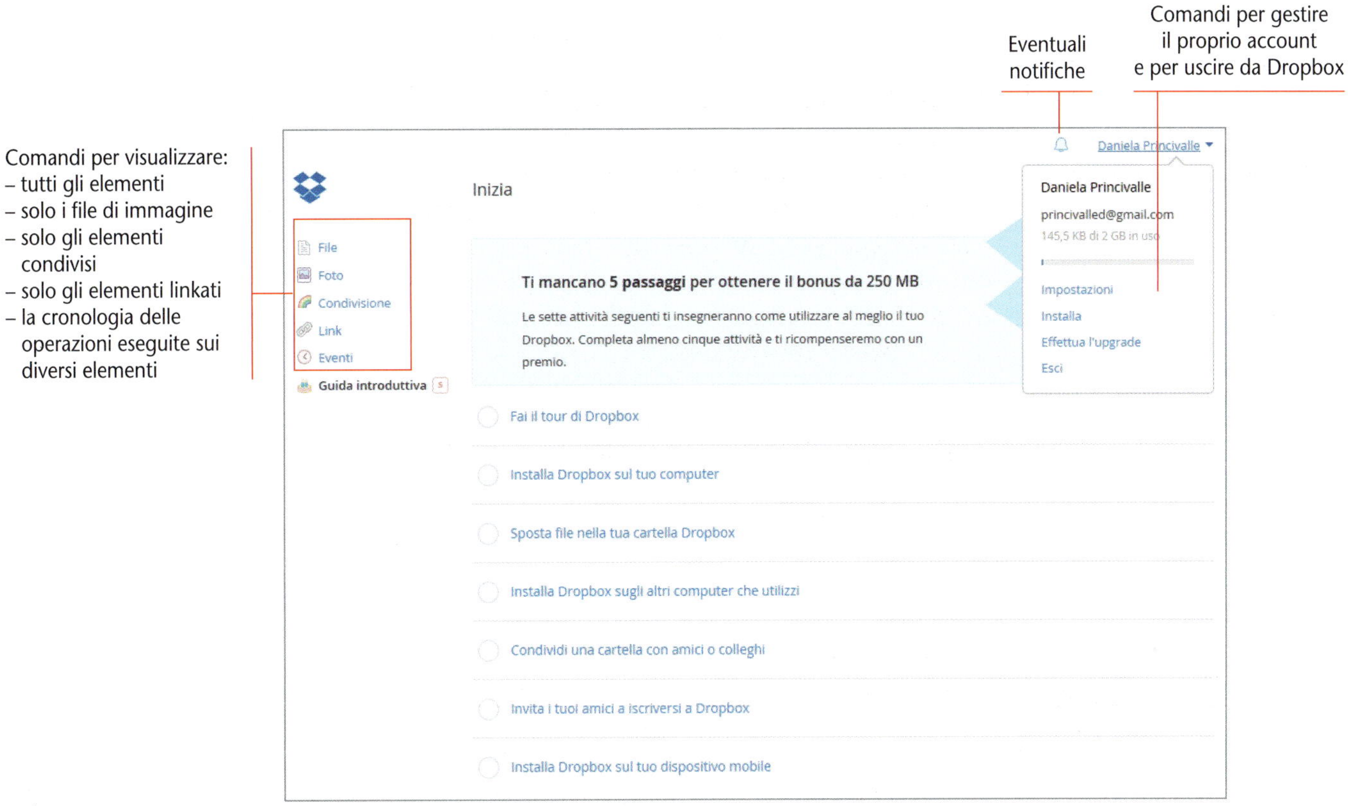

5. Attivare il comando File per visualizzare tutti i file e le cartelle memorizzati.

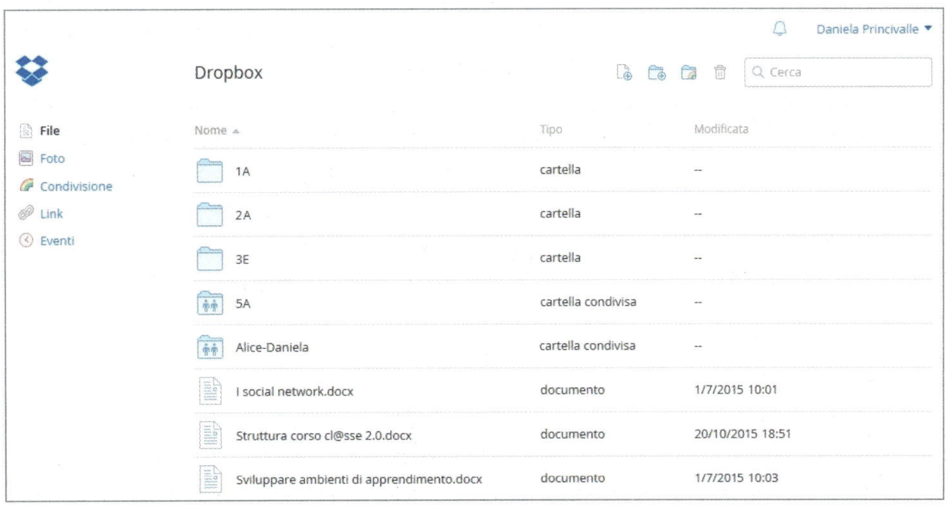

Gestire file e cartelle

COMANDO	DISPONIBILE
Carica/Upload	– Nell'area in alto a destra della finestra di Dropbox. – Da menu rapido attivato con clic destro in un punto vuoto dell'area della finestra.
Nuova cartella	
▶ **Condividi una cartella** ◀	
Mostra file eliminati	
▶ **Invita alla cartella** ◀	– Da menu rapido attivato con clic destro su una cartella.
▶ **Condividi link** ◀	– Nell'area in alto centrale della finestra di Dropbox, dopo aver selezionato un elemento. – Da menu rapido attivato con clic destro su un elemento.
Scarica/Download	
Elimina	
Rinomina	
Sposta	
Copia	
Versioni precedenti	

Clippy

Il comando Condividi una cartella permette la creazione di cartelle condivise con chi ha un account Dropbox.
Il comando Invita alla cartella permette la condivisione di cartelle con chi ha un account Dropbox.
Il comando Condividi link permette la condivisione di file e cartelle con chi non ha un account Dropbox, mediante la creazione e l'invio al destinatario di un link che collega l'elemento desiderato.

Allena le competenze

- Eseguire l'upload/download di file/cartelle compresse
- Creare una cartella
- Creare una cartella condivisa
- Eliminare file
- Condividere link
- Visualizzare l'anteprima di un file

Dopo aver creato il tuo account in Dropbox:
- accedi al tuo account;
- esegui l' ▶ **upload** ◀ del file 1 Prova;
- crea la cartella Esercizi;
- esegui l'upload della cartella compressa Comp;
- crea la cartella condivisa Gruppo A e condividila con due tuoi compagni;
- nella cartella condivisa Gruppo A carica il file Liceo europeo;
- elimina il file 1 Prova;
- esegui il download in Documenti della cartella compressa Comp;
- condividi il link al file Liceo europeo con un tuo amico che non usa Dropbox;
- visualizza l'anteprima del file Liceo europeo.

Clippy

Facendo clic su Fatto si chiude la finestra di caricamento. Diversamente, se si desidera procedere con l'upload di altri elementi, fare clic su Aggiungi altri file.

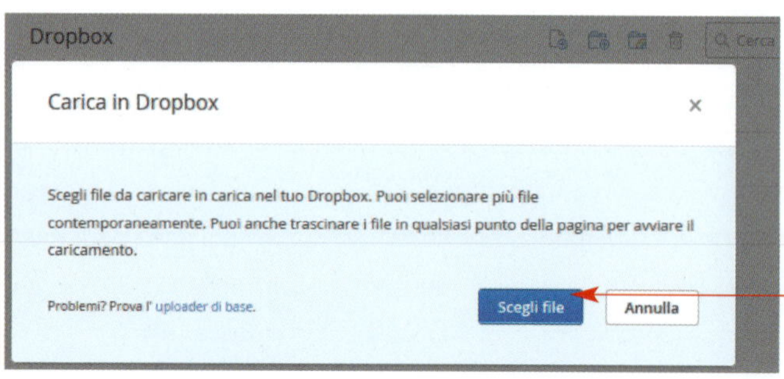

1 Avvia l'upload .

2 Scegli file, raggiungi 1 Prova e fai doppio clic su di esso.

3 Fatto.

4 Crea la cartella Esercizi.

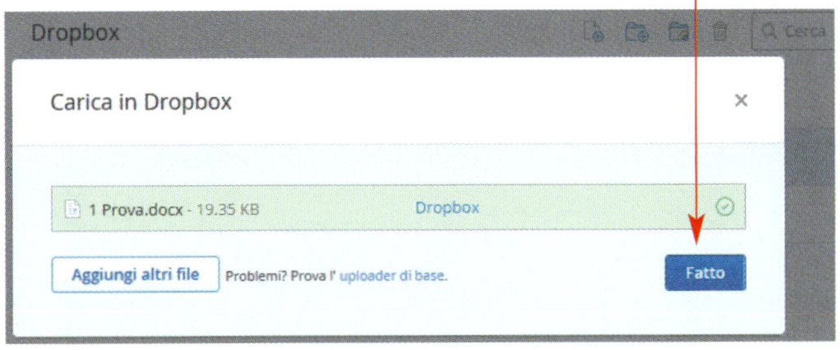

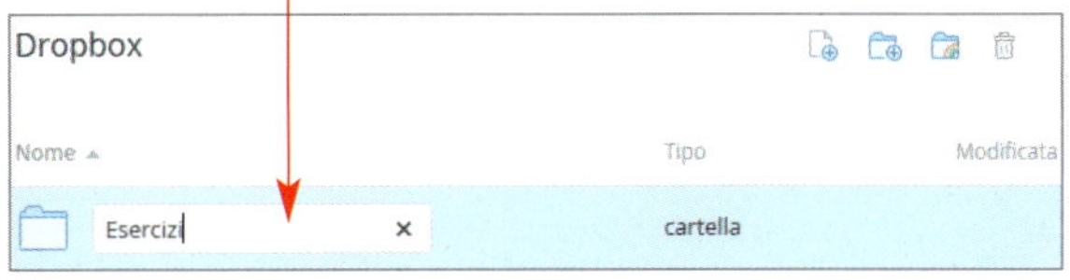

5 Avvia l'upload /Scegli file, raggiungi Comp, fai doppio clic su di essa/Fatto.

6 Crea la cartella condivisa. Solamente la prima volta che si crea una cartella condivisa Dropbox verifica l'indirizzo mail con cui si è registrato l'account: Invia email/Fatto.

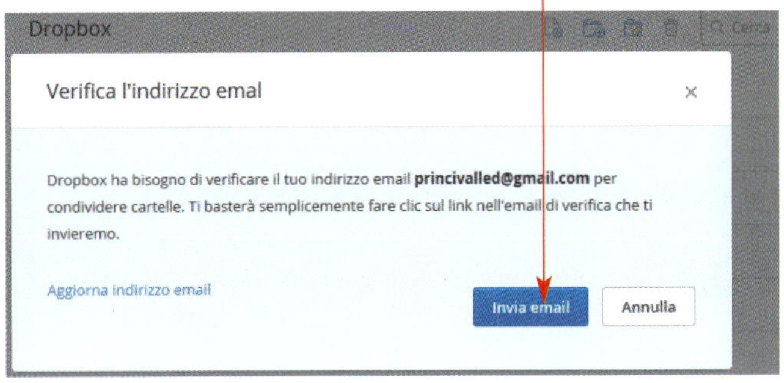

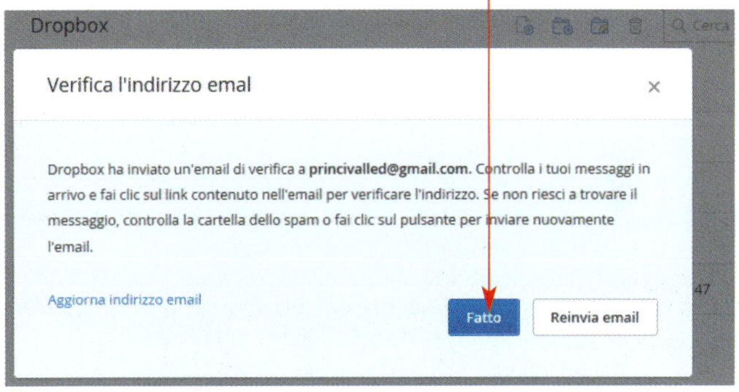

7 Accedi al tuo account di posta elettronica e in posta in arrivo apri il messaggio di verifica dell'indirizzo email.

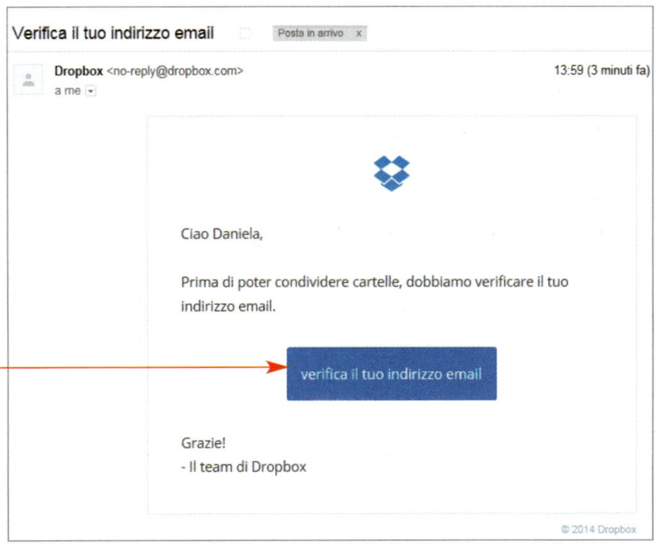

8 Verifica il tuo indirizzo email/Fatto.

9 , mantieni l'opzione proposta/Avanti.

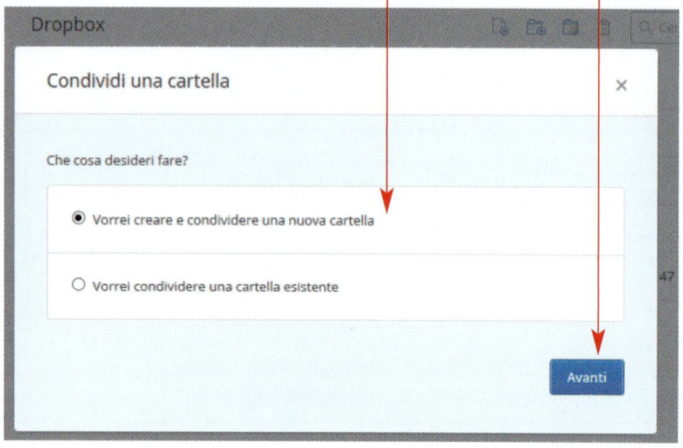

10 Assegna il nome alla cartella/Avanti.

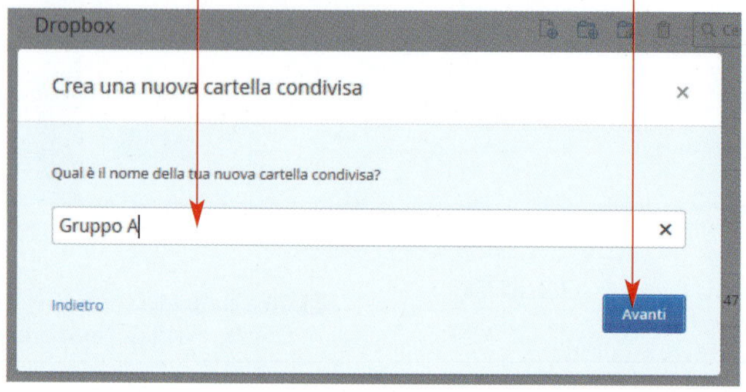

11 Digita gli indirizzi mail dei compagni con cui vuoi condividere la cartella, separandoli con una virgola (devono essere i medesimi indirizzi con i quali i tuoi compagni hanno creato il loro account Dropbox)/Condividi cartella.
I tuoi compagni, nel loro account Dropbox, faranno clic su Condivisione e poi su 1 nuovo invito per una cartella condivisa.

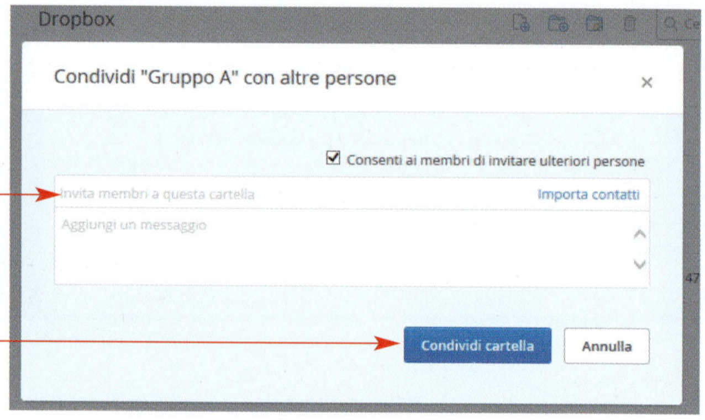

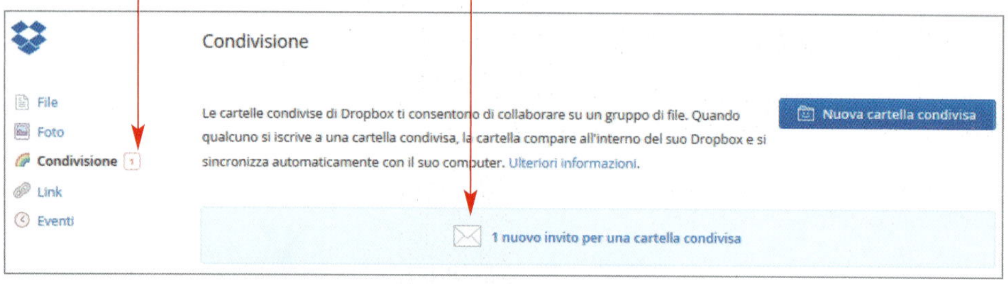

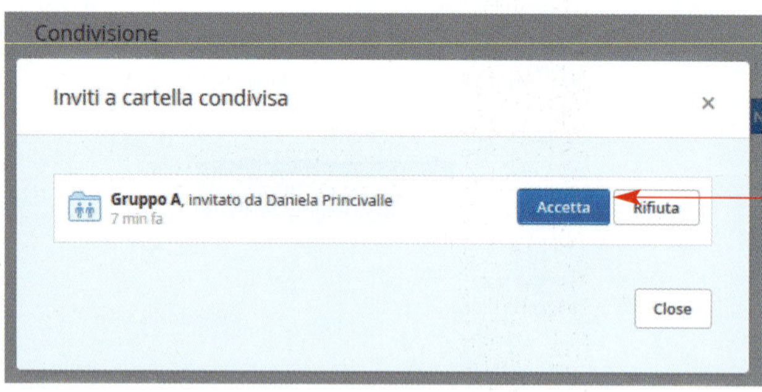

12 Facendo clic su Accetta, i tuoi compagni approvano la condivisione e da quel momento la cartella che hai creato comparirà anche nel loro account Dropbox.

13 Apri Gruppo A e carica il file Liceo europeo.

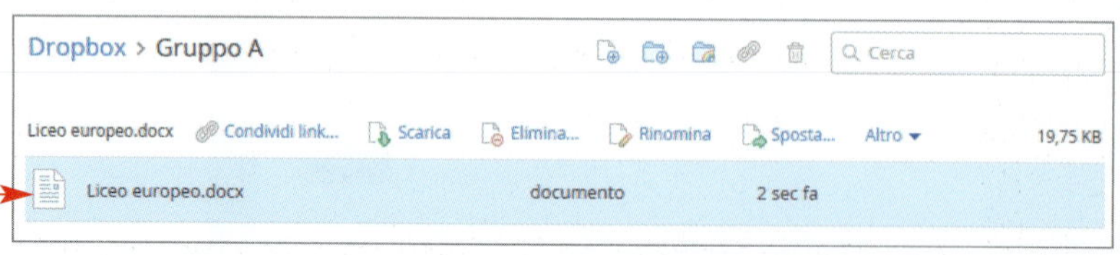

14 Elimina 1 Prova.

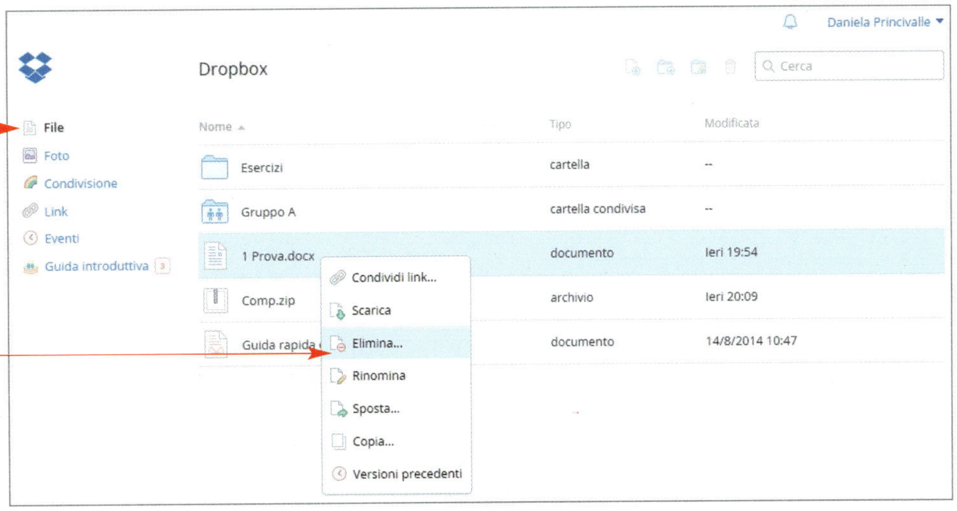

15 Scarica Comp.zip in Documenti.

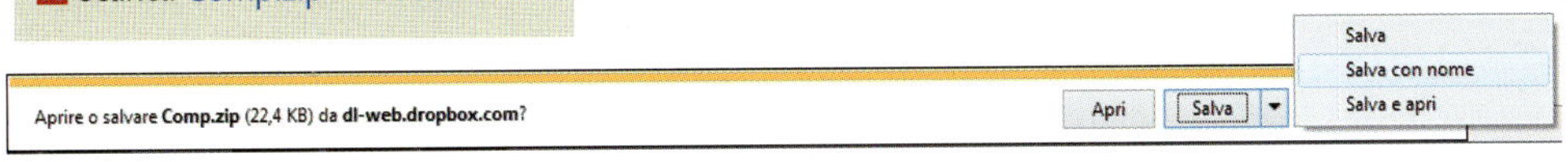

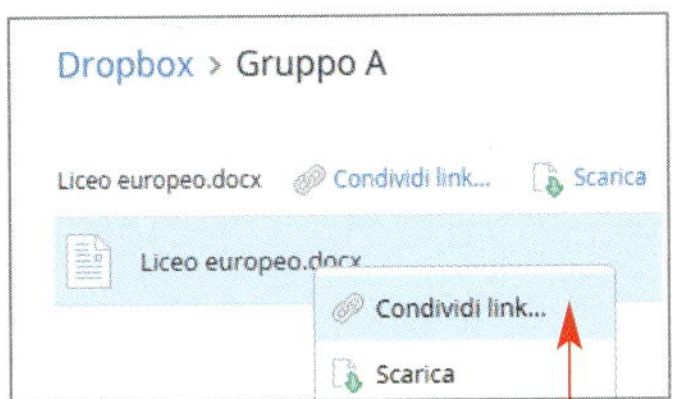

16 Condividi il link al file Liceo europeo.

17 Digita l'indirizzo mail, scrivi un messaggio/ Invia.

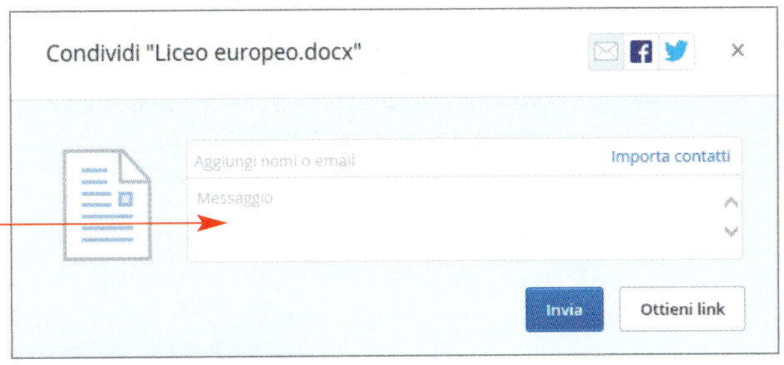

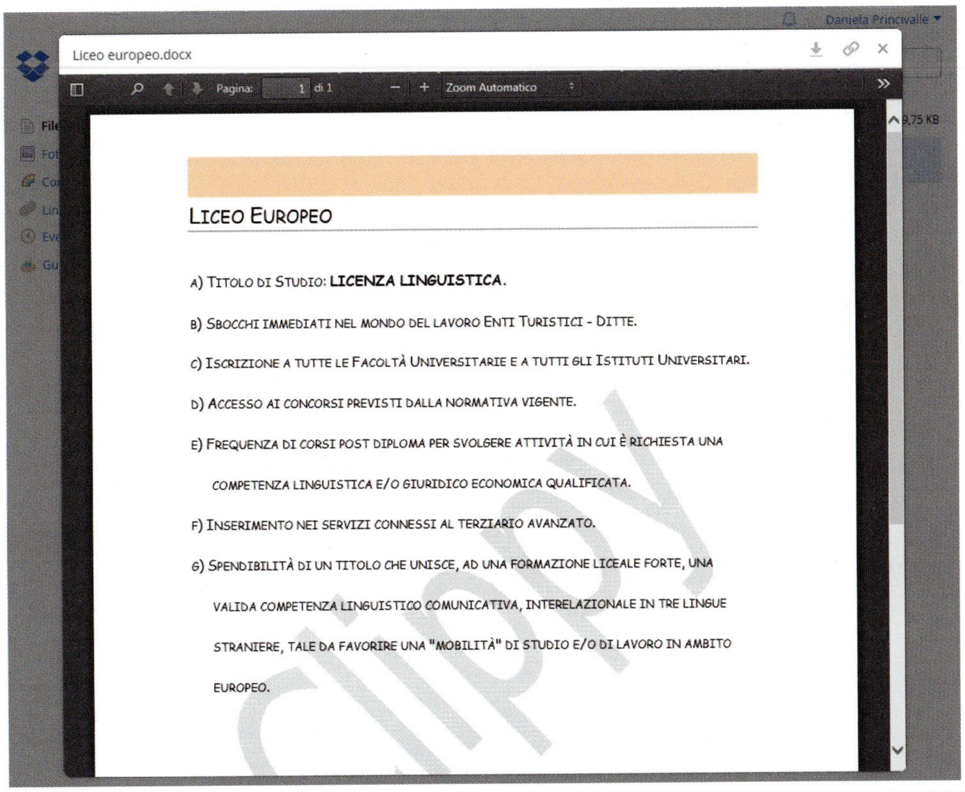

18 Fai clic su Liceo europeo.

Produrre e condividere con Google Drive

Il Web offre delle app che permettono di creare file di diverso tipo evitando l'installazione di software specifici, come, per esempio, editor di testi o programmi per eseguire calcoli o realizzare presentazioni. I vantaggi d'uso di queste app consistono nella possibilità di accedere ai file da qualsiasi dispositivo connesso a Internet e nell'opportunità di poter condividere i propri lavori con altre persone, le quali possono contribuire con modifiche e interventi di varia natura, anche in modalità sincrona.
Disponendo di un account Google è possibile accedere a Google Drive, una app Web based che permette di creare, gestire e condividere file di diversa tipologia.

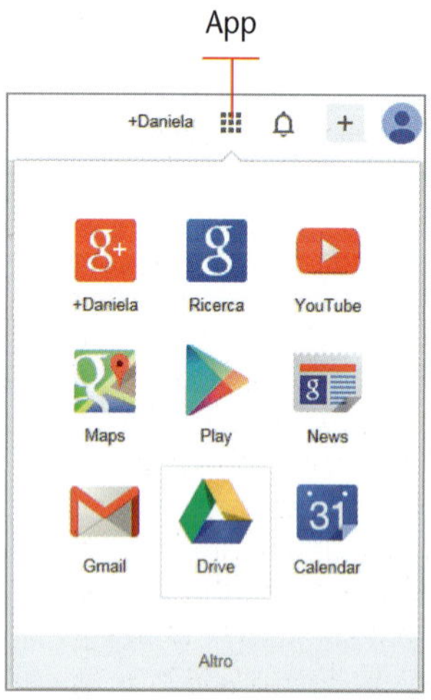

Lo spazio di archiviazione gratuito reso disponibile da Google per i servizi Gmail, Google Drive e Foto Google+ è di 15 GB totali. Per le organizzazioni che hanno bisogno di spazi di archiviazione consistenti, Google ha stabilito un piano tariffario diversificato.

Per accedere a Google Drive, avviare il browser, digitare l'URL www.google.com, fare clic su Accedi, inserire la propria email e la password, quindi fare clic su Accedi. Fare clic su App e poi su Drive.

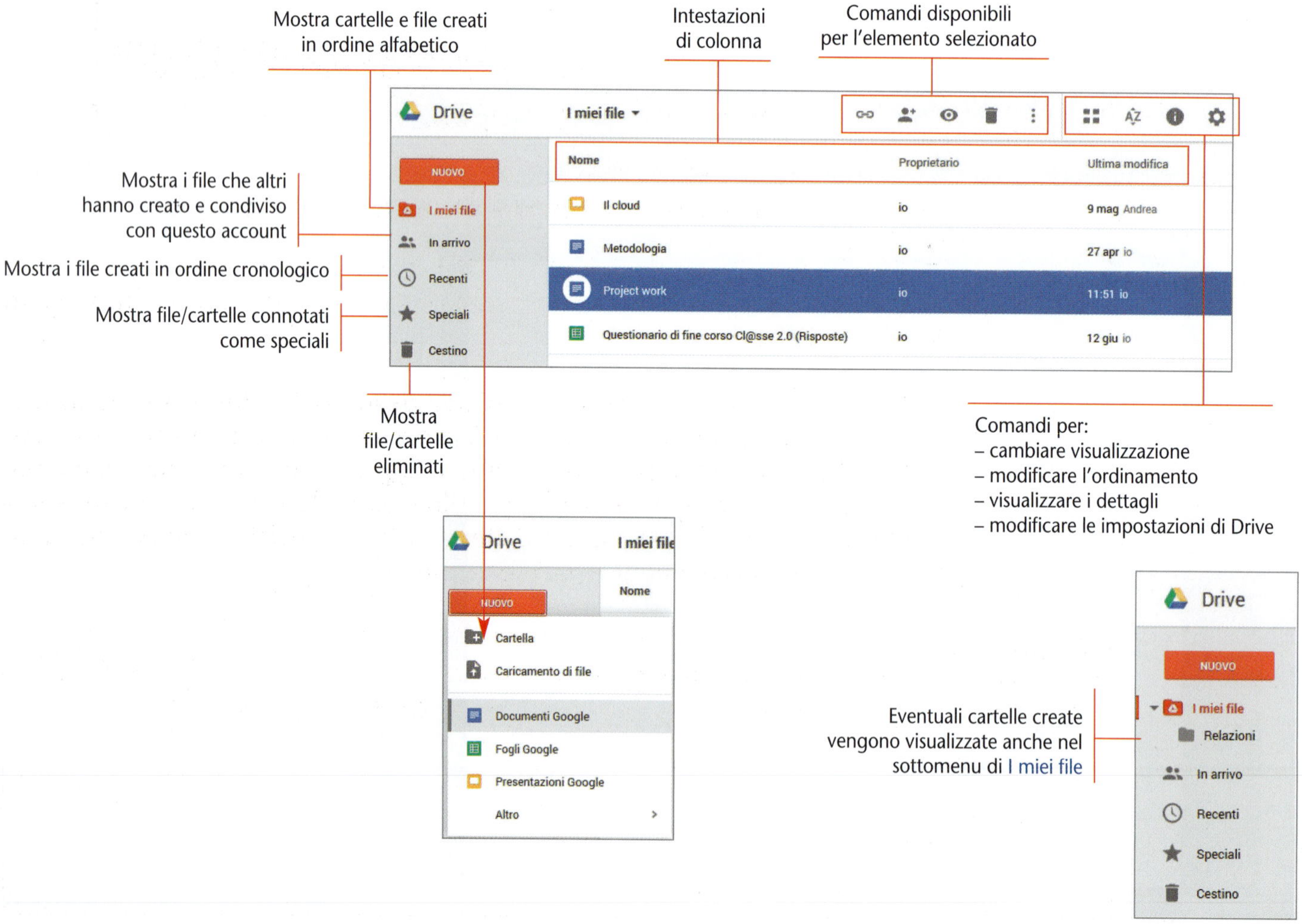

Creare e gestire elementi

COMANDO	DISPONIBILE
Cartella	– Da menu Nuovo.
Caricamento di file/Upload	– In visualizzazione I miei file, da menu rapido attivato sulle intestazioni di colonna della finestra.
Documenti Google	– Da menu ▶ **Nuovo** ◀.
Fogli Google	– In visualizzazione I miei file, da menu rapido attivato sulle intestazioni di colonna della finestra scegliendo
Presentazioni Google	▶ **Nuovo file** ◀.
Anteprima	– Da menu rapido attivato sull'elemento.
Condividi	– In visualizzazione I miei file, nella parte superiore della finestra, dopo aver selezionato un elemento.
Mostra link	
Sposta in	
Aggiungi a Speciali	
Visualizza dettagli	
Scarica	
Rimuovi	
– Apri con – Rinomina – Crea una copia	

Clippy

Per creare o trovare un file si possono anche utilizzare le schermate Home di Documenti Google (google.com/docs), Fogli Google (google.com/sheets), Presentazioni Google (google.com/slides), disponibili ai rispettivi indirizzi, che mostrano solo i file specifici (documenti, fogli di calcolo, oppure presentazioni).

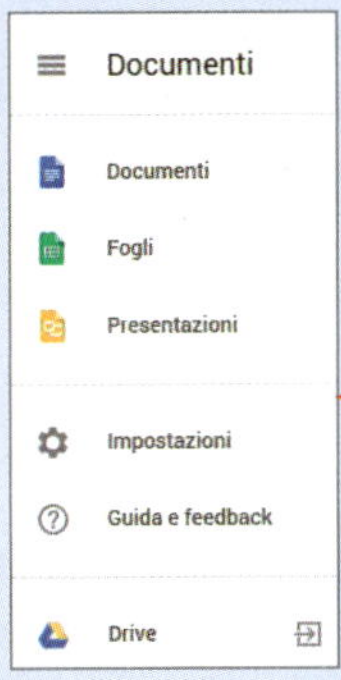

Da ogni schermata Home è possibile creare un nuovo file facendo clic sul segno + posto in basso a destra della videata.
Per passare da una schermata Home a un'altra, oppure per tornare alla visualizzazione di Google Drive, fare clic sul menu in alto a sinistra e scegliere l'opzione desiderata.

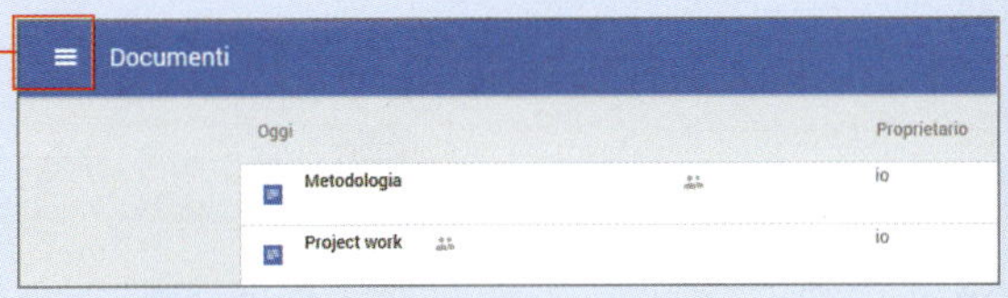

L'interfaccia, i menu e i comandi disponibili in Google Drive per gestire documenti, fogli di lavoro e presentazioni sono simili a quelli presenti in LibreOffice.

Quando si crea un nuovo file, nell'area destra della finestra sono immediatamente disponibili i comandi Commenti (molto utile in caso di scrittura sincrona) e Condividi, per condividere il file con altre persone e poter lavorare in modo cooperativo sullo stesso elemento. È inoltre possibile visualizzare la cronologia delle modifiche (revisioni) apportate a un file e ripristinare una precedente versione.

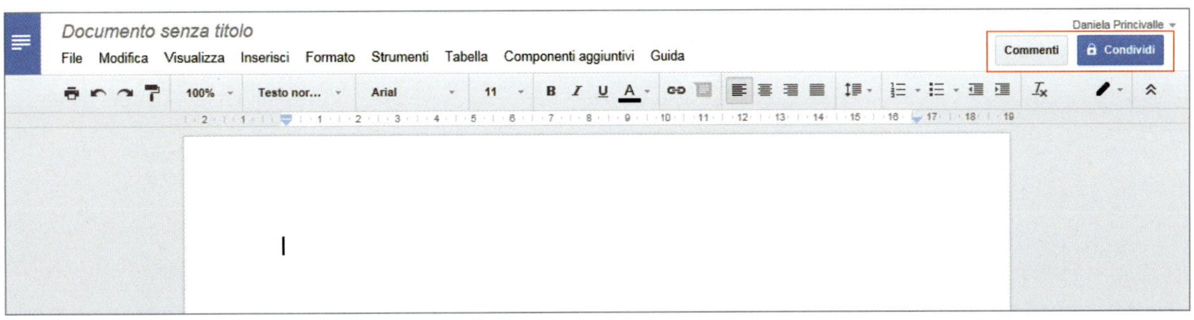

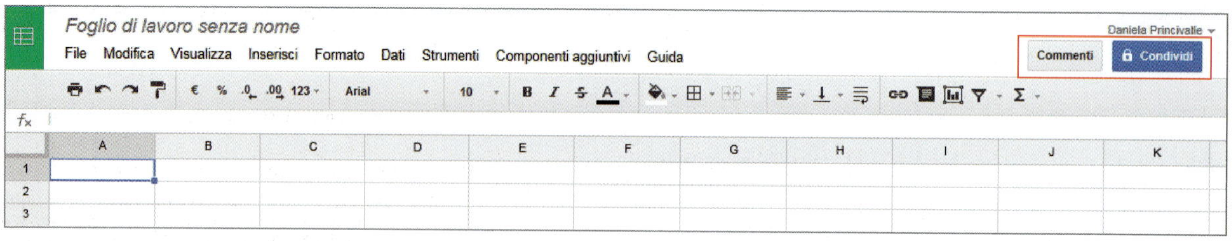

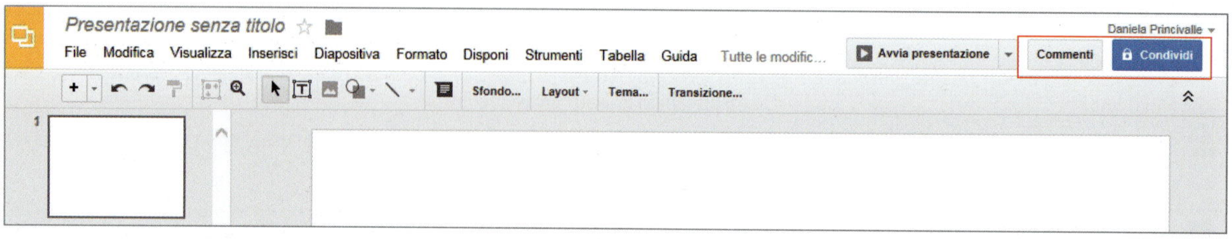

Allena le competenze

- Creare e assegnare il nome a un documento
- Modificare il carattere e l'allineamento del testo
- Inserire un'immagine da file (Immagini)
- Inserire il piè di pagina
- Condividere il file con un utente Google e inserire commenti
- Inserire un'interruzione di pagina e una tabella
- Visualizzare la Home di Documenti Google e tornare in Google Drive

Crea il file A-Abitazione

1 Crea un nuovo documento .

2 Fai clic su Documento senza titolo e assegna il nome al file.

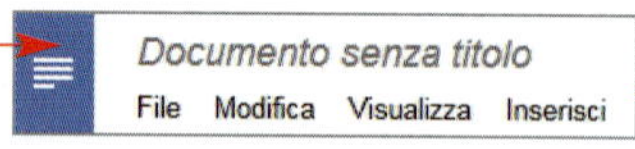

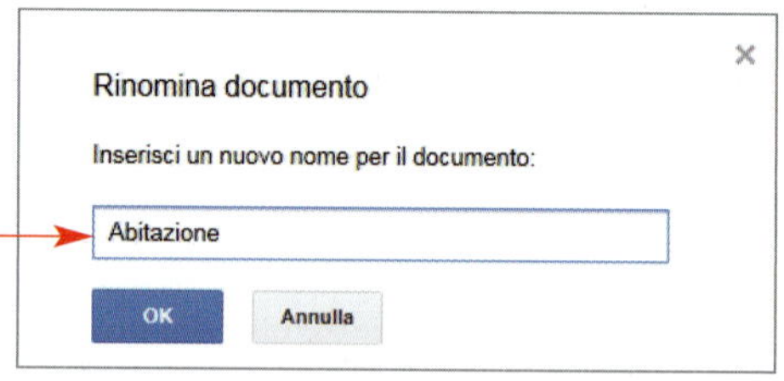

3 Digita il testo, applica il carattere, gli stili e gli allineamenti mostrati.

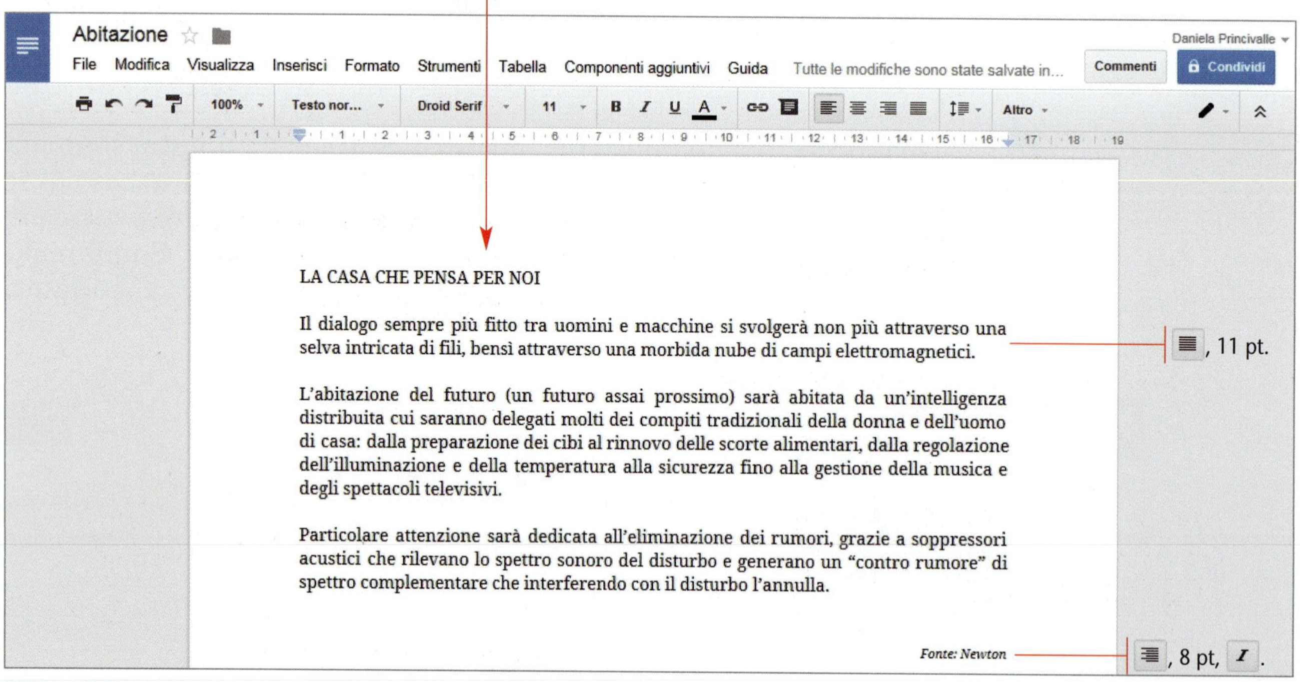

4 Inserisci l'immagine Rumori.

5 Inserisci i tuoi dati nel piè di pagina.

LA CASA CHE PENSA PER NOI

Il dialogo sempre più fitto tra uomini e macchine si svolgerà non più attraverso una selva intricata di fili, bensì attraverso una morbida nube di campi elettromagnetici.

L'abitazione del futuro (un futuro assai prossimo) sarà abitata da un'intelligenza distribuita cui saranno delegati molti dei compiti tradizionali della donna e dell'uomo di casa: dalla preparazione dei cibi al rinnovo delle scorte alimentari, dalla regolazione dell'illuminazione e della temperatura alla sicurezza fino alla gestione della musica e degli spettacoli televisivi.

Particolare attenzione sarà dedicata all'eliminazione dei rumori, grazie a soppressori acustici che rilevano lo spettro sonoro del disturbo e generano un "contro rumore" di spettro complementare che interferendo con il disturbo l'annulla.

Fonte: Newton

Cognome Nome Classe Data

6 Condividi il file con un tuo compagno inserendo il suo indirizzo Gmail, in modo che anche lui abbia il file nel suo Google Drive.

7 Nell'ultimo paragrafo seleziona il testo eliminazione dei rumori e scrivi il commento per la tua compagna.

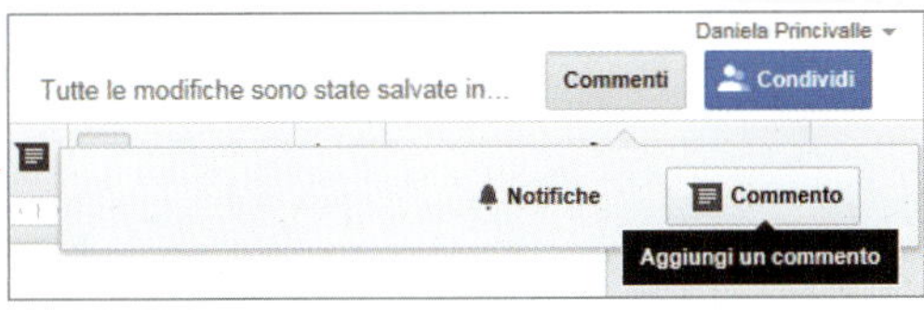

8 Posiziona il cursore sotto all'immagine/ Inserisci/Interruzione di pagina.

9 Inserisci la tabella.

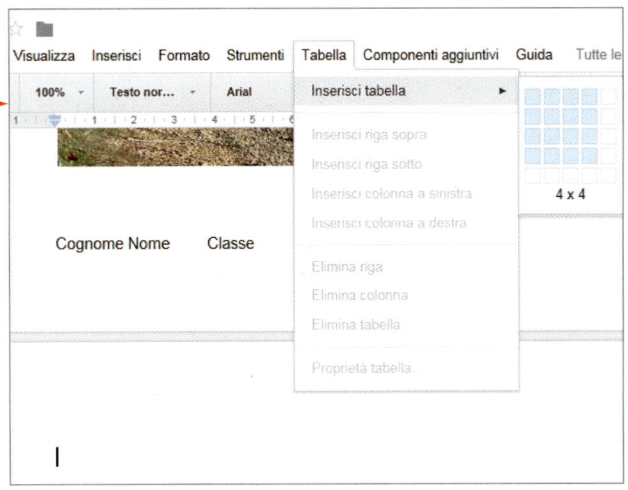

10 Attiva la visualizzazione Home di Documenti Google, poi torna alla visualizzazione Google Drive.

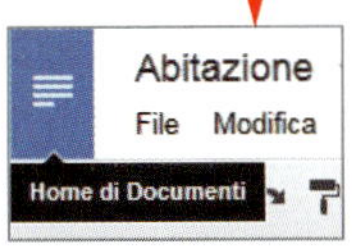

Allena le competenze

- Eseguire calcoli con le funzioni statistiche
- Utilizzare operatori di riferimento
- Scaricare il file in formato .ods
- Condividere il file con un utente che non ha l'account Google
- Visualizzare la cronologia delle revisioni

Crea il file A-Voti

1 Crea un nuovo foglio, assegna il nome Voti, inserisci i dati, adatta la colonna A, inserisci le formule e applica le formattazioni indicate.

2 Unisci le celle.

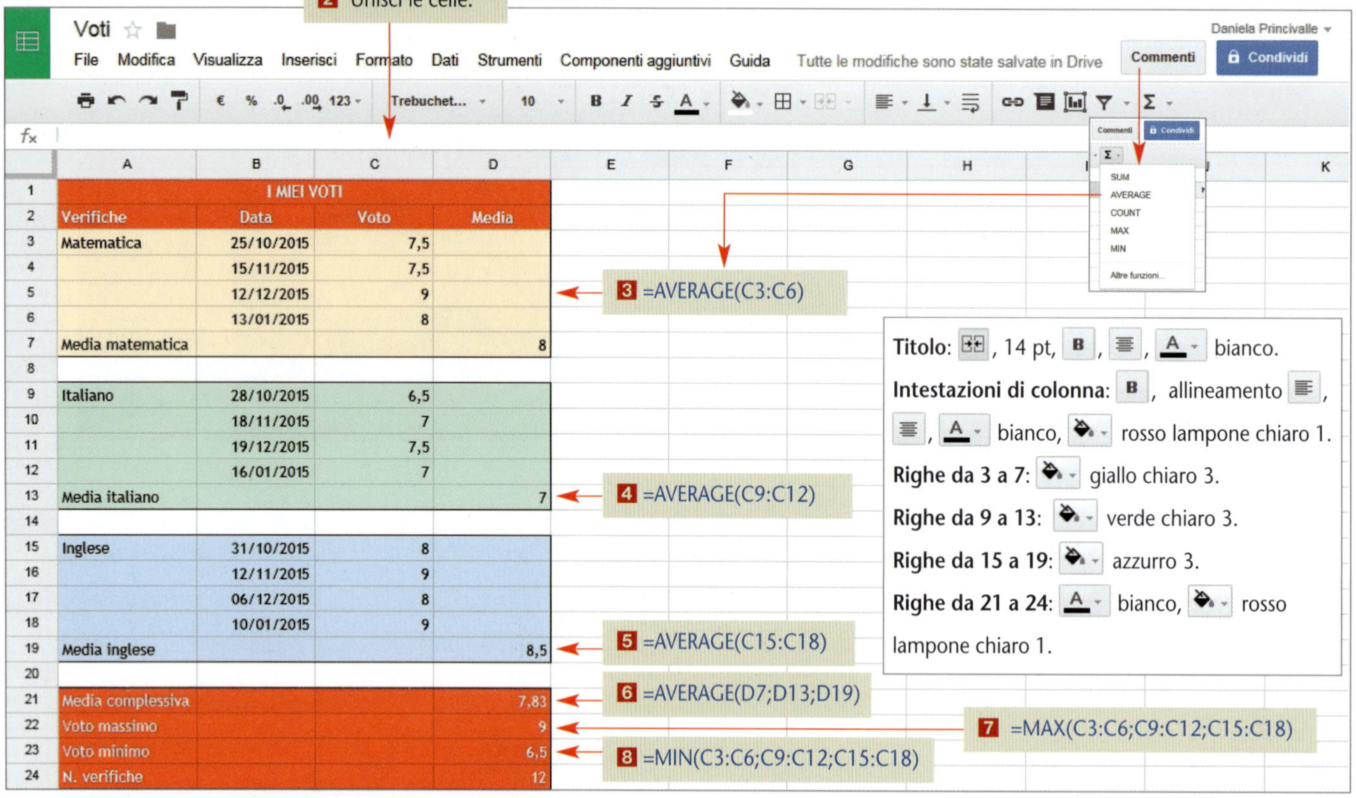

	A	B	C	D
1	I MIEI VOTI			
2	Verifiche	Data	Voto	Media
3	Matematica	25/10/2015	7,5	
4		15/11/2015	7,5	
5		12/12/2015	9	
6		13/01/2015	8	
7	Media matematica			8
8				
9	Italiano	28/10/2015	6,5	
10		18/11/2015	7	
11		19/12/2015	7,5	
12		16/01/2015	7	
13	Media italiano			7
14				
15	Inglese	31/10/2015	8	
16		12/11/2015	9	
17		06/12/2015	8	
18		10/01/2015	9	
19	Media inglese			8,5
20				
21	Media complessiva			7,83
22	Voto massimo			9
23	Voto minimo			6,5
24	N. verifiche			12

3 =AVERAGE(C3:C6)

4 =AVERAGE(C9:C12)

5 =AVERAGE(C15:C18)

6 =AVERAGE(D7;D13;D19)

7 =MAX(C3:C6;C9:C12;C15:C18)

8 =MIN(C3:C6;C9:C12;C15:C18)

Titolo: , 14 pt, , , bianco.
Intestazioni di colonna: , allineamento , , bianco, rosso lampone chiaro 1.
Righe da 3 a 7: giallo chiaro 3.
Righe da 9 a 13: verde chiaro 3.
Righe da 15 a 19: azzurro 3.
Righe da 21 a 24: bianco, rosso lampone chiaro 1.

9 Scarica il file nel formato mostrato e archivialo in Documenti.

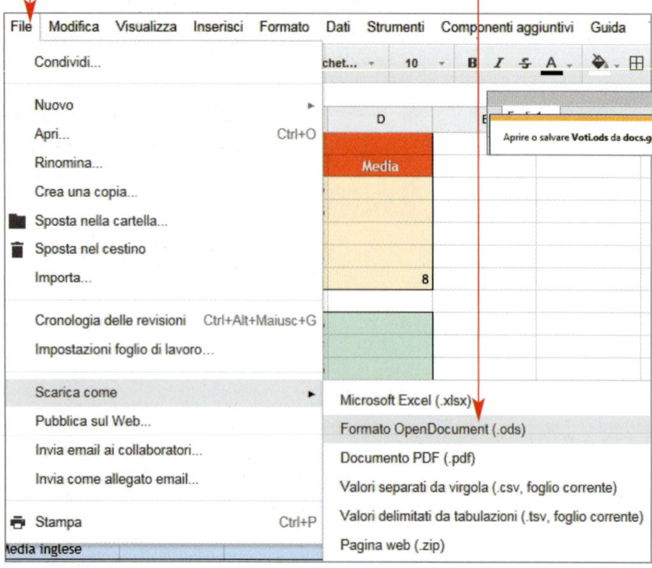

10 Google propone un link che ti permette di condividere il file con un tuo amico che non ha l'account Google in modo che possa visualizzare e scaricare il file.

11 Attiva l'opzione che consente, a coloro che riceveranno il link, di visualizzare il file. Fai clic su Condividi su Gmail per inviare una mail al tuo amico, nella quale Google inserisce in automatico il link al tuo file.

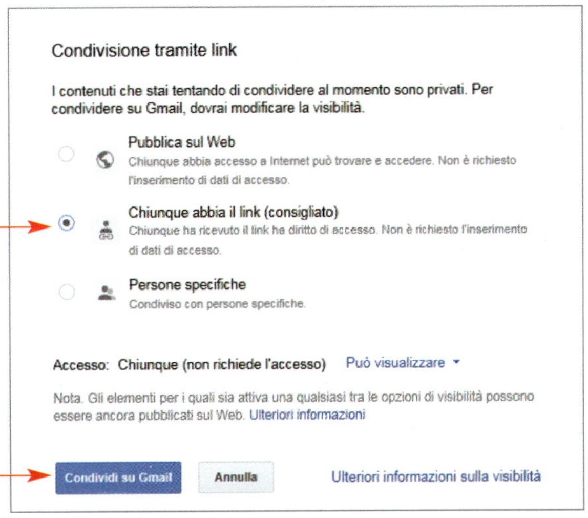

12 Si apre la finestra del messaggio. Compila i campi A e Oggetto. Nell'area del testo Google ha già predisposto il link al tuo file. Fai clic su Invia.

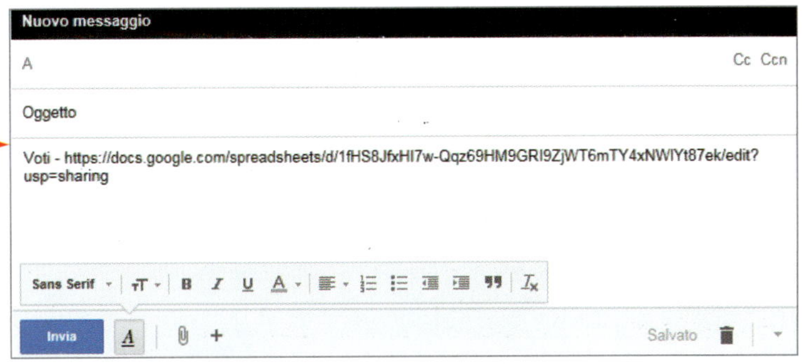

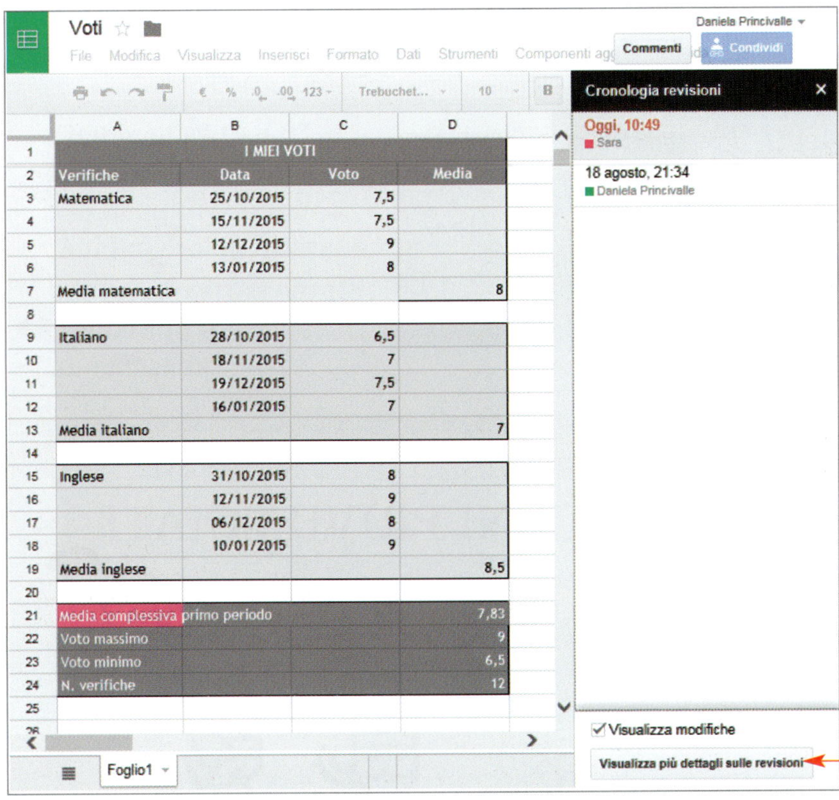

13 Fai clic su File/Cronologia delle revisioni. La parte modificata è evidenziata in colore rosa. Fai clic su Visualizza più dettagli sulle revisioni per vedere tutte le modifiche apportate al file.

14 Seleziona quella antecedente l'ultima modifica e fai clic su Ripristina questa revisione.

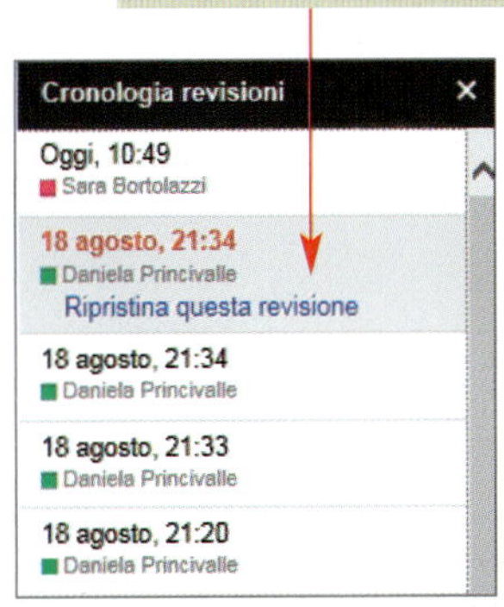

Allena le competenze

- Applicare un tema
- Inserire slide, applicare sfondi, inserire immagini da file (Immagini)
- Cambiare layout
- Inserire collegamenti ipertestuali
- Applicare animazioni e transizioni
- Visualizzare la cronologia delle revisioni

Crea il file A-Animali

1 Applica il tema, assegna il nome al file e digita il testo.

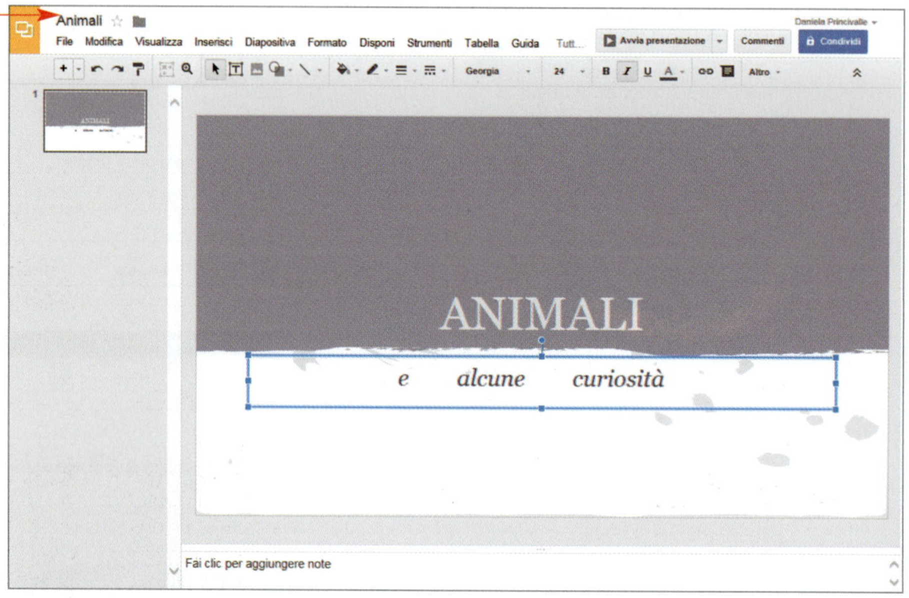

2 Inserisci la seconda diapositiva (Diapositiva/Nuova diapositiva), digita e allinea il testo. Applica come sfondo (Diapositiva/Cambia sfondo) Rosso scuro 2 e inserisci l'immagine.

3 Inserisci la terza slide, cambia il layout, digita il testo e inserisci le immagini.

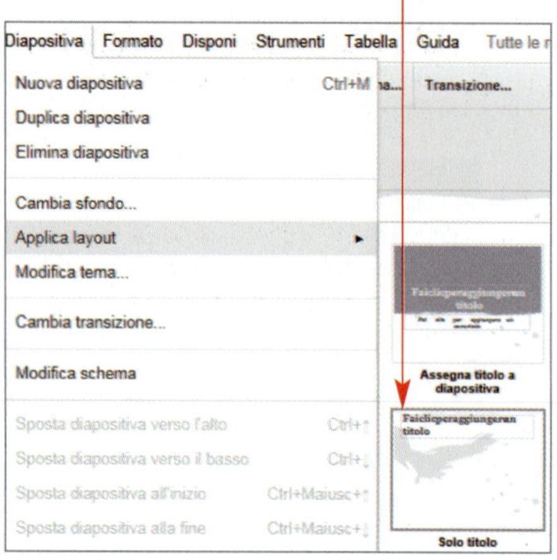

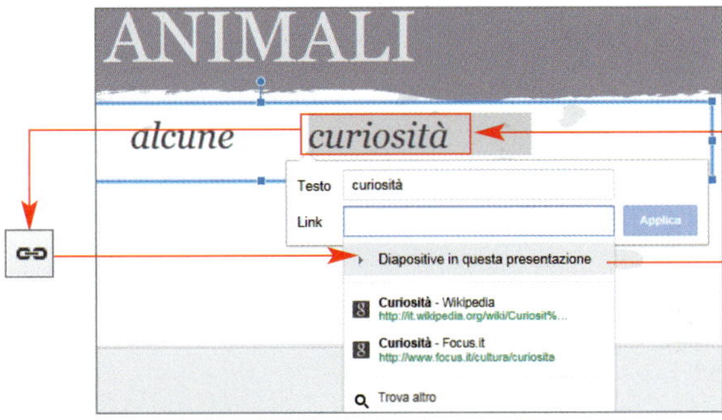

4 Collega la parola indicata alla slide 3.

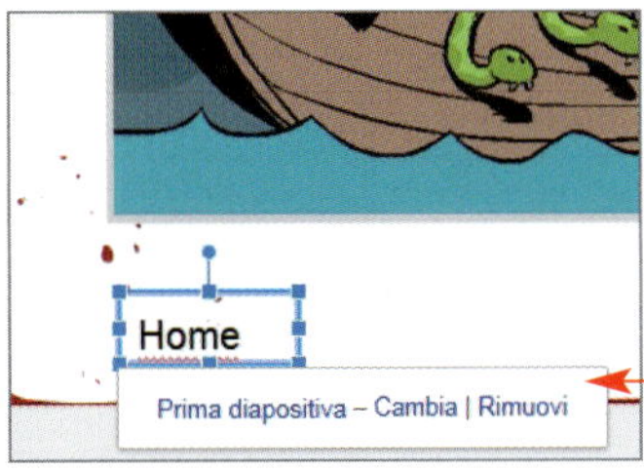

5 Nella slide 2 inserisci una casella di testo, digita il testo e collegala alla slide 1.

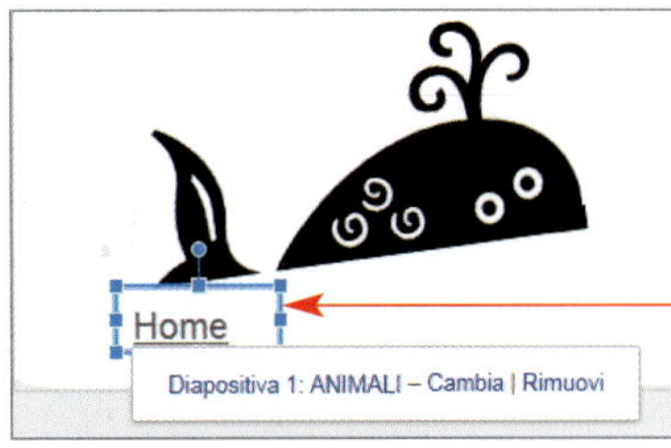

6 Nella slide 3 copia la forma con la scritta Home dalla slide 2 e collegala alla slide 1.

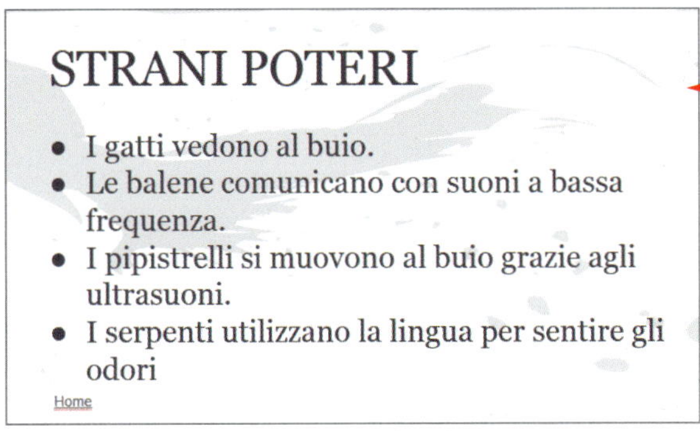

7 Inserisci la quarta slide, digita il testo, applica un elenco puntato (Formato/Elenchi). Copia la forma con la scritta Home dalla slide 3 e collegala alla slide 1.

8 Applica la transizione mostrata (Diapositiva/Cambia transizione) a tutte le slide.

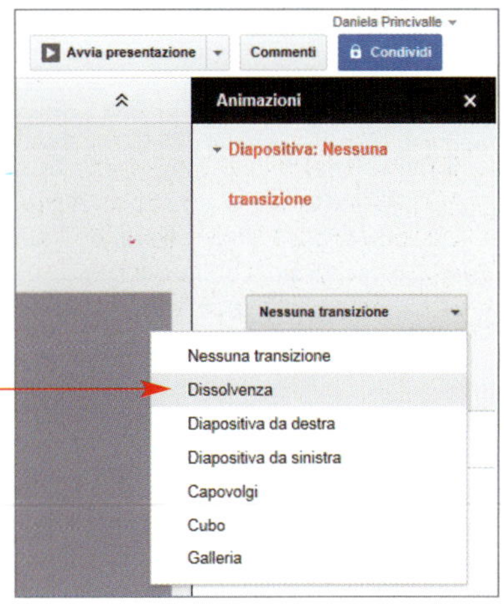

9 Nella slide 3 applica a tutte le immagini un'animazione a scelta.

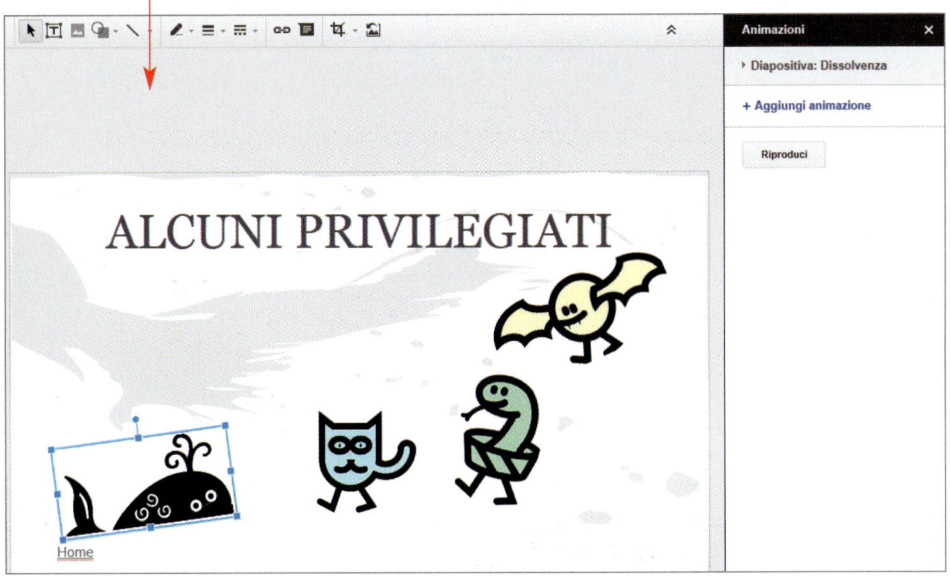

10 Condividi la presentazione con un tuo compagno che ha l'account Google e inserisci un commento.

11 Condividi la presentazione con un tuo amico che non ha l'account Google.

12 Visualizza la cronologia delle revisioni per verificare se il tuo amico ha eseguito modifiche al file.

ESPANSIONE DIGITALE

MODULO 6

BASE

Fornisce concetti teorici sul significato di database e degli elementi che lo costituiscono.
Introduce all'uso del database con la creazione di tabelle e relativi formulari (maschere).
Descrive procedure per creare relazioni e successive estrapolazioni di dati con la costruzione di ricerche (query) basate su più tabelle.
Propone l'elaborazione di rapporti (report) per la stampa.

1 IL DATABASE E I SUOI OGGETTI

2 FILTRARE DATI E CREARE RELAZIONI

MODULO 7

OFFICE AUTOMATION

Fornisce indicazioni e tecniche per la creazione e gestione di modelli di documenti professionali (fax, curriculum e lettere commerciali) nelle loro diverse tipologie.
Illustra le modalità operative per la stampa unione (in Writer nota come Stampa guidata in serie) da utilizzare per lettere ed etichette.
Illustra tecniche per creare macro, da associare a un pulsante, e personalizzare le barre degli strumenti.
Sviluppa e approfondisce l'applicazione delle diverse funzioni riferite alla soluzione di problemi anche aziendali.
Descrive procedure per creare e personalizzare modelli di fattura.

1 WRITER IN AZIENDA

2 CALC IN AZIENDA

Il coupon che trovi nella pagina a fianco (terza di copertina) ti consente di:

- scaricare gratuitamente la versione digitale del libro (eBook+) dal sito www.scuolabook.it;
- accedere a tutti i materiali digitali integrativi (risorse online) riservati a questo volume presenti sul sito www.hoepliscuola.it.

scuolabook.it

eBook+

eBook+

COUPON

Titolo
Autore
ISBN

Grattando la vernice del coupon troverai il codice di accesso.

hoepliscuola.it

WWW.HOEPLISCUOLA.IT

risorse online

eBook+

COME UTILIZZARE IL COUPON PER SCARICARE LA VERSIONE DIGITALE DEL LIBRO (eBOOK+)

Il coupon riportato nella pagina a fianco (terza di copertina) è utilizzabile una sola volta per accedere alla versione digitale del libro, scaricabile dal sito www.scuolabook.it.
Segui questi passaggi.

1. Registrati su Scuolabook (www.scuolabook.it) utilizzando un indirizzo email valido. Se hai già un account, accedi con le tue credenziali.
2. Accedi alla pagina "Acquisti" dove troverai il campo per inserire il tuo codice, nascosto sotto la vernice grattabile del coupon.
3. Una volta inserito il codice coupon, scarica e installa l'applicazione Scuolabook adatta per il tuo sistema operativo.
4. Utilizza le credenziali che hai creato su Scuolabook per eseguire il login anche sull'applicazione. All'interno della tua libreria troverai tutti i tuoi libri, compreso quello associato al tuo coupon, e potrai leggerli con l'applicazione Scuolabook semplicemente cliccando su ciascuna copertina.

Per ulteriori informazioni consulta il sito www.scuolabook.it.
Per ogni chiarimento scrivi a info@scuolabook.it.

La versione digitale del libro (eBook+) è disponibile a partire da settembre 2015.

ATTENZIONE: l'accesso alla versione digitale del libro (eBook+), utilizzabile su tablet, LIM e computer è a titolo gratuito ed è riservato all'utente registrato che ha accettato le relative condizioni generali di licenza d'uso e ha inserito il codice di attivazione. Tale codice può essere attivato una sola volta e la relativa utenza e la connessa licenza di utilizzo hanno durata temporalmente illimitata e non sono trasferibili a terzi. Per le condizioni di licenza d'uso, vedi www.hoepliscuola.it.

WWW.HOEPLISCUOLA.IT

COME UTILIZZARE IL COUPON PER SCARICARE I CONTENUTI DIGITALI INTEGRATIVI (RISORSE ONLINE)

Il coupon riportato nella pagina a fianco (terza di copertina) ti consente di accedere a un'area riservata all'interno del sito dell'editore, dove troverai MyBookBox, il contenitore virtuale con risorse e contenuti digitali integrativi.
Segui questi passaggi.

1. Registrati al sito www.hoepliscuola.it utilizzando un indirizzo email valido.
2. Accedi alla pagina dedicata a questo volume.
3. Nello spazio bianco accanto al logo MyBookBox inserisci il codice coupon riportato nella pagina a fianco (terza di copertina) e nascosto sotto la vernice grattabile; avrai così accesso a tutte le risorse digitali del tuo volume.

ATTENZIONE: l'accesso gratuito ai contenuti digitali integrativi in MyBookBox (risorse online) è riservato all'utente registrato che ha inserito il codice di attivazione e accettato le condizioni generali d'uso presenti su www.hoepliscuola.it.